KB238782

마이너리티 권리

국제 규준의 형성과 일본의 과제

Minority Rights

마이너리티 권리

국제 규준의 형성과 일본의 과제

오카모토 마사타카 · 우에무라 히데아키 · 구보 마코토 · 박김 우기 · 박군애 **저**
박용구 · 문명재 · 김경희 · 김경옥 · 오성숙 · 이권희 **옮김**

제이앤씨
Publishing Company

들어가는 말

마이너리티 권리[1] 보장을 둘러싼 유엔의 활동은 20세기 말에 접어들면서 가시적인 성과로 나타나기 시작했다. 마이너리티 권리 선언 채택(1992년), 마이너리티 작업반 설치(1995년), 선주민족 권리 선언 초안 작성(1993년 선주민 작업반에서 초안 완성), 그리고 선주민족 국제 10년의 시작(1994년) 등이 그것이다. 이러한 과정을 통해 주로 유럽과 북미를 중심으로 구축되어 온 유엔의 마이너리티 권리가 보편적 인권 규준으로 자리 잡아가는 것처럼 보였다. 그러나 21세기에 접어들면서 미국에서 발생한 9·11 테러(2001년)와 이에 따른 보복 전쟁으로 인해 마이너리티 권리 보장 및 공민권 운동을 추진해 온 구미 세계 내부에서도 이슬람포비아(무슬림 혐오)와 이민자·난민 배척 운동이 확산되는 등, 마이너리티 권리 보장에 있어 '정체' 혹은 '역행'이라고 할 수 있는 양상이 나타나

---

[1] 일반적으로 영어 right(s)는 한자어 '권리(權利)'로 번역된다. 그러나 한자어 '권리'는 '일정한 자격을 가진 사람에게 인정되는, 이익을 주장하거나 향유할 수 있는 힘'이라는 의미를 지닌다. 그 결과 right(s)가 평등한 상태를 보장받을 수 없는 사회적 약자(마이너리티)에 대한 special rights(특별한 권리)나 머저리티 중에서도 극히 일부의 유력자만이 가지고 있는 privilege(특권)으로 오인될 위험이 있다. 반면 right(s)의 본래 의미는 '올바른 것' 또는 '본래 있어야 할 정상적인 상태'를 가리킨다. 이러한 맥락에서 보면 minority rights란 '마이너리티가 누리는 특권'이 아니라, '마이너리티에게 보장되어야 할 정상적이고 올바른 상태'를 의미한다(본문 pp.49-50 참조). 이러한 이유로 본서의 저자들은 minority rights를 '마이너리티 권리'로 번역하지 않고, 영어 표현을 일본어식 표기로 옮긴 '마이너리티·라이츠(マイノリティ·ライツ)'를 그대로 사용하였다.
한편 한국에서는 '권리'가 특권으로 오인되는 경우가 일본에 비해 거의 없으며, '라이츠'라는 외래어 표기를 그대로 사용하는 관행도 일반적이지 않다. 이러한 언어적·사회적 맥락을 고려하여, 본 번역서에서는 rights를 '권리'로 번역하였다.(역자 주)

기 시작했다.

일본에서는 국제 인권 규약과 난민조약 비준·가입이 이루어진 1980년 무렵, 정부와 NGO의 유엔 인권 활동 참여가 빠른 속도로 진행되었다. 본서에서 다루듯, 조약 기구를 통한 일본 내 이행 상황 보고서의 심사를 통해 국제 규준과 국내 상황의 정합성을 추구하게 되었으며, 아이누 민족이 자유권 규약 제27조에 따라 마이너리티로 인정(1991년)된 점이나 아이누문화 진흥법 제정(1997년)도 이러한 과정에서 이루어진 성과이다. 그러나 전체적으로 보면 일본은 마이너리티 권리 보장에 소극적이며 국제 규준과 일본 내 정부 방침 및 실제 상황 사이에 여러 가지 불일치가 발생하고 있다. 특히 2012년 말 제2차 아베 신조(安倍晋三) 정권 출범 이후, 메이지 유신(明治維新)으로 성립된 근대 일본을 미화하고 그 부정적인 역사를 불투명하게 만들려는 보수 정치의 움직임이 강해졌다. 이와 대조적으로 일본은 국제연맹 시절 처음으로 인종차별 철폐를 주장하며(연맹 규약에 인종차별 철폐 조항 삽입을 강력히 요구함), 상임이사국으로서 세계 최전선에서 '소수민족(national minorities)' 보호에 깊이 관여했던 국가로 알려져 있다. 그렇다면 현재 일본의 정책과 국내 상황이 왜 국제 규준과의 정합성을 잃고 오히려 역행하고 있는 것일까?

일본에서는 1980년대 지역 활동 속에서 조선인과 일본인이 '함께 살아가는 사회'를 주장하기 시작했다. 그 후, 다양한 국가에서 이주 노동자와 그 가족들이 유입되면서 정주 외국인이 증가하는 가운데 2006년에 총무성이 '다문화 공생 추진 플랜'을 제시했다. 다른 한편, 이에 대한 반동으로 1990년대 중반 이후 과장된 '외국인 범죄 보도'가 만연하며 일본인들 사이에서 피해자 의식에 기반한 제노포비아(외국인 혐오)가 확산되었다. 2000년대에 들어서면서 일본의 세계적 위상이 하락하고 중국과 한국의 위상이 상대적으로 상승하자 일본 사회 내부에서 반중·혐한 발언이 부각되었다. 그리고 '일억 총중류'라 불리던 사회가 양극화로 붕괴되기 시작하자 '재일 특권', '아이누 특권', '오키나와 특권' 등의 용어를 사용하며 마이너리티가 마치 다수파가 누리지 못하는 특권을 가지고 있는 것처럼 선동하고 공격하는 혐오 발언이 두드러지게 나타났다. 사회 내에서 격차가 확대되며 '내가 힘든 것은 권리를 주장하고 우대받는 마이너리티들 때문'이라는 주장에 공감하며, 마이너리티에 대한 처우를 '역차별' 혹은 '마이너리티 우대'로 간주하고 공격하는 사람들이 증가한 것이다.

마이너리티 권리는 본래 민족 자결(national self-determination) 등에 기반하여 특정 민족을 주체로 삼아 구축된 민족국가(nation state) 안에서 주체가 될 수 없는 사람들을 위해, 또한 민주주의가 '다수결의 폭력'이 되지 않도록 고안된 것이다. 이는 사회 내에서 우위를 점하고 있는 머저리티와의 격차를 최대한 줄이고 평등에 가까워지기 위한 목적도 있다. 이러한 노력이 왜 필요하며, 어떠한 경위를 거쳐 국제 규준으로 확립되었는지를 역사적 배경을 포함하여 다시 정확히 이해할 필요가 있다. 앞서 언급한 총무성은 2020년에 '다양성·포용성 있는 사회 실현' 및 '지역 사회에 외국인 주민의 적극적인 참여' 등을 포함한 다문화 공생 개정 플랜을 발표하며, 이를 한층 더 추진할 필요성을 강조했다. 그런데 총무성이 주도해 온 '다문화 공생' 정책은 마이너리티 권리의 관점이 결여된 채 시작되었으며, 재일코리안, 아이누민족, 류큐민족과의 공생을 실현하지 못하고 있다. 역사를 돌아보지 않고, 이념적 깊이가 부족하며, 피상적인 문화 교류(이른바 3F: Food, Fashion, Festival) 중심의 정책에 머물러 있다는 비판을 받고 있다. 그러나 이러한 정책의 모델이라 할 수 있는 다문화주의(multiculturalism)는 마이너리티나 선주민족의 시각이 결여되었던 근대의 역사를 재조명하며, 마이너리티 권리 보장을 기반으로 구축된 것이다. 다시 말해, 마이너리티 권리에 대해 진지하게 대처하지 않는 사회에서 '다민족 공생'이나 '다문화 공존' 사회가 이루어지기 어렵다고 생각한다.

본서는 이러한 문제의식을 바탕으로 마이너리티 권리 보장의 틀(보장 내용과 수단의 변화)이 어떻게 변천해 왔는지를 역사적·제도적으로 검토하며, 일본의 근대화와 식민주의에 뿌리를 둔 과제 등을 밝히고자 하는 시도이다. 본래 본서는 오카모토가 히토쓰바시(一橋)대학원에서 다나카 히로시(田中宏) 교수의 세미나에서 박사 논문용으로 써두었던 미발표 원고를 기반으로 삼았다. 이후 1990년대 중반 함께 IMADR(반차별국제운동) 사무국원으로 활동하던 구보에게 2000년에 공동 저술을 제안한 것이 계기가 되었다. 두 사람이 IMADR에서 함께 활동할 당시 상사(사무국장)였던 무샤코지 긴히데(武者小路公秀) 교수(전 유엔대학 부총장)는 2022년 5월 별세하였다. 같은 해 9월 오사카에서 열린 그의 '고별 모임'에서 오카모토와 구보는 우에무라, 박(군애)과 얘기하던 중 20년 이상 보류 상태에 있었던 이 기획을 '역행'의 시대에 마이너리티 권리에 헌신했던 무샤코지 교수의 유지를 잇는 기획으로 재개하기로 했다. 이 기획이 시작되면서 마이너리티 문제 포럼 등 최근 유엔 인권 활동의 최전선에서 활약해 온 박김도 참여하게 되었다.

'○○특권'이라는 표현으로 상징되는 혐오 발언이 확산되고, 마이너리티에 비해 사회적으로 유리한 위치에 있는 사람들이 스스로를 '피해자'로 규정하며 역차별을 주장하고 마이너리티를 공격하는 현상, 또는 시장 경제의 자유화와 경쟁에 따른 승자독식을 용인하며 마이너리티 권리 보장을 이에 반하는 행위로 부추기는 담론의 기반은 개인의 인권 감각 부족이나 차별 의식만의 문제로 치부할 수 없다. 이는 이를 방관하는 권력 중심부의 지배와 특권 의식, 그리고 인권 특히 마이너리티 권리에 관한 논의를 축적해 오지 않은 머저리티를 주체로 하는 사회 전반의 문제이다.

본서는 부당한 담론과 차별 구조로 인해 고통받는 사람들에게 마이너리티 권리의 정당성을 주장할 수 있는 근거를 제공하고자 한다. 동시에 마이너리티 권리가 정확한 사실과 공정한 역사 인식을 바탕으로 적극적이고 건설적으로 논의되어 그 이해와 실천이 확산되기를 기대한다.

또한 본서에서는 일본에서 전통적으로 사용되어 온 '권리', '민족', '일반적 의견' 등의 마이너리티 권리와 관련된 일본어 번역의 재검토도 시도했다. 국제 인권의 장에서 사용되어 온 'right', 'nation', 'general comment' 등의 용어가 (한자 자체가 가진 의미 등에 의해) 본래 개념이나 뉘앙스와 다르게 받아들여져 오해나 경시를 초래해 온 경향이 있어 이를 포함하여 재검토할 필요가 있다고 보았다.

2024년 3월 13일 오카모토 마사타카 · 우에무라 히데아키

목차

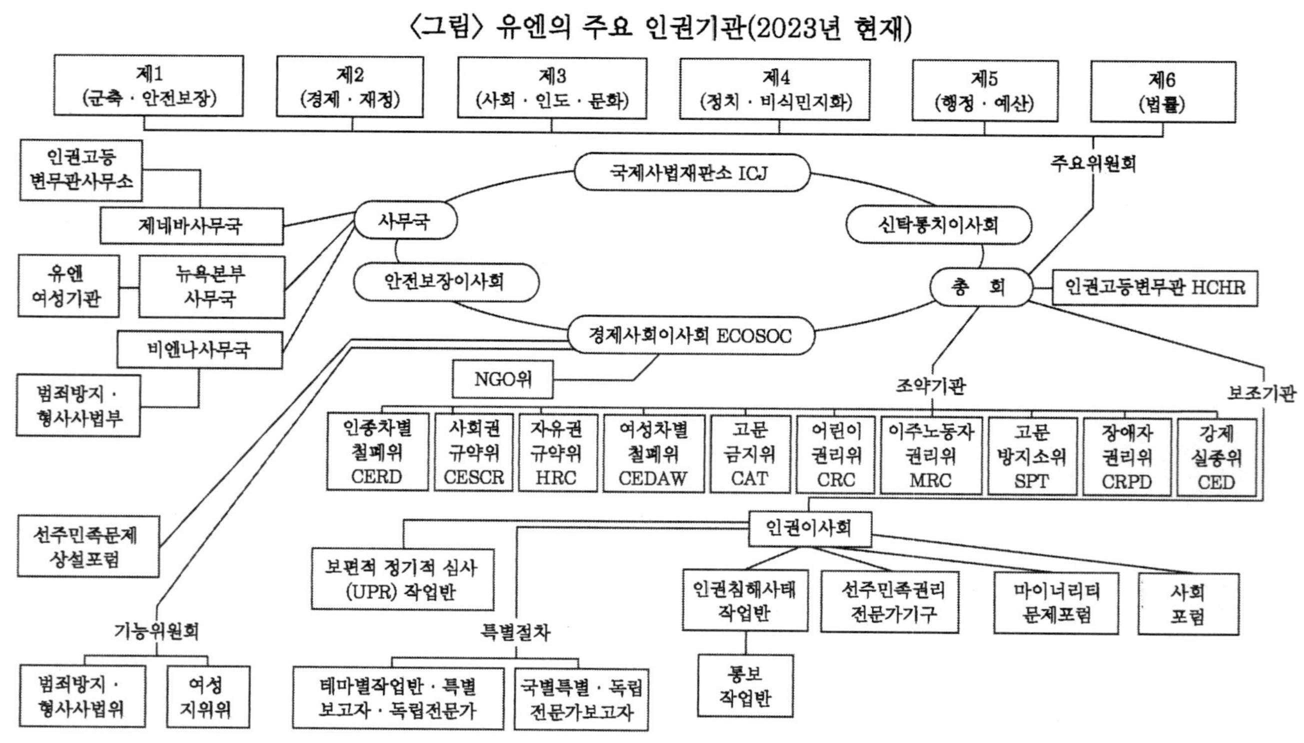

〈그림〉 유엔의 주요 인권기관(2023년 현재)
제1 (군축·안전보장)
제2 (경제·재정)
제3 (사회·인도·문화)
제4 (정치·비식민지화)
제5 (행정·예산)
제6 (법률)
인권고등변무관사무소
제네바사무국
유엔 여성기관
뉴욕본부 사무국
비엔나사무국
범죄방지·형사사법부
선주민족문제 상설포럼
사무국
국제사법재판소 ICJ
안전보장이사회
신탁통치이사회
경제사회이사회 ECOSOC
총 회
인권고등변무관 HCHR
주요위원회
조약기관
보조기관
NGO위
인종차별 철폐위 CERD
사회권 규약위 CESCR
자유권 규약위 HRC
여성차별 철폐위 CEDAW
고문 금지위 CAT
어린이 권리위 CRC
이주노동자 권리위 MRC
고문 방지소위 SPT
장애자 권리위 CRPD
강제 실종위 CED
인권이사회
보편적 정기적 심사 (UPR) 작업반
인권침해사태 작업반
선주민족권리 전문가기구
마이너리티 문제포럼
사회 포럼
통보 작업반
기능위원회
범죄방지·형사사법위
여성 지위위
특별절차
테마별작업반·특별보고자·독립전문가
국별특별·독립 전문가보고자
阿部浩己외 『テキストブック国際人権法[第3版]』 日本評論社, 2009年, p.83 그림을 가필·수정해서 작성

민족과 마이너리티

오카모토 마사타카

21세기 일본에서 '마이너리티'는 '소수파'를 의미하는 용어로 폭넓게 사용되고 있다. 그러나 20세기 말까지의 일본에서는 일반적으로 '소수민족'을 의미하는 것으로 인식되었다. 1980년대 후반 필자의 지인이 어떤 포럼의 분과 회의에서 보고할 때 부락 출신자를 마이너리티라고 부르자 참가자들이 '우리는 소수민족이 아니다'라며 분개했던 것도 그 때문이다. 또한 1993년 여름 필자가 IMADR 사무국원으로 활동하던 시절 JPRN(일본 태평양 자료 네트워크)과 공동 주최로 제2회 일·미 마이너리티 회의를 일본에서 개최했을 때 어떤 신문 기사는 '마이너리티(소수민족) 운동에 힘쓰는 미국의 NGO가 방일'했다고 보도했다. 그러나 이때 미국 측이 마이너리티 대표로 설정한 5개 범주에는 '아프리카 계 미국인', '아시아계 미국인', '라티노', '선주민족'과 함께 '여성'이 포함되어 있었다.

극히 중요한 예는 일본이 1979년에 비준한 '시민적 정치적 권리에 관한 국제규약'(자유권 규약) 제27조의 'ethnic, religious or linguistic minorities'를 정부가 '종족적, 종교적 또는 언어적 소수민족'으로 번역 해 여전히 공인 번역으로 사용하고 있는 점일 것이다. 일본 정부는 1994 년에 비준한 '어린이(공인 번역에서는 '아동') 권리에 관한 협약' 제30조에 서도 'ethnic, religious or linguistic minorities or persons of indigenous origin'을 '종족적, 종교적 또는 언어적 소수민족 또는 원주민'으로 번 역하고 있다. 국내법에 앞서는 국제조약의 권리 대상이 되는 용어로 법 원 등에서도 여전히 이 '공인 번역'을 따르고 있기 때문에 상황은 심각 하다.

근래에는 '성적 마이너리티'라는 용어도 신문과 잡지를 비롯한 사회 전반에서 폭넓게 사용되고 있는데 이를 '성적 소수민족'으로 이해하는 사람은 없다. 이와 유사하게–민족적 마이너리티(ethnic minority)는 소수 민족 친화적인 개념일 수 있지만–종교적 마이너리티(religious minority) 나 언어적 마이너리티(linguistic minority)는 소수민족이라 한정할 수 없 다. 그러나 자유권 규약 제27조에 대한 일본 정부의 번역은 'ethnic, religious or linguistic'를 '소수민족'을 수식하는 형용사로 간주하여 세 가지 범주의 개별 마이너리티로 인식하지 않고 있다. 이러한 현상은 마이너리티가 민족과 깊이 연결되었던 20세기 전반에 이르는 세계의 역사와 밀접하게 관련되어 있다(자세한 내용은 본서 제1부 참조).

1. '마이너리티=소수민족' 인식을 둘러싼 혼란

제2차 세계대전 후 일본에서 국제법(조약)의 대상으로 인식될 수 있는 마이너리티는 우선 구 식민지 출신자인 재일조선·대만인, 특히 그 9할 이상을 차지하는 코리안이었다. 그리고 20세기 후반의 일본에서는 '재일코리안은 소수민족인가?'라는 논의가 종종 일어났으며, 재일코리안은 '분단되어 있지만 조국이 있으며, 그 분단된 조국의 양쪽에서 해외에 있는 공민으로 인정되고' 있어, '소위 소수민족도 아니고 일반적인 의미에서의 이민도 아니며', '재일외국인'이라는 위치 설정이 이루어져 왔다.[1] 자유권 규약이 정부 번역을 통해 이해되어 온 일본에서는 제27조가 '소수민족'의 권리로 받아들여졌고, 재일코리안들 사이에서는 자신들과 무관하다는 인식이 강했다.

일본 정부가 1980년 유엔에 제출한 자유권 규약의 일본 내 이행 상황에 관한 제1차 보고서에서 '본 규약에 규정된 의미에서의 마이너리티는 존재하지 않는다'고 명시하고, 이듬해 1981년 자유권 규약 이행 감시 기관인 자유권 규약 위원회(Human Rights Committee, 이하 HRC)에서 재일코리안은 '외국인으로 일본 국적을 가진 자가 아니기' 때문에 '제27조에 언급된 minorities의 범주에 속하지 않는 것으로 보인다'고 발언했을 때, 재일코리안 측에서 큰 비판의 목소리가 나오지 않았던 첫 번째 이유도 그것이 일본 내에서는 '소수민족'이라는 한자어로 대체되었기 때문이라고 할 수 있다.

그러나 HRC는 같은 규약 제40조에 근거한 일본 정부의 제3차 보고서 심사 후 1993년 11월 4일 채택한 의견(Comments)에서 '주요한 우려

---

1 在日朝鮮人社会・教育研究所『東北アジアの新しい秩序について(Ⅱ)在日朝鮮人』晩聲社, 1993, pp.94-95. 朴在一『在日朝鮮人に関する総合調査研究』新紀元社, 1957, 序. 佐藤明＝山田照美編『在日朝鮮人歴史と現状』明石書店, 1986, p.6 등.

사항'으로 다음과 같이 명시했다. '일본 정부에 의한 마이너리티의 개념이 재일코리안을 배제하고 있다는 점에 대해 우려를 표한다. 규약은 마이너리티 개념을 해당 국가의 국적 소유자로 한정하지 않으며, 이 점은 규약상 정당화될 수 없다.'[2] HRC는 또한 1994년 4월 6일에 채택한 포괄적 견해(General Comment) 23에서 자유권 규약 제27조의 보호 대상이 되는 개인은 '해당 국가의 시민일 필요는 없다', '국가는 규약 제27조의 권리를 시민으로만 한정할 수 없다', '국민, 시민일 필요가 없을 뿐 아니라 영주권자일 필요도 없다'고 하여 '체약국 내에서 마이너리티를 구성하는 이주 노동자나 체재자(visitors)'도 권리의 대상이라고 명시했다(자세한 내용은 본서 제2부 참조). 더욱이 1998년 11월 5일 일본 정부의 제4차 보고서 심사 후 채택된 총괄 의견(Concluding Observations)에서도 규약 제27조에 따른 보호는 국민에게만 한정되지 않는다는 포괄적 견해 23에 주목을 촉구하고 있다.[3] 자유권 규약 제7차 일본 정부 보고서 심사에서도 HRC는 사전 질문 목록(2017년 12월)에서 '식민지 시대부터 일본에 거주하고 있는 재일코리안 및 그 자손을 민족적 소수자(national or ethnic minorities)로 인정할 계획이 있는가?'라고 물었다. 이에 대해 일본 정부가 '재일코리안 및 그 자손이 본 규약에 언급된 소수민족에 해당하는지 판단할 필요성은 반드시 없다'고 답변했기 때문에, HRC는 일본 정부 보고서 심사(2022년 10월) 후 채택한 총괄 의견에서 '위원회는 식민지 시대부터 일본에 거주하고 있는 재일코리안과 그 자손으로서 민족적 소수자(national or ethnic minorities)로 인정받아야 할 사람들이 사회보장제도나 정치적 권리의 행사로부터 배제된다는 차별적인 정책 운영에 관한 보고에 대해 우려하고 있다'고 명시했다.[4] 자유권

---

2 国連文書 CCPR/C/79/Add.28, 5 November 1993, para. 15.
3 国連文書 CCPR/C/79/Add.102, 5 November 1998, para. 13.
4 国連文書 CCPR/C/JPN/QPR/7, 11 December 2017, para. 30. CCPR/C/JPN/7,

규약 이행 감시 기관인 HRC로부터 보면 재일코리안은 명백히 자유권 규약 제27조의 권리 대상이다.

이러한 상황 속에서 1990년대에는 '일본 정부는 원문의 **minorities**를 "소수민족"으로 좁게 번역하여 "외국인"을 배제하고 있다'[5]는 비판이 등장했듯이, 마이너리티≠소수민족이라는 인식이 일본 내에서 퍼지기 시작했다. 그리고 'ethnic minority'를 의미하는 일본어로 '민족적 소수자'가 사용되기 시작했다. 국제법학자 오누마 야스아키(大沼保昭, 당시 도쿄대 교수)는 1986년 저서 『단일민족사회 신화를 넘어서 – 재일한국・조선인과 출입국 관리 체제』의 '서문'에서 '1985년이라는 해는… 지문날인제도 철폐 요구가 사회적으로 큰 관심을 불러일으키고 민족적 소수자로서의 재일한국・조선인의 존재가 이전과는 비교할 수 없을 정도로…일반 사람들에게 알려지게 되었다'고 기술하였고, 최종 장의 제2절에서는 '민족적 소수자로서의 재일한국・조선인'이라는 제목을 설정하여 논의하고 있다.[6]

2000년대 이후에는 마이너리티가 장애인이나 성적 소수자(sexual minority)를 지칭하는 용어로도 사용되기 시작했다. 이는 원래의 민족, 언어, 종교상의 마이너리티를 논의하는 용어로서의 의미를 약화시키고 있다는 지적도 있다. 예를 들어, 이와마 아키코(岩間曉子)와 유종효는 『마이너리티란 무엇인가 – 개념과 정책의 비교사회학』의 결말에서 '마이너리티 개념의 정치적, 사회적 배경 – 일본에서의 민족 이미지에 부쳐'에서 일본의 '마이너리티' 개념의 특징은 '민족'이 차지하는 비중이

---

28 April 2020, para. 230. CCPR/C/JPN/CO/7, 30 November 2022, para. 42.

5 『在日朝鮮人人権セミナー・カウンターレポート』, 1993, p.16.

6 오누마는 본서 마지막 장 제2절에, 나아가 '"민족적 소수자"로서의 존재'라는 소제목을 달아 '소수민족이라는 말은 종종 동일 국민 중에서 민족성을 달리하는 소수자 집단이라는 의미로 사용되어 온 관계상 외국 국적 보유자가 대다수를 점하는 재일한국・조선인을 소수민족이라 부르는 것은 문제'라고 서술하고 있다. 大沼保昭 『単一民族社会の神話を超えて』東信堂, 1986, pp.320-321.

매우 작고 그 외의 다양한 집단이 '마이너리티'로 간주되는 '확산'에 있다고 한다. 그리고 이 '마이너리티' 개념의 다의성=확산형 마이너리티 개념이 결과적으로 마이너리티가 무엇인지 이해하기 어렵게 할 뿐만 아니라, 국제인권법에서 권리 대상이 되어 있는 '한정적 마이너리티'의 보호라는 과제에 정부를 중심으로 사회 전체가 대처하는 것을 방해하는 문제를 낳고 있다고 분석하고 있다.[7]

근래 NHK에서도 기존에 '소수민족'으로 불리던 미국의 흑인이나 대만의 선주민족 등을 '소수파'로 바꿔 부르고 있다. 예를 들어 NHK 해설위원실의 '인종적 다양성으로 흔들리는 미국'(2023년 7월 12일)은 '인종적 다양성이라는 이름으로 대학 입학 선발에서 흑인 등 소수파를 우대해 온 조치'라는 표현을 사용했고, NHK 방송문화연구소의 해외 방송 사정 '대만─소수파 주민을 위한 방송은 누가 운영해야 할까'에서 는 '원주민 채널(Taiwan Indigenous TV)'을 '소수파 주민을 위한 방송'으로 표현하고 있다.[8] 이처럼 국제인권법상의 권리 주체인 마이너리티가 단순히 '소수파'를 나타내는 일반 용어에 묻히게 되면 인류 사회가 쌓아온 마이너리티 권리의 본질을 잃어버릴 우려가 있다.

이러한 경향은 근래 일본에서 '재일 특권', '아이누 특권', '오키나와 특권'이라는 말이 난무하며 소수민족이나 마이너리티가 조롱의 대상이 되는 사회 현상과도 연결되어 있는 것으로 보인다. 21세기 일본에서 간행된 『일본의 소수민족』(다카라지마사, 2008)은 이러한 우려를 보여주는 것이다(사진 0-1). '『일본의 소수민족』100종이 채집되어 있습니다'라고 소개된 본서에서 다루는 것은 국제인권조약의 권리 대상이 아니

---

7 岩間暁子＝劉鍾孝編著『マイノリティとは何か─概念と政策の比較社会学』ミネルヴァ書房, 2007, pp.401, 416.

8 NHK 解説委員室「人種の多様性に揺れるアメリカ」<www.nhk.or.jp/kaisetsu-blog> (2023 年12月10日 열람). NHK 放送文化研究所「台湾─少数派住民向け放送は誰が運営すべきか」<www.nhk.org/bunken>(2023年12月10日 열람).

다. '가족과 함께 만화카페'족이나 '여성 전용칸 타는 아저씨'족 등, '분명히 있다! 본 적이 있다! 거리에서 발견한 "이상한 사람들"'(띠종이)에서, '행동이 수상'하다거나 '기괴'(후기)하다는 이미지를 가진 사람들을 가리키고 있다. '폭소 대연구!!'(띠종이)나 '일본에서 서식하는 수'(본서 읽는 법)와 같은 표기가 보여주듯 '소수민족'을 웃음거리나 비하의 대상으로 삼고 있는 것이다. 국제인권법의 전문가도 아닌 저자(사메하다 몬주(鮫肌文殊)·야마나 히로카즈(山名宏和))가

[사진 0-1] 『일본의 소수민족』, 다카라지마사, 2008

'『일본의 소수민족』 연구의 제1인자'를 자칭하며 거리낌 없이 활동할 수 있는 사회적 기반이 현대 일본에 존재하고 있는 것이다.

이러한 풍조는 일본 국회에서 샌프란시스코 강화조약을 둘러싼 심의 중, 재일조선·대만인의 처우가 '소수민족 문제'로 자주 논의되었던 1950년대에도 나타났다. 제27회 국회 참의원 운수위원회(1957년 11월 5일) 의사록에는 시바야 가나메(柴谷要) 의원(일본사회당)의 국철 전철화와 관련된 다음과 같은 발언 기록이 남아 있다. '자칫하면 전기 관계는 국철 내부에서 소수민족이라고 불리고 있다. (웃음소리) …매우 인원이 적기 때문에 내부에서 소수민족으로서 자칫하면 박해를 받고 있다 … 전철화는…국민 모두의 염원이기에…이를 완수하기 위해서는 소수민족 여기 있다라는 기개를 보여…최소한의 요원은 확보해야 한다'고[9].

심각한 인권 침해를 이유로 국제인권법의 권리 주체가 된 '소수민족'이 왜 일본에서는 이처럼 (웃음을 유발하는 대상처럼) '가벼운' 방식으

---

9 第27回 国会参議院運輸委員会議事録第2号(1957年11月5日), p.5.

로 다루어지는가? '마이너리티'와 '소수민족'은 어떻게 다른가? 마이너
리티와 소수민족이라는 용어의 기원은 어디에 있으며, 어떻게 사용되어
왔는가? 마이너리티가 민족이나 국적과 관련된 것은 왜인가? 일본에서
의 마이너리티를 둘러싼 논의 속에서 위와 같은 개념의 엇갈림이 존재
하는 상황에서, 본서는 현대 일본에서 일반적으로 사용되고 있는 '민족'
이나 '소수민족'이라는 한자어와 'minority'라는 영어의 유래 및 양자의
관계성을 역사적으로 정리하는 것에서부터 시작하고자 한다.

2. 한자어 '민족'의 탄생

'소수민족'이리는 한자어는 '민족'을 토대로 만들어진 단어이므로
그 기원은 당연히 '민족'의 등장 이후가 된다. 그래서 먼저 한자어 '민
족'이 탄생한 경위를 살펴보자.

근래 일본에서 간행된 '민족'을 주제로 한 책을 보면 후루무라 교자
브로(古村恭三郎)의 『조몬의 비너스—유전자를 통해 추적한 일본민족의
원형』[10]이나, 야스모토 요시노리(安本美典), 『일본 민족의 탄생—환일본
해 고대 민족과 장강 유역 문화의 융합』[11] 등 고대로 거슬러 논의하는
것이 많다. 그러나 '민족'이라는 개념이 동아시아에서 발생한 것은 태
고의 이야기가 아니다.

중국의 연구에서는 '족(族)'과 '민(民)'이라는 한자를 만들어낸 것은
중국이며, 이미 주대(周代, 기원전)에 사용되고 있었지만, 두 문자를 결합
한 '민족(民族)'이라는 한자어는 1890년대 중반 일본에서 역수입된 것

10　古村恭三郎『縄文のビーナス―遺伝子から辿る日本民族の原像』郁朋社, 2018.
11　安本美典 『日本民族の誕生―環日本海古民族と長江流域文化の融合』 勉誠出版,
　　2013.

으로 알려져 있다.[12] 중국에서 '민족'이 처음 사용된 문헌은 캉유웨이(康有為) 등 유신파가 발행한 '강학회(強学会)' 기관지『강학보』의 1895년 제2호에 실린「論回部諸国何以削弱」(이슬람 제국은 왜 세력이 약화되었는가를 논함)이라고 한다. 거기에서 등장하는 용어 '민족'의 유래는 불명확하지만, 이듬해인 1896년에 량치차오(梁啓超)가 편집한『시무보(時務報)』제11권에 실린「튀르키론(土耳其論)」은 같은 해 10월 22일『도쿄 니치니치신문(東京日日新聞)』기사를, 1897년의『역서공회보(訳書公会報)』제6권에 실린「칠레 공화국 상황(智利共和国情形)」은 일본의『국민잡지』를 번역한 것이었다. 일본어에서 직접 '민족'이라는 용어를 인용한 것이다.[13]

일본에서는 후쿠자와 유키치(福沢諭吉)『서양사정(西洋事情)』제2편의 "옛날 러시아 지방에는 시치안이라 불리는 야만한 민족이 있었고"(1870)나, 노무라 나리유키(野村成之) 편『계몽서양명수(啓蒙西洋名数)』초기집 권1의 "개화한 민… 영국, 프랑스… 등의 민족이 그러하다" (1873) 등, 메이지 초기 문헌에서 한자어 '민족(民族)'이 나타난다. 그러나 야스다 히로시(安田浩)「근대 일본에서의 '민족' 관념 형성 – 국민·신민·민족」에 따르면, 메이지 전반기에는 현재 일상적으로 사용되는 '민족' 관념은 성립하지 않았다고 한다.[14] 그리고 '민족'이라는 용어가 확산되는 계기가 된 것은, 시가 시게타카(志賀重昂, 국수주의를 주장한 사상가·정치가·지리학자)가 1888년에 창간한 잡지『일본인(日本人)』과 신문『일본(日本)』이라는 것이다. 그『일본인』제2호(1888년 4월)에 게재된 시가의「『일본인』이 품

---

12 金天明＝王慶仁「"民族" 一詞在我国的出現及其使用問題」『民族理論和民族政策論文集1951~1983』中央民族学院出版社, 1986, pp.61-72.

13 韓錦春＝李毅夫「漢文'民族'一詞的出現及其初期使用情況」『民族研究』第2期, 1984, pp.36-39. 1897年10月22日의『東京日日新聞』에 게재된 것은 碌堂生「東欧巡遊記 東欧列国の形成(1)土耳其論」이다. 碌堂生의「東欧巡遊記」는 10月21日 연재가 시작되고,「土耳其論」은 22~24日의 3일 동안 게재되었다.

14 安田浩「近代日本における『民族』観念の形成—国民・臣民・民族」『思想と現代』第31号, 1992年9月, p.66.

고 있는 취지의 의의를 고백함」에서는 "이와 같은 소위 국수라 불리는 자들은, … 야마토민족 사이에 천고만고로 전해 내려와 성숙해지고, 마침내 당대에 이르기까지 보존되어 온 것" 등, '야마토민족(大和民族)'이라는 용어도 다수 사용하고 있다.

그 후 시가는 "일본 국민은 1889년 2월 11일에 태어났다"(『일본인』, 제22호, 1889년 2월)에서 "인민이란 단순히 풍속, 관습, 언어 등을 같이 하는 민족을 총칭한 것이다. 국민이란 국가의 취지에서 말하는 것으로 정치적으로 단단히 결속되어 일체를 이루는 인민을 말하는 것"이라며, '인민'과 '국민'의 차이를 설명하면서 '민족'을 사용하고 있다. 여기서 시가가 말하는 민족은 '풍속, 관습, 언어 등을 같이 하는' 사람들을 의미하는 것으로 보인다.

인민이 민족의 총칭이라고 한다면, 민족은 인민의 하위 개념이어야 할 것이다. 그러나 시가는 한편으로 「일본민족 독립 방침」(『일본인』, 제33호, 1889년 3월)에서 '서양 민족'이나 '독일 민족'을 '타민족'으로 규정하며 '일본민족'을 자주 언급하여 '일본민족 개개 세력'의 총합—하나의 민족의 단결(Union)이 일본민족 독립의 중요한 방책이라고 서술하고 있다. 여기서 개개의 세력이 무엇을 의미하는지, 또한 인민이나 야마토민족, 일본 국민과의 관계도 명확하지 않다.

이와 같은 형태로 메이지 21년=1888년 4월부터 잡지 『일본인』에서 시가가 '민족'을 사용하기 시작했으나, 그것만으로 '민족'이라는 용어가 정착된 것은 아니다. 스즈키 야스조(鈴木安蔵, 헌법학자 · 시즈오카대 명예교수)의 「메이지 전기에 있어서 민족주의적 사조 및 민족론」(1943)은 일본에서의 민족 개념 형성 과정을 검증한 전전(대일본제국 하)의 귀중한 논문인데, 스즈키는 이 논문에서 '민족'이라는 용어가 1887~1896년에 접어들어서도 여전히 확립되지 않은 예로, 요한 블룬츨리(Johann K. Bluntschli, 19세기 스위스의 법학자 · 정치가)의 『국가론』(1889, 히라타 도스케(平田

東助)역)이나, 카를 라트겐(Karl Rathgen, 메이지기 초빙 교수로 방일한 독일 경제 학자)의『정치학』「국가편」(1891, 야마자키 데쓰조(山崎哲蔵)역)이 '족민'이라 는 번역어를 사용한 점을 들고 있다.[15] 또한 이치시마 겐키치(市島謙吉, 정 치가·문필가이자 와세다대의 기초를 세운 와세다 4인방 중 한 사람)의『평민론』 (1888)은 '농·상·공민'이라는 세 사회 계층을 책에서 '3민족', '3종의 민족'으로 부르고 있으며, 스즈키는 여기에서 "당시 민족이라는 개념 이 보급은커녕 학문적으로 확립되지도 않았음을 알아야 한다"고 말하 고 있다.

또한 시가가 '민족'의 의미를 거의 제시하지 않은 채 다용한 것과 달 리, 블룬츨리의『국가론』에는 '족민'(민족)의 개념이 분명히 제시되어 있다. 예컨대 본서 제2권은「족민 및 국민」(Nation und Volk)이라는 제목 아래 다음과 같이 서술하고 있다. "족민이란 동일한 종족을 공유하는 일정한 민중을 말하며, 국민이란 동일 국가 내에 거주하는 일정한 민중 을 말한다. 따라서 하나의 족민이 여러 국가로 분열될 수 있고 하나의 국가가 여러 족민을 포함할 수도 있지만 국민은 그러하지 않다." "족민 은 민속적 연혁의 결과로 형성된 것이며…족민은 처음에 일정 지역에 거주하는 군중이 그 풍속, 언어 및 생활 상황을 동일하게 할 때에 비로 소 싹트기 시작하고, 후에 습속으로 정착되어 세습적 관습이 되며, 결 국 이로 인해 일정한 고유 종족을 이루게 되면서 비로소 성립된다."[16]

표제에서 '족민'이 Nation의 번역어임을 알 수 있다. 현재 일본에서 는 Nation과 Volk를 언급하면 Volk가 민족, Nation이 국민이라고 생각 하는 사람이 많다는 점과 비교하면 흥미롭다. 또한 같은 책은 "족민이 만약 그 언어와 풍속, 즉 그 정신과 성질을 동일하게 하여 이로 인해 일 반적으로 공동체 의식을 고취하게 된다면 … 점차 국가를 창립하는 시

---

15 帝国書院編輯局編『日本民族論』帝国書院, 1943年12月, pp.252-292.

16 ブルンチュリー著, 平田東助訳『国家論』春陽堂, 1889, pp.61-62.

기가 된다. 따라서 현재 유럽 여러 나라가 그 방향을 족민국가로 기울이는 이유는 …"이라고 서술하고 있는데, 여기서 말하는 '족민국가'는 오늘날 '민족국가'(국민국가)로 번역되는 Nation State의 번역어임을 쉽게 추측할 수 있다.

라트겐의 『정치학』이 논하는 '족민'도 기본적으로 같은 의미를 지니며 상호 보완적인 설명을 제공하는 형태를 취하고 있다.[17] 스즈키는 이러한 용례를 제시하며, "민족, 국민 등의 개념 규정은 혈통 공동설에 따른 민족 개념으로서, 이들 독일인 학자들의 학설에 의해 비로소 우리나라에 기초가 놓였다"고 결론지었다.

네이션은 12세기 라틴어 나티오(natio=태어남)에서 파생된 단어로, 원래는 '이교도'나 '출신, 언어, 문화의 공유에 의해 특징지어지는 인간 집단'을 가리켰다. 그러나 프랑스 혁명을 기치며 '국가를 구성하는 개인 전체에 의해 조직되는 법적 인격'을 의미하며, '국민' 나아가 '국가' 자체를 나타내는 단어가 되었고, 네이션과 국가가 일치하는 정치적 통일체=네이션 스테이트가 근대 국제사회의 주체가 되었다고 한다.[18]

스즈키에 따르면 1873년 간행된 제임스 커티스 헵번(James Curtis Hepburn, 미국인 선교사 · 의사이자 헤본식 로마자의 창시자)의 영일 · 일영 사전에서는 nation을 '인민', '국민'으로, nationality를 '나라(国)'로 번역하고 있다.

---

17 예를 들면 '인류는 신체와 정신에서의 공통된 성질에 의해, 특히 혈통, 용모, 사상, 언어, 기술 및 기질 등에 있어서의 공통된 성질에 의해 스스로 수많은 집합체로 나뉘는 존재이다. 그리고 이 복잡한 각 집합체를 "족민"이라고 부른다', '족민은 인종학적 의미를 가지며 법인의 자격을 갖지 않고, 국민은 법률상의 의미를 가지며 법인의 자격을 가진다', '족민의 기원은 공동 혈통에 있다. 그러나 세월이 흐르고 시간이 지남에 따라 기후, 지형, 지질 및 경제상의 상황 등 자연 및 인간 사회의 요소들이 혼합되면서, 근대의 족민은 단순한 혈통상의 단체가 아니라 수많은 요소로 이루어진 복잡한 집합체이다' 등. ラートゲン著, 山崎哲蔵訳 『政治学(国家編)』明法堂, 1891, pp.53-54.

18 崔誠「ナショナルマイノリティとは何か」『ヒューマンライツ』第69号, 1993年12月, pp. 59-60. 구보는 프랑스어 역사사전 Alain Rey, "Dictionaire historique de la langue française", *Le Robert*, 1992를 인용하고 있다.

1886년의『大正增補和訳英辞林』에서도 nation을 '인민', '나라 사람(国人)', nationality를 '민성(民性)', '민정(民情)', '민생(民生)'으로 번역하고 있으며, 민족이라는 단어는 등장하지 않는다. 여기서도 메이지 전반 20년 동안 일본에서는 '민족'이라는 말과 개념이 사회적 통념으로 자리 잡지 않았다는 것을 알 수 있다. 그리고 '민족'이라는 말은, nation 본래의 의미를 구현하는 번역어로서, 널리 사용되기 시작했다고 할 수 있을 것이다.

1890년 전후는 대일본제국 헌법이 공포(1889년 2월)되며 일본이 근대 국가로서의 형식을 어느 정도 갖춘 시기였다. 이후 청일전쟁(1894~95년)에서 일본의 승리는 민족국가로 변신을 꾀하던 일본의 존재를 주변 국가들에 강렬하게 각인시켰다. 윤건차의「민족 환상의 좌절 - '일본민족'이라는 자기 제시의 담론」에 따르면, 일본에서 '민족'이라는 관념(의식)이 성립된 것은 대략 1900년 전후의 청일·러일전쟁 사이 시기였다고 한다.[19] 중국에서도 1898년에 일본으로 망명한 량치차오가 1902년의「신민설(新民說)」에서 '민족주의'를 소개하면서 내셔널리즘이 석권할 당시 열강의 침략에 직면하여 혁명을 모색하던 중국에서 '민족(주의)'이라는 용어가 급격히 퍼졌다. 1905년에는 쑨원(孫文)이 제시한 '민족, 민권, 민생'의 삼민주의로 정치 일선에서 사용되기에 이르렀다. 일본에서는 대일본제국 헌법의 공포, 동아시아 수준에서는 청일전쟁에서의 일본의 승리가 민족 개념의 급속한 보급에 크게 영향을 미친 것이다. 이와 같이 동아시아에서의 '민족' 개념은 1870년대 일본에서 태어나 1880년대 말경부터 적극적으로 사용되기 시작했으며, 1890년대 중반경에는 중국으로 전파되었고, 세계적인 민족주의의 고양과 더불어 1900년대에 일시에 널리 퍼진 것이다.

한편 스즈키는「민족 개념의 근대성」에서 "민족이라는 개념은 근대

---

19 尹健次「民族幻想の蹉跌─『日本民族』という自己提示の言説」『思想』第834号, 1993年2月, p.17.

적인 것이다.…근대적인 민족국가가 전개될 때 그러한 통일 국가의 구성원 간에 혈통, 문화, 운명 공동체적인 일체성이 의식되어 형성된다”고 서술하고 있다. 감정적이고 정신론적인 민족론이 많았던 전전, 특히 태평양 전쟁 시기의 일본 상황에서 이러한 객관적이고 정확한 분석은 주목할 만한 가치가 있다고 생각된다.

지금까지 살펴본 바와 같이, ‘민족’이라는 한자어는 19세기 후반 일본에서 만들어졌으며, 영어·프랑스어의 ‘nation’을 번역한 용어로서 한자문화권에 확산된 것이다. 당시 일본에서 ‘민족’이라는 용어가 창출된 이유는 그때까지는 ‘민족’ 개념으로 포착해야 할 사회적 상황이 존재하지 않았고, 기존에 자신들과 타자(집단)를 구별하기 위해 사용되던 용어로는 이를 표현할 수 없었기 때문이다. 앞서 언급한 근래 간행된 서적들처럼 민족을 고대까지 거슬러 논하는 것은 많다. 그러나 마치 태고부터 민족이 존재했던 것처럼 서술하는 이러한 담론은 ‘민족’이라는 단어=개념을 가진 현대인의 발상으로 과거를 투영한 것에 지나지 않는다. 이러한 발상은 민족 개념이 없던 시대의 사람들에게 민족이라는 의식이나 결속이 있었던 것처럼 착각을 불러일으켜 현재와 연결된 과거 또는 과거 위에 세워진 현재를 오인하게 만들 위험이 있으므로 주의가 필요하다.

그러면 다음으로 ‘소수민족’이라는 용어의 탄생에 대해 살펴보도록 하자.

3. 한자어 ‘소수민족’의 출현과 사용

‘소수민족(少数民族)’이라는 한자어도 현재 일본, 중국, 한국 등 동아시아에서 널리 사용되고 있다. ‘민족(民族)’과 마찬가지로, 이 용어 역시 일본에서 만들어져 한자문화권으로 퍼졌다. '홋카이도에는 아이누 족… 등의 종족이 있으나, 그 수는 매우 적다. 이들 소수민족 가운데에 는'이라고 말한 마쓰무라 요시노리(松村吉則)의 『일본상공지리(日本商工地 理)』(1909년도 강의)나, 외무성 정무국(外務省政務局) 『외사휘보(外事彙報)』 제 3호(1914년)에 실린 오스트리아 ─ 헝가리 외상 연설에서의 「런던 대사회 의에서 결의된 소수민족의 보호」 등은 초기 용례로 여겨진다.

1919년 파리 강화조약의 일본 정부 번역본(공식 번역)에서도 '소수민 족(少数民族)'이라는 한자어가 사용되었다. 예를 들어 「동맹 및 연합국과 오스트리아국 간의 평화조약 및 의정서와 선언」(생제르맹 조약, 1919년 서 명, 일본은 이듬해 10월 비준)의 제5부 'Protection of Minorities' (제62~69조) 는 '소수민족의 보호'로 번역되어 있다.[20] 일본 정부 내에서는 이 시점 에서 이미 '소수민족'이라는 단어가 정착된 것으로 보인다.

단, 이 조약 제69조 본문의 'persons belonging to racial, religious or linguistic minorities'는 '종족, 종교 또는 언어상 소수에 속하는 자'로 번역되었고, 당시 연합국의 강화조약 심의를 전하는 신문 보도에서는 '소민족'(같은 해 6월 6일 도쿄 아사히신문)이나 '소수단체'(6월 5일)라는 표현 도 보인다. 이는 '소수민족'이 당시에는 아직 일상어로 정착되지 않았 음을 보여주는 것이다. 일본이 제1차 세계대전의 승전국으로서 평화조 약 체약국 중 하나가 되고 또한 '신국가 및 마이너리티 위원회'의 멤버 로서 마이너리티와 관련된 각종 회의에 참여하면서, '소수민족'은 영 어/프랑스어의 'minority/minorite'에 상응하는 일본 국내용 용어로 정 착되었을 것으로 생각된다.

한편 중국에서 처음으로 '소수민족'이 사용된 문헌은 1924년 1월 「중국국민당 제1차 대표대회 선언」이라고 알려져 있다. 중국공산당이

20　外務省條約局編 『条約彙纂3②』, 1925年12月, pp.33-34, 254-259.

‘소수민족’을 사용하기 시작한 것은 1926년 11월의 서북군 공작에 관한 지시 및 국민군에서의 공작 방침에 관한 결의에서였다. 중국공산당이 설립된 1921년부터 1925년 사이 리다자오(李大釗), 천두슈(陳独秀) 등의 지도자는 ‘약소민족’이나 ‘소민족’이라는 말을 자주 사용했으며 ‘이종민족’(1922년 7월 제2차 대표대회)이라는 표현도 있었다. 1930년대에 들어서도 ‘약소민족’, ‘소민족’이라는 단어가 많이 사용되었는데 ‘소수민족’으로 통일된 것은 중화인민공화국 설립 이후의 일이다.[21]

그러면 다음으로 국제사회에서 마이너리티와 민족이 어떻게 결합되었는지에 대한 경위를 살펴보도록 하자.

4. 마이너리티와 민족, 국적의 연결

현재 일본에서 출판되고 있는 영일 사전은 ‘minority’의 번역어로 ① 미성년, ② 소수, 소수당, 소수파 등과 함께 ‘소수민족’을 포함시키고 있다. 그러나 국회도서관이 소장한 메이지 시대에 출판된 영일 사전 6권에서 ‘minority’를 찾아보면 ‘유소(幼少)’, ‘소수(少数)’ 등의 의미만 있을 뿐 민족과 연결된 번역어는 발견되지 않는다.[22] 이는 ‘마이너리티’라는 단어가 민족이나 국적과 결합된 개념으로 사용되기 시작한 것이 20세기에 들어서의 일이기 때문이다.

---

21 金炳鎬「我国"少数民族"一詞的出現及使用状況探討」『黒龍江民族叢刊』第4期, 1987, pp.20-21.

22 조사한 영일사전과 각 사전에서 minority의 번역은 다음과 같다. 『明治大成英和対訳字彙』伊藤岩次郎, 1885년에는 ① 유치한 것, 『新撰英和字典』雲根堂, 1886년에는 ① 어린 무리, 아주 적음, ② 적은 수, 『英和字海』文学社, 1887년에는 유치한 것, 『明治英和字典』六合館, 1885~1889년에는 ① 미성년, ② 소수, 『新英和辞典』大倉書店, 1900년에는 ① 어린 무리, 어린 나이, 미성년, ② 아주 적음 『新訳英和辞典』三省堂, 1902년에는 ① 미성년, 어리고 적음, 어린 나이, ② 소수.

국제법에서 마이너리티 보호의 발단은 종교상의 마이너리티를 보호하기 위해 16~17세기 이후 서유럽을 중심으로 체결된 여러 조약이라고 여겨져 왔다. 이들 조약은 종교개혁으로 인한 신교와 구교의 분열 이후 타국 영토 내에 거주하는 자신들과 같은 종파에 속한 사람들의 '신앙의 자유'를 보장하는 것을 목적으로 했다. 프랑스 혁명 등을 통해 내셔널리즘이 고조된 19세기에 이르러 서유럽에서는 종교상의 마이너리티뿐만 아니라 인종상의 마이너리티의 보호가 문제로 제기되기 시작했다.[23] 그러나 이러한 논설들은 종교적 또는 인종적 마이너리티라는 개념이 20세기에 등장한 뒤 이를 과거에 적용한 것으로 당시 조약에서는 '마이너리티'라는 단어가 사용되지 않았다.

영어의 '마이너리티'가 민족, 인종, 종교, 언어와 결합된 개념으로 명확히 사용되기 시작한 것은 1919년 파리 강화회의에서 미국의 우드로 윌슨(Woodrow Wilson) 대통령이 국제연맹 규약에 '인종적 또는 민족적 마이너리티'(racial or national minorities)에 관한 조항을 삽입하려는 제안을 내놓으면서부터라고 생각된다.[24] 유엔 차별 방지 마이너리티 보호 소위원회(Sub-Commission on Prevention of Discrimination and Protection of Minorities) 위원이자 1967년에 마이너리티 권리에 관한 연구를 수행하는 특별보고관(Special Rapporteur)으로 임명된 프란체스코 카포토르티(Francesco Capotorti)는 그 기원으로 1867년 오스트리아와 헝가리의

---

23 Francesco Capotorti, *Study on the Rights of Persons belonging to Ethnic, Religious and Linguistic Minorities*, United Nations, 1991, pp.1-2. Dr.iur.et habil. Manfred Nowak, *U.N. Covenant on Civil and Political Rights, CCPR Commentary*, N.P. Engel Publisher, 1993, pp.480-487.

24 *Oxford English Dictionary, Second Edition*, 1989(1933, 1966)는 minority라는 말의 의미와 그 의미를 갖기 시작한 시기를 다음과 같이 기술하고 있다. 더 작거나, 열등하거나, 혹은 하위 상태에 있다는 조건이나 사실(1533년). 생애의 초기 단계인 청년기(1632년). 인종, 종교, 언어 등의 차이로 인해 공동체의 나머지 구성원들로부터 구분되어 있는 소수 집단(1921년, 평화회의).

아우스글라이히(Ausgleich, 타협) 결과로 제정된 오스트리아 헌법(1867년 12월 21일)의 제19조(민족적 소수자의 권리)와 헝가리의 민족법(1868)을 들고 있다.[25]

제1차 세계대전으로 복수의 네이션을 포함한 오스트리아=헝가리 제국, 러시아 제국, 튀르키예 제국, 독일 제국 등이 해체된 이후 '내셔널리티 원칙(Nationality Principle)'의 적용에 따라 각 네이션이 머저리티가 되는 새로운 국경선이 그어졌다. 이로 인해 유럽 국가들은 모두 네이션 스테이트가 되었다. 그때 이 원칙에서 누락된 소수 네이션을 파리 강화회의에서는 '인종적 또는 민족적 마이너리티'라고 불렀다. 윌슨의 제안에는 그의 브레인으로서 '인민의 변호사(people's attorney)'로 불린 법률가이자 미국 내 시오니즘 운동의 지도자였던 루이스 브랜다이스(Louis D. Brandeis, 후일 미국 대법관)의 영향이 있었다는 지적도 있다.[26] 이를 배경으로 유럽과 러시아에서 미국으로 망명한 유대인들이 카를 카우츠키(Karl J. Kautsky, 독일 사회민주주의의 이론적 지도자)나 오토 바우어(Otto Bauer, 오스트리아 사회민주당 지도자·사회학자)의 이론을 전파했을 가능성도 고려할 수 있다. 이리하여 유럽의 다민족제국의 해체로 인해 생긴 국제법의 새로운 주체로 'national minorities'가 탄생하였고, 이를 보호하기 위한 조약들(통칭 '소수민족 보호조약')이 만들어져 제1차 세계대전의 패전국과 중부 유럽의 신흥 국가들에 그 의무가 부과되었다.

한자어 '소수민족'은 이 'national minorities'에 상응한다. 국제연맹 시대에는 'national minority'나 'racial, religious or linguistic minority'를 줄여 단순히 'minority'라고 부르는 경우가 많았지만 일본에서는 생략된 부분인 '민족'을 그대로 유지하여 '소수민족'으로 사용했으며,

---

25 Capotorti, *supra* note 21, p. 3.
26 草間秀三郎 『ウィルソンの国際社会政策構想—多角的国際協力の礎石』 名古屋大学出版会, 1990, pp.113-115.

'minority'='소수민족'이라는 관용이 정착된 것으로 보인다. 또한 국제 연맹 시기에는 네이션과 연결되는 모든 단어가 국가와 연결되는 의미로 대체되었고, 마이너리티 보호와 관련된 여러 문서에서 'nationality'는 '국적'의 의미로 바뀌었다고 한다.[27] 이러한 국제적 상황은 일본이 마이너리티에 상응하는 한자어를 만들어야 했던 시기에 일본 내 '소수민족'이라는 단어와 개념에 영향을 준 것으로 보인다.

유엔 시대가 되자 'national minority'라는 용어는 유럽을 무대로 하여 2차 세계대전으로 인한 국경 변화의 결과로 생긴 특정 지역의 특정 사람들을 대상으로 했으며, 또 내셔널리즘을 떠올리게 하는 것으로 기피되어 새로운 인권 문서에서는 'ethnic minority'(고유의 문화를 향유할 권리), 'religious minority'(특정 종교를 신앙·실천할 권리), 'linguistic minority'(자신의 언어를 사용할 권리)라는 세 가지 범주로 나뉘어 대체되었다.[28] 이때 일본에서는 'national'이 대체되지 않고 남아 있었기 때문에 '종족적(ethnic), 종교적(religious) 또는 언어적(linguistic) 소수민족(national minority)'이라는 난해한 용어가 만들어졌다고 여겨진다.

일본 정부는 "'민족'이라는 용어는 일반적으로 문화, 종교, 언어 등을 공유하는 인간 집단을 의미하는 것으로 사용되고 있다고 생각되며, B규약(자유권 규약) 제27조의 취지를 통해 볼 때 같은 조항 중의 '마이너리티'의 번역어로 '소수민족'을 사용하는 것이 부적절하지 않다고 본다"고 밝히고 있다.[29] 여기서 말하는 '문화, 종교, 언어 등을 공유하는 인간 집단'=민족은 바로 내셔널리티(고전적 의미의 '네이션')를 뜻하며, 이 견해는 곧 '종족, 종교, 언어라는 세 가지 요소를 공유하는 소수민족의

---

27 窪·前掲注19 論文, pp.61-62.

28 Capotorti, *supra* note 21, pp.6-7, 57.

29 細川護熙内閣総理大臣「市民的政治的権利に関する国際規約第27条にいう『種族的, 宗教的, 言語的マイノリティ』の在日韓国·朝鮮人への適用に関する質問に対する答弁書」第2号, 内閣参質129, 1994年3月29日, pp.3-4.

권리'로 오해하고 있음을 보여준다.

1992년 UN에서 '마이너리티 권리 선언'이 채택되었다. 이때 'national or ethnic, religious and linguistic minorities'로 'national minority'가 부활했다. 일본 정부의 앞서 언급된 견해에 따르면, 'national minority'는 '민족적 소수민족' 또는 '국민적 소수민족'이라는 더욱 난해한 용어로 번역될 수밖에 없다.

5. 일본에서 '소수민족' 개념의 형성과 변용

전전의 국제법학자 오사와 아키라(大澤章, 규슈제국대학 명예교수)는 1929년 「소수민족의 법률제도」에서 생제르맹 조약(제1차 세계대진 후 오스트리아와의 강화조약) 제63조 1항이 "특정 국가 주민 중 국적에 따른 소수자까지도 국제법상의 보호 대상으로 삼았다"고 언급하며, "소위 소수국민(nationale Minderheit)은 소수민족과 이 국적을 달리하는 소수자를 포함하는 것으로 보아야 한다"고 서술했다. 또한 '소수민족'의 개념을 구성하는 요소에 대해 "단지 다수민족과 다른 것으로 인정될 수 있는 소수자의 존재만으로 충분하다"고 지적하고 있다.[30] 여기서 사용된 '소수국민', '소수민족', '소수자'라는 세 용어의 차이가 명확하지는 않지만 이들 용어가 상호 다른 것으로 분류된 점은 흥미롭다.

국제연맹 시대 일본은 상임이사국으로서 국제적 공헌을 다하기 위해 중동부 유럽의 소수민족 문제를 중재하는 많은 역할을 맡았다. 전후 사토 나오타케(佐藤尚武, 1926년 당시 국제연맹 제국(帝國) 사무국장)는 국제연맹에서 "소수민족 문제 전부가 우리나라와 직접 관련 없는 문제였기 때문에 우리나라 이사는 많은 사건의 심사위원으로 선출되었으며, 소

---

30 大澤章 「少数民族の法律制度」『外交時報』第561号, 1929, pp.15-17.

수민족 문제 처리에서 우리나라 이사의 공적은 매우 현저했다"고 말했다.[31] 이러한 관여 속에서 이 시기 일본에서의 소수민족 문제는 일반적으로 제1차 세계대전의 영토 변경으로 발생한 중동부 유럽의 내셔널 마이너리티를 의미했으며, 파리 강화조약과 국제연맹 하에서 형성된 소수민족 보호조약과 직결된 것으로 인식되었다. 당시 일본의 서적, 잡지에 나타난 소수민족 문제는 중동부 유럽의 까다로운 문제로서 일본의 문제가 아니라고 여겨졌다.[32] 이것이 처음으로 일본 자신의 문제로 인식된 것은 대일본제국 붕괴 이후의 일이다.

일본 정부는 국제연맹 시대 상임이사국으로서 연맹의 소수민족 보호에 깊이 관여하고 이를 잘 알고 있었다. 따라서 1940년대 패전 직후 제1차 세계대전의 패전국이나 중부 유럽의 신흥 국가가 국경 변화에 따라 부과받았던 소수민족 보호조약이 이번에는 조선인과 대만인에 대해 일본에 부과될 것을 상정하고 연맹 시대의 소수민족 보호조약을 조사한 흔적이 있다. 예를 들어 1945년 11월에 설치된 외무성 평화조약 문제 연구 간사회는 '국적 문제와 평화조약'(1946년 1월 31일)에서 조선과 관련된 구체적 상정과 희망에서 독일 평화조약의 폴란드 및 체코슬로바키아에 관한 정치 조항을 선례로 들며, '출생, 국적, 언어, 종족 또는 종교에 의해' 차별받지 않는다는 원칙을 당사국이 표명해야 할 방법의 필요성을 '두 말할 필요 없다'고 하였다.[33] 또한 평화조약 문제 연구 간사회의 '대일 평화조약

---

31 佐藤尚武監修『日本外交史(14) 国際連盟における日本』82, 鹿島出版会, 1973, pp. 451-452.

32 예를 들면 '소수민족 보호는 주로 남유럽 국가들과 발틱, 코카서스 지방의 소국가들에서 일어난 것이었다'(牧野義智『現代の外交と国際連盟』大阪屋号, 1920, p.250). '평화조약을 완성한 새로운 "유럽"에는 소위 소수민족을 포함한 다수의 국가가 출현했다.…그리고 흔히 다수민족이 소수민족을 압박하고 학대하는 경향이 있기 때문에, 소수민족의 보호라는 것이 국제법상 필요하게 된 것이다'(藤澤親雄「少数民族保護問題」『国際知識』, 1923年 12月号, p.15).

33 外務省『日本外交文書 サンフランシスコ平和条約準備対策』42, 2006, pp.64- 65.

상정 및 이에 대한 희망 조항 대강(제2 초안)' (1947년 2월)에서도 "재일조선인에 관해서는 일본의 인구 상태, 베르사유 조약의 선례 등을 고려하여 국적에 관한 선택권을 행사하게 해야 한다"고 명시하고 있다.[34]

그러나 결과적으로 1952년 4월 19일 법무부 민사국장의 통지에 따라, 평화조약(대일 강화조약)이 발효되는 1952년 4월 28일을 기점으로 재일조선인과 대만인은 일본 국적을 상실하게 되었다. 마이너리티로서의 권리 보장 조치는 전혀 취해지지 않았으며 오히려 비일본 국적이라는 이유로 선거권, 사회보장을 비롯한 다양한 권리에서 배제되었다(자세한 내용은 본서 제2부). 이러한 배경에는 적어도 두 가지 요인을 지적할 수 있다.

첫째, 유엔이 마이너리티 권리 보장에 대한 노력을 미룬 점이다. 1940년대 유엔에서는 파리 강화회의에서 체결된 일련의 소수민족 보호조약과 그 이행을 둘러싼 국제연맹 내의 수많은 쟁송을 이유로 마이너리티 권리에 소극적이었다. 1945년 유엔 헌장과 1948년 세계인권선언에도 마이너리티와 관련된 문구가 포함되지 않은 이유가 여기에 있다. 외무성 조약국 법규와 '평화조약에서의 국적 문제'(1946년 12월 23일)는 "이번 전쟁 후 연합국에 의한 국적 문제, 소수민족 문제의 처리는 제1차 세계대전 후 민족자결주의를 중심으로 한 처리에서 멀어지고 있다는 점을 간과할 수 없다"고 하며, 이 같은 추세를 일찍이 감지하고 있었다.[35] 일본 정부가 유엔이 국제연맹과 같은 소수민족 보호를 하지 않을 것이라는 느낌을 받은 것으로 보인다.

당시 국회에서는 재일조선인의 '소수민족 문제화'에 대한 우려가 자주 논의되었다. 그중 1949년 3월 1일, 중의원 법무위원회에서 우에다

---

34 松本邦彦 「在日朝鮮人の日本国籍剥奪—日本政府による平和条約対策研究の検討」 『法学』 第52巻 4号, 1988年10月, pp.130-131.

35 外務省外交史料館所蔵, 文書課 「外交記録」リールNo.B-0010「対日講和に関する本邦の準備対策関係 領土問題(人口, 国籍問題を含む)」, 1982, p.164.

슌키치(殖田俊吉) 법무대신은 "조선인의 국적에 대해 아직 확정적인 신분이 정해지지 않은 사람이 대다수입니다. 그런 의미에서 일본 국민 중 하나의 소수민족이라고 할 수 있습니다"라고 답변했다. 그러나 같은 해 11월 16일 참의원 본회의에서 마쓰이 미치오(松井道夫) 의원(료쿠후카이[36])이 "조선인 문제는 소수민족 문제로서 그 대책이 적절하지 않으면 백 년 후에 후회로 남을 중요한 문제입니다"라고 발언하자, 요시다 시게루(吉田茂) 총리는 다음과 같이 답변했다. "소수민족 문제라는 관념으로 조선인을 대하지 않고 일본인과 조선인이 지금까지처럼 융합한다는 것을 정부로서도 고려하고 있습니다."[37]라고. 적어도 이 시점에서 당시 정책 결정을 주도한 요시다에게는 재일조선인을 국제법의 주체, 내셔널 마이너리티로서 대우할 생각이 없었음을 엿볼 수 있다.

둘째, 일본공산당과 재일조선인 운동 간의 알력이 있다. 일본공산당은 1951년 2월 제4회 전국협의회 '재일 소수민족과의 연대 강화'에서 "재일 소수민족의 이익과 권익을 지키기 위한 투쟁에 적극적인 지원과 협력을 해야 한다"며, 재일조선인을 일본 내 소수민족으로 규정했다. 그러나 1954년 8월 30일과 1955년 2월 25일, 조선 민주주의 인민공화국의 남일 외상이 두 차례 성명을 통해 재일조선인을 공화국 국민으로 규정하자, 1955년 1월 1일 일본공산당은 '재일조선인 운동에 대하여'에서 재일조선인에 대한 소수민족 규정을 파기할 것을 명확히 했다. 같은 해 5월 말, 재일본 조선인 통일민주민족전선(민전)이 해산되고 현재의 재일본 조선인 총연합회(총련)가 탄생했다.[38]

당시 재일조선인들에게 있어 재일조선인 소수민족론이란 전후에도

---

36 1947년 5월 보수파 무소속 의원으로 결성된 참의원의 원내 회파로서 1965년 6월 해산했다(역자 주).

37 第6回 国会参議院(1949年 11月 16日)会議録, 第12号, pp.123-124.

38 金石範『「在日」の思想』筑摩書房, 1981, pp.11-17(在日朝鮮人少数民族論のこと). 在日朝鮮人社会・教育研究所『帰化(下)』晩聲社, 1989, pp.235-243.

재일조선인 운동이 일본공산당의 지도를 계속 받을지, 아니면 그로부
터 분리 독립하여 일본공산당과 대등한 위치의 조직으로 설 것인지에
관한 문제였다. '일국일당 원칙'이 여전히 유지되는 가운데, 재일조선
인들은 일본의 소수민족이 아니라 조선 민주주의 인민공화국의 재외
공민이라는 주장을 관철한 것으로 보인다. 1955년 이후 재일조선인이
일본의 소수민족이라는 언설은 일본공산당 내에서도, 재일조선인 운
동 내에서도 금기시되었다.

　이로써 재일조선인을 소수민족으로 위치 짓는 것을 부정하는 입장
은 일본 정부와 재일조선인 사이에서 완전히 다른 문맥을 거쳐 일치했
다고 볼 수 있다. 요시다 총리는 1950년 10월 29일 조약특별위원회에
서 소네 에키(曽祢益, 외무성 출신의 우파 사회당) 의원이 분리될 지역 주민의
국적 귀속 문제에 대해 언급하며, 외국 국적의 재일조선인의 존재가 소
수민족 문제로 이어질 수 있다는 점을 들어 "나는 일본에 장래 소수민
족 문제를 남기고 싶지 않다"고 말하자, "당신이 말하는 것처럼 소수민
족 문제가 생겨서 다른 나라에서 곤란을 겪은 사례가 적지 않기 때문에
이 문제(조선인에게 일본 국적을 부여하는 문제)에 대해서는 신중히 생각하고
싶다"고 답변했다. 신중한 검토의 결과는 "귀화 방식에 의해 충분히 재
류 조선인들의 희망을 충족할 수 있다는 결론에 이르렀고, 특별히 국적
선택 조항을 (평화조약에) 삽입하는 것은 요구하지 않기로 했다"(1950년
11월 5일 참의원 조약특별위원회, 니시무라(西村) 조약국장)는 것이었다.[39]

　주권 회복 이후, 일본 정부는 '이 사람들이 일본에 동화되지 못하고 민
족의식을 강하게 가진 채로 영구히 남는다면 소위 소수민족 문제로 걱정
스런 상태가 생길 우려가 있다'[40]며, '언제까지나 외국 국적을 유지하는

39　第12回国会参議院平和条約及び日米安全保障条約特別委員会(1951年10月29日)
　　会議録, 第20号, pp.5-6. 同特別委員会(1951年11月5日)会議録, 第10号, pp.18-20.
40　川上富次「朝鮮人帰化行政の将来(その二)」『民事月報』1965年12月号, p.70.

것은 바람직하지 않으며 동화, 즉 귀화하는 것이 가장 좋다'[41]고 하여, 1952년의 통지로 상실시킨 일본 국적을 재일조선인과 대만인에게 귀화 신청을 통해 취득시키려 했다. 그러나 이 귀화는 '민족의식의 발로로 굳이 외국인적인 호칭을 고집할 경우 귀화를 통해 일본 국민으로 만드는 데 적합한 자로 간주할 수 없다'[42]는 행정 방침에 따라 진행되었고, 1952년 이후의 귀화자(2001년까지 약 50년 동안 한국·조선인만 약 25만 4천 명)의 대부분이 민족명을 포기하고 일본식 성명으로 바꾸도록 강요받았다.

이처럼 일본 정부 내에는 국제연맹 시대부터 일관되게 소수민족 문제를 골치 아픈 문제로 인식했던 경향이 있었음을 알 수 있다. 한편, 재일코리안 사이에서는 1970년대에 이르러 1세에서 2세, 3세로 세대교체가 이루어지면서 재일코리안의 미래에 대한 논의가 귀화와 국적이라는 그간 금기시되었던 문제를 중심으로 격렬하게 나타났다. 이 시기는 1960년대 미국에서 일어난 공민권 운동의 영향이 일본에도 전달되면서 개인의 인권으로서 마이너리티 권리를 주장하는 경향도 생겨났다. 동시에, 일중 국교 정상화 이후 재일코리안 등이 중국의 연변 조선족 자치주를 방문하는 가운데 중국 소수민족의 실정이 주목받았고, 이 과정에서 재일코리안은 '일본의 조선족'이 아니라는 중국과의 차이도 논의되었다.

6. 동서 경로를 거쳐온 개념의 합류

중화인민공화국에서의 소수민족은 국무원이 승인한 55개 민족을 가리키며, 미식별 민족이나 중국 국적을 취득한 외국인, '잔류' 일본인

---

41 池上努 『法的地位200の質問』 京文社, 1965, p.19.

42 稲葉威雄 「帰化と戸籍上の処理」 『民事月報』 1975年9月号, p.13.

을 포함한 외국 국적을 유지한 채 중국에 생활 기반을 둔 사람들, 그리고 이들 외국인과 한족 사이에서 태어난 자녀는 포함되지 않는다.[43] 참고로 중국에서는 독자적인 소수민족 개념을 영어로 번역하기 위해 'minority nationals'라는 표현을 만들었는데, 자유권 규약 제27조의 'ethnic, religious or linguistic minorities'는 '인종적, 종교적 혹은 언어적 소수자'로 번역되었으며, 양자가 서로 다른 범주임을 알 수 있다.[44]

소련의 영향을 크게 받아 사회주의 국가가 된 중국에서는 '민족이란 언어, 지역, 경제생활 및 문화의 공통성에서 나타나는 심리 상태의 공통성을 기초로 하여 생긴, 역사적으로 구성된 사람들의 견고한 공동체'라는 이오시프 스탈린의 민족 정의가 큰 영향을 미쳤다.[45] 이러한 의미에서 중국의 '소수민족'은 원래 national minority를 의미하는 단어에 소련에서 전래된 민족 이론이 포함된 것이라 할 수 있다. 중국에서는 개인적 권리로서의 민족적 마이너리티 권리는 발전하지 않았으며 집단적 권리라는 국제연맹 시대의 특성이 그대로 유지되었다. 55개의 소수민족이라는 고정된 숫자가 언급되는 것은 개인적 권리라는 관점이 부재하기 때문이기도 하다.

중국의 민족 정책에 큰 영향을 준 소련은 '여러 민족의 감옥'이라고 불리던 다종다양한 러시아 제국의 영토를 계승하였으며, 블라디미르 레닌이 내부적으로 제안하고 유럽에서도 밀려드는 '민족자결'의 흐름을 받아들여 사회주의와 내셔널리즘이라는 정치적 목적을 양립시켜야 할 사명을 가지고 태어났다. 연방제에 의한 통합은 여러 민족에게 자결

---

43 岡本雅享「中国における少数民族の承認」『中国研究月報』第592号, 1997年6月, pp. 1-27.

44 『世界人権約法総覧』四川人民出版社, 1991, pp.978-799. 역으로 중국에서는 race에 '종족'이라는 역어가 대응하고 있다.

45 이것이 정착한 일본어역인데, '문화의 공통성 속에 나타난 심리상태'는 내용적으로는 '기질'과 거의 등가로 보아도 좋고, '민족적 성격'에 가까운 개념이라고 한다. 田中克彦『言語からみた民族と国家』岩波書店, 1991, pp.162-163.

권을 부여하는 동시에 분리를 방지하기 위한 고육지책으로 도입되었다. 또한 스탈린은 "모든 동방은 우리 공화국 동맹을 (민족 문제를 실천적으로 올바르게 해결할까라는) 실험 농장으로 보고 있다"고 자임하며, 19세기 유럽 사회주의에는 없었던 독특한 관점을 제시했다. 즉 아시아와 아프리카 식민지 민족의 해방과, 프리드리히 엥겔스(Friedrich Engels)가 말한 '뒤처진' 또는 '역사가 없는 민족'을 '문명 민족', '역사를 짊어질 수 있는 민족'과 동렬에 두겠다는 것을 선언했다.[46]

마이너리티 권리의 보장은 그 존재를 인정하는 것에서 시작된다. 이것이 20세기 현대사가 우리에게 준 교훈이다. 20세기를 돌아보면 국가가 영토 내 소수민족(national minorities) 또는 민족적 소수자(ethnic minorities)의 존재를 인정하지 않는 문제가 세계 각지에서 발생해 왔다. 이는 첫째, 동질적인 국민을 만들어 내는 것이 더 나은 국민국가라는 생각에서 비롯되었고, 마이너리티의 존재는 지우고 싶거나 최소한 눈에 띄지 않기를 바랐기 때문이다. 둘째, 특히 국제연맹 시대에 소수민족 보호가 국제적 합의로 확립된 이후 민족적 소수자로 인정하면 종종 해당 집단(또는 그 구성원)에 대해 국가가 특별 조치를 취해야 할 의무를 수반했기 때문이다.

이러한 20세기 세계에서 오히려 정부 주도로 소수민족 인정을 적극적으로 추진한 것은 사회주의 국가들이었다. 구소련 시대의 1989년 인구조사는 102개의 민족(나츠이야) 및 민족 집단(나로드노스치)을 기록하고 있다.[47] 중화인민공화국은 자국이 한족과 55개의 소수민족으로 구성된 다민족 국가임을 공언했으며, 베트남도 54개의 민족(잔톡)을 승인했다.[48]

---

46 위의 인용서, pp.248-256.

47 ボフダン・ナハイロ゠ヴィクトル・スヴォボタ(田中克彦監修)『ソ連邦民族・言語問題の全史』明石書店, 1992, p.697.

48 古田元夫『ベトナム人共産主義者の民族政策史—革命の中のエスニシティ』大月書店, 1991, p.570.

중국과 베트남이 특히 초기 단계에서 적극적으로 소수민족을 승인한 것은 앞서 언급한 스탈린의 담론 영향을 받았으며, 또한 네이션 스테이트라는 이름 아래 소수민족의 존재를 지우려 했던 '제국주의 국가들'과의 대치를 명확히 하고 '승리한다'는 의미도 있었던 것으로 보인다. 소련은 수많은 정치적 실험과 그 오류를 정당화하기 위해 특히 생물학, 유전학, 민족학, 언어학 분야에서 이론 구축에 몰두하며 이론적 정합성을 중시했다.[49] 중국이 소수민족 인정을 위해 지대한 노력을 기울이고 시간도 소비하며 민족 식별 조사를 실시한 것은 그러한 소련의 영향을 받은 것으로 보인다. 1950년대 중국의 소수민족 언어 조사와 소수민족 문자 창작도 소련 언어학자들의 지도 아래 이루어졌다.[50]

전후 일본에서도 연구자들과 각종 논단에서 민족 개념과 그 과학적 근거에 집착하는 경향이 나타났다. 이는 구소련과 중국을 거쳐 온 사회주의·공산주의적 이념과 결부된 것으로 보인다. 한편, 전후 일본 사회에서 주류를 점하게 되는 것은 미국식 관념이었다. 미국의 공민권 운동 이후 신문과 잡지 등에서 미국의 '마이너리티'가 '소수민족'으로 불리게 된 것이 20세기 후반 일본의 '마이너리티'와 '소수민족' 개념에 큰 영향을 미쳤다. 즉 전후 일본의 마이너리티/소수민족관은 중부 유럽에서 동쪽으로 돌아온(소련, 중국 경유) 소수민족 개념과 서쪽으로 돌아온(서유럽, 미국 경유) 마이너리티 개념이 혼재된 형태라고 할 수 있다. 김석범은 『'재일'의 사상』(1981)에서 재일조선인 '소수민족'론을 다루며 "내

---

49 田中克彦「『ソビエト連邦』の文明論─社会主義と『民族』論のゆくえ」『Libellus』, 1992年 2月号, p.12.

50 중화인민공화국에서는 소련교육과학원의 언어학자 세르듀첸코가 1954~57년에 걸쳐 초빙되어 중국과학원과 중앙민족학원의 고문이 되어 민족문자의 창작·개혁 사업의 지도를 맡았다. 상세한 내용은 岡本雅享『中国の少数民族教育と言語政策[増補改訂版]』社会評論社, 2008, pp.121-139(第4章「現代中国の少数民族語政策」)을 참조.

글에서 '소수민족'이라는 단어가 반복적으로 나오지만 그 의미가 반드시 일치하지 않는다."고 기록할 수밖에 없었던 것도 이러한 배경 때문일 것이다.[51]

유엔헌장과 세계인권선언에는 마이너리티 권리가 명시되지 않았지만 유엔 총회는 세계인권선언 전문을 포함한 1948년 12월 10일 결의 217(Ⅲ)에 '마이너리티의 운명'(Fate of Minorities)이라는 항목(C항)을 도입했다. 당초 마이너리티 문제에 소극적이었던 유엔도 1947년 유엔 인권위원회 산하에 '차별 방지 마이너리티 보호 소위원회'를 설치하는 등 1940년대 말부터 다시 마이너리티 권리 보장을 위한 활동을 활성화하기 시작했다. 그리고 1966년 세계인권선언을 조약화한 자유권 규약에서 선언에 포함되지 않았던 민족적, 종교적, 언어적 마이너리티의 권리가 명시되어 국제인권법의 일부로 확립되었다. 평화조약 체결 시 마이너리티 권리 보장 의무를 회피하고, 헌법에도 마이너리티 권리를 규정하지 않았던 일본은 1979년 자유권 규약을 비준함으로써 그 의무를 부담하게 되었다.

국제연맹 시대의 소수민족 보호는 특정 국가(제1차 세계대전의 패전국과 중부 유럽의 신흥 국가)에게 의무로 부과된 집단적 권리였지만, 제2차 세계대전 이후 국제인권법에서의 민족적, 종교적, 언어적 소수자의 권리는 원칙적으로 개인적 권리이다. 이는 또한 앞서 언급한 바와 같이 국적과 상관없이 누릴 수 있는 권리이기도 하다. 한편, 인류학자 아야베 쓰네오(綾部恒雄)는 "일본어의 '민족' 개념에 딱 들어맞는 영어가 존재하지 않는 것처럼, 일본어의 '소수민족'에 정확히 대응하는 영어도 찾을 수 없다"[52]고 역설적으로 지적하고 있듯이 '소수민족'이 1세기를 거치며 일본적 문맥 속에서 독자적인 개념을 형성하고 정착하기에 이르렀다.

---

51 金石範, 앞의 인용서, p.37.
52 綾部恒雄『現代世界とエスニシティ』弘文堂, 1993, p.249.

　법률 문장 차원에서는 'ethnic minority'를 '소수민족'으로 번역하는 것에는 논의의 여지가 있다고 하더라도, 'religious minority'를 '종교적 소수민족', 'linguistic minority'를 '언어적 소수민족'으로 번역하는 것은 적절하지 않다. 이는 이 두 범주의 마이너리티가 특별한 머저리티와 다른 민족, 종족일 것을 필요로 하지 않는다는 점에서 명확하다. 각 체약국 정부의 자유권 규약 이행 보고서 중에는 제27조의 마이너리티를 명확히 세 가지 범주로 나누어 보고한 사례도 있다.[53] 앞서 언급한 카포토르티의 보고서 및 유엔 내 일련의 연구 또한 이 세 가지 범주의 마이너리티 개념을 개별적으로 검증하고 있다. 또한 자유권 규약 제27조의 조문 해석을 제시한 HRC의 「포괄적 견해 23」에서는 보호 대상이 되는 개인을 특정 집단에 속하며 '문화, 종교, 그리고/또는 언어를 공유하는 자'로 정의하고 있다.

　조약은 국내에서 발효됨과 동시에 효력을 가지며 이를 소송 등에 사용할 때 법원은 일본 정부 번역을 공인 번역으로 사용한다. 만약 제27조를 근거로 한 소송이 제기되고 구체적인 소송에서 해당 조항의 해석이 문제가 될 경우, '소수민족'이라는 용어는 '소수자'나 '마이너리티'와 같은 표현으로 개정되어야 한다.

　앞서 언급한 '민족'이라는 용어의 동아시아에서의 창출 과정을 고려하면, 일본으로부터 이 용어를 도입한 한자 문화권 국가들에서는 ethnic minority와 national minority를 효과적으로 번역해 내지 못하고 있다. 자유권 규약의 정부(공인) 번역에서 사용된 '종족'은 유엔 공용어인 중국어로는 race(일본어의 '인종')와 동일한 용어로 사용되고 있다. 그러나 현대 일본어에서는 일반적으로 사용되지 않으며, '아이누 종족'이나 '조선 종족'이라는 표현도 쓰이지 않는다. 따라서 이를 번역어로 사용하는

53　예를 들면 아일랜드의 제1회 보고서(国連文書CCPR/C/68/Add.3, 30 October 1992) 등.

것은 적절하지 않다. 반대로 '종족'이라는 용어가 혼다 히데오(本田秀夫)의 『발달장애─살기 어려움을 안고 있는 소수파의 '종족'들』(SB신서, 2018)처럼 사용되는 경우도 있다. 본서는 ethnic minority가 아니라 발달장애자에 관한 책이다. 또한 national을 '국민적'으로 번역하는 사례도 보이는데, '국민적 배우' 등과 같은 형태로 사용되는 용어를 '소수자'와 결부시키는 것은 타당하지 않다. ethnic minority와 national minority 모두 현대 일본어 한자 용어로는 '민족적 소수자'로 표기하는 것이 적절하다고 판단하는 이유이다. 다만 제1차 세계대전 이후 파리 강화회의나 국제연맹 시대처럼 유럽과 깊이 관련된 역사적 맥락에서는 national minority를 '소수민족'으로 표현하는 것으로 한다.

7. 마이너리티 개념이 확대되는 가운데

현재 일반적인 의미에서 마이너리티는 장애인, 고령자, 여성, 아동, LGBT 등 사회적으로 약한 위치에 있는 사람들을 포괄적으로 지칭하는 데 사용되고 있다. 그러나 국제인권법이 권리 대상으로 인정하는 '민족적, 종교적, 언어적 마이너리티'를 다른 마이너리티와 혼합하여 완전히 동등하게 취급해서는 안 된다.

『모두가 마이너리티』(IMADR · JPRN 편, 현대기획실, 1992)라는 책이 있다. 예를 들어, 미국에서 머저리티의 상징으로 여겨졌던 WASP(White Anglo-Saxon Protestants) 내부에도 여성, 아동, 장애인, LGBT 등 다양한 마이너리티가 존재한다. 이 관점에서 보면 거의 모든 사람이 어떤 의미에서는 마이너리티일 수 있다는 발상이 나온다. 이 발상은 다문화주의에 있어서 머저리티에게 마이너리티에 대한 관심을 가지게 하고 이를 자신의 문제로 생각하며 연대를 촉진하는 데 효과적인 접근이었다.

　마이너리티 권리의 두 가지 주요 축 중 하나인 무차별(non-discrimination) 평등은 다양한 마이너리티에게도 동일하게 적용되어야 한다. 최근 2023년에 유엔 인권 고등판무관실(OHCHR)이 발간한 포괄적 차별 금지법에 관한『마이너리티 권리 보호 — 포괄적 차별 금지법 개발을 위한 실무 가이드』(Protecting Minority Rights — A Practical Guide to Developing Comprehensive Anti-Discrimination Legislation)는 그 대표적인 사례다(제4부 4장 참조). 그러나 두 번째 축인 집단적으로 고유의 문화, 종교, 언어를 유지·발전시킬 권리는 여성, 아동, 장애인, LGBT 등 다른 마이너리티에게는 해당되지 않는다. 이는 근대 이후 국제사회가 특정 민족·언어·종교를 주류=머저리티로 하는 민족국가(nation state) 체제를 바탕으로 형성되었기 때문에 발생한 권리다. 민족국가 체제 안에서 민족적, 종교적, 문화적 마이너리티는 주류로부터 무시되거나 배제되기 쉬우며, 그들의 목소리가 머저리티에 닿기 어렵기 때문이다.

　여성, 아동, 장애인, LGBT와 같은 마이너리티는 그들이 민족적, 언어적, 종교적 머저리티에 속할 경우에는, 민족적, 언어적, 종교적 마이너리티보다 사회적 주목이나 지지를 더 쉽게 얻는 경향이 있다. 이러한 상황에서 민족적, 언어적, 종교적 마이너리티와 그 외의 마이너리티를, 예를 들어 다양성(diversity)이라는 이름 아래 별 생각없이 동등하게 다루게 된다면 전자에 대한 대응이 후순위로 밀리는 결과를 초래할 수 있다. 이는 마이너리티 중에서도 어떤 형태로든 머저리티성을 가진 사람들이 우선시되기 때문이다. 민족국가라는 틀이 세계적으로 지속되는 한 민족적, 언어적, 종교적 마이너리티는 사회적으로 (출발선상에서) 더욱 불리한 위치에 놓여 있다는 점을 여성, 아동, 장애인, LGBT 등의 무차별 평등 운동에 종사하는 사람들도 충분히 이해해둘 필요가 있다. 그 기반 위에서 포괄적 차별 금지법 등 무차별 평등을 추구하는 활동에 있어서는 연대하면서도, 민족적, 언어적, 종교적 마이너리티가 집단으로서 독자적 문화, 종교, 언어를 집단적으로 유지하고 발전시킬 권리를 보장하는 데에도 협력하는 것이 바람직하다.

한편, 메이지기 일본에서 "right(s)"의 번역어로서 '권리'라는 용어가 탄생했는데 본래 right(s)는 '올바른 것', '본래 있어야 할 정상적인 상태'를 의미한다. 후쿠자와 유키치(福沢諭吉)는 『학문의 권장』에서 '권리통의(權理通義)'라는 역어를 제창하고 있었다. 후쿠자와는 본서의 2편 '사람은 동등한 것'에서 "권리통의란 사람들의 생명을 중시하고, 그들의 소유물을 지키며, 그들의 명예를 소중히 여기는 대의" 등으로 서술하고, 3편 '국가는 동등한 것'의 서두에서 "무릇 사람이라 불릴 수 있는 존재라면 부유한 자나 가난한 자, 강한 자나 약한 자, 인민이든 정부이든, 그 권의(權義)에 있어 차이가 없다"고 기술하고, "2편에서의 권리통의라는 네 글자를 줄여 여기서는 단지 권의로 약한다. 어느 쪽이든 영어의 '라이트'라는 말에 해당한다"고 설명을 붙이고 있다.[54]

'재일 특권'이나 '아이누 특권'이라는 말을 주장하는 사람들은 '권리'라는 단어 속의 '권'('장대 저울의 추'에서 파생되어 '힘이나 무게', '책략', '정도를 벗어나 힘에 의존하는 모습')에서 '권익(權益)', '리'(利—'칼날이 지나간 예리한 자국'에서 전화되어 '일이 유리하게 진행됨', '이익을 얻음', '도움이 됨' 등의 의미가 파생된 한자)에서 '이익', '이권'의 의미를 느끼고 있는 것으로 보인다. 그로 인해 '바른 일', '본래 있어야 할 정상적인 상태'를 추구하는 사람들의 모습이 '자신의 이익만을 요구하여 사회의 공익을 훼손하는 사람들'로 비치고, 그 가상 속의 인상에 근거하여 반발하고 있는 것으로 보인다. 그리고 머저리티 측에 속하는 사람들이 그 가상을 거리낌 없이 행동으로 옮길 수 있는 이유는 사회적으로 불리한 입장에 놓인 마이너리티를 공격하더라도 반격당할 현실적인 두려움을 느끼지 않기 때문이다.

---

54 福沢諭吉 『学問のすすめ』 岩波書店, 1978, pp.21~22, 27.

2016년 유엔 여성차별철폐위원회(CEDAW, 여성차별철폐조약 실시 기관)에 참가한 NGO를 SNS에서 "치마저고리나 아이누민족의상이 코스프레처럼 보이는 아줌마까지 등장. 완전히 품격에 문제가 있습니다", "존재 자체가 일본 국가의 수치"라며 모욕한 스기타 미오(杉田水脈) 중의원 의원이, 2023년 9월 삿포로 법무국에 이어 다음 달 10월에 오사카 법무국에서도 인권 침해로 판정받자 바로 SNS에 반론 영상을 게시했다. 그 영상에서 스기타는 "역차별, 가짜, 그리고 그에 따른 이권, 차별을 이용해 일본을 폄훼하는 사람들이 있다. 차별이 없어지면 곤란한 사람들과 나는 싸워왔다"고 주장했다. '라이츠'의 본래 의미를 이해하지 못한 채 '권리'라는 한자 용어에서 그것이 '이권'이나 '이용'과 결부된 것이라 착각하며, "평화를 유지하며 전제와 예속, 압박과 편협을 지상에서 영원히 제거하려고 노력하고 있는 국제사회에서 명예로운 지위를 차지하고자 한다"고 명시한 일본국 헌법(전문)의 정신을 훼손하는 행위라고 하지 않을 수 없다. 복수의 법무국에서 거듭 인권 침해로 인정받고도 여전히 앞서 언급한 발언을 할 수 있는 것은 그녀가 일본 국민 중에서도 극히 일부만이 누릴 수 있는 다양한 의원 특권을 부여받은 머저리티 중에서도 최상위 자리라는 안전한 위치에 있기 때문일 것이다.

덧붙여, 일정한 보호 없이는 평등한 상태를 유지할 수 없는 사회적 약자(마이너리티)를 위한 special rights(특별한 권리)와, 머저리티 중에서도 극히 일부의 유력자가 가지는 '특권 계급'이나 '의원 특권'으로 불리는 privilege(특권)는 완전히 별개의 것임을 지적하고자 한다. 이상의 관점에서 본서에서는 가능한 한 '권리'(일정 자격자에게 인정되는, 이익을 주장하거나 받을 수 있는 힘)라는 한자 용어 대신, 마이너리티에게 올바른 것, 본래 있어야 할 정상적인 상태를 의미하는 마이너리티 권리라는 표현을 사용하도록 하고자 한다.

제1부

마이너리티 권리 보장의 기원

-국제연합 전사(前史)-

제1장

네이션에서 마이너리티로
— 유럽 기원의 개념

구보 마코토

1. 머리말
2. 서구의 지(知)='당연한 존재론'
3. 신분지배=토지경제=지방분권화
4. 기업지배=화폐경제=중앙집권화
5. 정부가 만든 스테이트(국가)와 자연이 만든 네이션(민족)의 분리
6. 인종으로서의 네이션
7. 네이션(민족)을 스테이트(국가)에 실현하는 '원소(元素)=희망'으로서의 내셔널리티
8. 인종 간의 자유경쟁=전쟁

1. 머리말

오늘날 마이너리티 문제는 매우 다양한 형태로 나타나고 있다. 단지, 다수의견에 대한 소수의견을 문제로 삼는 경우도 있고, 장애자 차별을 문제로 삼는 경우도 있다. 또한 성적 지향이나 성적 자기인식을 문제시

하는 일도 있다. 그러나 조금 생각해보면 알 수 있듯이, 사람은 모두 개개인이 다른 것이지 같은 사람은 없다. 마이너리티라는 말의 논리적 전제인 머저리티 따위는 존재하지 않는 것이 된다. 그렇다면 왜 그것이 논란이 되는 것일까. 그 답은 역사 안에 있다. 역사상 머저리티는 '국민국가=네이션스테이트 Nation State' 건설 가운데 생겨났다. 네이션스테이트란, 네이션이라는 민(民)이 스테이트라는 국가제도를 건설한다는 사고방식이다. 이것은 역사 가운데서도 구미에서 18세기 후반, 일본에서는 그 영향을 받아서 19세기 후반에 나타난 매우 새로운 '개념=서사=인식=견해'이다. 종래 '국가=스테이트'란 군주의 지배단위이고 '군주국가'였다. 즉 군주에 의한 지배가 민(民)의 모임을 만든다는 것이 전통적인 '개념=서사=인식=사고방식'이었다. 그렇기 때문에 국가와 민(民)은 일체이고 후술하듯이 '왕의 신체'로 표현된 것이다. 그러나 '네이션스테이트=국민국가'라는 '개념=서사=인식=견해'는 문자 그대로 민(民)으로서의 네이션이 '국가'를 만드는 것이다. 이것은 '개념=서사=인식=사고방식'의 코페르니쿠스적 전환이었다. 그러면, 당연하게도 '민(民)으로서의 네이션이란 무엇인가', 바꾸어 말하면 '민(民)으로서의 네이션의 모임을 만드는 것은 무엇인가'라는 논의가 비등하게 된다. 그것은 당초 생활양식이라든지 풍토라든지 여러 가지 요소가 제기되었는데, 그 가운데 가장 주목을 받은 것이 인종(이라고는 하지만 오늘날 생각되는 그러한 생물적 의미에서의 협의의 인종이 아니라, 언어나 종교를 포함한 광의의 인종)이었다. 이리하여 민(民)으로서의 네이션은, 군주 지배에 의해 통합된 네이션이 아니라, 광의의 인종에 의해 통합된 네이션이고, (이것은 일본어로는 민족이라고 불리는 것이 되지만) 그렇기 때문에 공통의 인종에 의해 통합된 네이션에 국가=스테이트를 가질 권리가 있다는 사고방식이 생겨났다. 이것은 19세기에는 '내셔널리티원칙' 20세기에는 '민족자결권'이라고 불리게 된다. 역으로, 공통의 인종에 해당되지 않는 사람들이 다수파인 네이션과는 다른 마이너리티라는 의미에서, '내셔널마이너리티'(자주 소수민족으로 번역된다)로 간주되게 된다. 본 장은 네이션이란 개념이 어떻게 성립했고, 거기에서 내셔널리티, 내셔널마이너리티, 나아가서 인종적 언어적 종교적 마이너리티라는 개념이 어떻게 파생되어 왔는지를 밝히고자 한다.

이러한 인간 집단의 존재를 생각하는 데는 세 가지 주의할 점이 있다. 첫째는 네이션이나 마이너리티는 이미 말한 대로 '개념=서사=인식=견해'라고 하는 것. 즉 존재란 존재 자체가 아니라, 그 설명 즉 말로 바꿀 수 있다는 것. 바꾸어 말하면 말과 존재가 항상 혼동되는 경향이 있다고 하는 것(이하 '주의점 1'). 둘째는 '개념=서사=인식=사고방식'을 만드는 힘을 갖고 있는 것은 정치지배자라고 하는 것. 그래서 이 힘을 '설명 권력' 또는 '문제설정 권력'이라고 부를 수 있다. 이 권력이 사람들의 견해, 즉 인식을 지배하게 된다. '개념=서사=인식=견해'라는 표현을 한 것은 이것이 이유이다. 즉 말은 지배의 도구인 것이다(이하 '주의점 2'). 마지막으로 셋째는 '개념=서사=인식=견해'는 지배 권력의 문제이기 때문에 구체적인 정치경제 상황에 따른 지배조건의 변화에 의해 여러 가지 개념이 생겨나거나, 같은 개념이라도 다른 의미가 생겨나거나 한다는 것(이하 '주의점 3'). 이하, 이 세 가지 점을 보다 자세히 설명해 가겠다.

우선 네이션이나 마이너리티는 개념, 즉 말이라는 것이다. 찻잔이나 젓가락처럼 구체적으로 눈에 보이는 존재의 이름에 대해서는, 부모가 자식에게 가르치고, 사람들의 매일매일 하는 회화 속에서 사용됨으로써, 용법이 정해지고 널리 퍼져가는 것은 누구라도 이해할 수 있다. 그러나 네이션이나 마이너리티에는 실체가 없다. 네이션을 국가로 생각하든 국민으로 생각하든 어느 것이나 눈에는 보이지 않는다. 우주선에서 지상을 보아도, 지도 위와는 달라서 국경선이 그어져 있는 것도 아닐 뿐 아니라 통합된 국민이란 집단이나 마이너리티란 집단이 보일 리도 없기 때문이다. 그러한 눈에 보이지 않는 것에 관한 개념은 어떻게 해서 만들어져 가는 것일까?

이 물음이 주의점 2에 연결된다. 그러한 추상개념은 앞에 말한 찻잔이나 젓가락과 같은 구체적인 물건의 이름과는 달라서, 일반인의 생활에 필요불가결한 것은 아니다. 그렇다면 누구에게 있어 필요한 것일까? 그것은 정치지배자이다. 자기들의 지배를 정당화하기 위한 설명이 늘 요구되고 있기 때문이다. 그러면, 찻잔이나 젓가락과 같은 구체적인 물건의 이름과는 완전히 다른 원리에 의해, 개념=말이 생겨나게 된다. 구체적으로 눈에 보이는 물건의 경우에는 당연히 그 물건을 가리키기 위해서 말이 생겨나는 것에 대하여, 물건의 형태가 없는 추상개념의 의미는, 지배사인 말하는 자의 이해나 욕망의 정당화가 되기 때문이다. 즉 인간 집단을 나타내는 개념은 지배의 말인 것이다. 그리고 앞에 말했듯이 지배자가 만든 개념에 의해 사람들의 인식, 견해, 즉 세계관이 정해지게 된다. 예를 들면 '나라(国)'라는 말을 보자. '나라(国)'의 '口'는 '영토'를 나타내고 '玉'은 원래 '왕(王)'이었다. 즉 한자를 사용하는 우리에게 있어서 '나라(国)'란 우선 '왕(王)'과 그 '영토'를 나타내고 있다. 그렇다면 '민(民)'이란 무엇인가? 그 자원(字源)은 눈을 망가뜨린 노예였다. 그래서 이전 지배자의 지배 의사가 문자를 통해서 일본어 사용자의 인식 자체를 무의식 레벨에서 지배하는 것이 된다. 실제로 오늘날에도 일본에서는 정치는 윗분에게 맡기고, 민(民)은 '보려고 들으려고 말하려고 하지 않는' 무관심이다. 또한 멸사봉공이 중시되어, 자기를 버리고 위에 최선을 다하는 것이 미덕이라고 생각되고 있다. 나라에는 민(民)의 장소는 단지 눈이 망가뜨려진, 즉 정치에 관심을 가져서는 안 되는 노예로서 밖에 존재할 수 없기 때문이다. 이래서는 민주주의나 인권과 같은 사고방식을 이해하는 것이 곤란한 것은 당연하다. 그러면 서구의 전

56

통에 있어서 나라란 무엇인가? 동아시아에서는 전통적으로 지배자의 언어가 중국어였던 것에 대해, 서구에서는 라틴어였다. 라틴어에서는 나라를 respublica 레스프브리카라고 한다. 이것은 '민(民)의 publicus 사물 res'라는 의미이다.

이 레스프브리카는 나중에 영어의 republic 공화국, 프랑스어의 république 공화국으로 파생되어 간다. 즉 서구에서는 나라라는 말 안에 처음부터 주인공으로서 민(民)이 들어있는 것이다. 이것은 고대 그리스·로마에 있어서, 민(民)(이라고는 해도 모든 사람이라는 의미는 아니고, 노예 소유자인 남성지배엘리트를 말하는 것이기는 하지만)이 정치의 주인공이었기 때문이다. 이처럼 개념 즉 말의 의미에 보편성은 존재하지 않고, 나라와 레스프브리카처럼, 일견 같은 의미를 나타내는 개념처럼 보여도 실제의 의미는 전혀 다르다. 이것은 생각해보면 무서운 일이다. 오늘날 국제화의 흐름 속에서 국경을 초월한 사람들의 교류가 점점 더 왕성해지고 있다. 그렇기 때문에 하나의 외국어 단어에 대해서 하나의 일본어가 대응한다고 생각되는 경우가 많다. 예를 들면 'nation=국가(国家)' 'people=민(民)'과 같이. 그러나 일본인은 당연히 일본어의 '나라(国)'나 '민(民)'이라는 말을 통해서, 다른 '나라(国)'나 '민(民)'을 인식한다. 그러므로 예를 들어 구미에서는 시민뿐만 아니라 공무원이나 정치가까지가 빈번히 데모 행진을 함에도 일본인이 TV를 보면 '민(民)'이 '나라(国)'에 거역하는, 즉 나쁜 일을 하고 있는 것처럼으로 밖에 보이지 않는다. 반대로 예를 들면 구미사람이 'republic'이나 'people'이란 말을 통해서, 데모 행진도 하지 않는, 선거에도 가지 않는 일본인을 보면, 자기 일을 스스로 결정하려고 하지 않는 무책임으로 밖에 보이지 않는다. 더구나 예를 들어 권리라는 말도, 일본어에서는 '權(겐)'이라는 말은 권력이나 권위라는 예가 보여주듯이 으스대고 횡포한 이미지를 갖는다. '利(리)'는 말할 나위 없이 이익을 의미한다. 그렇기 때문에 일본에 있어서의 권리 주장은 '으스대는 이익 주장', 즉 '제멋대로'라는 매우 부정적인 행위로밖에 이해되지 않는다. 하물며 노예인 민(民)에게 허용되는 것은 아니다. 그러나 권리는 영어에서도 프랑스어에서도 '올바른 것(영어 right, 프랑스어 droit)'의 복수형이고, 프랑스어에서는 이 단수형은 그 자체가 법을 의미한다. 또한 이 '권리=법'이라는 관념은, 공통의 라틴어의 어원인 jus에서 유래한다. jus란 오늘날의 justice라는 영불 공통의 말의 어원이기도 한데, 이것은 즉 '정의'이다. 이리하여 '權利'라는 일본어에서는 제멋대로로 밖에 여겨지지 않던 관념이 구미에서는 법과 정의에 뒷받침되고 있다. 나아가서 일본에서는 권리라는 말은 법률전문용어로서 일반인이 사용하는 것으로는 여겨지지 않지만, 구미에서는 어린이가 '여기에서 밥 먹어도 돼?'라고 물을 때 사용하는 것과 같은 '~해도 좋다'라고 하는 일상용어인 것이다. 인권(human rights)이란 말도, 본서 제2부 1장에서 보듯이, 그 공적인 사용은 1941년 12월부터이고, 매우 새로운 말이다. 구미에 있어서의 전통적인 표현은 '권리와 자유(羅jus et libertas 또는 그 복수형으로서의 jura et libertates)'라고 한다. 이 표현은 오늘날에도 세계인권선언 전문(前文)에 있어서의 '권리 및 자유(영어 rights and freedoms 프랑스어 droits et liberét)'나 유럽인권조약의 정식 명칭인 '인권과 기본적 자유의 보호를 위한 조약(영어 Convention for the Protection of Human Rights and Fundamental Freedoms 프랑스어 Convention de sauvegarde des droits de l'homme et des liberéts fondamentale)'의 안에 그 흔적을 남기고 있다. 즉 인권이란 구미에 있어서는 '법=정의에 기초한 권리와 자유의 주장'임에 대해서, 일본에서는 '제멋대로'이고, 좋게 말해도 법무성이 그 홈페이지에서 설명하듯이 '배려'일 뿐이다.[1]

---

1 法務省「人権教室」<https://www.moj.go.jp/JINKEN/jinken04_00100.html>
(2024年1月11日열람. 졸저『人権法・人権政策のダイナミズム』信山社, 2023, pp.207 254 280-281 289-291 296 참조.

이러한 말의 의미 차이는 일본어와 외국어라는 다른 언어의 사이만은 아니다. 동일 언어 안에서도 일어난다. 예를 들면 오늘날 가장 알기 쉬운 예를 들자면 '우리 연합국의 인민은 WE THE PEOPLES OF THE UNITED NATIONS'로 시작하는 1945년 국제연합헌장이다. 여기에서의 인민 THE PEOPLES는 오늘의 상식에서 생각해보면 연합국의 모든 사람들이란 것이 되겠지만, 현실은 전혀 달랐다. 왜냐면 헌장 제정 당시 아시아·아프리카의 많은 민(民)은 연합국의 식민지 주민이었던 것이다. 또한 영어의 명사에는 단수인가 복수인가에 의해 의미 자체가 다른 경우가 있다. 선주민족이 people인가 peoples인가 라는 점이 실제로 커다란 논쟁이 된 것이다(본서 제2부 컬럼 [우에무라 히데키(上村英明)] 참조). 따라서 나라든 민(民)이든 네이션이든 피플이든, 어떠한 인간 집단에 대한 개념도, 각각의 배경에 있는 구체적인 사실을 확인하지 않고서는 결실있는 논의는 불가능하다고 하는 것이 된다. 그래서 인간 집단에 관한 개념이 어떠한 역사적 변천을 거쳐 오늘의 마이너리티에 이어져온 것을 되돌아보지 않으면 안 되는 것이다.

권위에 의해 뒷받침되고 정리된 '개념=서사=인식=견해'는, 일반적으로 '지(知)' '학문' 등으로 불린다. 오늘날의 서구의 지(知)의 근저에 고대 그리스철학 특히 아리스토텔레스의 철학이 있다는 것은 잘 알려져 있다. 본 장은, 인간 집단에 대한 아리스토텔레스의 지(知)가 어떻게 해서 네이션과 네셔널리티 그리고 내셔널마이너리티를 거쳐, 에스니크, 종교적, 언어적 마이너리티에 이르렀는가를 설명한다.

2. 서구의 지(知)='당연한 존재론'

왜 아리스토텔레스(Aristoteles)가 오늘날까지의 서구의 지(知), 나아가서는 일본을 포함한 세계의 지(知)에 있어서 그렇게 중시되는 것일까. 그것은 그의 지(知)가 지배자에게 있어서 편리하기 때문이다. 실제로 그는 마케도니아제국의 알렉산더대왕이 아직 젊었을 때의 가정교사였다. 어떻게 편리한 것인가. 그것은 말하는 사람 자신을 지배자, 말의 대상을 피지배자로 설정하고, 이 관계를 대상에 투영함으로써 이체의 존재를 설명하는 매우 단순명쾌하고 알기 쉬운 지(知)이기 때문이다(그림1-1-1). 이리하여 일체의 존재는 한편에 지배당하는 부분(머리 이외의 부분이라는 의미에서의 협의의 신체)과, 다른 한편에 지배하는 부분(머리 또는 정신)으로 성립되어 있는 광의의 신체로서 설명된다(존재의 이의성[二義性]). 즉 지배·피지배 관계가 말하는 자에 의해 문자 그대로 신체화 즉 실체화된다. 우주는 한편에 지배되는 부분(별들)과, 다른 편에 지배하는 부분(신)으로 성립된 '천체'라는 신체이다(그림1-1-2). 사물은 한편에 지배되는 재료로서의 부분=질량(영어 matter)과 다른 편에 지배하여 그 재료에 형태를 부여하는 부분=형상(영어 form)으로 성립하는 '물체'라는 신체이다(그림1-1-3).

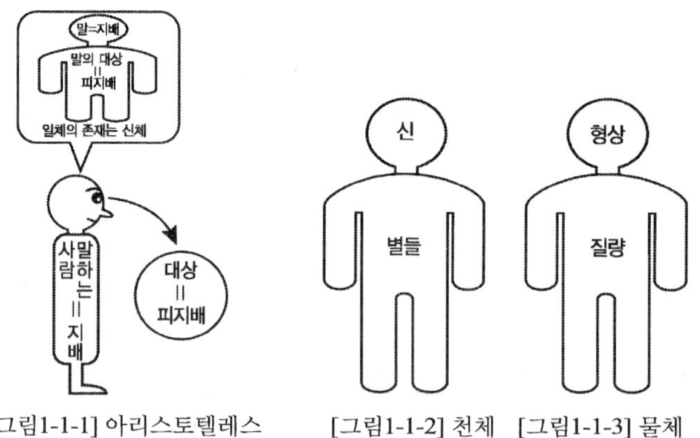

[그림1-1-1] 아리스토텔레스   [그림1-1-2] 천체   [그림1-1-3] 물체

사람은 원래 이것이 모델인 것이지만, 한편에 지배되는 부분(머리 이외의 부분이란 의미에서의 협의의 신체)과, 다른 편에 지배하는 부분(머리 또는 정신)으로 성립된 광의의 신체로서 설명된다(그림1-1-4). 인간 집단은 한편에 지배되는 부분(사지라는 의미에서의 멤버)과 다른 편에 지배하는 부분(치프, 셰프, 헤드 등 어느 것이나 머리란 의미)으로 성립된 '단체'라는 신체이다(그림1-1-5). 나라는 한편에 지배되는 부분(민[民])과 다른 편에 지배하는 부분(왕)으로 성립된 '정체(政體)'라는 신체이다(그림1-1-6).[2]

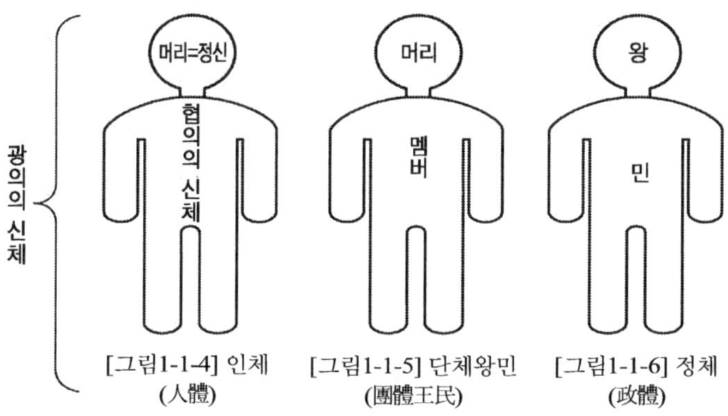

아리스토텔레스에게 말하는 자인 자기는 지배자이고, 말하는 자의 의사=정신=말=법(법칙)이 말의 대상인 재료 matter에 형태 form을 부여하고 있다고 생각하고, 이 말하는 자와 말을 듣는 대상과의 관계를, 존재하는 것 일체에 투영시키고 있는 것이다. 이것은 고대 그리스에 있어서 육체노동은 노예가 행하고 정신노동 즉 언어를 구사하는 학문은 지배 엘리트가 담당하고 있었다고 하는 지배조건(주의점 3)이 있었기 때

---

2 보다 자세한 정체(政體)분류에 대해서는, 졸저 『マイノリティの国際法』 信山社, 2006, p.16 참조. 또한 본 장은 이 졸저와 중복되는 부분이 있음을 양해 바람.

문이다. 오늘날 우리들은 '있음 (존재)'와 '당연 (당위)'를 구별하라고 배우지만, 고대 서구의 지(知)에 그 구별은 없다. 현대의 고명한 역사가인 오트·브른너(Otto Brunner)도 말했듯이 '거기에는 근대적 사고의 경우와 달리 존재와 당위와는 분리할 수가 없고, 서로 긴밀하게 연결되어서 공존하고 있었다'[3] 이 근저에는 아리스토텔레스가 나타냈듯이 유일한 세계지배자인 신이 그 의사=정신=말=법(법칙)에 의해 대상에 존재를 부여하고 있다고 하는 사고방식이 있기 때문이다. 즉 신=말하는 자에게 있어서의 '당위'가 대상의 '존재'인 것이다. 이것을 '당연한 존재론'이라고 부를 수가 있다. 실제로 스페인이 미국 대륙의 통치를 시작했을 무렵, 마드리드 궁정에서는 선주민족이 '인간'인가 아닌가의 논쟁이, 라스·카사스(Las Casas)와 세플베다(Sepúlveda) 사이에서 1550년부터 익년 1551년에 걸쳐 펼쳐졌는데, 세플베다가 논거로 삼은 것이 아리스토텔레스의 '선천적 노예인·자연 노예인설(태어나면서부터 노예가 되는 인간이 있다)'이라는 노예의 '정당한 존재론'이었다.[4] 아리스토텔레스는 기원전 4세기의 인간임에도 불구하고 참으로 약 2000년 후인 "16, 7세기의 스페인에서는 <거의 미신적인 존경과 숭배>를 받고 있었다".[5] 아리스토텔레스의 중요성은 절대적이었다. 두 사람의 논자는 기독교 신학자이고 이 논쟁은 신학 논쟁이지만 기독교 자체가 '처음에 말씀이 있었다(신약성서 요하네전1:1)'라고 하듯이, 말이 존재를 규정한다고 생각하는 '당연한 존재론'은 강력한 힘을 지니고 있었다.

이리하여 이 단순하고 일관된 '당연한 존재론'이 우리 일본어 사용

---

3 オットー・ブルンナー(石井紫郎ほか訳)『ヨーロッパ—その歴史と精神』岩波書店, 1974, p.166.

4 ルイス・ハンケ(佐々木昭夫訳)『アリストテレスとアメリカ・インディアン』岩波書店, 1974 (原著1959).

5 Antonio Dominguez Ortiz, "La esclavitud en Castlla durante la edad media", Estidos de historia social de Espana(2vols., Madrid, 1952), Ⅱ,406, ハンケ・위의 인용서, p.41에서 인용.

자에게는 이해 곤란할 정도로 상당히 특수한, 존재에 대한 지(知)의 구
조를 형성한다. 왜냐하면 우리에게 있어서의 '자연'이란 '있는 그대로'
라는 것이고, 지배 관계가 파고들 여지 따위는 존재하지 않는다. 그러
나 아리스토텔레스가 '자연이란 무엇인가를 고찰하려고 한다면 그것
은 오히려 자연에 따르는 것에 있어서 이루는 것이지 결코 타락한 것에
있어서 이루는 것이 아니다'[6] 라고 선언하고 있듯이, 말하는 자인 아리
스토텔레스는 말의 대상을 '자연(영어 physic 프랑스어 physique)'으로 파악
하고, 이것을 지배하는 '초자연(영어 metaphysic 프랑스어 métaphysique)'으
로서의 자신의 말을 자리매김하고 있다.

　　'만일 자연적 실체가 모든 존재 가운데 최고의 실체라면, 자연학이 모
　든 학문 가운데 최고의 학문일 것이다. 그러나 만일 어떤 다른 실체가 있다
　면, 즉 떨어져 존재하는 부동의 실체가 있다면, 필연적으로 이에 대한 학
　문은 어떤 다른 학문이고, 자연학보다도 보다 우선하는 학문이며, 보다 우
　선하는 학문임에 의해 보편적인 학문이다'.[7]

　이렇게 해서 한편으로 '대상으로서의 자연'에 대한 학문, 소위 피직
스=자연학(후의 유물론)과, 다른 한편에서 대상을 초월한 위치(메타)에 있
는 '지배하는 자연'에 대한 학문, 소위 메타피직스=(형태 있는 것을 초월한
학문이라는 의미에서의) 형이상학(후의 관념론)이라는 두 가지 지(知)가 성립
하게 된다(그림1-1-7).

6　アリストテレス(山本光雄訳)「政治学」1254a30『アリストテレス全集(15)政治学・経済
　　学』岩波書店, 1969, p.13.
7　アリストテレス(出隆訳)「形而上学」1064b10『アリストテレス全集(12)形而上学』岩
　　波書店, 1968, p.379.

[그림1-1-7] 지=학문

마지막 주의점 3은 지배조건의 변화에 따라 '개념=말=인식=견해'
도 변화한다고 하는 것이다. 서구사(西欧史)에서의 커다란 지배조건의
변화란, 토지경제에서 화폐경제로의 이행이 수반된, 권력의 지방분권
화 경향에서 중앙집권화 경향이고, 그 결과로서 비생산자가 생산자를
지배하는 신분 사회로부터 기업가가 노동자를 지배하는 기업사회로의
이행이다. 즉 신분 사회 속에서 국왕이 화폐경제를 발전시킴으로써 중
앙집권화를 꾀하고, 결국에는 절대왕정이라 불리게 될 정도로 강력한
중앙집권화에 성공하지만, 이번에는 그 과정 속에서 화폐경제의 발전
을 담당한 기업가가 왕권을 뒤집고 오늘날에 이어지는 기업지배를 내
세우는 것이다. 이 이행은 '당연한 존재론'의 어프로치 그 자체를 변화
시킨다. 신분 사회에서 지배자는 생활활동에 관련되지 않기 때문에 대
상의 존재에 대한 설명은 지배하는 쪽의 초자연(메타피직) 그 자체, 즉 신
의 의사=정신=말=법(칙)이 적혀 있는 권위 있는 전적(典籍, 아리스토텔레스
나 성서 등)에 의거하면 되었다. 그러나 기업사회에서는 기술에 의해, 지
배되는 측의 자연(피직)을 가공하지 않으면 안 된다. 그렇기 때문에 자
연(피직) 안에 신의 의사=정신 말=법(칙)을 발견해야만 한다. 실제로 17세
기가 되면 영국 철학자 프란시스 · 베이컨(Francis Bacon)은 "자연을 지배

하기 위해서는 그것에 복종하지 않으면 안 된다"[8]고 주장하고, 프랑스 철학자 루네·데카르트(René Descartes)도 같은 선언을 한다.

"이 실천적인 철학에 의해 불 물 공기 별 하늘 기타 우리를 둘러싼 모든 물체의 힘이나 작용을, 직인(職人)이 여러 가지 기능을 알 듯이 확실히 알아, 이와 같이 해서 그들 물체를 각각 적절한 용도에 사용할 수 있게 되어, 이렇게 해서 우리를 말하자면 자연의 주인으로 해서 소유자이게 하는 것이다".[9]

이것은 위에서 본 아리스토텔레스의 메타피직한 어프로치와는 정반대임을 알 수 있다. 이 두 사람은 피직 안의 법칙을 명확히 함으로써 존재증명을 하려고 하는 어프로치, 즉 오늘날의 피직스=물리학을 선언한 것이다. 다음으로, 그 이행과 집단개념의 변용을 구체적으로 보도록 하겠다.

3. 신분지배=토지경제=지방분권화

위에서 서술한 바와 같이, 그리스·로마 시대가 노예제 위에 성립된 신분 사회인 것은 말할 나위가 없다. 이러한 지배조건은 로마제국이 동서로 나뉘고 서로마제국이 게르만 민족의 침입에 의해 붕괴된 뒤에도 변함이 없었다. 새로운 지배자인 게르만 민족은 부족 간에 항쟁을 거듭한다. 그 승리 부족인 프랑크족의 칼 대제가 800년에 서로마제국을 재

---

8 ベーコン(服部英次郎訳)「ノヴム・オルガヌム」『世界の大思想(6)』 河出書房新社, 1966, p.231.
9 デカルト(谷川多佳子訳)『方法序説』岩波書店, 1997, p.82.

건한다. 지배자가 무사인 것은 말할 필요도 없다. 일본에서는 무사와 귀족을 구별하지만 서구에서는 무사=귀족임에 주의할 필요가 있다. 서구에서는 검을 가지는 것이 귀족의 표시인 것이고, 그렇기 때문에 그들은 대검(帶劍) 귀족이라고 불렀다. 대검 귀족의 경제 기반은 전공(戰功)에 의해 국왕으로부터 주어진 영지이다. 그 토지를 평민인 농민에게 경작시키고 그들로부터 징세를 하며(징세권), 그 토지의 분쟁을 재판하는 것(영주재판권)이 토지영주인 귀족의 임무였다. 이러한 토지 중심의 경제는 오늘날의 화폐경제에 대해 토지경제라고 부른다. 이러한 지배조건에서 서구 중세 독특한 신분제도가 생기게 된다. 그것은 귀족인 국왕 아래에 제1신분인 기독교 승려, 제2신분인 귀족, 제3신분인 평민으로 이루어져 있었다. 승려는 기도하는 사람, 귀족은 전쟁하는 사람, 평민은 일하는 사람이다. 이 신분제하에서 노동은 노예나 평민이 담당하는 부끄러운 것이고, 귀족이 노동하는 것은 귀족으로서의 자격을 잃는 것을 의미했다. 국왕은 귀족인 신하의 충성을 획득하기 위해서 항상 전쟁을 하여 획득한 토지를 나누어주지 않으면 안 되었다. 한편 토지영주는 각자 독립해 간다. 이리하여 권력은 분산되는 경향이 있었다.

그러나 11세기 무렵 부족 간 전쟁이 끝나고 평화가 찾아오자 농업기술도 발달하고 인구가 증가하면서 도시가 형성되었고 상공업의 발전을 가져왔다. 그 결과 화폐경제가 발달하기 시작한다. 국왕은 이런 경향을 자기의 왕권 확대를 위해 이용하였다. 국왕은 신하에 대한 보수로서 토지가 아니라 화폐를 주기 시작한다. 그리하여 국왕은 토지를 잃지 않고 중앙집권화를 촉진하였다. 이 과정에 시간은 걸리지만, 앞에 말한 '정체(政體)'로서의 왕정(그림1-1-6)에서 머리로서의 왕은 더욱더 강대해지고, 마침내는 절대왕정이라 불릴 정도가 된다. 즉 중앙집권화에 의해 종래의 여러 가지 신분(羅estat) 중에서도 대문자의 신분인 '국왕의 신분(estat의 파생인 프랑스어 Etat 영어 state)'이 바로 오늘날 일본어로 '국가'로 번역되게 된다(그림1-1-6). 이리하여 왕은 살아있는 몸인 신체와 정체(政體)의 머리로서의 신체라는 두 가지 신체를 갖고 있는 것이 된다. 실제로 오늘날의 정치사상사연구자인 에른스트·칸트로비치는 '왕의 두가지 신체'라고 부르고 있다.[10] 그러면 왕이 머리로서의 국가(프랑스어 Etat 영어 State)로 발전했다면 신체는 무엇으로 발전했을까? 그것이 네이션이다. 그런데 신체에는 협의의 신체와 광의의 신체가 있었음을 상기해야 한다. 전자가 피지배부분으로서의 신체=네이션=민(民), 후자가 지배부분과 피지배부분을 합한 전체로서의 신체, 즉 국가와 민(民)을 포함한 의미에서의 네이션이다(그림1-1-8).

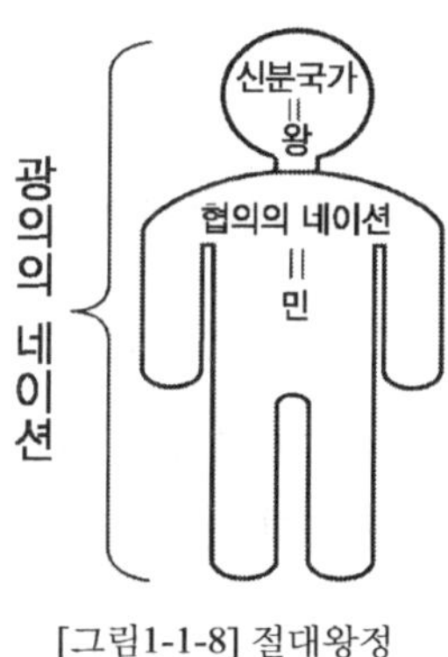

[그림1-1-8] 절대왕정

그런데 국왕은 중앙집권을 추진하는 과정 속에서 그의 자문 회의로서 세 가지 신분에 의해 나뉜 신분 회의를 소집한다. 이 점, 영국은 다른 대륙 여러 나라와 다른 특징을 보인다. 앞에 말했듯이 대륙에 있어서는 귀족은 평민을 자기의 영지에서 경작시키는 것(세금으로서의 노동부역)에 의해 수확을 획득하는, 즉 토지경제에 머물러 있었다. 왜냐하면 귀족이

---

10 エルンスト・H・カントーロヴィチ(小林公訳)『王の二つの身体—中世政治神学研究(上・下)』筑摩書房, 2003.

상업에 종사하는 것은 부끄러워해야 하는 일이었기 때문이다. 오히려 중세 서구에 있어서는 상업 자체가 악으로 여겨지고 있었다. 예를 들면 중세 기독교 사회에 있어서 압도적인 권위를 자랑하고 있던 기독교 신학자 토마스·아키나스는 다음과 같이 설교하고 있다.

> "만일 시민이 스스로 상업에 힘쓴다면 수많은 악폐가 열리는 것이 될 것이다. 왜냐하면 상인들의 노력은 모두 영리를 향하기 때문에 사기가 횡행한다. 공익이 멸시되기 때문에 각자는 사리에 전념한다. 덕의 보수인 명예가 모든 자에게 주어지기 때문에 도덕심이 쇠약해지게 된다. 그렇기 때문에 그러한 국가에 있어서, 국가의 생명이 부패하는 것은 필연적이다."[11]

4. 기업지배=화폐경제=중앙집권화

그러나 영국에서는 특히 16세기 튜더왕조라고 하는 절대왕정 하에서 귀족 스스로가 기업가가 되고 상품 작물을 판매함으로써 화폐경제에 대응해 간다. 왜냐하면 서구 대륙 측의 귀족은 국왕으로부터의 여러 가지 급부나 면세 등의 특권을 누리고 있었음에 대해서 영국에서는 귀족에게 그러한 특권이 없고, 더구나 귀족 신분을 상속할 수 있는 것은 장자에 한했기 때문에 기업경영자가 됨으로써 활로를 찾지 않을 수 없었기 때문이다. 그 현저한 예가 '울타리(enclosure)'이다. 농지로부터 농민을 몰아내고 울타리로 에워싸고, 그 안에서 양을 기르고 양모라는 상품 생산을 하는 것이다. 쫓겨난 농민은 살아가기 위해서 자기의 노동력을 기업가에게 팔아 임금이라는 화폐를 받는 임금노동자가 되지 않을

---

11 トマス・アキナス「キプルス国王に上がり『君主の統治』を論ずるの書」『聖トマス経済学』みすず書房, 1991, p.300.

수 없다. 이리하여 신분 지배의 사회에서 기업지배의 사회로 바뀌어 간다. 아담·스미스는 말했다.

"엘리자베스 치세(1558년~1603년 – 인용자)의 당초부터 잉글랜드의 입법부는 상업이나 제조업의 이익에 대해서 각별한 주의를 기울이고 있었던 것인데, 실제로 전체적으로 법률이 이러한 부류의 산업을 우대하고 있다는 점에서는, 유럽 중에서 이 나라를 능가하는 나라는 한 나라도 없고, 네덜란드조차도 그 예외는 아니다. 따라서 상업이나 제조업은 이 전 기간을 통해서 끊임없이 진보해 왔다."[12]

실제로 이 시기에 영국은 1566년의 런던거래소 개설, 1588년의 스페인 무적함대 격멸에 의한 식민지지배의 우위 확립, 1600년의 동인도회사 개설 등, 기업지배 진전 하에서 세계지배를 펼쳐간다. 이리하여 기업지배자가 된 귀족 및 평민은 경제활동의 자유를 주장하고, 의회에 결집하여 국왕에 대항한다. 게다가 지배자 간 신분의 차이가 대륙만큼 크지 않기 때문에 대륙처럼 세 개의 신분으로 나뉜 신분제 의회가 아니라, 오늘날까지 계속되는 귀족원과 서민원이라는 두 개의 의원에 의한 의회를 성립시켰다. 즉 절대왕정에 대항하는 세력은 대륙에 비해 압도적으로 유리한 것이다.

한편 국왕은 전통적인 '당연한 존재론'의 메타피직한 어프로치(말=의사가 존재를 부여한다는 사고방식)에 따라 국왕이 신의 의사에 의해 국가를 지배한다고 하는 왕권신수설을 주장한다. 이것은 위에서 말한 전통적인 네이션의 존재론에 다름 아니다(그림1-1-8). 다른 한편 대항세력인 의회파는 피플을 칭하면서 그 지배의 정통성을 주장한다(주의점 2). 그 설

---

12 アダム・スミス『諸国民の富(二)』岩波書店, 1995, **p.494**.

명은 같은 말에 의한 메타피직한 어프로치인 것인데, 신은 그 의사인 자연법에 의해 우선 피플이라는 신체를 만드셨다는 것이다. 실제로 라틴어의 '법 lex'의 어원은 '종합하다 ligare'라고 여겨졌다.[13] 이 신체가 머리로서의 국왕을 옹립했다. 그래서 국왕은 피플 즉 의회에 따르지 않으면 안 된다고 주장한 것이다. 종래의 전통적인 아리스토텔레스적 사고에서 머리는 지배자, 협의의 신체는 피지배자였다. 그러나 의회파는 국왕과 피플과의 동등성을 주장하기 위해서 머리와 협의의 체를 포함한 광의의 신체(이것은 '코프레이션'이라 불린다)[14]로서의 피플을 창조=상상했다(그림1-1-9). 이 피지배자로서의 피플이 지배자를 옹립한다고 하는 사고방식은 1776년 아메리카독립선언 제2단락 '피치자의 동의'라는 표현 속에 남아 있다.

영국에서는 퓨리탄혁명(1642~49년)과 명예혁명(1688~89년)이라는 두 번의 혁명을 거쳐 한층 확고한 기업지배의 사회가 확립되어 간다. 존·로크는 명예혁명을 옹립하고자 『통치2론』(1690년)을 저술하여 앞으로 인류가 향해야 할 프로그램으로서 신이 사장을 맡는 '천년왕국'으로서의 기업 세계로의 '회귀'를 다음과 같이 창도하였다.

'인간은 모두 유일 전능하고 최고의 현명한 메이커 Maker의 제품이고, 유일 최고의 지배자의 명에 의해 그의 비즈니스를 행하기 위해서 이 세상에 보내진 하인이다. 모든 인간은 신의 소유물, 제품이어서 인간 상호의 기호에 의해서가 아니라 신의 기호에 의해서만 생존하도록 만들어져 있다'.[15]

---

13 졸저·앞의 주2의 인용서, p.51. 참조.
14 위의 인용서, pp.53-67 참조.
15 John Locke, "The Second Treaties of Civil Government", para. 6. 일본어역은 ジョン・ロック(伊藤宏之訳)『全訳統治論』柏書房, 1997. ロック(鵜飼信成訳)『市民政府論』岩波書店, 1975를 참고로 했다.

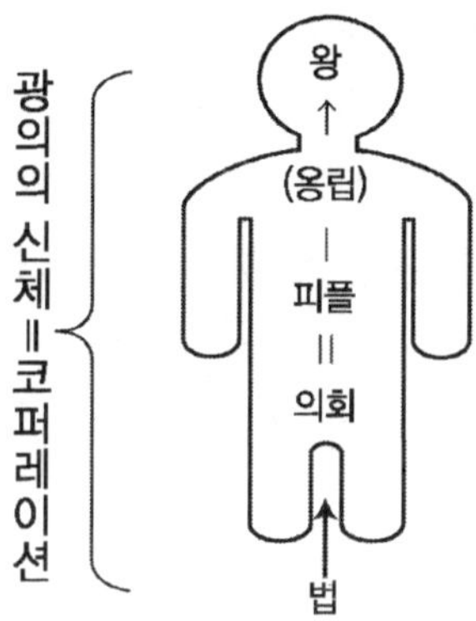

[그림1-1-9] 코퍼레이션

이와 거의 같은 시기에 프랑스에서는 국왕 루이 14세가 '짐이 국가다'라고 선언할 정도로 절대왕정을 실현한다. 그의 밑에서 평민 출신 콜베르(J.B.Colbert) 재무총감은 상업중시의 중상주의 정책을 취했고, 국내 산업을 보호 육성하여 식민지 개발을 추진한다. 이리하여 프랑스도 기업 국가가 되어 간다. 성장한 기업가들은 18세기가 되면 영국과 마찬가지로 국왕에 의한 보호를 위한 규제가 역으로 자기들의 경제활동에 대한 방해라고 느끼게 되어, 자유로운 경제활동을 요구하게 된다. 소위 경제 자유주의이다. 이 경제 자유주의자들은 앞에서 말한 '당연한 존재론'에 따라서 대상을 존재하게 하고 싶은 경우, 거기에 정신 혹은 그 표현인 법(칙)을 부여한다. 그때 위에서 본 바와 같이 베이컨이나 데카르트가 말한 어프로치, 즉 피직 안의 법칙을 분명히 함으로써 존재증명을 시도하는 피직어프로치를 채용한다. 즉 경제에는 자연법칙이 있으므로 "자연에 맡겨라. 국가는 경제활동에 개입하지 마라"고 주장하는 것이다. 이 주장을 피지오크러시, 그 주장자를 피지오크러트라고 부른다. 피지오크러시란 "자연physis으로 하여금 통치crati하게 하라" 는 의미이다. 즉 위에서 본 베이컨이나 데카르트에 의한 피직 중시의 어프로치에 의해 경제학을 주장한 것이다. 그 모토는 '렛세페르(맘대로 하게 해:자유 방임)'였다. 그러나 이 정책은 그 구호와는 반대로 기업사회 건설을 위해서 중앙집권화에 의한 법을 비롯한 통일제도를 요청한다. 예를 들면 피지오크러트의 영향을 받은 루란·데르스빌(Roulland d'Erceville)은 '교육의 획일성'에 의해 '같은 습속, 일반적 습관, 공통의 입법, 하나의 정신, 하나의 성질, 특히 동일한 내셔널법을 획득할 것'을 주장한다.[16]

5. 정부가 만든 스테이트(국가)와 자연이 만든 네이션(민족)의 분리

이러한 신분 지배로부터 기업지배로의 변화에 종래의 지배 신분인 귀족이 반발하는 것은 당연하다. 당시 프랑스에는 두 종류의 귀족이 있었다. 하나는 앞에 말한 전통적인 대검(帶劍) 귀족. 또 하나는 원래는 평민이지만 경제적 성공에 의해 귀족 신분을 국왕으로부터 산 법복(法服) 귀족이다. 후자의 기원은 14세기로 거슬러 올라간다. 국왕은 왕권 확대라는 중앙집권화를 추진하기 위해 신하인 대검 귀족으로부터 앞에 말한 징세권과 영주재판권을 빼앗았다. 어떻게 해서? 그것은 그 권리를 그들로부터 박탈하여 부자 평민에게 새로운 귀족 신분으로서 파는 것이다. 이리하여 귀족 신분을 돈으로 삼으로써 법무 관료가 된 새로운 귀족은 법의 옷을 걸치고 있기 때문에 법복(法服) 귀족이라 불린다.

---

16 Rolland, "Compte rendu aux Chambres assemblées…relativement au plan d'étude á suivre dans les collèges non dépendants des universités et à la correspondance à établir entre les collèges et les universités" le 13 mai 1768. 이것은 Recueil de plusieurs des ouvrages de Monsieur le Président Rolland, Paris, 1783, pp.23-24에 게재되었고, Dominique Julia, Les trois couleurs du tableau noir:la Révolution, Belin, Paris, 1981, p.19에 인용된 것.

영국에서는 절대왕정에 대한 대항세력은 의회를 활용했다. 이 장(場)이야말로 피플의 신체였던 것이다(주의점 2)(그림1-1-9). 그러나 프랑스 절대왕정은 1648년이래 의회를 개최하지 않았다. 그래서 프랑스 귀족은 기업지배의 진전이라는 지배조건의 변화(주의점 3)에 위협받으면서도 자기들의 이익을 주장하는 구체적인 장(場)을 갖지 못했다. 그래서 자기 신분의 정통화(주의점 2)를 위해서, 인간 집단에 대한 새로운 '개념=서사=인식=견해'(주의점 1)를 상상=창조하지 않을 수 없게 되었다. 대검 귀족은 '인종'이라는 개념을 상상=창조한다. 다른 한편 법복(法服) 귀족은 네이션의 새로운 의미, 즉 오늘날의 일본어에서 말하는 '민족'을 상상=창조한다.

우선 전자에 대해서. 앙리·드·브랑비리(Henri de Boulainvilliers)는 『프랑스 고대 정부의 역사』(1972)를 저술하고, 대검(帶劍) 귀족의 특권을 과거 게르만 민족의 일부인 프랑크족이 선주민인 가리아족을 정복한 역사에 의해 정통화하려고 했다.[17] 그에 의하면 국왕과 귀족은 정복자 프랑크족이고, 성직자인 제1신분과 평민인 제3신분은 정복된 가리아족이라는 것이다.

다음으로 후자에 대해서. 법복(法服) 귀족 중에서도 국왕에 의한 법의 중앙집권화, 즉 법의 획일화에 위협받은 것은 고등법원이라는 당시의 재판소였다. 왜냐하면 '당시에 있어서 주된 법의 근원인 관습법이 재판소에 의해 그 존재를 확인받음으로써 현실적으로는 법적 효력을 획득'[18]하고 있었던 것인데, 그 '관습법은 볼테르가 "역참마다 말을 바꾸듯이 관습법이 바뀐다"고 야유했듯이 지역마다 그 내용이 달랐다'.[19] 즉 국왕에 의한 전국 통일 법제정의 움직임이 지역에 따라 여러 가지의

17　졸저, 앞의 주2의 인용서, p.1311p.
18　滝沢正『フランス法[第5版]』三省堂, 2018, p.45.
19　위와 같음.

관습법을 판단하는 법복(法服) 귀족의 지위와 이권을 위협하고 있었던 것이다. 여기에 들고 일어난 법제(法制) 귀족의 대표적인 인물이 몽테스큐이다. 그의 저작『법의 정신』은 일본에서는 삼권분립의 주장으로서 유명하지만, 실은 거기에 중점이 있는 것이 아니라 신분 지배에서 기업 지배로의 변화에 위협당한(주의점 3) 법복(法服) 귀족이 네이션 안에 '민족'이라는 새로운 의미를 상상=창조함으로써 자기들의 신분 지배와 그 이권을 정통화하는(주의점 2) 것이 본래의 목적이었다. 그러면 어떻게 행했는지 보도록 하자. 법복(法服) 귀족의 판단에 속하는 지역 관습법은 지역의 '생활양식'에 기반을 두고 있다. 또한 그 생활양식은 '풍토'라는 자연조건에 의해 다르다고 한다.

> '여러 가지의 다른 풍토 안에는 여러 가지의 다른 생활양식을 형성해 온 여러 가지의 다른 필요가 존재한다. 그리고 이들 여러 가지의 다른 생활양식이 다양한 종류의 법률을 형성해 온 것이다'.[20]

그것을 증명하기 위해서 몽테스큐는 일본이나 중국을 포함하여 그가 알고 있는 한 전 세계의 풍토에 따른 네이션(민족)과, 그것에 대응한다고 그가 생각하는 '국가제도'를 소개하고, 풍토와 네이션(민족)과 국가 사이의 피직(자연) 법칙을 밝혔다. 이리하여 국왕에 의한 입법은, 법복(法服) 귀족의 판단에 속하는 관습법에 따르라는 요구가, 국가에 우선하는 '민족'으로서의 네이션을 상상=창조한다(주의점 2). 그때 '정당한 존재론'에 따라서, 대상, 여기서는 민족에 정신을 부여함으로써, 그것을 존재하게 하는 것이다.

20　モンテスキュー(野田良之ほか訳)『法の精神(中)』岩波書店, 1989, p.40.

'네이션(민족)의 정신 (중략) 에 따라야 하는 것은 입법자 쪽이다. 왜냐하면 우리는 자유롭게, 더구나 우리의 자연의 천분(天分)에 따라 만들어낸 것 이상으로 좋은 것을 만들 수는 없기 때문이다'.[21]

즉 국왕이 입법하는 '법의 정신'은 법복(法服)귀족이 판단하는 '네이션(민족)의 정신'에 따르라고 하는 것이, 몽테스큐가 『법의 정신』에서 가장 말하고 싶었던 것이다.

그의 주장은 종래의 '개념=서사=인식=견해'에 코페르니쿠스적 대전환을 가져온 것이었다. 종래에는 앞에 말한 아리스토텔레스 이래의 전통인 '당연한 존재론'의 메타피직어프로치에 따라, 정체(政體)를 신체이도록 하는 것은 지배자인 왕이었다(그림1-1-6). 유럽 중세 신분 사회에 있어서도 네이션을 실체화하는, 즉 신체이도록 하는 것은 제1의 신분(羅 estat)인 왕이 체현하는 국가(프랑스어 Etat 영어 State) 바로 그것이었다(그림1-1-8). 즉 왕에 의한 정치지배가 없다면 광의의 네이션도 협의의 네이션도 있을 수 없었다. 그러나 몽테스큐는 인간의 통합은 정치지배라고 하는 메타피직 부분이 아니라, 풍토라는 자연조건, 즉 피직 부분이 만든다고 한 것이다. 이것이 '정당한 존재론'의 피직한 어프로치이다(그림1-1-7). 이리하여 왕=국가와 네이션=민족은 완전히 분리되고, 국가 이전에 민족이 존재하게 되었다(그림1-1-10). 그런데 피지오크래트도 몽테스큐도 모두 자연(피지)에 의거하고 있음에도 불구하고, 그 결론이 정반대인 것에 주의하지 않으면 안 된다. 전자는 "자연의 법칙에 따라 사회를 획일화하라", 후자는 "자연의 법칙에 따라 사회의 다양성을 인정하라". 결국 '자연'이라는 추상적 개념도 거기에서 어떤 일의적(一義的)인 의미가 나오는 것이 아니라, 말하는 자의 이해나 욕망의 정당화임에 다름 아니기 때문이다(주의점 2).

---

21 위의 인용서, p.159.

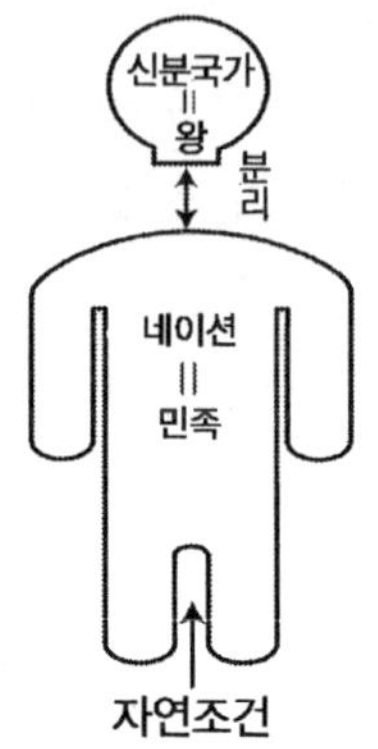

[그림1-1-10] 몽테스큐

6. 인종으로서의 네이션

그런데 프랑스에서의 특권 신분의 주장은 1789년 프랑스혁명을 가져오는 결과가 된다. 실제로 프랑스혁명이 당초 내세운 제1의 요구는 귀족특권의 폐지였다. 더구나 이 혁명은 귀족이 자기들의 특권을 정당화하려는 창조=상상한, 인종개념과 네이션 개념을 이번에는 제3신분의 이익 정당성을 위해서 사용했다(주의점 2). 즉 프랑스혁명은 제3신분을 인종=네이션(민족)으로서 칭양하는 인종혁명이었다. 1789년 혁명 지도자의 한사람 시에이에스(E.J.Sieyes)는 『제3신분이란 무엇인가』에서 종래의 세 가지로 나뉜 신분제 의회가 아니라, 단일의 국민의회를 제안한다. 그에게 있어서 '각 신분은 각각 별개의 네이션(민족)'[22]이지만, 제3신분은 2,500만 명임에 대해서 다른 두 가지의 신분은 20만 명밖에 되지 않으므로, '오늘날에는 제3신분이 전부'이다.[23] 그리고 앞에

---

22 エマニュエル・シェイエース(五十嵐豊作訳)『第三身分とは何か』実業之日本社, 1948, p.105.

말한 브란비리에의 설에 대항해서 프랑크족에 대한 가리아족의 복수를 호소한다.

> "제3신분은 과거 시대로 거슬러올라가는 것을 두려워해서는 안 된다. 정복되기 이전을 회상하면 된다. 더구나 현재 제3신분은 태연히 정복되지 않을 정도로 강해져 있기 때문에 그 반항도 훨씬 커다란 힘을 가지고 있음에 틀림없다. (중략) 이번에는 제3신분이 정복자가 되어 다시 귀족이 되는 것이다."[24]

시에이에스의 상정하는 사회가 노동 위에 성립하는 기업사회인 것은 말할 나위도 없다.

> "사회를 유지하는 것은 (중략) 노동이다. 누가 그러한 노동을 부담할 것인가. 그것은 제3신분이다."[25]

이 기업사회는 일찍이 피지오크래트가 주장했듯이, 중앙집권화에 의한 법과 사회의 획일화를 전제로 하고 있는 것은 말할 나위 없다. 여기에서 '법 아래에서의 평등'이라는 사고방식이 생기게 된다.

> "나는 거대한 원구(圓球)의 중심에 있어서의 법칙을 상상해 본다. 모든 시민은 예외없이 동일한 거리로 원주 위에 있고, 거기에서 단지 평등한 위치를 차지하고 있는 것에 지나지 않는다. 모든 사람은 법칙에 똑같이 의존하고 있다."[26]

---

23 위의 인용서, p.203.
24 위의 인용서, pp.11-12.
25 위의 인용서, p.4.
26 위의 인용서, pp.11-12.

이리하여 프랑스도 영국처럼 중앙집권화된 기업지배사회가 되어 갔다. 그러나 영국과는 달리 프랑스에서는 몽테스큐의 창조=상상에 의해 네이션(민족)은 국가 이전에 존재하고 있는 것이었다. 그렇기 때문에 1789년 프랑스 '남자와 시민의 권리선언(Déclaration des Droits de i'Homme et du Citoyen)'(일본에서는 '인권선언'이라고 오역되어 있다) 제3조 "모든 주권은 본질적으로 네이션에 존재한다"는, 국가 이전의 네이션(민족)이 국가를 가질 권리, 즉 뒤에 '민족자결권'이라 부르게 되는 의미를 획득하게 되었다. 특히 나폴레옹은 '나폴레옹법전'이라고 스스로의 이름 붙인 통일민법전을 제정하게 하여 기업 국가화를 추진함과 동시에, 혁명에 반대하는 주변 여러 나라와의 전쟁 및 그 후의 점령에서 광의의 네이션이란 이름의 통일제도에 근거한 기업지배단위의 건설로 정당화한다. 후년에 나폴레옹은 다음과 같이 말하고 있다.

> "유럽에는 산재해 있는데, 3,000만 명 이상의 프랑스인, 1,500만 명의 스페인인, 1,500만 명의 이탈리아인, 3,000만 명의 독일인이 있다. 즉 나는 이들 민족 각자를 유일한 동일 네이션이라는 신체로 삼고 싶었던 것이다. (중략) 이러한 간결한 단순화가 있어서 비로소 문명이라는 아름다운 이상의 키메라에 맞서는 것이 한층 가능해질 것이었다. 즉 이러한 상태여야만 법전의 통일, 원리, 세론(世論), 감정, 견해, 이해의 통일을 모든 곳으로 가져오는, 한층 더 큰 행운이 발견되었을 것이다."[27]

이리하여 프랑스혁명에 의해 네이션스테이트에 있어서는 인종이 협의의 네이션을 형성하고, 이것이 왕으로 표상되는 스테이트(국가)가 아

---

27 "Evangiles selon Las Cases," 11 novembre 1816, Gourobert, Montholon, Bertrand, Napoléon à Sainte-Hélène, Robert Laffont, Paris, 1981, pp. 408-409.

니고, 단일제도로서의 기업국가로서의 스테이트를 세우는 형태가 된 것이다(그림1-1-11). 실제로 네셔널리즘연구로 유명한 오늘날의 역사가 한스·콘에 의하면, '프랑스의 인종적 기원에 관한 논쟁과 그 정치적 영향이 18세기를 채우고 있었다'.[28]

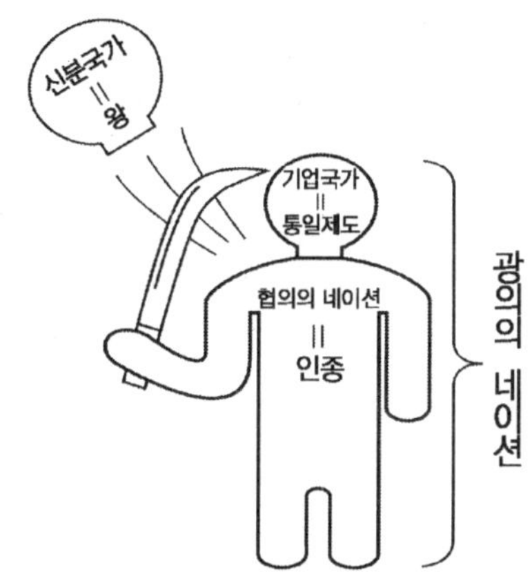

[그림1-1-11] 프랑스혁명 이후의 네이션스테이트

7. 네이션(민족)을 스테이트(국가)에 실현하는 '원소(元素) =희망'으로서의 내셔널리티

프랑스혁명은 독일 통일의 움직임에 커다란 자극을 주었다. 일찍이 독일은 게르만 민족이 800년에 로마제국을 재흥한 이래 하나의 국가였는데, 앞에 말한 분권화 경향 때문에 많은 영주가 영방(領邦)국가로서 독립해버리고, 13세기 중엽 '신성로마제국'이라고 불리게 되었을 무렵에

---

28 Hans Kohn, The Idea of Nationalism: A Study in Its Origins and Bakground, Macmillan, New York, 1961, p.645.

는 국가연합으로서의 명목적인 존재가 되어 있었던 것이다. 바로 몽테스큐에 의한 개념상의 국가와 민족의 분리가 사실로서 인식할 수 있는 상황이었다. 그래서 이 분리를 재통합할 희망에서 새로운 개념이 생겨나게 된다(주의점 2). 그것이 '내셔널리티(민족성)(독일어 Nationalität)'이다. 그 초출은 도이츠·로망주의의 대표적 시인인 노바리스(Novalis)가 1798년에 저술한 '꽃가루(Blüthenstaub)'라고 제목을 붙인 다음과 같은 문장 안이다.

"우리의 낡은 시대의 내셔널리티(Nationalität)는 실로 로마풍이었다고 나에게는 여겨진다. 우리는 바로 로마인과 같은 방식으로 발생했기 때문에 그것은 당연한 것이다. 그리고 신성로마제국이라는 이름도 실로 매우 독특하고 의미깊은 우연인 것이리라. 독일은 나라로서는 로마이다. 나라란 세련된 정원이 있는 넓은 장소이다. 로마의 운명은, 가리아인에 대한 카피토리움신전의 거위 울음소리에 의해 결정된 것이다.[29] 로마인에게 있어서의 보편정치의 본능과 경향은 독일민족에게도 있다. 프랑스인이 혁명 속에서 획득한 최선의 것은 독일성(性)의 일부인 것이다."[30]

"'독일민족'을 '로마인에게 있어서의 보편정치'라는 국가에 결부시키는 개념으로서 '내셔널리티(Nationalität)'라는 개념이 제창되고 있다(주의점 2). 이것은 개별성을 보편성과 결부시키고 싶다고 하는 문학적 이상화임에 다름 아니다. 그는 이 이상화를 로망화라고 부르고 있다."

"모든 내셔널인 것, 일시적인 것, 지방적인 것, 개성적인 것은, 보편화된다. ……보편적인 의 이러한 개성적 색채야말로, 그 로망화적 요소이다."[31]

---

29 로마의 카피토리움언덕 위의 신전 안에서 길러지고 있던 거위의 우는 소리가, 가리아인의 급습을 알렸다고 하는 고사에 근거한다.

30 フリードリッヒ・マイネッケ(矢田俊隆訳)『世界市民主義と国民国家(1)』岩波書店, 1968. p.171. 주60 참조.

　　노발리스를 비롯하여 슈레겔(Schlegel) 실러(Schiller) 휘히테(Fichte) 세
링(Schelling) 등의 지식인은 초기 로망주의자라고 불렸다. 그들이야말
로 '네이션의 사상이나 국가의 사상을 가장 풍요롭게 발전시켰다'고
일컬어진다.[32]

　　영국에서는 기업지배층이 의회에 결집하고, 법 lex의 어원인 legare
(종합하다)라는 말이 코퍼레이션으로서의 피플을 만든다(그림 1-1-9)고 하
는 메타피직한 어프로치에 의해(그림1-1-7), 인종이나 민족과 같은 집단
개념을 창조=상상하고, 자기들의 이익 확보를 꾀했다(주의점 2). 독일에
서는 18세기가 되어서도 아직 기업지배층은 충분히 자라지 않았고, 국
왕을 비롯한 귀족들 신분지배자는 독일어를 경멸하고 프랑스어를 쓰
고 있었다. 그래서 독일 지식인은 사회로부터 약간 멀어진 존재였다.
그래서 문학에 있어서 내셔널리티개념을 창조하여(주의점 2), 독일민족
이 독일국가가 될 희망을 표명한 것이다(그림1-1-12).

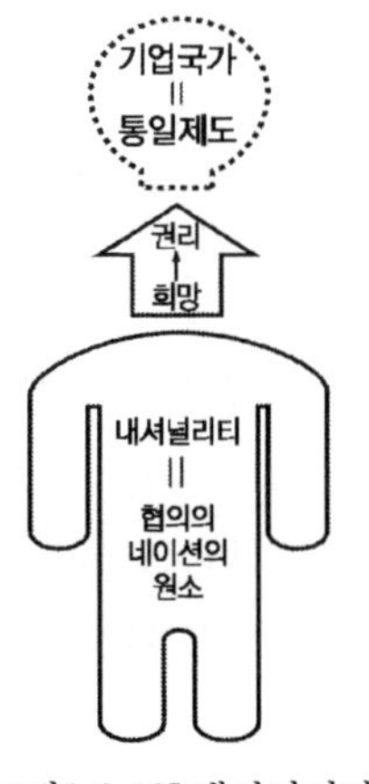

[그림1-1-12] 내셔널리티

31　マイネッケ・앞의 주30의 인용서, p.74.
32　マイネッケ・앞의 주30의 인용서, p.67.

8. 인종 간의 자유경쟁=전쟁

그러나 일단 개념이 만들어져버리면 그것은 지배조건의 변화에 따라(주의점 3), 말하는 자의 이해 관심에 따라 편리하게 이용되게 된다(주의점 2). 앞에 말한 나폴레옹전쟁이 네이션 건설을 위한 민족자결권을 구실로 했던 것과 마찬가지로, 신분 지배로부터 기업지배로의 이행에 수반된 국내외의 대립 격화에 동반하여, 내셔널리티라는 말은 단순한 독일 통일의 희망을 넘어서 '내셔널리티 원칙'이라고 하는 국제법상의 민족자결권 원칙으로서 주장되게 된다. 즉 내셔널리티는 네이션의 원소(元素)로서 스테이트(국가)를 가질 권리가 있다고 하는 생각이다(그림 1-1-12). 그리고 네이션이나 내셔널리티를 둘러싼 논의 속에서, 인종이 언어나 종교를 포함한 것으로써 커다란 지위를 차지하게 된다.

위에서 본 바와 같이, 프랑스혁명은 가리아족이 프랑크족에 복수하는 인종혁명이었다. 몰락하고 있던 프랑스 귀족 출신으로 소설가 죠셉·아르츄르·고비노(Joseph Arthur Comte de Gobineau)는 '당연한 존재론'의 피직한 어프로치에 의해(그림1-1-7), 인종을 인류사라는 법칙에 의해 완성한다. 1853년『인류불평등론』을 저술하고, 백인종, 그중에서도 귀족의 우월성을 주장한다. 그는 후세의 역사가에 의해 '인종정치이론의 진정한 창조자'[33], '브란비리에의 시대에 뒤떨어진 후계자'[34]라고 불리게 된다.

영국에서는 반대로 기업사회의 성공자인 자산가 계급 출신인 다윈(Darwin)이 역시 '당연한 존재론'의 피직한 어프로치에 의해(그림1-1-7),

---

33 Georges Weill, L'Europe du XIXe siècle et l'idée de nationalité, Editions Albin Michel, Paris, 1938, p.300.

34 ハンナ・アーレント(大島通義＝大島かおり訳)『全体主義の起源(2)帝国主義』みすず書房, 1972, p.81.

기업 지배의 모토인 자유 경쟁을 모델로 삼아, 생물학이라는 이름 아래, 인종 간 경쟁이라는 자연 법칙으로 만들고 있다. 철학자 버트란드 · 럿셀(Bertrand Russell)에 의하면 다윈의 이론은 기본적으로는 '자유방임 경제정책의 동식물계로의 확장'이다.[35] 유명한『자연도태에 의한 종의 기원』(1859년)의 부제목은『생존 경쟁에서의 우성종(優性種)의 보지(保持)』이다. 또한 다윈은『인류의 기원과 성 도태』(1871년)에 있어서 '문명화한 인종'에 의한 세계지배를 다음과 같이 정당화한다(주의점 2).

"재산의 상속은 그 자체가 결코 나쁜 것은 아니다. 왜냐하면 자본의 축적이 없었다면 기술은 진보하지 않았을 것이고, 문명화한 인종이 그 영토를 넓히고, 또 현재도 모든 곳에서 넓히고 있는 중이며 하등한 인종을 대체하는 것은 주로 이 기술의 힘에 의한 것이기 때문이다."[36]

실제로 영국에서는 1876년 디즈레리 수상이 빅토리아 여왕의 인도황제 즉위를 포고하게 한다. 역사가인 레옹 · 포리아코프(Léon Poliakov)에 의하면 '그(디즈레리)의 역사철학은『모든 것은 인종이고, 다른 진리는 없다』고 하는 표현 속에 요약되어 있다'.[37]

프랑스에서는 에르네스트 르낭(Ernest Renan)이, 다윈의『인류의 기원과 성 도태』출판과 같은 해, 그와 마찬가지로 '당연한 존재론'의 피직한 어프로치에 의해(그림1-1-7), 인종지배를 주장한다(주의점 2).

"우수한 인종이 열등한 또는 퇴화한 인종의 향상을 꾀하는 것은, 인종에 있어 신의 섭리에 맞는 사업이다. 우리 대륙의 주민은 신분이 낮은 서민

---

35 レオン・ポリアコフ(アーリア主義研究会訳)『アーリア神話―ヨーロッパにおける人種主義と民族主義の源泉』法政大学出版局, 1985, p.287.

36 ダーウィン(池田次郎ほか訳)『人類の起源』中央公論社, 1967, p.196.

37 ポリアコフ・앞의 주35의 인용서, p.309.

도, 거의 늘 몰락귀족이라 할 수 있다. 그는 노동보다는 전쟁을 선택한다. 즉 세계를 정복하는 것이 우리의 사명인 것이다.'[38]

그러나 그 전년인 1870년, 프랑스와 프러시아라는 어느 쪽도 인종 중심의 내셔널리티 원칙을 내세우는 두 나라 사이에서 보불전쟁이 발발하였다. 승리한 프러시아는 알자스·로렌 지방을 병합하고 독일 통일을 완수했다. 그곳은 일찍이 독일의 일부였고, 루이 14세가 프랑스에 병합했기 때문인데, 언어도 독일어 방언이 사용되고 있었다. 이리하여 프랑스에 있어서의 반 독일 감정이 높아짐으로써 지배조건이 변화하자(주의점 3), 르낭은 손바닥 뒤집듯이 네이션의 새로운 의미를 창조한다(주의점 2). 1882년『네이션이란 무엇인가』라는 제목의 강의를 소르본느대학에서 하면서, 네이션은 인종도 언어도 아니고, 사람들의 의사라고 주장하고, '네이션의 존재는 (중략) 매일매일의 주민투표인 것입니다'[39] 라고 결론지었다. 즉 인종에 의한 피직어프로치가 아니라 의사라고 하는 메타피직어프로치로 환복한 것이다(그림1-1-7).

그러나 현실은 인종에 의한 피직어프로치 쪽이 국가의 승인을 받게 된다. 같은 해 프랑스에서는 6세부터 13세까지의 의무교육제도가 정해진다. 거기에서 작성된『프랑스의 역사』라는 제목의 교과서는 프랑스인을 '우리 조상인 가리아족'으로서 인종 규정한 것이다. 더구나 이 교과서는 1950년꺼지나 지속되게 된다.[40]

이처럼 프랑스혁명 이래 많은 경우에 인종과 네이션은 동의어이고, 인종은 예를 들면 유대인이 그렇게 여겨졌듯이, 언어(히브리어)와 종교

---

38 Suzanne Citron, ルナン『知的道徳的改革』(岡倉登志『アフリカの植民地化と抵抗運動』山川出版社, 2010, p.3에 의한 인용)

39 エルネスト・ルナンほか(鵜飼哲ほか訳)『国民とは何か』インスクリプト, 1997, p.62.

40 Suzanne Citron, Le mythe national, Les éditions ouvriéres/Etudes et documentation internationales, Paris, 1989, p.29.

(유대교)를 포함하는 것이었다. 또한 영국에 있어서 징병제 도입을 요구하는 운동단체 '내셔널·서비스동맹(National Service League)'은 1915년 6월 16일의 연차대회에서, '개개인에게 닥치는(전쟁의-인용자) 부담이 언폐어한 것은 그 자체로 제국이나 우리 나라의 인종적 힘에 있어 위험입니다'라고 주장하고 있다.[41] 이리하여 대국은 어디나 자국 인종에 의한 세계지배를 노리고, 제1차 세계대전에 돌입한다. 그리고 이 대전 말기 두 대국이 대두한다. 하나는 소비에트사회주의공화국연방(소련)이다. 소련은 1917년 '러시아 제민족의 권리선언'에서 민족자결권을 주장하고, 1918년 '일하고 착취당하는 인민의 권리 선언'에서 기업지배의 피지배자였던 노동자에 의한 정부 수립을 주장한다.[42] 또 하나는 전쟁 말기에 참전했기 때문에, 그리고 자국이 전쟁터가 되지 않았기 때문에 가장 피해가 적었던 아메리카이다. 미국 대통령 우드로·윌슨은 종전 9개월 전에, 자기의 세계지배 비전인 '세계평화프로그램' 소위 '14개조의 평화원칙'을 아메리카연방의회에서 발표했다. 그것은 제3조가 '평화에 동의하고 그 유지에 참가하는 모든 네이션 간의 모든 경제장벽의 가능한 한 제거와 무역조건의 평등성 확립'을 선언한 것에서 알 수 있듯이, 로크나 나폴레옹과 마찬가지로, 경제 자유주의에 근거한 획일적인 기업지배단위인 광의의 네이션으로 성립된 세계였다. 또한 그는 제14조에서 '여러 네이션의 일반적 어소시에이션'의 설립을 제안하는데, 이것이 전후 국제연맹으로서 실현된다. 1919년 1월 10일 윌슨은 국제연맹 규약 제3조 안에서 네이션 내의 머저리티와 마이너리티에 대해서 다음의 규정을 제안했다(그림1-1-13).

---

41 小関隆『徴兵制と良心的兵役拒否——イギリスの第一次世界大戦経験』人文書院, 2010, p.137.
42 高木八尺＝末延三次＝宮沢俊義編『人権宣言集』岩波書店, 1957, pp.276-280.

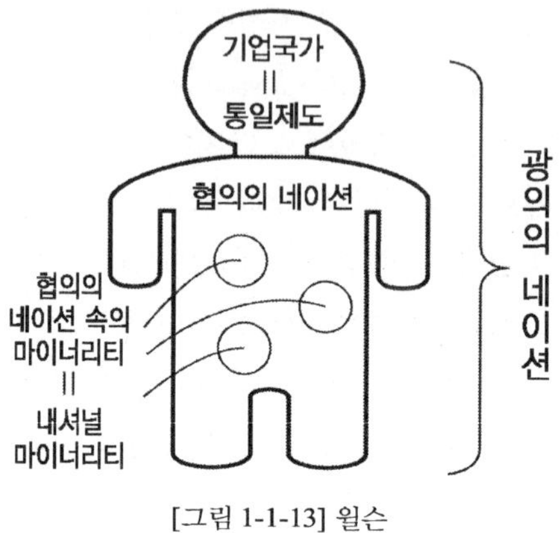

[그림 1-1-13] 윌슨

"국제연맹은 모든 새로운 국가에 대해서 독립국 혹은 자치국으로서 승인될 요건으로서, 그리고 집행이사회는 국제연맹에 가맹을 원하는 모든 국가에 대해서, 그 관할 내에 있는 모든 인종적 또는 내셔널마이너리티(racial or national minorities)에게, 그 인민의 인종적 또는 내셔널머저리티(racial or national majority)와 완전 동일한 취급과 안전을 법적으로도 사실적으로도 인정할 것을 요구한다."[43]

이리하여 전승대국에 의한 네이션이라는 보편적 집단지배 구상에서 '인종적 또는 내셔널마이너리티'라는 집단개념이 상상=창조되었다(주의점 2). 앞에서 말했듯이 네이션=인종이라고 여겨지고 있었기 때문에, 이 '또는 or'은 한없이 '즉'에 가까운 의미이다. 보호의 내용은 '법적으로도 사실적으로도'라는 표현에 보이듯이, 법적 평등과 사실적 평등이라는 두 가지 평등으로 성립한다. 그 후 마이너리티 문제를 다룬 상설국제사법재판소는 마이너리티 권리가 '법적' 그리고 '사실적' 평등이

---

43 David Hunter Miller, The Drafting of the Covernant, G.P. Putnam's Sons, New York, 1928, Vol. 2, p.105.

라는 이중의 의미에서의 평등임을 다음과 같이 설명하고 있다.

"마이너리티보호의 제 조약의 기초에 있는 관념은, 인종·언어·종교
에 대해서 자기와 다른 주민의 국가에 편입된 사람들을 위해서 머저리티
와 다른 특성을 보지(保持)하고, 거기에 근거한 필요를 만족시키면서 이와
함께 평화적으로 생활하고, 이와 우호적으로 협력할 가능성을 확보하는
것이다. 이 목적을 위해서 두 가지가 특히 필요하다고 생각되는데, 앞의 제
조약의 규정 대상을 형성하고 있다. 첫째로 인종적 종교적 언어적 마이너
리티가 그 국가의 다른 국민과 모든 점에서 완전한 평등의 지위에 놓이는
것을 확보하는 것이다. 두 번째로, 마이너리티를 위해서 그 인종적 특수
성·전통·내셔널한 특징을 보존하기에 적당한 수단을 확보하는 것이다.
이들 두 가지는 서로 밀접하게 관련되어 있다. 왜냐하면 마이너리티가 그
자신의 제도를 빼앗기고, 마이너리티로서의 생활의 본질을 구성하는 것
을 어쩔 수 없이 포기당하게 된다면, 머저리티와 마이너리티 간에 이미 진
정한 평등은 존재하지 않기 때문이다."[44]

월슨의 조문 제안은 모든 신국가를 대상으로 한 어느 정도의 보편성
을 가진 규정이었지만, 그 후 실현된 마이너리티 보호제도는 소련의 영
향력을 봉쇄하기 위한 대국 정치의 양상을 띠게 된다. 즉 핀란드만에서
에게해에 이르는 새로운 여러 나라의 건설에 의해, 독일 오스트리아로
부터 러시아를 떼어놓기 위한 '예방선'으로 삼은 것이다.[45] 이리하여
대전 후의 '파리강화회의에서는 폴란드 체코슬로바키아 그리스 루마
니아 유고슬라비아 각국과 연합국과의 사이에 소수민족보호조약이 맺

---

44 C.P.J.I., Avis consultatif 1935, *ibid.*, p.17.
45 Isse Omanga Bokatola, L'Organisation des Nations Unies et la protection des
    minorités, Établissements Emile Bruylant, Bruxelles, 1992, p.42, note72.

어지고, 또한 오스트레일리아 헝가리 터키 불가리아는 강화조약 안에서 국내의 소수민족보호를 약속했다'.[46]

이를 위해서 전승대국은 자국 내에서는 통일제도에 근거한 기업 지배화라는 네이션 건설을 진행하면서(그림1-1-11), 이들 나라들에 대해서는 '인종적 또는 내셔널마이너리티'의 개념을 적용하여(주의점 2), 국제연맹을 통해서 전승대국이 개입할 수 있는 제도로 만들었다.[47] 그렇지만 '내셔널'이라는 형용사는 '마이너리티가 "정부기능"을 행사할 수 있는' 것을 의미할 우려가 있기 때문에, 그것을 제거하기 위해서 관련조약에 있어서는 '인종적 종교적 또는 언어적 마이너리티'라고 하는 표현으로 수정되었다.[48] 그러나 이 표현에 의해 마치 '인종적(=에스닉)마이너리티', '종교적 마이너리티', '언어적 마이너리티'라는 세 종류따로따로의 마이너리티가 있다고 하는 생각이 퍼지게 된다.[49] 더구나'내셔널'이라는 개념을 제거하려고 한 노력도 헛되이 앞에서 말한 상설국제사법재판소 판례 자체가 '내셔널한 특징'에 언급하고 있는 것을보아도 알 수 있듯이, 결국 '내셔널마이너리티'의 개념이 사라지는 일은 없었다. 이리하여 국제연맹 및 후술하는 국제연합에 있어서는, 협의의 네이션 안에, '내셔널마이너리티' '인종적(=에스닉)마이너리티' '종교적마이너리티' '언어적마이너리티'라는 네 종류의 마이너리티가 존재하게 되었다(그림1-1-14). 결국 아리스토텔레스의 시대로부터 변함없이, 지배엘리트의 말이 사람들의 인식을 지배하고, 존재를 만들어내고있다(주의점 2).

46　篠原初枝『国際連盟』中央公論新社, 2010, p.108.
47　졸저 · 앞의 주2의 인용서, p.271, 주50의 p.272 주1 참조.
48　Oscar Isaiah Janowsky, The Jews and Minority Rights, Columbia University Press, New York, 1933, p.337. 이러한 우려에 대해서는 졸저 · 앞의 주2의 인용서, pp.268-269 참조.
49　졸저 · 앞의 주2의 인용서, pp.272-276 참조.

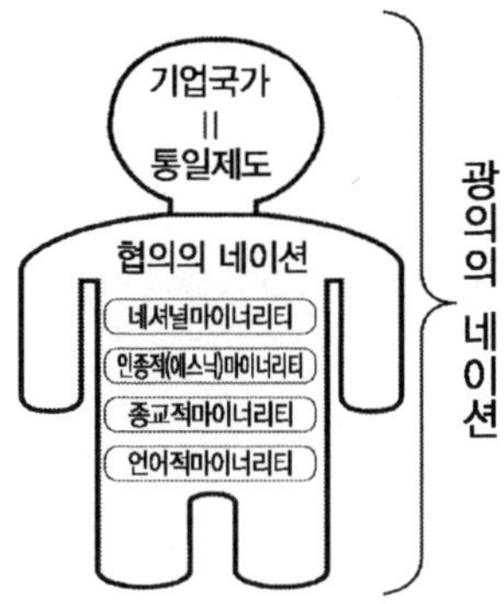

[그림1-1-14] 국제연맹·국제연합

제2장

민족자결의 제창과 소수민족조약

오카모토 마사타카

국제법학회 명예 이사장 다하타 시게지로(田畑茂次郎)는 1952년 간행된 『인권과 국제법』에서 다음과 같이 말한다. "지금까지(제2차 세계대전 전)의 국제법에서 인권 문제는 ……국내법의 문제로 다뤄지는 것이 일반적이었으며, 직접적으로 국제법의 대상이 되는 일은 극히 드물었다. …… 국제조약 가운데 인권 존중을 강조한 예로 이전부터 인정되고 있는 것은 이른바 소수자(소수민족이라고도 한다) 보호를 위해 체결된 각종 조약이다. 다시 말해 한 국가 내의 국민이나 거주자 가운데 인종상, 언어상, 혹은 종교상의 소수자가 누려야 할 권리를 보호하기 위해 체결된 조약 중에서 인권 보호를 규정한 것이며, 제2차 세계대전 전에는 인권 보호를 강조한 조약은 주로 이러한 소수자를 보호하는 조약에 한정되어 있었다고 해도 무방하다".

이처럼 마이너리티 권리는 국제연맹에서 국제연합에 이르기까지 국제인권법의 효시로 간주되어왔다. 다하타는 같은 책에서 소수자 보호 조약의 대상은 패전국과 제2차 세계대전 후에 새롭게 탄생한 국가, 그리고 제2차 세계대전 후에 영토가 확장된 동유럽 국가들에 한정되며, 국가 내에 소수자가 있는 모든 국가에 해당하는 것은 아니라는 한계가 있긴 하지만, "인권 보호를 위하여 국제연맹을 중심으로 하는 국제적인 보장이 인정되기에 이르렀다는 사실은 지금까지 볼 수 없었던 현상이며, 제2차 세계대전 후에 국제연합을 중심으로 하여 인권의 국제적 보장 문제가 일반적으로 거론되기까지의 전 단계로서 무시할 수 없는 중요한 문제를 제기했다"라고도 하고 있다.[1]

국제연맹 시기는 특정 국가 내의 마이너리티에 한해 적용되었던 권리이지만, 국제연합 시기가 되어 세계적으로 적용되기에 이르렀다. 그런 이유로 현재에 이르는 마이너리티 권리의 원점이자 국제인권법의 효시로서, 그 발생과정과 특징을 이해하는 것은 중요하다.

제1차 세계대전의 전후 처리 과정에서 'Minorities Treaties' 즉, 일본에서 소수민족(보호) 조약이라 불리는 국제 법규가 제정되어, 국제연맹이 그 실시를 감시하고, 충실을 꾀하게 된다. 이러한 법규들은 제1차 세계대전 말기부터 세계적인 주목을 받은 민족자결(national self-determination)

---

1 田畑茂次郎『人権と国際法』日本評論社, 1952, pp.30-32, 50-51. 1938년에 논문「所謂少数民族の国際法上の主体性について(1)~(3)」『法学論叢』권 3, 4, 6호를 발표했던 田畑는 제2차 세계대전이 발발하기 전부터 후까지 일본 마이너리티 권리 연구의 선구자였다.

이 동력이 되어 탄생한 신생국가 내의 마이너리티를 위한 보완적 조치로서 도입된 것이다. 국제연맹 창설을 주도한 미국의 대통령 우드로 윌슨(Woodrow Wilson, 1856~1924)은 당초에 국제연맹 규약에 '인종적, 민족적 마이너리티(racial or national minorities)' 관련 조문을 삽입하려고 시도했으나 영국과 프랑스 대표의 반대로 단념해야 했다. 하지만, 결국 신흥국과 패전국과의 개별조약 등의 내용을 확충하여 제정되기에 이른다. 이러한 이유로 제2장에서는 제1차 세계대전 후의 강화조약부터 국제연맹의 창설에 이르기까지를 개관하면서, 20세기 전반기 국제인권법에서의 마이너리티 권리의 발생과 특성, 그리고 변천에 대해 살펴보기로 하겠다.

1. 제1차 세계대전―소수민족조약의 복선

국제연맹 시기의 소수민족조약은 제1차 세계대전으로 인해 독일제국, 오스트리아―헝가리(합스부르크)제국, 러시아제국, 터키제국 등의 4개 제국이 붕괴하고 해체된 결과로 탄생한 신생국, 그리고 영토가 변화된 패전국과 전승국이 의무적으로 체결하도록 했던 조약이다. 이러한 탄생의 시점에서 그 계기가 된 제1차 세계대전의 경위와 개요를 살펴보겠다.

19세기 말의 유럽에는 독일과 오스트리아라는 두 개의 독일(게르만)인 국가를 중심으로 하여 유럽 각지의 게르만인을 통합하려는 범게르만주의(pan-Germanism)가 있었다. 다른 한편에는 세르비아인과 보스니아인 등, 발칸반도의 슬라브계 민족들이 독립과 통일을 목표로 하여, 같은 슬라브계 발칸반도 진출의 거점으로 삼고자 남하정책을 펼친 러시아의 비호를 받으며 범슬라브주의(pan-Slavism)를 표방하여 양자가 대립 구도를 형성하고 있었다. 이와 같은 대립 관계 속에서 20세기 초엽인 1908년, 오스트리아가 독일의 지원 아래 보스니아 헤르체고비나와의 합병을 강행한다. 러시아의 비호를 받는 세르비아 왕국이 오스트리아-헝가리(합스부르크)제국 내에 거주하는 세르비아인과 민족통합을 시도한 것에 대한 대항 조치였다. 이러한 움직임에 세르비아가 반발하여 세르비아를 지원하는 러시아와 합스부르크제국 사이에는 일촉즉발의 위기가 고조되었다. 독일이 합스부르크제국을 지지하는 자세를 보였기 때문에, 러일전쟁 등으로 피폐화된 러시아가 전쟁을 끝낼 수밖에 없었던 탓에 전쟁은 당장은 발발하지 않았지만, 세르비아인 등 슬라브계 민족 사이에서는 보스니아 헤르체고비나를 합병한 오스트리아를 향한 반감이 한층 고조되었고, 러시아도 국력을 회복하여 독일·오스트리아와의 전쟁에 대비하기에 이르렀다.

이러한 긴장 관계 속에서 1914년 6월 28일, 합스부르크제국의 황태자 부처가 합스부르크제국에 병합된 보스니아 헤르체고비나의 수도 사라예보에서 암살되는 사건이 발생한다. 합스부르크제국에서 해방되고 남슬라브족의 통일을 염원하는 보스니아 출신의 세르비아 청년에 의한 범행이었다. 이러한 사라예보 사건이 도화선이 되어 오스트리아-헝가리가 동맹국인 독일의 지지를 업고 7월 28일 세르비아에 선전포고했다. 그러자 슬라브 국가의 수호국을 자칭하는 러시아가 세르비아를 지원하기 위해 부분 동원(이후 총동원) 형태로 대응함으로써 복잡한 국제관계가 얽히고설켜 제1차 세계대전이 시작된다. 러시아로서는 합스부르크제국의 발칸반도 진출을 저지하려는 목적도 있었다.[2]

---

2 제1차 세계대전이 발발한 원인에 대해서는, 파리강화회의와 그 후의 베르사유 체제를 정당화하기 위해 오랜 시간 독일에 전쟁 책임을 귀속하는 설이 주류였지만, 최근에는 오스트리아의 강압적 외교와 세르비아의 비타협적인 자세, (상대국이 양보해야 한다고 생각하고 강경 자세를 고수한) 각국의 외교 지도자들의 착오 등, 다양한 견해가 지적되고 있다(五百旗頭薰＝奈良岡聰智『日本政治外

당시 유럽에서는 러시아와 프랑스, 영국의 삼국협상이 독일 포위망을 형성하였고, 독일, 오스트리아-헝가리, 이탈리아의 삼국동맹이 이에 대항하고 있었다. 그리고 독일은 같은 게르만인인 오스트리아가 확실하게 의지할 수 있는 동맹국이었다(후술하는 바와 같이 이탈리아는 대전 중, 협상 진영 즉, 연합국 편으로 돌아선다). 그리하여 독일은 8월 1일 러시아에, 3일 프랑스에 선전포고한다.[3] 반면에 협상 진영인 영국은 8월 4일 독일에 선전포고를 한다. 또한 8월 23일 일본이 영일동맹을 구실로 참전하여 산둥성(山東省)의 독일 이권과 독일령 남양군도 등을 빼앗으려 하자 전선은 동아시아와 남태평양으로 확대되었다. 한편 발칸반도 등의 이권을 둘러싸고 러시아와 대립 관계에 있으며, 독일과 동맹을 맺은 오스만제국이 11월 11일 동맹국 측에 가담하여 참전한다. 수에즈운하를 탈환하기 위해 진군하여 전선은 메소포타미아까지 확대된다.

이듬해인 1915년이 되자 독일, 오스트리아와 삼국동맹을 맺으면서 세계대전에 참전하지 않았던 이탈리아가 참전의 대가로, 동맹 진영보다 많은 영토와 군항을 제시한 협상국 측으로 돌아서 참전하게 된다. 같은 해 트리에스테와 남티롤을 할양받는 조건으로 협상국 측과 런던밀약을 맺은 이탈리아는 다음 달인 5월 23일 오스트리아에, 1916년 8월 28일 독일에 선전포고한다.

交史』放送大学教育振興会, 2019, pp.112-113). 예를 들어 러시아에 대해서는, 今野茂充「ロシアと第一世界大戦の原因」『東洋英和大学院紀要』9호, 2013년 3월, pp.21-41 등 참조.

3　영국의 역사학자 마이클 하워드(Michael Howard)는 명저『제1차 세계대전』에서 오스트리아인은 숙적 러시아가 일으키려 했던 제국 붕괴에 대해 자신들의 역사적인 다민족 제국을 유지하기 위해 싸웠고, 독일인은 유일하게 남은 동맹국(합스부르크제국)을 위해, 그리고 동쪽에서 밀려오는 슬라브(러시아)의 위협을 격퇴하기 위해 싸웠다고 기술하고 있다. Michael Howard, *The First World War: A Very Short Introduction*, Oxford University Press, 2002, p.28. 일본어 번역은 馬場優訳『第一次世界大戦』法政大学出版局, 2014, pp.45-46.

반대로 불가리아는 대전 도중에 동맹국 측에 가담하여 참전한다. 1908년 오스만제국으로부터 독립을 이룬 불가리아왕국은 제2차 발칸 전쟁(1913년)에서 패하여 세르비아, 루마니아, 그리스, 터키에 영토를 빼앗기고 말았다. 특히 마케도니아를 빼앗은 세르비아에 대한 적개심이 강하여, 이것이 합스부르크제국과의 연계를 강화하는 원인이 되었다. 동맹국 측이 마케도니아 반환을 약속했기 때문에 불가리아는 1915년 9월 동맹국 측에 가담하여 참전하겠다는 밀약을 맺고, 다음 달인 10월 11일에 참전하면서 세르비아를 침공하게 된다.

이러한 유럽 국가 간의 전쟁에 미국은 개입하지 않는다는 먼로주의(유럽 문제에 간섭하지 않는다는 고립주의) 입장에서 중립을 고수하였다. 그러나 영국의 해상봉쇄(독일과의 통상봉쇄)에 대항하는 독일이 잠수함으로 공격하여 많은 미국의 민간인이 승선한 호화 여객선 루시타니아호가 격침되는 사건이 발생한다. 이 사건을 계기로 미국은 1차 세계대전 말기인 1917년 4월 6일 독일에 선전포고를 하였다.[4] 같은 해 8월에 중국도 참전하고, 영국의 해외자치령인 캐나다, 호주, 남아프리카도 협력하는 등, 최종적으로는 동맹국 4개국(독일, 오스트리아-헝가리제국, 오스만제국, 불가리아)과 협상=연합국 27개국(영국, 프랑스, 러시아, 미국 등) 간의 세계대전으로 확대되었다.

미국이 참전하기 1개월 전인 3월 8일(러시아력 2월 23일), 러시아에서는 제1차 세계대전으로 곤궁에 빠진 민중이 봉기를 일으켜 로마노프 왕조가 붕괴되었다(2월혁명). 이어서 10월 혁명(11월 6일=러시아력 10월 24일)으로 세계 최초의 사회주의 정권을 성립시킨 블라디미르 레닌(1870~1924)

---

4 루시타니아호는 영국의 호화 여객선이었는데, 1915년 5월 뉴욕을 출항했을 때는 128명의 미국인도 탑승하고 있었다. 수출입 금지 물품인 탄약을 적재하고 있었기 때문에, 독일의 U보트에 의해 아일랜드 남쪽 해상에서 격침되어 1,000명이 넘는 승객들이 사망했다. 미국 내의 여론이 반(反)독일 쪽으로 크게 기우는 계기가 되었다(하워드·앞의 주3의 인용서, pp.121-122).

정권은 평화와 민족자결의 기치를 내걸고 1918년 3월 3일 독일과 단독으로 강화조약을 맺고 대전에서 이탈하게 된다. 그 결과 독일군은 같은 달 서부전선에서 대대적인 공세를 폈지만, 충분한 전력을 갖춘 미국의 참전으로 연합국 측이 각지의 전선에서 차례로 우위를 점하게 되었다. 7월 이후, 영국, 프랑스, 미국 연합군의 반격이 시작되었다.

세르비아에 침공하여 수도 베오그라드를 점령한 불가리아는 발칸반도를 북상하며 진격해온 영불 연합군에 의해 괴멸적 타격을 입어 1918년 9월 30일에 항복을 한다. 10월 30일에는 오스만제국이 휴전하고, 합스부르크제국도 11월 3일에 단독 휴전한다.

독일제국과 합스부르크제국에서는 혁명이 일어나 빌헬름 2세가 같은 달 9일에 네덜란드로 망명하였다. 새로운 사회민주당 프리드리히 에베르트 정권하에서 독일은 같은 달 11일에 휴전 조약에 조인함으로써 4년 반에 걸친 세계대전은 대단원의 막을 내리게 되었다(표 1-2-1).

<표1-2-1> 제1차세계대전의 패전국(동맹국)과 전후의 신생국가

패전(동맹)국	참전일	항복·정전일 * 3
오스트리아－헝가리제국 * 1	1914년 7월 28일	1918년 11월 3일
독일	1914년 8월 1일	1918년 11월 11일
오스만제국 * 2	1914년 11월 11일	1918년 10월 30일
불가리아	1915년 10월 11일	1918년 9월 30일

* 1 오스트리아＝헝가리(합스부르크)제국은 붕괴
* 2 오스만제국은 1922년 11월에 멸망(1923년 10월 터키공화국이 탄생)
* 3 1918년 3월 3일 브레스트 리토프스크조약으로 동맹국 4개국과의 강화가
　　성립되고 정전

독립 · 신생국		구(旧) 지배국	독립선언(광복)일
헝가리		합스부르크제국	1918년 11월 16일
체코슬로바키아		합스부르크제국	1918년 10월 28일
세르브인 크로아트인 슬로벤인 왕국	1929년 유고슬라비아	합스부르크제국	1918년 12월 1일
폴란드		러시아, 프로이센, 오스트리아	1918년 11월 11일
에스토니아	발트3국	러시아제국	1918년 2월 24일
라트비아		러시아제국	1918년 11월 18일
리투아니아		러시아제국	1918년 2월 16일
핀란드		러시아제국	1917년 12월 6일
우크라이나		러시아제국	1918년 1월 9일

패전국과의 강화조약

대상 패전국	후계국가	통칭(조약체결 외)	체결일
독일		베르사유조약	1919년 6월 28일
오스트리아 헝가리 제국	오스트리아	생제르맹조약	1919년 9월 10일
	헝가리	트리아농조약	1920년 6월 4일
불가리아		뇌이조약	1919년 11월 27일
오스만제국	터키	세브르조약	1920년 8월 10일

제1차대전으로 오스트리아-헝가리제국이 붕괴하고 오스만제국도 쇠락의 길을 걷게 되어 결국 1922년 11월에 멸망한다(후계국가로 튀르키예공화국이 1923년 10월에 창설). 두 개의 거대한 다민족 제국이 붕괴·해체됨으로써 비로소 머저리티가 되어 민족국가(nation state)를 갖게 되는 사람들이 생겨나는 한편, 그러한 국가 속에서(새롭게) 마이너리티가 되는 사람들도 다수 생겨났다. 제1차 세계대전은 개전을 포함하여 복잡한 국제관계와 경위가 있지만, 전승국 쪽은 전쟁을 일으킨 책임을 일방적으로 독일에 떠넘겼다. 독일제국은 해체되고, 영토는 대폭 축소되어, 각국에 할양된 지역에서, 다수의 독일인 마이너리티가 발생하는 결과를 낳게 되었다.

2. 민족자결의 제창

'민족자결(national self-determination)'이란 제1차 세계대전 중에 출현한 새로운 용어이다.[5] 제1차 세계대전 발발 전후로 제국주의하에서 다른 국가의 영토로 흡수되거나 식민지가 되어 자립권을 빼앗긴 민족들 사이에서 독립을 향한 열망이 커지고 있었다. 그리고 다수의 국가와 민족의 이해와 알력 다툼이 복잡하게 얽혀있는 제1차 세계대전 중에 소련과 미국의 지도자가 제창한 "각 민족(nation)은 자주 의지에 따라 그 운명을 결정할 수 있다"라는 민족자결이 제1차 세계대전 후 국제사회를 고무시킨 커다란 흐름이 되었다.

1917년에 발발한 러시아의 2월혁명으로 러시아제국이 붕괴하고,

---

5 Derek Heater, *National Self-Determination: Woodrow Wilson and his Legacy*, St. Martin's Press, 1994, p.24. Iris L. Claude, *National Minorities: An International Problem*, Greenwood Press, 1955, p.12.

10월혁명으로 소비에트 정권이 수립되자, 지도자인 레닌은 11월 8일에 열린 전 러시아 소비에트 대회에서 '평화에 관한 포고'를 선포하고, 제1차 세계대전의 교전국에 무배상(패전국에 배상금을 요구하지 않음), 무병합(패전국의 영토·국민 병합을 하지 않음), 민족자결, 비밀외교 폐지를 원칙으로 하는 즉시 평화(정전 제안)을 제창하였다. 11월부터 소비에트 정권은 독일과 정전 협상에 들어가, 이듬해 1918년 3월 3일 브레스트 리토프스크조약으로 동맹국 4개국과 단독으로 강화조약을 맺고 정전에 이른다. 이 조약으로 러시아는 폴란드의 영토주권을 포기하고, 발트 3국(에스토니아, 라트비아, 리투아니아), 핀란드, 우크라이나, 벨라루스로부터 철수하여 독립을 인정하였다. 이리하여 러시아제국은 320km²에 이르는 영토와 인구의 3분의 1을 넘기고 해체하게 된다. 소비에트 정권을 지탱하는 혁명군(적군)은 조직한 지 얼마 되지 않아 동맹국들과 전쟁할 만한 여력이 없어, 방대한 영토를 잃더라도 우선은 2월혁명으로 봉기한 민중의 지지를 유지하고, 혁명으로 수립한 세계 최초의 사회주의 정권을 지키고, 그 기반을 다지는 것을 최우선과제로 보았기 때문에 레닌 정권은 이러한 결단을 내릴 수밖에 없었다.[6]

러시아 10월혁명에 수반하는 레닌의 '평화에 관한 포고'(11월 8일)와 동맹국과의 정전 협의는 협상 진영 즉, 연합국 측에 커다란 충격을 안겨주었다. 소비에트 정권이 동맹국과 단독으로 강화하여 세계대전에서 이탈하게 되면, 동부전선이 종식되어 독일의 전력이 전면적으로 서부전선으로 향하게 된다. 그러한 위기감 속에서 연합국 측은 1차 세계대전 발발의 핵심 역할을 하였던 러시아가 이탈한 후의 전쟁목적을 새

6　실제로 영국, 프랑스, 미국, 일본 등과 같은 자본주의 열강은 볼셰비키(러시아 사회민주노동당의 다수파, 1918년 3월에 러시아 공산당으로 개명)의 사회주의 혁명정권을 붕괴시키기 위해, 영국, 프랑스 군의 무르만스크 상륙(1918년 3월과 미국, 일본 등의 시베리아 군대 파견(1918년 8월~) 등 혁명에 간섭하려는 전쟁을 시도하였다.

롭게 내걸 필요성에 봉착하게 되었다. 또한 미국 대통령 윌슨에게도 민족자결 원칙을 담은 '평화에 관한 포고'를 내건 신생 사회주의 소비에트와 레닌에게 전후 세계의 주도권을 뺏길 수도 있다는 우려가 있었다. 이런 이유로 윌슨은 그 대항조치로서 이듬해인 1918년 1월 18일 의회 연설에서 다시 한번 전쟁의 목적을 명시하는 동시에, 아래와 같이 전후 국제질서의 구상이 실린 14개 조 평화원칙(Fourteen Points)을 발표하였다.

(1) 공개적인 강화 서약, 비밀외교(합의) 폐지, (2) 공해상에서의 항해의 절대적 자유, (3) 경제 장벽의 철폐·평등한 무역조건의 확립, (4) 군비 축소, (5) 식민지 문제의 자유롭고 공평한 해결(민족자결의 원칙 일부 승인), (6) 러시아 주둔 군대 철수·러시아 정치의 독립적 결정 확보, (7) 벨기에 주둔 군대(독일군) 철수 및 주권 회복, (8) 침략당한 프랑스 영토의 회복·프로이센-프랑스 전쟁으로 1871년에 프로이센(독일)에 할양되었던 알자스로렌을 프랑스로 반환, (9) 이탈리아 국경의 재조정, (10) 오스트리아-헝가리 내에 거주하는 인민(peoples)들의 자주적 발전(autonomous development), (11) 루마니아, 세르비아, 몬테네그로로로부터 군대 철수 및 영토회복, 발칸 제국의 정치적·경제적 독립과 영토 보전의 국제적 보장, (12) 오스만제국 내에서 터키의 지배하에 있는 민족들(nationalities)의 생명 안전과 자주적 발전(autonomous development)의 확보, 다르다넬스 해협의 자유로운 항행, (13) 독립적인 폴란드국가(Polish state) 수립, (14) 정치적 독립과 영토 보전을 상호 보장할 목적으로 규약(covenants) 아래 전체 국가의 연맹체(general association of nations) 결성.

이와 같은 14개 조항 가운데 '민족자결'(national self-determination)이라는 용어는 없지만, 여러 항목이 '각 민족·인민이 자주 의지에 따라 그 운명을 결정한다는 정치원칙'을 의미하는 민족자결을 구현한 것으로 간주되었다. 그리고 러시아가 이탈한 연합국가에 다시 한번 전쟁의 대의명분을 부여하고, 전쟁의 종결과 전후 세계 질서 구상의 지침이 된다. 제1차 세계대전으로 많은 식민지의 인민과 제국 내의 소수민족이 전후의 독립과 자치권 공여를 약속받고, 참전국 병사로 동원되는 일도 있고 해서, 민족자결권은 전후의 파리강화회의에서 전 세계 사람들의 주목을 모았다.

1918년 가을 이후에 동맹국들이 패전함에 따라 체코슬로바키아(10월 28일), 폴란드(11월 11일), 헝가리(11월 16일), 세르브인 크로아트인 슬로벤인(12월 1일) 등, 합스부르크제국과 독일의 지배 하에 있었던 민족들이 차례대로 독립을 선언하였다. 그러한 영역이 구(旧) 합스부르크제국에서는 4분의 3에 이르고, (남겨진) 신생 오스트리아공화국의 영토는 구(旧) 제국의 26.6%였다.

1918년 11월 11일에 정전이 되어 제1차 세계대전이 종결되자, 이듬해인 1919년, 파리에서 강화회의가 개최되었다. 윌슨이 주창한 민족자결은 유럽의 오스트리아-헝가리제국, 러시아제국의 지배하에 있는 민족을 상정한 것으로 파리강화회의에서는 그러한 주장에 따라 오스트리아 영토로부터 세르브인 크로아트인 슬로벤인 왕국(이후 유고슬라비아로 개칭)과 체코슬로바키아공화국의 독립이 인정되었다.

또한 제1차 세계대전의 휴전협정은 동맹국이 러시아와 맺은 브레스트-리토프스크조약(1918년 3월 3일)의 파기가 담겨있었는데, 이 조약으로 소비에트-러시아(1922년부터 소련)가 영유권을 포기한 구(旧) 러시아제국령인 핀란드(1917년 12월 6일), 우크라이나(1918년 1월 9일), 발트 3국(리투아니아 1918년 2월 16일, 에스토니아 1918년 2월 24일, 라트비아 1918년 11월 18일), 폴란드(1918년 11월 11일) 등 동유럽 국가들의 독립이 인정되었다. 여기에는 전승국 측의 이중잣대, 자의적인 민족자결이 적용되었다. 연합국이 독립을 인정한 국가들이 신생 소련과 동유럽 사이를 남북으로 가로놓인 완충지대를 형성하는 형태로 이어져 있는 것은 결코 우연이 아니다. 반면에 열강들은 서아시아 민족들이 오스만제국에서 독립하는 것은 인정하지 않고, 영국과 프랑스가 위임 통치하고, 독일인 주민이 다수를 점하는 남티롤은 민족자결의 원칙에 반하여 이탈리아에 할양되었다. 이듬해인 1919년, 민족자결 제창에 고무된 조선에서 3 · 1 독립운동이 일어나고, 일본에 진압되지만, 서양의 연합국 지도자 사이에 민족자결을 아시아에 적용하는 발상 등은 처음부터 없었다.

3. 구(舊) 제국의 해체와 신생국가의 탄생

19세기 오스트리아는 주요 민족만 해도 10개가 넘는 민족으로 구성되어, 수도 빈을 중심으로 대다수를 차지하는 독일인 외에, 헝가리의 마자르인, 보헤미아를 중심으로 하는 슬라브계의 체코인, 베네치아－롬바르디아 지방의 이탈리아인을 비롯하여 남부에는 슬라브계의 세르비아인, 크로아티아인, 슬로베니아인이, 북부에는 슬라브계의 슬로바키아인, 폴란드인, 루테니아인(우크라이나인), 동쪽 끝에 자리한 헝가리 영내에는 라틴계의 루마니아인들이 집단 거주하고 있었다(표 1-2-2). 독일인과 이탈리아인, 세르비아인 등은 제국 외에 자신들이 머저리티인 민족국가가 있는 한편, 마자르인과 체코인, 크로아티아인, 슬로바키아인, 슬로베니아인들은 제국 외에 민족국가를 가지고 있지 않았다.[7]

오스트리아－헝가리제국이 해체된(1918년 10월) 후에 연합국은 1919년 9월 10일 오스트리아와 강화조약인 생제르맹(Saint-Germain)조약을 체결했다. 이 조약에 의해 오스트리아는(오스트리아가 원했던) 독일과의 병합이 금지되어, ① 헝가리, 체코슬로바키아, 폴란드, 세르브인 크로아트인 슬로벤인(이후 유고슬라비아로 개칭)의 독립을 승인하고, ② 트리에스

---

7   矢田俊隆「ハプスブルク帝国と民族問題」L・アルムブルスター＝C・ツェーリック共編
『大ハプスブルク帝国―その光と影』南窓社, 1994, pp.14-15.

테, 남티롤(트렌티노) 등을 이탈리아에 할양하는 것 등을 수용하였다. 그 결과 구(舊) 오스트리아-헝가리제국 영토의 4분의 3이 분리되고, 나머지 오스트리아 영토는 기본적으로 독일인 국가가 되었지만, 구(舊) 제국 내 체코 등에도 많은 독일인이 남게 되었다. 이와 마찬가지로 불가리아는 1919년 11월에 체결된 뇌이조약(파리 교외에 있는 뇌이에서 체결된 연합국과의 강화조약)에서, 영토의 대폭적인 할양(에게해 북쪽 해안인 트라키아를 그리스에 할양하고, 세르브인 크로아트인 슬로벤인에도 일부를 할양)과 배상금 지불을 수용하고, 오스만 제국(튀르키예)도 1920년 8월에 세브르조약(연합국과 체결한 강화조약)을 수용하여, 제국 영토의 대부분을 잃게 되었다.

<표 1-2-2> 오스트리아-헝가리의 민족 구성(1910년)

민족명	개략적 인구수(만 명)	%
독일인	1,200	23.9
마자르인	1,010	20.2
체코인	655	12.6
폴란드인	500	10.0
루테니아인	400	7.9
루마니아인	320	6.4
크로아티아인	263	5.3
슬로바키아인	195	3.8
세르비아인	193	3.8
슬로베니아인	130	2.6
이탈리아인	100	2.0
무슬림	65	1.2

출처: 쓰키무라 다로(月村太郎), 『오스트리아-헝가리와 소수민족문제』(도쿄대학출판회, 1994년), p.193의 표를 기초로 작성.

다음으로 제1차 세계대전 후에 탄생한 신생국들을 살펴본다. 우선 오스트리아-헝가리제국의 패전과 해체로 탄생한 국가군이다(표1-2-1 참조).

【헝가리왕국】독일 통일의 주도권을 둘러싼 1866년의 보오(프로이센 −오스트리아)전쟁에서 패하여 국력이 쇠약해진 오스트리아는, 지배하에 있던 헝가리의 거센 저항을 회유하기 위해 1867년에 아우스글라이히 (Ausgleich; 대타협)를 제안하고, 헝가리왕국의 형식적인 독립을 인정했다. 그 결과 헝가리에는 독자적인 의회도 설치되었지만, 합스부르크가의 오스트리아 황제가 계속해서 국왕인 상태로 있는 이중제국(오스트리아−헝가리제국) 형태가 되어, 실질적으로는 오스트리아의 지배하에 있었다.[8] 제1차 세계대전에서 오스트리아-헝가리제국이 패배함에 따라 1918년 11월 16일, 헝가리공화국으로 분리독립을 하게 되었고, 1919년 9월 생제르맹조약으로 오스트리아로부터 독립을 승인받았다.

이리하여 마자르인은 역사상 처음으로 자신들이 머저리티가 된 민족국가를 얻게 되었고, 새로운 국가로서 승인을 얻게 되었다. 하지만 헝가리는 제1차 세계대전 중에 오스트리아-헝가리제국으로서의 전쟁 책임도 지게 되었다. 제1차 세계대전 후에 일어난 헝가리혁명의 실패 등으로 국내 혼란이 계속되었기 때문에 강화가 늦어졌지만, 1920년 6월 4일(베르사유의 트리아농 궁전에서) 연합국과 트리아농조약을 맺는다. 이 조약으로 헝가리는, ① 슬로바키아를 체코슬로바키아로, ② 구(旧) 오스트리아령인 슬로베니아, 크로아티아, 보스니아를 세르브인 크로아트인 슬로벤인으로, 트란실바니아를 루마니아로 할양하는 등, 영토의 3분의 2를 잃었다. 그 결과 이 지역에서 살던 헝가리인(마자르인)이 각각의 국가에서 소수민족이 되었다.

【세르브인 크로아트인 슬로벤인 왕국】제1차 세계대전 중이던 1918년

---

8 아우스글라이히(Ausgleich; 대타협)과 그 후의 이중제국 내의 민족 관계에 대해서는 ゲオルク・シュタットミュラー『ハプスブルク帝国史』刀水書房, 1989, pp.171-185, 矢田・앞의 주7의 논문, pp.17-21 등을 참조. 그리고, ハンス・コーン『ハプスブルク帝国史入門』恒文社, 1982에 1867년의 오스트리아와 헝가리의 아우스글라이히 조문(일본어 역)이 게재되어 있다(pp.205-211).

12월 남슬라브인에 속하는 세개의 민족(세르비아인, 크로아티아인, 슬로베니아인)이 세르브인 크로아트인 슬로벤인 왕국의 건국을 선언하였다. 연합국은 제1차 세계대전 후, 미국의 윌슨 대통령이 제창한 민족자결을 구현하는 것으로서 생제르맹조약(1919년 9월 오스트리아와 체결)과 트리아농조약(1920년 6월 헝가리와 체결)을 체결함으로써 이들 국가의 건국을 승인하였다. 세르브인 크로아트인 슬로벤인 왕국은 원래 독립국이었던 세르비아 왕국과 몬테네그로 왕국으로, 오스트리아-헝가리제국령이었던 크로아티아, 슬로베니아, 보스니아 헤르체고비나 등을 합친 복합국가이자 세 개의 민족이 연합한 민족국가로, 1929년에 국명을 '남슬라브인 국가'를 의미하는 '유고슬라비아왕국'으로 바꾸게 된다. 북부는 구(旧) 합스부르크 제국령, 남부는 구(旧) 오스만제국령으로, 언어·종교·문자 모두 복잡하게 교치하는 모자이크 국가였다.

　【체코슬로바키아 공화국】 1866년의 보오(프로이센-오스트리아)전쟁에서 패배한 오스트리아는 헝가리의 형식적 독립을 인정하여 오스트리아-헝가리제국으로 되었지만, 서슬라브계인 체코인과 슬로바키아인은 여전히 오스트리아의 지배하에 놓여있었다. 20세기에 들어 체코인들 사이에서도 민족운동이 고조되고, 그 제창자인 프라하대학의 철학 교수 토마시 마사리크(Tomáš Masaryk)는 제1차 세계대전이 시작되자 파리로 망명하여 공화국을 수립하기 위해 체코 국민회의를 조직하였다. 1918년 1월, 윌슨 대통령의 14개 조항에서 민족자결이 제창되자, 마사리크가 이끄는 국민회의는 슬로바키아인들에게 체코인과 연합국가를 수립하자고 호소하여, 같은 해 10월 28일, 체코 국민회의가 체코슬로바키아의 독립을 선언하고, 11월에 연합국의 승인을 받았다. 이듬해인 1919년에 체결된 생제르맹조약으로 오스트리아가 체코슬로바키아의 독립을 승인하여 1920년에 체결된 트리아농조약으로 헝가리도 슬로바키아가 체코와 합동 국가를 건설하는 것을 승인하였다. 이리하여 체

코인과 슬로바키아인이 합쳐진 체코슬로바키아공화국이 탄생하였다.

【폴란드공화국】폴란드는 18세기 말에 러시아, 프로이센, 오스트리아 삼국에 의해 분할되어 국가가 소멸했다. 독립운동을 계속했지만, 100년 이상에 걸쳐 계속 진압을 당하여, '폴란드 반란'(1863년)도 러시아군에 진압되고, 러시아어 사용을 강요당하기도 한다. 제1차 세계대전이 발발하자 폴란드는 독일·오스트리아와 협력하여 러시아와 싸워서 러시아 세력을 물리치지만, 대신에 독일·오스트리아의 지배를 받게 된다. 그러나 1917년 러시아의 10월 혁명으로 성립한 소비에트 정권이 '러시아 제 민족의 권리선언'을 공표하여 각 민족의 자결권을 인정하고, 이듬해인 1918년 8월에는 러시아, 프로이센, 오스트리아 삼국에 의한 폴란드 분할(1815년)의 포기를 선언한다. 미국의 윌슨 대통령도 이에 대항하여 14개 조 평화원칙 중 폴란드에 대해서는 독립을 명시했다. 독일이 정전에 응하여 제1차 세계대전이 종결된 1918년 11월 11일 폴란드는 독립을 이룬다.

파리강화회의의 일본 전권대사인 마키노 노부아키(牧野伸顯)는 당시를 회상하며 신생국 중에서 가장 문제가 되었던 나라가 폴란드와 체코슬로바키아였으며, 그 영토 내에 거주하는 소수민족의 소속과 국경을 정하는 방법을 두고 난항을 거듭했었다는 취지로 언급하였다.[9] 폴란드를 분할한 러시아와 독일, 오스트리아 삼국은, 모두 동화정책을 펴고, 폴란드인들의 역사적 전통과 관습을 뺏었고, 그뿐만 아니라 러시아의 경우 학교에서 폴란드어를 사용하는 것을 금지하는 등, "해당 민족에게는 엄청난 고통"을 주었고, "잔혹하게 학대"하였다(마키노).

이러한 폴란드인들의 고통이 다른 국가들에 알려지게 되고, 미국과 영국 등의 민주주의 국가에서 온 신문사 특파원과 학자, 유지자, 정치

---

9 牧野伸顯『松濤閑話』創元社, 1940, pp.205-207.

가들은 파리에서 고통받는 폴란드 민족을 구해야 한다고 역설하였다. 독일과 오스트리아가 전쟁에서 패하고, 연합국에서 탈퇴한 러시아도 강화회의에서 패전국과 같은 취급을 받고 있던 와중에 윌슨이 14개 조항에서도 명시했던 폴란드의 독립은 연합국 측에서는 당연한 일로 받아들여졌으며, 파리 강화회의에서도 이미 정해진 노선이었다. 문제는 독일과의 국경책정이었다. 협의 결과, 1919년 6월 베르사유조약에 폴란드를 포함한 연합국과 독일이 서명함으로써 폴란드는 독일에서 발트해로 빠지는 지역을 얻은 한편, 독일계 주민이 많은 단치히는 국제연맹의 관리하에 자유도시로 지정되었다.

폴란드는 이후 1921년 3월에 체결된 리가 조약에서 벨라루스와 우크라이나의 서부를 획득하고, 1922년에는 리투아니아와의 계쟁지인 바르노를 획득하여 인구 2,700만 명, 면적 38만 8,000㎢의 국토를 가진 대국이 되었다. 그 결과 총인구의 7할에 가까운 폴란드인 외에, 850만 명이 넘는 우크라이나인, 유대인, 백러시아인, 독일인 등이 소수민족으로 살아가는 나라가 되었다. 반면, 과거에 폴란드령에서 독일령이 된 실레시아 대부분은 폴란드와 체코슬로바키아로 분할되어 상부 실레시아(Upper Silesia)는 주민투표로 귀속을 정하기로 하여 1922년에 실시한 투표에서 독일령으로 남게 되었다.

4. 파리강화회의와 국제연맹 규약

제1차 세계대전은 인류 역사상 최초의 총력전이었다. 31개의 국가가 참전하였고, 많은 국가가 전쟁에 휘말리면서 민중의 생활에도 심각한 영향을 미치게 되었다. 이러한 전쟁이 4년 반에 걸쳐 이어졌다. 대량 살육을 가능하게 하는 기관총과 대포가 대량으로 투입되었고, 장갑차와 비행기, 잠수함과 독가스 등, 전쟁터의 모습을 일거에 변모시키는 새로운 무기도 등장하여, 지금까지의 전쟁과는 비교가 되지 않는 엄청난 수의 전사자(독일과 러시아가 각각 170만 명, 프랑스가 136만 명, 오스트리아가 120만 명, 영국이 90만 명, 미국이 12만 6,000명)가 발생했다. 그러한 전쟁의 참상을 목격한 사람들 사이에서 다시는 전쟁의 참화를 되풀이하지 않도록 항구적인 국제평화기구를 창설하여, 국가가 서로 대화를 통해 문제를 해결하자는 구상이 미국과 영국의 민간인들을 중심으로 이미 전쟁 중에 퍼져나가기 시작했다.[10] 이러한 민간인들의 구상이 정치가들에게 전달되면서 국제연맹의 창설로 이어지게 되었다.

1919년 1월 18일, 프랑스 외무부에 27개국의 대표가 모여, 제1차 세계대전의 전후처리를 논의하는 파리강화회의가 열렸다. 파리강화회의에서는 프랑스 총리 조르주 클레망소(Georges Clemenceau, 1841~1929)가 의장이 되어, 미국·영국·프랑스·이탈리아·일본 5개국 대표로 구성되는 최고회의(supreme council)에서 중요 사항을 결정하게 되었다.[11] 제2회 회합(1월 25일)에서 국제연맹의 창설이 결의되어 국제연맹 규약의 초안이 강화조약에 앞서 마련되었다. 4월 28일에 열린 강화회의에서 국제연맹 규약의 초안이 가결되었고, 이것을 제1부(Part I)로서 포함시킨 대(対)독일 강화조약(베르사유조약)의 초안이 5월 7일 독일 측에 제시되고, 6월 28일에 베르사유궁전에서 조인식이 거행되었다. 그 후 나

---

10 제1차 세계대전 중에 미국과 영국의 민간단체 주도로 제안된 항구적인 국제평화기구에 대해서는, 篠原初枝『国際連盟』中公新書, 2010, pp.18-30을 참조.

11 국제연맹에서 대국을 결정할 때 윌슨 대통령은 영국, 미국, 프랑스, 이탈리아 4개국을 생각했는데, 영국 대표인 얀 스뮈츠(Jan Smuts, 1870~1950)는 정부 간의 국제연맹 구상에 커다란 영향을 미쳤다고 판단되는 '국제연맹-실천적 제언(The League of Nations: A Practical Suggestion)'(1918년 12월 16일) 중에서 주요 과제를 처리하는 이사회를 구성하는 대국으로, 위의 4개국에 일본을 더하여 5개국을 내세웠다. 시노하라 하쓰에(篠原初枝)는 국제연맹을 세계 최대의 조직으로 만들기 위해 영국이 동맹국 일본을 아시아 대표로 넣을 것을 요구했다고 고찰하였다(篠原·앞의 주10의 인용서, pp.34-36, 63-64).

머지 패전국에 대해서도 베르사유조약과는 별로도 각각의 조약이 체결되었다.

제1차 세계대전의 전후처리를 협의하기 위해 열린 파리강화회의에서 국제연맹의 창설 협의 과정에서는 애초에 이견도 있었다.[12] 이 점에 대해 일본의 전권대사 자격으로 강화회의에 참석했던 마키노 노부아키(牧野伸顕)는 윌슨의 강한 의지에 모두가 압도되었다고 술회한다. 강화조약 중에 국제연맹 규약을 집어넣는 것도 선례가 없으며, 강화조약과는 성격도 다르므로 별도로 취급해야 한다는 견해도 있었다. 그렇게 하지 않으면 나중에 여러 문제가 발생하여 곤란에 봉착할 것이고, 연맹 창설에 최대한 무게감을 두어야 하기에 강화조약과 통합해야 한다고 역설하였다. "이것을 넣지 않으면, 윌슨이 미국으로 가버릴 수도 있다는 우려 때문에 결국은 조약 가운데 집어넣기로 하였다"라고 마키노는 이야기한다.[13]

결국 영국 총리 로이드조지(Lloyd George, 1863~1945)가 5개국 회의에서 각국의 전권위원들에게서 국제연맹 창설을 찬성한다는 의견을 얻고 나서 1월 25일 열린 강화회의에서 윌슨이 국제연맹 창설이 강화회의의 핵심이라고 설파하였고, 영국 대표가 제출한 '국제연맹에 관한 강화회의 결의'(Peace Conference Resolutions on League of Nations)가 체결되었다. 이 결의에는, ① 국제연맹 창설은 국제협력을 촉진하고, 국제적 의무의 실시를 확보하며, 전쟁 예방 조치를 강구하는 중요한 역할을 할 것, ② 국제연맹은 강화조약과 불가분의 형태로 창설될 것, ③ 국제연맹

---

12 특히 의장이었던 클레망소는 국제연맹의 궁극적인 가치에 회의적이었으며, 그가 프랑스의 현안 과제로 생각했던 안전과 보상 문제에 관심을 기울였다고 한다(Charles Seymour, ed., *The Intimate Papers of Colonel House, Volume IV(The End of the War, June 1918-November 1919)*, Ernest Benn, 1928, p.300).

13 牧野, 앞의 주9의 인용서, pp.225-226.

구성 국가가 정기적으로 국제회의를 개최하고, 동시에 연맹의 업무를 실행하기 위한 항구적인 조직과 사무국을 설치할 것, ④ 국제연맹의 규약(constitution)과 기능의 상세 내용을 마련하는 위원회를 설치하고, 그 대표를 임명하는 것이 포함되어 있다.[14]

국제연맹 규약의 초안위원회에는 우선 미국·영국·프랑스·이탈리아·일본의 5개국이 2명씩 대표를 보내는 것으로 결정되어, 미국은 윌슨과 에드워드 하우스(Edward M. House, 최고고문), 영국은 로버트 세실(Robert G. Cecil)과 얀 스뮈츠(Jan Smuts, 남아프리카의 정치가), 일본은 마키노 노부아키와 진다 스테미(珍田捨巳)가 초안위원회 위원이 되었다. 같은 달 27일에는 나머지 국가들이 모여 논의한 결과, 벨기에, 브라질, 중국, 포르투갈, 세르비아가 선정되어, 1명씩 대표를 보내는 것으로 결정되었다. 실제 과정은 우선 미국·영국·프랑스·이탈리아·일본의 5개국 대표들의 합의를 거쳐, 합의한 내용을 위원회에서 공식적으로 논의하는 형태를 취하는 것으로 정해졌다. 2월 3일에 첫 회합이 열리고 영국과 미국이 공동으로 작성한 규약 초안(허스트-밀러 안)이 제출되었다.[15] 그 전 단계에서 국제연맹 창설을 주창한 윌슨의 평화조약 초안 중 마이너리티 조항이 포함되어 있었다.

5. 윌슨의 국제연맹 규약 안의 마이너리티 조항

전술한 바와 같이 국제연맹의 창설이 파리강화회의의 정식 의제로

---

14 Seymour, *supra* note 12, p.302.
15 David Hunter Miller, *The Drafting of the Covenant,* Volume Two, G.P. Putnam's Sons, New York, 1928, pp. 229-230. Seymour, *supra* note 12, p.315, 篠原, 앞의 주10의 인용서, p.38.

된 것은 1919년 1월 25일이지만, 윌슨은 그 전부터 국제연맹 규약의 1차 초안을 작성하고 있었다.

윌슨은 프린스턴 대학교에서 정치학을 전공하고 박사학위를 취득한 후 1890년 프린스턴 대학교에 교수로 부임하여 법학을 가르치기도 하였다. 1902년에는 프린스턴 대학교 총장으로 취임하기도 하였다. 윌슨은 자신이 직접 조문의 초안을 작성할 수 있는 학자 출신 대통령이었다.

윌슨은 1919년 1월 10일에 국제연맹 규약의 1차 초안을 제출했는데, 연맹규약 본문에 대한 별도의 부속 합의(supplementary agreement) 안 여섯 번째 항목에 다음과 같은 조문이 포함되어 있었다.[16]

"국제연맹은 모든 신생국가에 대해, 독립 또는 자치국으로 승인을 받는 전제조건으로 그 관할 하에 있는 모든 인종적 또는 민족석 마이너리티(racial or national minorities)에게 해당 국가에 거주하는 인민(peoples)의 인종적 또는 민족적 머저리티(racial or national majorities)가 받는 것과 똑같은 대우와 안전을 법률상 사실상 부여하는 것을 약속하도록 요구한다"(supplementary agreement VI).

이러한 문구로부터 윌슨은 자신이 제기한 14개 조항 중 민족자결에 따라서 탄생하는 신생국가에 대해 그 독립을 인정하는 조건으로 마이너리티 보호를 의무로 규정하려 했다는 사실을 알 수 있다. 예를 들어 헝가리가 독립함으로써 마자르인은 비로소 마자르인을 머저리티로 하는 민족국가(nation state)를 가지게 되지만, 1민족 1국가로 될 수는 없었고, 이들 신생국가 중 민족자결을 인정받지 못하는 비(非)마자르인인 소수민족이 다수 탄생하게 되었다. 이렇게 민족자결을 인정받지 못하는 사람들을 위한 구제·보상 조치가 소수민족의 권리와 옹호라는 발상

---

16 윌슨의 파리 제1차~제3차 초안의 보충합의6의 조문은 Miller, *supra* note 15, pp.91, 105, 153-154.

이다.

윌슨은 1월 20일 작성한 국제연맹 규약 2차 초안에서, 이러한 인종적 혹은 민족적 머저리티에 대한 평등 대우 의무에 관한 부속 합의 VI안을 신생국가뿐만 아니라 국제연맹에 가입하는 모든 국가로 확대하는 다음과 같은 수정안을 제시하였다.

"국제연맹은 모든 신생국에 대해 독립 또는 자치국으로 승인을 받는 전제조건으로, 그리고 집행이사회(Executive Council)는 국제연맹 가입을 원하는 모든 국가에 대해, 그 관할 하에 있는 모든 인종적 또는 민족적 마이너리티(racial or national minorities)에게, 해당 국가에 거주하는 인민(peoples)의 인종적 또는 민족적 머저리티(racial or national majorities)가 받는 것과 똑같은 대우와 안전을 법률상 사실상 부여하는 것을 약속하도록 요구한다"(supplementary agreement VI).

2차 초안이 마련되고 나서 5일이 지난 1월 25일에 열린 강화회의에서는 전술한 바와 같이 국제연맹의 창설과 국제연맹 규약의 초안을 작성하는 위원회의 설치가 결정됐다. 국제연맹위원회(Committee on the League of Nations)의 첫 회합(2월 2일 오후)에서 참석자에게 배포된 국제연맹 규약안은 허스트 밀러 초안(Hurst-Miller Draft)이라고 불리는데, 마이너리티 조항은 포함되지 않았다. 이 사이에 무슨 일이 있었을까?

허스트 밀러 초안은 영국대표단의 법률고문 세실 허스트(Cecil Hurst)와 미국대표단의 법률고문 데이비드 헌터 밀러(David Hunter Miller, 1875~1961)가 협력하여 작성한 것이다. 국제연맹 규약의 초안위원회 설치가 결정되고 나서 6일 뒤인 1월 31일, 미국의 윌슨, 하우스, 밀러와 영국대표인 스뮈츠, 세실, 허스트가 모여, 위원회에 제출할 원안에 대해 협의하고, 양국의 법률고문인 허스트와 밀러에게 작성을 위탁하였다.[17]

---

17 이하 특별히 주가 없을 때는 허스트 밀러 초안을 둘러싼 기술은 아래의 문헌에 기초한다. David Hunter Miller, *The Drafting of the Covenant*, Volume One,

허스트 밀러 초안은 제1회 위원회가 개최되기 전날인 2월 2일에 완성되어 월슨 등에게 전달되었다. 이를 읽어본 월슨은 해당 초안은 부적절하므로, 자신이 작성한 2차 초안을 허스트 밀러 초안에 들어있는 조항도 수용하여 수정할 테니 새로운 초안을 3일 개최되는 회의에 낼 수 없겠냐고 하우스와 밀러에게 의견을 물었다. 월슨이 중요하다고 판단한 많은 조문이 허스터 밀러 초안에는 들어있지 않았기 때문이다. 밀러가 잘 하면 시간에 맞출 수 있겠다고 하여 셋이서 밤 10시가 넘게까지 수정 작업을 하여 밤새도록 인쇄소에서 새로운 초안을 다시 인쇄하였다. 2월 2일 밤에 초안을 수성하여, 다음 날인 3일 이른 아침에 인쇄한 것이 월슨의 3차 초안이다. 3차 초안에는 허스트 밀러 초안에는 들어있지 않은 부속 합의 VI의 마이너리티 조항이, 2차 초안의 대략적인 내용으로 부활했다.

그러나 이러한 움직임을 회의 당일에 알게 된 영국 대표가 강력하게 반대하였다. 월슨의 바람대로 된다면, 위원회에 제출되는 최초의 초안이 영미 공동 제안이 아니라, 미국 단독 제안이 되기 때문이었다. 그날 오후 2시 넘어서 월슨과 세실의 회담이 열리고, 그곳에서 주영대사로서 미국과 영국의 가교역할을 해왔던 하우스도 설득에 가담했기 때문에, 월슨은 어쩔 수 없이 자신이 준비한 3차 초안을 취하하고, 허스트 밀러 초안을 위원회에 내는 것에 동의했다고 한다.

국제연맹의 창설을 누구보다 중요하게 생각하고, 원활하게 일을 처리하고 싶었을 미국 대통령이, 미국과 영국이 합의한 허스트 밀러 초안을 파기하고 자신의 초안으로 바꾸려고 한 까닭은 무엇일까. 필자는 월슨과 세실 등 영국 대표 사이에 허스트 밀러 초안을 둘러싼 인식의 차이가 있었을 것으로 추정된다.[18]

G.P. Putnam's Sons, New York, 1928, p.65, pp.67-68, 72-75. Seymour, *supra* note 12, pp.298-299, 311-314.

월슨은 1차 초안을 작성한 후, 영국 대표가 별도로 작성한 초안과의 간극을 좁혀 앵글로 아메리칸 합동 초안(a joint Anglo-American draft)을 작성하기를 원하였고, 하우스가 합동 초안을 영국에서 국제연맹 문제를 위탁받은 세실에게 보여주도록 허락하였다.

그러므로 영국과 미국이 공동으로 규약 초안을 작성하는 것은 월슨 자신의 바람이기도 했다. 그러나 허스트 밀러 초안 작성을 둘러싼 하우스 측의 기술에서는 월슨이 하우스의 조언을 수용하면서 작성한 규약안을 바탕으로 합동 초안을 작성하게 되었다고 한다. 그렇다면 월슨은 자신의 초안을 주체로 하고, 거기에 영국 측의 초안 요소를 추가하는 형태로 허스트와 밀러가 초안을 작성하는 것이라고 생각했을 것으로 추정된다. 그런데도 자신이 매우 중요하게 생각하는 조항의 많은 부분이 삭제되어 있음을 보고 무척 놀라 어떻게든 궤도수정을 해야겠다고 조바심을 냈을 것이다

한편, 실무를 담당하던 밀러는 허스트와의 공동작업은 월슨의 바람뿐만 아니라, 세실과의 회의 과정에서 파악된 의향도 반영하면서 작성했다고 기술하고 있다. 세실을 비롯한 영국 대표팀은 영미의 절충안으로서 허스트와 밀러가 초안을 작성하는 것으로 인식하고, 영국 또한 그러한 선상에서 허스트와 공동작업을 했던 것은 아닐까? 그렇다면 세실이나 밀러의 눈에는 1월 31일에 허스트 밀러안을 작성하는 것으로 모두가 합의했는데도 불구하고, 월슨이 그것을 파기하고 자기의 안을 기초로 하자고 요구한 것은 논의를 원점으로 돌려버리는 행위로 비쳤을 것이다.

국제연맹의 창설을 주도했다고 알려진 월슨이지만, 국제연맹 규약 초안 작업의 중핵 멤버 중에서 마이너리티 조항을 둘러싸고는 중과부

---

18 Miller, *supra* note 17, pp.72-75

적이었다. 오스칼 자노우스키(Oscar I. Janowsky)는 『유대인과 마이너리티 권리』(1933년)에서 "파리강화회의에서 중요 인물들은 윌슨의 (마이너리티 조항) 제안을 지지하기 어려웠을 것이라고 보았다. 영국은 마이너리티 보호 문제는 영토에 관한 조약(territorial treaties)으로 취급해야 한다고 생각했다. 프랑스도 이 문제를 국제연맹 규약에 넣지 않는 것이 좋다고 생각했다. 미국의 데이비드 헌터 밀러조차도 인종적 또는 민족적 마이너리티 보호를 일반적인 국제연맹 규약으로 취급하는 것은 무리라고 생각했다"라고 기술하고 있다.[19]

애초에 밀러는 윌슨의 1차 초안(1월 10일) 단계에서 '인종적 또는 민족적 마이너리티'에 관한 조항에 우려를 표하고 있었다. 밀러는 "본 조문의 목적은 유익하지만, 일반적인 취급은 불가능할 것으로 생각된다. 확실히 종교적 문화적인 권리는 모든 경우에 부여되어야 하겠지만, 모든 인종적 마이너리티가 향유하는 것은 불가능하다(예를 들어 공적 기록을 모든 인종적 마이너리티의 언어로 작성하는 것). 한 국가 안에 인구가 적은 몇몇 마이너리티가 존재하는 경우 지방 수준에서 실시하는 것도 불가능할 것이다. 본 조문의 변경은 제안하지 않겠지만, 이러한 생각은 신생국가(New States)뿐만 아니라 불가리아와 같은 이전에 독립한 국가에서도 상황에 따라 다름으로 부가적이고 보다 구체적인 조항에서만 적용되어야 한다"라고 기술했다.[20]

또한 영국 대표는 윌슨의 2차 초안(1월 20일)을 받아들여, 인종적 또는 민족적 마이너리티 문제는 국제연맹에 의해 보장되는 영토에 관한 조약(territorial treaties)으로 해결되어야 하며, 규약 초안에는 제외되어야 한다는 견해를 피력했다.[21]

---

19 Oscar Isaiah Janowsky, *The Jews and Minority Rights (1898-1919)*, Columbia University Press, 1933, pp.321-322.
20 Miller, *supra* note 15, p.91.

마이너리티 권리가 보편적인 국제인권조약 중에 확립되어 있는 현대의 우리가 보면, 전세계 공통의 보편적인 조약으로 규정될 수 없다는 발상이 이상하게 느껴질 것이다. 그러나 당시의 상황과 국제법 수준에서는 그것이 현실적이며, 윌슨의 제안은 당치 않은 것으로 여겨졌을 것이다. 과거의 '현실적'이란 말이 반드시 현재의 '현실적'이란 말과 같다고는 볼 수 없으며, 또한 현재의 '현실적'이란 말이 앞으로도 쭉 '현실적'이 된다고도 할 수 없다. 나날이 발전하며 진화하는 국제인권 중에 우리가 놓쳐서는 안 되는 시점이라고 생각한다.

여기서 종래에 그다지 되돌아보지 않았던 또 하나의 중요한 의문이 생긴다. 세실과 밀러가(당시 세계에서는) 비현실적이라고 보았던 '인종적 또는 민족적 마이너리티'에 관한 조항을 윌슨은 어째서 국제연맹 규약 초안에 담으려고 했으며 유지하려고 온갖 신경을 썼을까, 라는 점이다. 그 배경에는 세계사의 정식 무대에서 각광을 받기 쉬운 국가 지도자에 비해 잘 드러나지 않는 민간단체나 활동가들과 같은 존재가 있었다고 생각된다. 특히 마이너리티 조항이나 소수민족조약의 탄생에는 시오니즘 운동의 리더이자 윌슨의 브레인이었던 루이스 브랜다이스(Louis D. Brandeis, 1856~1941)와 그와 연계했던 유대인의 활동이 있었다.

6. 마이너리티 당사자들의 노력

마이너리티 권리 성립의 역사를 살펴볼 때, 우리는 국제회의나 조약과 같은 '성과'에 주목하기 쉽다. 이렇게 말하는 본 논문에서도 윌슨이나 하우스와 같은, 파리강화회의의 핵심에 위치하고 주도적인 역할을

---

21 Amalgamation of Wilson's Second Paris Draft and British Draft Suggested by Load Eustace Percy, (Miller, *supra* note 15, p.129).

수행한 정치가들의 언동을 쫓아왔다. 확실히 의사 결정권을 갖는 국가의 지도자들을 거론함으로써 마이너리티 권리는 국제 법규로서 성립한 셈인데, 그들의 등을 떠밀며 그렇게 움직이게 한 것은, 자신이 마이너리티인 당사자들을 포함한 민간단체, 지금의 NGO 멤버들이다. 이들에게 등을 떠밀린 윌슨이 시도한 국제연맹 규약 안에 마이너리티나 종교의 자유에 관한 조항을 포함하는 것은 실현되지 못했지만, 윌슨과 같은 정치가들의 등을 떠밀었던 사람들의 존재와 활동이 없었다면, 국제연맹 규약안에 마이너리티 조항이 포함되는 일도 없었을 것이고, 그 대체 수단으로서 소수민족조약이 탄생하는 일도 없었을 것이다. 국제 인권을 탄생시키고 그 원동력이 되어온 것은, 당사자들을 포함한 시민 사회임을 우리는 정확하게 파악해야 한다.

제1차 세계대전 중이던 1915년부터 파리강화조약이 열렸던 1919년에 걸쳐, 다양한 민간조직이 마이너리티 권리에 관련된 법 앞의 평등과 민족적·문화적 특징의 유지, 종교와 신앙의 자유 등의 문제를 해결하기 위해 회의를 열고, 마이너리티 권리의 보장을 감시하는 위원회 설치 등을 권고했다.[22] 파리강화회의의 일본 전권대사인 마키노 노부아키는 당시 파리에는 크고 작은 국가의 대표들이 다수 있었을 뿐 아니라, 민간단체의 활동들도 있었고, 신문기자단 등도 더하면 수천 명, 혹은 만 단위의 사람들이 모였다고 한다. 그중에서도 특히 눈에 띄었던 점은 처우 개선을 위해 파리에 온 각지의 소수민족 대표들로, 그들의 주장과 청원을 기록한 인쇄물이 무수히 배포되어, 도저히 전부 볼 수 없을 정도로 많았다고 한다.[23]

그중에는 마틴 루터 킹(Martin L. King)과 어깨를 나란히 하는 20세기

---

22 Carlile Aylmer Macartney, *National States and National Minorities*, Oxford University Press, 1934, pp.212-218.
23 牧野, 앞의 주9의 인용서, pp.198-199.

미국의 대표적인 흑인 운동가이자 사회학자인 윌리엄 듀보이스(William E. B. Du Bois, 1868~1963)도 있었다. 듀보이스는 1919년 2월 NAACP(National Association for the Advancement of Colored People=전미 유색인 지위 향상 협회)에서 파리에 파견되어, 강화회의에 맞춰서 제1회 범아프리카 회의(Pan-African Congress=PAC)를 개최하였다. 아프리카인을 보호하는 국제법 정비와 단계적인 자치 추진 등을 결의한 이 회의에는 미국과 유럽 국가, 그리고 아프리카, 서인도 제도 등 15개 국가에서 57명이 참가하였다.[24] 일본의 전권대사였던 마키노 노부아키는 아사히 신문사 주최의 외교좌담회(1934년)에서 당시를 회상하며, 리베리아에서 루이스라는 흑인이 찾아와서, 마키노 등이 제안한 인종평등 제안에 감사의 뜻을 표하고, 흑인들이 받는 박해 상황을 호소했다고 이야기했다.[25] 듀보이스는 인종차별 폐지를 목표로 하여 아프리카인뿐만 아니라, 중국, 일본, 인도 등 인종차별을 받는 모든 국가의 대표와 남미, 북미, 유럽의 소수민족 대표를 모두 결집하여 세계적인 규모로 인종차별 폐지를 호소하고 싶다고 하였다. 그러나 미국 정부는 PAC의 개최에 반대하여 참가희망자들에게 여권을 발행해주지 않았고, 영국도 영국의 식민지에서 아프리카인이 PAC에 참가하기 위해 파리로 오는 것을 허가해주지 않았다. PAC에는 리베리아인도 3명이 참가했는데 그중의 한 명이 루이스로, 이렇게 곤란한 가운데 듀보이스의 의향에 따라 마키노에게 접촉을 시도했다고 추정된다.[26]

---

24 William E. B. Du Bois, *The World and Africa and Color and Democracy*, Oxford University Press, 2007, pp.5-8. 本田量久「W.E.B. デュボイスと汎アフリカ主義―20世紀の国際情勢を背景に」『現代社会学理論研究』13호, 2019, pp.26-27.

25 朝日新聞社 編『日本外交秘録』朝日新聞社, 1934, p.145. 아일랜드 여성도 마키노를 찾아와 영국으로부터 박해받고 있는 자신들의 실상을 말하고 협력을 의뢰했다고 한다.

26 ポール・ゴードン・ローレン(大蔵雄之助訳)『国家と人種偏見』TBS ブリタニカ, 1995,

이들 마이너리티의 대표자들 중에 소수민족조약의 성립에 가장 큰 영향을 미친 것은 유대인 단체였다. 다이쇼~쇼와 시대의 외교관이었던 쓰카모토 다케시(塚本毅)(1896~1973)도 그의 저서『소수민족의 문제』(국제연맹협회, 1924년)에서, 파리강화회의에서 소수민족 보호를 위해 전력을 다하는 사람들 중에서 유대인들의 활동이 현저했으며, 그들의 열정적인 운동은 일대 세력을 형성했다고 기술하고 있다. 영미 유대인협회는 대표를 파리에 파견하여 강화회의의 추진을 주시하였고, 특히 전 주민의 14%가 유대인인 폴란드와 루마니아의 상황에 지대한 관심을 지니고 있었다.[27] 그중에 소수민족조약(Minorities Treaties)의 성립에 보다 큰 영향을 준 것은 미국 유대인 회의(America Jews Congress=AJC)의 대표였다고 한다.[28]

전술한 바와 같이, 윌슨은 1902년에 프린스턴대학교 총장이 된 후에 1910년에 민주당으로 입후보하여 당선되어 뉴저지 주지사가 되었다. 그 후 1912년 대통령 선거에서 민주당 후보가 되어, 대기업의 활동 억제와 민중, 특히 노동자계급의 권리를 지키는 New Freedom 정책을 기치로 내걸고 당선되어 제28대 대통령이 되었다(재임 기간 1913~21년).

그러한 윌슨의 국제사회 정책구상에 커다란 영향을 준 인물로 국제

---

pp.124-125. 프랑스인 클레망소 총리는 전쟁 중에 수만의 선주민 부대를 조직하여 프랑스군을 구하였던 세네갈 출신의 프랑스 국민의회(하원) 흑인의원 브레이스 디아뉴의 요청으로 회의 개최는 동의했지만, 선언은 하지 않도록 경고했다고 한다.

27 塚本毅『少数民族の問題』国際連盟協会, 1924, pp.47-49.

28 Janowsky, *supra* note 19, p.263. 시노하라 하쓰에(篠原初枝)도 제1차 세계대전 후의 국제질서 구축 문제에 대해 마이너리티 문제가 논의되었던 배경에는 유대인 단체가 그들의 권리보호를 요구하는 운동을 펼쳤던 사실이 있다고 기술하였다(篠原初枝「国際連盟と少数民族問題」『アジア太平洋研究』24호, 2015, p.73). Stanislaw Sierpowski, Minorities in the System of the League of Nations, Paul Smith ed., *Ethnic Groups in International Relations*, New York University Press, 1991, pp.13-14.

정치학자인 구사마 히데사부로(草間秀三郞) 아이치 현립대학 명예교수는 월슨의 브레인이이자 시오니즘 운동의 리더였던 루이스 브랜다이스에 주목한다.[29] 노동자계급의 권리 옹호에 주력하는 등, '인민의 변호사'로 불렸던 브랜다이스는 1912년 7월에 월슨이 민주당 대선 후보로 지명되자 곧바로 월슨 지지를 표명하고 브레인이 되어주겠다고 자청하였다. 한편, 브랜다이스는 그 2, 3개월 전(같은 해 4월), 미국·시오니스트 동맹(The Federation of American Zionists)에 가입하여 미국 국내의 유대인 조직 확대에 적극적으로 나선다. 1912년 8월 30일 미국·시오니스트 임시대회(뉴욕시)에서 집행위원장에 선출된 브랜다이스는 미국·시오니스트 동맹 조직을 비약적으로 확대시킨다(회원 수가 1914년의 12,000명에서 1919년에 17만 6,000명으로, 예산도 1914년의 15,000달러에서 1919년에는 300만 달러로 급증).

제1차 세계대전 말기인 1918년부터 1919년에 걸쳐 유대인은 오스트리아-헝가리제국 내의 각지와 독일, 러시아에서 민족협의회(nationalraten = national councils)를 결성해나갔다. 이 협의회는 유대 민족에 민족자결을 적용하기 위해, 개인으로서의 유대인 시민에게 평등한 권리를 보장함과 동시에, 민족집단으로서의 유대인에게 대표권과 자치권의 승인도 요구했다. 그리하여 제1차 세계대전의 종결과 더불어, 중앙 유럽과 동유럽에 거주하는 유대인은 유대인 정당의 부활·창설 등 광범위한 정치활동을 시작하였는데, 특히 폴란드에서 가장 광범위하게 정치활동을 이어나갔다. 1919년 초엽에는 파리에서의 외교활동에 유대인의 중요한 목표가 되어, 앞에서 기술한 AJC를 비롯하여 영국 유대인 합동 외교위원회(Joint Foreign Committee of British Jewry), 중앙 유럽 및 동유럽 각지의 민족협의회, 크림반도, 그리스, 이탈리아 등의 유대인 커뮤니티

---

29 草間秀三郞 『ウィルソンの国際社会政策構想』 名古屋大学出版会, 1990, pp.32-54.

등, 다수의 유대인 대표자들이 파리에 결집하였다. 그들은 문화와 복지 영역에서의 민족자치 확보, 각국 의회에서의 소수민족의 비례대표권 확보, 토요일의 휴일 공인 등을 포함하는 '유대인 권리장전(Jewish Bill of Rights)'을 내세웠다.[30]

제1차 세계대전에서는 중앙 유럽과 동유럽의 여러 민족이 타민족이 머저리티인 국가로부터 독립하여, 자신들의 민족(nation)과 국가(state)의 건설을 목표로 투쟁했다. 그러나 이러한 사람들과 달리, 당시 상황에서는 유대인이 민족자결을 내걸고 자신들의 민족국가를 건설하는 것은 어려웠다(제2차 세계대전 후에 그 꿈은 이루어진다). 그런 까닭에 여러 민족의 눈이 민족자결을 향하고 있었던 당시, 유대인이 제1차 세계대전 후 자신들의 안전을 확보하는 수단으로서 국제적인 마이너리티 권리 확립에 온 힘을 쏟았을 것이다.

윌슨이 마이너리티의 보호에 매달렸던 이유는 이러한 유대인들, 특히 미국 내에서 중유럽 및 동유럽에 거주하는 동포의 장래를 염려하던 AJC 등의 요구에 부응한 것이라고 볼 수 있다. 파리강화회의가 시작되기 전부터 그러한 움직임이 있었다. 윌슨이 국제연맹 규약의 1차 초안을 한창 작성하던 1919년 1월 14일에 부다페스트 출생의 미국 유대인 운동 지도자 스티븐 사무엘 와이즈(Stephen Samuel Wise)가 파리에서 윌슨과 만났고, 그때 윌슨은 유대인의 권리를 지킬 수 있다고 장담하였다. 강화회의 중에도 유대인 단체는 팸플릿과 각서를 만들어 각국 정부 대표단에 전달하는 등 다양한 권리 옹호 운동을 펼쳤다. 특히 1919년 5월 10일에 강화회의 참가국 대표에게 전달한 각서(memorandum)는 중

---

30 Shmuel Ettinger, The Modern Period, Hayim Hillel Ben-Sasson ed., *A History of the Jewish People*, Harvard University Press, 1976, pp.939-941, 959-960. 일본어 번역본은 S・エティンゲル『ユダヤ民族史(6)』六興出版, 1978, pp.47-49, p.78.

앙 유럽 및 동유럽의 다양한 종교적, 인종적, 언어적 마이너리티 집단의 보호를 주창하면서, '개인에 대한 시민적, 종교적, 정치적 자유', '소수민족(national minorities)의 조직화와 발전 권리', '개인 및 소수민족의 평등한 지위 달성'을 내걸어, 유대인뿐만 아니라, 모든 마이너리티에 적용될 수 있는 9개 조항의 조문안도 포함하는 것이었다.[31]

국제연맹 규약 중의 마이너리티 조항은 실현되지 못했지만, 이에 굴하지 않고 그들은 차선책을 강구했다. 슈무엘 에팅게르(Shmuel Ettinger, 전 예루살렘 히브리 대학교 교수)는 『유대민족사(A History of the Jewish People)』에서, 윌슨 대통령과 그의 조언자들은 슬라브계 머저리티에 대한 마이너리티－특히, 독일인과 유대인을 보호하기 위해, 국제연맹 규약에 적절한 조항을 넣고자 했으나 반대에 부딪혔다. 대신에 패전국 및 신생국을 연결하는 여러 협정에 소수민족을 보호하는 조항을 넣는 안이 승인되었다고 기술하고 있다.[32]

1919년 4월 28일 파리강화회의에서 국제연맹 규약이 채택되자 3일 뒤인 5월 1일 클레망소와 윌슨, 로이드 조지 3인 회합에서 신생국과 마이너리티 보호를 위한 특별위원회의 설치가 결정된다. 이 위원회의 임무는 폴란드 등 신생국이 체결해야 할 인종적·종교적 마이너리티(racial and religious minorities)의 보호를 포함하는 조약의 초안 작성이었다. 이 위원회는 미국의 데이비드 헌터 밀러와 영국과 프랑스에서 선발된 2인의 대표로 출범했는데, 처음에 밀러가 제출한 조항 안에는 이미 유대인 대표가 준비한 제안이 포함되어 있었다.[33] 그 후 5월 10일에 7인

---

31 Janowsky, *supra* note 19, pp.263, 323. 篠原初枝「国際連盟外交—ヨーロッパ国際政治と日本」井上寿一編『日本の外交(1)外交史 戦前編』岩波書店, 2013, pp.116-117.

32 Ettinger, *supra* note 30, pp. 941-942, エティンゲル・앞의 주30의 인용서, pp. 50-51.

33 David Hunter Miller, *My Diary at the Conference of Paris, Volume XIII New States(Minorities)*, 1925, pp.13-16.

의 유대인 대표위원이 제출한 각서에는 유대인뿐만 아니라, 보편적인 소수민족의 보호에 관한 제안이 들어있었다. 이 각서는 불가리아, 에스토니아, 핀란드, 그리스, 리투아니아, 폴란드, 루마니아, 러시아, 체코슬로바키아, 우크라이나, 유고슬라비아와 기타 중앙 유럽 및 동유럽에 거주하는 민족적, 종교적, 인종적, 언어적 마이너리티에 대한 보호를 주창하고, 인정해야 할 마이너리티 권리도 상세하게 적어놓고, 나아가 관계국이 체결해야 할 소수민족조약의 초안도 포함되어 있었다.[34]

7. 소수민족조약(Minorities Treaties)의 성립

1919년 5월 1일에 설치가 결정된 신생국 위원회(Committee on New States = CNS)는 같은 달 3일부터 같은 해 12월 9일에 걸쳐 총 64회의 회합을 열어 소수민족 보호에 관한 국제문서의 초안을 작성하기로 했다. 일반적으로 신생국 · 마이너리티보호위원회(Committee on New States and for the Protection of Minorities)라고도 불리게 된 이유이다. 이 회의의 기록을 561쪽에 걸쳐 기록한 밀러의 일기 제13권에 'New States(Minorities)'라는 부제가 달린 것도 그러한 이유이다.

전승(연합)국은 폴란드와 복수의 신생국을 승인하였지만, 동맹국 측이 그것을 인정한 것은 아니었다. 따라서 동맹국과의 강화조약이 체결되기까지 이들 신생국들은 정식으로 설립되었다고 볼 수는 없었고, 신생국과의 조약체결도 강화조약의 성립이 전제조건이었다. 한편, 공식 승인된 후 폴란드에 소수민족 보호 의무를 부과하는 조약을 받아들이도록 하는 것은 어렵다는 우려도 있었다.[35] 연합국에 의한 공식적인 독

---

34 中谷武世『民族主義の基本的研究』原書房, 1983, pp.216-217.
35 窪誠『マイノリティの国際法』信山社, 2006, pp.265-266.

립승인의 대가로 폴란드가 소수민족 보호 의무를 받아들이도록 하려면 독일에 대한 강화조약에서 독일이 폴란드의 독립을 인정하게 하는 동시에, 폴란드는 소수민족조약을 수락해야 한다고 여겨졌다.

그 결과 연합국은 1919년 6월 28일 독일과는 강화 목적의 베르사유조약을, 폴란드와는 소수민족조약을 같은 날 체결한다. 우선 베르사유조약 제87조는 "독일은 폴란드의 완전한 독립을 인정한다"고 하는 동시에, 제93조는 "폴란드는 동맹 및 연합국이 필요하다고 판단하는 인종, 언어 또는 종교에 있어서 인구의 다수를 차지하지 않는 폴란드 주민의 이익을 보호하는 조문을 주요 동맹 및 연합국과의 조약으로 정할 것임을 수락하고 약속한다"고 규정한다. 그리고 같은 날(6월 28일) 주요 동맹 및 연합국(The Principle Allied and the Associated Powers=영국·미국·프랑스·이탈리아·일본)과 폴란드 간 소수민족조약(폴란드조약)이 체결되었다. 본 조약이 제1차 세계대전 후 신생 독립국·영토 확대국과 주요 연합국 간 체결된 소수민족조약의 효시가 된다. 체코슬로바키아(같은 해 9월 10일), 세르비아─크로아티아─슬로베니아(9월 10일), 루마니아(12월 9일), 그리스(1920년 8월 10일)와도 거의 유사한 소수민족보호 규정을 포함한 조약이 체결되었다.

폴란드가 최초 체결국이 된 것은 독일이 베르사유강화조약을 수락하도록 하기 위해, 독일 영토의 축소에 따라 생기는 독일계 마이너리티 보호를 보장하는 약속을 폴란드로부터 얻어낼 필요가 있었기 때문이다. 미국과 유럽의 언론에서 널리 보도된 1918년 11월 하순의 리비우(1945년 이후 우크라이나령)에서 일어난 폴란드 병사 및 민간인에 의한 유대인 대학살 사건의 기억이 선명한 것도 하나의 원인이었다고 한다.[36]

지금부터는 소수민족조약의 기틀을 마련한 폴란드조약의 내용을 살

---

36 篠原, 앞의 주28의 논문, p.74.

펴보기로 하겠다.[37] 조약은 제2조에서 모든 주민(inhabitants)의 생명·자유의 보호와 종교·신앙의 자유를 인정하고 있다.

【제2조】폴란드는 모든 주민에게 출생, 국적(nationality), 언어, 인종 또는 종교를 구별하지 않고, 생명과 자유를 완전하게 보호하는 것을 약속한다. 폴란드의 모든 주민은 그 실천이 공공질서나 도덕에 반하는 것이 아닌 이상, 모든 신앙, 종교 또는 신조를, 공적이든 사적이든 자유롭게 실천할 권리를 갖는다.

제3~6조는 소수민족에 속하는 사람들의 국적과 국적선택권에 관한 조항이다. 당시는 각 국가에서 마이너리티가 머저리티와 평등한 지위를 보장받기 위해서는 인종이나 종교의 차이에 따라 그 국가의 국적 취득이 제한되지 않도록 보장하는 것을 전제조건으로 보고 있었다. 따라서 대부분의 소수민족조약에는 국적의 부여에 관한 규정이 포함되어 있었고, 주민들은 그 지역 내에 거주하고 있거나 거주하는 부모에게서 태어난 조건을 만족하는 경우 어떠한 조건도 필요치 않고, 해당 국가의 국적이 인정되는 것으로 정해져 있었다(단, 국적의 선택은 인정된다).[38]

【제3조】폴란드는 본 조약이 발효되는 날에 폴란드의 일부가 되거나, 혹은 일부가 될 것으로 간주되는 지역에 상주하는 독일, 오스트리아, 헝가리 또는 러시아의 국민(nationals)은 그 자체로 어떠한 절차도 요구받지 않고 폴란드 국민임을 인정하고 선언한다. …… 단, 18세 이상인 사람은 조약이 규정하는 조건하에서 취득 가능한 별도의 국적을 선택할 권리도 가진다. 남편에 의한 국적 선택은 처에게도 효력이 미치며, 부모에 의한 국적 선택은 18세 미만의 자녀에게도 효력이 미친다. 전술한 국적선택권을 행사한 사람은 독일과의 평화조약에 특단의 규정이 없는 한, 12개월 이내에 자신이 주소(place of residence)를 선택한 국

---

37 The Polish Minorities Treaty, Macartney, *supra* note 22, pp. 502-506.
38 田畑, 앞의 주1의 인용서, p.53.

적의 국가로 이전해야 한다. (후략)

【제4조】 폴란드는, 독일, 오스트리아, 헝가리 또는 러시아의 국적 (nationality)을 가진 자가 제3조에서 말하는 영역에 상주하는 부모로부터 태어난 경우, 본 조약이 발효하는 날에 자신이 그 지역에 상주하지 않더라도 그 자체로 어떠한 절차도 요구받지 않고 폴란드 국민임을 인정하고 선언한다. 단, 이들이 본 조약이 발효된 뒤로부터 2년 이내에 자신의 거주 국가 내에서 권한을 가진 폴란드 당국에 대해 폴란드 국적의 포기를 표명하면 폴란드 국민으로 간주되지 않게 된다. 남편에 의한 국적 선택은 그 처에게, 부모에 의한 국적 선택은 그 자녀에게 효력이 미친다.

【제6조】 폴란드 영내에서 태어난 모든 자는 타 국가의 국민으로서 태어나지 않은 이상 영역 내에서 태어났다는 사실 자체로 폴란드 국민이 된다.

이에 따라 조약 발효 시점에서 폴란드 영내에 상주하는 사람들이나, 앞으로 폴란드 영내에서 태어날 사람들은 그러한 사실 자체로 폴란드 국적을 취득하게 되었다. 구체적으로는 조약 실시 시점에 폴란드령으로 간주되는 지역 내에 거주하던 독일인, 오스트리아인, 헝가리인과 러시아인, 또한 이들 지역 내에 거주하는 부모에게서 태어난 전술한 사람들은(후자의 경우 본인이 해당 지역 내에 살지 않더라도) 어떠한 절차도 밟지 않고, 폴란드 국적을 인정받게 되었다.[39]

제7~9조는 민족적, 종교적 또는 언어적 마이너리티에 속하는 국민의 권리를 정하고 있다.

【제7조】 모든 폴란드 국민은 법 앞에서 평등하며, 인종, 언어 또는 종교에 의한 구별 없이, 시민적 정치적 권리를 동등하게 향유한다.

---

39 田畑, 앞의 주1의 인용서, p.54.

어떠한 폴란드 국민도, 종교, 신념 또는 (참회 등의) 신앙고백의 차이에 의해 공무·직무 취임이나 명예의 부여, 혹은 직업·산업의 실천 등 시민적 또는 정치적 권리의 향유에 관한 권리를 침해받지 않는다.

모든 폴란드 국민은 사적인 교류나 상거래, 종교와 언론, 모든 종류의 출판 또는 공공 집회에 대해, 어떠한 제한을 받지 않으며, 어떤 언어도 자유롭게 사용할 수 있다.

폴란드 정부가 공용어(official language)를 정하는 경우도, 재판에서는 폴란드어 이외의 언어를 사용하는 폴란드 국민이, 구술이든 서면이든 자신이 사용하는 언어를 쓸 수 있도록 적절한 조치를 마련해야 한다.

【제8조】 인종적, 종교적 또는 언어적 마이너리티에 속하는 폴란드 국민(Polish nationals who belong to racial, religious or linguistic minorities)은 법률상·사실상 다른 폴란드 국민과 같은 취급과 안전의 확보를 향유한다. 특히 자신의 비용으로 자선적, 종교적, 사회적 시설, 또는 학교나 기타 교육시설에서 자유롭게 자신의 언어를 사용하고, 종교를 실천할 권리를 가지며, 창설·운영·관리할 평등한 권리를 가진다.

【제9조】 폴란드는 폴란드어 이외의 언어를 사용하는 폴란드 국민이 거주민의 상당한 비율을 차지하는 도시나 지방에서, 해당 폴란드 국민의 자녀가 초등학교에서 자신의 언어를 매개로 하여 교육을 받을 수 있도록 적절한 조치를 공교육 제도 안에서 제공한다. 본 규정은 폴란드 정부가 해당 학교에서 폴란드어 교육을 의무로 하는 것에 지장을 주는 것은 아니다.

인종적, 종교적 또는 언어적 마이너리티에 속하는 폴란드 국민이 상당한 비율로 존재하는 도시나 지방에서, 해당 마이너리티는 교육적, 종교적 또는 자선적 목적을 위해 국가, 지방정부, 기타의 예산 아래, 공적 자금에서 출자금의 향유와 적용에 공평한 배분을 보장받는다.(후략)

이처럼 제7~9조는 ① 시민적 자유의 규정(법률상·사실상 평등한 취급, 시민적 · 정치적 권리의 평등한 향유, 공무 취임 상의 차별 금지), ② 언어 사용권(사적 관계 · 상업적 관계 · 언론출판 · 공공 집회에서 모국어 사용의 자유, 법원에서의 모국어 사용을 위한 편의 제공), ③ 종교 · 사회 · 교육시설의 창설 · 운영권, ④ 모국어에 의한 초등교육 보장(마이너리티 인구 비율이 높은 지역만)을 정하고 있다. 제8조에서 말하는 사립학교의 개설에 대해서는, 제9조가 특히 '초등교육'이라고 명기하고 있는 점으로 보아, 중등 · 고등교육 기관도 포함되는 것으로 해석되었다.[40]

그리고 제1조는 제2조~제8조의 규정을 국가의 기본법으로 인정하여 모든 법률과 규칙, 행정 행위가 이에 저촉 · 방해되거나 · 우선시될 수 없다는 의무를 폴란드에 부과하고 있다. 여기까지가 각 조약에 거의 공통된 소수민족의 권리 · 보호를 정한 조문이다. 다음으로 폴란드조약은 제10~11조에서 유대인 보호에 관한 규정을 정하고 있다. 그리스조약은 이슬람교도 보호에 관한 규정을 정하는 등 각 국가 고유의 상황에 대응하는 규정들이 있다.

마지막 제12조는 조약의 실시를 확보하기 위한 규정이다.

【제12조】폴란드는 상기 모든 규정이 인종적, 종교적 또는 언어적 마이너리티에 속하는 자에게 영향을 주는 한, 국제적 관심 사항인 의무에 관하여 국제연맹의 보장 하에 놓이는 것에 동의한다. 이들 규정을 국제연맹이사회에서 다수의 동의 없이 수정해서는 안 된다. (중략)

폴란드는 이들 조항에 관한 법적 · 사실적 문제에 대하여 폴란드 정부와 주요 연합국 또는 기타의 국제연맹 이사국과의 사이에 견해차가 있는 경우에는……상설국제사법재판소에 위탁하는 것에 동의한다. 상설(국제사법)재판소의 판결은 상소할 수 없으며(san sappel), 국제연맹 규약 제13조에 기초하여 내려진 판결과 같은 효력과 효과를 가진다.

---

40 田畑, 앞의 주1의 인용서, p.55.

즉, 소수민족 보호에 관한 조약 규정은 그 실시를 국제연맹이 보장하는 것으로 정하여, 체약국(영역 내의 소수민족에 대해 국제법상의 보호 의무를 지는 국가)은 연맹이사회 동의 없이 조문을 변경할 수 없으며, 주요 연합국·연맹 이사국과의 사이에 조약을 둘러싼 견해의 차이가 발생한 경우 국제재판으로 해결해야 하는 국제분쟁으로 간주한다고 본 것이다.

유럽에서는 그때까지만 해도 그리스의 독립(1830년)에 대해 영국, 프랑스, 러시아 3국이 종교에 의한 차별 금지를 요구하였고, 베를린 의정서(1878년)에서 발칸반도 국가들의 독립(루마니아·세르비아·몬테네그로)과 자치(불가리아)를 인정한 때 그 조건으로 신앙의 자유 보장과 종교에 의한 차별 금지를 요구하는 조항을 정하는 움직임이 있었다. 소수민족조약은 그러한 관행의 연장선상에 있다고도 할 수 있다.[41] 그러나 다하타 시게지로(田畑茂二郞)는 ① 소수민족 보호에 관한 조약과 선언 등의 내용이 폴란드조약을 기초로 작성되어 대부분 공통된 내용으로 통일된 체제를 형성하고 있는 점과, ② 조약의 실시를 보장하기 위한 다양한 조치가 취해지고 있다는 점, 그중에서도 특히 ③ 조약위반에 대한 대응으로서 국제연맹에 의한 집단적 보장이 마련되기에 이르렀다는 점 등에서 종전에는 볼 수 없었던 현저한 특징이 있으며, 인권의 국제적 보장에 있어서 진전이 보인다고 평가하고 있다.[42]

소수민족조약 외에 ① 패전국의 소수민족 보호 의무에 관한 강화조약 규정, ② 국제연맹 가입 시에 서명된 소수민족 보호 의무를 규정한 일방적 선언, ③ 소수민족을 보호하기 위한 양국 간 조약도 국제연맹에서의 소수민족 보호 제도의 구성요소가 되었다. ①은 오스트리아와 체결한 강화조약(Treaty of Peace with Austria, St. Germain 조약, 1919년 9월 10일)

---

41 西平等「連盟少数民族保護条約の意義」『多元的世界における「他者」(上)』関西大学 マイノリティ研究センター, 2013, p.118.

42 田畑, 앞의 주1의 인용서, p.48, pp.56-57.

제51, 57, 60, 62~69조(Part III, Section V, Articles 62~69), 불가리아와 체결한 강화조약(Neuilly 조약, 1919년 11월 27일) 제46, 49~57조(Part III, Section IV, Articles 49~57), 헝가리와 체결한 강화조약(Trianon 조약, 1920년 6월 4일) 제44, 47, 54~60조(Part III, Section VI, Articles 54~60), 터키와 체결한 강화조약(Lausanne 조약, 1923년 7월 24일) 제37~45조(Part I, Section III, Articles 37~45)에서 모두 폴란드조약을 기초로 하여 소수민족 보호에 관해 거의 공통된 내용을 규정하고 있다.

이들 조약의 규정 내용을 보면 마이너리티 권리에는 애당초 무차별(non-discrimination)적인 평등과 고유의 문화·언어·종교의 유지·발전이라는 두 개의 주축이 있음을 알 수 있을 것이다. 전자는 최근, 유엔 인권최고대표사무소(OHCHR) 등으로부터 포괄적 차별금지법규(Comprehensive Anti-Discrimination Legislation)의 제창 등의 형태로 나오고 있는 다양한 피차별 집단과의 공통점이 있으며, 이러한 이유로 연계가 가능하고 유효한 측면이 있다. 한편, 후자는 인종적, 민족적, 언어적 또는 종교적 마이너리티 특유의 권리이다. 국제연합 시대 마이너리티 권리의 기점이 되고 있는 시민적, 정치적 권리에 관한 국제규약(자유권 규약) 제27조 등에서는 후자가 약화되고 있는 인상을 주었다. 그러나 파리강화회의를 기점으로 만들어진 소수민족조약이 정하는 공적·사적인 영역에서의 언어사용 권리, 종교·문화·교육시설의 운영권, 모국어에 의한 교육권 등 마이너리티 권리에는 마이너리티에 속하는 개인이 자신의 언어를 사용할 자유와 자신의 문화를 누릴 자유를 가지는 것에 대한 존중뿐만 아니라, 해당 마이너리티가 언어·문화·종교 등 고유한 특징을 갖춘 집단으로서 존속하는 것을 보호한다는 특성이 있다.[43] 이는 제2차 세계대전 후 국제연합 시대의 마이너리티 권리에도 계승되고 있다. 자유권

---

43 西, 앞의 주41의 논문, p.155.

규약 제27개 조항의 범위 내에서 그 권리 내용을 상세하게 정한 1992년
의 마이너리티 권리 선언과 자유권 규약 시행의 감시기관인 자유권 규
약위원회(Human Rights Committee)가 1994년의 포괄적 견해 23에서 명시
한 조약해석이 후자에 관한 권리를 열거하고 있는 것은 이를 상기시키
는 의사 표현이었다고 생각된다.

　파리강화회의에 의한 소수민족조약은 정치적 타협의 산물이었고,
이중잣대를 비롯하여 다양한 문제를 안고 있었다. 제1차 세계대전 후
민족자결의 적용을 받아 독립이 인정된 국가들을 지도로 연결하면, 유
럽과 소련의 틈새를 남북에 걸쳐 가로막는 완충지대처럼 늘어서 있는
모습이, 열강들이 자의적으로 적용했음을 말해 준다(그림1-2-1). 하지만,
우리가 주목해야 할 점은 유대인을 비롯한 세계 각지의 마이너리티의
의지가 윌슨으로 하여금 국제연맹 규약 초안에 마이너리티 조항을 삽

입시키게 하였고, 영
국대표단의 반대로
실현되지 못했던 그
조항이 소수민족조
약을 탄생시키는 기
점이 되었다는 사실
이다. 비록 특정 국
가에만 부과되는 불
공평하고 보편성이
결여된 것이었지만,
그것에 의해 머저리
티와의 평등한 취
급(무차별), 마이너리
티의 문화, 언어, 종

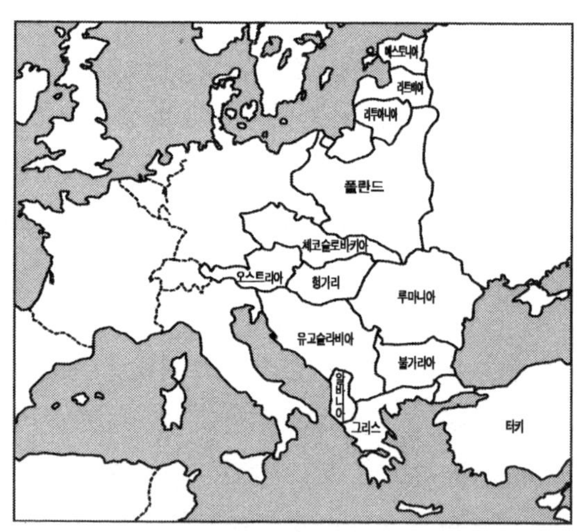

출처: 「소수민족에 대한 의무를 지는 국가」, 국제연맹, 『국제
　　연맹편람』, 일본국제협회, 1934년, p.75쪽을 기초로 하
　　여 작성

[그림1-2-1] 제1차 세계대전 후에 독립을 인정받은 국가

교의 유지·발전이라는 마이너리티 권리의 두 개의 주축이 단단하게 구축되어, 국제연합 시대에 이르러 모든 사람에게 적용되는 보편적 인권으로 승화된 흐름을 확실하게 파악해야 한다.[44] 규칙이나 규범은 준수만 하면 되는 것이 아니라 그러한 규칙이 왜 생겼는지 그 근본적인 원인과 이념을 항상 생각하고, 더 발전시켜 나가야 한다. 물론 현대의 국제인권 측면에서도 마이너리티 권리는 발전 도상에 있으며, 앞으로 어째서 그것이 필요한지를 생각하고 이해해 가면서 승화해나가야 한다는 점은 말할 필요도 없다.

---

44 파리강화회의의 미국 법률고문 밀러는 월슨의 제1차 초안의 부속 합의 (supplementary agreement) 제6조에서 규정하는 인종적 또는 민족적 마이너리티에 대한 평등한 취급(처우)은 후의 신생국가 위원회(Committee on New States)에 의해 구축되는 소수민족조약 (Minorities Treaties)으로 이어진다고 기술하고 있다(Miller, *supra* note 17, p.40).

제3장

국제연맹의 마이너리티 보호와 일본

오카모토 마사타카

1. 일본의 인종 평등 제안
2. 국제연맹 창설과 소수민족 보호 시스템
3. 국제연맹 시대의 소수민족 보호와 일본의 관여

제1차 세계대전 후 소수민족조약(Minorities Treaties)을 기반으로 한 국제연맹 시기의 국제인권보장은 원시적인 까닭에 인류에게 여러 가지 과제를 남겼지만, 그 연장선상에 제2차 세계대전 후 국제연합에 의한 마이너리티 권리가 있다. 그것도 결코 완전한 것이 아니며, 더 많은 개선이 요구되는 가운데, 현대에 이르기까지의 유래와 발전 과정을 파악하는 것은 향후 그 규준과 제도를 충실하고 승화시켜 나가는 데에도 필요할 것으로 보인다.

일본은 파리강화회의 주요 연합국=5대국(미국·영국·프랑스·이탈리아·일본)의 일원으로서 소수민족조약의 초안 작성에 참여했고, 그 당사국이 되었다. 연맹 출범 후에는 유럽에서 발생한 소수민족조약 위반에 관한 다양한 사안에 중립적인 입장에서 관여하는 유럽 이외의 상임이 사국으로서 연맹의 소수민족 보호 문제에 깊숙이 관여하고 있었다. 따라서 일본 정부－특히 외무성 내에서는 연맹 시대의 소수민족문제에 관한 많은 정보와 경험이 축적되었고, 민간에서도『국제연맹 연감』등을 통해 그 존재가 일본 국내에 널리 알려지게 되었다. 따라서 제2차 세계대전에 패한 일본 정부는 당초 제1차 세계대전 후 파리강화회의에서 체결된 여러 조약에서 영역 변경에 따른 주민의 국적선택권을 포함한 소수민족의 보호 의무가 일본에 부과될 가능성을 염두에 두고 검토했던 것이다(본서 제2부 3장).

그러나 유색인종 사이에서 한때 찬사를 받았던 일본의 인종 평등 제안이 보편적인 국제인권을 요구하는 것이 아니었던 것처럼, 마이너리티 인권을 자신의 과제로 인식하는 관점은 일본에서는 발선하지 않았다. 일본에서의 국제연맹기(期)의 소수민족 보호는 유럽에 국한된, 골치 아픈 문제로 이야기되고 있으며, 그것이 패전 후의 소수민족 권리 보장으로부터의 도피와 국제연맹과 국제연합기의 마이너리티 권리를 일련의 것으로 볼 수 없는 경향을 만들어낸 것 같기도 하다.

본 장에서는 국제연맹 시대의 소수민족 보호를 일본이 어떻게 관여해왔는지에 대한 관점을 포함해서 살펴보고자 한다. 우선 앞 장으로 시간을 조금 되돌려 국제연맹 규약 초안 작성 당시 일본의 인종 평등 제안부터 살펴보자.

1. 일본의 인종 평등 제안

(1) 미국 등에서의 일본인 배척에 따라

제1차 세계대전 말기인 1918년 9월에 수상이 된 하라 다카시(原敬,

1856년생)는 같은 해 12월 2일 외교조사회에서 "강화회의 개최 시에는 제국으로부터 전권위원을 특파할 필요가 있음을 인정하고, 내가 외무 상으로서 그 임무를 맡을 수밖에 없으나 다소 시간이 걸리더라도 사이 온지(西園寺) 후작과 마키노(牧野) 남작을 곤란하게 만드는 일이 되었다" 라고 말하며, 강화회의 전권위원을 사이온지 긴모치(西園寺公望, 1849년생) 와 마키노 노부아키(牧野伸顕, 1861년생)에게 위임할 방침을 밝혔다.[1] 이렇게 해서 하라는 정우회의 맹우이자 두 번의 수상 경험을 가진, 청년기 프랑스 유학 시절에 클레망소(Clemenceau) 수상과 같은 하숙집에서 생활한 절친한 친구였던 사이온지에게 파리 강화회의 일본수석 전권을 위임한 것이다. 그러나 건강상의 이유로 출발이 늦어진 사이온지가 파리에 도착한 3월 2일에 이르러서는 연맹 창설을 둘러싼 주요 논의는 이미 끝난 상태였다. 그간 파리에서 일본 대표로 활동한 것은 차석 전권 대사 마키노 노부아키와 전권대사 진다 스테미(珍田捨巳, 1857년생)이다.[2] 마키노 일행은 본국의 훈령에 따라 파리강화회의에서, ① 중국 산둥성 에서의 독일 이권 획득과 ② 적도 이북의 독일령 남양 제도의 할양 그리 고 ③ 국제연맹 규약에 인종 평등 조항을 삽입하기 위해 노력하게 된다. 당시 파리에서는 영국이 호텔 마제스틱(Hotel Majestic), 미국이 호텔 크리

---

1 小林龍夫編『翠雨荘日記一臨時外交調査委員会会議筆記等』原書房, 1966, p.315.

2 마키노는 11세에 아버지 오쿠보 도시미치 등과 함께 이와쿠라 사절단에 합류해 미국으로 건너가 중학교까지 미국에서 보냈다. 사이온지 내각에서 두 차례 각료를 지낸 후, 야마모토 곤베(제1차) 내각(1913~14)에서 외무대신을 역임했으며, 제1차 세계대전 종결을 계기로 열린 외교조사회에서 월슨의 14개 조항과 국제연맹 구상에 비판적인 추밀원 고문관 이토 미요지에 대해 일본도 국제연맹에 적극적으로 참여해야 한다고 주장하였다. 진다는 20대 초반에 4년간 미국 대학에서 공부했으며, 외무성 입성 후 샌프란시스코 주재 일본 영사(1890년)가 되었다. 1913년 캘리포니아 주 의회에서 외국인 토지법이 심의될 당시 월슨 대통령에게 법안 통과 조치를 요청하는 등 19세기 말~20세기 초 미국의 일본인 이민 배척 운동에 깊이 관여했으며, 제1차 세계대전 중부터 파리 강화회의 시기에는 주영대사로 유럽에 체류했다.

옹(Hotel Crillion), 그리고 일본이 호텔 프리스토(Hotel Bristol)를 통째로 빌려 사무실을 마련할 정도로 정부 대표단을 파견했다.[3] 일본의 전권단도 약 60여 명에 달했고, 그중에는 2차 세계대전 이후 일본의 마이너리티 문제 대응에 큰 획을 긋게 될 요시다 시게루도 포함되어 있었다.

마키노 등이 파리에 도착한 것은 1919년 1월 14일 미국 대통령 우드로 윌슨(Woodrow Wilson, 1856년생)이 국제연맹 규약 파리 제1차 초안을 발표한 지 4일 후였다. 1월 18일 파리강화회의의 개막에 이어 1월 25일 제2차 강화회의에서 국제연맹의 창설과 연맹 규약 초안을 작성하는 국제연맹위원회(The Commission on the League of Nations, 이하 CLN)의 설치가 결정된다. CLN은 미국·영국·프랑스·이탈리아·일본의 5대국에서 2명씩, 그 외의 연합국에서 5인, 총 15명으로 구성되며, 미국의 윌슨과 에드워드 히우스(Edward M. House, 1858년생), 영국의 로버트 세실(Robert G. Cecil, 1864년생)과 얀 스뮈츠(Jan. Smuts, 1870년생), 일본의 마키노와 진다 등이 고정 멤버가 되었다.[4]

마키노 일행이 본국으로부터 받은 ③에 관한 훈령은 "국제간의 인종적 편견이 아직 전혀 제거되지 않은 현 상황을 고려하면……연맹의 목적을 달성하기 위한 방법의 여하를 불문하고 사실상 제국에게 중대한 불이익을 초래할 우려가 없지 않다"고 우려했다. 우려에 따라 "국제연맹의……성립해야 할 형성을 보기에 이르렀다면……인종적 편견으로 인해 발생할 수 있는 제국의 불이익을 제거하기 위해 사정이 허락하는 한 적절한 보장의 방법을 강구하는 데 노력해야 한다"(1918년 12월 26일,

---

3 牧野伸顕『松濤閑談』創元社, 1940, p.198.

4 프랑스는 부르주아(Leon Bourgeois)와 라르노드(Ferdinand Larnaude), 이탈리아는 올란도(Vittorio Orlando)와 스칼로야(Vittorio Scialoja)가 멤버였다. 또한 1월 27일에는 나머지 국가들이 모여 논의한 결과, 벨기에, 브라질, 중국, 포르투갈, 세르비아가 선정되어 각 1명씩 대표를 파견하기로 했다(David Hunter Miller, *The Drafting of the Covenant*, G.P. Putnam's Sons, New York, 1928, Volume Two, p.229).

우치다 외무대신이 재영국 진다 대사에게 보낸 전보)는 내용이었다.[5]

당시 미국 등에서 격렬한 일본인 이민자 배척 운동이 일어나면서 재미(在米) 일본인 등이 다양한 차별을 받는 문제가 발생했다. 미국에서는 이민법으로 중국인 이민자의 입국을 중단한 이후 일본인 이민자가 늘어나면서 그 화살이 일본인에게로 향했다. 러일전쟁 이후 황화론(黃禍論)의 발흥과 맞물려 1900년대 후반부터 미국 각지에서 일본인 배척 운동이 활발하게 일어났다. 예를 들어 캘리포니아주에서는 새크라멘토의 일본인 노동자 추방 사건(1891년) 이후 백인 노동자들의 일본인 습격 사건이 빈번하게 발생했고, 샌프란시스코에서 아시아인(이후 일본인, 한국인) 배척 동맹이 결성되었다. 정치인들은 그 불만을 선동하여 선거 캠페인에 이용하고, 신문과 잡지도 '일본인은 연안의 기생충'(San Francisco Dairy News) 등 일본인 배척 여론을 주도했으며, 농지에는 'No More Japanese(일본인은 더 이상 오지 마라)', 'Japs Keep Moving(일본인은 나가라)' 등의 간판 세워지고, 거리에서는 일본인에 대한 입주 및 입점 거부가 만연했다.[6]

1906년 10월에는 샌프란시스코시 학무국이 공립학교에 다니는 일본인 학생의 격리를 결정하고, 2월 연방의회가 일본인 이민자의 미국 본토 여행을 규제하는 개정 이민법을 채택(동년 7월 시행). 1907년 11월부터 이듬해 3월까지 일본 정부가 일본인 이민자를 자율적으로 규제하는 '일미 신사협정'(일본 외무대신과 미국 주재 일본 대사의 11개 서신으로 이루어진 행정협정)이 체결되었지만, 미국 내 일본인 이민자 배척 운동은 멈추지 않았고, 1913년 5월에는 캘리포니아 주 의회에서 일본인 이민자가 토지를 소유할 수 없도록 하는 외국인 토지법안(California Alien Land law)

---

5 '강화에 관한 일본 정부의 방침 결정에 부속하는 훈령의 건' 부기 '윌슨 14개 조항에 대한 제국 정부의 의견' 外務省 『日本外交文書[大正七年第三冊]』 1969, p.665, pp.676-678. 한편, 이 훈령문은 1918년 11월 13일 외교조사회에서 이미 초안으로 원안이 제출된 것이었다(小林編, 앞의 주1의 인용서, p.281, p.286).
6 NHK 取材班編 『理念なき外交—パリ講和会議』 角川書店, 1995, pp.73-86.

가 가결된다(8월 시행). 일본 국내에서는 그 배후에 있는 인종적 편견에 항의하는 반미 집회가 열리기도 했다.[7]

이러한 상황과 교훈을 바탕으로 마키노 등은 연맹 규약에 인종 평등에 관한 조항을 넣기 위해 움직이기 시작했다. 우선 당사자인 미국과 협의해야 한다고 생각한 마키노와 진다는 2월 4일, 미국 대통령 고문인 에드워드 하우스와 만나기로 약속했다. 마키노는 당시를 이렇게 회고한다. 역사적으로 종교로 인한 국제간의 분쟁이 많았기 때문에 연맹 규약안에 종교의 자유가 있었고, 이와 유사한 문제로 소수민족의 경우에 미래 평화의 화근이 될 수 있는 것이 있어 모두 상당한 고려를 해야 한다는 취급에 대한 규약안이 있었다. 그래서 "인종 평등은 그 이상의 중대한 문제라는 관점에서 기회를 봐서 이를 제안하기로 했다"고 한다.[8]

(2) 종교의 자유 조항에 대한 윌슨의 고민

윌슨의 파리 2차 초안(1919년 1월 20일)에는 앞 장에서 살펴본 인종적 또는 민족적 마이너리티에 관한 보충합의안(제6조) 뒤에 제7조로서 종교적 신앙의 자유와 차별금지에 관한 다음과 같은 조항이 들어 있었다. "종교적 박해와 불관용이 전쟁의 온상(fertile sources)임을 인식하고, 서명국은 종교의 자유로운 실천을 금지하거나 방해하는 법률을 만들지 않으며, 특정 신조·종교·신앙을 실천하는 자를 그 실천이 공공질서나 도덕에 위배되지 않는 한, 법적으로나 사실상 차별하지 않을 것을 약속한다. 연맹은 새로운 국가 및 연맹 가입을 원하는 모든 국가에도 동일한 서약을 요구한다."

---

7 蓑原俊洋 『カリフォルニア州の排日運動と日米関係』 有斐閣, 2006, pp.11-16, pp. 29-32, pp.53-68. 中村進 「排日移民法成立の背景」 『政経研究』 第52巻 2号, 2015.9, pp.383-387.

8 牧野, 앞의 주3의 인용서, pp.227-228.

이 조항도 역시 유대인 단체의 후원을 받아 윌슨이 마이너리티 조항과 함께 고안한 것이었다. 앞에서 언급한 마키노의 회고에서 그들은 윌슨의 연맹 규약안에 마이너리티와 종교적 신앙에 관한 조항이 있다는 것을 알고, 그것과 일본의 인종 평등 조항안을 연결시키려 했음을 알 수 있다. 그러나 앞 장에서 살펴본 바와 같이 2월 3일 CLN 첫 회의에서 배포된 미영합동(허스트-밀러) 초안에 인종적 또는 민족적 마이너리티 조항은 포함되지 않았다. 반면 종교의 자유에 관한 조항은 "당사국은 종교의 자유로운 실천을 금지하거나 방해하는 법률을 만들지 않으며, 특정 신조·종교·신앙을 실천하는 사람을 그 실천이 공공질서나 도덕에 위배되지 않는 한 법적으로나 사실상 차별하지 않을 것을 약속한다"는 규약 제19조로 남아있었다. 따라서 원래는 인종적 또는 민족적 마이너리티 관련 조문이 더 친화력이 높은데, 마키노 등은 '종교' 조항에 인종 평등을 끼워 넣으려 한 것으로 보인다.

이튿날 2월 4일 하우스와 면담한 마키노 등은 인종 평등 조항에 관한 갑을(甲乙) 두 가지 안을 제시했고, 그중 하나(乙안)에 동의를 얻어냈다. 이후 하우스를 통해 얻은 을안에 대한 윌슨의 수정안도 받아들여 2월 13일 오후 CLN 제10차 회의(2월 13일 오후)에서 마키노는 종교의 자유에 관한 조항(같은 날 오전 제9차 회의에서 제19조 → 제21조로 변경)에 제2항을 추가하는 형태로 인종 평등에 관한 추가 조항안을 제기하게 된다.[9] 하

---

9 外務省政務局「千九百十九年巴里講和会議ノ経過ニ関スル調書[其三(2月11~28日)]」1919年3月15日, pp.49-57. 한편, 본 조서 가운데 조문은 「각 국민 균등의 주장은 국제연맹의 기본적 강령에 의거하여, 당사국은 가능한 한 신속히 연맹원인 국가에 있는 일체의 외국인에 대하여 어떠한 점에서도 균등하고 공정한 대우를 부여하며, 인종 또는 국적에 따라 법률상 또는 사실상 어떠한 차별도 두지 않기로 약정한다」이다. 영어 조문 안은 다음과 같다. "The equality of nations being a basic principle of the League of Nations, the High Contracting Parties agree to accord, as soon as possible, to all alien nationals of States members of the League, equal and just treatment in every respect, making no distinction, either in law or fact, on account of their race or nationality."

지만 사실 그 사이 종교의 자유에 관한 조항도 삭제될 위기에 처해 있었다.

CLN은 2일 전= 2월 11일 8차 회의까지 제1차 독회(proofreading)를 한 차례 마친 후, 거기서 논의된 내용을 반영한 수정 초안을 정리하기 위해 회원사 내에 초안 작성 위원회(Drafting Committee)를 구성했다. 영국의 로버트 세실(Robert Cecil), 프랑스의 페르디낭 라르노드(Ferdinand Larnaude), 그리스의 엘레프테리오스(Eleftherios Venizelos), 세르비아의 미렌코 베스니치(Milenko Vesnitch) 등 4명이 이 위원회의 멤버이다. 그 초안부회(草案部会)가 2월 13일 오전 CLN 제9차 회합(会合)에서 종교 문제의 복잡성을 감안하여 제19조는 전문을 삭제하는 것이 바람직하다는 의견을 제시했다. 이와 함께 "만약 CLN 안에 이런 종류의 규정을 포함시켜야 한다는 강한 의지가 있다면"이라며 다음과 같은 수정안도 제시했다.

"당사국은 그 실천이 공공질서나 도덕에 반하지 않는 한 어떠한 신조, 종교 또는 신앙의 자유로운 실천을 금지하거나 방해하지 않으며, 각 당사국의 관할권 내에 있는 어떠한 사람도 그 신념, 종교 또는 신앙을 굳건히 지킴으로써 생명, 자유 또는 행복을 해치지 않을 것을 약속한다"[10].

이는 동 조항에 강한 애착을 보여온 윌슨 대통령을 배려한 것임이 분명하다. 윌슨은 이전 회의에서 종교 조항의 중요성을 강조하며 직접 수정안까지 제시했었다. 초안부회의 발언에 대한 논의는 찾아볼 수 없지만, 제9차 회합의 회의록에는 이 회의의 논의 결과 총 24개 조항에서 27개 조항으로 늘어난 새로운 규약 초안이 실려 있고, 종교 조항은 초안부회의 수정안대로 신(新)21조로서 남아 있었다.[11] 초안부회가 종교

---

10 Miller, *supra* note 4, p.307.

11 David Hunter Miller, *The Drafting of the Covenant*, G.P. Putnam's Sons, New York, 1928, Volume One, pp.212-213.

조항이 필요하다는 윌슨의 의사를 수용하고, 윌슨이 초안 작성 부서의
수정 문안을 받아들인 결과로 보인다.

(3) 일본의 인종 평등 제안으로 사라진 종교의 자유 조항

제9차 회합을 오후 1시에 마친 CLN은 같은 날 3시부터 제10차 회합
을 이어가기로 했다. 여기서 오전에 의장을 맡았던 윌슨이 다른 회의에
참석하기 위해 불참하고 대신 세실이 의장을 맡게 된다. 10차 회의에서
는 총 27조로 구성된 신규약(新規約) 초안을 전문(全文)부터 한 조씩 읽어
내려갔다. 그리고 21조 (종교 조항)에 이르렀을 때, 맨 먼저 하우스가 이
회의에 불참한 "윌슨 대통령이 이 조항을 규약에 넣기를 강력히 희망
한다"고 못을 박았다. 이에 대해 초안부회의 라르노드는 "양심과 예배
의 자유를 선언하는 것은 매우 의미있는 일임에도 불구하고 이를 초안
으로 작성하는 것은 매우 어렵기 때문에 자제하는 것이 좋다고 생각한
다"고 말하면서도 "이 건과 관련한 심각한 사건이 동유럽의 특정 지역
에서 일어나고 있고, 그것이 윌슨 대통령이 우려하는 부분일 것이다.
……윌슨 대통령이 이 조항의 삽입을 주장하고 있기 때문에 그 폐기를
요구하기 어렵다"고 덧붙였다. 세실 의장도 윌슨 대통령이 이 조항의
삽입을 특별히 원하고 있기 때문에 쉽게 삭제할 수 없다고 말한다. 이
러한 벼랑 끝 토론에서 마키노가 (신) 21조 제2항으로 다음과 같은 조
항을 추가할 것을 제안한 것이다.

"모든 국가(nations)의 평등은 국제연맹의 기본 원칙이며, 당사국은
가능한 한 신속하게 연맹 가맹 모든 나라의 모든 다른 국적자(alien
nationals)에게 모든 면에서 평등하고 공평한 대우를 제공하고, 인종 또
는 국적(nationality)을 이유로 한 구별(distinction)을 법적상으로도 사실상
으로도 하지 않을 것을 약속한다".

마키노는 제안 이유를 인종적·종교적 적의가 분쟁과 전쟁을 일으

키는 주요 원인이기 때문에 종교와 인종을 함께 다루어야 하며, 종교적 원인을 제거하려는 도모하는 21조에 인종 문제를 추가해야 한다고 설명했다. 밀러의 "Baron Makino read the following note"라는 기술에서, 마키노가 토론의 흐름에 따라 발언했다기보다는 타이밍을 봐가며 준비해둔 발언문을 읽어 내려간 것으로 보인다. '종교' 조항을 지지하는 것도 아니고, 논의의 흐름에 비추어 볼 때 조금 벗어난 마키노의 발언은 그 때문일 것이다.

이 마키노의 발언이 논의의 흐름을 바꿨다. 일본의 제안을 받은 세실 의장은 "이 문제는 전 세계적으로, 그리고 영연방(英連邦)에서도 오랫동안 곤란한 논쟁을 불러일으켰다. 이것은 잘 생각해봐야 할 과제"라며 난색을 표했다. 베니젤로스는 "이 조항은 자제하는 것이 좋다"고 발언. "우리는 종교에 관한 조항을 논의하는 것이냐?"고 의아해하는 참가자들에게 세실은 "아니, 인종의 자유에 관한 것이다"라고 답하는 등 혼란도 발생했다. 그 결과 세실은 자신의 발언을 철회하고 21조는 전문을 삭제해야 한다고 말하기에 이르렀다. 하우스도 기본적으로 합의할 수밖에 없고, 윌슨 대통령의 의중을 확인한 뒤 상황에 따라 재검토할 수 있다는 유보를 붙이는 것으로 만족해야 했다. 이후 기록에는 윌슨이 종교 조항 삭제에 동의했다고만 기록되어 있다.[12]

인종 평등 조항의 제안을 둘러싼 물밑 협상에서 미국 대표인 윌슨과 하우스의 동의를 얻어낸 마키노 등은 영국 대표에게도 이 조항을 제안했지만, 영국 대표의 반대에 부딪혔다. 마키노는 "본건을 통과시켜 우리의 희망을 관철시키기가 어려울 것이 거의 확실"하지만 "이 기회에

---

12 뉴욕 신문의 파리 전보 기사로 이 사실을 알게 된 시노부 준페이(당시 와세다대학 국제법 강사)는 윌슨 일행이 "종교 문제가 인종 문제에 이용되는 것을 원치 않는다는 점에서 종교 관련 조항을 모두 삭제해 버렸다는 설도 있다"고 기록하고 있다.(信夫淳平『国際連盟講評』東京外交時報社, 1920, p.164)

이 문제에 대한 우리의 주장을 천명하는 것이 미래를 위해 매우 긴요” 하다는 생각에 감히 제안을 했다고 한다.[13]

한편, 밀러는 이번 사건을 이렇게 회고하고 있다. “‘종교’ 조항이 빠진 원인 중 하나는 마키노 남작이 ‘종교’ 조항에 추가적으로 ‘평등’ 수정을 제안한 것에 있다. 마키노 남작의 ‘종교와 인종 문제는 함께 다뤄야 한다’는 한 마디가 큰 반향을 일으켰다”. 그리고 밀러는 “이 제안은 종교적 자유에 관한 조항은 어떤 형태로든 삽입할 수 없다는 생각을 (우리가) 확고히 하는 데 좋은 계기가 됐다. 이러한 (인종과 종교에 관한) 조항을 규약에 넣는 것은 매우 위험하고 연맹의 존폐를 위협하는 이 문제는 다시는 거론되지 않았다”고 적고 있다.[14]

이렇게 일본의 ‘인종 평등’ 조항안(條項案)에 끌려가는 형태로 종교의 자유에 관한 조항도 연맹 규약에서 빠지게 되었다. 연맹 규약에 마이너리티 조항의 삽입을 어쩔 수 없이 포기한 윌슨으로서는 브랜다이스 등 유대인 지도자들과의 관계로 볼 때 종교 조항만은 어떻게든 남겨두고 싶었을 것이다. 폴란드 출신의 미국 역사학자 오스카 야노프스키(Oscar I. Janowsky)는 “2월 8일과 10일 회합에서 종교적 자유 조항 삽입에 반대하는 목소리가 나오는 가운데, 2월 13일 일본이 종교적 평등에 인종적 평등(racial equality)을 추가하는 수정안을 내놓고, 그들이 제기한 인종적 평등 조항에 대한 동의를 종교적 자유 조항의 승인과 연결시킴으로써 윌슨의 손이 묶여 종교적 자유 조항안도 빠지게 되었다(Wilson's hands were tied and the article was dropped)”고 말했다.[15]

역사학자 캐럴 핑크(Carole Fink, 오하이오 주립대 명예교수)는 미국 유대인

---

13 外務省政務局, 앞의 주9의 조서, p.52.

14 Miller, *supra* note 11, pp.267-269.

15 Oscar I. Janowsky, *The Jews and Minority Rights(1898-1919)*, Columbia University Press, 1933, pp.322-323.

단체 대표들은 일본 대표의 인종 평등 제안과 이에 대한 연맹 내의 완
강한 대응이 자신들의 염원인 유대인의 권리 옹호와 관련될 줄은 전혀
예상하지 못했다고 말한다, 윌슨의 연맹 규약안에 있던 종교의 자유에
관한 조항마저 사라진 것에 큰 충격을 받았다고 적고 있다.[16] 유대인의
관점에서 볼 때 일본의 제안은 그야말로 '긁어 부스럼'이었던 것이다.
종교의 자유에 관한 조항마저 일본의 제안에 끌려가는 형태로 삭제된
것은 어떤 의미에서 유대인 단체 대표들이 차선책으로 개별 소수민족
조약 작성에 힘을 쏟게 된 계기가 된 것으로 보인다.

밀러의 설명을 보면 미국 대표단 내에서는 이 건이 2월 13일에 '끝났
다'는 인식이 있었던 것으로 보이지만, 일본 국내에서는 반대로 마키노
의 제안이 통과되지 않았다는 사실이 알려지자 귀족원, 정우회, 헌정
당, 국민당, 군인유지자 300명으로 구성된 인종차별 철폐 기성동맹회
(人種差別撤廢期成同盟会)가 결성되고 인종 평등 조항이 통과되지 않으면 국
제연맹에 가입해서는 안 된다는 주장까지 나왔다. 그 결과 마키노 등은
이후에도 물밑에서 끈질기게 협상을 이어갔지만, 호주 대표 윌리엄 휴
즈(William M. Hughes) 수상의 강력한 반대 등으로 교착상태에 빠졌다. 3
월 하순에는 규약 본문 삽입을 포기하고 전문(前文)에 추상적인 형태로
라도 삽입하는 것으로 결론을 내림으로써 국내 여론에 대응하고 국제
적인 명분을 세우는 방침으로 변경한다.

그리고 4월 11일 CLN 최종회합에서 전문(前文)에 "by the endorsement
of the principle of equality of nations and just treatment of their
nationals"(일본 외무성 정무성 조서의 일본문(日本文)은 "각국의 평등 및 그 소속 각
자에 대한 공정한 대우의 원칙을 시정하고") 문구를 추가할 것을 제안했다. 이

16　Carol Fink, *Defending the Rights of Others: The Great Powers, the Jews, and
International Minority Protection, 1878-1938*, Cambridge University Press,
2004, pp.158-159.

것은 더 이상 '인종 평등' 조항이 아니다. 일본문을 보면 '민족 평등' 조항도 아니고, 어떤 의미에서는 두루뭉술한(있어도 없어도 실질적인 의미는 없는) 조항안이었다. 또한 그 대상도 "문화가 어느 정도 발전하여 연맹원으로서 충분한 자격을 갖춘 것으로 인정되는 국가의 인민"(nationals of the States which are deemed to be sufficiently advanced and fully qualified to become members of the League)으로 한정했다. 이 제안은 참석자 16명 중 11명의 찬성을 얻었으나, 세실은 "이 문구를 전문에 추가하는 것은 의미가 없다"고 반대했고, 윌슨 의장은 만장일치를 얻지 못했다며 부결시켰다. 마키노는 동월 28일 제5회 총회에서 행한 연설에서 유감을 표명하고 "일본 정부 및 국민은……공평주의 주장이 위원회에서 채택되지 못한 것에 대해……매우 유감스럽게 생각하는 바이며, 향후 연맹에서 동(인종 평등) 주의가 채택될 수 있도록 그 노력을 유지해야 한다"고 말했다.[17]

(4) 예상치 못한 성과

이상의 경위로 일본은 UN(국제연맹, 국제연합) 역사상 최초로 인종차별 철폐 문제를 제기한 국가로 역사에 새겨져 있는데, 그 '명예로운 역사'가 왜 일본에서는 잘 알려지지 않은 것일까? 외교관이자 정치인으로 가시마건설 사장을 역임한 가시마 모리노스케(鹿島守之助, 1896년생)는 『일본 외교사(12) 파리강화회의』(1971년)에서 "당시 일본의 인종 평등안이 아시아 여러 민족과 아프리카 흑인들에게 미친 영향은 우리가 상상했던 것보다 훨씬 더 컸다"고 말했다. 후년 "나는 1961년 브라질을 방문했을 때, 브라질 외교의 기본적 사고방식에 이 파리강화회의 인종 평등안이라는 것이 얼마나 큰 영향을 미치고 있는지를 다시 한 번 뼈저

17　Miller, *supra* note 11, pp.461-466. Miller, *supra* note 4, pp.702-704. 外務省政務局「千九百十九年巴里講和会議ノ経過ニ関スル調書[其六(4月1~15日)]」1919年5月15日, pp.43-48.「同[其七(4月16~30日)]」同年5月30日, pp.92-94.

리게 느꼈다"고 말했다.[18] 이 가시마의 회고는 그것이 일본 스스로의 '예상치 못한 성과'였다는 것을 말해준다.

그 근저에는 일본의 이중 잣대가 있다. 일본이 국제연맹 규약에 포함시켜야 한다고 제안한 인종 평등 조항은 유엔헌장(제1조 3항), 세계인권선언(제2조) 등 인종, 언어, 종교 등에 의한 차별 금지를 규정한 유엔 문서와 연결되는 흐름으로 보인다. 파리에서 평화회의와 병행하여 제1회 범아프리카회의를 개최한 앞서 언급한 윌리엄 뒤부아(William E. B. Du Bois)는 평화회의에서 일본의 인종 평등 제안을 높이 평가했다고 한다. 그리고 유엔헌장을 제정하는 "국제기구에 관한 연합국 회의(United Nations Conference on International Organization)"(1945년 4~6월, 샌프란시스코)의 미국대표단에 NAACP(전미유색인종지위향상협회)를 대표하여 듀보이스 등은 인도, 에티오피아, 이이디 등 유색인종 독립국가 대표들과 협력하여 소극적이었던 미국과 영국 정부를 독려하여 유엔헌장에 인권 보호와 무차별 규정을 명기하기에 이르렀다. 이로 인해 유엔 출범 직후부터 유엔헌장을 근거로 한 인종차별 철폐 시도가 세계 곳곳에서 시작되었고, 당시 미국 내에서 계류 중이던 인종차별과 인종 분리를 둘러싼 각종 소송에서 원고 측의 중요한 논거로 작용하게 되었다고 한다.[19]

파리강화회의에서 일본의 인종 평등 제안이 그 출발점으로 평가받는 것은 영광스러운 일이지만, 그 주장이 진정으로 보편적 인권 개념에

---

18 鹿島守之助『パリ講和会議(日本外交史12)』鹿島研究所出版会, 1971, p.5.

19 竹本友子「Ｗ・Ｅ・Ｂ・デュボイスと第二次大戦後の公民権運動」『早稲田大学大学院文学研究科紀要』第46号 4分冊, 2001, p.75. 本田量久「W.E.B. デュボイスと汎アフリカ主義―20世紀の国際情勢を背景に」『現代社会学理論研究』第13号, 2019, p.23. Robert L. Harris, Jr., Racial Equality and the United Nations Charter, Armstead L. Robinson and Patrica Sullivan edited, *New Directions in Civil Rights Studies*, University Press of Virginia, 1991, pp.138-144. W. D. B. Du Bois, *The World and Africa and Color and Democracy*, Oxford University Press, 277, pp.246-247.

근거한 것이라면 왜 일본은 유엔이 1965년 채택한 인종차별철폐조약
에 비준한 지 30년이 지난 후에야 비준한 것일까? 라는 의문이 든다. 마
키노의 유엔 연설대로라면 일본은 이 조약의 초안을 주도적으로 작성
하고, 앞장서서 가입했어야 마땅하다.[20] 일본은 미국 내 일본인 차별을
비난하면서 자신들이 행하고 있는 아이누민족, 대만인, 조선인 등에 대
한 차별은 언급하지 않았다. 강화회의에서는 인종 평등을 주창하는 한
편, 전쟁을 통해 점령한 중국 산둥반도의 이권을, 그리고 남양제도를
"이들 주민은 아직 원시적 상태에 있어 스스로 근대적 의미의 정치, 경
제 및 사회적 조직을 이룰 능력이 없다"고 주장하며 자기 네 것으로 만
들려고 분주했던 것이다. 자신의 한쪽 발은 미국이나 호주에 밟힌 것에
분개하면서 다른 한 발로 아이누민족, 류큐민족, 조선인 등의 발을 밟
으면서 자신이 밟고 있는 사람들의 아픔을 이해하지 못했고, 이해하려
고도 하지 않았다고 말하지 않을 수 없다.

15년 후인 1934년 2월 19일, 아사히신문사가 도쿄제국호텔에서 개
최한 외교좌담회에서 마키노는 당시를 이렇게 회고했다. "파리에
서……조금만 나가려고 하면 흑인 아저씨가 서 있는 거예요(웃는 소리).
아프리카 라이베리아 사람이었는데요. '인종 문제로 고생해 주셔서 감
사합니다. 우리의 처지가 이렇게 딱하다'며 핍박을 받고 있는 상황을
호소하고, 꼭 잘해달라고 부탁하러 왔어요. 그래서 저는 '동정은 하지
만……직접 클레망소에게 가시는 게 좋을 것 같다'고 말씀드렸어요."[21]

이와 관련해 파리강화회의 당시 미국 대사로 워싱턴에 있었던 이시
이 기쿠지로(石井菊次郎)는 "파리에서 인종 문제를 다룰 때……여기서 인

---

20 일본이 인종차별철폐조약을 1995년에 비준한 경위에 대해서는 岡本雅享監
    修・編著『日本の民族差別—人種差別撤廃条約からみた課題』明石書店, 2005, 第
    Ⅰ部1章「人種差別撤廃条約の誕生と日本の批准」 참조.
21 朝日新聞社編『日本外交秘録』朝日新聞社, 1934. 이하 마키노 등의 발언은 같은
    저서 pp.145-147, pp.154-155

종 문제를 하나 짚고 넘어가자고 생각했다"며 다음과 같이 말했다. "연설하면 꽤 많은 편지가 왔어요. 흑인에게서요. 그 후 연맹이사회에 참석하니, 다음에는 네덜란드령 인도 쪽에서도, 캐나다에서도 편지가 왔어요. 특히 캐나다에는 여섯 개의 부족이 있는데, 그 부족에서……'지금 정부로부터 엄청난 학대를 당하고 있다는 편지가 왔어요. 소수민족을 보호하는 것은 연맹의 의무이니 보호 조치를 취해 달라'고 해서 대표를 제네바에 파견했다"고 말했다. 미국에서의 이시이 대표의 연설을 알고 '믿고 왔다'는 대표에게 이시이는 "……베르사유 조약에서는 참가국 중 4개국에 한해 그 나라의 소수민족을 보호해야 한다는 조약상의 의무를 규정하고 있기 때문에 그 나라의 소수민족은 보호해야 한다. 그 나라의 소수민족은 보호해야 하지만, 그 외의 나라……의 소수민족이라는 것은 연맹의 문제가 아니다"라고 답했다고 한다.

이시이 후임으로 미국 대사가 된 시데하라 기주로(幣原喜重郎)도 이렇게 말했다. "워싱턴을 거닐다 보면 흑인들이 모두 나에게 절을 한다. ……어느 날은 흑인의 대표가 찾아와서 자신들만 자주 가는 절(寺)에 가서 설교를 해 달라고 하더군요(웃음소리). 왜 그러냐고 물었더니 '일본 대표인 마키노 백작이 인종 평등의 의견을 내주셨다. 정말 고맙다고 하더군요.'……저쪽에서는 일본인을 존경하고 일본의 지도를 받고 싶다고 하더군요. 저는 그 당시 흑인에게도 인정받을 수 있었어요(웃음소리)".

이 좌담회는 "앵글로색슨과 흑인의 혼혈아는 안 되겠네"(아키즈키 사쓰오(秋月左都夫)=전 오스트리아 대사, 베르사유 강화회의 고문), "흑인의 종류가 조금 다르지 않습니까?"(하야시 곤스케(林権助)=1920년 영국 대사, 제1회 국제연맹 총회에서 일본 대표)라는 발언을 받은 이시이의 "흑인은 7대가 지나야 하얗게 된다(웃음소리). 그러나 어렵게 하얗게 된 사람도 다시 흑인의 피가 섞이면 이번에는 한 대에서 전보다 더 검게 된다(웃음소리)"는 말로 끝을 맺었다. 이때 사회를 맡은 아사히신문 부사장 시모무라 히로시(下

村宏, 전 관료로 후일 귀족원 의원, 일본방송협회 회장)는 "소수민족 문제는 국제연맹의 암 덩어리이며, 지금도 끊임없이 호소하고 있다"고 말했다. 국제연맹에서 인종 평등을 제기한 일본을 칭찬하고 존경하고 기대했던 듀보이스 등 흑인과 원주민들이 이 '담화'를 들었을 때 얼마나 상처를 받았을까. 이 대담을 두고 아사히신문이 '인종 평등안으로 흑인에게 대접'이라는 우스꽝스러운 제목을 달아 게재한 점에서도 당시 일본 사회의 인종 문제에 대한 인식의 실상을 짐작할 수 있다.

(5) 정당한 소수 의견

국제법학자 오누마 야스아키(大沼保昭, 도쿄대 명예교수)는 '멀고 먼 인종 평등의 이상―국제연맹 규약의 인종 평등 조항안과 일본의 국제법관'에서 국제연맹 규약에 인종 평등 조항 삽입 제안은 인종 평등이라는 보편적 가치의 실현을 국제연맹 규약이라는 일반적 조약의 정립이라는 형태로 시도했다는 점에서 근대 일본 역사상 특이할 만한 것이다. 하지만 일본인 자신의 중국인, 조선인 등에 대한 차별과 편견을 유지하면서 조선인 등에 대한 차별과 편견을 온존하고 보편적 가치의 실현이 일본 자신의 장기적 이익에 부합한다는 전망 등을 결여한 채, 미국이나 호주에서의 일본인 이민자 배척 저지라는 일본의 개별적 국가이익 실현을 위한 요구로 제창되었다고 분석하고 있다. 앞서 언급한 핑크도 "일본은 보편적 평등(universal equality)이 아니라 단순히 자신들에 대한 인종적 편견(racial prejudice against its people)의 극복을 요구한 것"이라고 말했다.[22]

일본인이 미국에서 받은 인종차별은 불합리한 것이었다. 그리고 당시 일본인들이 얼마나 화가 났는지는 명심해야 할 것이다. 동시에 당시

22　大沼保昭 「遥かなる人種平等の理想―国際連盟規約への人種平等状況案と日本の国際法観」 同編『国際法、国際連合と日本』弘文堂, 1987, p.431. Fink, 앞의 주 16 인용서, p.156.

일본이 불합리하다고 미국을 비난했던 여러 차별 사항들이 그동안 일본 정부 및 일본인에 대해 원주민과 재일 구식민지 출신자, 신이민자들이 제기해 온 차별 문제와 겹친다는 것을 알아야 한다. 일본인이 겪은 아픔을 가지고 일본인이 밟고 지나간 사람들의 아픔을 알고, 자기중심적이지 않은 보편적인 인종 평등을 외치는 것이 지금을 사는 우리가 이 역사적 사건에서 배워야 할 것이 아닐까.

오누마 야스아키는 미국, 호주 등에서 아시아인에 대한 "인종차별적 대우를 하루라도 빨리 철폐해야 한다는 것을 누구보다 강하게 주장하고 싶다"고 하면서 "나는 우리 국민들이 실제로 행하는 것을 보고 부끄러워 입에 담을 수 없다"고 말한 이시바시 단잔(石橋湛山)이나, 민간인 자원봉사자들 사이에서 인종차별 철폐 운동이 일어난 것은 "자연이기도 하고 또한 기뻐해야 할 현상"이라면서도 그것이 "자기반성이 결여된 이기적 동기에 근거한 원한"이라면 "어떤 도덕적 권위도 인정하기 어렵다"고 설파한 요시노 사쿠조(吉野作造) 등의 담론을 발굴하고 있다.[23]

이시바시는 1919년 2월 『동양경제신보(東洋掲載新報)』 사설 '인종적 차별철폐 요구 앞에서'에서 그 이유를 일본 내 인종차별 철폐 운동의 "유지단(有志団)을 극도로 비난하고 손가락질하여……평화를 깨뜨리는 화근과 같은 차별대우를 일본 스스로가 대내외에 대해 하고 있기 때문"이라고 말했다. "우리나라 일본은 (메이지) 32년 발포된 외국인 노동자 입국에 대한 규정에 따라 사실상 중국인 노동자를 사용하는 것을 금지하고 있다. ……그렇다면 분명히 우리나라는 중국인 처우에 차별을 두고 있는 것이 아닌가.……대만인 조선인의 내륙 입국에 대해 우리 정부는 허가제를 취하고, 외국인의 토지 소유를 금지하고, 외국인의 연안

---

23 石橋湛山「人種的差別撤廃要求の前に」『石橋湛山全集(3)』東洋経済新報社, 1971, pp.67-70. 吉野作造「人種的差別撤廃運動者に与ふ」『吉野作造選集(6)』岩波書店, 1996, pp.26-31.

무역을 금지하는 등 내외국인에 대한 차별적 대우를 하는 경우가 적지 않다.……그래서, 위 유색인종의 유색인종에 대한 차별대우의 폐지를 결의하고, 그 결의문을 파리강화회의에 전달한 것이 무슨 권위가 있겠는가……하면, 우리나라는 세계 각국에 인종차별 철폐를 요구하기 전에 먼저 최소한……중국 노동자의 입국 금지를 폐지해야 한다. 그렇지 않으면 이런 목소리를 낼 권리가 없다”.

한편 요시노는 『중앙공론(中央公論)』 1919년 3월호에 게재된 ‘인종적 차별철폐 운동가에게 주는 글’에서 “종래 이런 종류의 운동을 피해자 측에서 일으키는 경우, 진정으로 철저하게 이치에 따른 결과라기보다는 자신이 피해자라는 지위에 집착하는 이기적 동기에서 비롯되는 경우가 드물지 않았다”고 말했다. 또한 “배일사상 등이 일어나는 근본 원인은 오히려 나에게 있다”며 “인종적 차별철폐 운동도 이치에 철저한 입장에서 이기적 동기를 떠나 민족 관계에 있어서 정의의 참된 요구로서 그것을 외치지 않으면 권위가 없다.……평화회의에서도 열렬한 공감을 얻을 수 없을 것이다.”라고 말하면서 이렇게 설파했다. “이 자리에서 우리는 최근의 인종차별 철폐 운동가들에게 조선통치책의 이치에 주의를 태만하지 않을 것을 희망하지 않을 수 없다. 오늘날 우리나라의 법 제도가 조선인에게 유례없는 차별적 대우를 하고 있는 것은 숨길 수 없는 사실이다. ……조선인 자녀는 일본인 자녀의 학교에서 전혀 배제되고 있다.……조선인은 절대로 내지인과 공동으로 교육받을 기회가 없다.……이와 같이 학동(学童) 문제로 인해 샌프란시스코 당국자의 잘못을 알린 일본민족이 공개적으로 자랑할 만한 사건이 아니다.…… 교육문제를 차별적으로 처리하는 것이 마치 당연한 이치인 것처럼 생각하는 것은 인종적 차별관 외에 어디에 진실의 근거를 인정할 수 있는가?……종래 이런 종류의 운동을 일으키는 자들은 갑에게는 정의와 공평을 요구하고 을에게는 비의(非義)의 횡포를 일삼는 자들이었다. 이번

운동만은 이런 자들의 이기적 운동이 아니기를 바라고, 또 그런 일이 있어서는 안 된다"고 말했다.

당시에는 주류가 될 수 없었던 소수의 의견이야말로 지금 우리에게는 정당한 의견이라는 점에서 우리는 소수 의견의 중요성을 다시 한번 되새겨야 할 것이다.

2. 국제연맹 창설과 소수민족 보호 시스템

앞 장에서 언급했듯이 제1차 세계대전 이후 소수민족조약은 일차적으로는 민족자결원칙의 보완·대안적 조치로 도입된 것이다. 신생국과 연합국이 맺은 소수민족조약이 이에 해당한다. 패전국이 신생국의 독립을 인정하는 한편, 독립을 인정받은 신생국이 그 영역 내(주로 패전국의 옛 영토에 거주하는) 소수민족의 권리를 보호하는 조약을 체결할 것을 약속하는 조항이 있었고, 동시에 신생국이 체결하는 소수민족조약이 만들어졌다. 전장에서 언급한 폴란드의 경우, 대독일 베르사유 조약 내에서 독일이 폴란드의 독립을 인정하고(제87조) 한편, 폴란드가 연합국과 소수민족조약을 체결하기로 약속하고(제93조), 이를 바탕으로 대(對)폴란드 소수민족조약이 체결되는 형태이다. 이와 같은 형식이 영토를 확장한 루마니아와 그리스가 맺은 조약이다.(표 1-3-1).

이러한 협의의 소수민족조약 외에도 ① 패전국의 소수민족 보호 의무에 관한 강화조약 규정, ② 국제연맹 가입 시 소수민족 보호 의무 서약, ③ 소수민족 보호를 위한 양자간 조약도 국제연맹의 소수민족 보호 제도의 구성요소가 되었다.

<표 1-3-1> 마이너리티 보호에 관한 국제 문서(국제연맹기)

신생국과의 소수민족 보호조약

대 폴란드	베르사유(대 독일) 조약 제 93조	1919년 6월 28일
	폴란트 조약 (총 12조)	1919년 6월 28일
대 체코슬로바키아	생제르맹(대 오스트리아) 조약 제57조	1919년 9월 10일
	체코슬로바키아 조약 (총 14조)	1919년 9월 10일
대 세르비아=크로아트 =슬로베니아	생제르맹(대 오스트리아) 조약 51조	1919년 9월 10일
	트리아논(대 헝가리) 조약 44조	1920년 6월 4일
	유고슬라비아 조약 (총 11조)	1919년 9월 10일

영토 확장국과의 소수민족 보호조약

대 루마니아	생제르맹(대 오스트리아) 조약 제60조	1919년 9월 10일	영역 내 오스트리아 & 헝가리 국민의 국적 선택권
	트리아논(대 헝가리) 조약 제47조	1920년 6월 4일	
	루마니아 조약(총 12조)	1919년 12월 9일	
대 그리스	뇌이(대 불가리아) 조약 제46조	1919년 11월 27일	지역 내 불가리아 및 터키 국민의 국적 선택권
	그리스 조약(총 14조)	1920년 8월 10일	

패전국과의 강화조약 중 소수민족 보호 조항

대 오스트리아	생제르맹 조약 제3부 5 '마이너리티의 보호'(62조~ 69조)	1919년 9월 10일
대 불가리아	뇌이 조약 제3부 4 '마이너리티의 보호' (49조~57조)	1919년 11월 27일
대 헝가리	트리아논 조약 제3부 6 '마이너리티의 보호' (54조~60조)	1920년 6월 4일
대 터키	로잔 조약 제1부 3 '마이너리티의 보호' (37조~45조)	1923년 7월 24일

마이너리티 보호의 양국 간 조약

폴란드와 단치히 간 조약 제33조, 제39조	1919년 9월 10일
스웨덴과 핀란드 간 올랜도 섬 주민에 관한 합의서 체결	1919년 11월 27일
상부 실레지아에 관한 독일과 폴란드 간의 조약 제3부 '마이너리티 보호'(64~158조)	1920년 6월 4일
메멜 영역에 관한 동맹 및 연합국 간과 리투아니아 간의 조약	1923년 7월 24일

국제연맹 가맹 시의 선언

알바니아	국제연맹 이사회에서의 알바니아 선언 (총 7조)	1921년 10월 2일
리투아니아	국제연맹 이사회에서의 리투아니아 선언(총 9조)	1922년 5월 12일
라트비아	국제연맹 이사회에서 라트비아 선언	1923년 9월 17일
에스토니아	국제연맹 이사회에서 에스토니아 선언	1923년 9월 17일

①을 오스트리아에서 보면, 생제르맹 조약에 제3부 5로 '마이너리티 보호(Protection of Minorities)'가 포함되어 있다(62~69조). ②는 12월 15일 국제연맹 총회 결의에 따라 알바니아(Declaration by Albania, 1921년 10월 2일), 리투아니아(1922년 5월 12일), 라트비아(1923년 7월 7일), 에스토니아(1923년 9월 17일)가 연맹 가입 시 소수민족 보호의 의무를 민족 보호 의무를 갖는 선언(Declaration)을 한 것으로, 소수민족조약의 내용을 그대로 따르고 있다.[24] ③으로는 폴란드와 단치히 자유시 간의 1920년 11월 9일 합의, 스웨덴과 핀란드 간의 올란드 섬(Åland Islands) 주민에 관한 조약(1921년 6월 27일), 독일과 폴란드 간의 상부 실레지아에 관한 조약(German-Polish Convention on Upper Silesia, 1922년 5월 15일)을 들 수 있다(표 1-3-1). 이렇게 1919년부터 1920년대 초반까지 소수민족의 권리 옹호를 규정한 일련의 조약과 신인이 만들어졌고, 당시 연맹 회원국의 약 3분의 1이 그 의무를 지게 되었다.

(1) 국제연맹 창설

제1차 세계대전의 참화를 되풀이하지 않기 위해 미국 윌슨 대통령의 주창으로 평화 유지와 국제협력을 주요 목적으로 하는 기구로 설립된 국제연맹(League of Nations)은 1920년 1월 10일에 출범했다. 앞서 언급한 바와 같이 그 설립을 명시한 국제연맹 규약(총 26개 조항)은 대독일 베르사유조약의 제1부에 편입되는 등 패전국과의 강화조약 체결로 발효에 이르렀다. 제안국인 미국이 의회의 승인을 얻지 못해 가입하지 않는

---

24 국제연맹은 제1차 총회(Assembly)에서 1920년 12월 15일, "알바니아, 발트·코카서스 국가들(Baltic and Caucasian States)이 국제연맹에 가입하는 데에는 소수민족조약(Minorities Treaties)의 원칙을 시행하기 위해 필요한 조치를 취하고, 그 목적을 실현하기 위해 요구되는 세부 사항을 연맹 이사회(Council)와 협의하여 결정한다"고 결의하였다.(牧野義智『現代の外交と国際連盟』大阪屋号, 1920, p.251. Permanent Court of International Justice, Minority Schools in Albania, April 5 1935, p.7).

사건 속에서 제1차 세계대전의 승전국을 중심으로 42개국 원가맹국이 된 국제연맹은 발족했으며, 이후 독일 등 패전국이나 신독립국도 연맹 총회의 3분의 2의 동의로 가입이 승인되어 최대 시(1934년)에는 59개국이었다.

창설을 주도한 윌슨 대통령의 미국이 불참하는 형태로 출발한 국제연맹은 상임이사국인 일본(1933년 3월), 독일(같은 해 10월), 이탈리아(1937년 12월)의 탈퇴와 핀란드 침공으로 인한 소련의 제명(1939년 12월) 등으로 기능 부전에 빠졌고, 제2차 세계대전 후인 전쟁 후 1월에 출범한 국제연합(United Nations)에 그 역할을 물려주게 된다. 이러한 한계 속에서도 국제연맹은 군축과 분쟁 해결뿐만 아니라 난민, 여성·아동 노동 문제, 보건위생 문제 등 인도적, 사회적 문제에도 관심을 기울였다. 그리고 국제연맹이 시작한 활동은 프리드쇼프 난센(Fridtjof Nansen) 등의 난민 구호(난센 패스포트)가 지금의 UNHCR(유엔난민고등판무관실)로 이어지듯 전후 국제연합으로 이어져 왔다. 국제연합 시대의 마이너리티 권리 보장 역시 국제연맹 시대의 소수민족 보호에 기원을 두고 있으며, 큰 흐름으로 보면 이를 발전시키는 형태로 충실화되어 왔다고 할 수 있다.

국제연맹은 총회(General Assembly)와 이사회(Council), 사무국(Secretariat)의 세 가지 주요 기관으로 구성되었다. 총회는 연 1회 개최되며, 전 회원국의 대표 참여하에 연맹의 정책을 결정한다. 이사회는 상임이사국 4개국(영국, 프랑스, 이탈리아, 일본-후에 독일, 소련이 합류하여 1922년 6개국)과 3년마다 총회에서 선출되는 비상임이사국 4개국(이후 9개국으로 확대)으로 구성되어 주로 국제 분쟁을 해결했다. 연 4회 정기회의 외에 필요에 따라 임시회의를 개최하며, 그 횟수는 1920년~총 107회에 이른다 사무국은 사무총장(Secretary-General) 아래 연맹의 일상 업무를 담당했다. 이 세 개의 주요 기관 외에 국제연맹 규약에 따라 창설된 상설 국제사법재판소(Permanent Court of International Justice= PCIJ)와 파리강화회의에서 국제연맹과 협력하는 기구로 설립된 국제노동기구(ILO) 등이 독립 기관으로서 활동하고 있었다.

이 국제연맹의 주요 임무 중 하나는 파리강화회의를 계기로 제1차 세계대전 패전국 및 신생국 등이 체결한 소수민족조약의 이행과 조약 위반을 둘러싼 분쟁의 해결이었다. 최고기관의 총회는 1년에 한 번만 열리기 때문에 소수민족 보호를 둘러싼 제반 문제에 구체적으로 대응했던 곳은 이사회와 PCIJ이다. 또한 제네바에 위치한 국제연맹의 최초 본부는 현재 유엔인권고등판무관실(Office of the United Nations High Commissioner for Human Rights=OHCHR)이 있는 팔레 윌슨(Palais Wilson)이며, 지금도 조약기구의 심사 등 비교적 소규모의 인권 회의가 열리고 있다(사진 1-3-1).

유엔 마이너리티 포럼을 비롯한 다양한 세계 규모의 인권 회의가 열렸던 유엔 유럽 본부(팔레 드 나시옹=Palais de Nation)로 이전한 1936년까지, 즉 연맹 시대의 소수자 보호 활동이 그곳에서 이루어졌던 것이다.

[사진 1-3-1] 구 국제연맹 본부=현 유엔 인권고등판무관실
(제네바)

(2) 국제연맹의 소수민족 보호제도

소수민족조약의 모태가 된 폴란드 조약(1919년 6월 28일)은 조약 이행 보장에 관한 제12조에서 이렇게 규정하고 있다.

"폴란드는 상기 제 조항의 규정이 인종적, 종교적 또는 언어적 소수자에 속하는 자에게 영향을 미치는 한, 국제적 관심사항의 의무에 있어서 국제연맹의 보장 하에 놓이는 것에 동의한다. 그 규정을 국제연맹 이사회의 다수 동의 없이 수정해서는 안 된다. 미국, 대영제국, 프랑스, 이탈리아, 일본은 국제연맹 이사회의 과반수가 적절한 절차에 따라 승인한 이들 조항의 수정에 동의할 것을 약속한다.

폴란드는 국제연맹 이사회의 모든 회원이 이러한 의무의 위반 또는 위반의 우려에 대해 이사회의 주의를 환기시킬 권리가 있으며, 그러한 상황에서 이사회가 적절하고 효과적이라고 판단되는 조치를 취하고 지시를 내릴 권리가 있다는 것을 승낙한다.

폴란드는 폴란드 정부와 주요 동맹 및 연합국 또는 기타 국제연맹 이사국 간에 이러한 조항에 관한 법률적 또는 사실상의 문제에 대한 의견 차이가 발생할 경우, 폴란드 정부는 국제연맹 규약 제14조에 따라 국제적인 성격의 분쟁으로 간주한다는 데에 합의한다. 폴란드 정부는 상대방의 요청이 있을 경우, 그러한 분쟁이 상설 국제사법재판소에 회부될 수 있다는 데 승낙한다. 상설재판소의 결정은 최종심이며, (중재재판 또는 사법적 해결을 규정한) 규약 제13조의 판결과 동일한 효력과 효력을 가진다".

다른 소수민족조약도 최종 조항에서 비슷한 규정을 두고 있다. 이 조항에 따라, ① 폴란드 등 소수민족조약 당사국 내 '인종적, 종교적 또는 언어적 소수자'의 처우는 국제적 관심 사항으로 국제연맹이 체계국의 의무 실시를 감시하고, ② 국제연맹이사회는 적절한 절차에 따라 다수의 승인을 얻은 경우, 소수민족조약 조항을 수정할 수 있다(5대국도 이를 수용), ③ 국제연맹 이사회 구성원은 소수민족조약 의무 위반(으로 판단되는 경우)에 대해 이사회에 주의를 환기시킬 수 있으며, 이 경우 이사회는 소수민족조약의 의무를 부담하는 국가에 대해 적절하고 효과적이라고 생각되는 조치를 취하고 지도를 할 수 있는 ④ 소수민족조약을 둘러싸고 의견 차이가 발생할 경우 그 분쟁을 상설국제사법재판소에 회부하여 판결을 내리는 등 국제연맹의 역할이 규정되었다. 국제연맹은 출범 이후 그 역할을 구체적으로 수행하기 위한 절차를 만들고 합의를 축적해 나가게 된다.

특히 연맹이 초창기부터 관심을 갖고 개정한 것은 ③의 통보 절차와 이를 받은 연맹 측의 대응이었다. 상기 조항에 따르면, 연맹 이사회 구성원만이 소수민족조약의 의무 위반에 대해 연맹에 통보할 수 있다. 연맹은 이 범위를 확대했다.

연맹 이사회는 1920년 10월 22일 제10차 회의를 열고 이탈리아 대표 토마소 티토니(Tommaso Tittoni, 1855~1931)의 제기(Tittoni Report)에 따라 "(조약) 위반 또는 위반의 우려에 대해 (이사회의) 주의를 환기시킬 권리는 이사회 구성원이 계속 보유하는" 한편으로 "이 권리는 마이너리티 자신이나 이사회 구성원이 아닌 국가도 (조약) 위반 또는 위반의 우려에 대해 (조약) 위반 또는 위반의 우려에 대해 국제연맹의 주의를 환기시킬 권리를 배제하는 것은 아니다"라며 당사자인 소수민족이나 이사국이 아닌 국가로부터의 통보도 받아들일 것을 인정했다. 이어 연맹 이사회는 3일 후인 10월 25일 "이사회 의장(President)과 의장이 임명하는 2명의 위원이 소수민족조약의 조항에 대한 위반 또는 위반의 우려에 대해 국제연맹에 제기된 청원이나 통보를 검토한다"는 내용을 이사회 절차 규칙에 넣는다는 내용의 결의안도 채택했다. 소수민족위원회(Minorities Committee)=후에 통칭 '3인 위원회(Committee of Three)'로 불리게 된 통보 처리 절차이다.[25]

---

25 League of Nations, Protection of Linguistic, Racial or Religious Minorities by the League of Nations: Resolutions and Extracts from the Minutes of the Council, Resolutions and Reports 116adopted by the Assembly relating to the Procedure to be followed in Questions concerning the Protection of Minorities, C.24.M.18.1929.1, Geneva, February 1929, pp.5-6, pp.9-12.

한편 일상 업무를 담당하는 국제연맹 사무국 내에도 정치부, 경제·재정부, 교통·운수부, 위임통치부·군축부, 보건부 등과 함께 소수민족부(Minorities Section)가 설치되어 소수민족조약의 이행을 담당했다. 소수민족부의 인원은 처음에는 부장과 보좌관, 기타 2명 등 총 4명이었으나 점차 확대되어 1931년에는 10명을 넘었다. 노르웨이의 에릭 콜반(Erik Colban)이 초대 소장으로 부임해 8년여 동안 기반을 다졌다. 1922년에는 스페인의 파블로 아스카르테(Pablo Azcarte)가, 호주의 레이먼드 커쇼(Raymond N. Kershaw)가 소수민족부의 일원이 되었다. 이후에도 콜롬비아, 아일랜드, 스위스, 이란 등 다양한 국가 출신이 소수민족부의 구성원이 되는 한편, 중립성을 유지하기 위해 원칙적으로 조약의 의무를 가진 당사국(1926년 이후에는 독일에서도)에서는 인원을 채용하지 않았다.[26]

또한 영국 출신의 초대 사무총장 제임스 드러먼드(James E. Drummond)에 의해 사무국 직원의 독립성과 중립성을 유지하기 위해 사무국 직원의 임명은 회원국 정부가 아닌 연맹이 임명한다는 원칙이 확립되어 외교적 특권과 중립성 등 국제공무원의 지위가 연맹 시절에 정비되어 갔다.[27] 1920~30년대까지 연맹 사무국 스텝(39~40년에는 사무국 차장)이었던 영국 외교관 프랜시스 폴 월터스(Francis Paul Walters)는 저서 『국제연맹의 역사』에서 1922년 여름까지 마이너리티 보호 시스템이 궤도에 올라 작동하기 시작했다고 한다. 조약에 따라 이사회가 실시하는 소수민족의 보호 감시 조치를 12개국이 받아들였고, 1921년 봄에는 3인 위원회의 첫 회의가 열리면서 구체적으로 움직이기 시작했으며, 1922년 봄에는 처음으로 이사회 의제에 소수민족의 청원이 포함되기에 이르

---

26 水野博子「『マイノリティ』を『保護』するということ——国際連盟によるシステム化と支配の構図」高橋秀寿・西成彦編『東欧の20世紀』人文書院, 2006, pp.46-47.
27 篠原初枝『国際連盟』中公新書, 2010, p.90

렀다.[28]

(3) 소수민족조약 위반에 대한 신고제도의 확립과 PCIJ의 권고적 의견

연맹 이사회, 3인 위원회 등과 연계하여 소수민족조약의 실시 감시를 담당하는 사무국의 기능이 점차 공고해지면서 연맹은 보다 구체적인 제도 구축에 착수했다. 그 일환으로 연맹 이사회는 제26 회기에서 앞서 언급한 1920년 10월 22일과 25일의 결의 등으로 승인한 소수민족 보호에 관한 연맹의 통보=청원(petitions)에 관한 기준을 아래 5가지로 정리하여 제시하고 있다(1923년 9월 5일 결의)[29].

(a) 조약에 따라 마이너리티 보호의 관점에 의할 것.

(b) 해당 마이너리티와 그 소속 국가와의 정치적 관계를 단절할 것을 요구하는 형식이 아닐 것.

(c) 익명 또는 신뢰할 수 없는 정보원(unauthenticated source)에서 나온 것이 아닐 것.

(d) 폭언은 삼갈 것.

(e) 최근 통상적인 절차에 따라 제출된 청원의 대상이 아닌 정보를 포함하거나 사실을 언급하는 내용일 것.

연맹 사무국의 소수민족부가 이러한 조건을 충족한다고 판단하여 접수한 청원은 해당 관계국에 연락 및 답변→이사회에 연락→3인 위원회 검토(사무국 소수민족부의 정보 수집 및 보고서 작성) 및 동 위원회의 해당 관계국과의 공식·비공식 교섭(필요한 경우 이사회에서 심의)→청원인에 대한 답변의 과정을 거쳐 처리되었다. 1920년대에 국제연맹에 제기된 소수

---

28 Francis Paul Walters, *A History of the League of Nations*, volume I, Oxford University Press, 1952, pp.174-75.

29 League of Nations, *supra* note 25, pp.7-8, pp.15-19.

민족조약 위반에 관한 청원은 350건에 달했으며, 그중 절반이 접수되어 3인 위원회 또는 이사회가 해결에 이르렀다(대부분은 3인 위원회가 처리하고 이사회까지 올라간 것은 15건)이라고 한다.[30]

이사회 의장은 상임이 아닌 순번제로, 연맹 사무국이 청원을 접수한 시점의 이사회 의장이 3인 위원회의 수장이 되고, 다른 2명을 지명하는 방식으로 매번 구성되는 구조였다. 이 경우 청원인과 이해관계가 있는 국가의 대표가 3인 위원회의 위원장 또는 위원이 될 수도 있었다. 이에 연맹이사회는 제34회기, 1925년 6월 10일 '3인 위원회의 구성(Composition of Committee of Three)'에 관한 결의에서 1920년 10월 25일 결의에 따른 임무를 담당하는 3인 위원회의 위원은 ① 해당 마이너리티가 소속된 국가의 대표가 아닌 것, ② 해당 마이너리티가 속한 국가의 이웃 국가의 대표도 아닐 것, ③ 민족적 관점(ethnical point of view)에서 볼 때 해당 마이너리티와 같은 사람들이 다수인 국가의 대표가 아닐 것이라는 조건을 채택하였다.[31] 접수된 청원을 검토함하는 데 중립성을 높이기 위함이다.

3인 위원회는 접수된 청원을 검토하여 이사회 의제에 포함시킬지 여부를 판단한다. 그러나 그 판단은 이사국을 구속하지 않으며, 각 이사국은 각자의 판단에 따라 이사회에 대해, 해당 마이너리티 문제에 대한 통보를 행할 수 있도록 되어 있었다. 3인 위원회는 사실상 관계국과의 비공식 협상을 통해 문제 해결에 해당되는 경우가 많았고, 청원을 이사회 의제에 추가하는 경우는 극히 드물었다. 이 청원 절차에는 여러 가지 미흡한 점과 제약이 있었지만, 형식적인 요건만 충족하면 마이너리티 자신이 소속국을 포함한 이해관계국을 배제한 중립적인 기관(3인 위원회)의 문제 검토를 촉구할 수 있다는 점에서 제2차 세계대전 이후 유

30　篠原初枝「国際連盟と少数民族問題」『アジア太平洋研究』第24号, 2015, p.71, p.77
31　League of Nations, *supra* note 25, pp.27-28.

엔의 1503 통보제도(후술)나 각 인권조약에 따른 개인 신고제도 등으로 이어지는 제도적 원천이 되었다고 할 수 있다. 각 인권조약에 근거한 개인 통보제도 등으로 이어지는 제도적 원천이 되었다고 할 수 있다. 연맹 이사회를 거치지 않고 3인 위원회가 독자적으로 협상하여 문제 해결을 도모하는 경우도 많으며, 이 경우 마이너리티에 속하는 개인이 자신의 권리를 실효성 있게 행사하기 위한 절차에 직접 참여하게 된다.[32] 국제법학자 김동훈(류코쿠대학(龍谷大学) 명예교수)은 『국제인권법과 마이너리티의 지위』에서 조약상 보호의무 이행에 있어 역사상 최초로 일반 국제평화기구인 국제연맹이 관여하고 마이너리티 구성원에게도 청원권을 인정한 점은 이후 국제인권보장의 제도적 발전에 귀중한 경험이었다고 평가하고 있다.[33]

한편, 국제연맹 시기 마이너리티의 권리를 국제적으로 보장하는 데 있어 연맹과 협력하기 위해 설립된 사상 최초의 상설 국제사법재판소(PCIJ)의 역할이 컸다는 점도 언급할 필요가 있다. 소수민족 보호를 규정한 조약 규정의 해석과 적용을 둘러싼 분쟁에 대해서는 처음부터 PCIJ의 강제관할권이 인정되어 당사국 중 한쪽의 요청에 따라 재판관할권이 성립되었고, 연맹 이사회는 소수민족조약과 그 이행에 관한 사항에 대해 연맹 규약 제14조에 따라 필요한 경우 PCIJ의 권고적 의견을 요청할 수 있었다. 그 결과 폴란드의 독일인 주민(1923년), 폴란드 국적 취득 문제(1923년), 그리스 주민과 튀르키예 주민의 교환 문제(1925년), 그리스-튀르키예 간 조약 해석 문제(1928년), 그리스-불가리아 공동체 문제(1930년), 독일계 마이너리티 학교 취학 문제(1931년), 알바니아의 마이너리티 학교 문제(1935년) 등 7건의 권고적 의견을 내놓았다. 이러

---

32 西平等「連盟少数民族保護条約の意義」『多元的世界における「他者」(上)』関西大学 マイノリティ研究センター, 2013, pp.165-166.

33 金東勲『国際人権法とマイノリティの地位』東信堂, 2003, p.55.

한 권고적 의견은 소수자의 정의와 소수자 인권의 내용 등 이후 소수자 인권의 발전에 크게 기여했다고 김동훈 변호사는 앞서 언급한 책에서 밝혔다. 중립적인 위치에 있는 사법적 판단은 소수자 인권 보장을 위해 매우 중요한 의미를 갖는 것이었다.[34]

(4) 알바니아 마이너리티 학교 관련 사건을 둘러싼 PCIJ의 판례

PCIJ의 사법적 판단의 의미를 코리안과 아이누의 민족교육 문제에도 관련된 알바니아의 마이너리티 학교(minority schools) 문제를 예로 들어보자.[35] 이 사건은 1933년 알바니아가 시행한 교육 제도 관련 헌법 개정이 해당 국가의 소수민족 보호 의무를 위반했는지 여부가 다투어진 사례다. 알바니아는 앞서 언급한 바와 같이 1921년 10월 2일, 독립 회복에 따른 국제연맹 가입 시 이사회에서 서약한 선언(총 7조)에 따라 소수민족 보호 의무를 부담하고 있었다. 해당 선언 제5조 제1항은 다음과 같이 규정한다.

"인종적, 종교적 또는 언어적 소수 집단에 속하는 <u>알바니아 국민</u> (Albanian nationals who belong to racial, religious or linguistic minorities)은 법률상 및 실질적으로 다른 <u>알바니아 국민</u>과 동일한 대우와 보장을 누린다. 특히 자비로 자선적, 종교적, 사회적 시설 및 학교 기타 교육 시설을, 그곳에서 자유롭게 자신의 언어를 사용하고, 종교를 실천할 권리를 동반하며, <u>유지·운영·관리하고, 또는 장래 설립할</u> 평등한 권리를 가진다."

이는 앞서 언급한 소수민족 모든 조약의 모델이 된 폴란드조약 제8

---

34 金, 앞의 주33의 인용서, pp.54-56.

35 이하, 특히 주가 없으면, 「알바니아의 소수자 학교에 관한 사건」의 PCIJ에 의한 판례에 대해서는, 아래의 문헌에 근거한다. Permanent Court of International Justice, "Minority Schools in Albania," Advisory opinion of April 6th 1935, 34th session, series A./B., fascicule No.64, pp.5-6, pp.17-19, p.22. 横田喜三郎 『国際判例研究Ⅱ』有斐閣, 1970, pp.290-301.

조(본서 78쪽)와 거의 동일한 문구이다(차이점은 밑줄 친 부분뿐). 이는 즉 본건이 유사한 규정을 가진 소수민족조약 등의 해석·적용과 관련된 사법적 판단이 될 것임을 의미했다.

당시 알바니아는 약 2만 7천 4백㎢의 영토를 가지고 있었으며, 1930년 5월 인구 조사에서 약 100만 명의 인구를 가진 국가였다. 인구의 92%가 알바니아계 주민이었으며, 그리스인, 슬라브인, 발라키아인, 튀르키예인 등이 마이너리티로서 거주하고 있었다. 또한 인구의 70%가 이슬람교도, 20%가 동방 정교회 신자, 10%가 로마 가톨릭 신자로, 당시 유럽에서 이슬람교도가 다수를 차지하는 유일한 국가이기도 했다.[36]

그 알바니아에서는 독립 전부터 튀르키예 학교나 그리스 학교, 세르비아나 불가리아의 학교가 있었으나, 1928년 공포된 신헌법(제206조와 제207조)으로 초등교육이 의무화되었고, 1930년 11월의 문부대신령으로 학교에서의 종교교육이 금지되었다. 그리고 1933년 헌법 제206조와 제207조의 개정으로 "알바니아 국민(Albanian subjects)의 교육과 수업은 국가가 관장하며, 국립학교(state schools)에서 이루어진다. 초등교육은 모든 알바니아 국민(Albanian nationals)의 의무이며 무상으로 제공된다. 현재 운영 중인 모든 종류의 사립학교(private schools)는 폐쇄한다"고 규정되었다. 이 사립학교 폐쇄 조치에 대해 국제연맹에 많은 청원이 접수되었다. 청원을 접수한 연맹 사무총장은 1935년 1월 21일, 연맹 규약 제14조에 따라 PCIJ의 연맹 이사회에 대한 권고적 의견(advisory opinion)을 요청했다. 그 요점은 사립학교 폐지는 마이너리티와 마찬가지로 머저리티 집단에도 적용된 일반적 조치이므로 알바니아 선언 제5조에 저촉되지 않는다는 알바니아 정부의 주장이 타당한지 여부였다.

이 사건에서 PCIJ는 먼저 소수민족조약의 마이너리티 권리 기본 원

---

36   Joseph Rothschild 『大戦間期の東欧—民族国家の幻影』刀水書房, 1994, pp.356-358.

칙을 판시(判示)하였다.

"소수민족 보호를 위한 여러 조약의 기초가 되는 개념은, 한 국가에 편입된 특정 구성원, 즉 인종이나 언어, 종교 측면에서 다른 사람들을 위해, 그들이 머저리티와 평화롭게 생활하고 우호적으로 협력할 가능성을 보장함과 동시에, 머저리티와 다른 그들의 특성을 유지하고 그 특별한 요구의 보장을 충족시키는 것이다. 이 목적을 달성하기 위해 특히 두 가지 점이 필요하다고 간주되어 소수민족 모든 조약의 규정이 구성되었다. 첫째는 인종적, 종교적 또는 언어적 마이너리티에 속하는 국민이 모든 측면에서 해낭 국가의 다른 국민과 완전히 평등한 관계에 놓이도록 보장하는 것이다. 둘째는 마이너리티 구성원이 자신의 인종적 특성(racial peculiarities)이나 전통, 민족적 특성(national characteristics)을 유지하기 위한 적절한 수단을 얻을 수 있도록 보장하는 것이다. 만약 마이너리티가 자신의 (문화나 교육) 기관(institutions)을 박탈당하고, 그 결과 마이너리티로서의 본질적 핵심 요소(the very essence of its being as a minority)를 구성하는 것의 포기를 강요당한다면, 머저리티와 마이너리티 사이의 진정한 평등은 존재하지 않으므로, 앞서 언급한 두 가지 필요조건은 밀접하게 연결되어 있다".

이는 ① 차별 없는(non-discrimination) 평등과, ② 마이너리티 문화, 언어, 종교의 유지·발전 보장을 위한 마이너리티 권리의 두 가지 핵심 기둥을 국제사법재판소(PCIJ)가 명시한 것이라고 할 수 있다.

다음으로 PCIJ는 선언 제5조 제1항 전단의 '법률상 및 사실상의 동등한 대우와 보장'(same treatment and security in law and in fact)이라는 문구의 해석에 착수하였다. "모든 알바니아 국민의 법 앞의 평등은 이미 제4조가 규정하고 있으므로, 이를 다른 말로 반복하기 위해 제5조가 마련되었다고 볼 수 없다. 게다가 제4조가 모든 알바니아 국민의 법 앞의 평등을 규정하고 있는 반면, 제5조는 인종적, 종교적 또는 언어적 마이너리티에 속하는 알바니아 국민의 '법률상 및 사실상 동일한 대우와 보장'을 다른 알바니아 국민과 비교하면서 규정하고 있으므로, 이 문구는 머저리티와 마이너리티 간의 관계에 특유한 평등의 개념(notion of equality which is peculiar to the relations between the majority and minorities)을 의미한다고 결론짓는 것이 자연스럽다. 법률상의 평등(equality in law)이 모든 모든 종류의 차별을 배제하는 반면, 사실상의 평등(equality in fact)은 서로 다른 지위 간의 균형을 확립하는 결과를 달성하기 위해 서로 다른 대우가 필요할 수 있다. 머저리티와 마이너리티는 그 입장과 필요로 하는 것도 다르므로, 양자의 대우 평등이 사실상의 불평등(inequality in fact)을 초래할 수 있다는 것은 쉽게 상상할 수 있다. ……머저리티와 마이너리티 구성원 간의 평등은 효과적이고 진정한 평등이어야 한다는 것이 이 규정(제5조)이 의미하는 바이다."

알바니아 선언 제4조는 "모든 알바니아 국민은 법 앞에 평등하며, 인종, 언어 또는 종교에 따른 차별 없이 시민적·정치적 권리를 동등히 향유한다" 등이라고 규정한다.[37] 이 또한 "폴란드 국민"을 "알바니아 국민"으로 바꾼 것뿐으로, 폴란드 조약 제7조와 완전히 동일한 조문이기 때문에, 유사한 소수민족조약 등을 체결한 모든 당사국에 적용되는 해석이다.

또한 PCIJ는 선언 제5조 제1항 뒷부분의 "특히 자신의 비용으로 자선적, 종교적, 사회적 시설이나 학교 기타 교육 시설을, 그곳에서 자유롭게 자신의 언어를 사용하고 종교를 실천할 권리를 동반하면서 유지·운영·관리하거나 장래 설립할 평등한 권리를 가진다"는 조항에

---

37 League of Nations, *Protection of Linguistic, Racial or Religious Minorities by the League of Nations: Provisions contained in the Various International Instruments at present in force*, C.L11O.1927.1, Geneva, August 1927, pp. 4-5.

주목하여 다음과 같이 말한다. "이 조항은 '특히(in particular)'라는 문구로 앞부분과 연결되어 있으므로, 앞부분이 규정하는 법률상 및 사실상의 동등한 대우 원칙을 적용하는 과정에서 특히 중요한 사례를 제시한 것으로 보는 것이 자연스럽다. 뒷부분에서 언급된 (문화·교육) 기관은 마이너리티가 머저리티과 동일한 대우를 법적으로뿐만 아니라 사실적으로도 누리는 데 필수적이다. 마이너리티가 가진 특별한 필요성을 충족시킬 수 있는 유일한 존재인 이러한 기관들을 폐지하고 정부의 기관(국립학교)으로 대체하는 것은 대우의 평등을 파괴할 것이다. 이는 다수 집단은 국가가 설립한 기관에서 자신들의 수요에 부합하는 것을 지속적으로 공급받는 반면, 소수 집단으로부터 자신들의 수요에 적합한 기관을 빼앗는 결과를 초래하기 때문이다."

이러한 조문 해석에 근거하여 PCIJ는 알바니아 정부의 주장을 기각하고, 알바니아 선언 제5조 제1항은 인종적, 종교적 또는 언어적 소수 집단에 속하는 알바니아 국민이 자신의 비용으로 자선적, 종교적, 사회적 시설 및 학교 기타 교육시설을 그곳에서 자유롭게 자신의 언어를 사용하고 종교를 실천할 권리를 동반하면서 유지·운영·관리하거나 장래 설립할 권리를 보장하는 것이라고 판시하였다. 이것이 소수민족조약의 해석 원칙으로서 1935년에 확립된 국제 규준의 판례이다. 그로부터 10여 년 후 일본에서, 이 마이너리티 권리의 국제법리가 이념이 전혀 고려되지 않은 채 조선인학교의 폐쇄가 강행된 것은 인류 사회가 쌓아온 지혜를 후퇴시키는 안타까운 역사였다. 후술할 전후 일본에서의 민족학교에 대한 처우, 그리고 지금도 "일본의 일반 공립학교에서 무상 교육을 받을 수 있으니, 그걸로 충분하지 않나" "굳이 조선학교에 간다면, 불이익이 있어도 어쩔 수 없다"고 말하는 듯한 냉대에 비추어 보면, 일본 사회가 아직도 90년 전 PCIJ 판례의 수준에서 훨씬 뒤처진 지점에 서 있음을 알 수 있을 것이다.

(5) 마이너리티 권리 보장의 보편화를 도모한 시도

앞서 언급한 바와 같이, 국제연맹 시기 소수민족조약은 보편적인 국제인권 보장이 아니었다. 이탈리아는 대전의 결과 슬라브계나 독일계 소수민족의 거주 지역을 영토에 편입하여 영토를 상당히 확장했지만, 그리스나 루마니아처럼 소수민족조약을 체결하지 않았으며, 소수민족을 안고 있는 패전국 독일도 오스트리아나 헝가리, 불가리아처럼 소수민족 보호를 부담하는 강화를 체결하지 않았다. 그렇게 체결된 여러 조약에 의해 오스트리아=헝가리 제국과 독일 제국의 해체로 발생한 독일계, 불가리아계, 마자르계 마이너리티 등이 조약상 보호를 받는 한편, 독일 본토의 마이너리티는 상부 실레지아를 제외하고는 보호 대상이 되지 못했다. 독일계나 슬라브계 주민의 경우에도 이탈리아의 국경 변경으로 인해 발생한 마이너리티는 보호 대상에서 제외되었나. 이처럼 파리 평화 회의를 계기로 체결된 소수민족조약은 국가 간에도 개인 수준에서도 공정하다고 말할 수 없는 것이다.

독일이 패전국 중 유일하게 소수민족 보호를 부과받지 않은 이유를 명확히 설명하는 문헌을 찾을 수 없다. 그러나 국제연맹 창설에 큰 영향을 미쳤다고 평가받는 얀 스뮈츠의 「국제연맹－실천적 제안」(1918년 12월 16일)은 독일이 안정된 민주주의 국가가 되었을 때에는 독일도 이 사회에 포함시켜 6대국으로 하는 구상을 제시하고 있었다. 그 독일은 1926년 9월 8일 공식적으로 국제연맹에 가입했으며, 스뮈츠의 예상대로 가입과 동시에 상임이사국이 되었다.[38] 언젠가 상임이사국이 될 독일에게 소수민족 보호 의무를 부과한다면, 독일이 연맹의 상임이사국이 되었을 때 다른 상임이사국들에게도 그 부담이 전가될 것이다. 독일로부터 다른 상임이사국들도 마찬가지로 소수민족 보호 의무를 져야

---

38 篠原, 앞의 주27의 인용서, p.36, p.99.

한다고 압박받으면, 이를 공식적인 형태로 회피하기 어렵다는 계산이 파리 평화 회의 당시 주요 연합국들 사이에 있었던 것이 아닐까.

어쨌든 당시 소수민족조약은 특정 국가만이 마이너리티 보호 의무를 지게 한다는 보편성이 결여된 것이었기에, 소수민족 보호 의무를 지게 된 국가들 사이에서는 처음부터 그 불공평함에 대한 불만이 있었다. 국제연맹 발족 후 조약 등을 시행하는 과정에서 그 불공평함을 해소하고 소수민족 보호 의무를 보편화하려는 논의가 일어난 것도 당연할 것이다. 국제연맹 총회는 1922년 9월 21일, 제3회기에서 남아프리카 대표 길버트 머레이(Gilbert Murray, 당시 옥스퍼드 대학교수)가 제출한, 아래의 지침을 포함한 결의안을 채택하고 있다.[39]

"총회는 소수민족에 관해 국제연맹에 대해 어떠한 법적 의무도 지지 않는 국가가 그럼에도 불구하고 적어도 조약 및 이사회의 정규 활동에 의해 요구되는 정의의 기준과 관용성에 상응하는 수준으로 자국의 인종적, 종교적 또는 언어적 소수자의 처우를 보호하기를 희망한다".

그로부터 3년 후인 1925년 9월 16일 연맹 총회 제6회기에서 리투아니아 대표가 "모든 국제연맹 가입국을 포함하는 소수민족(minorities)에 관한 공통의 권리와 의무를 정한 일반적인 조약 초안을 준비하기 위한 특별위원회를 설치한다"는 취지의 결의안을 제출하여 심의에 부쳤다. 이에 리투아니아 대표 갈바나우스카스(Galvanauskas)는 현행 소수민족 보호 제도가 국가들을 특정 의무를 지는 국가들과 그렇지 않은 국가들로 양분하여 법적 불평등을 초래하고 있으며, 모든 연맹 가입국이 차별

---

39 League of Nations, *supra* note 25, pp.76-78. 동 결의에는 "다양한 마이너리티 조약(Minorities Treaties)의 당사국과 인종적, 종교적 또는 언어적 소수자 (racial, religious or linguistic minorities) 간의 우호적 관계를 증진하기 위해 해당 업무를 처리하는 사무국 직원을 확충할 것"과 "소수민족조약의 규정을 둘러싸고 관계국과 연맹 이사국 사이에 의견 차이가 발생한 경우, 총회는 이사회의 구성원이 상설 국제사법재판소에 소수민족조약에 근거한 결정을 요청하도록 권고할 것" 등도 포함되어 있었다.

없이 의무를 지는 일반적 규칙의 확립을 여론이 바라고 있다고 제안 이유를 설명했다.[40]

폴란드는 해당 결의안에 찬성했으며, 루마니아 대표도 전 세계 국가에 동일한 원칙이 적용되어야 하며, 연방은 민주적 원칙에 따라 대국도 소국도 평등한 의무를 부담해야 한다고 발언하며 리투아니아 대표의 제안을 지지했다. 한편 프랑스 대표는 자국에는 어떠한 마이너리티도 존재하지 않는다고 말했으며, 영국 대표 세실은 소수민족 보호 원칙을 연맹 전체로 확대하는 것은 연맹이 감당할 수 없는 책임을 지게 될 것이라고 주장하며 반대했다. 이러한 강대국의 의향에 밀려 리투아니아 대표는 결의안을 철회하게 되었으나, 그와 같은 논의가 있었다는 사실을 연맹 이사회에 알리는 결의안을 대신 가결하기로 했다.[41]

그로부터 3년 반이 지난 1929년 3월 6일 열린 연맹 이사회에서는 캐나다 대표 당뒤랑(Raoul Dandurand, 퀘벡 출신 상원의원)이 소수민족조약 위반과 관련된 통보나 청원에 대응하는 3인 위원회의 권한을 강화하여 기존의 임시 조직에서 상설 위원회로 격상시키고, 청원을 접수한 경우 그 보고서를 이사회에서 공개하여 검토한다는 취지의 절차 개정을 요구하는 결의안을 제출하는 등 제도의 충실화를 도모하려는 시도는 계속되었다. 그로부터 4년 후인 1933년 연맹 총회에서는 국내 소수민족과 관련하여 소수민족조약상의 의무를 부담하지 않는 독일의 사안이 문제가 되었다. 1930년대에 들어 나치가 정권을 장악하는 가운데 독일 국내 유대인에 대한 박해가 현저해졌기 때문이다. 이 심의 과정에서 핀란드 대표는 앞서 언급한 1922년 9월 21일 총회 결의를 근거로, 연맹에서는 조약 당사국이 아닌 국가의 소수자 문제도 논의할 수 있다고 주장했으며, 프랑스도 이에 동의했다. 독일 대표는 반대했으나, 총회에

---

40 League of Nations, *supra* note 25, pp.79-80.
41 篠原, 앞의 주30의 논문, pp.79-80.

1922년 9월 21일 결의를 재확인하는 결의안이 제출되었다.[42]

(6) 소수민족 보호 시스템의 한계와 성과

1933년에는 연맹 발족 이래 여러 소수민족조약 위반 사건의 중재자 역할을 해온 일본이 3월 27일 연맹 탈퇴를 통보했다. 그리고 독일도 같은 해 10월 14일 연맹 탈퇴를 통보하면서 평화 유지 등 국제연맹의 기능은 현저히 저하되었다. 1937년 12월 11일에는 이탈리아도 연맹 탈퇴를 통보했다. 이후 1939년 9월 1일 독일의 폴란드 침공으로 제2차 세계대전이 시작되었고, 이듬해 1940년 9월 27일 국제연맹을 탈퇴한 일독이 3국이 군사 동맹을 체결하여 세계를 다시 대규모 전쟁의 소용돌이에 빠뜨리게 된다.

1930년대에는 일본, 독일, 이탈리아뿐만 아니라 다른 국가들에서도 민주화의 역풍이 불어닥쳤고, 국제연맹의 소수민족 보호 시스템은 기능 부전에 빠졌다. 특히 1934년 폴란드가 조약 의무를 공식적으로 파기한 이후에는 명목상 존재만 남게 되었으며, 소수민족 보호를 규정한 양자 간 조약 중 연맹 기간 내내 실질적으로 유지된 것은 핀란드와 스웨덴 간의 조약뿐이었다고 한다.[43]

시노하라 하쓰에(篠原初枝)는 국제연맹에서의 소수민족 보호 목적은 극히 정치적인 것이며, 소수민족(national minorities)에 대한 학대나 박해

42　篠原, 앞의 주30의 논문, p.80, p.83.

43　吉川元『民族自決の果てに―マイノリティをめぐる国際安全保障』有信堂高文社, 2009, p.95. 유고슬라비아에서 1929년 국왕이 독재를 선언한 것을 시작으로, 중동부 유럽에서는 1930년대에 걸쳐 체코슬로바키아를 제외한 각국이 국왕에 의한 독재 국가가 되었고, 국내의 소수민족은 억압받게 되었다. 합스부르크 제국 내 신흥국 중 석탄 등 천연자원이 풍부해 공업국으로 번영할 수 있었던 체코슬로바키아만이 경제적 번영을 바탕으로 자립적이고 안정된 민주국가로 존속할 수 있었으며, 소수민족 존중을 포함한 자유주의를 뿌리내릴 수 있었다고 한다. (같은 책, p.97).

(ill-treatment or oppression)의 결과로 국가 간에 과거에 발생했던 마찰이나 충돌(frictions and conflicts)을 피하는 데 있었다는 파블로 아스카라테의 말을 인용하면서도, 연맹 내에서 소수민족 문제를 다루었던 3인 위원회나 사무국 소수민족부의 인원 구성을 보면 반드시 강대국 주도만은 아니었으며, 연맹이 가능한 한 이해 관계국을 배제하려 했던 노력과 자세를 엿볼 수 있다고 한다. 그리고 연맹 시대의 소수민족 보호 제도는 이중 기준에 기반한 불평등이었지만, 이념 계승이라는 측면에서는 마이너리티 권리 보장이 특정 국가의 문제가 아니라 보편적 성격을 지닌다는 점을 논의의 장에 올렸고, 그 논의에 유럽 이외의 세계도 참여한 데에는 의미가 있다고 서술하고 있다.[44]

또한 니시 다이라(西平等)는 '연맹 소수민족 보호조약의 의의'를 논하는 가운데, 국제연맹 시대의 소수민족조약에서의 청원 제도는 국제연합에서의 개인 통보 제도와 비교해도 그다지 뒤지지 않는 것이었다고 평가하고 있다.[45] 앞서 언급한 바와 같이, 개인의 청원에 의해 통보된 소수민족조약 위반 사건은 3인 위원회의 심사를 거쳐 이사회에 회부되어 대응 조치를 결정했으며, 이사국이 원할 경우 상설 국제사법재판소에도 회부할 수 있었다. 그러한 일련의 절차는 유엔 시기의 1503 절차와 비교해도 법적 의미나 실효성이 떨어진다고 할 수 없다고 한다. 1503 절차(1503 procedure)는 현재 유엔 인권 이사회에 대한 불복 신청 절차의 전신이다. 유엔 각 부서에 접수된 인권 문제 관련 정보를 유엔 인권 센터 통보과에 모아 접수해야 할 사건을 선별하고, 통보자 신원을 숨긴 채 당사국 정부에 송부함과 동시에 유엔 인권 위원회

---

44 篠原, 앞의 주30의 논문, pp.85-86. Pablo de Azcárate, *League of Nations and national Minorities: An Experiment*, Carnegie Endowment for International Peace, 1945, p.14.

45 西, 앞의 주32의 논문, p.125.

및 차별 방지 소수자 보호 소위원회에 송부한다. 이후 동 인권 소위원회에서 심의해야 할 통보를 선별하여 인권위원회에 회부하고, 중대한 사건은 인권위원회, 나아가 ECOSOC(경제사회이사회)에서 심의하여 어떠한 결의나 권고, 특별위원회에 의한 조사를 실시하는 일련의 절차였다.[46]

앞서 언급한 다이쇼~쇼와 시기 외교관 쓰카모토 다케시(塚本毅, 1896~1973)는 1924년 간행된 저서 『소수민족의 문제』에서 이렇게 서술하고 있다. "다수를 차지하는 민족이 소수를 차지하는 민족보다 유력한 것은 어쩔 수 없다. 이 결과 다수민족은 소수 민족을 압박하게 된다. 다수결이 논리적 타당성을 갖지 못하는 근본 이유에서, 소수 민족의 주장이 있을 경우 타당한 것은 상상하기 어렵지 않다. ……따라서 소수민족의 자유 평등을 인정하고 다수민족의 횡포를 완화하는 방법이 고려될 수 있다. 이러한 완화책으로 결론지어진 것이 바로 소수민족 보호주의이다"라고.[47] 그 발상이 제2차 세계대전 후 일본에도 적용되었다면, 재일 코리안이나 아이누민족의 처우는 달라졌을 것이다.

다음으로 국제연맹 시대의 소수민족 보호에 일본이 어떻게 관여했으며, 이 활동이 일본 국내에 어떤 형태로 전해졌는지 살펴보고자 한다.

---

46 上村英明 「誰でも使える1503手続き」 同・岡本雅享ほか 『国際人権と在日韓国・朝鮮人—国連人権活動へのアプローチ』 RAIK(在日韓国人問題研究所), 1990, pp. 42-49.
47 塚本毅 『少数民族の問題』 国際連盟協会, 1924, p.140.

3. 국제연맹 시대의 소수민족 보호와 일본의 관여

(1) 유럽 소수민족 문제 해결에 나선 일본의 외교관들

미국의 미가입 결과, 4대 상임이사국 체제로 출발한 국제연맹에서 일본은 그 활동에 핵심적인 입장으로 관여하게 된다. 미국의 불참으로 국제연맹이 영·불·이탈리아의 유럽 중심이 된다는 비판을 피하기 위해 다른 상임이사국들도 아시아의 상임이사국인 일본의 존재와 협력을 (미국이 있는 전제였던) 당초 예상 이상으로 필요로 했다. 이에 부응하여 1919년 국제연맹 창설 시기부터 니토베 이나조(재임 1920~26년)가 사무차장을 역임했고, 니토베의 뒤를 이어 사무차장이 된 스기무라 요타로(杉村陽太郎)를 비롯해 일본에서 파견된 이시이 기쿠지로(石井菊次郎), 아다치 미네이치로(安達峰一郎), 사토 나오타케(佐藤尚武) 등 외교관들이 연맹 내에서 적극적으로 활동했다.[48]

일본은 연맹 초기부터 폴란드와 독일 사이에 위치한 상부 실레지아 (일본의 시코쿠 정도 면적에 인구 약 200만 명) 문제에 깊이 관여하게 된다. 석탄 생산량이 높았던 이 지역은 파리 평화 회의에서도 그 귀속을 두고 분쟁이 벌어졌으며, 1921년 8월 영국, 프랑스, 이탈리아 최고 회의에서도 결론이 나지 않은 사안이었다. 독일의 약화를 노리는 프랑스가 상부 실레지아의 폴란드 귀속을 주장한 반면, 독일의 부흥을 뒷받침하고자 했던 영국은 독일 영토로의 편입을 지지했다는 배경도 있었다. 이에 영국과 프랑스는 국제연맹에 문제 해결을 위임했고, 같은 달 29일 연맹은 특별 이사회를 소집하게 된다. 당시 국제연맹 이사회 의장이었던 이시이 기쿠지로가 특별 이사회 의장도 맡게 되었다. 이 안건을 위임받은 이사회에서는 특별 이사회 의장이었던 이시이가 안건 관련 정보를 수

48　이하, 특히 주가 없으면, 篠原, 앞의 주27 인용서, pp.151-154, pp.177-179, p.184에 근거한다.

집하고 협상을 주도하는 '조사위원(Rapporteur)'가 되었다. 이는 국제연합의 인권이사회 특별조사위원(Special Rapporteur) 등으로 이어지는 제도이다. 10월 20일 대사 회의에서 연맹 이사회 안건에 따라 상부 실레지아(Upper Silesia)에 독일과 폴란드 간 국경을 그리는 것이 합의되었고, 이 듬해 1922년 5월 15일 상부 실레지아에 관한 독일·폴란드 조약(German-Polish Convention relating to Upper Silesia)이 서명되었다. 동 조약에는 제3부로서 총 95조에 달하는 '마이너리티 보호'(64~158조) 규정이 포함되어 있다(표 1-3-1).

시노하라 하쓰에(篠原初枝)는 상부 실레지아를 둘러싼 국경선 획정은 영국, 프랑스의 이해관계가 대립하여 최고회의에서 난관에 부딪힌 문제가 국제연맹에의 위임으로 해결을 보았으며, 설립 초기의 연맹에게는 큰 성과인 동시에 일본에게는 국제연맹 안에서 대국으로서 행동하는 법을 배우고 유럽 문제에 관여하는 의의를 자각하는 계기가 되었다고 말한다. 이 상부 실레지아의 영토 문제를 계기로 일본 정부는 연맹외교의 진용을 정비하는 절차를 밟았다.

1920년대 말, 이 상부 실레지아에서 새로 설정된 국경 내 소수민족문제가 발생했을 때도 일본의 개입이 요구되었다. 니토베의 뒤를 이어 1927년부터 사무차장 겸 정치부장 직을 맡았던 스기무라 요타로가 사무총장 드러몬드에게 불려가, 그 소수민족문제를 일본이 맡게 된 당시의 내막을 사토 나오타케가 이렇게 회고하고 있다.

"어느 날 스기무라는 드러몬드에게 불려갔다. 드러몬드는 '현재 유럽에는 두 가지 큰 문제가 있다. 단치히 자유시와 소수민족이다. 그중 하나를 일본에 부탁하고 싶다. 또한 일본 이사회에 조사위원[Rapporteur](연맹에서는 보고자가 모든 문제를 담당해 보고서를 이사회에 제출하고, 거기서 검토되어 채택된 후 총회에 제출하는 절차로 되어 있다)으로 나서 주길 바란다'는 이야기였다. 스기무라가 이 이야기를 내게 가져왔기에 나는 말했다. '일본은 연맹 규약상 상임이사국이라는 특권을 가지게 되어 있다. 일본이 5대 강국 중 하나이기 때문에 이러한 지위를 차지할 수 있었으나, 사실 일본이 세계적으로 큰 일을 해냈다는 사실은 없다. ……유럽의 평화 정착을 위해 기여할 수 있는 문제를 맡아 일본이 이를 해결해 주고, 일본에 의지한 것이 잘한 일이라고 모두가 믿게 되며, 일본에 경의를 표하게 될 때까지 나아가야만 일본은 강대국으로서의 책임을 다했다고 할 수 있고, 세계의 존경을 받을 수 있을 것이다. 두 문제 중 어느 것을 맡을 것인가 하면, 단치히 문제는 우리로서는 알 수 없다. 소수민족 문제라면 일본인이라 해도 분발 여하에 따라 어떻게든 해낼 수 있지 않을까'라고 말했다."[49]

연맹 이사회에서는 소수민족 문제에 관한 안건이 많았고, 드러몬드로서는 곧바로 일본은 이해관계가 없기에 공정하고 중립적인 입장에서 해결이 가능할 것이라고 기대했던 것이다. 그 문제 해결에 나선 인물이 아다치 미네이치로(1869~1934)였다. 외무성에 입성한 후 1907년 제2차 헤이그평화회의 위원회의 일본 대표가 되었고, 1917년 5월 벨기에 특명전권공사가 된 아다치는 파리 강화회의에도 수행원으로 참가하고 있었다. 1920년 5월에는 PCIJ 규정 초안 위원회를 위한 법률가 위원회 위원이 되어 PCIJ 설립에도 관여했다.

아다치가 대응한 것은 1922년 조약으로 상부 실레지아가 폴란드와 독일로 분할되면서 폴란드 영토가 된 지역의 독일계 주민과 독일 영토가 된 지역의 폴란드계 주민 사이에 발생한 토지 소유권 및 자녀 입학 학교를 둘러싼 분쟁(폴란드 영토 내 독일계 주민이 자녀를 독일어로 가르치는 소수민족 학교에 입학시키는 것을 허용할 것인지 등의 문제)이었다. 조사위원이 된 아다치는 사실 확인을 위해 현지에 가서 당사국을 초청해 논의하는 등 세

---

49 佐藤尚武監修『国際連盟における日本(日本外交史14)』鹿島研究所出版会, 1973, pp.451-452.

심하게 대응했으며, 1929년 3월 6일 이사회에서 사실 관계를 정확히 정리하고 법적 쟁점을 종합한 보고를 제출하여 양측의 중재와 설득을 실현시켰다.

사토 나오타케는 "소수민족 문제의 전부가 우리나라와는 전혀 직접적인 관계가 없는 문제였기에, 우리나라 이사는 극히 많은 사건의 심사위원으로 선출되었으며, 소수민족 문제 처리에 관한 우리나라 이사, 특히 안다치 미네이치로 이사의 공적은 매우 대단했다"고 기술하고 있다.[50] 앞서 언급한 프랜시스 월터스 역시 독일과 폴란드의 소수민족 문제에서 아다치의 업무 수행은 훌륭했다고 특히 평가했다. 아다치는 이후 풍부한 국제법 지식을 인정받아 1930년 9월 PCIJ 판사로 선임되었고, 31년 선거에서 PCIJ 소장에 취임했다. 34년 병으로 쓰러져 암스테르담에서 객사했을 때는 네덜란드의 국장, 상설국제사법재판소 장례로서 성대히 장례를 치렀다고 한다.

(2) 민간조직에 의한 홍보와 일본 국내의 소수민족 문제 인식

이러한 국제연맹의 중추이자 최전선에서 소수민족조약의 이행 의무 문제를 담당한 일본인 외교관을 통해 본국인 일본 정부도 그 세부 사항을 파악하게 되었으며, 일본이 상임이사국을 맡고 있던 국제연맹의 소수민족 문제는 일본 국내에서도 일반적으로 널리 알려지게 되었다. 당시 아사히신문사가 발행한 『국제연맹 연감』에는 매호 '소수민족의 보호'라는 장이 마련되어 있었다. 1927년도판을 보면 '소수민족조약' 소개와 '소수민족 문제 처리 절차 및 그 발전'이라는 두 개의 절이 있다. 1928년도판에서는 같은 장 아래 '실레지아의 독일인 문제' 등 구체적인 사례를 들어 소개하고 있다. 1929년판에서도 계속해서 구체적인

---

50 佐藤 監修, 앞의 주49의 인용서, p.82.

'폴란드령 상부 실레지아에서의 독일인 소수민족 학교 설립, 폐쇄 기타 문제' 등을 소개하면서, 1928년 7월 헤이그에서 열린 국제연맹협회 만국연합회에서의, 연맹에 상설 소수민족위원회를 설치해야 한다는 결의 등도 보도하고 있다. 1930년도판에서는 '소수민족 보호에 관한 청원 절차', 1931~32년도판에서는 '폴란드령 실레지아 등에서의 독일인의 선거권 행사 방해에 관한 청원' 등 9건의 사안을 열거하고, 최종 (1934년)판에서는 독일 국내 유대인 문제를 둘러싼 총회에서의 토론도 소개하고 있다.[51]

또한 1920년 4월 23일에 설립된 일본 국제연맹협회는, 강화회의 중이던 1919년 1월 26일 파리에서 제1회 회의를 연 국제연맹 협회 세계연합(International Federation of League of Nations Societies=IFLNS)에 가입해 매년 대표를 파견하고, IFLNS의 의사진행 내용을 기관지 『국제지식』 등을 통해 일본 국내에 전파했는데, 여기서도 '소수민족 보호'는 중요한 주제였다. 예를 들어 『국제지식』 1922년 10월호에는 IFLNS가 1922년 6월 제6차 연합회 총회(프라하, 일본에서는 미노베 다쓰키치 등이 참석)에서 채택한 다음과 같은 '소수민족 대우에 관한 일반 결의'가 게재되어 있다.

"국제연맹총회가 소수민족 보호에 관한 일반적인 조약을 초안할 때까지, 각국은 상호 다음과 같은 의무를 이행하여 모든 인종적, 언어적 또는 종교적 마이너리티를 보호하는 조치를 취할 것.

(a) 소수민족을 보호하고 불공정한 법률을 제정하지 말 것.

(b) 법률 및 행정 앞에서 평등한 대우를 누릴 수 있도록 할 것.

(c) 공사 영역을 막론하고 마이너리티가 자신들의 고유 언어를 사용하고 고유 종교를 실천할 자유를 누릴 수 있도록 할 것.

---

51 青木節一 編著 『国際連盟年鑑』 朝日新聞社, 1927(pp.208-211), 1928(pp.159-162), 1929(pp.197-211), 1930(pp.188-191), 1931~32(pp.225-227). 最終 1934 (pp.234-235)

(d) 머저리티는 국가의 일반적 관습과 충돌하지 않는 한, 마이너리티 권리와 관습을 존중할 것."

이 외에도 "조약을 준수하지 않았다는 이유로 국제재판소의 판결을 받은 국가가 그 판결에 따르지 않을 경우, 연맹 이사회가 이를 이행시키기 위한 수단을 마련하여 국제연맹에 제안한다"(조약의 준수), "인종적 소수민족이 거의 일정한 지역에 집주하고 있는 경우, 해당 국가는 일반적인 공공질서에 저촉되지 않는 한, 가능한 한 넓은 범위의 자치권을 해당 소수민족에게 부여한다"(지방자치), "소수민족의 청원은 소수민족 자신의 대표를 통해 직접 국제연맹에 제기하며, 연맹은 신속히 유효한 조치를 취할 것"(국제연맹의 조치), "두 종류 이상의 언어를 병용해도 공무 수행상 지장이 없다는 스위스 등의 경험에 비추어, 언어적 마이너리티가 국민 중 상당한 비율을 차지하는 국가에서는 그 소수 언어 또한 해당 국가의 언어와 함께 공문서에서 사용한다"(공용어), "소수민족이 존재하는 국가에서는 가능한 한 각종 초등학교에서 그 모국어로 아동을 교육하는 것을 허용하는 것이 매우 바람직하다"(교육) 등의 제안이 채택된 것도 함께 전하고 있다.[52]

당시 민간단체(NGO)에서 결의된 이러한 마이너리티 권리 내용은 국제연합 시대 현행의 그것을 뛰어넘는 수준이라 할 수 있다. 제2차 세계대전 후의 국제인권 규준 역시 국가 간 타협의 결과로 채택된, 이른바 최소한의 기준임을 다시금 느끼게 한다. 당시 도쿄 제국대학 법학부 교수였던 가미카와 히코마쓰(神川彦松)는 1927년『국제연맹 정책론』에서 "다른 민족 국가 내에 거주하는 이민족은 그 국가의 시민이냐 아니냐

---

[52] 「少数民族の保護—国際連盟協会連合会の決議」『国際知識』, 1922年10月号, pp. 86-89. 한편 IFLNS 제6차 총회에서는 파리 평화회의에서 일본 정부 대표가 국제연맹 규약에 삽입을 제안했으나 이루지 못한 '각 인종에 대한 평등한 처우'에 관한 결의도 채택되었다(위의 책, pp.90-91).

를 불문하고, 자신의 민족성을 유지하고, 자신의 언어를 사용하며, 스스로를 다스릴 권리를 보장받아야 한다"고 했으며, 국제연맹 하의 '시민적 정치적 권리에 관한 국제규약' 제27조 (마이너리티 권리)의 문구에 자치권까지 추가한 마이너리티 권리를 묘사한 것도 이러한 민간 차원의 주도적 움직임이 있었기에 가능했던 일일 것이다.[53]

그러나 한편 일본 국내에서는 '소수민족 문제는 순전히 유럽의 문제'라는 남의 일 취급이나 '소수민족 문제'에 대한 부정적 이미지가 전문가들에 의해 확산되기도 했다. 마쓰바라 가즈오(법학박사)는 『국제관계통감』에서 "유고슬라비아도 루마니아, 체코슬로바키아와 마찬가지로 그 학교 조례 등으로 소수민족을 괴롭히고 있다. 소수민족조약 위반을 저지르고 있다"고 하면서 이렇게 말했다. "연맹 이사회를 괴롭히는 또 하나의 문제는 소수민족 문제이다. ……소수민족과 그 소재국 사이에 끊임없이 불쾌한 사건이 발생한다.……의견이 분분한다. 그때마다 연맹 이사회가 청원에 시달린다.……극히 사소한 문제에 영·불·독·이 외무장관이 이사회원으로서 골머리를 앓는 일도 있다.……실제로……귀찮은 문제이다."라고 했다. 또한 '연맹의 골칫거리가 되어야 할 소수민족', '이사회를 괴롭히고 있는 문제' 등 부정적인 인상을 거듭 강조했다.[54]

쇼와 시대 민족주의 연구자이자 호세이 대학에서 교편을 잡았던 나카타니 다케요(中谷武世, 1898~1990)는 『민족주의의 기본적 연구』에서, "제1차 대전 종식과 함께 베르사유 평화 회의에서 소수민족 문제와 민족 자결 원칙이 중요한 의제가 되자, 민족 문제와 민족주의가 정치·외교 저널리즘의 화두로 등장했고, 민족주의를 대상으로 한 서적이 각국

---

53 神川彦松『国際連盟政策論』政治教育協会, 1927, p.180.
54 青木編著, 앞의 주51의 인용서(1930판), p.191. 松原一雄『国際関係通鑑(1928~1929)』国際連盟協会, 1929, pp.300-301.

에 범람했다"고 기록했다.[55] 또한 국제연맹 시대에 쓰여진 것으로 보이는 '소수민족 국제적 보호의 역사적 고찰'에서 "소위 소수민족 문제는 이를 포용하는 해당 국가에게도 종일 고민의 씨앗이며……그 자체 소수민족을 포함하지 않는 다른 국가에게도, 국제 간 평화의 위기가 항상 여기에 잠재해 있기 때문에, 역시 불안과 우려의 씨앗이 될 수밖에 없는 상황이다"라고 기록하고 있다.[56]

이처럼 소수민족 문제는 유럽의 문제이지 일본의 문제가 아니라는 남의 일 같은 감각, 또한 소수민족 문제는 골치 아픈 문제라는 회피 감각 등이 패전 후 일본이 마이너리티 문제를 회피하려 했던 데에 이르게 된 한 원인이 된 것으로 보인다.

55　中谷武世『民族主義の基本的研究』原書房, 1983, pp.i-ii.
56　中谷, 위의 주55의 인용서, p.203.

【칼럼】

국제연맹과 위임 통치 위원회, 그리고 「선주민」

국제연맹, 특히 베르사유 조약 제1편으로 작성된, 연맹 규약(the Covenant of the League of Nations)의 성립 과정에서 마이너리티의 권리가 삭제되고 그 대체 조치로서 연맹 주도의 '소수민족(마이너리티) 보호 조약' 체결의 경위는, 본서 제1부 2장에서 오카모토 마사타카가 상세히 해설하고 있다. 그렇다면 국제연맹의 성립과 관련하여 「선주민」의 위치는 어떠했을까. 여기서는 몇 가지 에피소드를 소개해 두자.

* 국제연맹 규약의 규정

먼저, 1920년에 발효된 전문과 본문 26조로 구성된 연맹 규약에는 본서에서 다루는 선주민족의 기원에 해당하는 표현이 놀랍게도 명시되어 있었다. 제22조의[위임통치]와 제23조의[인도적, 사회적, 경제적 국제협력]에 관한 조항이다. 각 조문은 다음과 같이 언급하고 있다.

제22조 6항

남서아프리카 및 남태평양 제도의 일부 지역은 인구 희박, 면적 협소, 문명 중심지로부터의 원격성 또는 위임통치 수임국 영토

와의 인접성, 혹은 기타 사정으로 인해 위임통치 수임국 영토의
구성 부분으로서 그 국가법 아래에서 치정을 수행하는 것이 최선
이다. 다만 수임국은 선주민의 이익을 위해 상기 보장을 제공할
필요가 있다.

(There are territories, such as South-West Africa and certain of
the South Pacific Islands, which, owing to the sparseness of
their population, or their small size, or their remoteness from
the centres of civilisation, or their geographical contiguity to the
territory of the Mandatory, and other circumstances, can be best
administered under the laws of the Mandatory as integral
portions of its territory, subject to the safeguards above
mentioned in the interests of the indigenous population.)

<https://www.ungeneva.org/en/about/
league-of-nations/covenant>

제1차 세계대전 후, 영국·프랑스·일본 등의 열강은 패전국 식민
지를 비밀 협정으로 분할하려 했다. 이에 대해 미국은 '14개 조항의
평화 원칙' 아래 비밀 외교를 폐지하고 해당 지역에 '민족'의 자결권
을 일정 부분 인정하려 했다. '위임통치(mandate)' 제도는 영·불·일
등과 미국 사이의 타협의 산물이라 할 수 있다. 남아프리카 연방 대
표였던 얀 스뮈츠(Jan Christiaan Smuts)가 제안한 이 제도는 패전국 식
민지를 국제연맹의 관할 하에 두되, 일반적으로 전쟁 중 점령국을 위
임국으로 하여 실질적인 식민지 지배를 인정하는 것이었다. 혹은 그
렇게 해석하여 영·불 등 열강도 이 제도 창설에 타협했다고 전해진
다. 다만 비군사화(군사 시설 건설 금지나 주민 징병 금지 등) 및 다른 국제연
맹 회원국과의 통상 기회균등이 의무화되었을 뿐만 아니라, 후술할

위임 통치 위원회가 설치되어 위임국에 의한 통치가 국제연맹에 의
해 어느 정도 감독되었다는 점에서, 이후의 탈식민지화 흐름을 조성
했다는 측면도 무시할 수 없다.[1]

동시에 이 제도는 근대 사회 진화론 사상을 짙게 반영한 정치 제도
이기도 하다. 수임국이 우수한 '문명국'인 반면, 통치받는 측은 지역
주민의 '자치 능력'에 따라 A식, B식, C식의 3단계로 구분되었다.
그리고 앞서 언급한 연맹 규약 제22조의 규정은 '가장 자치 능력이
낮은' C식 위임통치령인 남서아프리카와 남태평양 제도를 대상으로
한 것으로, 그 주민 집단의 호칭에 '선주민'을 사용하고 있다. 그런
의미에서, 강력하게 사회진화론을 표현하는 '문명의 신성한 사명(a
sacred trust of civilisation)'(연맹 규약 제22조 1항)이라는 통치 이론이 이 주
체를 마이너리티와 달리 연맹 규약에서 삭제할 수 없었던 이유일지
도 모른다.

한편, 제23조에는 다음과 같은 국제협력 관련 항목이 삽입되었다.
평화 유지의 확립에는 군축과 분쟁 중재가 필수적이지만, 그 실현을
위해서는 인도적, 사회적, 경제적 국제 협력이 그 토대가 된다는 발
상은 당시에도 존재했다. 그 가운데 '자국 통치에 속하는 영역 내의
선주 주민'이라는 표현은 1957년 ILO에서 제정된 '독립국에서의 선
주민·종족민에 관한 협약'(제107호 협약)과 통하는 바가 있다.

제23조

현행 또는 향후 체결될 국제 조약의 규정을 준수하며, 연맹 가입
국은

(a) 자국 내에서 및 그 통상·산업 관계가 미치는 모든 국가에서

---

1 篠原初枝『国際連盟—世界平和への夢と挫折』中央公論新社(中公新書), 2010, pp.
133-134.

남녀 및 아동에 대한 공정하고 인도적인 노동 조건을 확보하도록 노력하며, 해당 목적을 위해 필요한 국제 기구를 설립·유지한다.

(b) 자국 통치에 속하는 영역 내의 선주 주민에 대하여 공정한 대우를 보장할 것을 약속한다.

(Subject to and in accordance with the provisions of international conventions existing or hereafter to be agreed upon, the Members of the League :

(a) will endeavour to secure and maintain fair and humane conditions of labour for men, women and children, both in their own countries and in all countries to which their commercial and industrial relations extend, and for that purpose will establish and maintain the necessary international organisations;

(b) undertake to secure just treatment of the native inhabitants of territories under their control ;)

<https://www.ungeneva.org/en/about/
league-of-nations/covenant>

그러나 미국이나 호주에서 '선주민'을 의미하는 이 '선주 주민(native inhabitants)'이라는 표현이 어떤 배경으로 이 연맹 규약에 등장하는지는 불분명하다.

* 위임통치위원회

다음으로, 이 위임 통치 제도를 감독하기 위해 연맹 규약 제22조 9항에 따라 '(상설) 위임 통치 위원회(Permanent Mandates Commission)'가

연맹 이사회 아래 설치되어 수임국으로부터 제출된 연차 보고서를 심사했다. 전간기(戰間期) 국제 관계에 정통한 시노하라 하쓰에(篠原初枝)의 연구를 통해 간단히 소개해 보자. 위임통치위원회는 점차 충실해지는 '통치연보'를 심의했으며, 연 2회의 그 세션에서는 '통치연보' 외에도 식민지 통치에 반대하는 현재로 말하면 NGO인 민간 단체로부터 보내진 통치 방식에 관한 요구 문서 등 방대한 서류에 둘러싸였다. 위임통치위원회에서는 위원이 정부 대표가 아닌(군인이나 공무원은 제외하지만 국립대학 교수는 가능), 개인의 권한으로 이 위원회에 참여하는 것이 기본이었다. 후일의 유엔 인권 기구의 모델이라고 해도 과언이 아니다. 1929년 당시 위원회는 노르웨이, 독일, 영국, 프랑스, 벨기에, 스페인, 포르투갈, 스위스, 네덜란드, 일본, 이탈리아의 위원으로 구성되었다. 위임통치위원회 회의가 겹치면 현지에서 통치 책임자가 제네바로 오는 것도 관례가 되어 있었다.[2] 시노하라(篠原)는 다음과 같이 기록하고 있다.

"초기에는 강대국들이 위임통치위원회를 비판적으로 바라보았다. 위임통치위원회가 정보 제공을 요구하고 조언을 제공하는 실질적인 '개입'을 선호하지 않았기 때문이다. 그러나 시간이 지남에 따라 이 위원회의 의의와 능력이 평가받게 되자, 수임국들은 위원회의 개입이 성가실 수는 있으나 그 조언은 온건한 것으로 받아들이게 되었다. 따라서 이 위원회의 권한은 공식적으로는 '순수한 조언'이었으나, 간접적인 영향력을 행사했다고 할 수 있다. 실제로 1929년 7월에 열린 위임통치위원회에서는 위임통치 지역에서 공중위생의 정비를 권고하고 있다[3]".

---

2 篠原, 위의 주57의 인용서, p.134.
3 篠原, 위의 주57의 인용서, p.135.

　그리고 일본 정부가 위임통치위원회에 보낸 첫 번째 대표가 야나기다 구니오(柳田国男, 재임 1921년~1924년)였으며, 추천자는 도쿄제국대학에서 식민정책 담당자에서 국제연맹 사무차장으로 전출된 니토베 이나조(재임 1920년~1926년)였다. 야나기다(柳田)는 농상무성(農商務省)이나 귀족원(貴族院) 법제국(法制局) 등에서 경력을 쌓았으나, 저명한 민속학자였으며, 위원 취임 직전에는 아사히 신문사(朝日新聞社)에서 근무하고 있었다. 야나기다의 후임으로는 야마나카 가즈유키(山中千之, 재임 1924년~1927년), 사케노베 노부미치(鮭延信道, 재임 1928년~1938년)가 이어졌으며, 일본은 1933년 국제연맹을 탈퇴했지만 이후에도 이 위원회에 대표를 파견했다.[4] 일본 대표는 위임통치위원회에서 두드러진 활약을 하지 못했다고 전해지지만, 특히 민속학자였던 야나기다의 행동에 관해서는 다소 소개해 두고 싶다.

　　"위임통치위원회에서 야나기다는 위임통치 지역 주민들의 고유한 문화를 존중하는 것이 중요하다고 발언했다. 야나기다는 선교사들의 교육이나 애국적인 노래, 천황에 대해 주민들에게 가르치는 일에는 소극적이었으며, 이 점에서 그의 주장은 서양의 식민지주의나 일본의 방침과도 일선을 그은 것이었다. 야나기다가 위임통치위원회에 참석했을 당시, 일본의 남양도(南洋島)에 대한 방침도 아직 정해지지 않았었다. 그러나 점차 일본은 적극적인 동화 정책을 추진해 나갔다.[5]"

　야나기다는 별도의 글에서도 지적했듯이, 당시 '동아 신질서'를 뒷받침하는 '비교민속학' 혹은 군부와 협력한 '일본민족학'에 맞서,

---

4　篠原, 위의 주57의 인용서, p.164.
5　篠原, 위의 주57의 인용서, p.164.

한계는 있었더라도 '일국민속학'을 주창했으며[6], 또한 식민 정책을 담당하는 연구자도 아니었다. 1933년 간행된 『작은 자들의 목소리』[7] 는 그 주장의 전형이라 할 수 있다. 오히려 야나기다는 아사히 신문 시절 동료였던 요시노 사쿠조 등과 이 시기 폴란드인 루도비코 자멘 호프(Ludoviko Zamenhof)가 제창한 국제 공용어 에스페란토의 보급에 관심을 가졌던 것으로도 유명하다.

* 데스카헤의 호소

마지막으로, 북미 선주민족의 데스카헤(Deskaheh)가 1923년 '국 제언맹' 방문을 소개하고자 한 다. 이는 선주민족에 의한 최초 의 국제기관에 대한 호소였다. 2023년 7월에 개최된 제16회기 '선주민족의 권리 전문가 기구 (EMRIP)'에서는 데스카헤의 제 네바 방문 100주년을 기념하여 특별회의, 기념 전시, 레만호반 에서의 시위 행진 등이 진행되었

[사진 1-4-1] 적어도 1923년 이후 사용되었다. 호디노쇼니 연방 정부 발행의 여권

다. 북미 선주민족연방국가 호디노쇼니(Haudenosaunee Confederacy= 이로쿼이연방) 대표로서 국제연맹에 참가한 데스카헤는 최근까지 개 이름으

---

6 上村英明「先住民族の権利―その概念、表現、展開に関する史的経緯」国際人権法学会編『新 国際人権法講座(3) 国際人権法の規範と主体』信山社, 2024, pp.142-145.

7 수록: 柳田國男(柄谷行人編) 『「小さきものの思想』 文藝春秋(文春学藝ライブラリー), 2014.

로 여겨졌다. 그러나 2019년 7월의 EMRIP에 1923년 이후 처음으로 데스카헤가 참가한 것으로, 이것이 연방을 구성하는 카유가(Cayuga) 민족의 전통적 족장의 명칭임이 밝혀졌다.[8] 1923년 방문자의 성명은 레비 제너럴(Levi General)로, 그는 선주민연방국가의 주권을 주장하며 제네바 방문을 결정했지만, 당시 캐나다 정부는 그의 제네바 방문을 허가하지 않았다. 이에 호디노쇼니 연방 정부는 현재도 사용되는 선주민족정부의 독자의 여권(원래는 1921년 영국 정부와의 협상 중 런던 방문 시 발급되었다고도 전해짐)을 발급하여 데스카헤의 제네바 방문을 실현시켰다. 국제연맹 사무국은 그에게 공식의 발연의 장을 주지 않았지만 프랑스어에도 능통한 그는 스위스에 18개월간 체류하며 각지에서 강연을 진행했다. 이는 스위스 시민들의 공감을 불러일으켰을 뿐만 아니라, 아일랜드, 파나마, 페르시아(당시), 일본, 에스토니아 정부 등이 관심을 보였다고 한다.[9]

국제연맹 시대의 '선주민족 권리'는 큰 모순 속에 있었다고 할 수 있을 것이다. 그러나 데스카헤의 방문으로 대표되는 당사자들의 시행착오가 이후 다양한 전개로 이어져 오늘날의 성과(본서 제3부 참조)로 결실을 맺었다고 해도 과언이 아닐 것이다. 그리고 현재의 선주민족 권리 운동을 생각할 때, 그 본질은 '문명의 신성한 사명'이라는 사회진화론적 기괴한 이데올로기와의 투쟁임을 다시금 깨닫게 된다.

【우에무라 히데아키】

8　永井文也「先住民族についての国際的な活動—EMRIP2019」『市民外交センター 2018年/2019年次報告書』市民外交センター, 2021, p.6.

9　"Deskaheh," Canadian Encyclopedia<https://www.thecanadianencyclopedia. ca/en/article/ levi-general>(검색일: 2023.10.30.).

【참고문헌】

・篠原初枝「国際連盟と少数民族問題―なぜ、誰が、誰を、誰から、どのよ
うにして保護する のか」『アジア太平洋討究』第24巻 24号, 早稲田大学ア
ジア太平洋研究センター出版・編集委員会, 2015年3月, pp.71-86.

・伊達聖伸「【報告】柳田國男『「小さきもの」の思想』を読む」ウェブサイト
『東京大学東アジア藝文書院』.
<https://www.eaa.c.u-tokyo.ac.jp/blog/20230605-19/>2023年6月26
日(검색일: 2023.10.30.).

국제연합의 마이너리티 권리 보장과 일본

국제연합의 설립과
차별방지 마이너리티 보호
소위원회의 활동

구보 마코토

1. 머리말

제1차 세계대전 후, 미국 대통령 우드로 윌슨은 보편적 기업지배를 지향하는 존 로크의 천년왕국(Millenarianism) 프로그램에 따라 국제연맹 아래 기업 사회인 네이션 스테이트를 단위로 한 집단지배를 확립했다.

집단지배 다음에는 그 네이션 스테이트에 개인을 동화시키기 위한 개인 지배에 중점이 두어지는 것은 당연한 이치이다. 그것은 인권의 보편화=국제화, 즉 국제 인권이라는 명목 하에 이루어지게 된다(본서 제1부 제1장 28쪽 주의점 3. 이하 '주의점'은 제1부 제1장의 것을 가리킴).

미국 대통령 프랭클린 루즈벨트는 1941년 1월 6일, 3기 대통령 취임 연설에서 '인류의 보편적인 4대 자유'를 제창한다.

"우리가 확실히 하려고 추구하는 미래의 날들에, 우리는 인류의 보편적인 네 가지 자유를 토대로 한 세상이 탄생하기를 기대한다.

첫째는 세계 어디에서나 언론과 표현의 자유이다.

둘째는 세계 어디에서나 개인이 각자의 방식으로 신을 숭배할 자유이다.

셋째는 결핍으로부터의 자유이다. 세계적 관점에서 말하자면, 모든 국가가 그 주민들을 위한 건전하고 평화로운 생활을 보장하는 경제적 합의를 의미한다.

넷째는 세계 어느 곳에서도 공포로부터의 자유이다. 그것은 세계적 관점에서 말하자면, 어떠한 이웃 국가에 대해서도 물리적 침략 행위를 저지르지 않는 형태로 전 세계의 군비를 감축하는 것을 의미한다"(강조는 인용자).[1]

이 연설은 "그 숭고한 개념에는 승리 외에는 다른 결말이 있을 수 없다"는 말로 끝맺고 있지만, 이는 미국에 의한 제2차 세계대전 참전과 그 이후 보편적 인권에 의한 세계 지배의 정당화에 다름 아니었다.[2] 실제로, 일본에 의한 진주만 공격 일주일 후인 1941년 12월 15일 미국 권

1　フランクリン・D・ルーズベルト「四つの自由(1941)」American Center Japan, 『国務省米国の歴史と民主主義の基本文書大統領演説』<https://americancenterjapan.com/aboutusa/ translations/2383/>(검색일: 2022.12.3.).

2　*ibid.*

리장전 비준 150주년 기념일에 루즈벨트는 국민을 향한 라디오 방송에서, 일독이(日獨伊)에 대항하기 위해 미국 권리장전을 세계에 보편적인 "인권 선언(a declaration of human rights)"라고 칭송한다. 또한 미국을 중심으로 한 연합국은 1945년 6월 26일 샌프란시스코에서 연합국 조직, 이른바 국제연합을 설립하는 국제연합 헌장을 서명한다. 여기에는 집단 지배로서의 '인민의 동등한 권리와 자결의 원칙'이 헌장 제1조 2항에, 개인 지배로서의 '모든 사람을 위한 인권 및 기본적 자유의 존중'이 제1조 3항에 명시되어 있다. 인권 문제는 헌장 제68조에 따라 경제사회이사회 아래 설치된 인권위원회에서 논의되게 되지만, 그 사전 토론을 위한 장으로 차별방지 마이너리티보호소위원회(이하 소위원회)가 설치된다.[3] 경제사회이사회와 인권위원회 모두 국가 대표로 구성되지만, 소위원회는 개인 자격의 위원으로 구성된다. 그러나 마이너리티 문제에 관한 유엔의 의사 결정은 일반적으로 생각되는 국가 대표에 의해 이루어지는 것이 아니라, 선거로 선출된 인간이라도, 누구를 대표하는 것도 아닌, 유엔 사무총장을 수장으로 하는 유엔 사무국이 주도한다. 유엔이 가장 먼저 착수한 것은 세계인권선언의 초안 작성이었다. 1947년 1월, 최초의 초안인 유엔 인권부안 제46조는 개인의 권리로서의 마이너리티 보호를 다음과 같이 명시하고 있었다.

"주민의 다수파와 인종, 언어 또는 종교의 점에서 다른 상당수의 자가 거주하는 국가에서, 그러한 민족적, 언어적 또는 종교적 마이너리티에 속하는 자는, 이를 위해 사용되는 공금의 공정한 부분으로 그들의 학교, 문화적 또는 종교적 시설을 설립·유지할 권리와, 법원 및 기타 국가 기관에서, 출판물에서 그리고 공개 집회에서 자신의 언어를 사용할 권리를

---

3 그 경위에 대해서는 졸저『マイノリティの国際法』信山社, 2006, p.290 참조.

가진다.[4]"

이 조항의 초안자인 영국의 국제법학자 허쉬 라우터파하트(Hersch Lauterpacht)에 따르면, 이 규정은 '개인이 자신의 민족적 정체성을 유지·발전'[5]시키기 위해 국가에 적극적인 의무를 부과한 것이다. 그러나 라우터파하트는 '마이너리티'라는 용어를 별도로 정의하지 않았다. 마이너리티란 '주민의 다수파와 인종, 종교, 언어 측면에서 상당한 수의 차이를 보이는 자'에 그친다. 이후 마이너리티 권리에 관한 규정을 포함하지 않은 세계인권선언이 1948년 유엔 총회에서 채택된다. 라우터파하트는 1950년 저서에서 마이너리티 보호 규정이 세계인권선언에 포함되지 않은 점을 비판하며, 이 규정이 향후 인권장전에 포함되어야 한다고 주장한다.[6] 그러나 그곳에서도 정의에 대해서는 언급하지 않았다. 이처럼 마이너리티 보호 조항 작성과 관련하여 조문과는 별개의 국제적 정의가 논리적으로 필연적으로 필요하다고 여겨지지 않았다. 마이너리티 정의에 집착한 것은 유엔 사무국 인권부였다.

---

4 유엔 문서 E/CN4/21, ANNEX A, 1947. 이 규정의 취지에 대해서는 Hersch Lauterpacht, An International Bill of the Rights of Man, Columbia University Press, New York, 1945, pp.151-155. 한편, 본장은 유사한 주제에 관한 저의 졸고「市民的及び政治的權利に関する国際 規約第27条と少数者の定義(1)」法学論叢 第128巻1号, 1990, pp.23-46,「같은 논문(2)」法学論叢 第129巻1号, 1991, pp. 91-118, 그리고 필자의 졸저인 위의 주3의 인용서와 중복되는 부분이 있음을 양해해 주시기 바란다.

5 Lauterpacht, *supra* note 4, p.153.

6 Hersch Lauterpacht, *International Law and Human Rights*, Stevens & Sons, Ltd., London, 1950.

2. 1947년 유엔 사무국 인권부 각서 = 정의론의 기원

1947년, 유엔 사무국 인권부는 「『차별 방지』와 『소수자 보호』라는 표현의 정의」라는 제목의 각서를 소위원회에 제출한다.

> "차별이란 우대를 부여하거나 부담을 부과함으로써 발생하는 불평등하고 불리한 대우를 본질적으로 의미한다. 그러한 불평등한 대우에는 어떤 이유도 존재할 수 있다. 헌장에서는 그중 네 가지가 언급되어 있다. 즉 인종, 성별, 언어, 종교이다. 따라서 차별방지란 대우의 평등 원칙 실행이다. [……] 한편 마이너리티 보호는 일정한 권리의 인정을 의미한다. 『마이너리티 보호』라는 표현이 소위원회의 권한이라는 맥락 아래 '차별 방지'와 구별되어야 할 의미를 지닌다고 생각한다면, 그 개별적 의미는 원하지 않는 동화로부터의 보호가 된다."[7]

이미 살펴본 바와 같이, 국제연맹 하의 마이너리티 보호 제도에서 마이너리티 권리(minority rights)는 법적 평등과 사실적 평등이라는 두 가지 평등으로 구성되었다. 그러나 보편적 인권에 의한 개인 지배를 지향하는 유엔은 한편으로는 차별 방지를 록이나 시에예스가 주장한 통일법 아래의 획일적 '대우의 평등 원칙 실행', 즉 법적 평등만으로 규정하고, 다른 한편으로는 과거 두 가지 평등으로 보호받던 마이너리티 권리를 평등이나 차별과 무관한 '원하지 않는 동화로부터의 보호'로 규정하였다(주의점 3).

'원한다' '원하지 않는다'는 희망은 누구의 희망인가. 마이너리티 본인이 아니라 이야기하는 주체인 유엔 사무국임은 명백하다. 개인에게

7　유엔 문서 E/CN.4/Sub.2/8, 1947, p.2.

종교 변경은 아직 가능할지 몰라도 언어 변경은 매우 어렵고, 하물며 인종은 바꿀 수 없다. 이것이 바로 지배자의 의지를 대상에 반영시키는 '있어야 할 존재론'의 전형적인 사례가 아닐 수 없다(주의점 2). 근본적으로, '대우의 평등'도 누구에 의한 대우인가? 이것 또한 본인이 아닌 국가임은 명백하다. 실제로 이 각서를 받아 소위원회는 '차별 방지 및 소수자 보호에 관한 용어의 범위'라는 제목의 결의안을 채택하지만[8], 거기에 명기된 '대우의 평등'도 '동화'라는 문구가 원래 초안에 있었으나 이를 바꿔 말한 것에 불과하다.[9] 각서로 화제를 돌리면, 화자의 동화 욕망을 집단 개념에 맡기는 추가적인 방안으로서(주의점 2), 유엔은 마이너리티를 다시 한번 네이션으로 취급한다. 즉 이 각서는 마이너리티를 "국내에서 지배적인 하나 또는 여러 집단과 민족적 성격, 종교 또는 언어에서 다르며, 자신의 민족적 성격 또는 언어적, 종교적 아이덴티티를 유지 촉진하기를 희망하는 집단"[10]으로 정의한다. 그리고 이듬해인 1948년, 유엔 총회는 '인권의 보편적 선언', 이른바 세계인권선언을 채택하여 기업 지배의 보편성을 선언한다.

> "모든 사람은 노동하고, 직업을 자유롭게 선택하며, 공정하고 양호한 노동 조건을 보장받고, 실업에 대한 보호를 받을 권리를 가진다(제23조 제1항)".

결국 마이너리티 권리에 관한 조문안은 세계인권선언에 포함되지 못했다. 통일 기업 지배 아래에서 마이너리티 권리가 인정되지 않는 것은 당연한 일이다. 실제로 세계인권선언 초안에 큰 역할을 한 미국 대표 엘레노어 루스벨트(Anna Eleanor Roosevelt)는 인권위원회에서 인권이

---

8 유엔 문서 E/CN.4/52, section V, 1947.
9 유엔 문서 E/CN.4/Sub.2/35, 1947.
10 유엔 문서 E/CN.4/Sub.2/8, 1947, p.3.

란 개인의 권리 인정이 아니라 국가가 개인을 동화시키기 위한 국가의 권리임을 부끄러워하지 않고 당당히 다음과 같이 선언한다.

"국가의 목적은 동화이며, 광범위한 외국인 집단을 흡수하여 그들을 국가의 일부로 만드는 것입니다. 어느 나라의 모든 시민이 동일한 언어를 구사하지 못한다면, 자신들이 마이너리티가 된 국가에서 시민으로서의 의무를 이해하지 못하는 자들에 의해 공공 질서가 교란될 위험이 발생합니다. 문제는 머저리티와 다른 언어로 아이들을 교육하는 것이 아니라, 국가적 차원에서 시민의 의무를 다하지 못할 우려가 있는 성인들의 문제입니다".[11]

그럼에도 유엔 총회는 마이너리티 권리 지지파의 주장을 완전히 무시할 수도 없어, 같은 날 '소수자의 운명에 관한 결의 217C(Ⅲ)'를 채택한다.

"총회는 유엔이 마이너리티의 운명에 무관심할 수 없음을 고려하고, 이 복잡하고 미묘한 문제가 발생하는 국가에 따라 특별한 양상을 띠며 획일적인 해결책 채택이 어렵다는 점을 고려하며, 인권 선언의 보편적 성격을 고려하여, 이 선언의 조문에서 마이너리티 문제에 관한 특정 조항을 다루지 않기로 결정하고, 유엔이 인종적, 내셔널, 종교적, 언어적 마이너리티 보호를 위한 효과적인 조치를 취할 수 있도록 하기 위하여⋯⋯인권위원회와 차별방지 및 마이너리티 보호 소위원회가 마이너리티 문제에 대한 면밀한 연구를 수행하도록 요청한다".[12]

---

11 유엔 문서 E/CN.4/SR.73, 1948, p. 9.
12 유엔 문서 *Annuaire des droits de l'homme pour 1948*, p.595.

이처럼 앞서 언급한 유엔 인권부의 제안을 받아들여 마이너리티 문제는 다시 민족 문제로 되돌아간 것이다.[13] 애초에 '내셔널 마이너리티(National Minority)'라는 표현은 국제 연맹에서 '내셔널'이라는 단어가 지닌 정치적 함의를 피하기 위해 '인종적(=에스닉), 종교적 또는 언어적 소수자'라는 용어로 대체된 바 이미 살펴본 바와 같다(제1부 제1장). 따라서 정치적 동기에 의한 용어 수정으로 인해, 마치 '내셔널 마이너리티', '인종적(=에스닉) 마이너리티', '종교적 마이너리티', '언어적 마이너리티'라는 마이너리티의 4가지 유형이 '존재하는' 것처럼 되었다(주의점 1). 그렇다면 왜 국제연맹에서 일단 배제되었던 '내셔널'이 다시 도입되었는가. 그 의도는 이미 '있어야 할 존재론'을 배운 우리에게는 명백하다. 화자는 '의지'라는 개념의 조작을 통해 '네이션'의 존재를 조작할 수 있기 때문이다(주의점 2). 실제로 우리는, 네이션이란 무엇인지에 대해 프랑스의 에르네스트 르낭의 주장이라는 편의주의적 변천을 살펴봤다.[14] 르낭은 당초 네이션=인종을 주장했음에도 불구하고, 프로이센-프랑스 전쟁에서 프로이센이 독일어 방언인 알자스어를 사용하는 알자스 지방을 같은 네이션=인종이라고 주장하며 합병하자마자, 갑자

---

13 1960년 유네스코 「교육에서의 차별 대우 방지에 관한 협약」 제5조 1항은 「내셔널 마이너리티」를 사용한다. 아래는 문부과학성에 의한 가역(仮訳).
"(c) 다음의 조건이 갖춰진 경우, 소수민족(영 national minorities, 불 minorités nationales - 인용자) 구성원이 자신의 교육 활동(학교 유지 및 해당 국가의 교육 정책에 따라 소수민족 언어의 사용 또는 교수를 포함함)을 수행할 권리를 인정하는 것이 중요함.
(i) 이 권리가 해당 소수민족 구성원에 의한 공동사회 전체의 문화 및 언어에 대한 이해와 공동사회 전체의 활동 참여를 방해하는 방식 또는 국가 주권을 해치는 방식으로 행사되지 않아야 한다. (후략)"
<https://www.mext.go.jp/unesco/009/003/007.pdf>(검색일: 2024.1.5.).
또한 유럽 기관들도 '내셔널 마이너리티(National Minority)'를 사용하고 있다는 점에 대해서는, 졸저 『マイノリティの国際法』信山社, 2006, pp.299-300. pp. 347-373 참조.
14 본서, p.83-84 참조.

기 기존의 주장을 뒤집고 『네이션이란 무엇인가』를 저술하여 네이션은 인종도 언어도 아닌 사람들의 의지라고 주장하며, "네이션의 존재는 (중략) 매일의 주민 투표입니다"[15]라고 결론지었다. 그 르낭을 유엔 사무총장은 『마이너리티의 정의와 분류』라는 제목의 각서에서 다음과 같이 인용하고 있다.

"개인이 네이션을 구성하기 위해서는 특정 국민 집단의 역사적 운명을 반영하는 것으로 여겨지는 공통의 활동을 수행하고 발전시키며 달성하기 위해 함께 밀접하게 살아가려는 (의식적이거나 무의식적인) 의지를 표명하는 방식으로 행동해야 한다. 르낭은 이 이념을 자신의 주장에서 이렇게 기술했다. 네이션이란 '매일 이루어지는 암묵적인 주민 투표'이다".[16]

이렇게 유엔 사무총장은 의지의 조작을 통해 마이너리티를 광의의 민족에 동화시킨다(주의점 2).

"마이너리티 구성원이 일반적으로 자신이 지배 집단과 다르다고 생각하는 사실은 반드시 국가의 관할권 아래 마이너리티와 지배 집단으로 구성된 네이션이 존재하지 않음을 의미하지는 않는다. 실제로 다음과 같은 경우가 있을 수 있기 때문이다. 마이너리티와 지배 집단 간의 차이에도 불구하고, 양측이 비록 약하더라도 내셔널 의식에서 각각의 개별적 내셔널 의식보다 더 큰 의식인 내셔널리티의 감각에 의해 결속되어 있는 경우이다".[17]

---

15 ルナンほか『国民とは何か』河出書房新社, 1998, p.62.
16 유엔 문서 E/CN.4/Sub.2/85, 1949, para.23.
17 유엔 문서 E/CN.4/Sub.2/85, 1949, para.39.

제1차 세계대전 후 국제연맹에서는 강대국이 집단의 의사를 마음대로 판단하여 네이션을 창조했지만, 제2차 세계대전 후 유엔에서는 강대국 및 그 뜻을 받아들인 유엔 사무국이 개인의 의사를 마음대로 판단하여 네이션을 창조한다. 여기에 지배 엘리트도 가담하는 것은 말할 필요도 없다. 실제로, 상술한 바와 같이, 소위원회는 국가 대표 위원이 아니라 개인 자격 위원으로 구성된다. 그러나 소련 추천의 보리소프(A. P. Borisov)가 "미국의 1,500만 흑인, 500만 유대인, 500만 멕시코인, 7만 7,500명의 중국인은 마이너리티가 아닌가?"[18]라고 묻자, 미국 추천의 다니엘스(J. Daniels)는 "보리소프가 언급한 집단은 마이너리티를 구성하지 않는다. 왜냐하면 그들은 동화를 원하기 때문이다"[19]라고 답변했다.

3. 인종적에서 에스닉으로

1950년, 소위원회는 '인종적(racial)'이라는 용어를 '에스닉(ethnic)'이라는 용어로 대체하기로 결정한다. 이 변경은 유엔 사무국의 로슨(Lawson)이 제안한 것이었는데, 그 이유에 대해 그는 이렇게 말했다.

"유네스코 인종 문제 회의에서 인종적 특성의 진정한 유전적 본질에 대한 의문이 제기되었다".[20]

영국이 추천한 먼로(Monroe)는 즉시 동의했다. 그녀는 다음 회의에서 스스로 이렇게 설명한다.

---

18 유엔 문서 E/CN.4/Sub.2/SR.15, 1947, p.9.
19 유엔 문서 E/CN.4/Sub.2/SR.15, 1947, p.9.
20 유엔 문서 E/CN.4/Sub.2/SR.47, 1950, para.64.

"'인종적(racial)'이라는 용어는 신체적 측면만을 가리키지만, '에스닉 (ethnic)'이라는 용어는 개인 또는 집단의 생물학적, 문화적, 역사적 유산 전체를 가리키므로 더 적합하다[21]".

이는 네이션 개념의 세분화와 마찬가지로, 그것을 특징짓는 개념의 세분화를 보여준다. 앞서 본 바와 같이, 국제연맹에 이르기까지 인종=네이션으로 여겨졌다. 따라서 그것을 특징짓는 개념, 즉 인종, 에스닉, 종교, 언어도 역시 거의 동일한 것을 나타낸다고 여겨졌다. 실제로 앞서 살펴본 마이너리티 관련 세계인권선언 제46조 초안도 "인종, 언어 또는 종교 측면에서 상당한 수의 사람이 거주하는 국가에서 그러한 에스닉, 언어적 또는 종교적 마이너리티"라고 표현하는 것처럼 인종=에스닉으로 간주하고 있었다.

즉, 먼로의 주장과는 반대로, "'인종적'이라는 용어는 "에스닉"이라는 용어'와 거의 동일하게, 둘 다 '생물학적, 문화적, 역사적 유산 전체를 가리켰다'. 그러나 유엔에서는 내셔널 마이너리티, 에스닉 마이너리티, 언어적 마이너리티, 종교적 마이너리티라는 각각 별개의 마이너리티로 세분화되어 있다고 간주되므로, 인종 개념도 생물학적 개념으로, 에스닉 개념도 문화적 개념으로 세분화된 것이다(주의점 1).

4. 자유권 규약 제27조

1966년 12월 16일 유엔 총회는 '경제적, 사회적 및 문화적 권리에 관한 국제규약(사회권 규약)'과 '시민적 정치적 권리에 관한 국제규약(자유

---

21 유엔 문서 E/CN.4/Sub.2/SR.48, 1950, para.12.

권 규약)'이라는 두 개의 인권 규약을 채택한다. 여기서도 기업 지배로서의 집단 지배 위에 성립하는 개인 지배로서의 인권이라는 도식은 여전히 유지되고 있다. 양 규약의 공통 제1조 1항은 다음과 같이 집단적 권리로서의 민족 자결권을 명시한다.

> "모든 민족은 자결권을 가진다. 이 권리에 기초하여 모든 민족은 그 정치적 지위를 자유롭게 결정하고 그 경제적, 사회적 및 문화적 발전을 자유롭게 추구한다".

집단적 권리인 민족 자결권은 개인적 권리인 인권의 전제로 설명된 것이다. 그리고 마이너리티 권리는 개인적 권리로서 제27조에 다음과 같이 명시되었다.

> "민족적(공식 번역은 '종족적'), 종교적 또는 언어적 마이너리티(공식번역은 '소수민족')가 존재하는 국가에서, 해당 마이너리티에 속하는 자는 그 집단의 다른 구성원(공식번역은 '구성원')과 함께, 자신의 문화를 향유하고, 자신의 종교를 신앙하며 실천하거나 자신의 언어를 사용할 권리를 부정당하지 않는다".

문말의 '권리를 부정당하지 않는다'의 의미에 대해, 유엔 사무총장은 1955년 7월 유엔 총회에 제출한 국제 인권 규약 초안 주해(註解)에서 다음과 같이 설명하고 있다.

> "'해당 마이너리티에 속하는 자는 권리를 부정받지 않는다'는 방식—이것이 채택된 것이다—은 국가의 의무가 마이너리티의 권리 자유로운 행사를 허용하는 데 한정되어 있음을 의미하는 것으로 보인다".[22]

또한 이 초안 해설은 마이너리티를 다음과 같이 정의한다.

"본 조항이 보호하는 것은 한 국가의 영역 내에서 충분히 명확하고 장기간에 걸쳐 거주하는 분리된 별개의(separate or distinct) 집단에 한한다는 데 합의되었다. 이는 '에스닉, 종교적 또는 언어적 마이너리티가 존재하는 국가에서'라는 시작 조항의 의미일 것으로 여겨진다[23]".

앞서 살펴본 '마이너리티의 정의와 분류'라는 제목의 각서에서 유엔 사무총장은 마이너리티 정의의 필요성 근거를 '적극적 서비스 제공, 특별권리 인정'이라는 적극적 조치에 두고 있었다[24]. 최종적인 제27조에서는 "국가의 의무가 마이너리티의 권리 자유로운 행사를 허용하는 데 한정된다"는 소극적 의무에 불과하므로, 마이너리티를 정의할 필요성은 사라졌어야 한다. 그럼에도 불구하고 사무총장이 정의를 추구하는 이유는 무엇인가. 게다가 실제 초안 심의에서는 "본 조항이 보호하는 것은 한 국가의 영토 내에서 충분히 명확하고 장기간 거주하는 분리 별개의(separate or distinct) 집단에 한한다는 데 합의되었다"는 사실도, '분리 별개의 집단'이라는 문구도 존재하지 않는다. 오히려 영국은 정의의 불필요성을 다음과 같이 주장하고 있었다.

"'마이너리티'의 정의를 추구할 필요는 없다. 왜냐하면 마이너리티 집단의 언어적, 문화적 활동에 개입하지 않는다면 대부분의 국가가 기꺼이 받아들일 것이기 때문이다".[25]

---

22 유엔 문서 A/2929, Chap.VI, 1955, para.188. 芹田健太郎 編訳 『国際人権規約草案註解』有信堂高文社, 1981, p.133 참조.
23 *ibid*., para.184. 芹田, 앞의 주22의 인용서, p.131 참조.
24 유엔 문서 E/CN.4/Sub.2/85, 1949, para. 45.
25 유엔 문서 E/CN.4/SR.369, 1953, pp.6-7.

따라서 이민은 마이너리티에 포함되지 않는다고 주장하는 수정안도 기각되었다[26]. 더욱이 실제 초안 심의에서는 유고슬라비아가 개인의 권리로서 마이너리티의 권리를 규정하는 조문안을 제출했음에도 불구하고[27], 사무총장은 이를 무시하고 "'그 집단의 다른 구성원들과 함께' 라는 조항으로 마이너리티의 권리 행사를 조건부로 하는 것이 결정되었다"[28]고 단언한다. 이렇게 개인의 권리여야 할 마이너리티 권리에 집단 권리적 성격을 부여함으로써 마이너리티 권리 행사를 제약한다. 결국 유엔 사무총장은 제27조의 적용 범위를 제한하기 위해 스스로 소수자 개념을 창조한 것이다(주의점 2).

5. 카포토르티의 마이너리티 정의

이러한 정의의 문제점을 지적한 것은 제27조에 명시된 원칙 이행에 관한 연구에 대해, 1971년 소위원회에 의해 유엔 특별 보고관으로 임명된 이탈리아 전문가 프란체스코 카포토르티(Francesco Capotorti)이다.

"특별 보고자의 견해로는, 그러한 정의는 학설의 측면에서는 확실히 중요하지만, 제27조의 원칙을 적용하기 위한 전제 조건으로 여겨져서는 안 된다. …… 주의해야 할 점은, 인권위원회는 소위원회 설치 이전에는 정의

---

26 유엔 문서 E/CN4/SR,371, 1953, p.4.
27 "모든 사람은 자신이 속한 민족적 또는 언어적 집단의 구성원임을 자유롭게 표시하고, 자신의 집단 명칭을 방해받지 않고 사용하며, 이 집단의 언어를 습득하고 공적·사적 생활에서 이를 사용하며, 자신의 언어로 교육을 받을 권리 및 해당 집단의 다른 구성원들과 함께 문화를 발전시킬 권리를 가진다."유엔 문서 E/CN.4/L.225, 1953.
28 유엔 문서 A/2929, *ibid*., Chap.VI, para. 186. 芹田, 앞의 주22의 인용서, p.132 참조.

가 필요하다고 생각하지 않았다는 것이다".[29]

또한 카포토르티는 정의 작성 배후의 국가 의도(주의점 2)를 다음과 같이 비판한다.

> "제27조에 명시된 원칙의 적용을 '마이너리티'라는 용어의 '보편적' 정의에 의존하게 할 수 없다. 이러한 뒤집힌 방식을 요구하면 문제점을 흐리게 된다. 더욱이 정의를 제한하거나 상세히 논하려는 정부의 의도가 많은 경우 문제를 매우 복잡하게 만들어 해당 국가 영역에서는 마이너리티의 존재가 인정되지 않게 되며, 결국 마이너리티 보호에 관한 어떠한 국제적 의무도 발생하지 않게 되는 것이다".[30]

국가의 의무에 대해 카포토르티는 위에서 본 유엔 사무총장 작성 국제 인권 규약 초안 주석의 설명과는 반대로, "규약 제27조의 권리를 효과적인 것으로 하기 위해 국가에 의한 적극적 지속적 조치가 필요하다"[31]고 주장한다. 그럼에도 라우터파하트가 그랬던 것처럼, 그 역시 정의는 필요하지 않다고 생각한다. 그러나 카포토르티에게 부여된 임무에는 소수자를 정의하는 것도 포함되어 있었다. 그래서 그는 처음에 다음과 같은 정의를 내린다.

> "에스닉, 종교적 또는 언어적 마이너리티란 소속 국가의 다른 주민보다 수적으로 열세이며, 다른 주민과 다른 문화적, 신체적 또는 역사적 특성, 종교 또는 언어를 유지하고 있는 집단".[32]

---

29 유엔 문서 E/CN.4/Sub.2/384/Rev.1, para. 561.
30 *ibid.*, para. 564.
31 *ibid.*, para. 587-588.
32 *ibid.*, para. 28.

이 정의는 앞서 살펴본 '마이너리티의 희망'과 같은 주관적 요건을 포함하지 않는다. 카포토르티는 정치 지배자가 자신들의 의지를 대상에게 강요할 위험성(주의점 2)에 충분히 유의하고 있었다. 실제로 그는 다음과 같이 지적하고 있다.

"그러한 의지의 존재가 제27조의 적용에 앞서 공식적으로 확인되어야 한다면, 이 규정을 회피하고자 하는 국가는 해당 집단 자체가 원하지 않는다고 주장함으로써 그 회피를 정당화할 수 있게 된다."[33]

그러나 "정의 안에 주관적 요소, 즉 자신의 전통이나 특질을 유지하고자 하는 집단의 희망을 포함할 필요성"을 강조한 것은 소위원회였다.[34] 따라서 카포토르티는 마이너리티 정의를 객관적 요소로만 한정하고 싶었음에도 불구하고 정의 안에 주관적 요소를 도입할 수밖에 없었다. 그 결과 다음과 같은 정의를 제안한다.

"한 국가의 다른 주민보다 수적으로 열세에 있으며, 비지배적 지위에 있고, 그 구성원은 해당 국가의 국민이며, 다른 주민과 다른 에스닉, 종교적 또는 언어적 특성을 유지하며, 그 연대감이 자신의 문화, 전통, 종교 또는 언어를 유지하는 방향으로, 비록 잠재적으로라도 나타내고 있는 것".[35]

카포토르티는 '비록 잠재적으로라도'라는 문구를 삽입한 이유를 다음과 같이 설명하고 있다.

---

33 *ibid.*, para. 567.
34 *ibid.*, para. 46.
35 *ibid.*, para. 568.

"일반적으로 의지는 특정 집단이 일정 기간 동안 명확한 특성을 유지해 왔다는 사실에서 도출된다고 말해야 한다. 주민 전체에 대해 고유한 (에스닉, 종교적 또는 언어적) 아이덴티티를 지닌 집단 또는 특정 공동체의 존재가 확인되면, 이 아이덴티티는 집단 구성원 간의 연대, 따라서 자신의 별개의 특성을 유지하는 데 기여하는 공통의 의지를 의미한다. 이러한 점을 유념하면서, 주관적 요소는 기본적인 객관적 요소, 즉 어떠한 경우에도 집단 구성원의 행동 속에 잠재적으로 표출되어 있다고 할 수 있다. '마이너리티'라는 용어의 정의 시안에 이러한 고려를 포함하는 것이 가능하다".[36]

이렇게 해서 카포토르티 자신은 국가에 의한 마이너리티 보호의 적극적 의무를 인정하면서도, 처음에는 마이너리티 정의에서의 주관적 요건은 물론이고 정의의 필요성 자체를 부정하고 있었다. 집단 개념이 지배의 설명 방식에 지나지 않는다는 점(주의점 2)을 카포토르티도 알고 있었다. 그럼에도 소위원회의 요청에 따라 마이너리티의 정의를 시도했고, 또한 이 역시 소위원회의 요청에 따라 주관적 요건인 "그 연대감이 자신의 문화, 전통, 종교 또는 언어를 유지하는 방향에 있어야 한다는 것"을 정의 안에 포함하지 않을 수 없었다. 그래서 그는 '비록 잠재적으로라도'를 삽입함으로써, 어디까지나 객관적 요소의 중요성을 강조한 것이다.

카포토르티의 갈등 역시 아리스토텔레스의 '존재해야 할 존재론' 논리의 반복이다. 마이너리티라는 개념 또한 감정이나 의지나 희망이라는 지배하는 측의 의지인 형이상학적 부분과 그 대상인 종족, 종교, 언어라는 지배받는 측의 자연적 부분으로 구성되어 있다(본서 제1부 제1장 그림 1-1-7 참조). 한편 카포토르티는 '연대감'이라는 주관적 요건이 마이

---

36 *ibid.*, para. 567.

너리티와 무관한 정치 지배자의 동화 의지에 불과하다는 점(형이상학적 접근)을 탁월하게 간파하고 비판했다(주의점 2). 그러나 에스닉, 종교, 언어와 같은 소위 객관적 요소라 불리는 것들 역시 실상은 지배받는 부분, 즉 지배 의지에 의해 존재하게 된 대상에 불과하다는 점에는 눈치 채지 못했다(그림 1-1-7 참조). 몽테스키외는 자연이 만드는 네이션이라는 이름의 집단을 믿었다. 카포토르티 역시 에스닉이 만드는 마이너리티 집단, 언어가 만드는 마이너리티 집단, 종교가 만드는 마이너리티 집단이라는 사고방식을 굳게 믿고 있는 것이다.

아리스토텔레스 이래로 존재는 화자가 정의를 통해 부여하는 정신 혹은 의지에 의해 규정되어 왔다. 존재는 화자의 의지와 혼동되어 있었던 것이다. 아리스토텔레스 시대부터 19세기에 이르기까지 화자의 의지는 영혼이나 정신으로 옮겨졌고, 20세기에는 주관적 요소로 옮겨졌다. 한편, 화자의 의지의 대상은 아리스토텔레스 시대부터 19세기에 이르기까지는 좁은 의미의 신체로, 그리고 20세기에는 객관적 요소로 옮겨졌다.

6. 1965년 인종차별철폐협약(임시 조치로서의 마이너리티 정책)

카포토르티의 노력에도 불구하고, 제27조의 국가 의무가 적극적인 의무로 인정되지는 않았다. 그럼에도 불구하고, 인종이나 언어가 머저리티와 다를 경우 사람들은 현실에 존재한다. 따라서 그들이 동화될 때까지는 그 존재를 인정하지 않을 수 없다. 영국은 자유권 규약 제27조가 마이너리티가 동화될 때까지의 잠정적 성격임을 초안 심의 과정에서 강조하고 있었다.

"새로운 마이너리티의 창설을 장려하거나 오래된 마이너리티의 존재를 인위적으로 연장시키는 것은 바람직하지 않다. 소위원회가 그 위험성을 분명히 인식했기에 해당 조항안은 특별한 고려가 필요한 것이다. 문명의 진전에 따라 시간의 흐름과 함께 동화되어 가는 낙후된 집단이 있다. 따라서 그 피할 수 없는 역사의 흐름을 늦추도록 국가에 의무를 부과하는 조항을 규약 초안에 추가하는 것은 바람직하지 않다".[37]

반대로, 국가가 어떤 조치를 취할 경우, 그것은 잠정적이어야 한다고 규정하는 것이 인종차별철폐협약이다. 그 제2조는 "협약국은 인종차별을 비난하며, 또한 모든 형태의 인종차별을 철폐하는 정책 및 모든 인종 간의 이해를 증진하는 정책을 모든 적절한 방법으로 지체 없이 취할 것을 약속한다"고 명시하고, 5개 항목에 걸친 구체적인 국가의 의무를 열거하고 있다. 근본적으로 인종차별이란 무엇인가. 동 협약 제1조는 인종차별을 다음과 같이 정의한다.

"이 협약에서 '인종차별'이란 인종, 피부색, 혈통 또는 민족적 혹은 에스닉 출신에 근거한 모든 차별, 배제, 제한 또는 우대로서, 정치적, 경제적, 사회적, 문화적 기타 모든 공적 생활 영역에서 평등한 입장에서 인권 및 기본적 자유를 인식하고('승인하고'의 잘못 - 인용자), 향유하고 또는 행사하는 것을 방해하거나 해하는 목적 또는 효과를 가진 것을 말한다".

여기서 '평등'이란 무슨 의미일까. 모든 개인의 특성이 있는 그대로 인정되는 것을 의미한다는 것이 '상식'적인 생각일 것이다. 자신의 특

---

37 유엔 문서 E/CN.4/SR.369, p.5. 잠정적인 성격에 대해서는 또한 大竹秀樹 「マイノリティの国際的保護について(1)(2)」, 同志社法学 35巻, 1983・1984, p.565, p.788 참조.

성을 부정하는 것을 인정한다는 것은 근본적으로 논리 모순이기 때문이다. 그러나 이러한 '상식'이 통용되지 않는다는 것은 이미 살펴본 바와 같다. 현실에서는 '상식' 역시 일부 지배 엘리트가 판단 결정하는 '있어야 할 존재론'에 기반하고 있기 때문이다. 프랑스 혁명 당시 시에예스의 주장 이래 세계인권선언에 이르기까지, 평등이란 현실의 인간을 무시한 '있어야 할 존재론'에 기반한 법적 평등, 즉 단일법의 적용이었다. 결국 그들에게 있어서 '평등'이란 그들이 정한 것에 모든 인간이 따르는 것에 다름 아니다. 그러나 현실적으로 지배자가 강요하는 언어와 문화와 다른 사람들은 존재한다. 따라서 타협으로서 동화까지의 잠정적 규정이 필요해진다. 그것이 아래와 같이 규정하는 제2조 제2항이다.

> "당사국은 상황에 따라 정당화될 경우, 특정 인종의 집단 또는 이에 속하는 개인에 대하여 인권 및 기본적 자유의 충분하고 평등한 향유를 보장하기 위하여, 사회적, 경제적, 문화적 기타 분야에서 해당 인종의 집단 또는 개인의 적절한 발전 및 보호를 확보하기 위한 특별하고 구체적인 조치를 취한다. 이러한 조치는 어떠한 경우에도 그 목적이 달성된 후, 그 결과로 다른 인종 집단에 대해 불평등하거나 별개의 권리를 유지하는 결과를 초래해서는 안 된다".

이렇게 해서 있는 그대로의 인간이 인정될 수 있다 하더라도, 그것은 있는 그대로의 인간을 포기하고 '있어야 할 존재론'으로서의 동화가 달성될 때까지의 잠정적인 것이어야 한다.

7. 데셴의 마이너리티 정의

카포토르티는 그 보고서의 결론으로서, 제27조에 의해 인정되는 권리의 준수를 위해 필요한 조치를 명확히 하기 위해, 마이너리티 구성원의 권리에 관한 선언을 작성할 것을 권고한다[38]. 그러나 1984년 봄이 되어, 마이너리티 개념을 정의하는 것이 바람직한지 여부에 대한 문제가 제기되었다. 정의 없이 작업을 계속할 수 있는가? 어떤 권리를 선언하기 전에 그 이익을 누리는 대상이 누구인지에 대한 합의가 필요하지 않은가? 라는 것이다[39]. 이에 인권위원회는 소위원회에 대해 이 분야에서 이미 수행된 연구, 정부로부터의 의견, 작업부분에서의 논의, 기타 관련 문서를 고려하여 마이너리티라는 용어를 정의하는 텍스트를 준비하도록 요청한다[40]. 그러나 이러한 일반적 정의가 불가능하다는 점은 '정의와 분류' 사무총장 각서와 제27조 작성의 직접적 출발점이 된 유엔 총회의 '운명' 결의도 인정했던 바이다. 이 문제의 보고자로 임명된 소위원회 위원인 캐나다의 쥘 데셴(Jules Deschênes)은 그 보고서의 결론으로 다음과 같은 정의를 제안한다.

> "한 국가의 시민 집단으로서, 그 국가 내에서 인원 수 측면에서 소수이며 비지배적 입장에 있고, 다수파 주민과 다른 에스닉, 종교적, 언어적 특성을 가지며 상호 연대감을 갖고, 존속을 위한 집단적 의지에 의해 잠재적이든 동기가 부여되어 다수파와의 사실적 및 법적 평등을 달성하는 것을 목적으로 하는 것".[41]

---

38 유엔 문서 E/CN.4/Sub.2/384/Rev.1, para. 617.

39 유엔 문서 E/CN.4/Sub.2/1985/31, para. 13.

40 *ibid.*, para. 14.

41 유엔 문서 E/CN.4/Sub.2/1985/31, para. 181, 1985.

이 정의는 결국 기존에 제기되어 온 요소들을 이리저리 꿰매어 만든 것에 불과하다. 데셴은 카포토르티가 정의에 주관적 요소를 도입하는 위험성을 고려하여 '비록 묵시적이라 하더라도'라는 문구를 삽입한 의미를 되돌아보지 않고, "생존을 위한 집단적 의지를 입증할 수 없는 경우, 그 마이너리티는 정의에서 제외된다"고 단언한다[42]. 그러한 집단적 의지의 입증조차 어려워 보이는 데다가, 집단의 목적까지 그 요건에 추가하고 있다. 애초에 '상호 연대감'이든 '존속을 위한 집단적 의지'든, 그것들은 당사자의 의지가 아니라 지배자의 의지에 불과하다는 것은 카포토르티가 분명히 밝힌 바이다. 더욱이 데셴은 그 보고서의 첫 부분에서 선주민족과 정착 외국인을 '문제없음'으로 규정하여 처음부터 마이너리티 범주에서 제외하고 있다[43]. 조문에 그런 내용이 쓰여 있지 않음에도 불구하고 말이다. 이것이 '있어야 할 존재론'의 귀결임은 말할 필요도 없다. 당사자에게는 문화나 언어나 종교가 머저리티와 다르다는 현실 속에서 개인으로 살아가고 있을 뿐이다. 반면 정치적 엘리트가 자신들의 이해관계에서 일방적으로 '있어야 할' 존재로 창조=상상한 마이너리티의 존재(주의점 2)를, 그와는 전혀 무관한 당사자가 증명해야 하는 뒤틀린 상황에 처해 있다.

이처럼 1992년 유엔 마이너리티 권리 선언 이전의 상황은 당사자들이 알지 못하는 사이 정치 지배자들이 언어적 개념 조작을 통해 인간의 존재와 운명을 일방적으로 결정하고 있었다(주의점 2). 그러나 당사자 스스로가 이야기의 주인공이 되는 시대가 시작되려 하고 있었다. 그것은 특히 선주민족의 투쟁에서 비롯될 것이다.

---

42 *ibid.*, para. 75.

43 *ibid.*, p.5.

제2장

전후 국제인권법의 마이너리티 권리의 확립과 일본

오카모토 마사타카

1. 국제인권장전과 마이너리티 권리

(1) 모든 사람의 인권 보장을 내건 유엔 헌장

1945년 6월 26일에 채택되어 같은 해 10월 24일에 발효된 국제연합 헌장(Charter of the United Nations)은 그 전문에서 "우리 유엔국의 국민(We the people of the United Nations)은……전쟁의 참화로부터 장래 세대를 구하고, 기본적 인권과 인간의 존엄……에 관한 신념을 재확인하며, 정의와 조약 및 기타 국제법에서 발생하는 의무의 존중이 유지될 수 있는 상황을 확립하기 위하여……국제조직 '국제연합(United Nations)'을 설립한다"고 선언한다.

그리고 제1조에서 '국제연합의 목적'을 다음과 같이 정하고 있다.

－국제적 평화와 안전을 유지하기 위해, 평화에 대한 위협을 방지하고 제거하기 위한 효과적이고 집단적인 수단을 강구하며, 평화를 파괴할 우려가 있는 국제적 분쟁이나 사태의 조정 및 해결을 평화적 수단과 정의 및 국제법 원칙에 따라 실현하는 것(1항).

－모든 국가(nations) 간의 우호 관계를, 사람들의 평등한 권리와 자결의 원칙(principle of equal rights and self-determination of peoples)의 존중에 기초하여 발전시키는 것……(2항).

－경제적, 사회적, 문화적 또는 인도적 성격의 국제적 문제들을 해결하고, 또한 모든 사람의 인권과 기본적 자유를 인종이나 성(性), 언어 또는 종교에 따른 차별 없이 존중하도록 촉진하고 장려함에 있어 국제적 협력을 달성하는 것(제3항).

국내에서 인권 억압을 행하는 국가는 국제사회에도 참화를 초래한다. 차별 금지와 인권 보장은 단순한 이상(아름다운 일)이 아니라 세계 평화·안전 유지에 필수적인 현실적 예방 수단이라는, 두 차례의 대전에서 얻은 인류의 교훈이 그 기반에 있다. 전체주의 국가 내에서 자행되던 심각한 인권 침해를 국제사회가 내정불간섭을 이유로 방치한 것이 제2차 세계대전 발발의 한 원인이었다는 반성에서, 세계 공통의 인권 규준(국제인권법)으로 소속 국가와 관계없이 모든 사람의 권리를 평등하게 보장하는 국제인권이 국제연합의 목적을 달성하기 위해 중요하다고 규정된 것이다.

국제연합 헌장은 또한 제55조에서 "인민의 평등한 권리와 자결 원칙의 존중에 기초해 모든 국가(nation) 간의 평화적이고 우호적인 관계에 필요한 안정과 복지를 위한 조건을 창출하는 관점에서, 국제연합은……(c) 모든 사람을 위한 인권과 기본적 자유를 인종이나 성별, 언어, 종교에 따른 차별 없이 보편적으로 존중하고 준수하도록 촉진한다"고 규정하였으며, 이어지는 제56조에서는 "모든 회원국은 제55조가 규정하는 목적 달성을 위해 이 조직(국제연합)과 협력하고 공동 및 개별 행동을 취할 것을 서약한다"고 규정하였다(제9장 「경제적·사회적 국제협력」). 그리고 동 헌장 제10장 「경제사회이사회(Economic and Social Council=ECOSOC)」에서, ECOSOC가 스스로 "모든 사람의 인권과 기본적 자유의 존중과 준수를 촉진하는 목적으로 권고안을 제출한다"(제62조)와 함께, "인권 증진을 위한 위원회……를 설립한다"(제68조)라고 규정하고 있다.

제1부 3장에서 언급한 바와 같이, 이 유엔 헌장은 1945년 4월 25일부터 샌프란시스코에서 열린 '국제 기구에 관한 연합국 회의(United Nations Conference on International Organization=UNCIO)'에서 초안 작성 및 채택되었다. UNCIO에는 50개국에서 282명의 대표와 1500명이 넘는 전문가들이 모였다. 동 헌장은 미영중소 4개국 대표에 의한 덤바턴 오크스 회의(1944년 8월 21일~10월 7일, 워싱턴 교외 덤바턴 오크스에서 개최)에서 합의된 '일반적 국제 기구 설립에 관한 제안(Proposals for the Establishment of a General International Organization)'을 바탕으로 초안되었으나, 여기에는 포함되지 않았던 인권 및 인종 평등에 관한 조항은 UNCIO에서 시민 단체의 주도하에 추가된 것이다.

미국만 해도 국무부가 42개 민간 단체로부터 각 1명의 고문과 2명의 대리인을 UNCIO에 초청했으나, UNCIO에서 '헌장의 간소화'라는 명목으로 인권위원회를 생략하려는 움직임을 감지한 민간 단체가 미국 대표단을 통해 로비한 결과, ECOSOC에 인권위원회가 설치되게 되었고, 인권과 기본적 자유의 존중 증진·장려가 유엔의 주요 목적(제1조 3항)에 추가되었다. "모든 사람의 인권과 기본적 자유의 존중과 준수를 촉진하기 위한 목적으로 권고를 한다"는 앞서 언급한 제62조 역시 덤버턴 오크스 회의 제안에는 없었고, UNCIO에서 새롭게 규정된 것이다. 신설 기구가 민간 조직과 공적 관계를 맺는 절차, 즉 "ECOZOC는 그 권한 내의 사항과 관련이 있는 민간 단체(NGO)와 협의하기 위해 적절한 협정을 체결할 수 있다"는 헌장 제71조 역시 민간 단체 자문위원들이 실현한 성과 중 하나였다.[1]

헌장에 인종 평등을 포함시키는 것은 쉽지 않았지만, 앞서 언급한 NAACP(National Association for the Advancement of Colored People＝전미유색인종지위향상협회)의 윌리엄 듀보이스(William E. B. Du Bois) 등이 프랑스, 아이티, 라이베리아, 필리핀, 남미 국가 등의 대표들과 수많은 회의를 거듭하며 분투했다. 그 결과 필리핀이 '모든 국가 간 인종 평등'의 수립을 선언하는 수정안을, 인도가 인종이나 피부색, 신념에 관계없이 기본적 자유를 보장한다는 취지의 수정안을 제출하는 등, 국제연맹 규약에는 포함되지 않았던 '인종 평등'이 유엔 헌장에 명기되기에 이르렀다.[2]

(2) 유엔 인권기구의 설립과 세계인권선언의 초안 작성[3]

이처럼 인권보장을 포함한 경제적 사회적 분야를 담당하는 유엔의 주요 기관으로서 활동을 시작한 ECOSOC는 1946년 6월 21일 제9(Ⅱ)

---

1 加藤俊作『国際連合成立史』有信堂, 2000, p.79, p.101, pp.106-107.

2 Robert L. Harris, Jr., Racial Equality and the United Nations Charter, Armstead L. Robinson and Patrica Sullivan ed., New Directions in Civil Rights Studies, University Press of Virginia, 1991, pp.138-144. ポール・ゴードン・ローレン(大蔵雄之助訳)『国家と人種偏見』TBS ブリタニカ, 1995, pp.226-235.

3 이하 특히 주가 없으면 본 항에 관한 기술은 Francesco Capotorti, Study on Rights of Persons belonging to Ethnic Religious and Linguistic Minorities, United Nations, 1991, pp.27-28에 따른다.

에서 그 기능 기관인 유엔 인권위원회(Commission on Human Rights= CHR)의 설립을 결정한다. 동 결의에서 CHR의 기능은 (a) 국제인권장전, (b) 시민적 자유나 여성의 지위, 정보의 자유 등에 관한 국제적 선언 및 조약, (c) 마이너리티 보호, (d) 인종, 성(性), 언어, 종교에 의한 차별 방지, (e) 기타 인권 관련 문제에 관해 ECOSOC에 제안, 권고 및 보고를 제출하는 것으로 명시되었다. 또한 ECOSOC는 이 결의 9(Ⅱ)에서 CHR이 '마이너리티 보호 소위원회(Sub-Commission on Protection of Minorities)'와 인종, 성, 언어, 종교에 따른 차별 방지를 위한 '차별 방지 소위원회(Sub- Commission on the Prevention of Discrimination)'를 설립할 권한도 부여했다. 결과적으로 CHR은 1947년 제1회기(1월 27일~2월 10일)에서 ECOSOC로부터 설립 권한을 부여받은 여러 소위원회를 하나로 통합하고, 그 하부 조직으로 '차별방지 마이너리티 보호 소위원회(Sub-Commission on Prevention of Discrimination and Protection of Minorities)'(이하 인권 소위원회)를 설치한다.

국제연합은 이처럼 실무 기구를 정비하면서, 헌장이 정한 앞서 언급한 목적과 임무를 수행·구체화하기 위해 제2차 세계대전 이후 국제인권법의 핵심이 될 국제인권장전(International Bill of Human Rights)의 초안 작업을 CHR에 위탁했다[4]. 당초 하나의 법규로 구상되었던 국제인권장전은 결과적으로 선언과 조약, 이행 조치의 세 부분으로 분할되게 된다. 유엔이 1948년 12월 10일에 채택한 세계인권선언(Universal Declaration of Human Rights)이 그 '선언' 부분이며, 여기서 정한 일반적인 권리를 구체적으로 보장하기 위해 법적 구속력이 있는 '조약'으로 만들어진 것이 국제 인권 규약이다. 초안 작업 단계에서 동서 냉전의 영향을 받은 이 규약은 자유권 규약(시민적·정치적 권리에 관한 국제규약)과 사회권 규약(경제

---

4 이하 국제인권헌장에 관한 기술은 「解説·国際『人権章典』」国際連合広報セン터―『国際人権規約·世界人権宣言』(1986)1~15페이지 외에 따른다.

적·사회적·문화적 권리에 관한 국제규약)으로 이분되어, 모두 1966년 12월 16일 유엔에서 채택되었으며 각각 1976년(전자는 3월 23일, 후자는 1월 3일)에 발효되었다.

세계인권선언의 초안 작성 과정에서, 총회 제3위원회에서 소수민족(national minorities)의 권리에 관한 조항을 포함시키는 것이 논의되었으며, 마이너리티 관련 규정이 없다면 선언의 범위가 크게 좁아질 것이라고 우려하는 국가들도 있었다. CHR 내 국제인권장전초안위원회 제1차 회의(1947년 6월)에서, 유엔 인권부 (Division of Human Rights, 유엔 인권 센터의 전신)이 제출한 초안에 '민족적(ethnic), 종교적 또는 언어적 마이너리티에 속하는 사람'이 '자신의 학교 및 문화적, 종교적 시설을 설립·유지할 권리'와 '법원 및 기타 당국, 국가 기관 및 출판, 공개 집회에서 자신의 언어를 사용할 권리'(제46조)가 포함된 이유이다.[5]

선언 초안 작성 막바지인 총회 제3위원회(제3차 회의, 1948년 11월)에서도 덴마크와 소련 등이 제출한 마이너리티 권리 조항 초안이 남아 있었다. 덴마크 초안은 "인종적, 민족적(national), 종교적 또는 언어적 마이너리티에 속하는 모든 사람은 자신의 학교를 설립하고 자신이 선택한 언어로 교육을 받을 권리를 가진다"고 규정했다. 소련의 초안 또한 "모든 사람은 인종적, 민족적 또는 종교적 마이너리티에 속하든, 인구적 머저리티에 속하든 관계없이 자신의 민족적(ethnic or national) 문화에 대한 권리, 자신의 학교를 설립하여 모국어(native tongue)로 교육을 받을 권리, 그리고 그 언어를 출판이나 공개 집회, 법원 기타 공공 기관에서 사용할 권리를 가진다"고 규정하고 있었다.[6]

한편 국제연합 헌장에 기본 원칙으로서 마이너리티 보호의 주요 요소의 하나인 '무차별(non-discrimination)의 원칙'이 포함됨에 따라, 제2차

---

5 유엔 문서 E/CN.4/21, 1 July 1947, p.23.
6 유엔 문서 A/C.3/307/Rev.2, 20 November 1948, pp.1-2.

세계대전 이후 국제 인권 보장은 마이너리티라는 특정 집단의 보호가 아닌 모든 사람의 인권과 기본적 자유를 보호하는 형태로 변화했다는 주장도 있었다. 헌장 초안에 참여한 정부 중에는 모든 사람의 인권과 기본적 자유 보호 원칙이 헌장에 포함되었으므로 마이너리티만을 대상으로 하는 규정은 더 이상 필요하지 않다는 견해를 제시한 곳도 있었다고 한다.

결과적으로 세계인권선언에서 마이너리티 권리는 명시되지 않았다. 제1차 세계대전 후 파리 평화회의와 국제연맹 창설 당시 마이너리티 권리를 적극적으로 지지하는 데 주요한 역할을 했던 유대인 단체가 제2차 세계대전 후에는 이스라엘 건국을 향해 나아갔고, 나치에 의한 유대인 학살을 알게 된 국제사회도 마이너리티로서의 보호가 아닌 그(유대 민족 국가 건설)를 해결책으로 선택한 것도 큰 요인으로 보인다. 그러나 한편으로 국제연합 총회는 동 선언 전문을 포함한 1948년 12월 10일 결의 217(Ⅲ) 안에 '마이너리티의 운명(Fate of Minorities)'이라는 항목(C항)을 포함시켰다. 그리고 "국제연합은 마이너리티의 운명에 무관심할 수 없다"며, "인권 선언의 보편적 성격상 선언문에서는 마이너리티 문제를 특정 조항으로 다루지 않기로 결정했다"고 밝혔지만, 동시에 "국제연합이 인종적, 민족적, 종교적 또는 언어적 마이너리티를 보호하기 위한 효과적인 조치를 취할 수 있도록, CHR과 인권소위원회에 마이너리티 문제에 대한 면밀한 연구를 수행할 것을 요청한다"는 동(C)항을 세계인권선언(A항)과 함께 채택한 것이다.[7]

---

7 유엔 총회 결의217(Ⅲ) '국제인권장전'은 A '세계인권선언', B '청원권', C '마이너리티의 운명', D '세계인권선언의 홍보', E '인권 규약 초안 및 시행조치 초안의 준비'의 5개 항목으로 구성된다.

(3) 부활한 마이너리티 권리

이에 따라 CHR과 인권소위원회는 유엔에 의한 마이너리티 권리 보장을 위한 실효적 조치에 관한 검토를 시작했다. 그 과정에서 모든 사람의 권리만으로는 마이너리티에 속하는 자의 권리를 보장할 수 없다는 인식이 높아져, 1966년 세계인권선언을 조약화한 자유권 규약에서 선언에는 포함되지 않았던 마이너리티 권리가 부활하여 국제인권법의 일부로 확립된 것이다. "민족적(ethnic), 종교적 또는 언어적 마이너리티가 존재하는 국가에서, 해당 마이너리티에 속하는 자는 그 집단의 다른 구성원과 함께 자신의 문화를 향유하고, 자신의 종교를 신앙하며 실천하고, 자신의 언어를 사용할 권리를 부정당하지 않는다"고 규정한 제27조이다. 인권소위원회에서는 마이너리티 권리를 독립된 조약으로 하는 안이나 자유권 규약의 부속 의정서로 하는 안도 나왔으나, 결과적으로 자유권 규약의 한 조항이 되었다(인권소위원회의 마이너리티 보호를 둘러싼 활동과 자유권 규약 제27조 초안 작성 과정의 상세 내용은 본서 제2부 1장을 참조). 선언에 포함된 여러 권리(조항)가 조약화되는 것이 일반적인 가운데, 세계인권선언에서 명문화되지 않았던 마이너리티 권리가 자유권 규약 제27조로 확립된 것은 이례적인 일이다.

국제인권장전의 초안 작업 시작 당시, 그 '가장 중요한 부분이 되어야 한다는 견해가 대세를 이루었다'는 이행 조치는 정부 대표로 구성된 심의 과정에서 점점 약화되어갔다. 그 결과 가장 효과적인 (조약에서 보장된 권리를 국가에 침해당한 개인이 조약 기관에 호소하는) 개인 통보권은 조약 본체에서 분리되어 자유권 규약의 '선택의정서'로 채택되게 된다(채택·발효 연월일은 자유권 규약과 동일). 그 때문에 자유권 규약 제40조와 사회권 규약 제16·17조가 규정하는, 규약의 국내 이행 상황에 관한 당사국의 정기 보고서 제출과 그 심사가 보다 보편적인 조약의 이행 조치로서 기능해 왔다. 규약의 권리를 침해하고 있는 국가를 다른 국가가 고소하는 통보권은 자유권 규약 제41조에만 마련되었으며, 또한 규약의 비준과는 별도로 이를 인정하는 선언을 한 국가에만 적용한다는 제약도 부과되었기 때문에 실용화되지 못하고 있다.

이행 조치를 수반하지 않는 법률은 슬로건적 효과만 발휘할 수 있다. 국제인권법의 '가장 중요 부분'으로 구상된 이행 조치가 탄생 과정 속에서 약화된 데다, 일본은 아직도 개인 통보권을 인정하지 않고 있다. 실용 가능한 이행 조치가 조약 이행 상황에 관한 정기 보고서 제출과 그 심사에만 한정되어 있다는 점이 일본 국내에서 국제인권조약의 효력을 인식하지 못하는 사람이 많은 한 원인일 것이다. 그러나 그 제한된 효력 속에서도 국제인권조약의 비준과 보고서 심사는 후술하듯 재일코리안 등 국내 마이너리티에게 적지 않은 영향을 가져왔다.

2. 국제인권장전의 이행 조치―조약 기구의 활동

(1) 인권 조약 기구의 탄생과 임무

국제 인권 규약의 발효에 따라 국제인권장전의 이행 조치가 움직이기 시작했다. 이하, 마이너리티 권리 조항을 포함한 자유권 규약의 이행 기관인 자유권 규약 위원회(Human Rights Committee=이하 HRC, 1976년 3월 설립)를 예로 들어 그 기능과 활동을 살펴보자.[8]

앞서 언급한 바와 같이, 자유권 규약 하에서는 개인이 국가를 제소하는 (제1) 선택의정서와 국가가 국가를 제소하는 제41조, 그리고 제40조

---

8 HRC는 직역하면 '인권위원회'이지만, 그렇게 하면 CHR과의 구분이 어려워지므로 일본에서는 '협약 인권위원회'라고도 불려왔다. 한편 일본 정부 등은 국제인권협약을 'A 협약', 'B 협약'이라 불러왔으나, International Covenant A, B라는 명칭은 일본(과 이를 따르는 한국) 외에는 존재하지 않는다.

에 근거한 규약 이행에 관한 정부 보고서 제출 의무와 그 심사라는 세 가지 이행 조치(규약 준수를 위한 수단)가 마련되었다. 이를 시행하기 위해 규약 제28조에 근거해 설립된 것이 개인 자격으로 참여하는 18명의 전문가로 구성된 HRC이다. 동 위원회는 매년 3회, 봄 회기(3월 하순~4월 상순)를 뉴욕에서, 여름 회기(7월)와 가을 회기(10월 하순~11월 상순)를 제네바에서 각각 3주간씩 개최해 왔다.

인권 조약의 이행을 감시하는 조약 기구(treaty bodies)는 HRC만이 아니다. 국제연합이 지금까지 채택한 인권 관련 조약에 근거하여, 인종차별 철폐 위원회(CERD, 1969년 1월), 사회권 규약 위원회(CESCR, 1976년 1월), 자유권 규약 위원회(HRC, 1976년 3월), 여성 차별 철폐 위원회(CEDAW, 1981년 9월), 고문 금지 위원회(CAT, 1987년 6월), 아동권리위원회(CRC, 1990년 9월), 이주민권리위원회(MRC, 2003년 7월), 고문방지소위원회(SPT, 2006년 6월), 장애인권리위원회(CRPD, 2008년 3월), 강제실종위원회(CED, 2010년 12월) 등이 설치되어 활동 중이다(괄호 안은 설립 연월). 그중에서 국제 인권장전의 이행 조치=자유권 규약이라는 포괄적인 인권 조약의 이행 기관인 HRC는 다른 유사한 인권 조약 기관들의 모델이 되어 왔다.

일본과 조약 기관과의 관계-일본의 인권 상황을 국제인권 규준에 근거하여 검증한다-도 1979년 자유권 규약을 비준한 일본이 규약 제40조의 의무에 따라 그 국내 이행 상황을 유엔에 보고하고, 1981년 HRC의 심사를 받은 것이 시초이다. 그 이후 일본은 HRC, CESCR, CEDAW, CRC, CERD, CRPD 등과 접촉을 통해 지속적이고 정기적으로 국제인권 규준과 국내 상황의 일관성을 검증할 기회를 얻어왔다. 다만 인종차별철폐위원회(Committee on the Elimination of Racial Discrimination=CERD)는 HRC에 앞서 설립되어 조약 기관 중 가장 먼저 활동을 시작한, 이른바 조약 기관의 시험적인 성격을 지니고 있다.[9]

HRC의 구성과 임무는 자유권 규약의 조문(제28조~제39조)에 규정되어 있다. 이에 따르면, HRC 위원은 규약의 당사국 국민 중에서 고결한 인격자(persons of high moral character)로서 인권 분야에서의 능력을 인정받은 18명을 선출하여 구성한다(이때 법률 관계 경험이 있는 사람의 참여가 유익하다는 점도 고려한다). 위원 선출에 있어 각 당사국은 자국민 중에서 1명을 지명할 수 있다. 위원은 당사국들이 지명한 사람들의 명부 중에서 지역적 균형을 고려하면서, 유엔 본부에서의 당사국 회의에서의 비밀투표(선거)로 선출된다. 위원은 4년 임기로 직무를 수행하게 된다. 일본에서는 1987년 취임한 안도 니스케(安藤仁介, 교토대학 명예교수, 1987~2006년) 이후, 이와사와 유지(岩沢雄司, 도쿄대학 교수, 2007~2018년), 후루야 슈이치(古谷修一, 와세다대학 법학전문대학원 교수, 2019년~2022년), 데라야 고지(寺谷広司, 도쿄대학 대학원 법학정치학연구과 교수, 2023년~)가 이어서 위원을 맡고 있다.

(2) 인권 조약 이행 상황 보고 제도―그 목적과 의의

자유권 규약의 당사국은 규약 제40조에 근거하여, 그 당사국에서 규약이 발효된 때부터 1년 이내에, 그 후에는 5년마다―HRC 제13회기 제303차 회의(1981년 7월 22일) 결정(유엔 문서 CCPR/C/19)에 따라, 동 규약의 국내 이행 상황에 관한 보고서를 유엔 사무총장에게 제출하고, HRC의 심사를 받을 의무를 지고 있다. 당사국의 보고서는 국가 대표와 인권이사회 위원 간의 토론 형태로 공개 심사에 회부된다.[10] 특정 인권 침해의 경우 선택의정서에 따른 개인 통보가 보다 효과적인 이행 조

---

9 CERD의 특징 및 HRC와의 비교에 대해서는 아래의 필자의 졸문·졸서를 참조. 岡本雅享「人権条約の報告 制度―HRC, CERDの日本政府報告書審査にみる 三アクター(委員会, 政府, NGO)の到達点と課題」『国際人権』1第3号, 2002.11, pp. 77-84. 岡本雅享監修編著『日本の民族差別』第Ⅰ部2章「人種差別撤廃委員会 (CERD)と報告制度の意義」明石書店, 2005, pp.55-66.

10 국가의 대표는 정부의 직원이 아닐 수도 있다. 1998년 10월 HRC 제64차 회의에서 오스트리아 정부 대표는 빈 대학의 헌법학 교수였다.

치이지만, 정기보고 제도는 거의 모든 당사국이 수용하고 있다는 점과 다양한 문제를 다룰 수 있다는 점에서 보다 광범위한 영역을 포괄한다. 2023년 10월 현재, 자유권 규약 비준국은 173개국인 반면, 선택의정서를 비준한 국가는 116개국이다. 정기보고 제도가 '국제인권 규준의 충분하고 효과적인 이행을 감시하는 데 있어 핵심 요소'라고 불리는 이유다.[11] 특히 일본의 경우, 동 규약 비준국의 3분의 2가 비준한 선택의정서를 아직 수용하지 않고 있으므로, 현재 활용 가능한 자유권 규약의 이행 조치는 이 정기보고 제도뿐이다.

인권이사회(HRC)에서의 공개 심사의 목적은 "당사국에 위원회의 경험을 제공하고, 당사국이 이 경험을 활용하여 국제적 의무를 이행할 수 있도록 하기 위한 당사국 정부 대표와의 건설적 대화"라고 한다.[12] HRC는 법원과 달리 규약 위반 책임자를 처벌할 권한 등은 가지고 있지 않다. 따라서 그 대화 내용이 국내에 전달되어 국내 입법, 행정, 사법에 활용되는 과정이 중요하다. 그리고 HRC에서의 논의를 효과적으로 만드는 데 중요한 역할을 하는 것은 현장과 연결되고 전문성과 정보력을 활용하는 NGO이다. NGO는 HRC 심의에 직접 참여해 발언할 수는 없지만, HRC에 정부 보고서의 내용 오류나 국내에서 주장하는 내용과의 불일치, 정부가 언급하지 않는 규약 위반으로 의심되는 문제와 그 실태를 전달하는 보고서를 제출할 수 있다.

예를 들어, 일본 정부는 자유권 규약 제3차 보고서(1991년)에서 "한국·조선인 학교에 대해서는 그 대부분이 각종 학교로서 도도부현 지사의 인가를 받고 있는 곳이며, 그 자율성은 존중되고 있다"고 보고했으며, 또한 1998년 5월 아동권리위원회(Committee on the Rights of the Child

---

11 UN Centre for Human Rights, *Manual on Human Rights Reporting*, United Nations, 1991, p.3.

12 *ibid*, p.26

=CRC)에서는 조선학교 등의 외국인 학교에 대해서는 "각종학교라는 범주를 마련하여 자유로운 교육을 보장하고 있다"고 답변했다.[13] 이는 국내에서 시행해 온 "조선인으로서의 민족성 또는 국민성을 함양하는 것을 목적으로 하는 조선인 학교는 우리나라 사회에 있어 각종학교의 지위를 부여하는 적극적인 의의를 가진 것으로 인정될 수 없으므로, 이를 각종학교로 인가해서는 안 된다"는 문부사무차관 통달(1965년, 문부성 제210호)나 "조선학교는 공익에 기여한다고 생각되지 않으며, 각종학교로서 보호를 부여해서는 안 된다"(『아사히신문』 1997년 7월 8일)라는 문부성의 입장과 상충하는 것이었다.

또한 일본 정부는 앞서 언급한 제3차 보고서 심사(1993년)에서 "귀화 시 일본식 성명으로 변경해야 한다는 법률상 규제도 없으며, 법무성으로서 일본식 이름을 사용하도록 지시한 바 없다"고 답변했고, 앞서 언급한 CRC에서도 "일본에서 호적 기재 시 일본명으로 기재해야 한다는 규정은 없다. 당연히 한국명으로 기재하는 것이 인정된다"고 답변한 바 있다[14]. 그러나 법무성이 기존에 "민족 의식의 발로로서 지나치게 외국인적인 호칭의 성씨에 집착하는 경우, 귀화로 일본 국민으로 삼기에 적합한 자라고 할 수 없다"[15]는 행정 지도를 해왔던 점과, 귀화허가신청서에 1985년 국적법, 호적법 개정까지 "(귀화 후) 성명은 일본인으로서 적합한 것으로 해 주십시오"라고 기재했던 점, 당시에도 법무성이 배포한 『귀화 안내서』에는 귀화 후 성명을 변경하도록 권고하고, 신청서 작성 예시에서는 '귀화 후 성명'란이 일관되게 일본식 성명

---

13 유엔 문서 CCPR/C/70/Add. 1, 30 March 1992, paragraph 50. 子どもの人権連・反差別国際運 動日本委員会編『子どもの権利条約のこれから』エイデル研究所, 1999, p.257.

14 Japan Federation of Bar Association (JFBA), "Record of the Human Rights Committee Meeting on the Third Periodic Report of Japan", Tokyo, March 1995, para. 329. 子どもの人権連ほか, 앞의 주 13 인용서, p.261.

15 稲葉威雄「帰化と戸籍上の処理」『民事月報』1975年9月号, p.13.

이 되어 있었던 점 등에 대해서는 전혀 언급하지 않았다.

이처럼 정부의 보고서는 흔히 현행 법제도의 설명에 그치거나, 불편한 내용은 쓰지 않는 경향이 있어, HRC는 실태를 알지 못하면 정확한 법적 평가나 판단을 할 수 없다. 따라서 NGO로부터의 정확한 정보 제공이 중요한 것이다. HRC는 1993년 제49회 회기부터 NGO로부터 보고서를 받는 관행을 공식화하고, HRC 사무국에 제출된 NGO 보고서를 위원들에게 배포하기로 했다. 또한 NGO는 심의 중간에 위원들에게 로비 활동을 통해 심의에 간접적으로 참여할 수도 있다. 일본 기반 NGO의 관심은 일본 정부의 보고서 심사에 집중되는 경향이 있지만, 보편적인 국제인권 규준의 확충을 목표로 한 아이디어 제공이나, 일본 NGO의 경험과 네트워크를 활용한, NGO에 의한 모니터링이 취약한 국가의 보고서 심사에 대한 지원 등이 한 걸음 더 나아간 기여라 할 수 있다.

(3) 총괄 소견과 포괄적 견해

HRC는 1992년 제44회 회기에서 정부 보고서 심사가 끝난 후, HRC 전체에서 채택한 'Comments'(의견)을 내기로 결정했다. 'Comments'는 이후 'Concluding Observations'(총괄적 의견)으로 명칭이 변경되었으며, A. 서론, B. 긍정적인 측면, C. 주요 우려사항 및 권고사항으로 구성된 3부 형식이 정립되었다. HRC는 당사국에게 차기 정기보고서에서 이 총괄적 의견과 관련하여 취한 조치를 보고하도록 요구하게 되었다.[16] HRC는 이후 더욱 나아가, 총괄소견에서 개선이 요구되는 권고사항 중 세 가지 과제를 선별하여 일정 기간 내에 개선 상황에 관한 후속 보고서를 제출하도록 요구하는 등 제도의 개선 및 충실화를 도모하

---

16 Consolidated guideline for State reports under the ICCPR, 유엔 문서 CCPR/C/66/GUI/Rev.2, 26 February 2001.

고 있다.[17]

당사국은 HRC가 총괄 의견에서 제시하는 권고를 무조건 수용해야 하는 것은 아니다. 조약 적용에 관한 견해가 다를 경우 논의를 할 필요도 있을 것이다. 그러나 그럴 경우 상당한 이유가 있어야 하며, 또한 당사국이 HRC와 다른 조문 해석을 취한다고 당당히 말하려면 국제 규준으로서 타당한 정당한 이유가 있어야 한다. '조약법에 관한 비엔나 협약'(1980년 1월) 제27조는 "당사국은 조약 불이행을 정당화하는 수단으로 자국의 국내법을 인용할 수 없다"고 규정한다. 따라서 국내 행정의 편의나 국내법에 맞추기 위해 국제 조약의 조항을 해석할 수 없다.

한편 HRC는 규약 제40조에 근거하여 자유권 규약의 조문 해석 및 적용 방법 등을 정리한 'General Comments'를 작성하여, 각국 정부와 경제사회이사회에 보내왔다. 정치 체제나 문화, 법 제도가 각기 다른 각국 내에서 자유권 규약이 구속력을 지닌 법규가 되기 때문에, 해석과 적용을 둘러싼 개별적이고 구체적인 문제가 발생하게 된다. 인권위원회(HRC)는 각국 정부의 보고서 심사를 통해 이러한 문제를 파악하고, 그중 공통성을 지닌 사항을 선정하여 'General Comments'에 요약하여, "당사국이 규약이 정한 제반 권리를 보장할 의무를 어떻게 이행해야 하는가", '각 조항의 내용 및 적용에 관한 문제'(즉 조문 해석)에 관한 HRC의 의견을 제시하고 있다. HRC는 1981년부터 2023년 10월까지, 민족의 자결권, 생명에 대한 권리, 무차별, 사상, 양심 및 종교의 자유 등 제27조에 관한 것을 포함하여 37개의 'General Comments'를 채택해 왔지만, 그 중요성이 높아진 것은 후자의 조문 해석에 의한 것이다.

'당사국 보고서 지침'(CCPR/C/66/GUI 등)은 유엔에 제출하는 정부 보

17　岩沢雄司「自由権規約委員会の監視活動の展開」『国際人権』第21号, 2010, p.98. 古屋修一「自由権規約委員会の活動と意義」法学館憲法研究所オピニオン, 2022.9.12 <https://www.jicl.jp/articles/opinion_20220912.html>.

고서가 'General Comments'를 고려하여 작성할 것을 요구하고 있으며, 각국 정부의 보고서 심사에서 HRC는 'General Comments'에 근거하여 당사국 대표에게 질문을 하고 있다. 일본 법원도 HRC가 채택한 'General Comments' 및 선택의정서에 따른 통보 심사 후 채택한 'views'(견해)는 자유권 규약의 '해석의 보조적 수단'(조약법에 관한 빈 협약 제32조)으로서 의존해야 할 것이라고 인정하고 있다(오사카 고등재판소 1994년 10월 28일 판결 등). 자치단체 등이 규약에 비추어 정책 결정을 수행할 때에도, 'General Comments'는 조문 해석의 구체적이고 설득력 있는 규준으로 의존할 수 있을 것이다.

이 'General Comments'는 일본에서 오랫동안 '일반적 의견'으로 번역되어 왔으나, '단순한 일반적 의견에 불과하다'는 약한 뉘앙스로 받아들여지기 쉽다. 그러나 여기서 말하는 'general'에는 (1) 개별 위원의 개별 의견이 아닌 위원회 전체가 심의하여 채택한 것이며, (2) 조문 해석부터 보고서에서 기술해야 할 정보에 관한 지침에 이르는 사항을 다루며, (3) 국내 인권 기구의 역할 등 기타 관련 문제도 폭넓고 총괄적으로 다룬다는 의미가 있다. 따라서 조문 해석에 관한 'comments'는 일본어로는 '주석(注釈)'에 해당한다.[18] 따라서 앞으로는 '포괄적 견해'라는 일본어를 적용할 것을 제안하며, 본서에서 사용하기 시작하고자 한다.

HRC는 규약의 각 당사국 내에서의 이행을 감시하기 위한 목적으로 규약 조항에 근거하여 설치된 조약 기구이다. 그곳에서 표명되는 의견은 1977년 이후 수많은 정부 보고서와 선택의정서에 기반한 개인 통보의 검토를 통해 얻어진 경험에 뒷받침되고 있다. 그중에서도 위원회 전체로서 정식으로 채택된 '포괄적 견해'는 국내에서 관련 소송이나 규

---

18 OHCHR, General Comments, <https://www.ohchr.org/en/treaty-bodies/general-comments>.

약에 비추어 정책 결정 등을 할 때 조문 해석의 구체적이고 설득력 있는 규준으로 참조되어야 할 것이다.

3. 마이너리티 권리를 둘러싼 국제인권조약의 효력

여기서 국제인권조약과 그 보고 제도가 일본 사회에 가져온 의의와 효과를 살펴보자.

먼저 인권 조약의 법적 우위에 따른 국내 법제 개정이 있다. 일본이 비준한 국제인권조약은 헌법을 제외한 모든 국내법에 우위를 가진다. 1981년 10월 22일, 자유권 규약 이행 상황을 감시하는 HRC에서 일본 정부 대표(외무성 국제연합국 도미카와 아리노리 수석 사무관)는 "조약은 국내법보다 높은 지위를 차지한다고 해석되며, 법원이 조약에 부합하지 않는다고 판단한 국내법은 무효로 하거나 개정해야 한다"고 밝혔다. "정부가 조약을 위반하고 있다고 주장하며 개인이 정부를 상대로 소송을 제기할 경우, 법원은 일반적으로 해당 소송과 관련된 국내법을 찾아 그에 근거하여 판결을 내리지만, 관련 국내법이 없는 경우에는 법원이 직접 해당 조약을 적용하여 조약 규정에 따라 판결을 내린다. 만약 법원이 국내법과 조약 사이에 불일치를 발견했을 때는 조약이 우위를 차지한다"고 밝혔다.[19]

국제 인권 규약, 난민조약 및 그 의정서 비준(1981, 82년)에 따라 1980년 4월부터 공영주택, 국민금융금고 등의, 82년 1월부터 국민연금 및 아동수당 등의 국적조항이 철폐되었다. 여성 차별 철폐 조약의 비준(1985년)에 따라 국적법과 호적법이 개정되어 일본인을 어머니로 둔 아이도 일

---

19 유엔 문서 CCPR/C/SR324, 10 November 1981, para. 4-5.

본 국적을 취득할 수 있게 되었고, 외국계 성씨를 호적에 기재할 수 있게 된 것도 그 때문이다. 이들은 시민사회가 오랫동안 지적해왔음에도 불구하고 쉽게 바뀌지 않았던 국내법 제도다. 그것이 조약 비준에 따라 바뀐 것은 조약의 효력을 알리는 것이며, 수많은 인권 침해 사건이 인권 조약 위반으로 소송되는 결과로도 이어진다.

조약 비준 후에도 형사 처벌을 수반하는 외국인등록증(외등증) 상시 휴대 의무, 영주자, 2세, 3세, 4세에 대한 재입국 허가 제도, 조선학교 졸업생의 대학 입학 자격 등의 측면에서 HRC 등에서의 심사·권고가 점차 국내 법제도의 변경을 가져왔다. 예를 들어, 1999년 외국인등록법(외등록법), 출입국관리 및 난민인정법(입관법)의 국회 심의에서는 특별 영주자의 외국인등록증 상시 휴대 의무가 형사처벌에서 행정처벌로 변경되어 사실상 경찰 수사 대상에서 제외되었다. 이는 법무성의 개정안에는 원래 없던 것이었으나, 국회의원들이 HRC의 권고를 활용하여 논의한 결과 그렇게 된 것이다. 또한 이때 법무대신의 재량에 의한 재입국 허가 문제가 개정에는 이르지 못했지만, 향후 과제로서 처음으로 부대결의에 오른 것도 HRC의 권고에 따른 바가 컸다.

둘째, 국제인권조약의 비준으로 인해 일본 국내법에 없는 마이너리티 권리 등이 국내에서 적용되게 되었다. 자유권 규약으로 말하자면, 제27조의 민족적, 종교적, 언어적 마이너리티의 권리, 제12조 4항의 자국으로 돌아갈 권리, 인종차별철폐협약으로 말하자면 제2조 2항의 민족 집단·개인의 적절한 발전·보호를 보장하기 위한 특별하고 구체적인 조치, 제4조의 인종·민족 차별을 금지하고 처벌하는 입법 조치 등이다. 국제인권조약의 비준으로 일본에 거주하는 사람들이 처음으로 획득할 수 있게 된 이러한 권리들은 아이누민족의 니부타니 소송이나 재일코리안의 재입국 불허 처분 취소 청구 소송, 미국계 일본인(백인)의 입욕 거부 소송, 교토 조선 제1초급학교 습격 사건 등에서 실제로 활용되어 왔다.

세 번째 의미는 국내와는 다른 척도, 즉 인권의 국제 규준에서 일본의 상황을 돌아볼 기회를 얻었다는 점이다. 조약 기구는 오랜 세월 동안－HRC는 1977년, 인종차별철폐위원회(CERD)는 1970년(모두 제1회기)부터 반세기 동안－세계 각국의 조약 이행 상황을 심사해 왔다. 그 경험의 축적과 규준으로 일본의 인권 상황을 파악하기 위해 국내와는 다른 논의가 전개된다. 특히 인권의 국제 기준과의 불일치점이 있을 경우에 대해서는 국내의 국회나 법원과 다른 반응이나 결론이 나오는 경우가 있다.

예를 들어 일본에서는 오랫동안, 수 세대에 걸쳐 일본에 거주하는 재일한국인에 대한 다양한 제약과 권리 침해－중벌을 수반하는 지문 날인 제도나 외국인 등록 증명서의 상시 휴대 의무, 교육, 고용, 사회 보장상의 차별－이 정부나 법원에 의해 '당연한 법리'(공무원의 국적 조항)나 '합리적 차별'(외국인등록증명서의 상시 휴대 의무나 지문 날인 제도), 학교 교육의 근간(조선학교 졸업생에 대한 대학 입학 자격 부정)이라는 관용구로 부정되어 왔다. 그러나 일본 국내에서 '비장의 무기'로 사용되어 온 이러한 용어들은 조약 기관에서는 통용되지 않는다. '당연한 법리'는 보편성이 없는 일본 정부 독자적 조어로, 영어 등에 해당하는 개념이 없어 번역조차 불가능했다. '합리적 차별'에 대해서는 1998년 HRC 심사에서 위원회가 '합리적 차별 같은 건 없다'고 명확히 부정했다. '학교 교육의 근간'이라 해도, 그것이 대체 무엇인지 그 내용을 설명해야 한다. 이렇게 조약 기구를 매개로 일본 국내에서도 조금씩 '논리적인 논의'가 가능해졌다.

조약의 이행 조치는 앞서 언급한 바와 같이 국가 간 이해관계 조정 속에서 초기 구상보다 크게 약화된 타협의 산물이다. 당사국 정부 간 선거로 선출되는 조약 기구 위원도 학자 출신이 있는가 하면 검사·판사·변호사 출신도 있으며, 전직 정부 직원(외교관이나 대사)도 있는 상태라 반드시 시민 사회의 편은 아니다. 그러나 국제 기준-이라기보다 국제 수준 혹은 국제 상식-으로 보면, 일본 법원이나 국회에서 통용되는 정부의 견해와는 부분적으로 큰 격차가 있다. 특히 그 격차가 큰 분야는 여러 인권 분야 중에서도 일본 국내법에 없었던 마이너리티 권리 관련 분야이다.

국제인권법은 날로 발전하고 있으며, 조약 기구는 시대 상황 변화나 새로운 과제 출현에 대응하여 사회적으로 취약한 입장에 있는 사람들의 권리를 보호한다는 원칙을 관철하면서 그 해석과 적용을 충실히 해왔다. 한편 일본의 경우 정책 입안은 실리적이며, 이념이나 이론은 서툴다. 조약 해석을 수행할 때에도 초안 작업 시 각국 정부 대표가 표명한 의견 등을 상세히 근거로 삼는 한편, 시대나 상황 변화에 따른 해석, 적용의 확충에는 극히 소극적이다. 자유권 규약 제27조 초안 작성 당시, 유엔 인권위원회나 총회에서는 남북아메리카의 '인디언'이나 오스트레일리아의 아보리지니 주민 등 선주민족들은 그들의 문화가 지나치게 '원시적 수준'에 있기 때문에 특정 보호가 필요한 소수 집단에 해당하지 않는다는 견해를 제시했었다. 그러나 지금은 그런 말을 하는 사람은 없다.[20] ICERD의 주요 대응 대상이 반유대주의나 아파르트헤이트에서 제노포비아나 새로운 형태의 인종차별로 변화해 온 것도 그 표출이라 할 수 있겠다.

4. HRC의 일본 심사에 나타난 마이너리티 권리

1979년 자유권 규약을 비준한 일본은 규약 제40조 1항에 근거하여

---

20 Manfred Nowak., *U.N. Covenant on Civil and Political Rights: CCPR Commentary*, N.P.Engel Publisher, Kehl am Rhein. Strasbourg, 1993, pp.492-493.

규약의 국내 이행 상황에 관한 보고서를 지금까지 총 7회(1980, 1987, 1991, 1997, 2006, 2012, 2020년) 제출해 왔다. 이 보고서는 1981, 1988, 1993, 1998년, 2008년, 2014년, 2022년에 HRC에서 심사를 받았다.[21] 약 40년의 경과를 돌아보면, 전반부(20세기 말 20년간)는 거의 알려지지 않았던 HRC 보고서 심사 자체가 인식되기 시작한 초기(1980년대)와 다양한 NGO가 이 제도의 활용에 노력하여 일정한 성과를 거두고, 정부도 대표단을 확충해 나간 충실기(1990년대)로 나눌 수 있다. 이하, 이 전반기에 이루어진 심사에서 표출된 마이너리티 권리의 국제 규준과 일본 상황의 격차를 개관해 보자.

(1) '규약에서 말하는 마이너리티는 존재하지 않는다'고 한 초기

【제1차 보고서(1980년)와 심사(1981년)】 일본 정부가 1980년 제1차 보고서를 작성·제출하고, 그것이 1981년 10월 HRC에서 심사되었을 때, 국내에서 그 사실을 아는 사람은 거의 없었다. 이러한 가운데 일본 정부는 제1차 보고서에서 "본 규약이 규정하는 의미에서의 마이너리티는 일본에 존재하지 않는다"(minorities in the sense prescribed by the Covenant do not exist in Japan)라고 기록하고 있다.[22] 규약 제27조는 '민족적, 종교적 또는 언어적 마이너리티가 존재하는 국가에서'라는 전제를 두고 있다. 해당 마이너리티가 존재하지 않는다면, 동 조항의 국내 이행에 관한 논의는 진전될 수 없다.

이에 HRC 제12 회기에서 진행된 제1차 심사에서는 다수의 위원이 손에 쥔 아이누민족, 재일코리안 등에 관한 소량의 자료를 근거로 그

---

21 보고서는 유엔 문서 CCPR/10/Add.1, CCPR/C/42/Add.4, CCPR/C/70/Add.1, CCPR/C/JPN/5, CCPR/C/JPN/6, CCPR/C/JPN/7, 의사록은 유엔 문서 CCPR/C/SR.319, 320, 324、CCPR/ C/827, 828, 829, 830, 831, CCPR/C/2574, 2575, 2576, CCPR/C/3080, 3081, CCPR/ C/3925, 3926.

22 유엔 문서 CCPR/C/10/Add.1, 14 November 1980, p.12.

존재를 지적하며 상세한 설명을 요구했다. 노르웨이 출신 토르켈 옵살(Torkel Opsahl) 위원은 "규약에서 말하는 유형의 소수 집단이 존재하지 않는다는 (정부 보고서의) 제27조 관련 단락을 읽고 놀랐다"고 말하며, "어떤 정보원에 따르면 일본 영토 내에는 한국인과 중국인의 후손 집단이 존재하며 어려움을 겪고 있다는 사실을 알고 있다", "위원회는 재일코리안, 재일중국인의 지위에 관한 정보를 보유하고 있다"고 지적했다. 오스트리아 출신의 펠릭스 에르마코라(Felix Ermacora) 위원도 "위원회는 재일코리안과 중국인의 지위에 관한 정보를 보유하고 있으며, 규약 제27조에 따른 충분한 설명이 필요한 사항이다. 아이누민족의 지위에 관한 문제도 있다. 오키나와 사람들이 특별대우(special treatment)의 대상이었다는 이야기도 들었으며, 대우의 평등 원칙에 위배된다"고 말했다. 그리고 요르단 출신의 사디(Waleed M. Sadi) 위원이 "규약 제27조에 명시된 마이너리티 권리를 보호하기 위한 어떤 보장이 있는가"라고 물었다.[23]

이에 대해 정부 대표는 일본 정부는 규약에서 말하는 마이너리티를 "대다수의 국민(most other nationals)과는 민족적, 종교적, 문화적으로 다른 국민 집단(group of nationals)을 의미하며, 역사적, 사회적 또는 문화적 관점에서 명백히 대다수 국민과 뚜렷이 구분되는" 사람들로 해석하고 있으며, 아이누민족은 "19세기 메이지 유신 이후 커뮤니케이션 시스템의 급속한 발전으로 인해 그 민족의 생활 방식에서 차이를 찾아볼 수 없게 되었다"고 설명했다. 재일코리안에 대해서는 "외국인(aliens)으로 일본 국적을 소유하지 않은" 사람들이므로 "제27조에 규정된 마이너리티 범주에 속하지 않는 것으로 간주된다"고 밝혔다.[24] 당시 위원들은

---

23 유엔 문서 CCPR/C/SR.319, 6 November 1981, para. 18, CCPR/C/SR.320, 11 November 1981, para. 5, 12.

24 유엔 문서 CCPR/C/SR.324, 10 November 1981, para. 45, 46.

충분한 정보를 갖추지 못했기 때문에 정부에 더 자세한 질문을 하거나 의견을 제시할 수 없었다.

【제2차 보고서(1987년)와 심사(1988년)】 정부가 제2차 보고서를 작성·제출했을 때는 제1차보다 더 많은 사람들이 주목했다. 사건의 발단은 정부가 제2차 보고서에서 아이누민족의 존재를 규약 제27조에 말하는 마이너리티로 인정했는지 여부를 묻는 국회 질의를 전하는 작은 신문 기사였다고 한다. 이 제2차 보고서는 1986년 나카소네 야스히로(中曽根康弘) 총리(당시)의 '단일민족' 발언에 대한 비판이 국내외에서 거세지자, 정부가 제27조 기술에 고심한 탓에 제출이 1년 늦어졌다고 전해진다. 이를 계기로 보고 제도의 존재를 알게 된 사람들이 HRC에서의 심의가 보다 건설적으로 이루어지도록 정부 보고서의 공개를 요구했으나, 정부는 이를 거부했고 NGO는 그것이 유엔 문서로 발행될 때(HRC 심의 한 달여 전)까지 볼 수 없었다.

이렇게 공개된 보고서는 "헌법과 형사소송법 기타 법문을 나열하고 추상적으로 제도의 원칙만을 내세우며, 그것이 '적절히 시행되고 있다' 등 반복하는 데 그쳤다", "협약 위반 내용을 가진 국내법 조항을 숨기고, 드문 실태 기술에서는 통계에서 주장과 일치하는 부분만 인용해 사실과 다른 실태를 기술했다"는 평가를 받았다[25]. 그 보고서를 꼼꼼히 읽고 한 달 정도의 짧은 기간이었지만, 일본에 기반을 둔 12개 NGO 등과 WCC(세계교회협의회)나 Article 19 등 해외 NGO가 HRC를 위한 보고서를 작성했으며, 또한 후쿠시마 미즈호(福島瑞穂) 변호사(현 참의원 의원)처럼 일본에서 심의 방청을 위해 방문하는 사람도 나타났다.

이 제2차 보고서에서 정부는 아이누민족이 "독자적인 종교 및 언어를 보존하고 독자적인 문화를 유지하고 있다"는 현실을 인정하면서도,

---

25　五十嵐二葉「第2回政府報告書の検討」『法学セミナー』第406号, 1988年10月号, p.36.

아이누민족은 "헌법 아래 평등을 보장받은 일본 국민으로서 규약이 정한 권리의 향유를 부정당하지 않았다"고 하여 일본에는 제27조와 관련된 문제가 없다고 했다.[26] 또한 그 심사(1988년 7월)에서는 "『마이너리티(マイノリティ)』라는 용어에 대해 보편적으로 인정된 해석은 없다"고 한 뒤, 아이누민족은 "일본 인종(Japanese race)의 형성에 기여한 고대 민족 집단(ancient ethnic groups) 중 하나이다"라고 밝혔다. 나카소네 야스히로 수상이 행한 국회 답변(혼합·융합에 의한 단일민족론, 본서 제2부 4장 참조)과의 일관성을 고려한 것으로 보인다. 한편 재일코리안은 "외국인으로서의 법적 지위를 가지며" 재일중국인을 포함해 "규약이 정하는 권리를 완전히 누리고 있다(enjoyed full rights)"고 하여, 동 조항에 관한 의무 불이행 문제는 없다고 했다.[27] 이 제2차 심사에서는 HRC가 NGO 보고서를 활용해 제1차보다 훨씬 많은 상세한 질문을 제기했다. 일본 신문이 심사 결과를 보도하고, 법학 잡지에서 심의 평가를 두고 후쿠시마 미즈호, 이가라시 후타바(五十嵐二葉) 변호사와 외무성 인권난민과의 구니에다 마사키(国枝昌樹) 과장이 논쟁을 벌이는 등 더 많은 사람들이 이 제도에 접하게 되었다.[28]

(2) 충실기와 재일코리안 배제 문제

【제3차 보고서(1991년)와 심사(1993년)】 제3차 심사(1993년 10월) 당시에는 외무성 인권난민과가 국제인권NGO 네트워크[29] 등의 요청에 응해

---

26 유엔 문서 CCPR/C/42/Add.4, 24 March 1988, p.25.

27 유엔 문서 CCPR/C/SR.830, 29 July 1988, para. 54.

28 「日本の人権に『懸念』続出—政府報告国連人権専門委で審査」(『朝日新聞』1988年7月26日) 등. 福島瑞穂, 「国連人権専門委員会を傍聴して」(『法学セミナー』1988年9月号), 五十嵐二葉, 「第2回政府報告書の検討」(同10月号), 国枝昌樹, 「国際人権規約委員会における対日審査」(同12月号), 五十嵐二葉·福島瑞穂, 「ふたたび政府報告書検討会について」(同1989年2月号).

29 1989년 6월 나미비아에서 순직한 구보타 히로시 유엔 인권 담당관의 고별식

정부 보고서를 유엔에 제출 직후 국내에서 공개하거나, HRC에서 보내 온 질문 목록(list of issues)을 즉시 국회의원들을 통해 NGO에 공개하는 등 정부 측 대응에 진전이 보였다. 정부의 대표는 제2차까지 외무성뿐이었으나, 제3회부터는 법무성, 총무청, 경찰청 대표를 추가하여 이들 부처가 관할하는 문제에 대해서는 해당 부처 담당자가 직접 답변하는 체제도 마련했다. 이에 대응하여 NGO 측에서도 23개의 보고서가 제출되었고 로비 활동 하는 사람도 늘어남에 따라, JCLU=자유인권협회(후루야 에미코)와 IMADR(오카모토 마사타카)이 보고서 심사 직전에 제네바로 가는 NGO 동료, 그리고 정부와 NGO 대표 간의 사전 회동을 겸한 회의를 설정하여 관련 정보 등을 공유하고, NGO 보고서도 사전에 정부에 전달하였다. 심사에서는 HRC가 제2차 심사를 바탕으로 보다 상세한 질문을 제기했다.

마이너리티 문제와 관련하여 일본 정부는 이 제3차 보고서에서 아이누민족이 "본 조항에서 말하는 마이너리티라고 해도 무방하다"고 처음으로 인정했다. 그러나 아이누문화의 향유나 아이누어 사용 문제에는 전혀 언급하지 않았다. 한편 제1차 심의부터 주목받았던 두 마이너

(동년 9월, 도쿄)에 모인 국제 인권 활동 관련 유지들이 구보타의 유지를 계승하고 서로의 인권 활동 정보 교환 및 협동 학습회 등을 목적으로 정기적으로 모이기로 하여 '국회와 NGO를 잇는 인권 네트워크'가 탄생했다. 이 네트워크는 1990년 11월, 국회의원 6명(이가라시 고조, 에다 사쓰키, 키타무라 데쓰오, 다케무라 야스코, 도모토 아키코, 히노 이치로)을 담당인으로 하고, 국제 인권 활동에 관여하는 여러 개인(아리미쓰 겐, 이와이 마코토, 우에무라 히데아키, 오카모토 마사타카, 가타노 미쓰노부, 카와무라 아키오, 스즈키 미에코, 다카하시 아이코, 후루사와 키요코―모두 일본 오십음 순)을 회원으로 하여 '국제인권네트워크'로 정식 발족하였다. "국회의원 및 행정을 포함하여 지속적으로 의견·정보 교환을 통해 국제인권 특히 실천적인 측면에서의 활동 추진에 기여한다"는 등의 목적을 가지고 활동을 시작했다. 이후 1992년 말부터 이 네트워크를 모체로 세계인권회의에 대한 노력을 수행하는 '세계인권회의NGO 연락회'가 발족하여 활동을 시작했으며, 동 회의 후 양자가 융합하는 형태로 1993년 가을, 국제인권NGO 네트워크가 발족하였다.

리티 집단 중 정부가 제3차 보고서에서 아이누민족만을 협약 제27조의 마이너리티로 인정한 것은 재일코리안 문제를 부각시켰다.

제3회 심사를 앞두고는 지난번을 뛰어넘는 NGO가 보고서를 제출하고 로비 활동을 벌이는 상황이 되었기에, 재일코리안 관련 분야에서는 필자가 관련 타 단체에 호소하여 서로의 보고서를 교환하고 각자의 주요 과제를 확인하며, 제27조의 마이너리티로서의 인정은 (필자가 일부 집필과 총괄을 담당한) RAIK(재일한국인문제연구소)와 일본기독교협의회(NCC)가 재입국허가제도는 재일한국민주인권협의회가 담당하는 등의 역할 분담을 합의했다.

제2회와 제3회 심사 사이에 해당하는 1990년 6월, 제네바에 본부를 둔 WCC(세계교회협의회)가 외국인 노동자의 인권에 관한 실태조사단(Fact-finding Mission)을 일본에 파견했으며, 이듬해 91년 제43회기 유엔 차별방지 마이너리티보호 소위원회(인권소위원회)의 의제 5 '인종주의·인종차별과의 투쟁' 항목 아래 일본 조사 결과를 포함한 이주 노동자, 난민 및 기타 외국 국적자에 대한 인종차별 우려를 표명하는 구두 발언(oral statement)을 하는 등 활동했다. 이를 계기로 필자(당시 RAIK 국제인권분과)는 90년 6월 내일 조사를 담당한 엘리자베스 페리스(Elizabeth Ferris) 등의 협력을 얻어 유엔 인권 소위원회에서의 '출국·귀국 권리 선언' 초안 작업에 참여하게 된다(후술). HRC 제49회기 제3차 일본 심사에 있어서는 WCC 임원이기도 했던 야와타 아키히코(八幡明彦, NCC)가 일본에서 제네바로 입국하여, RAIK과 합작으로 작성한 보고서를 바탕으로 HRC 위원들에게 로비 활동을 펼쳤다. 야와타는 HRC 회기 첫 주부터 제네바에 도착해 재일코리안의 인권 상황에 관심을 보인 3명의 위원에게만 약속을 잡고, 오전 심의 시작 30분 전을 이용해 커피 라운지에서 브리핑을 진행하는 등의 활동을 펼쳤다.

HRC는 이 제49회 회기에서 자유권 규약 제27조에 관한 '포괄적 견해' 초안 작업반의 초안도 심의했으며, 마이너리티 인권에 대한 위원들의 관심은 평소보다 높았다. 그중에서도 마이너리티 권리에 대한 식견과 관심이 높고 야와타가 대화를 거듭한 이는 로잘린 히긴스(Rosalyn Higgins) 위원이었다. 히긴스 위원은 HRC 위원을 14년간 역임한 후, ICJ(국제사법재판소) 초대 여성 소장 등을 지낸 영국의 국제법학자이다.

HRC 제49회기 일본 심사에서 그 히긴스 위원은 "보고서를 보면 제27조 아래에서 코리안에 관한 기재가 한 마디도 없다"는 점을 문제 삼으며, "여기서 언급된 것은 아이누민족으로, '이들은 헌법 아래 평등을 보장받은 국민'이라고 기록하고 있다"고 지적하며, 이는 "마이너리티 권리는 국민에게만 부여된다는 최근 증가하는 불온한 제안(不穩な提案)"을 연상시키는 "불길한 기록(ominous note)"이라고 말했다. 동 위원은 "마이너리티 권리는 영역 내에 있는 마이너리티에 속하는 모든 사람에게 부여되는 것이며,……영주자는 당연히 누릴 수 있다"고 한 뒤 "코리안을 규약 제27조의 보호를 보장받은 마이너리티로 인식하고 있는가"라고 물었다. 프랑스 출신 크리스틴 샤네(Christine Chanet) 위원이 찬성했고, 스웨덴 출신 베르틸 벤네르그렌(Bertil Wennergren) 위원도 "재일코리안은 소수 집단이며 협약 제27조에 해당한다고 간주되어야 한다"고 했으나, 구니카타 도시오(國方俊男) 외무성 인권난민과장은 "마이너리티에 대한 국제적으로 확립된 정의는 없다"며 인정을 회피했다.[30] 이러한 논의를 거쳐, HRC는 1993년 11월 4일 채택한 '의견(Comments)'의 '주요 우려 사항'에서 "위원회는 일본 정부의 마이너리티 개념이 재일코리안을 배제하고 있다는 점에 대해 우려를 표한다. 규약은 마이너리티 개념을 해당 국가의 국적자로만 한정하지 않으며, 이 점은 규약상 정당화될

---

30 Japan Federation of Bar Associations (JFBA), *Record of the Human Rights Committee Meeting on the Third Periodic Report of Japan*, Tokyo, March 1995, para. 171, 172, 178, 206, 342.

수 없다"고 명시한 것이다.[31]

앞서 언급한 바와 같이 HRC는 1992년 이후 정부 보고서 심사가 끝난 후 HRC 전체에서 채택하는 'Comments'(의견, 후 'Concluding Observations'= 총괄 소견)를 발표하기로 결정했다. 제3차 일본 심사 후의 '의견'에서는 8개 단락의 '주요 우려 사항'과 4개 단락의 '권고 및 제안'이 채택되었으며, 앞서 언급한 재일코리안에 관한 우려는 그중 하나이다. 정기 보고 제도의 실효성을 높이는 소중한 진전이었으나, 당시에는 심의 종료 후 HRC가 '의견'이나 '총괄 소견'에서 명시한 우려나 권고에 대한 정부의 입장을 듣는 기회는 다음 심사(5년 이상 후)까지 없었다. 이에 필자들은 그 사이에 HRC의 지적을 받은 논의를 국내에서 진행하는 것이 조약 기구의 이행 조치를 보다 효과적으로 만들 것이라고 생각하여, 제3차 심사 후 다케무라 야스코(竹村泰子) 상원의원(당시)과 협력하여 이듬해 1994년 3월 4일, 재일코리안을 규약 제27조 권리 대상으로 인정하지 않는 정부에 대한 우려를 표명한 HRC의 '의견'에 대한 정부의 인식을 묻는 질의서(質問主意書)를 국회에 제출했다.[32]

1998년 NGO 보고서를 작성할 때도 다케무라 의원과 협력하여, 제27조 권리 대상으로서의 인정, 귀화 시 성명 변경 및 조선학교 문제 등 규약과 충돌이 예상되며 정부가 보고서에서 기술하지 않은 문제에 대해 정부의 입장을 묻는 질의서를 제출했다[33]. RAIK 외 13개 단체의

---

31 유엔 문서 CCPR/C/79/Add.28, 5 November 1993, para. 15. 당시 HRC '의견'(Comments)은 ①일반적 평가, ②긍정적 측면, ③규약 이행에 영향을 미치는 요소 및 장애, ④주요 우려 사항, ⑤제안 및 권고의 5개 부분으로 구성되었다.

32 다케무라 야스코 제출 '시민적·정치적 권리에 관한 국제규약 제27조에 말하는 "종족적, 종교적, 언어적 마이너리티"의 재일한국·조선인에 대한 적용에 관한 질문'(제129회 국회 참의원 질문 제2호) 1994년 3월 4일.

33 다케무라 야스코 제출 '시민적 정치적 권리에 관한 국제규약 제40조 1항 (b)에 근거한 일본국 정부 제4차 보고서에서의 재일한국·조선인 문제에 관한 질문'(제142회 국회 참의원 질문 제26호) 1998년 6월 18일. 동 '재일한국·조선인의 시민적 권리 등에 관한 질문'(제143회 국회 참의원 질문 제1호) 1998년

NGO 합동 보고서에는 국내에서 도출한 이러한 정부의 견해(1994년 3월 27일 호소카와 모리히로(細川護熙) 수상 답변서, 98년 7월 24일 하시모토 류타로(橋本龍太郎) 수상 답변서, 1998년 9월 18일 오부치 게이조(小渕恵三) 수상 답변서)를 게재하였다.[34] 제4차 심사에서는 영국 출신의 콜빌(Lord Colville) 위원이 이러한 정부 답변을 언급하며 자유권 규약에 비추어 그 오류를 지적했고, 핀란드 출신의 샤이닌(Martin Scheinin) 위원도 정부가 규약 제27조에 대해 HRC와 다른 해석을 하고 있음을 문제 삼았다(후술).

5. 유엔 마이너리티 권리 선언

자유권 규약이 채택된 이듬해(1967년), 인권소위원회는 마이너리티 정의에 관한 혼란이 있다고 판단하고 마이너리티 개념에 관한 연구를 수행하기로 결정하며, 카포토르티(Francesco Capotorti)를 특별 보고관으로 임명했다(본서 제2부 1장 참조). 자유권 규약 발효 다음 해(1977년)에 완성된 카포토르티 보고서는 마이너리티 권리 선언의 초안을 권고했다. 그 다음 해(1978년) 유고슬라비아 정부 대표가 유엔 인권위원회에 마이너리티 권리 선언 초안을 제출했고, 인권위원회가 선언 초안 작업을 시작한 것이다. 초안 작업은 마이너리티 정의 문제를 둘러싸고 일시 중단되는 등 우여곡절을 겪었으나, 1992년 2월 유엔 인권위원회에서 마이너리티 권리 선언 초안이 완성·승인되었다. 그리고 같은 해 상위 기관

8월 10일.

34 Research-Action Institute for the Koreans in Japan (RAIK) and other 13 organizations, *Joint NGO Report Regarding Rights of Japan's Korean Minority for Consideration of the Fourth Periodic Report Submitted by the Japanese Government in Accordance with Article 40 of the ICCPR*, RAIK, September 1998.

인 경제사회이사회(ECOSOC), 총회 제3위원회를 거쳐, 1992년 12월 18일 유엔 총회 결의 47/135에서 '민족적(National or Ethnic), 종교적, 언어적 마이너리티에 속하는 사람들의 권리에 관한 선언'(이하 마이너리티 권리 선언)을 채택하기에 이르렀다.[35] 이 선언의 각 조문 해석은 후에 설립될 유엔 마이너리티 작업 부분(Working Group on Minorities)에서 작성·채택될 조문별 해석(코멘터리)에서 다시 살펴보기로 하고, 여기서는 우선 선언의 개요를 파악해 보자(본서 자료 A).

선언은 제2조와 제3조에서 마이너리티에 속하는 사람들이 누릴 수 있는 권리를 규정하고 있다. 먼저 제2조에서는 자유권 규약 제27조의 마이너리티가 문화를 향유하고, 종교를 신앙·실천하며, 언어를 사용할 권리를 '부정되지 않는다'는 소극적으로 해석될 수 있는 표현을 '가지고 있다'는 적극적인 표현으로 바꿨다(1항). 그리고 마이너리티에 속하는 개인이 '문화적, 사회적, 경제적 생활과 공공생활' 및 '자신이 속한 마이너리티(집단)나 자신이 거주하는 지역에 관한 결정'에 효과적으로 참여할 권리(2, 3항) 등을 명시하고 있다. 제3조는 이러한 권리의 집단적 행사에 대해 규정하고 있다.

한편 마이너리티 권리를 보호·촉진할 국가의 의무를 규정한 것은 제1조와 제4조, 제5조이다. 선언은 제1조에서 마이너리티의 존재와 그 민족적, 문화적, 종교적, 언어적 아이덴티티를 보호하고 증진하기 위한 입법 및 기타 조치를 취할 국가의 의무를 규정하며, 그 구체적 조치를 제4조에서 명시하고 있다. 즉 마이너리티에 속하는 사람들이 "차별 없이 법 앞에 평등하게 자신의 인권과 기본적 자유를 충분히 효과적으로 행사할 수 있도록 하는 조치"(1항), "자신의 특성을 표현하고 그 문화,

---

35　Patrick Thornberry, *The UN Declaration: Background, Analysis and Observations*, Allan Phillips and Allan Rosas (ed.), The UN Minority Rights Declaration, Institute for Human Rights, Åbo Akademi University, 1993, pp.24-27.

언어, 종교, 전통, 관습을 발전시킬 수 있는 유리한 조건을 조성하기 위한 조치"(제2항), "자신의 모국어를 배우거나 모국어로 교육을 받을 충분한 기회를 얻을 수 있도록 하는 적절한 조치"(제3항), 그리고 머저리티를 포함하여 "교육 분야에서 해당 영역 내에 존재하는 마이너리티의 역사, 전통, 언어, 문화에 대한 지식을 증진시키기 위한 조치"(제4항) 등이다. 또한 제5조에서는 국가의 정책과 계획을 마이너리티에 속하는 사람들의 정당한 이익에 적절한 고려를 하여 수립하고 시행할 의무도 규정하고 있다.

국제인권협약은 세계가 자유주의 진영과 사회주의 진영으로 나뉜 동서 냉전이라는 국제 정세의 영향을 받아 자유권 협약과 사회권 협약으로 나뉘었다. 그중 국가 권력의 자의적 행위로부터 개인을 보호하는 것을 목적으로 하는 자유권 규약 내 조항이라는 위치에서 초안된 제27조는 마이너리티가 문화, 언어 또는 종교에 관한 권리에 대해 행동할 경우, 당사국은 그 권리의 자유로운 행사를 인정하고 방해하지 않는다는 소극적 표현을 취하게 되었다. 다만 "입법 기타 조치가 아직 취해지지 않은 경우, 당사국은 이 규약이 인정하는 권리를 실현하기 위해 필요한 입법 기타 조치를 취하기 위해 자국의 헌법상 절차 및 이 규약의 규정에 따라 필요한 행동을 취할 것을 약속한다"고 정한 제2조 제2항과 결합함으로써, 보다 적극적인 행위 또한 제27조에서 보장될 수 있다는 해석을 가능하게 했다고도 한다.[36]

기타 유엔 인권 조약은 자유권과 사회권으로 이분되지 않으며, 또한 2003년 7월 발효된 '모든 이주 노동자와 그 가족의 권리 보호에 관한 국제 조약'이 국가의 적극적인 관여·지원이 필요한 사회권적인 '모국어 및 문화 교육'(동조 3항)이나 '모국어를 사용한 교육'에 대한 권리

---

36 大竹秀樹 「少数者の国際的保護について⑴—第27条の起草過程を中心として」 『同志社法学』第35巻4号, 1983, p.194.

(제45조)를 당사국에 요구하는 등, 동서 냉전 완화 이후 유엔에서는 양자(자유권과 사회권)의 통합을 도모해 왔다. 이러한 흐름 속에서 탄생한 마이너리티 권리 선언이 자유권을 지나치게 의식한 자유권 규약 제27조의 '부정되지 않는다'는 문구를 '권리를 가진다'는 적극적인 표현으로 수정하고, 또한 이전이라면 국가의 지원이나 개입이 필요한 사회권적 요소라며 배제되었던 적극적 조치를 명시한 것도 당연하다고 할 수 있다.

이렇게 권리 선언에서는 자유권 규약 제27조 아래에서 국가는 권리를 부정하지 않으면 된다는 주장을 불식시키고, 마이너리티에 속하는 개인이 가진 구체적인 권리와 그 아이덴티티를 보호·촉진하기 위한 적극적 조치를 명시한 것이다. 한편 후반부의 제6조와 제7조에서는 마이너리티 권리를 둘러싼 국가 간 협력에 대해, 제8조에서는 기존 국제조약과의 관계에 대해, 제9조에서는 유엔 기구의 역할에 대해 규정하고 있다.

6. 포괄적 견해 23–HRC의 자유권 규약 제27조 해석

(1) 포괄적 견해 23(마이너리티 권리) 개요

유엔 마이너리티 권리 선언 채택 1년 4개월 후인 1994년 4월, 인권위원회(HRC)는 자유권 규약 제27조의 해석을 명문화한 'General Comment No.23: Rights of Minorities'(포괄적 의견 제23호: 마이너리티의 권리)를 채택하였다. 동 조항의 틀 안에서 초안 작성·채택된 마이너리티 권리 선언과 상호 보완적 존재라 할 수 있다(본서 자료 B). '포괄적 의견 23'의 내용을 일본과의 관련성을 중심으로 살펴보고자 한다.

'포괄적 의견 23'은 당시 약 150개국(2023년 현재 173개국)에 달하는 자유권 규약 비준국의 국내 이행 상황을 지속적으로 감시해 온 HRC가 규약 제27조 해석을 둘러싼 주요 논점, 즉 ① 마이너리티 정의, ② 외국 국적자나 선주민족이 이에 포함되는지 여부, ③ '권리를 부정당하지 않는다'는 문구가 마이너리티 문화의 유지·발전을 촉진하는 적극적 조치를 당사국에 부과하는 것인지 여부, ④ 개인적 권리인지 집단적 권리인지 등에 대해 오랜 경험 위에 구축한 견해를 위원회 전체에서 심의하고 합의 내용을 정리하여 위원회에서 채택한 것이다.

일본에서는 자유권 규약을 비준한 초기에는 '외국인은 본 조에서 말하는 "소수민족"에 포함되지 않는다', '적극적인 원조까지 본 조에 의해 요구되는 것은 아니다'라는 해석이 이루어지고 있었다[37]. 이에 대해 HRC는 '포괄적 견해 23'에서 영주자나 이주민·이주 노동자 등 외국 국적자도 제27조의 권리 대상이며, 동조는 국가에 적극적 조치를 취할 것을 의무화하는 것으로, 선주민족에게 토지 자원 사용을 수반하는 권리를 인정하고 있는 등 일본에서의 기존 해석을 근본적으로 뒤집는 조문 해석을 명시했다.

1994년 5월 일본에서 발효된 '아동권리협약' 제30조 역시 자유권 규약 제27조를 기반으로 한 규정이다. 그 해석과 시행에도 준용된 '포괄적 견해 23'은 권리 선언과 함께 마이너리티 권리 보장 내용을 보다 구체적으로 명시한 규준이 된다. 그 주요 포인트를 정리하면 다음과 같다.

먼저 ① 제27조가 규정하는 마이너리티 권리와 규약상 다른 권리 간

---

37 河野敬「第27条(少数民族の保護)」『法学セミナー』第291号(臨時増刊·国際人権規約), 1979, p.220. 다만 고노는 동지 동호의 '외국인의 권리'의 '교육 문제'에서, 자유권 규약 제27조에 의해 "외국인의 민족교육 권리 또한 보장된다.……민족교육의 장인 외국인 학교를 (각종 학교가 아닌) 학교교육법 제1조의 '학교'로 인정하는 방향이 인권 규약의 정신에 부합한다"고도 언급하여 견해가 정립되지 않았던 것으로 보인다(河野敬, p.29).

의 혼동 문제를 정리하였다. 자결권(제1조), 무차별, 법 앞의 평등, 법에 의한 평등 보호(제2조 제1항, 제26조), 언어에 관한 기타 권리(제19조 '표현의 자유', 제14조 제3항 f '피고인·피의자의 통역권')를 다루면서 제27조의 권리는 이들 권리와 구별되어야 할 권리임을 명시하였다. ② 제27조 권리 대상에는 해당 국가의 국민뿐만 아니라 외국 국적자도 포함되며, 이는 영주권자에 한정되는 것도 아님을 명확히 했다. ③ 선주민족이 자신의 문화를 누릴 권리는 영역과 자원 사용과 관련된 생활 방식 안에 있으며, 어업·사냥 등 전통적 활동, 법률로 보호된 특별 보호구역에서 생활할 권리를 가지는 것 등을 예시했다. 천연의 부와 자원의 자유로운 처분은 자결권의 요소이지만, 그 일부는 제27조의 범위 내 문화적 권리와 중복된다는 해석도 제시했다. 그 외, ④ 마이너리티의 존재와 그 인정에 관한 문제, ⑤ 제27조가 규성하는 권리의 집난적 요소, ⑥ 소극적 문언과 적극적 조치에 관한 문제, ⑦ 제27조의 제약 등, 모두 중요하며 수많은 논의를 배경으로 하는 문제들을 정리하고 있다. 이하, 그중에서 HRC가 일본 심사에서 재차 우려를 표명해 온 재일코리안을 감안하여, ②와 ⑥을 중심으로 살펴보도록 하자.

(2) 일본 정부 보고서와 그 심사를 통해 본 제27조를 둘러싼 논점

앞서 언급한 바와 같이, HRC는 1993년 11월 4일 채택한 'Comments' (의견)에서 일본 정부의 마이너리티 개념이 재일코리안을 배제하고 있다는 점에 대해 우려를 표명하며, 규약은 마이너리티 개념을 해당 국가의 국적자로만 한정하지 않는다고 명시했다. 필자는 다케무라 야스코 상원의원의 협력을 얻어, 이 HRC의 '의견'에 대한 정부의 견해를 묻는 국회 질의서(国会質問注意書)를 제출받았다. 질의서 답변은 내각총리대신 명의로 오기 때문에, 질문 방식은 예상 답변 내용도 감안하여 신중하고 치밀하게 준비해야 한다. 서툰 질문 방식으로 부정적인 답변이 돌아오면, 그것이 이후 정부의 최고 의사 결정자=내각총리대신의 답변으로 고정화되어 NGO뿐만 아니라 정부 각 부처의 하부 기관도 그에 얽매이게 되기 때문이다. 따라서 필자는 이 건으로 실제로 답변서를 작성하게 될 외무성 인권난민과 담당자와 다케무라 사무소에서 '예상 문답'을 진행하여, 담당자가 현 상황에서 어디까지 작성할 수 있고 무엇을 작성할 수 없는지를 파악한 후 문안을 초안했다.

한편 필자는 유엔 NGO인 IMADR 본부 사무국원으로서, HRC에서의 '포괄적 견해 23' 초안 작성에서 중심적인 역할을 담당했던 히긴스 위원과 연락을 주고받으며, 무샤코지 긴히데(武者小路公秀) 사무국장과 (유엔 인권소위원회 위원 등을 역임한 국제인권법학자인) 테오 반 보벤(Theo van Boven) 이사 등 IMADR 이사회 구성원들과 함께, HRC의 자유권 규약 제27조에 관한 포괄적 견해 작업 부회(Working Group)의 초안(CCPR/C/49/CRP.1, 15 October 1993, for participants only)을 검토했다. 그리고 신티족·로마족과 재일코리안이 직면한 문제에 비추어 5페이지 분량의 '의견과 제안(Comments and Proposals)'를 작성하여 히긴스 위원에게 보내 대화를 거듭했다(사진 2-2-1).

일본 국내에서는 다케무라 의원이 제출한 질의서(質問主意書)에 대해, HRC 제50회 회기 중이던 1994년 3월 29일, 호소카와 모리히로(細川護熙)총리의 국회 답변서에서 다음과 같은 견해가 표명되었다.[38]

① 우리나라에서는 누구든지 자신의 문화를 향유하고, 자신의 종교를 신앙하며 실천하거나 자신의 언어를 사용할 권리가 부정되지 않으므로, 재일한국·조선인 및 과거 재일한국·조선인으로 일본 국적을 취득한 사람들, 그리고 재일한국·조선인과 일본 국적을 가진 자 사

38　内閣総理大臣 細川護熙「参議院議員竹村泰子君提出『市民的政治的権利に関する国際規約第27条にいう『種族的, 宗教的, 言語的マイノリティ』の在日韓国·朝鮮人への適用に関する質問』に対する答弁書」(内閣参質 129第2号, 1994년 3월 29일)

이에서 출생한 사람들이 B (자유권) 규약 제27조에 말하는 '소수민족'인지 여부에 대해서는 반드시 판단을 요하지 않는다고 생각한다.

② B(자유권) 규약은 모든 사람에게 사상, 양심, 종교의 자유 및 표현의 자유를 인정하고 있으나, B (자유권) 규약 제27조는 특히 종족적, 종교적 또는 언어적 소수민족에 속하는 자가 자신의 문화를 향유하고, 자신의 종교를 신앙하며 실천하거나 자신의 언어를 사용할 권리를 가지고 있음을 확인적으로 규정한 것으로 해석된다.

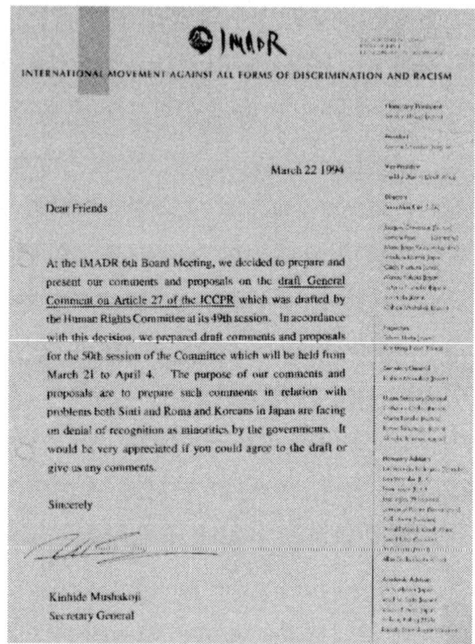

IMADR 이사진에게 '의견과 제안'에 대한 찬동·코멘트를 요청한 것(1994년 3월 22일, 필자가 문안 초안 작성).

[사진 2-2-1] 무샤코지 사무국장의 서한

③ 동 조항에서의 당사국 의무는 동 조항이 말하는 권리를 부정하지 않는 데에 있으며 동 조항은 소수민족에 대한 적극적인 제반 조치까지 의무화하는 것은 아니다. 필자들은 그 영문 번역본도 작성하여 히긴스 위원에게 송부하였으며(4월 1일), HRC는 동월 6일, 규약 제27조에 관한 '포괄적 견해 23'을 채택하였다. 여기서 명시된 동 조항의 해석은 앞서 언급한 정부 견해와 완전히 다르다.

①에 대해서는 "일부 당사국 중에는 에스니시티, 언어 또는 종교를 이유로 한 차별을 행하지 않는다고 주장하며, 이를 유일한 근거로 마이

너리티는 존재하지 않는다는 잘못된 주장을 펼치기도 한다"고 경고하며, 제27조의 "보호 대상이 되는 개인은 해당 국가의 시민일 필요는 없다"는 점과 "국민이나 시민일 필요가 없듯이, 영주권자일 필요도 없다"고 명시하고 있다.

②에 대해서는 "동 조항은 마이너리티 집단에 속하는 개인에게 부여되는 권리로서, 이미 규약에 의해 모든 사람에게 공통적으로 개인으로서 누릴 수 있도록 인정된 다른 어떠한 권리와도 구별되며, 또한 이들에 추가된 권리를 확립하고 인정하는 것"이라고 명시하고 있으며, 규약 제27조의 권리는 "그 자체로 보호되며, 규약에 근거하여 모든 사람이 누리는 다른 개인적 권리와 혼동해서는 안 된다"고 규정하고 있다.

③에 대해서는 "당사국은 해당 권리의 존재와 행사를 그 부정과 침해로부터 보호할 것을 보장할 의무를 진다", "입법, 사법 또는 행정 당국을 통한 당사국 자신의 행위로부터 보호할 뿐만 아니라, 당사국 내에 있는 다른 사람들의 행위로부터도 보호하기 위한 적극적인 수단을 강구할 것을 요구받는다", "마이너리티의 아이덴티티를 보호하고, 그 구성원이 해당 집단의 다른 구성원과 함께 자신의 문화와 언어를 누리고 발전시키며, 자신의 종교를 실천할 권리를 보호하기 위한 당사국의 적극적 조치도 필요하다"고 명시하고 있다.

(3) 외국 국적자는 권리 대상에서 제외되는가?—올드 커머부터 뉴 커머까지

HRC는 '포괄적 견해 23'에 앞서, 1986년 포괄적 견해 15 '협약상 외국인의 지위(The Position of Aliens Under the Covenant)'에서 다음과 같이 지적한 바 있다. "일반적으로 규약이 정한 권리는······ 국적 유무와 관계없이 모든 사람에게 적용"되며, 외국인은 "당사국 영토에 입국을 허가

받은 후에는 조약이 정한 권리를 향유"하고 "제27조 의미의 마이너리 티를 구성하는 경우에는 (동 조항에 있는) 권리를 부정당하지 않는다". 앞서 언급한 바와 같이, 국제인권은 소속 국가와 관계없이 평등하게 개 인의 인권을 보장하려는 것이므로 당연한 일이다.

그러나 이후에도 외국 국적자를 제27조 적용 대상에서 명백히 배제 하는 당사국 정부는 존재했다. 예를 들어 서독 정부(당시)는 1988년 제 출한 제3차 보고서에서, 자국에 거주하는 472만 명의 외국 국적자 중 약 60%가 10년 이상 거주자이며, 그 자녀들의 67%는 해당국 영토 내 에서 출생한 것이라고 하면서도, 90년에 실시된 심사에서 "'마이너리 티'의 개념은 외국인에게는 적용되지 않는다"고 주장했으며 "이주 노 동자나 기타 사람들에게까지 미치지 않는다"고 주장했다.[39]

외국 국적자를 제외한 의견은 과거 유엔 기관 내부에서도 제기된 바 있다. 예를 들어 1985년 차별 방지 마이너리티 보호 소위원회의 쥘 데 셴(Jules Deschênes, 캐나다 출신 퀘벡 주 판사) 위원이 제출한 보고서 '용어 "minority"의 정의에 관한 제안'은 선주민족과 함께 '거주 외국인'(resident alien)을 마이너리티 개념의 범주 밖에 두고 있었다. 이 보고서는 (국적 법에 출생지주의를 채택하고 있는) 캐나다의 상황을 곳곳에 반영하면 서, 거주 외국인＝'20세기 이주 노동자'로 규정하며, "마이너리티 권리 를 정의할 때 국가의 제1의적 의무는 그 시민(권리를 가진 자)에 대한 것이 다. 그 외의 자에 대해서는 어떠한 권리도 발생하지 않으며, 단지 호의 에 불과하다"고 기술하고 있다.[40] 이 보고서에 기반한 해당 위원의 정 의는 소위원회에서 채택되지 않았다.

데셴 위원의 보고서를 비롯해 이러한 의견들이 자주 근거로 제시하 는 것은 국제연맹 시대의 마이너리티 보호 제도이며(본서 제1부 2장, 3장),

---

39　유엔 문서 CCPR/C/52, Add. 3, para. 86. CCPR/C/SR.963, para. 61.
40　유엔 문서 E/CN/4/Sub.2/1985/31, para. 4, 7, 44.

당시 그 범주에 포함된 사람들은 거주국의 국적을 가진 것으로 간주된 '과거 관례'였다. 그러나 본서 제1부에서 살펴본 바와 같이, 당시 마이너리티라는 용어가 사용되었던 것은 제1차 세계대전 직후 유럽이라는 제한된 지역, 특정 상황 하에서였으며, 마이너리티 보호를 의무화된 것은 신생국이나 패전국, 혹은 영토 확장에 이른 동중부 유럽 국가들이었기에 보편적 인권 보장이라고 할 수 없다. 그것이 제2차 세계대전 후 발족한 국제연합의 여러 조약 속에서 전 세계적 범위에서 보편적으로 사용되게 된 시점에서 당연히 재정의되어야 했다. 국제연합은 발족 당시부터 이 문제에 대처해 왔다(본서 제2부 1장 참조).

국제연합은 세계 각지에 분포하는 196개국으로 구성된다(2023년 현재). 제1차 세계대전은 국경선이 변동함으로써 마이너리티를 만들어냈지만, 제2차 세계대전 이후 국제사회는 사람들이 국경을 넘어 이동함으로써 발생하는 마이너리티를 다수 만들어내고 있다. 이러한 상황에서 개인의 권리를 국적만을 근거로 결정할 수 없다. "마이너리티 권리는 전시기에 이해되었던 국민(citizens)의 권리에서 규약 제27조가 보장하는 인권으로 발전했다"고 해석해야 하는 이유이다.[41]

'포괄적 견해 23'은 "국가는 규약 제27조의 권리를 국민(citizens)에게만 제한할 수 없다"고, 동 조항이 외국 국적자에게도 적용됨을 명시하였다.(para. 5). 규약 제2조는 "당사국은 그 영토 내에 있고 그 관할 하에 있는 모든 개인에 대하여……어떠한 차별도 없이 이 규약에서 인정하는 권리를 존중하고 보장할 것을 약속한다"고 규정한다. 이는 규약 내에서 일관된 원칙이며, 예외는 참정권 등에 관한 제25조와 외국인의 자의적 추방을 금지한 제13조로만 해석된다. 제25조는 그 대상을 '국민'(citizen)으로, 제13조는 '외국인'(alien)으로 표기하고 있다. 한편 제27조

---

41 Nowak, *supra* note 20, p.489.

의 권리 대상은 "마이너리티 집단에 속하는 자(persons)"이다. 동 조항 초안 작성 당시, 총회 제3위원회(1961년 11월 14일 제1103차 회의)에서 인도 정부 대표가 CHR 초안의 'persons'를 'citizens'로 대체할 것을 제안했으나 받아들여지지 않았다.[42] 이러한 점에서도 조문상 외국 국적자를 배제할 이유는 찾아볼 수 없다.

또한 이민은 몇 세대를 거쳐야 마이너리티로 간주되는가 하는 정착 정도가 자주 문제시되지만, 개인에게 그러한 기간적 조건을 부과하는 것은 적절하지 않다. 제27조가 규정하는 권리의 필요성은 원래 마이너리티 집단이 국내에서 머저리티 집단에 비해 수적, 세력적으로 소수이며, 그로 인해 고유한 문화적, 종교적, 언어적 권리가 부정, 침해되기 쉬운 상태에 있다는 집단 간 관계에서 비롯된 것이다. 따라서 권리의 조건으로 문제가 되는 것은, 첫째 해당 집단이 당사국 내에서 마이너리티를 구성하고 있는지 여부이며, 둘째 개인이 그 마이너리티 집단에 속하는지 여부이다. 양자의 조건을 충족한다면, 개인으로서 '새로운 이주민'이라 할지라도 현지에서 이미 마이너리티로서의 공동체를 형성하고 있는 집단에 속하는 자라면, 그로 인해 발생할 수 있는 다양한 불이익으로부터 보호받고 또한 그 권리를 누릴 수 있다고 보아야 한다. 영주자뿐만 아니라 "당사국 내에서 마이너리티를 구성하는 이주노동자나 일시적 체류자"도 권리의 대상이라고 한 것은 합리적인 해석이라 할 수 있다.

'포괄적 견해 23'은 더 나아가 '동 조항에서 의도된 권리의 성격과 범위'로부터, 마이너리티에 속하는 개인의 영주성뿐만 아니라 국내에

42　유엔 문서 UN General Assembly, Third Committee, 1103rd Meeting Official Records, A/C.3/ SR.1103, 14 November 1961, para. 38. 후에 자유권 규약 제27조가 된 CHR 초안 제25조는, 다음 제1104차 회의에서 찬성 80, 반대 0, 기권 1로 원안 그대로 채택되었다(A/5000, 5 December 1961, para. 4, 116, 117, 125).

존재하는 마이너리티(집단) 자체의 영주성 정도도 제한해서는 안 된다고 하고 있다(para. 5.2). 국내에서 형성되기 시작한 지 얼마 되지 않은 이주민 커뮤니티처럼, 그에 속한 사람의 다수가 영주자가 아니며, 교체되며 향후 집단으로서의 영주성이 현 시점에서 미확정인 경우에도, 그러한 집단에 속한 개인의 권리를 보장하는 것을 의도한 것으로 볼 수 있다. 다만, 후술하듯이 적극적 조치에서 집단적으로 인정되는 권리의 정도는 마이너리티 집단 간에 다른 대응이 될 수 있다.

(4) 두 가지 적극적 의미

앞서 언급한 일본 정부의 주장을 보면, 자유권 규약 제27조는 모든 사람에게 인정된 권리가 마이너리티에게도 부여된다는 점을 확인한 것에 불과하다고 보는 듯하다. 그러나 동조가 규정하는 것은 모든 사람의 권리가 아니라, 머저리티에 둘러싸여 생활하는 가운데 자신의 문화를 향유하고, 자신의 종교를 신앙·실천하며, 자신의 언어를 사용하는 것이 어려운 마이너리티에 속하는 사람들에게 부여된 고유한 권리이다. 이는 마이너리티가 이러한 권리를 종종 부정당해 온 역사에 의해 발생하고, 현존하는 마이너리티에 대한 억압과 향후에 대한 예방적 조치로서 존재한다. 제27조가 마이너리티에 속하는 개인에게 '모든 사람의 권리'를 누린 데 더해 추가적 권리를 인정하고 있다고 여겨지는 이유다. '포괄적 견해'는 이 점도 명시하고 있다(para. 1, 9).

HRC는 '포괄적 견해 23'에서 두 가지 적극적 조치를 제시했다(para. 6). ① '해당 권리의 존재와 행사를 그 부정과 침해로부터 보호하기 위한' 적극적 조치와, ② '자신의 문화와 언어를 누리고 발전시키며, 자신의 종교를 실천할 권리를 보호하기 위한' 적극적 조치이다. 전자를 '당사국의 의무'로 명시하는 한편, 후자는 '필요'성 확인에 그치고 있다.

①은 무차별과 평등과 관련된 권리로, 협약 제27조에 해당하는 모든

마이너리티에게 동등하게 보장되어야 할 권리이다. 일본 정부는 국내법이 마이너리티 문화의 향유, 종교의 실천, 언어 사용을 부정하지 않는 한, 그것으로 당사국 의무가 이행된 것으로 간주해 왔다. 그러나 반복되는 조선학교 아동, 학생에 대한 폭행 사건이나 헤이트 스피치, 재일코리안 마을 방화 사건(2021년 8월, 교토부 우지시 우토로 지역) 등의 헤이트 범죄가 보여주듯, 이를 부정하는 것은 법률이나 행정만이 아니다. 따라서 당사국 내 다른 사람들이 부정하는 행위로부터 보호하기 위한 적극적 조치가 의무화된다.[43] 민족차별금지법 등 인종차별철폐협약에도 걸친 그 적극적 조치에 대해서는 후술한다.

②는 "마이너리티 집단이 그 문화, 언어, 종교를 유지할 수 있는 능력에 의존하는" 것으로, 구체적으로 시행하기 위해서는 해당 마이너리티 집단에 내한 국가의 일정한 경제적 지원 등이 필요한 사회권적 요소를 포함한다. '포괄적 견해'는 제27조가 마이너리티의 권리 대상을 국민에서 일시 체류자에 이르기까지로 넓게 설정하면서도 각자의 역사적 경위 등으로 인해 마이너리티 간 권리 내용에 차이가 있을 수 있음을 인정한다고 본다. 적극적 조치에 대해 마이너리티 간 처리에 차이가 발생하더라도, 그것이 "규약 제27조 하에서 보장되는 권리의 향유를 방해하고 해치는 상황을 바로잡기 위한" 목적을 가지며 "합리적이고 객관적인 규준에 근거한" 것이라면 정당화된다는 것이다.

따라서 과거 식민지 지배, 동화 정책이라는 적극적이고 철저한 부정의 결과로 민족어와 민족적 아이덴티티 상실의 위기에 직면해 온 재일

---

43 예를 들어 당시 1994년 4월부터 6월까지 3개월간 민족 복장인 치마·저고리를 교복으로 하는 조선학교 여학생을 주로 노린 폭행, 괴롭힘이 조선총련 집계에 따르면 160건(4월 27건, 5월 48건) 발생했으며, 조선학교가 있는 29개 도도부현의 거의 전 지역에서 발생했다. 오사카부 내 조선중학교 4개교, 도치기현, 효고현 내 등 조선학교가 민족의상 착용을 자제하고 사복 등으로 등교할 수밖에 없었다. 이는 제27조에 따른 자기 문화를 향유할 권리에 대한 침해이며, 정부는 그 부정을 적극적으로 보호하는 조치를 취할 의무를 지게 되는 것이다.

코리안이나 아이누민족 등의 경우, 제27조에 근거하여 일본 국가는 이에 대한 보상과 회복을 위한 적극적 조치를 강구할 의무를 지게 된다. 1949년 유엔 사무총장 각서 '마이너리티의 정의와 분류'(Definition and Classification of Minorities)는 "일반적으로 비교적 근대에 국가 관할권 내에 강제적으로 연행된 마이너리티"을 하나의 범주로 제시하며, 이러한 마이너리티가 강제적 병합이라는 근본적인 부당성(wrongness) 때문에 그 문화적, 종교적, 언어적으로 다른 특질을 보호하는 특별 조치를 당연한 권리로 요구할 수 있음을 보여주고 있다. 또한 그 후손들도 머저리티 집단에 동화되지 않고 자신의 아이덴티티를 유지하며 그 보존을 희망하고, 병합을 부당하다고 보는 강한 의식을 계속 유지하는 경우, 마찬가지로 앞서 언급한 권리를 요구할 수 있다는 견해도 기록되어 있다.[44]

특히 일본 정부(및 GHQ)가 전후에도 조선인 학교를 집요한 탄압으로 폐쇄(1948, 49년)하고, 그 후에도 민족 교육에 대해 다양한 부정과 간섭을 해온 경위를 규약 발효 이전의 일이라며 묻어두어서는 안 된다. 그것이 코리안계 뿌리를 가진 아이들의 대다수가 일반 일본 학교에 다니며 충분한 민족 교육을 받지 못하는 현실을 만들어 왔다는 점은, 제2의 적극적 조치가 일본 정부에 의무화되는 정당한 근거가 될 것이다.

마이너리티 권리 선언 채택 이전의 일본에서도 마이너리티 언어가 사회생활의 네트워크 속에서 살아남기 위해서는 부모나 친척, 친구 외의 원천으로부터의 지원이 필요하며, 만약 국가가 마이너리티 스스로가 조상의 문화와 언어를 충분히 습득할 수 있는 효과적인 기회를 아이들에게 제공하는 교육 시설의 설립을 허가하지 않는 경우, 국가는 자유권 규약 제27조에 따라 적어도 일반 학교 제도 틀 안에서 누려야 할 충

---

44 유엔 문서 E/CN.4/Sub.2/85.27 December 1949, para. 80-82.

분한 프로그램을 고려할 의무가 있다는 견해가 제시된 바 있다[45]. 즉 재일코리안에 의한 민족학교의 설립·운영을 보장하지 않는다면, 정부가 공립학교 내에서 민족교육 프로그램을 시행할 의무가 있다는 것이다.

그러나 일본 정부는 오히려 외국인 학교 졸업생의 일본의 대학 입학 자격(2003년 9월), 고등학교 무상화 제도(2010년 4월), 유아교육·보육 무상화 제도(2019년 10월), 코로나 사태 학생 지원 긴급 급여 제도(2020년 5월) 등에서 조선학교(유치원·고등학교·대학)를 모두 배제해 왔다. HRC 및 기타 조약 기관-인종차별철폐위원회(CERD)와 아동권리위원회(CRC)-는 이러한 정부의 조선학교에 대한 처우가 조약에 위배된다고 판단하고, 마이너리티 언어에 의한 교육 및 해당 언어의 교수를 촉진할 것을 반복적으로 권고하고 있다.

기타 마이너리티에 대해서도 "(제27조의) 권리를 보호함으로써 마이너리티 집단의 문화적, 종교적, 사회적 아이덴티티가 생존하고 지속적으로 발전해 나갈 수 있도록 보장하며, 사회 기구를 종합적으로 풍요롭게 할 수 있다"는 '포괄적 견해'에 명시된 동 조항의 의미를 적극적으로 수용하고 구체적 조치를 검토할 것을 요구하고 있다. 이는 일본에서 1980년대 이후 증가한 이주자(구 식민지 출신자=올드커머에 대비하여 뉴커머라 불려온 사람들)에 대한 문화적·종교적·언어적 아이덴티티의 보호·촉진과 관련된 것으로, 후술할 '이주노동자와 그 가족의 권리 보호에 관한 협약'과도 연계된 권리라 할 수 있다.

(5) 자유권 규약 제4차 일본 보고서(97년)와 HRC 심사(98년)

앞서 언급한 바와 같이, 필자들은 HRC 제3차 심사 이후 정부와의 대

45　池畠美穂「市民的及び政治的権利に関する国際規約第27条における少数者保護について」『成城法学』第37号, 1991.3, p.148.

화를 통해 상황 진전을 시도했으나, 일본 정부의 제4차 보고서(97년 6월 제출)는 앞서 언급한 HRC의 '의견'이나 '포괄적 의견 23'을 전혀 언급하지 않았으며, 제27조 이행 보고 부분에서도 여전히 재일코리안에 대해 단 한 마디도 기록하지 않았다. '포괄적 견해 23'을 받아 정부의 견해가 바뀌었는지, 어떤 인식으로 HRC 제4차 보고서 심사에 임할 것인지 묻는 국회 질의서에 대해 정부는 1998년 7월 24일, 지난번(1994년)과 완전히 동일한 답변을 반복하며, "이 인식을 전제로 대응해 나가고 싶다"는 의향을 밝혔다.[46]

이러한 인식으로 심사에 임하는 정부에 대해, HRC는 제64회 회기에서 사전에 심의·채택한 일본에 대한 질문 목록(List of Issues, CCPR/C/64/JAP, 1998년 10월 19일)의 10항(a): 차별 금지, 마이너리티의 권리(제27조)에서 다음과 같이 질문했다.

"제3차 보고서 심사에서 일본에 거주하는 다수의 조선민족 출신자(Korean origin)에 대해 질문이 진행되었으나, 다음 사항에 대해 어떠한 법적 규정이 마련되어 있는가:

(ii) 민족적, 종교적, 언어적 마이너리티로서의 취급.

(iii) 이들이 자신의 문화를 누릴 권리를 부정하는 어떠한 장애가 있는가.

(iv) 제4차 정부 보고서에서 왜 (제26조, 제27조 하에서) 조선민족 출신자에 관한 기술이 없는가?"

이후 진행된 심의에서, 가이타니 도시오(貝谷俊男) 외무성 인권난민과장은 이러한 질문에 대해 "한국·조선적에 관한 사람들에 대해, 종족적, 종교적 및 언어적 소수민족으로 취급한 법령은 존재하지 않는다.

46　内閣総理大臣 橋本龍太郎「竹村泰子参議院議員提出『市民的及び政治的権利に関する国際規約第40条1項(b)に基づく日本国政府第4回報告書における在日韓国・朝鮮人問題に関する質問』に対する答弁書」(内閣参質142 第26号, 1998.7.24.).

우리나라에서는 한국·조선적에 관한 분들을 포함하여, 누구든지 자신의 문화를 향유하고, 자신의 종교를 신앙하며, 실천하거나 자신의 언어를 사용할 권리는 보장되고 있다"고 답변했다.

HRC가 '조선민족 출신자(Korean origin)'라고 한 데 대해 정부는 '한국·조선적 사람들'로, 통계상 추산 가능한 범위에서 33만 명은 있었던 코리아계 일본인(Korean-Japanese)을 제외하고 답변하고 있다. 귀화한 자는 조선민족이 아니라는 뜻인가? 또한 (ⅲ) (ⅳ)에는 일체 답변하지 않았다.

이에 대해 HRC에서는 콜빌 위원이 "코리안계 일본인, 영주 자격을 가진 코리안은 2세대, 3세대, 4세대에 걸쳐 일본에 계속 거주하고 있으며, 90만 명 이상의 인구가 있지만 그들 대부분은 여전히 외국인이다. 이 문제는 지금까지 지난 3회의 일본 정부 보고서 심사에서 매번 제기되어 왔지만, 이들에 대한 만족스러운 결과는 전혀 달성되지 않았다. 왜 그들은 규약 제2조, 제26조에 따른 차별에 대한 구제를 보장받지 못하는가? 그들이 규약 제27조에 따른 마이너리티로서의 인정을 받지 못하는 이유는 무엇인가?"라고 질문했다. 그리고 앞서 언급한 1994년 3월 29일 호소카와(細川) 수상 답변서를 인용하며, "이는 인권위원회(HRC)의 판례(jurisprudence)나 포괄적 견해에 비추어 잘못된 것"이며 "포괄적 견해와 부합하지 않는다"고 지적하고, "정부 대표단 각 구성원께서 '포괄적 견해 23' 전문, 특히 6단락과 9단락을 읽어주시길 바란다"고 밝혔다. 또한 98년 7월 24일 하시모토 수상 답변서를 언급하며, 정부가 "코리안이 마이너리티임을 부정하고, 그들에 대한 차별이 존재함을 부정하는 지금까지 정부가 취해온 입장"을 바꾸지 않은 채 HRC 심사에 임하고 있는 데 대해 강한 유감을 표명했다.

샤이닝 위원은 "마이너리티 그룹 문제와 관련해 정부 대표는 다양한 범주의 사람들을 언급하며, 이 사람들은 다른 모든 사람들과 마찬가지로 자신의 문화를 누리고, 자신의 언어를 사용하며, 자신의 종교를 믿을 권리가 있다고 말했다”고 가이타니 과장의 발언을 인용하며, “그 답변 뒤에는 마이너리티 권리가 분리된(separated) 권리가 아니라 모든 사람의 권리라는 논리가 있을 것이다 그러나 규약이 마이너리티 구성원의 권리를 제27조 아래 특정 권리로 규정하고 있는 데에는 이유가 있음을 강조하고 싶다. 그것은 추가적인 보호를 위한 특별한 필요성이 있기 때문이다”라고 말하며, 정부가 규약 제27조에 대해 HRC와 다른 해석을 하고 있는 것에 대한 우려를 표명했다.

이러한 질문과 의견에 대해 가이타니 과장은 “콜빌 위원의 코멘트에 대해서는 저희 답변은 이미 말씀드린 바와 같으므로 특별히 추가 답변은 하지 않겠다”고 말하며 답변하지 않았다. 이러한 논의를 받아 HRC는 1998년 11월 5일 채택한 ‘종합 의견’에서 다시 한번 “위원회는 당사국에게 협약 제27조에 따른 보호가 국민에게만 한정되지 않는다는 ‘포괄적 의견 23’에 주의를 환기한다”고 명시하고, 정부에 대해 코리안을 제27조의 권리 대상으로 인정하고, ‘포괄적 견해 23’이 제시한 마이너리티에 대한 적극적 의무에 따른 입법 조치와 정책을 취할 것을 요구한 것이다.

7. 국제인권 규준의 제정자에게

HRC는 ‘포괄적 견해 23’에서 규약 제27조의 해석을 제시했으나, 앞서 언급한 바와 같이 완고하게 수용하려 하지 않는 정부도 존재하는 가운데, 그 규준을 확고히 하기 위해서는 다양한 국가의 마이너리티 권리 보장이 ‘포괄적 견해 23’의 규준에 따라 이루어지도록 하는 것이 중요하다. 그렇게 보급되고 정립되어 가는 국제 규준이 결국 일본 내 마이너리티 권리 보장의 강화로도 이어지게 되는 것이다.

(1) '자국으로 돌아갈 권리'의 법적 이념을 둘러싸고

HRC는 1997년부터 출국·귀국 권리를 규정한 규약 제12조의 조문 해석을 제시하는 '포괄적 견해'의 작성을 시작하여, 99년 여름 회기에서 완성하고 같은 해 가을 회기에서 채택하였다. 이 출국·귀국권에 관한 국제 규준 마련에도 필자들은 참여해 왔다.

일본에서는 1980년대 외국인등록법상 지문 날인을 거부한 재일코리안 2세 및 3세에 대해 '출입국관리 및 난민인정법'(출입국관리법) 제26조가 정한 재입국허가를 발급하지 않아, 해외여행을 포기하거나 영주 자격을 박탈당하는 사건이 잇따랐다. 일본국 헌법에서는 '출국·귀국 권리'가 규정되어 있지 않다. 그러나 재입국 불허 처분 취소를 요구하는 소송에서는 국민의 귀국은 '헌법으로 보장하기 이전의 국민 고유의 절대적 권리'로 보는 한편, 외국 국적자의 경우 일본에서 태어나 자란 2세나 3세라 하더라도 '국가는 자유롭게 규제할 수 있다'는 판결이 내려져 왔다.[47]

한편 자유권 규약은 세계인권선언 제13조를 받아들여 '출국·귀국 권리'를 제12조에서 규정하고 있으며, 그 제4항에 '자국(one's own country)으로 돌아갈 권리'가 명시되어 있다. 유엔 인권 소위원회는 해당 권리의 명확화를 도모하기 위해 1982년 '출국·귀국 권리에 관한 특별 보고관' 무반가 치포요(Mubanga Chipoya)를 임명했다. 무반가 치포요는 1988년 세계인권선언 제13조와 자유권 규약 제12조가 정한 권리를 보다 상세히 기술한 '출국·귀국 권리 선언' 초안을 연구 성과와 함께 제출했다. 그 초안에는 '거주국을 떠나는 합법적 영주자는 그 나라에 돌

---

47 최창화(崔昌華) 원고에 의한 「再入国不許可処分取り消し請求訴訟」의 東京地裁判決(1988年4月28日) 등.

아갈 권리를 부정당하지 않는다'고 명시한 제11조가 포함되어 있었다. 이 선언 초안에 대해 이듬해 89년까지 유엔 회원국 및 전문 기관 등으로부터 총 30건의 의견이 돌아왔으나, 그중 서독(당시)과 일본이 제11조에 반대하며 삭제를 요구했다.

이러한 상황을 받아들여 이듬해 1990년, 필자는 RAIK 국제인권분과에서 지문 날인 거부자 중 한 명이기도 한 캐나다인 존 맥킨토시(John H. McIntosh) 목사의 협력을 얻어, 영주권자의 거주국으로의 귀국권을 둘러싼 "Position paper"(의견서)를 정리했다. 그리고 이듬해인 91년에 걸쳐 앞서 언급한 WCC와 그 소개를 받아 협력해 주신 퀘이커 유엔 사무소(Quaker UN Office)를 통해 인권 소위원회의 심의에 참여하여 선언 초안 제11조의 보호와 강화를 도모한 것이다.[48]

이처럼 1990년부터 유엔에서의 출국·귀국 권리 심의에 관여해 온 필자는 1997년 HRC가 자유권 규약 제12조의 포괄적 견해를 초안한다는 정보를 IMADR UN Office(제네바 사무소)의 다나카 아츠코(田中敦子)로부터 얻었다. 이에 '출국·귀국 권리 선언' 초안을 둘러싼 심의를 바탕으로, 동조 4항의 '자국으로 돌아갈 권리'는, ① 개인이 사회와 사이에 구축한 실질적 유대 관계에서 발생하는 권리이며, ② 만약 권리 대상을 국적 소유자로 한정하면, 제2세대 이후가 출생지주의 국적법을 채택한 국가에서는 귀국권이 보장되고 혈통주의 국적법을 채택한 국가에서는 부정되므로 불평등이 발생한다는 두 가지를 주요 법리로 하는, HRC 포괄적 견해를 위한 의견서를 다시 작성하여 초안 작성자인 클라인(Eckart Klein) 위원(독일) 등에게 보냈다. 1998년 10월 제네바에 직

48　岡本雅享「『出国・帰国の権利宣言』と定住外国人の居住国に帰る権利」『法律時報』第62巻7号, 1990, pp.34-43. 岡本雅享「出国・帰国の権利」『法学セミナー』第431号, 1990, pp.38-41. 岡本雅享「自国に戻る権利」岡本雅享＝上村英明ほか『国際人権と在日韓国・朝鮮人—国連人権活動へのアプローチ』在日韓国人問題研究所, 1990, pp.102-108.

접 방문한 제64차 인권이사회에서는 일본 정부 보고서 심사와 별도로 클라인 위원 및 샤이닝 위원 등과 포괄적 의견 초안 수정을 둘러싼 의견을 직접 교환했다.

한편 일본에서는 같은 해 4월 10일, 대법원이 지문 날인을 거부하고 유학을 위해 재입국 불허 처분을 받은 채 그대로 출국하여 영주 자격을 박탈당한 재일한국인 2세 최선애의 소송에서, 자유권 규약 제12조 제4항에서 말하는 '자국'은 '국적국만'을 의미한다고 해석하는 것이 자연스럽고, 영주자의 '정주국'을 포함하지 않는다고 판시하였다. 동조 동항은 영주자의 거주국으로 돌아갈 권리를 보장하는 것이 아니며, 법무대신이 재입국 불허 처분을 하고 영주 자격을 박탈한 것은 "재량권의 합법적 행사로서 허용될 수 있다"는 판결은 그 반년 후 열린 HRC 제64회기에서 주목을 끌었다.

동 회기의 제4회 일본정부보고서 심사에서는 사전 질의 목록(List of Issues) 초안에 제12조 4항에 관한 질문이 포함되어 있지 않았으나, 필자의 지적을 받아 클라인 위원이 질의 목록 10(a)(i) "재일코리안에 대해, 규약 제12조 4항에 근거한 재입국 권리에 관해 어떠한 법적 규정이 마련되어 있는가"를 추가로 삽입하였다. 이 질문에 대해 심의에서 가이타니 외무성 인권난민과장이 이렇게 답변했다. "협약 제12조 4항에 따른 재입국 권리에 관해서는, 본 협약은 외국인의 입국 체류 허가·불허가 여부가 주권 국가의 재량에 맡겨져 있다는 국제 관습법상의 원칙을 부정하는 것이 아니라고 해석하고 있다. 따라서 동 조항에 의해 일본에 체류하는 외국인에게 재입국을 요구할 권리가 인정된다고는 인식하지 않는다. 또한 동 조항에서의 자국은 국적국으로 해석하고 있다".

이 정부의 조문 해석은 잘못되었다고 3명의 위원이 지적했다. 바그와티 (Prafullachandra Natwarlal Bhagwati) 위원은 "이는 제12조 제4항에 반하는 것으로 생각한다. 일본 정부는 법률을 규약에 부합하도록 어떻게 할 계획인가. 위원회 선례에서는 규약 제12조의 '자국'이 '국적국'과 동일하지 않다고 해석하고 있다"고 말했으며, 콜빌 위원은 "제12조 제4항 하에서는 국적이 문제가 되는 것이 아니다. 동항은 신중하게 작성되어 '자국'이라고 기재되어 있다. 일본에 2세대, 3세대에 걸쳐 거주하는 사람들은 기술적으로(technically) 외국인이라 할지라도 당연히 일본이 '자국'이라고 주장할 수 있다. 왜 재입국에 제한이 있는가"라고 질문했다. 또한 샤이닝 위원도 "제12조 제4항의 '자국으로 돌아갈 권리'는 '국적국으로 돌아갈 권리'보다 넓다는 사실을 유념하고 싶다"고 강조했다.

이러한 지적에 대해 니시카와 가쓰유키(西川克之) 법무성 입국관리국 경비과장은 "정부의 견해는 이미 설명한 바 있으므로 굳이 반복하지 않겠다"고만 밝혔다. 이처럼 HRC는 일본 정부 보고서 심사 후 채택한 종합결론의 '주요 우려 사항과 권고'에서 다음과 같이 명시하였다.

"출입국관리 및 난민인정법 제26조는 일본에서 출국하는 외국인은 사전에 재입국을 허가받은 자만이 체류 자격을 상실하지 않고 일본으로 돌아올 수 있다고 규정하고 있으며, 그러한 사전 허가는 전적으로 법무대신의 재량에 따라 부여되고 있다. 이 법률 하에서는 일본 내 2세대, 3세대 영주자나 일본에 생활 기반을 둔 자들은 일본을 떠날 권리와 일본에 재입국할 권리를 박탈당할 것이다. 위원회는 이 규정이 규약 제12조 제2항 및 제4항에 위반된다는 의견이다. 위원회는 정부에 '자국'이라는 용어가 '국적국'과 동의어가 아님을 유의한다. 위원회는 따라서 정부가 일본에서 출생한 재일한국인들과 같은 영주자에 대해서는 사전 재입국 허가를 취득해야 한다는 요건을 제거할 것을 강력히 요구한다".[49]

49　유엔 문서 CCPR/C/79/Add. 102, para. 18.

이렇게 HRC가 최고재판소의 자유권 규약 해석이 오류이며, 입국관리법 제26조가 자유권 규약 제12조 제4항에 위반된다고 명시한 지 반년 후인 1999년 5월, 외국인등록법과 입국관리법 개정 심의가 진행되었다. 이때 참의원 법무위원회에서 오모리 레이코(大森礼子), 후쿠시마 미즈호(福島瑞穗), 나카무라 아츠오(中村敦夫), 마도카 요리코(円より子) 의원 등 여러 국회의원이 필자들이 준비한 자료를 활용하여, 출입국관리법 제26조가 자유권 규약 제12조 제4항에 저촉된다는 HRC의 총괄소견을 근거로 질의를 전개했다. 그러나 법무성 입국관리국장은 법리나 근거를 전혀 제시하지 않고 "자국은 국적국으로 해석하고 있다"고만 반복하며, 출입국관리법 제26조의 개정에는 이르지 못했다. 다만 HRC의 종합소견을 반영하여 "특별영주자에 대해서는 그 재류자격이 법정(法定)되기에 이른 역사적 경위 등을 충분히 고려하여 재입국허가 제도의 방향에 대해 검토함과 동시에 운용에 있어서는 인권상 적절한 배려를 할 것"이라는 부대(附帶) 결의가 첨부되었으며, 또한 참의원 법무위원회에서 참고인으로 출석해 영주 자격을 상실한 경위를 증언한 최선애에 대해, 그 체류 자격을 회복하기 위해 출입국관리특례법 부칙 제6조의 2가 제정되게 되었다.[50]

그로부터 5개월 후인 같은 해 10월 18일, HRC는 제67회 회의에서 규약 제12조에 관한 '포괄적 견해 27(이동의 자유)'(General Comment No.27: Freedom of Movement)를 채택했다. 포괄적 견해 27은 규약 제12조 제4항 '자국으로 돌아갈(enter one's own country) 권리'에 대해 다음과 같이 기술하고 있다. "제12조 4항의 용어는 '누구든지'로 국민과 외국인을 구분하지 않는다. 따라서 이 권리의 행사를 인정받는 개인은 '자국'이라는 단어의 의미를 해석함으로써만 확인된다. '자국'의 범위는 '국적국'이

50　岡本雅享「永住者の帰国権をめぐる国際的潮流と再入国許可制度」『法律時報』第80巻2号, 2008, pp.73-79 참조.

라는 개념보다 넓다. 이는 법적 형식적 의미에서의 국적－즉 출생이나 부여(付与)를 통해 취득한 국적－에만 국한되지 않으며, 적어도 그·그녀의 해당 국가와의 특별한 유대 관계, 혹은 해당 국가에 대한 권리로부터 단순한 외국인으로 간주되지 않는 개인을 포함한다.……제12조 제4항의 용어는 또한 장기 거주자(long-term residents)라는 범주도 포괄하는 넓은 해석을 허용하는 것이다.……당사국은 정기 보고서에서 영주자의 거주국으로 돌아갈 권리에 관한 정보를 포함해야 한다[51]."

'영주자의 거주국으로의 귀국'은 규약 제12조 제4항이 정하는 '자국으로의 귀국'에 해당하며, 규약에 의해 보장된다는 조문 해석을 HRC가 전 세계를 대상으로 한 '포괄적 견해'에서 명시한 것이다. 이렇게 국제 규준이 명문화된 후, 2000년대에 들어서 EU주일사무소가 재입국허가 제도 폐지를 요구(2005년), 규제개혁회의가 동 제도 재검토를 제안(2006년), 재일본대한민국민단이 영주자에 대한 적용 제외를 요구하는 서명 운동을 시작하는(2007년) 등 재입국허가제도 개폐를 요구하는 기운이 복합적으로 고조되었다. 그리고 2009년 출입국관리법 개정을 거쳐, 2012년 7월부터 특별영주자 등의 경우 출국일로부터 1년 이내 또는 2년 이내에 재입국하는 경우 재입국 허가 취득이 불필요하게 되었다.

(2) 일본의 NGO 및 전문가들의 기여

1970년대 말 시작된 일본의 유엔 인권 활동은 80년대에는 인권 조약을 어떻게 활용해 자신들의 권리를 지킬 것인가에 초점을 맞췄으나, 90년 전후부터는 (우에무라 히데아키 등) 시민 외교 센터의 선주민족 권리 선언, (오카모토 마사타카 등) RAIK와 IMADR의 '출국·귀국 권

---

51 유엔 문서 CCPR/C/21/Rev.1/Add.9, 1 November 1999, para. 19~20

리 선언' 및 '포괄적 견해 23 (마이너리티 권리)' '포괄적 견해 27 (이동의 자유)' 등의 초안 작업 참여를 시작으로, 국제 규준 설정 작업에 관여하는 노력도 시작되었다. 국제인권법의 큰 틀은 서유럽 국가들이 주체가 되어 만들어 온 것은 사실이지만, 그 세부적인 규준 설정 작업은 현재도 계속되고 있으며, 개별 권리에 관한 선언이나 조문 해석을 제시하는 문서 등 현재 바로 작성 중인 것들도 있다. 국제인권법은 서유럽 사회가 만든 것이며 일본의 토양에 뿌리내린 요소는 들어 있지 않다는 논의는 80년대까지의 이야기다. 앞서 언급한 HRC 위원 외에도 CEDAW(여성차별철폐위원회)의 하야시 요코 위원(변호사)이나 인권소위원회의 요코타 요조 위원(국제기독교대학 교수 등) 등 일본 출신 인사들이 유엔 기구나 조약 기구의 전문가로서도 국제인권 규준 설정 작업에 참여해 왔다. 적어노 1990년대 이후로는 일본의 NGO와 전문가들도 국제인권법의 제작자로서의 역할을 담당해온 것이다.

HRC 제49회 회기에서 일본의 제4차 보고서 심사를 앞두고 필자는 첫 주부터 제네바에 도착해, 두 번째 주에 일본 심사에 앞서 진행된 아이슬란드, 벨기에, 리비아, 아르메니아의 심사 및 규약 제12조에 관한 '포괄적 견해' 초안 작성 작업을 방청했다. 아이슬란드 심사는 지난번(93년)에도 일본과 같은 회기에서 진행되었으며, 이를 참관한 야와타 아키히코(八幡明彦)는 외국인이 아이슬란드 국적을 취득할 때 아이슬란드식 성씨를 반드시 사용해야 하며, 본인은 원래 성씨도 사용할 수 있지만 2세 이후는 아이슬란드식 성씨만 사용할 수 있다는 문제를 세 명의 위원이 제기한 사실을 필자 등에게 보고한 바 있다. 1985년까지 법무부가 귀화 신청자에게 일본식 성명으로의 변경을 강요했으며, 그 후에도 효과적인 구제 조치를 취하지 않았고, 현장에서도 정책 변경이 철저히 이행되지 않은 문제와 유사했다. 이 이름 문제는 93년 아이슬란드에 대한 '의견'의 주요 우려 사항에도 포함되어 있었다. 그래서 위원이 같은 회기 중 다른 국가의 심사 과정에서 한 발언을 인용하고, 그가 관심을 가지고 있는 특정 분야를 찾아내어 그것을 자신들의 문제와 연결시키는―라는 야하타가 남긴 조언을 이어받아, 필자도 제49회기 심의에서 이 문제를 제기한 콜빌 위원과 점심을 함께하며 의견을 교환했다.

지금까지 WCC(세계교회협의회), Article19, 앰네스티 인터내셔널 등 유럽 기반 NGO들이 일본 정부 보고서 심사에 대해 리포트를 제출하고 로비 활동을 해왔다. 국경이나 국적에 얽매이지 않는 국제 인권에서는 그것이 일반적이다. 필자 역시 HRC 제49회 회기에서 아르메니아 보고서가 제27조와 관련해 "마이너리티 집단은 그 민족적, 언어적, 종교적 특성이 유지될 때에만 마이너리티 집단으로서의 지위를 얻을 수 있다"[52]고 기술한 점에 의문을 품고, 누가 어떻게 특정 사람들이 이를 유지하고 있는지 결정하는지에 대해 위원과 논의를 나누기도 했다.

1999년 여름 HRC 제66차 회의에서 필자들은 HRC의 한 위원으로부터 제안을 받아 국제인권NGO 네트워크로서 HRC 의장에게 다음과 같이 문서로 제안했다. ① 당사국 정부가 종합소견 채택 후 1~2년 이내에 이에 대한 답변을 HRC에 문서로 제출할 것, ② 당사국이 종합소견의 권고를 무시하거나 거부한 경우의 대항책을 마련하는 것 등, 절차 규칙의 개선과 강화를 도모하도록 문서로 제안했다. ①은 그 후, 앞서 언급한 대로 실현되었다.

---

52 유엔 문서 CCPR/C/92/Add.2, 30 April 1998, para. 252.

【자료 A】

민족적(National or Ethnic), 종교적, 언어적 마이너리티에 속하는 사람들의 권리에 관한 선언(마이너리티 권리 선언)

Declaration on the Rights of Persons Belonging to National or Ethnic, Religious and Linguistic Minorities

국제연합 총회 결의 47/135, 1992년 12월 18일 채택

총회는

국제연합의 기본 목적 중 하나가 국제연합 헌장이 선언한 바와 같이, 인종, 성별, 언어 또는 종교에 따른 차별 없이 모든 사람을 위해 인권과 기본적 자유를 존중하도록 촉진·장려하는 데 있음을 재확인하고,

기본적 인권, 인간의 존엄과 가치, 남녀 및 대소 각국의 평등한 권리에 대한 신념을 재확인하며,

국제연합 헌장, 세계 인권 선언, 집단학살 범죄의 예방과 처벌에 관한 협약, 모든 형태의 인종차별 철폐에 관한 국제 협약, 시민적 정치적 권리에 관한 국제규약, 경제적 사회적 문화적 권리에 관한 국제규약, 종교 또는 신념에 따른 모든 형태의 불관용과 차별 철폐에 관한 선언, 아동 권리에 관한 협약, 기타 세계, 지역 차원에서 채택된 관련 국제 문서, 국제연합 각 회원국 간에 체결된 국제 문서에 포함된 여러 원칙의

실현을 촉진하기를 희망하며,

시민적 정치적 권리에 관한 국제규약의 민족적(Ethnic), 종교적, 언어적 마이너리티에 속하는 사람들의 권리에 관한 제27조 규정에 의해 고무되어,

민족적(National or Ethnic), 종교적, 언어적 마이너리티에 속하는 사람들의 권리 증진과 보호가 그들이 거주하는 국가의 정치적·사회적 안정에 기여함을 고려하며,

민족적(National or Ethnic), 종교적, 언어적 마이너리티에 속하는 사람들의 권리의 지속적인 증진과 실현이 사회 전체 발전의 불가결한 일부로서, 법치에 기반한 민주주의의 틀 안에서, 사람들과 국가 간의 우호와 협력 강화에 기여함을 강조하며,

국제연합이 마이너리티 보호에 관해 중요한 역할을 수행해야 함을 고려하여,

유엔 체계, 특히 인권위원회, 차별방지 마이너리티보호소위원회, 국제 인권 규약 및 기타 관련 국제인권문서에 따라 설치된 기관이 지금까지 수행해 온 민족적(national or ethnic), 종교적, 언어적 마이너리티에 속하는 사람들의 권리를 증진하고 보호하는 작업에 주목하며,

정부간기구(IGO)와 비정부기구(NGO)가 마이너리티 보호와 민족적(national or ethnic), 종교적, 언어적 마이너리티에 속하는 사람들의 권리를 증진·보호에 있어 중요한 작업을 수행하고 있음을 고려하여,

민족적(national or ethnic), 종교적, 언어적 마이너리티에 속하는 사람들의 권리에 관한 국제 문서의 보다 효과적인 이행을 보장할 필요성을 인식하고, 이 '민족적(national or ethnic), 종교적, 언어적 마이너리티에 속하는 사람들의 권리에 관한 선언'을 공포한다.

제1조

1. 국가는 각자의 영역 내에서, 마이너리티의 존재와 그 민족적(national or ethnic), 문화적, 종교적, 언어적 아이덴티티(독자성)을 보호하고, 그 아이덴티티를 증진시키기 위한 조건을 조성해야 한다.

2. 국가는 이러한 목적을 달성하기 위해 적절한 입법 및 기타 조치를 취해야 한다.

제2조

1. 민족적(national or ethnic), 종교적, 언어적 마이너리티에 속하는 사람들(이하 "마이너리티에 속하는 사람들")은 사적 및 공적으로, 자유롭게, 간섭을 받지 않고, 또한 어떠한 형태의 차별도 없이, 자신의 문화를 누리고, 자신의 종교를 신앙·실천하며, 자신의 언어를 사용할 권리를 가진다.

2. 마이너리티에 속하는 사람들은 문화적, 종교적, 사회적, 경제적 생활과 공공생활에 효과적으로 참여할 권리를 가진다.

3. 마이너리티에 속하는 사람들은 자신이 속한 마이너리티(집단)이나 자신이 거주하는 지역에 관한 전국적 또는 적절한 경우 지역적 차원의 결정에 국내법에 반하지 않는 방식으로 효과적으로 참여할 권리를 가진다.

4. 마이너리티에 속하는 사람들은 자신의 결사를 설립하고 유지할 권리를 가진다.

5. 마이너리티에 속하는 사람들은 그(마이너리티) 집단의 다른 구성원이나 다른 마이너리티에 속하는 사람들과 자유롭고 평화적으로 접촉하고, 민족적(national or ethnic), 종교적 또는 언어적 유대 관계로 연결된 타국 시민들과의 국경을 초월한 접촉을 어떠한 차별 없이 수립하고 유지할 권리를 가진다.

제3조

1. 마이너리티에 속하는 사람들은 개인으로서, 그리고 자신의 (마이너리티) 집단의 다른 구성원들과 함께, 이 선언이 정하는 권리를 포함한 자신의 권리를 어떠한 차별 없이 행사할 수 있다.

2. 마이너리티에 속하는 어떠한 사람도 이 선언이 정한 권리를 행사하거나 행사하지 않음으로 인해 불이익을 받아서는 안 된다.

제4조

1. 국가는 필요한 경우 마이너리티에 속하는 사람들이 자신의 모든 인권과 기본적 자유를 어떠한 차별도 없이 법 앞에서 완전히 평등하게, 충분히 그리고 효과적으로 행사할 수 있도록 보장하기 위한 조치를 취해야 한다.

2. 국가는 특정 활동이 국가 법률을 위반하고 국제 기준에 반하는 경우를 제외하고 마이너리티에 속하는 사람들이 자신의 특성을 표현하고 자신의 문화, 언어, 종교, 전통, 관습을 발전시킬 수 있는 유리한 조건을 조성하기 위한 조치를 취해야 한다.

3. 국가는 가능한 경우 언제든지 마이너리티에 속하는 사람들이 자신의 모국어를 배우거나 모국어로 교육을 받을 충분한 기회를 얻을 수 있도록 적절한 조치를 취한다.

4. 국가는 적절한 경우 교육 분야에서 해당 지역 내에 존재하는 마이너리티의 역사, 전통, 언어, 문화에 대한 지식을 증진하기 위한 조치를 취한다. 마이너리티에 속하는 사람들은 사회 전체의 지식을 습득할 충분한 기회를 가진다.

5. 국가는 마이너리티에 속하는 사람들이 해당 국가의 경제적 신장과 발전에 충분히 참여할 수 있도록 적절한 조치를 고려한다.

제5조

1. 국가의 정책과 계획은 마이너리티에 속하는 사람들의 정당한 이익에 합당한 고려를 하여 정책과 계획을 수립하고 시행하여야 한다.

2. 국가 간 협력·원조 계획은 마이너리티에 속하는 사람들의 정당한 이익에 적절한 고려를 기울여 수립되고 시행되어야 한다.

제6조

국가는 상호 이해와 신뢰 증진을 위해 마이너리티에 속하는 사람들과 관련된 문제에 대해, 특히 정보와 경험의 교환을 통해 협력한다.

제7조

국가는 이 선언이 정하는 권리의 존중을 촉진하기 위해 협력한다.

제8조

1. 이 선언의 어떠한 규정도 마이너리티에 속하는 사람들에 대해 국가가 부담하는 국제적 의무의 이행을 방해하지 않는다. 특히 국가는 당사국인 국제적 조약과 협정에 근거하여 부담하는 의무와 약속을 성실히 이행해야 한다.

2. 이 선언이 정하는 권리의 행사는 보편적으로 인정된 인권과 기본적 자유를 모든 사람이 누리는 것을 방해하지 않는다.

3. 이 선언이 정하는 권리의 효과적인 향유를 보장하기 위해 국가가 취하는 조치는 세계인권선언이 포함하는 평등 원칙에 반하는 것으로 즉시 간주되지 않는다.

4. 본 선언의 어떠한 규정도 국제연합의 목적과 국가의 주권 평등, 영토 보전, 정치적 독립을 포함한 국제연합의 원칙에 반하는 활동을 허

용하는 것으로 해석될 수 없다.

제9조

유엔 시스템의 전문 기관과 기타 조직은 각자의 권한이 있는 분야에서 본 선언이 정한 권리와 원칙을 완전히 실현하기 위해 기여해야 한다.

[오카모토 마사타카(岡本雅享) 번역]

【자료 B】

'시민적 정치적 권리에 관한 국제규약' 제27조에 관한 포괄적 견해 23

CCPR General Comment No. 23: Article 27 (Rights of Minorities)

자유권 규약 위원회(Human Rights Committee)제50회기
1994년4월6일 채택(유엔문서CCPR/C/21/Rev.1/Add.5)

1. 시민적 정치적 권리에 관한 국제규약 제27조는 "민족적(ethnic), 종교적 또는 언어적 마이너리티(소수자)가 존재하는 나라에서 해당 마이너리티에 속하는 사람들은 그 집단의 다른 구성원과 함께 자기의 문화를 향유하고, 자기의 종교를 신앙·실천하며, 자기의 언어를 사용할 권리를 부정당하지 않는다"고 정하고 있다. 자유권 규약 위원회는 동 조항은 마이너리티 집단에 속하는 개인에게 부여되는 권리이며, 이미 규약에 의해 모든 사람에게 공통적으로 개인으로서 향유하는 것이 인정되고 있는 다른 어떤 권리와도 구별되며, 또 이것들에 추가된 권리를 확립하고 인정하는 것이라고 생각한다.

2. 선택의정서에 근거하여 자유권 규약 위원회에 제출된 통보 중에는 제27조에 의해 보호되는 권리를 규약 제1조에서 선언된 인민의 자결권과 혼동하고 있는 것이 있다. 또한 규약 제40조에 근거하여 당

사국이 제출한 보고서 안에는 때때로 규약 제27조에 의해 당사국에 부과되는 의무를 규약에서 보장되는 권리를 차별 없이 향유하도록 확보할 것을 규정한 제2조 1항에 의한 당사국의 의무나 제26조가 정하는 법 앞의 평등, 법에 의한 평등한 보호와 혼동하고 있는 것이 있다.

3. (1) 규약은 자결권과 제27조에서 보호되는 권리를 구별하고 있다. 전자는 인민에게 속하는 권리로 표현되며, 규약의 다른 부분(제1부)에서 다루어지고 있다. 자결권은 선택의정서에서 인정되는 권리가 아니다. 한편 제27조는 개인 자체에게 부여되는 권리를 규정하는 것이며, 개인에게 부여되는 다른 개인적 권리를 규정하는 조항들과 마찬가지로 규약 제3부에 포함되어 있고, 동 규약의 선택의정서에서도 인정되고 있는 것이다.

(2) 제27조가 규정하는 권리의 향유는 국가의 주권과 영토의 보전을 해치는 것이 아니다. 동시에 동 조항에서 보호되는 개인의 권리의 몇몇 측면(예를 들면 특정한 문화)은 영역 및 그곳에 있는 자원의 사용과 밀접하게 관련된 생활양식 속에 존재한다. 이러한 점은 특히 마이너리티를 구성하는 선주민족(先住民族) 커뮤니티의 구성원에게 해당된다고 할 수 있다.

4. 규약은 또한 제27조에 의해 보호되는 권리와 제2조 1항 및 제26조에 근거한 보장을 구별하고 있다. 규약 제2조 1항에 근거한 권리는 규약에서의 권리를 차별 없이 향유하기 위한 것이며, 마이너리티에 속하는 개인인지 아닌지에 관계없이 국가의 영역 내에 있거나 그 관할 하에 있는 모든 개인에게 적용된다. 더 나아가 제26조가 정하는

권리는 법 앞의 평등, 법에 의한 평등한 보호, 국가에 의해 부여되는 권리와 부과되는 의무에 관한 무차별(non-discrimination)을 위한 권리이다. 이것은 규약 아래에서 보장되는 것인지 여부와 관계없이 그 개인들이 제27조에 특정된 마이너리티인지 아닌지에 관계없이 국가가 법률에 의해 그 영역 내에 있거나, 또는 관할 내에 있는 개인에게 부여하는 모든 권리의 행사에 적용된다. 당사국 중에는 민족성(에스니시티), 언어 또는 종교를 이유로 한 차별은 하지 않는다고 주장하고, 그것만을 근거로 하여 마이너리티는 존재하지 않는다고 하는 잘못된 주장을 하는 경우도 있다.

5. (1) 제27조는 거기 사용된 용어로 미루어 보호 대상이 되는 개인을 어느 집단에 속하여 문화, 종교 및 (또는) 언어를 공유하는 자로 규정하고 있다. 이러한 용어는 또한 보호 대상이 되는 개인이 해당 국가의 국민(citizens)일 필요는 없음을 의미한다. 이에 대해서는 제2조 1항에 근거한 의무와도 관련이 있다. 왜냐하면 국가는 동 조항에서 규약에 의해 보호되는 권리를 제25조의 정치적 권리처럼 명확히 국민(citizens)에게만 적용되는 것으로 전제하고 만들어진 것을 제외하고는 그 영역 내에 있으며 그 관할 하에 있는 모든 개인에게 미치도록 확보할 것을 요구받고 있기 때문이다. 따라서 국가는 규약 제27조의 권리를 국민(citizens)에게만 한정할 수 없다.

(2) 제27조는 국가 내에 '존재하는' 마이너리티에 속하는 개인에게 권리를 부여한다. 동 조항에 따른 권리의 성질과 범위로 볼 때, '존재하는'이 의미하는 영주성의 정도를 제한하는 것은 적절하지 않다. 이 권리는 단지 민족적, 종교적, 언어적 마이너리티에 속하는 개인이 그 집단의 다른 구성원과 함께 자기의 문화를 향유하고, 자

기의 종교를 신앙 및 실천하며, 또는 자기의 언어를 사용할 권리를 부정당하지 않는다는 것이다. 국민(nationals or citizens)일 필요가 없는 것처럼 영주자일 필요도 없다. 따라서 당사국 내에서 마이너리티를 구성하는 이주 노동자나 체류자(visitors)는 그 권리를 행사하는 것을 부정당하지 않는 권리를 가진다. 당사국 영역 내에 있는 기타 모든 개인과 마찬가지로 이 규약에 있어서 이들도 집회, 결사 및 표현의 자유에 대한 권리와 같은 일반적인 권리를 가진다. 당사국 내의 민족적, 종교적 또는 언어상의 마이너리티의 존재는 당사국의 결정에 의한 것이 아니라, 객관적인 기준에 의해 확정될 것을 요구한다.

(3) 언어적 마이너리티에 속하는 개인이 사적이거나 공적으로 해당 마이너리티 내에서 그들의 언어를 사용할 권리는 규약 아래서 보호되는 언어에 관한 다른 권리와 구별된다. 특히 제19조 아래서 보호되는 표현의 자유에 관한 일반적 권리와 구별되어야 한다. 후자의 권리는 마이너리티에 속하는지 여부와 관계없이 모든 개인에게 미친다. 또한 제27조에서 보호되는 권리를 제14조 3항 f가 보장하는 법정에서 사용되는 언어를 이해하지 못하는 피고인의 통역권과 구별해야 한다. 제14조 3항 f는 피고인·피의자에게 재판 절차에서 스스로 선택한 언어를 사용하고 말할 권리를 부여하는 것은 아니다.

6. (1) 제27조는 소극적인 용어로 표현되어 있으나, 그럼에도 불구하고 동 조항은 그 '권리'의 존재를 인정하고, 해당 권리가 부정되지 않도록 요구한다. 따라서 당사국은 해당 권리의 존재와 행사를 그 부정과 침해로부터 보호할 의무를 진다. 그러므로 입법, 사법 또는 행정 당국을 통한 당사국 자체의 행위로부터 보호할 뿐만 아니라, 당사국

내에 있는 타인의 행위로부터도 보호하기 위한 적극적인 수단을 강구할 것을 요구받는다.

(2) 규약 제27조에서 보호되는 권리는 개인적 권리이지만, 그것은 해당 마이너리티 집단이 그 문화, 언어, 종교를 유지하는 능력에 의존하는 것이다. 따라서 마이너리티의 정체성을 보호하고, 또한 그 구성원이 그 집단의 다른 구성원과 함께 자기의 문화와 언어를 향유하고 발전시키며, 자기의 종교를 실천할 권리를 보호하기 위한 당사국의 적극적 조치(positive measures)도 필요하다. 이러한 적극적 조치에 관해서는, 마이너리티 간의 취급 및 마이너리티에 속하는 사람들과 기타 주민 간의 취급에 관하여 제2조 1항 및 제26조의 규정을 존중해야 한나고 해석해야 한다. 그러나 이러한 조치는 규약 제27조 아래에서 보장되는 권리의 향유를 방해하는 상황을 시정하는 것을 목적으로 하는 한, 그 조치가 합리적이고 객관적인 기준(objective criteria)에 기반한 것이라면 규약에 근거한 정당한 구별을 이루는 것이라 할 수 있다.

7. 제27조 아래서 보호되는 문화적 권리의 행사는 위원회가 '문화'는 토지 자원의 사용을 수반하는 특정한 생활양식을 포함한 여러 형태로 자신을 표현하는 것으로 본다. 특히 선주민족(indigenous peoples)의 경우가 그러하다. 이 권리는 어업·사냥 등 전통적 활동이나 법률로 보호된 특별보류지에서 생활할 권리를 포함한다. 해당 권리의 향유는 보호에 관한 적극적인 법적 수단과 마이너리티 커뮤니티 구성원이 해당 마이너리티에 영향을 미치는 의사결정에 효과적으로 참여할 수 있도록 확보하는 수단을 요구한다.

8. 위원회는 동 조항에서 보호되는 어떤 권리도 규약의 다른 규정과 양립하지 않을 경우 정당하게 행사될 수 없다고 본다.

9. 위원회는 제27조가 그 보호가 당사국에 특정한 의무를 부과하는 권리와 연계되어야 한다고 판단한다. 해당 권리를 보호함으로써 마이너리티 집단의 문화적, 종교적, 사회적 정체성이 살아남아 지속적으로 발전할 수 있으며, 사회구조를 종합적으로 풍요롭게 할 수 있다. 위원회는 이들 권리가 그 자체로 보호되며, 규약에 근거해 모든 사람이 향유하는 다른 개인적 권리와 혼동되어서는 안 된다는 것을 인정한다. 당사국은 그러므로 이 권리의 행사가 충분히 보장되도록 확실히 하고, 이를 위해 취한 조치를 보고서에서 제시할 의무를 진다.

[오카모토 마사타카 번역]

전후 일본의 마이너리티 권리 회피

오카모토 마사타카

1. 세계에 알려진 일본의 마이너리티

1939년 9월 1일 독일군의 폴란드 침공으로 시작되어 일독이 삼국동맹을 중심으로 하는 추축국과 영불미소 등 연합국 간에 벌어진 제2차 세계대전은 1943년 9월 8일 이탈리아 항복, 1945년 5월 8일 독일 항복에 이어 일본이 포츠담 선언을 수락(동년 8월 14일)하고 항복문서에 서명(9월 2일)함으로써 종결되었다.

이 가운데 이탈리아(및 헝가리, 루마니아, 불가리아, 핀란드 5개국)와 연합국

(영불미중)의 사이에는 1947년 2월 10일 파리평화조약이 체결되어 강화가 성립했으나, 동서 냉전의 발발로 1949년에 독일이 동서로 분단(같은 해 9월 독일 연방공화국=서독, 이듬해 10월 독일민주공화국=동독이 성립)하는 가운데 전 독일을 대상으로 하는 강화조약은 연합국 사이에서 의견이 모아지지 않아 보류되었다. 연합국 점령 4개국(영불미소)과 동서 독일 사이에 강화조약을 대신하는 독일 최종 규정 조약이 체결된 것은 동서 냉전 종결 후인 1990년 9월 12일이며(1991년 3월 15일 발효)이다.

제1부에서 본 바와 같이 일본은 제1차 세계대전 후 파리 강화회의에 주요 전승국으로 참가하여, 대독일(베르사유) 등 강화조약의 조인국이 되었으며, 이들과 연계된 마이너리티 조약(Minorities Treaties)의 이행에 국제연맹 상임이사국으로서 관여해 왔다. 그 때문에 일본 외무성은 당초 자국의 경험과 정보 축적을 바탕으로 제2차 세계대전 후 일본이 체결할 강화조약에 대응하는 것을 생각하고 있었다. 그리고 강화조약의 대상이 되는 영토 변경에 따른 마이너리티로 조선과 대만에 있는 일본인이나 일본에 있는 조선인·대만인 등을 상정하고 있었다.

이 가운데 재일조선인의 존재는 일본 내 주요 마이너리티로서 당시부터 세계적으로 알려져 있었다. 1947년 2월에는 데이비드 콘데(David Conde)의 『The Korean Minority in Japan』이 발표되었고, 1951년 2월에는 에드워드 와그너(Edward Wagner)의 『The Korean Minority in Japan, 1904~1950』도 출간되었다.[1] 이 재일코리안의 대부분은 일본의 조선 식민지 지배(1910년~1945년) 동안 일본에 온 사람들과 그 자손들이다. 식

---

1 David Conde, The Korean Minority in Japan, Far Eastern Survey, Vol. 16, No. 4. Edward W. Wagner, The Korean Minority in Japan, 1904-1950, Institute of Pacific Relations, 1951. 콘데는 1945년부터 1947년까지 GHQ 민간정보교육국 영화연극과장 및 로이터 통신 기자로 일본에 있었으며, 와그너는 1945년부터 1948년까지 주한미군정청(USAMGIK) 군속(civilian)으로 근무했고 이후 하버드 대학 명예교수가 된 역사학자이다.

민지 지배 초기에는 많은 조선인이 식민지 지배하에서 토지와 농산물 수탈 등의 결과로 조선반도에서 유출되었다. 남부(현재의 한국) 사람들은 일본으로, 북부(현재의 북한) 사람들은 중·소 국경을 넘어 중국의 조선족(200만 명)이나 구소련의 고려인(40만 명)이 되었다.[2] 또한 중일전쟁과 태평양전쟁 발발에 따라, 일본은 1938년부터 1945년까지 많은 조선인을 연행하여 일본의 광산과 공장, 토목 공사 등에서 일하게 했다. 1910년 한일합병 이전에는 1,000명에도 못 미쳤던 재일조선인 인구는 1945년 일본 패전 시점에 약 220만 명으로 증가했다는 점이다.

일본의 식민지 통치에서는 조선인의 민족성을 말살하는 동화정책(Ethnocide = 민족문화 말살)이 단행되었다. 1938년 3월의 제3차 조선교육령에 따라 학교 교육에서 조선어 수업이 없어졌으며, 국어(일본어) 상용 운동 하에서 관공서 등에서 조선어 사용도 금지되었다. 1939년 11월 공포(다음 해 2월 시행)된 개정 조선민사령에서는 조선인의 성명을 일본식 성명으로 바꾸는 창씨개명을 실시하였다. 이 정책의 발상은 1924년 나카야마 게이(中山啓)의 '조선인의 이름을 전부 일본명으로 바꾸어야 한다 – 조선민족 동화의 근본책'에서 이미 제기되었다. "조선민족의 대중은 일본의 판도에 편입됨으로써 커다란 행복을 누릴 수 있었다"는 전제 하에 나카야마는 "일본인의 일본 의식이 조선을 향하면 우월감이 되어 경멸의 원인이 되고, 조선인의 조선 의식은 독립의 근본이 되어 일본의 평화를 근본부터 뒤흔들려 할 것이다"라고 하며, "이런 국가적

---

2 극동 지역의 중소 국경지대에 피신한 조선인(약 40만 명)은 일본 국민(즉, 식민지하에서 일본 국적을 취득한 조선인)이 존재한다는 구실로 일본군이 소련 국경 내로 진주하는 것을 꺼린 스탈린의 지시에 따라 1937년에 중앙아시아로 강제 이주당했다. 지금도 우즈베키스탄에 많은 고려인(高麗人)이 거주하는 이유이다. Dae-Sook Suh, *Koreans in the Soviet Union*, University of Hawaii Center for Korean Studies, 1988, pp.85-93. 姜在彦・木村英亮「ソ連中央アジアの朝鮮人」『季刊三千里』第44号, 1985.10, pp.25-26. 志賀勝「中央アジアへ追われた人々—スターリニズムと朝鮮人」, 위와 같은 책, pp.48-53.

재앙을 하루라도 빨리 제거하기 위해서는 '일본인에 대해 경멸의 대상인 조선인의 이름을 잊게 하고, 조선인에 대해서는 그들의 두뇌에서 조선인 의식을 없애는' 기막힌 계책의 실행이 필요하다"고 주장하였다. 그리고 '조선인의 성명을 일본화한다'는 제목 아래 다음과 같이 서술하였다. "그 방책은 조선인의 성명을 모두 명령에 의해 일본식 성명으로 변경하여... 그들이 조선인임을 증명하는 증거를 모두 소멸시키는 것이다..... 조선인과 본국인은 용모나 체격상 차이가 없다. 따라서 조선인의 성명을 모두 본국인의 성명으로 바꾸기만 하면 전혀 조선인임을 알 수 없게 될 것이다. 그렇게 되면 조선인임을 알기 때문에 생기는 경멸감정은 일본인으로부터 모두 사라질 것이다. 또한 이를 조선인 측에서 보면, 그들이 문화적으로 두세 등급 우월한 일본인으로서 본국인과 동등하게 대우받으면 어제의 적대 감정은 완전히 사라지고 기꺼이 일본인이 될 것이다"[3] 이 글에는 일본이 조선인에 대해 행한 에스노사이드(동화)의 의도가 여실히 나타나 있다. 이는 마이너리티 권리의 전형적인 침해이다.

1945년 일본의 패전과 함께 조선이 해방되자 재일조선인 중 140만 명 이상이 스스로 조국으로 귀국했으나 장기간 일본에 체류하여 고향에서의 생활 기반을 상실한 사람들, 강제노동 끝에 임금이 지급되지 않아 귀국 비용이 없는 사람들, 그리고 조국의 남북 분단과 조선전쟁 발발로 인해 귀국하지 못한 약 60만 명이 일본에 남았다. 그 후 일본이 주권을 회복하는 1952년까지 GHQ 점령하에서 재일조선인 및 대만인은 통치·관리할 경우에는 계속 일본국민으로서, 권리에서 배제할 경우에는 (곧 일본 국적을 상실할 것이란 이유로) 외국인으로서 통치자들의 편의에 따라 다르게 취급되었다. 1947년 5월 2일에는 아직 일본 국

3　中山啓「朝鮮人の名を全部日本名に変ずべし─朝鮮民族同化の根本策」『日本及日本人』第56号, 大正13(1924)年9月15日, pp.39-41.

적을 가진 재일조선인과 대만인을 '간주외국인'으로서 감시대상으로 삼는 외국인등록령도 공포되었다. 외국인등록령 시행 다음 해(1948년)의 통계에 따르면 조선인(62만 1100명, 93%)과 대만인(1만 6317명, 2.4%)이 재일 '외국인' 전체의 95.4%를 차지하고 있었고, 여기에 2만 394명(3.2%)의 중국인을 더하면 98.6%에 달했다. '조선인 단속법'이라 불린 이 법은 인구 면에서 많은 조선인을 주된 관리 대상으로 삼은 것이었다.

앞서 언급한 에드워드 와그너는 저서에서 "다가오는 일본과의 강화조약에는 조선인 개개인이 일본국민 지위(Japanese citizenship status)를 쉽게 취득할 수 있는 조항이 잘 포함될 것이다. 시국의 현실적 고려가 허락된다면, 조선인은 일본이나 조선 국적(citizenship)을 선택할 명확한 선택권을 주어져야 하며, 일본인이 계속하는 차별 관행(discriminatory practices)을 방지하기 위한 모든 가능한 보장이 마련되어야 한다"고 기록하였다.[4] 1차 세계대전 후 마이너리티 조약에 따른 대응을 예상한 것이다.

그러나 1951년 9월 8일 체결된 강화조약에는 재일조선인·대만인 등 마이너리티의 지위에 관한 조항이 포함되지 않았다. 일본 정부는 주권 회복(강화조약 발효, 1952년 4월 28일) 직전인 4월 19일, 법무부 민사국장 명의의 통지(민사甲 제438호)를 통해 재일조선인과 대만인의 일본 국적을 박탈했다. 이로써 재일조선인들은 사실상 무국적자가 되었고, 외국인등록법과 출입국관리령 아래에서 관리·억압의 대상이 되었다. 정부는 이들을 외국인으로 규정하고 참정권, 공무원 임용, 사회보장 등 국적을 요건으로 하는 다양한 권리와 일본군 참전자의 연금 및 보상에서도 배제했다. 이러한 정책은 '일본의 아파르트헤이트'라고 불렸으며, 재입국 불허 정책도 그 일환이었다. 1980년 자유권 규약 제1차 이행보

---

4 Wagner, 앞의 주1 참고, p.3.

고서에서 규약 제27조가 보호하는 마이너리티가 일본 내에 존재하지 않는다고 기록한 것도, 전후 초기 일본 정부가 민족 문제와 마이너리티 권리 보장을 회피한 결과라고 볼 수 있다. 이후 이 문제에 대한 경과를 살펴볼 필요가 있다.

2. 헌법 초안에서 사라진 마이너리티 권리의 기반 조항

(1) 포츠담 선언과 인권 지령

독일의 무조건 항복 이후, 1945년 7월 26일 미국·영국·중국 3국의 수뇌 명의로 발표된 포츠담 선언(전 13개 항목)은 일본에 대해 무조건 항복을 권고함과 동시에 '군국주의자의 권력·세력의 영구적 제거', '평화적 경향을 가진 책임 있는 정부가 수립될 때까지의 일본 점령', '만주·대만 등의 중국 반환 및 조선의 독립 등을 요구한 카이로 선언(1943년 12월 1일 발표된 미·영·중 3국 수뇌에 의한 선언)의 이행과 일본 영토의 제한', '일본군의 완전 무장 해제', '전쟁범죄인의 엄중한 처벌' 등을 요구하였다.

일본의 항복에 따라 1945년 8월 14일, 미국 태평양 육군 총사령관 더글라스 맥아더(Douglas MacArthur)가 연합군 최고사령관(Supreme Commander for the Allied Powers=SCAP)에 취임하였고, 그 총사령부(General Headquarters= GHQ)가 같은 해 10월 2일 도쿄에 설치되었다. 그 이후 일본이 주권을 회복할 때까지 GHQ/SCAP의 지령을 일본 정부가 실행하는 형태의 간접통치에 의한 점령이 이루어졌다. 일본에서는 'GHQ'가 '연합군 최고사령관 총사령부'의 약칭으로 사용되기 시작했다.

GHQ/SCAP의 배후에 있는 미국에서는 1944년 12월, 전후 점령 정책에 관한 조정기구로 '국무·육군·해군 3성 조정위원회(State-War-Navy

Coordinating Committee)'=SWNCC를 설치하였다. 그 SWNCC가 발표한 '항복 후 미국의 초기 대일 정책(1945년 9월 22일)'과 '일본의 통치체제 개혁(1946년 1월 7일)'에는 전후 초기 미국의 대일 정책 성격이 잘 드러나 있다.

전자, 즉 미국 국무부가 1945년 9월 22일 발표한 '항복 후 미국의 초기 대일 방침(U.S. Initial Post-Surrender Policy for Japan)'(SWNCC150/4)의 제1부 '궁극적 목표(Ultimate Objectives)'에서는 (a) 일본이 다시는 미국이나 세계 평화와 안전에 위협이 되지 않도록 할 것, (b) 다른 국가들의 권리를 존중하며 국제연합 헌장 원칙을 지지하는 평화적이고 책임 있는 정부를 수립할 것 두 가지를 들고 있다. 또한 그 목적을 (a) 일본의 주권을 카이로 선언 등에 따라 제한하고, (b) 일본을 완전히 무장해제 및 비무장화하며 군국주의자들을 모두 정치적, 경제적, 사회적 생활에서 배제하고, (c) 일본인들이 개인의 자유(individual liberties)에 대한 열망과 기본 인권의 존중, 특히 종교, 집회, 언론, 출판의 자유를 발전시키도록 장려하는 것을 원칙적인 수단으로 삼아 달성할 수 있다고 한다. 또한 정치에 관한 제3부에서는 "인종, 민족·국적(nationality), 신조 또는 정치적 의견에 근거한 차별을 초래하는 법률, 명령 또는 규칙은 폐지한다"는 점도 명시되어 있다.

그러나 다음 달 10월 3일, 이와타 주조(岩田宙造) 법무상과 야마자키 이와오(山崎巌) 내무상이 외국인 기자들과의 회견에서 치안유지법과 특별고등경찰(특고)의 폐지를 부정하였다. 이에 GHQ/SCAP는 즉각 반응하여 다음 날인 10월 4일 일본 정부에 대해 '정치적·시민적·종교적 자유에 대한 제한 철폐에 관한 각서(Memorandum on Removal of Restrictions on Political, Civil and Religious Liberties)'(SCAPIN-93)를 발령하였다. 통칭 '인권 지령'이라 불리는 이 문서에서 GHQ는 이와타와 야마자키의 발언을 전면 부정하며, "정치적·시민적·종교적 자유에 대한 제한과 인종·민족·국적(nationality), 신조 또는 정치적 의견을 이유로 하는 차별을 제거"하기 위해 "사상이나 종교, 집회 및 언론의 자유에 대한 제한을 확립하거나 유지"하고, "인종, 민족·국적, 신조 및 정치적 의견에 근거한 불평등한 취급을 하고 있는" 치안유지법 등 15개의 법률 및 관련 법령을 정지시키고, 특고 경찰과 내무성 경보국 등을 해체·폐지할 것을 일본 정부에 명령하였다.

이는 "일본 정부는 일본인 사이에서 민주주의적 경향을 부활·강화하는 것을 방해하는 모든 장애물을 제거해야 하며", "언론, 종교, 사상의 자유 및 기본적 인권 존중이 확립되어야 한다"고 명시한 포츠담 선언 제10항의 실행이라 할 수 있다. 그 결과 야마자키 내상을 비롯해 내무성 경보국장, 경시총감 등 경찰 관련 간부와 도도부현 경찰부 특고과(특별고등경찰과)의 약 5,000명이 해임·해고되었다. 이 '인권 지령'을 받은 히가시쿠니노미야 도시히코(東久邇宮稔彦) 내각은 이튿날인 10월 5일 총사직하였다. 야마자키 내상의 해임을 내각에 대한 SCAP의 불신임으로 간주하거나, '인권 지령'의 실행이 불가능하다고 판단했기 때문이라는 말이 있다.[5] 후임 수상으로는 GHQ의 승인을 받아 영미파로 알려진 전 외무상 시데하라 기주로(幣原喜重郎)가 임명되어 10월 9일 하라 내각이 발족하였다. 그해 10월 10일 이후 2,465명의 정치범 및 사상범이 석방되었다.

(2) 민족 차별을 금지한 민간의 헌법 초안

수상 취임 이틀 후인 10월 11일, 신임 인사차 GHQ를 방문한 시데하라(幣原)에 대해 맥아더는 '선거권 부여에 의한 여성 해방', '노동조합 결성 장려', '학교 교육의 자유주의화', '압제적 여러 제도의 폐지', '경

---

5 石川真澄·山口二郎『戦後日本政治史[第4版]』岩波書店, 2021, pp.10-11. 福永文夫『日本占領史』中央公論新社, 2014, pp.51-52.

제 구조의 민주화'로 불리는 이른바 '5대 개혁 지령'과 함께 헌법의 자유주의화를 지시했다. 이를 받아들여 시데하라 수상은 같은 달 13일 임시 각의에서 정부에 의한 헌법 조사를 실시하기로 결정하고, 25일에는 마쓰모토 쇼지(松本蒸治) 헌법 담당 국무대신을 위원장으로 하는 헌법 문제 조사위원회(통칭 '마쓰모토 위원회')를 내각에 설치하였다.

그러나 시데하라와 마쓰모토는 처음에는 헌법개정 필요 여부를 조사한다는 태도를 취했으며, 곧 개헌 필요성을 인정한 마쓰모토가 작성한 사안도 구헌법의 현상 유지에 가까운 것이었다. 한편 일본 공산당 '신헌법의 골격'(1945년 11월 11일)과 일본 자유당 '헌법개정 요강'(1946년 1월 21일) 등 정당 및 민간 학자들이 만든 헌법 개정안도 공표되었다. 그 중 GHQ가 특히 주목한 것은 사회통계학자이자 오하라 사회문제 연구소(大原社會問題硏究所) 초대 소장인 다카노 이와사부로(高野岩三郎) 등이 결성한 헌법연구회가 작성한 '헌법 초안 요강'(1945년 12월 27일)이라고 전해진다.

헌법연구회는 1945년 10월 29일, 일본문화인연맹 창립준비회의에서 다카노가 제안하여 헌법 제정의 준비와 연구를 목적으로 결성된 민간 조직이다. 본서 서장에서 소개한 헌법사 연구자 스즈키 야스조(鈴木安藏)가 사무국을 담당했고, 다카노의 제자이자 후에 가타야마와 아시다 내각에서 문부대신을 역임한 모리토 다쓰오(森戸辰男)도 참여했다. 스즈키는 연구회 내 토의를 바탕으로 제1안부터 제3안(최종안)을 작성하여 12월 26일 '헌법 초안 요강'으로 내각에 제출함과 동시에 기자단에 발표하고 GHQ에도 제출하였다. 헌법연구회 안은 '근본 원칙(통치권)'에서 "일본국의 통치권은 일본 국민으로부터 발한다", "천황은 국민의 위임에 따라 전적으로 국가적 의례를 담당한다"고 명시하여 국민주권을 분명히 하였다. 또한 '국민의 권리와 의무'에서는 "국민은 법 앞에 평등하며, 출생 또는 신분에 근거한 모든 차별을 폐지한다", "민족·인종에 의한 차별을 금지한다"고 규정하였으며, 남녀평등, 언론·학술·예술·종교의 자유, 고문 금지, 사회권 및 생존권도 규정하였다. GHQ는 이 헌법 초안 요강에 강한 관심을 보였으며, 통역·번역부(ATIS)가 번역하여 그 내용에 관한 상세한 검토를 더한 문서를 민정국에서 참모장에게 제출하였고, 정치고문부에서는 국무장관에게도 보고하였다.[6]

이러한 움직임을 지켜보면서도 SWNCC는 헌법 개정안 검토를 시작했고, 1946년 1월 7일자 '일본의 통치체제 개혁(Reform of the Japanese Governmental System)'(SWNCC228)에서 일본 헌법개정에 관한 미국 정부의 방침을 제시했다. 이후 GHQ 초안의 기초가 된 SWNCC228은 '결론(Conclusions)' a(5)에서 일본의 통치체제 개혁의 포괄적 목적 중 하나로 '일본 신민(Japanese subjects) 및 일본 통치권 내에 있는 모든 사람(all persons within Japanese jurisdiction)에 내한 기본적인 시민권(fundamental civil rights)의 보장'을 내걸고 있다. 또한 '결론' 관련 '논점(Discussion)'에서는 "일본의(메이지헌법 등) 기존 통치체제는 다음과 같은 결함(defects)으로 인해 평화적 실천과 정책 발전에 적합하지 않다"고 하며, 그중 하나로 '시민권 보호에 부적절한 규정(Inadequate Provision for the Protection of Civil Rights)'의 존재를 지적하고, 다음 세 가지 이유를 들고 있다(para.6).

(a) 일본인(Japanese people)의 다수는 특히 지난 15년 동안 헌법이 보장하는 시민권을 사실상 박탈당해 왔다.

(b) 이 상황을 개선하기 위해 맥아더 원수가 1945년 10월 4일 일본 정부에 언론·사상·종교의 자유(freedom of speech, of thought and of religion)를 제한하는 모든 조치를 폐지하고, 시민권(civil rights)을 국민

---

6 「資料と解説] 2-16 憲法調査会『憲法草案要綱』1945年12月26日」, 国立国会図書館ウェブサイト『日本国憲法の誕生』<ttps://www.ndl.go.jp/constitution/shiryo/02shiryo.html>。石川·山口, 앞의 주5의 인용서, pp.18-19. 福永, 앞의 주5의 인용서, pp.6-90.

(people)에게 보장하기 위한 모든 조치를 1945년 10월 15일까지 보고하라고 명령했다.

(c) 일본(메이지)헌법은 기본권(fundamental rights)의 부여를 일본 신민(Japanese subjects)에게만 적용하며, 일본에 있는 기타 사람들은 보호 대상에서 제외하여(leaving other persons in Japan without their protection) 다른 국가 헌법 수준에 미치지 못한다(falls short of other constitutions).

그리고 "일본 신민 및 일본 통치권 내에 있는 모든 사람(all persons within Japanese jurisdiction) 양쪽에 기본적인 시민권을 보장하는 헌법 명문 규정은 민주주의 사상의 발전을 위한 건전한 상태(healthy condition for the development of democratic ideas)를 창출하며, 일본 내 외국인(foreigners in Japan)에게 지금까지 누리지 못했던 수준의 보호(a degree of protection which they have not heretofore enjoyed)를 제공하는 것"이라고 적고 있다(para.9).[7]

(3) 비일본인 권리 등을 규정한 GHQ 헌법 초안

1946년 1월 말, 마쓰모토 대신(헌법 담당 국무대신)이 위원회의 검토 결과를 임시 각의에서 보고하자, 2월 1일 매일신문이 그 내용을 스쿠프했다. 그것은 마쓰모토 위원회가 기초한 두 안 중 비교적 리버럴한 시안이었지만 "천황이 통치권을 총괄하는 근본 원칙에 약간의 변경도 없으며" "민주주의에 역행한다"는 평가를 받아 다른 신문들과 GHQ 내부에서도 그 보수성이 놀라움과 비판을 받았다. 이에 이르러 맥아더는 일본 정부에 의한 헌법 개정안 기초를 포기하고 GHQ에서 초안을 작성하는 쪽으로 방침을 바꾼 것으로 알려져 있다.[8] 이렇게 되자 맥아더는 2월

---

7 高柳賢三・大友一郎・田中英夫 編著『日本国憲法制定の過程—連合国総司令部の記録による(Ⅰ)原文と翻訳』有斐閣, 1972, p.412, 414, 418, 428, 430, 432.

8 1면 기사「憲法改正・調査会の試案」及び社説「憲法改正試案に対する疑義」『毎日

3일, GHQ 민정국(Government Section)에 헌법 초안 작성을 명령했다. 민정국은 입법권, 행정권, 인권 등 7개의 소위원회를 설치해 분담 기초하는 체제를 갖추고 앞서 언급한 헌법연구회안 등을 참고하면서 다음 날 4일부터 9일간에 걸쳐 GHQ(맥아더) 초안을 완성했다. 각 소위원회가 작성한 담당 장의 초안을 운영위원 찰스 케이디스(Charles L. Kades) 차장 등이 SWNCC228과 모순이 없는지 점검하며 완성했다고 한다.[9]

그 과정 중인 2월 8일, 마쓰모토 대신은 GHQ에 '헌법개정 요강'(마쓰모토안)을 제출했다. 그러나 2월 13일 외무관저에서 열린 GHQ 민정국 코트니 휘트니(Courtney Whitney) 국장, 케이디스 차장과 일본 정부 측(마쓰모토 국무상, 요시다 시게루(吉田茂) 외무상, 시라스 지로(白洲次郎) 전쟁종결 연락중앙사무국 차장) 간의 회견에서 휘트니는 마쓰모토안을 "자유와 민주주의 문서로서 SCAP가 수용하는 것은 전혀 불가능하다"고 전하며 GHQ의 헌법개정 초안을 건넸다. 마쓰모토 국무상은 휘트니 국장에게 재고를 요청했으나 거부당했고, 결국 GHQ 초안에 따라 개정 헌법 초안을 작성하게 되었다. 이렇게 하여 마쓰모토 국무상 아래 2월 27일부터 법제국 이리에 도시로(入江俊郎) 차장과 사토 다쓰오(佐藤達夫) 제1부장이 중심이 되어 기초 작업을 진행, GHQ의 독촉을 받아 3월 4일 일본어 원문 그대로 GHQ에 제출했다.

GHQ가 일본 정부에 전달한 맥아더 초안에는 제3장 '인민의 권리(Rights and Duties of the People)' 안에 앞서 언급한 SWNCC228 방침을 명문화한 인종적·민족적 마이너리티 및 외국인 인권 보장에 관한 다음 두 조항이 포함되어 있었다.

新聞』 1946年2月1日. 「資料と解説3-8 毎日新聞記事『憲法問題調査委員会試案』 1946年2月1日」, 国立国会図書館ウェブサイト『日本国憲法の誕生』<https://www.ndl.go.jp/ constitution/shiryo/03/070shoshi.html>.

9　竹前栄治『日本占領—GHQ 高官の証言』中央公論社, 1988, p.55.

【제13조】 모든 자연인은 법 앞에 평등하다(All natural persons are equal before the law). 정치, 경제 또는 사회적 관계에 있어서 인종, 신조, 성별, 사회적 지위, 카스트 또는 민족적 출신에 의한 어떠한 차별도 정당화되거나 허용되지 않는다(No discrimination shall be authorized or tolerated in political, economic or social relations on account of race, creed, sex, social status, caste or national origin).

【제16조】 외국인은 법의 평등한 보호를 받는다(Aliens shall be entitled to the equal protection of law).

이 두 조항은 모두 마쓰모토안(제2장 '신민의 권리 의무')에는 전혀 없던 것이었다. GHQ 초안 제16조는 SWNCC228의 "일본 신민 및 일본의 통치권 내에 있는 모든 사람에 대해 기본적인 시민적 권리를 보장한다"는 방침을 조문화한 것이라 할 수 있다.[10] 그러나 3월 4일 정부안에서는 제13조의 '모든 자연인(All natural persons)'이 '모든 국민'으로 바뀌었고, '민족적 출신(national origin)' (외무성 번역에서는 '국적 기원')이 삭제되었으며 ('카스트'도 '문벌'로 바뀌었다) 아래와 같은 조문이 되었다.

"모든 국민은 법률 아래 평등하며, 인종, 신조, 성별, 사회상의 신분 또는 문벌에 의해 정치적, 경제적 또는 사회적 관계에서 차별받지 않는다."

같은 날부터 다음 3월 5일에 걸쳐 GHQ 민정국은 일본 측 초안의 영문 번역과 조항별 심의를 진행했다. 그 과정에서 케디스 차장 등 GHQ 측은 제13조에서 '민족적 출자(national origin)'의 삭제를 문제시하고, 또한 일본 측 초안의 '국민'을 GHQ 초안의 '자연인'으로 되돌릴 것을 요구했다. 이를 받은 협의를 거쳐 양측은 제13조를 "모든 자연인은 일본

---

10 高柳賢三・大友一郎・田中英夫編著 『日本国憲法制定の過程—連合国総司令部の記録による(Ⅱ)解説』 有斐閣, 1972, p.156.

국민인지 여부를 불문하고 법 앞에 평등하며, 인종, 신조, 성별, 사회적 신분 또는 문벌 또는 국적에 따라 정치적, 경제적 또는 사회적 관계에서 차별받지 아니한다"고 개정하는 데 합의했다. 그리고 이때 일본 정부 측은 제13조에 '모든 자연인은 일본 국민인지 여부를 불문하고(All natural persons, Japanese or aliens)'와 '국적(nationality)'의 문구를 삽입함으로써 제16조는 제13조에 통합되어 외국인의 권리를 명기한 제16조의 삭제를 GHQ 측에 인정시켰다.

더 나아가 "본래 제16조의 외국인 평등 대우를 넣은 것 자체가 좋지 않았다"는 사토 다쓰오(법제국 제1부장)는 총리 관저에 돌아온 후 시라스 지로(白洲次郎)를 통해 GHQ와 전화로 협상하여 '국적'과 '일본 국민인지 여부'를 삭제했다고 한다.[11] 그 결과 제13조가 "모든 사람은 법 앞에 평등하며 인종, 신조, 성별, 사회적 지위 또는 문벌에 따라 정치적, 경제적 또는 사회적 관계에서 차별받지 아니한다"라는 문구가 되어, 일본 정부의 '헌법 개정 초안 요강'으로 3월 6일에 공표되었다. GHQ는 왜 외국인의 권리와 민족적 출자(national origin)를 삭제하는 데 동의했는가? 당시 GHQ 민정국의 헌법 기초 인권소위원회 멤버로서 일본 정부 측과의 교섭에도 입회했던 베아테 시로타 고든(Beate Sirota Gordon)은 헌법에 포함해야 할 중요한 사항이 많이 있어 더 중요한 제1조와 제9조 교섭을 원활히 진행하기 위해 외국인의 권리를 둘러싼 일본 정부와의 다툼을 피하고 싶었다고 회고하고 있다.[12]

일련의 경과를 상세히 검증한 후루카와 준(古川純)(헌법학, 센슈대학(專修大學) 명예교수)은 '일본 국민인 여부를 불문하고' 및 '국적'이라는 문구

---

11 古川純 「外国人の人権(1)―戦後憲法改革との関連において」 『東京経大学会誌』 第 146号, 1986.6, pp.69-71.

12 NHK 「シリーズ日本と朝鮮半島(第4回)解放と分断―在日コリアンの戦後」 2010年7月 25日 방송.

의 삭제를 통해 '외국인'을 헌법 조문에서 추방한 일본 정부 측이 이어서 외국인을 포함한다고 해석될 수 있는 '사람'을 '국민'으로 변경함으로써 외국인의 헌법 구조에서의 축출을 도모했다고 한다.[13] 즉, 법제국이 마쓰모토 국무대신과 협의하여 내부적으로 정리한 3월 24일자 '요강에 관한 문제'에서 '헌법개정 초안 요강' 제13조의 '사람'을 '국민'으로 통일할 수 없는가라는 지적을 받아, 일본어 조문을 문어체에서 구어체로 바꾸는 작업 과정에서 제3장 'Rights and Duties of the People'를 '국민의 권리 의무'로 표현하고, 각 조항은 국민을 대상으로 한다고 하여 '누구든지'라는 표현을 '국민'으로 고쳤다는 것이다.

이렇게 해서 4월 13일에 완성된 초안에서는 제13조의 '대개 사람은 (all natural persons)'가 '모든 국민은' 등으로 바뀐 것을 비롯해 제3장 내 다른 조문에서 '누구든지 (person)'도 모두 '국민'으로 변경되어 있었다. 이러한 변경은 GHQ와의 교섭 없이 일본 측 단독으로 일본어 문서만 수정하여 이루어졌다고 한다. 때문에 4월 15일, 이 초안을 가지고 GHQ 민정국을 방문한 사토에게 케디스 차장이 3월 4일 회의에서 논의했던 대로 'person'은 외국인도 포함하는 개념이기 때문에 제3장 내의 'person'을 일본 국민으로 한정하는 것은 부적절하다며 정정을 요구했다. 그 결과 일본 측이 '모든 국민'으로 바꾼 조항 대부분은 '누구든지'로 되돌아갔으나, 제13조에 관해서는 일본 측이 물러서지 않고, 영문 쪽을 'people'로 바꾸는 것으로 타협한 듯하다. 그리고 모든 자연인 (all natural persons)에 대한 법 앞의 평등과 민족적 출자(national origin), 카스트를 포함한 차별 금지를 명기한 GHQ 초안 제13조는 현행 일본국 헌법 제14조 "모든 국민은(All of the people), 법 아래 평등하며, 인종, 신조, 성별, 사회적 신분 또는 문벌(family origin)에 따라 정치적, 경제적 또

---

13 古川, 앞의 주11의 인용서, p.72.

는 사회적 관계에서 차별받지 않는다"라는 조항으로 정해지게 되었다. 그것이 4월 17일 발표된 '헌법개정 초안'이다. 동 조항을 포함하는 제3장의 제목도 일본어로는 '국민의 권리 및 의무'로 표기하게 되었다. 여기에는 'people'을 '국민'으로 번역해도 되는가라는 의문이 남아 있다. 제3장 제10조(일본 국민의 요건)에서 "Japanese national"(일본 국민)이라는 용어가 사용되고 있는 가운데, 제14조 등에서의 'people'을 동일하게 '국민'이라고 표현한 것의 타당성에 관한 문제이다.

3. 외국인화에 의한 여러 권리로부터의 배제

일본 정부는 왜 끈질기게 외국인과 민족적 마이너리티의 권리를 배제했는가. 그것을 주도한 사토 다쓰오가 그 몇 달 전 관여했던 재일조선·대만인의 참정권 정지에 대해 시간을 되돌려 생각해 보자.

1945년 11월 초에 SWNCC(1일)와 통합 참모본부(3일)가 승인한 SCAP에 대한 지령 '일본 점령 및 관리에 관한 연합국 최고사령관에 대한 항복 후 초기 기본 지령(Basic Initial Post-Surrender Directive to Supreme Commander for the Allied Powers for the Occupation and Control of Japan)' (SWNCC52/7=JCS1380/15)는 제1부 8절(d)항에서 대만인(Formosan Chinese)과 조선인은 "본 지령에서 말하는 '일본인(Japanese)'이라는 용어에 포함되지 않는다"고 하여 "군사상의 안전이 허용하는 한 해방민(liberated people)으로 취급한다"지만, "그들은 여전히 일본 신민(臣民)이므로 (they have been Japanese subjects) 필요한 경우 적국민(enemy nationals)으로 취급해도 무방하다"고 SCAP에 지시하고 있다. 이 문서는 조선인과 대만인 중에서 일본 군국주의 세력에 협력해 온 자들이 그것들과 공모하여 미군 점령 정책을 방해하는 사례를 상정한 것으로 보인다. 이 문서가 일본 정부에 의해 다르게 해석되어, 재일조선인·대만인을 경우에 따라 외국인으로, 또 다른 경우에는 일본인으로 간주하여 그 권리를 제한하는 근거로 사용되었다고 한다.[14]

이와 같은 전후 일본에서의 마이너리티 권리 회피의 시초는 재일 구식민지 출신자에 대한 참정권 정지였다고 할 수 있을 것이다. 앞서 언급한 SCAP '5대 개혁 지령'을 받은 정부는 여성에게 참정권을 인정하는 중의원 의원선거법 개정 법안을 만들게 된다. 1945년 10월 23일, 시데하라(幣原) 내각은 호리키리 젠지로(堀切善次郎) 내무성이 제출한 '중의원 의원 선거 제도 개정 요강'을 각의 결정했는데, 동 요강에는 "내지(본토) 거주 조선인 및 대만인도 선거권 및 피선거권을 가진다"라고 적혀 있어, 재일 구식민지 출신자에게도 종래대로 참정권을 인정하는 방침이었다.

전전 '내지'에 거주하던 조선·대만인 남성은 제국 신민으로서 참정권이 있었고, 쇼와 초기의 보통선거 실시 이후에는 중의원 의원 선거에 연속해서 11명이 출마했고 당선자도 있었다.[15] 그러나 2개월 후인 12월 15일에 제국 의회에서 가결 성립된 '중의원 의원 선거법 중 개정 법률안'(동월 17일, 법률 제42호로 공포)에는 '호적법 적용을 받지 않는 자의 선거권 및 피선거권은 당분간 이를 정지한다'라는 부칙이 추가되었다. 이 '호적 조항'에 의해 (예를 들어 조선인의 호적은 조선 호적령에 근거해 조선에 있었고 일본에는 없었기 때문에) 일본의 호적법 적용을 받지 않는 조선인·대만인의 참정권이 정지되었다. 그 경위를 상세히 검증한 역사학자 미즈노 나오키(水野直樹, 교토대 명예교수)의 「재일조선인·대만인 참정권 '정지' 조항의 성립」에 의거하여 그 개요를 정리하면 다음과

---

14 水野直樹「在日朝鮮人・台湾人参政権『停止』条項の成立(続)」『世界人権問題研究センター研究紀要』第2号, 1997.3, p.63.

15 田中宏『在日外国人[第3版]』岩波書店, 2013, p.63.

같다.[16]

전술한 각의 결정으로부터 3일 후인 10월 26일, 개정 요강을 작성한 내무성과 중의원 의원 간에 협의가 이루어졌고, 그 자리에서 기요세 이치로(淸瀨一郎) 의원이 재일조선·대만인의 참정권 보유에 강하게 반대했다. 기요세는 '내지 거주 대만인 및 조선인의 선거권, 피선거권에 관하여'라는 제목의 문서를 작성하여 의회 및 정부 관계자들에게 영향력을 행사했다.

기요세는 같은 문서에서 10월 23일 각의 결정에 "중대한 의문을 품는다"고 하며, 정부 당국에 재고를 촉구하는 이유 중 하나로 다음과 같이 기술하고 있다. "내지 거주 '선대인'(鮮台人) 200만 명이 계속해서 선거권을 가지면 '이들이 힘을 합하면 (대선거구제 하에서) 최소 10명 정도의 당선자를 얻는 것은 극히 용이하다..... 우리나라에서는 종래 민족의 분열 없이 민족 단위의 선거를 행한 전례가 없다. 이번에 이 일을 시작하려 한다..... 그 결과 실로 우려하지 않을 수 없다" 이는 당선된 조선인들이 아마도 "다음 선거에서 천황제 폐지를 외칠 것"이라고 기요세가 경고했기 때문이다. 한국 합병으로 일본의 식민지가 되어 나라를 잃은 조선인은 그 이후 동화 정책의 '성과'도 있어서 민족(nation)이 아니게 되었다고 기요세는 생각했을까? 그 조선인이 카이로 선언과 포츠담 선언에 따라 조선의 독립이 회복되어 다시 민족(nation)이 되기 위해 '민족의 분단'이나 '민족 단위의 선거'가 된다는 발상이었을까? 그렇지 않으면 "우리나라에서는 종래 민족의 분열 없이 민족 단위의 선거를 행한 전례가 없다"는 언설은 의미가 통하지 않는다.

---

16 이하, 1945년 12월 중의원 의원선거법 개정에 관한 재일 구 식민지 출신자의 참정권 정지 문제에 대한 기술은 水野直樹「在日朝鮮人·台湾人参政権『停止』条項の成立(1)」『世界人権問題研究センター研究紀要』제1호, 1996.3, pp.43-65 및 '같은(계속)' 제2호, 1997.3, pp.59-82에 근거함.

이 기요세는 극동 국제 군사재판(도쿄재판)에서 부변호단장(도조 히데키(東条英機)의 주임 변호인)을 맡았던 변호사이며, 히가시쿠니(東久邇) 내각 하의 의회 제도 심의회에서 부총재를 맡는 등 중의원 의원 중에서도 법률과 선거 제도의 전문가로서 한눈에 띄는 존재였다. 그렇다고 해서 내무성이 즉시 기요세의 의견을 받아들인 것은 아니었으며, 11월 7일 제3사안에 걸쳐 작성한 선거법 개정안에는 '호적 조항'이 존재하지 않았다. 그 후 내각 법제국의 심사를 거쳐 11월 13일 각의에 제출된 '중의원 의원 선거법 개정안'에서 호적 조항이 등장한다. 그 내각 법제국 제2부장이자 일본국 헌법 초안에서 GHQ와의 협상에서 '외국인의 권리'와 '민족적 출자에 의한 차별 금지'의 삭제를 주도한 앞서 언급한 사토 다쓰오였다. 국립국회도서관이 소장하는 '사토 다쓰오 문서' 중 하나에 '선거법 관련 답변 자료'가 있다. 그중 '선거법 관련 중요 문제'라는 제목의 수기 메모에는 "기요세 씨의 의견을 참고한 것과 같은 상당히 중요한 사항이다"라고 적혀 있으며, 또한 조선·대만인의 선거권에 관한 부칙 규정 상부에는 '정치적 배려'라고 기입되어 있다.

이 '선거법 관계 답변 자료'(사토 다쓰오 문서 1274) 중에는 1945년 11월 5일자 '조선인, 대만인 등의 선거권 문제'라는 문서도 있다. 그중 '이번 선거에서의 조선인 및 대만인의 취급'에서는 "조선인 및 대만인은 여전히 선거법 제5조의 제국 신민으로서, 선거권 및 피선거권을 적법하게 보유"하고 있으므로, 그들의 "선거권 및 피선거권은 법률상 정당하게 존재하는 것으로서 체면을 취한다"라고 하였다. 그러나 "장래 평화조약 체결 등에 따라 조선, 대만의 지위가 확정적으로 처리됨에 따라…… 그 대부분은 제국 신민으로서의 자격을 상실할 운명"에 있으므로, 그 권리 행사는 "평화조약에 의해 조선인, 대만인의 지위가 확정될 때까지 정지한다"는 논리가 기재되어 있다. 여기서 말하는 '그 대부분'은 조선 내 조선인과 대만 내 대만인을 가리키므로, 이를 일본 내 거주

조선·대만인에게 일괄적으로 적용해 참정권에서 배제하는 것은 법리적으로 성립하지 않는다. 일본 내 거주 조선·대만인이 일본 참정권을 가지는 것은 법적으로 논쟁의 여지가 없는데, 기요세가 제기한 '정치적 배려'에 사토 등이 동조하면서, 각의 제출 직전에 '호적 조항'이 부칙에 추가되었다고 미즈노는 분석하고 있다.

이 '호적 조항'은 중의원 선거법 개정법에 이어, 1947년 참의원 의원 선거법, 지방자치법, 그리고 그것들을 통합한 1950년 공직선거법으로 이어졌다.

1945년 12월 4일, 기요세 이치로가 의장을 맡은 중의원 의원 선거법 중개정 법률안 외 1건 위원회(제89회 제국의회)에서, 호리키리 젠지로 내무대신은 "조선과 대만은 머지않아 제국의 영토에서 이탈하고, 조선인·대만인도 원칙적으로 제국 국적을 상실할 것으로 생각된다"면서 그 소속 국적이 강화조약에서 최종적으로 결정될 때까지 "일단 선거권 및 피선거권 행사를 정지한다"고 전술한 논리를 공개 석상에서 사용하였다.[17] 일본 정부 내부에서는 이 시점부터 이미 일본 내 거주 조선·대만인을 외국인화함으로써 마이너리티 권리 보장을 회피하려는 음모가 움직이기 시작했던 것이다.

사토 등에게는 어렵게 조선·대만인이 일본 국적을 상실한다는 전제 하에 참정권에서 배제하는 방책을 세웠는데, 헌법에 외국인에 대한 평등한 처우가 규정되면 자신들의 계획이 물거품이 될 것이었다. 기요세 등도 가만히 있지 않았다. 헌법 초안에 "외국인 평등 대우가 들어간 것 자체가 좋지 않았다"는 앞서 언급된 사토의 말에서 그러한 속셈을 엿볼 수 있다. 그 우려는 헌법 초안에서 외국인의 권리를 삭제함으로써 해소되었고, 재일조선·대만인을 권리의 향유자에서 제외하고 관리

17　第89回帝国議会衆議院議員選挙法中改正法律案外一件委員会議録速記第1回
　　(1945年12月4日), p.3.

대상으로 삼는 정책으로 정부는 또 한 걸음 나아갔다. 1947년 5월 2일, 새 헌법 발효 전날에 메이지 헌법하에서 마지막 칙령으로 공포된 '외국인 등록령'은 명칭에서 연상되는 단순한 외국인 등록령이 아니었다. 외국인 등록령이면서도 연합국 관계자를 적용 대상에서 제외(제2조)하는 한편, 아직 일본 국적을 가진 재일조선·대만인을 "이 칙령의 적용에 관해서는 당분간 이를 외국인으로 본다"(제11조)라고 하여 그 대상에 포함시켰다. 그리고 '등록' 위반자에게 징역 등 형벌(제12조)을 부과하고, 퇴거 명령·퇴거 강제(제13, 14조)를 통해 대응하는, 재일 구식민지 출신자에 대한 관리·단속 및 배척(국외 추방) 기능을 갖춘 법률이었다. 그 주요 대상과 실태로 인해 '조선인 단속법'이라 불리게 된 이유다.[18] 당시에는 아직 한반도에 주권 국가가 성립되지 않아, 그 국민이 될 수도 없는 재일코리안을 '외국인'으로 규정한 매우 불합리한 법이었다.

한편 태평양전쟁에서는 군인·군속으로 약 45만 명의 조선인·대만인이 일본군에 징병되었으며, 그중 약 5만 3,000명이 전사했다. 그러나 강화조약 발효, 즉 주권 회복 이후 일본 정부가 시행한 전상병자(戰傷病者)·전몰자 유족 등 지원법(1952년)과 군인 연금 부활(1953년) 등 전쟁 희생자 지원 정책에서는 모두 일본 국적을 보유하는 것이 수급 요건으로 규정되어 조선인과 대만인은 제외되었다. 그럼에도 불구하고 전쟁범죄인으로 재판받은 조선·대만인 321명(그중 사형 49명)에 대해서는 강화조약 발효 이후에도 형 집행이 계속되었으며, 전원이 석방된 것은 1957년이었다. 전범의 형이 선고된 시점에는 일본 국민이었고, 강화조약 발효 시점까지 일본 국민으로서 구금되어 있었기 때문으로 여겨졌다.[19] 이처럼 전후 일본은 국적의 유무를 상황에 따라 달리 적용하면서

---

18 大沼保昭『単一民族社会の神話を超えて』東信堂, 1986, pp.40-56, pp.260-261.

19 田中宏「日本の台湾·朝鮮支配と国籍問題」『法律時報』第564号, 1975年4月, pp. 88-90. 同「戦後日本とポスト植民地問題」『思想』第734号, 1985.8, p.42. 田中, 앞의

재일코리안에 대한 민족차별을 정당화하였다.

4. 외무성이 상정한 강화 조약—마이너리티 문제의 근본 원인 제거

1945년 12월 4일, 중의원 의원 선거법 중 개정 법률안 외 1건 위원회에서, "포츠담 선언의 수락에 의해…… 조선 및 대만인도 원칙적으로 제국의 국적을 상실한다"는 견해를 제시한 전술한 호리키리 젠지로(堀切善次郎) 내무대신은 다음 날인 12월 5일 위원회에서 "내지에 체류하고 있는 조선인에 대해서는, 일본 국적을 선택할 수 있다는 것이 지금까지의 예"라며 "이번에도 아마 그렇게 될 것"이라고 답변하고 있다. 이는 전날 호리키리 내무대신에 의한 "호적법 적용을 받지 않는 자"의 참정권 정지 발언을 받아, 히토쓰마쓰 사다요시(一松定吉) 의원(변호사, 일본 진보당)이 재일조선·대만인 중에는 일본에 온 지 수십 년이 지나 일본에서 가정을 꾸리거나 일본인과 결혼하는 등, 조선 등이 독립해도 일본에서 계속 살기를 희망하는 자도 많지만, 왜 그런 사람들에게 "일본 국민으로서 훌륭히 활동할 수 있도록 하는 조치를 취하지 않는가"라고 물은 데 대한 답변이었다. 호리키리 내무대신은 "일본 국적을 선택할 조선인 및 대만인에 대해 무슨 조치를 취할 방법은 없겠는가"라는 질문에 "명안(명확한 방안)을 생각할 수 없다"고 답변하여 궁지에 몰렸다.[20] 내정적으로는 마이너리티 보호를 기피하고 싶어도 외무성이 처음 시작한 강화조약 상정에서는 그렇게 되어 있지 않았기 때문이다. 이하 외

　　주15의 인용서, pp.107-120.
20　第89回帝国議会衆議院議員選挙法中改正法律案外一件委員会議録速記第2回 (1945年12月5日) pp.34-35.

무성의 검토 상황을 살펴보고자 한다.

(1) 외무성 정무국의 '국적 문제와 평화조약'(1946년 1월 31일)

기요세(清瀬)의 주장을 받은 내무성과 내각법제국이 재일조선·대만인의 '호적 조항'에 의한 참정권 정지를 계획하고 있던 무렵, 외무성에서는 1945년 11월 21일, 동 성 간부 회의가 평화조약 문제 연구 간사회를 설치하고, 강화회의에 대비한 대책 검토를 시작하고 있었다.[21] 동 간사회는 다음 해 1946년 1월 16일 제1회 회합에서 1차 연구 항목을 정하고 담당 부서를 지정했으며, 같은 달 말까지 그중 일반 문제의 보고서를 제출할 것을 지시했다. 이를 받아 외무성 정무국이 정리한 '국적 문제와 평화조약'(1946년 1월 31일)을 보면 '전언'에서,

· 연합국 측이 제시할 국적 관계 조항은 영토 변경에 따른 것으로, 해외에 있는 이른바 침략 지역으로부터 일본인을 일소하는 경향이 강할 것으로 상상된다.

· 우리 측에 결정권이 있는 사항에 대해서는 패전 후 정치·경제·외교 등의 견지에서 (1) 인구 문제, (2) 소수 민족 문제의 근본 원인 제거, (3) 이중 국적 회피를 고려할 필요가 있을 것이다, 라고 하고 있다.[22] 여기서 '소수 민족 문제의 근본 원인 제거'를 주요 과제로 꼽고 있는 점이 주목된다.

그리고 제1 '영토 변경에 따른 국적 이동'의 (1)로서 "영토 변경에 따른 국적 결정은…… 베르사유 조약 등의 선례에 따르면, 속지주의에 따라 해당 지역에 정주하는 주민은 신영유국의 국적을 취득하고, 이에 혈

---

21 西村熊雄『サンフランシスコ平和条約(日本外交史第27巻)』鹿島研究所出版会, 1971, p.21. 평화조약 문제 연구 간사회의 활동에 대해서는 이 책 제1장 2절 '평화 문제에 관한 대책의 연구 및 연합국 접촉', pp. 18-53 등 참조.

22 「国籍問題と平和条約」은 外務省『日本外交文書—サンフランシスコ平和条約準備対策』2006, pp.52-59에 수록.

통주의에 따른 국적 선택권을 인정하는 것이 보통이며, 베르사유 조약 중에는 소수 민족 문제와도 관련하여 해당 영토 및 주민에 관한 특수 상황을 고려해 필요한 조항을 두고 있다"고 언급한 다음,

(가) '조선 관계'에 대해서는 '대독 평화조약 중 폴란드 및 체코슬로바키아에 관한 정치 조항에 나타난 선례를 기초로 하여, 여기에 희망 조항 내지 보충을 더한 조항안'으로서,

1. 조선국의 일부로 인정된 지역에 정주하는 일본 신민은 조선 국적을 취득하고, 동시에 그 일본 국적을 상실해야 한다.

2. 조선국의 일부로 인정된 지역에 정주하는 18세 이상의 일본 신민은 본 조약 시행 후 2년 이내에 일본 국적을 선택할 권리를 가진다.

3. 일본 국내에 정주하는 일본 국민인 조선인은 앞의 2와 마찬가지로 조선 국적을 선택할 권리를 가진다.

4. 그 국적 선택은 아내에게도 미치며, 부모의 선택은 18세 미만 자녀에게 미친다.

5. 국적 선택권을 행사한 자는 그 후 12개월 이내에 선택한 국가로 주소를 옮겨야 한다.

즉, 조선에 거주하는 조선인과 일본인은 모두 조선 국적이 되는 한편, 일본에 거주하는 조선인은 계속해서 일본 국적을 유지하고, 장차 (조선 거주 일본인도 일본 국적을 일본 거주 조선인도 조선 국적을 택하도록) 강화조약 발효 후 2년 이내라면 국적 선택권을 인정한다는 방침이다. 외교사료관에는 상당한 양의 '국제연맹 마이너리티 관련 문서'가 보존되어 있다. 예를 들어 제8권 '리투아니아, 폴란드 관련'을 보면, '리투아니아에서의 마이너리티'이 총 209쪽, '폴란드에서의 국적 문제'가 총 90쪽, '폴란드에서의 우크라이나 마이너리티'이 총 78쪽이라는 대작(大作)이다. 패전 직후 외무성이 이러한 문서들도 참조하면서

영토 변경에 수반되는 조선·대만 거주 일본인이나 일본 거주 조선인·대만인 등의 처우를 검토하고 있었음을 짐작할 수 있다.

덧붙여 앞서 언급한 '국적 문제와 평화조약'과 같은 날짜에 정무국은 '평화 조약의 내용에 관한 원칙적 방침'의 다섯 번째로 '인종적 평등의 확인'을 들고 있으며, '이민 문제와 평화조약'(같은 날)에서도 '1. 평화 조약 중에 규정되어야 할 이민 관계 조항'으로 "5. 출생, 국적, 언어, 인종 또는 종교에 의해 어떠한 차별적 대우도 하지 않는다는 원칙을, 어떤 형식으로든 연합국과 일본국의 합의로써 표명할 방법을 강구하는 것의 필요성은 말할 필요조차 없다"고 적고 있다.[23] 미국이나 호주 등에서 1910년대 이래로 일본인 이민 규제가 기본적으로 계속되고 있는 가운데, 전후 재외 일본인의 상황을 감안하여 베르사유 조약에 포함된 국제연맹 규약에서 이루지 못했던 인종평등을 다시 제기한 것으로 보인다.

(2) 외무성 조약국 법규과의 '평화조약의 국적 문제'(1946년 12월 23일)

외무성의 평화조약문제연구간사회는 보고서가 제출됨에 따라 그것들을 심의하였고, 일단 보고서 심의를 마친 1946년 5월 22일 회합에서 다섯 개 문서를 채택하여 관계 부서에 배포하였다. 그 가운데 하나인 '대일 평화조약의 정치 조항의 상정 및 대처 방침'안('평화조약문제연구간사회에 의한 제1차 연구보고'수록)에서는 '5. 국제 정의의 확립'의 (3) '인종차별 철폐'에서 "평화조약에 인종적 차별 대우의 완전 철폐를 명확히 규정하고, 각국별로 그것의 구체적인 실시 조치를 강구할 것임을 명시할 것을 요구할 것"을 들고 있다. 그리고 '6. 영토 및 재외 권익의 박탈'에서는 다음과 같이 기술되어 있다. "(8) 국적: 일정 기간 중 일본에 체류

---

23 외무성, 앞의 주22의 인용서, p.42, pp.64-65.

하는 조선인, 대만인에게 자유롭게 국적을 선택할 수 있는 권리를 부여하고, 다른 한편 조선, 대만에 체류하기를 희망하는 일본인에게도 마찬가지로 체류국의 국적 취득을 인정하며, 오키나와 기타 도서(위임통치지를 포함함)에서는 주민이 그 통치권 행사국의 국적을 취득하도록 하는 동시에, 일본 국적에 대한 선택권을 가지게 할 것".[24] 제1차 세계대전 후의 여러 평화조약이나 마이너리티 조약을 비추어 보아도 오히려 그것이 당시의 원칙이며 기정 노선이었다.

이렇게 해서 1946년 5월, 제1차 연구 작업을 일단락 지은 간사회는 거기서 규정된 문제의 틀과 방향에 따라 각 문제를 더욱 깊이 검토하기 위해 제2차 연구 계획을 수립하였다. 그 가운데 하나가 조약국이 담당한 '국적조항에 관한 연구(平硏政의 4)'이다.[25] 제2차 연구는 같은 해 6월 말까지의 완성을 목표로 하였으나, 전회보나 너 깊이 있고 다양한 연구를 요하였기 때문에, 각종 보고서의 완성은 대폭 지연되었다. 조약국 법규과가 약 100쪽에 달하는 '평화조약의 국적 문제'를 완성한 것도 반년 늦은 1946년 12월 23일이었다. 이 문서는 2장으로 구성된 서론(제1장 '국적의 개념', 제2장 '국적법을 이끄는 여러 원리')과 3장으로 구성된 본론(제1장 '제1차 세계대전과 국적', 제2장 '제2차 세계대전과 국적', 제3장 '우리나라가 당면한 국적 문제')으로 구성되어 있다. 패전 직후 외무성이 상정되는 대일 평화조약을 내다보고 검토한 생각이 엿보이는 사료이다. 이하 그 내용을 살펴보자.

서론 제2장은 4절로 이루어져 있으나, 먼저 제1절 '국적 충돌의 회피'에서는 "국제사회의 일원으로서의 국가는 …… 함께 평화를 견지해

24　외무성, 위의 주22의 인용서, p.42, pp.94-97. 제3장 전후 일본의 마이너리티 권리 회피, p221.

25　「平和条約問題研究幹事会の第二次業務計画について」 외무성, 위의 주22의 인용서, pp.114-115.

나가야 하며 …… 함부로 타국의 주권하에 있는 개인을 자국의 권력 하에 흡수하는 것 또한 자국의 주권 하에 보호를 받고 있는 개인의 국적을 박탈하는 것 또한 피하지 않으면 안 된다"(헤이그 국적 저촉 조약 제5, 6, 7조)라고 하고 있다. 제2절 '국적의 비강제(국적 변경의 자유)'에서는 "근대 민족주의의 발흥과 함께 …… 개인 및 민족의 자유·독립이 존중되기에 이르러 근대 국가는 …… 국적 선택권, 국적 이탈 및 귀화, 이주의 자유를 인정하는 추세에 있다(신헌법 제22조 제2항)"라고 한다. 또한 제3절 '인종, 신조에 의한 차별의 철폐'에서는 "제1차 세계대전 후 마이너리티 보호를 위한 여러 조약 …… 최근의 여러 선언·조약 등은 모두 인종, 신조 등에 의한 차별적 대우를 배제하고, 국가는 모든 인간에게 평등한 보호와 기회를 부여해야 할 것을 노래하고 있다(대일 포츠담 선언 제10조, 대이탈리아 평화조약안 제13조 제4항 등). …… 이러한 정신으로부터 종래의 국제법 개념으로서의 국적은 점차 그 의미를 상실해 가고 있으며, 오히려 구체적으로는 출생지, 주소지를 중심으로 주민에게 인도적인 처우가 보장되는" 추세에 있다고 세계정세를 분석하고 있다. 더 나아가 서론 제2장은 제4절 '난민 구제, 본국 송환'에서 "종래의 국가의 외교적 보호권으로서 자국 국적 보유자에 대한 일방적인 구제 방법은 연이은 세계 전쟁에 의해 초래된 광범위한 주민 이동을 조정하기 위해서는 이미 시대에 뒤떨어진 것이며", "각국의 협력에 의한 세계적 규모의 난민 송환 및 구제가 오늘날의 과제"라고도 적고 있다.[26] 이 기술과 대조해 보면, 수년 후 일본이 취한 재조선인이든 재일조선인이든 일률적으로 조선 국적이 된다는 주장은 시대에 뒤떨어진 국적 관념으로, 개인의 국적 선택의 자유를 존중하지 않았으며, 출생지나 주소지에 근거한 주민의 인도적 처우를 보장하지 않고 재일조선·대만인의

---

26 外務省外交史料館 「対日講和に関する本邦の準備対策関係 領土問題(人口, 国籍問題 포함)」(文書課 「外交記録」リールNo.B-0010), pp.125-128.

일본 국적을 박탈한 것이 된다.

계속해서 '본론'을 보면, 제1장은 제1절 '베르사유 조약에서의 국적'과 제2절 '마이너리티의 보호'의 2절, 제2장은 제1절 '독일에서의 국적'과 제2절 '대이탈리아 평화조약'의 2절로 구성되어 있다. 그리고 제3장은 제1절 '남사할린 및 지시마(千島)'와 제2절, 제3절 '대만', 제4절 '오키나와 및 기타 태평양 도서'로 구성되어 있다. 이 중 제2절은 '조선'으로 보이나, 2023년 12월 필자가 열람했을 당시에도 전문이 삭제된 상태였다. 반면 조약국 법규과가 1947년 5월 22일 자로 낸 '평화조약에서의 국적 문제' 개정판에서는 제2절 '조선'이 삭제되어 있지 않았기 때문에 그것과 비교당하면 곤란한 내용이 쓰여 있었던 것으로 보는 것이 자연스러울 것이다.[27]

본론 제1장은 제1절 '베르사유 조약에서의 국적'에서 '항복문서를 수락한 우리나라는 다가올 평화조약에 있어서 대폭적인 우리 영토 및 인민의 이동을 요구받을 것이 예상된다. 이러한 의미에서 우리는 선례인 베르사유 조약에서 배워야 할 점이 없으면 안 된다'고 서술하고 있다. 그리고 동 절 제3항 '출생지주의'에서 서론 제2장 제2절을 보완하며 이렇게 적고 있다. '(제1차 세계대전 후의 여러 조약에서는) 주민의 원칙적인 국적 이동과 병행하여 출생지 주의도 병용되었다. 예를 들면 벨기에에서는 이동지역에서 출생하고, 1914년 9월 1일 이전에 벨기에에 거주하고 있던 자는 동국 국적을 취득한다. 단, 독일 국적의 선택권도 인정된다(벨기에 1919년 10월 25일 국적선택법 제4조 제2호, 베르

---

27 1947년 5월 22일자 '평화조약에서의 국적 문제' 개정판 본론 제3장 제2절 '조선'에는 '조선인의 국적 공식 결정도 일본의 평화조약에서, 혹은..... 조선 독립 정부와의 특별 조약 체결에 의해 결정될 것으로 보인다'는 예측 하에, (1) 재일 일본인 및 재일조선인에게 거주국의 국적 선택권을 인정하고, (2) 거주국 국적을 선택하지 않은 자에 대해서는 해당국이 퇴거 명령권을 보유한다는 내용이 적혀 있다(松本邦彦「在日朝鮮人の日本国籍剝奪—日本政府による平和条約対策研究の検討」『法学』第52巻4号, 1988년 10월, pp.132-133).

사유 조약 제278조)…… 체코슬로바키아, 폴란드에게 자국 내의 마이너리티 보호를 약속하게 한 베르사유 조약 제86조, 93조의 규정 및 이것에 의해 성립된 마이너리티 조약에도, 출생지주의 사상이 나타나 있다. 이러한 영토에 거주하고 있는…… 자는 그 국가의 국적을 취득한다'.[28] 이것을 일본에 응용하면 재일조선·대만인 중 일본 국내에서 출생하고, 또한 1945년 8월 15일 이전부터 일본 국내에 거주하고 있던 자는 평화조약 이후에도 일본 국적을 유지하는 규정이 쉽게 상정될 수 있다.

이어지는 제4항 '선택권'에서는 (제1차 세계대전 후의 여러 조약에서는) '(1) 일정 범위의 국적 선택권이 인정되었다. 즉 할양지 주민 중 18세 이상의 자는 2년 이내에 독일 국적을 선택할 수 있다. 남편의 선택권은 아내에게 미치며, 아버지가 없을 경우 어머니의 선택권은 자녀에게 미친다'고 하며 벨기에 국내의 독일인에 관한 베르사유 조약 제37조, 체코슬로바키아 국내의 독일인에 관한 동 조약 제85조, 폴란드 국내의 독일인에 관한 동 조약 제91조 등을 국적 선택권의 참조 조문으로 들고 있다. 앞서 언급한 '국적 문제와 평화조약'(1946년 1월 31일)에서 '대독 평화조약 중, 폴란드 및 체코슬로바키아에 관한 정치 조항에 나타난 선례'를 기초로 한 '조선 관련' 조문안이 이러한 분석으로부터 나온 것임을 엿볼 수 있다.

(3) 마이너리티 보호 의무에 관한 전망

'평화조약의 국적 문제'는 본론 제1장 제2절에서 '마이너리티의 보호'를 7쪽에 걸쳐 기술하고 있다. 양자가 연결되어 있는 것은 제1차 세계대전 이후의 강화(講和) 조약들에서는 국적을 보장하는 것이 개인 보호의

---

28 외무성, 앞의 주26의 인용 문서, p.132, p.136.

중요한 형태로 간주되었고, 마이너리티 보호에 있어서도 국내의 마이너리티에게 국적을 보장한 뒤에 민족교육이나 종교, 기타의 권리를 보장하는 형태를 취하고 있었기 때문이다.[29] 동 절은 먼저 마이너리티에 관한 사항은 '원칙적으로 해당 국가의 국내 사항'이며 "한 나라가 다른 나라 안의 동종족(同種族)에 대해 자신의 의견을 주장하는 것은 국내 사항에 대한 간섭으로서 불법"이지만, "근대 민족국가의 성립 및 민족 자결권 사상의 침투와 함께……국제법은 마이너리티 문제를 점차 그 관할 내로 채택해 가는 방향으로 나아가고 있다"는 인식을 나타내고 있다.

그리고 제1차 세계대전 후의 강화조약이 국내에 마이너리티이 존재하는 여러 나라에 대해 특별 조약과 그것에 근거한 국내법으로 마이너리티 보호의 의무를 부과하고, 국제연맹이 그 이행을 감독하는 구조였음을 개관하며 "마이너리티 보호 의무를 지는 체약국은 출생, 국직, 인어, 종교의 여부에 관계없이 국내의 일체의 주민에 대해 공사(公私)의 권리에 있어서 평등한 취급을 하고, 생명, 종교, 교육의 자유를 보장할 것……등을 약속하고 있다"고 기술하고 있다. 동 절은 "마이너리티 보호의 의무를 지는……나라들에 있어 마이너리티 보호 의무는 도리어 그 국내적 단결을 방해하여 성의 있게 이행되지 않고, 한편 이에 불만을 품은 소수 세력은 외국의 정치적 원조를 빌려 자신의 운명을 개척하려 꾀하게 되며, 이에 오히려 분쟁을 낳아 마침내 제2차 세계대전으로 이어진 하나의 원인이 되었다"는 부정적인 견해를 제시하면서도, "마이너리티 보호 제도가 단지 강국의 허식 수단이 아니라 국제 행정 제도로서의 합리성에서 진지하게 운영되어 간다면, 앞으로의 역할도 재평가되어야 한다"는 긍정적인 전망을 서술하며, 글을 맺고 있다.

한편, 그 주(註)에서는 "제2차 세계대전을 종결하는 이탈리아 및 기

---

29 大沼保昭『在日韓国・朝鮮人の国籍と人権』東信堂, 2004, p.90.

타 유럽 패전국에 대한 평화조약안은 마이너리티 문제를 제1차 세계대전 후처럼 중시하지 않는 듯하다. 즉 제1차 세계대전 종결 후, 지도를 다시 그리는 준칙은 민족자결의 원칙이라 여겨졌고, 평화조약에 근거한 수많은 방대한 특별 마이너리티 조약이나 상세에 이르는 의무를 규정하고 있다. 이에 비해, 본 항의 대이탈리아 평화조약안은 고작 몇 조의 규정으로 이민족의 권리 보장을 하고 있는 데 그치고 있다"고 하며, 대일 강화조약에서는 제1차 세계대전 후와 같은 마이너리티 조약은 부과되지 않을 것이라는 감촉도 포착하고 있다.

그것은 "독일 국가 영토 밖의 독일인은 국적 문제, 마이너리티 보호 문제 등을 피하기 위해, 본국(축소된 독일) 내로 송환된다"는 전망에서, "제1차 세계대전 후의 민족자결, 마이너리티 보호의 원칙……의 적용을 불가피하게 만드는 요인들을 사전에……제거하려는 경향"(제2장 1절)에 있다는 상황 분석에 근거하고 있었다. 제3장 '우리나라가 당면한 국적 문제'에서도 "이번 전쟁 후 연합국에 의한 국적 문제, 마이너리티 문제의 취급은 제1차 세계대전 후의 민족자결주의를 중심으로 한 취급에서 멀어지고 있다는 것을 간과할 수 없다. ……평화조약 체결 전에 민족 문제로 인해 야기될 수 있는 분쟁의 근원을 제거하고, 평화조약은 단지 어쩔 수 없이 타국에 머무는 소수의 외국인의 기본적 자유를 보장하는 데 그치며, 그 외는 국제연합의 과제로 삼는다는 태도를 엿볼 수 있다"고 거듭 서술하고 있다.

5. 마이너리티 권리가 없는 평화조약

(1) 동서 냉전과 미국의 대일 점령 정책의 전환

제2차 세계대전 후의 냉전은 동유럽의 전후 정권을 둘러싼 마찰(소련이 각국에서 사회주의 정권을 수립하고, 미국이 반대)에서 시작되어, 1946년 3월의 윈스턴 처칠(Winston Churchill) 전 영국 수상의 '철의 장막' 연설이나, 1947년 3월의 트루먼 독트린으로 첨예화되어 갔다. 같은 해 6월, 미국이 마셜 플랜(유럽 부흥 계획)을 제시하자 소련이 동유럽 국가들과 코민포름을 결성하여 대항하는 등 대립이 고조되었다. 1948년 2월의 체코슬로바키아에서의 공산당 정권 탄생에 충격을 받은 서유럽에서는 이듬해 3월, 영국·프랑스 및 베네룩스 3국이 훗날의 대소 공동 방위—'서유럽 연합(WEU)'(1954년 10월)으로 이어지는 서유럽 5개국 조약(브뤼셀 조약)을 체결. 소련에 의한 베를린 봉쇄(1948년 6월~49년 5월)의 한가운데, 미국 주도로 서방 국가들의 군사 동맹 NATO(북대서양조약기구)가 결성되었다(49년 4월). 한편 소련은 같은 해 1월, 마셜 플랜에 대항하는 사회주의 국가 간의 경제 협력 기구 COMECON을 결성하고, 같은 해(49년) 8월에는 원자폭탄 실험에도 성공한다. 한편 동아시아에서는 같은 해 10월, 국민당과의 내전에 승리한 중국 공산당에 의한 중화인민공화국이 성립되는 등, 동서의 세력 관계가 격변하며 긴장이 고조되고, 이듬해 50년 6월의 한국전쟁 발발에 이르렀다.

1951년 9월 8일에 조인되고 이듬해 52년 4월 28일에 발효되는 제2차 세계대전 후의 대일 강화 조약＝샌프란시스코 강화 조약은 그 준비, 교섭, 성립 과정에서 이러한 동서 냉전의 영향을 직접적으로 받았다. 앞서 말한 바와 같이 GHQ(연합국 최고사령관 총사령부) 초기의 일본 점령 정책은 일본군의 무장 해제와 군국주의 세력의 일소, 전쟁범죄인의 처벌과 민주주의의 철저를 내세운 포츠담 선언에 근거한 일본의 비군사화·민주화를 기본으로 하고 있었다. 미국은 당초 카이로 선언을 함께한 장제스(중국 국민당) 정권과의 협력을 기본으로 한 동아시아 정책을 구상하고, 일본이 미국이나 중국의 대항 세력이 되지 않도록 비군사화, 민주화하는 것에 대일 정책의 중점을 두고 있었던 것이다. 1945년 10월

4일의 '인권 지령'(치안유지법 체제의 폐지나 정치범의 석방 등)이나, 같은 달 11일의 '5대 개혁 지령'(선거권 부여에 의한 여성의 해방, 노동조합의 결성 장려, 학교 교육의 자유주의화 등) 등으로 그 방침이 실행되어 갔다. 이듬해 46년 2월 13일에는 GHQ 신헌법 초안을 일본 정부에 제시하고 외국인의 권리 조항 등은 삭제되었지만, 일본정부안보다 훨씬 더 민주적인 신헌법이 탄생하여 같은 해 11월에 공포되었다(이듬해 47년 5월에 발효).

그런데 1947~48년에 걸쳐 동서 냉전의 긴장이 고조되자, 미국은 대일 점령 정책을 크게 전환해 간다. 동아시아에서는 46년 6월부터 본격화된 중국의 국공내전에서, 당초는 미국의 지원을 받아 우세했던 국민당 군이 토지 개혁 등으로 광범위한 농민의 지지를 획득한 공산당 군의 반격에 맞서 점차 열세가 되었다. 일본의 패전 후, 북위 38도를 경계로 북부를 소련, 남부를 미국이 통치하고 있던 한반도에서는 1948년 8월에 대한민국이 이듬해 9월에 조선민주주의인민공화국이 수립되어, 남북 분단이 결정적으로 되었다. 중국대륙에서의 국민당의 패배, 공산당의 승리가 결정적으로 되어감에 따라 미국은 대일 점령 정책을 재검토하고, 일본을 '앞으로 극동에서 발생할 수 있는 전체주의 세력 전쟁의 위협(totalitarian war threats)에 대한 억지력(deterrent)으로 삼는다'(1948년 1월 16일 로열(Kenneth Royall) 육군장관 연설)고 위치지우며 일본을 비군사화·민주화하는 정책을 바꾸어 미국의 종속적 동맹국으로서 부활·강화시키는 정책으로 전환하게 된다.[30]

---

30 국공 내전은 초기에 국민정부군이 압도적으로 우세(1945년 단계에서 국민정부군 430만, 공산당군 120만)였으나, 1947년 2월부터 인민해방군으로 개칭한 중공군이 1947년 5월부터 동북에서 반격에 나서 11월에는 전 동북을 장악했다. 국공 내전에서 국민당의 패배는 1949년 1월 31일 인민해방군이 베이징에 입성한 시점에서 결정적이 되었고, 4월 23일 국민정부 수도 난징이 함락되었다. 국민정부는 패주하며 수도를 광저우(5월 22일), 충칭(10월 15일), 청두(11월 29일)로 옮기다가 12월 8일 대만으로 천도하여 대륙 지배권을 상실했다. 공산당은 기다리지 않고 10월 1일 베이징을 수도로 중화인민공화국을 수립했다.

GHQ는 48년, 관공(官公) 노동조합의 3월 투쟁에 탄압을 가하는 등 초기에는 장려하고 있던 노동조합 운동을 억누르기 시작했고, 10월의 '일본에 대한 미국의 정책에 관한 권고(Recommendations with Respect to US Policy toward Japan)'에서 소련의 공산주의 세력 확장 정책이 세계에 위기를 만들어내고 있다며 일본에 경찰력의 강화(경찰예비군의 창설)를 요구했다. 12월에는 일본의 독점 자본을 대미 종속 하에 부활시키기 위해 일본 정부에 제시한 '경제 9원칙'에서 임금 억제와 인원 정리에 의한 일본 경제의 안정화 등을 지시. 1950년 6월에 한국전쟁이 발발하자, 미국은 주일 미군을 총동원해 개입하고, 요시다 시게루(吉田茂) 정권에 경찰예비대의 창설 = 재군비의 시작을 요구했다. 이렇게 해서 51년의 대일 강화조약은 일본을 '반공의 방벽' '극동의 공장'으로서 미국 산하의 냉전 구조에 편입시키는 미국의 동아시아 진략을 힙법화하는 역할을 맡게 되었다. 미일안전보장조약을 동시에 체결하고, 주권 회복 후의 일본 국내에 미군이 계속 주둔하는 것을 가능하게 하는 등, "일본의 비군사화 · 민주화가 달성되어 평화적이고 책임 있는 정부가 수립되면 점령군은 즉시 철수한다"고 명기되어 있었던 포츠담 선언은 폐기된 것이었다.

이러한 1948년 이후 GHQ의 점령 정책에 호응하는 형태로 일본의 정치계에서는 민주화 정책을 재검토하고, 전후 개혁에 역행하는 '역코스'라 불리는 동향이 생기고, 50년의 한국전쟁 발발 이후 더욱 현저해졌다. 미국을 추종한 레드 퍼지(공산주의의 배제) 등으로 시작되어 50년의 한국전쟁 발발 후에는 공직 추방(48년 5월까지 20만 명 이상이 추방됨)을 해제하고(51년 11월까지 17만 5천 명을 해제), 구 정재계 인사 등의 복귀가 시작된다. 여기에서도 "군국주의자들의 권력과 세력을 영구히 제거"하고, "전쟁범죄인에 대해 엄중한 처벌을 가한다"고 명기한 포츠담 선언은 폐기되었다. 전전(戰前)의 일본을 정당화하고, 전전으로의 복귀를 목표로 하는 복고(현대 일본적 보수) 세력이 '대공산주의'를 그 면죄부로 내세움으로써 일거에 되살아난다. 그들에게 자신들이 행한 식민지 지배나 전쟁 책임과 같은 '부정적 역사'를 들이대고 전전 일본의 정당화를 방해하는 '살아 있는 증인'인 재일 구 식민지 출신자들은 눈엣가시 같은 존재였고, 그들의 비가시화와 사회적 배제, 억압은 더욱 가속화되어 갔다. 그리고 미국의 반공 정책에 편승하여 재일코리안의 배척을 꾀하고자 했던 것이 이 시기 장기 정권을 구축한 요시다 시게루였다.

(2) 총리·요시다 시게루의 민족적 편견

앞서 언급한 선거법 개정을 받아 1946년 4월 10일에 전후 최초의 중의원 의원 선거(총선거)가 실시되었다. 전후 일본에서는 1945년 말, GHQ의 민주화 정책하에서 정당 정치가 재개되어, 보수·우파 정당으로서 자유당(11월), 진보당(11월), 협동당(12월)이, 혁신·좌파 정당으로서 사회당(11월), 공산당(12월)이 설립되어 있었다. 총선거 결과 하토야마 이치로(鳩山一郎)가 이끄는 자유당이 제1당이 되었지만, 이듬해 5월 3일에 하토야마가 GHQ에 의한 공직 추방령(같은 해 1월 4일)의 적용을 받아 추방되었기 때문에 요시다 시게루가 후임 자유당 총재가 되었다. 의석을 가지고 있지 않았던 요시다가 천황에 의한 마지막 '대명 강하(大命降下)'로 총리가 되어 5월 22일에 요시다 내각이 출범하지만, 이 제1차 요시다 정권은 1년이 채 되지 않아 끝났다. 이듬해 47년 5월의 일본국 헌법 시행에 맞추어 그 전 월 자치단체의 수장(지사·시정촌장)과 의회 의원, 참의원 의원, 그리고 중의원 의원의 선거가 실시되었기 때문이다. 이 총선거에서는 가타야마 데쓰(片山哲)를 위원장으로 하는 사회당이 제1당이 되어 같은 해 5월 24일에 가타야마(片山) 내각이 성립하였다. 요시다 시게루는 친부의 선거구에서 출마하여 의석은 얻었지만, 일단 정권에서 물러났다.

제1당인 사회당은 의석이 약 30% 정도였고, 가타야마는 아시다 히토시(芦田均) 총재의 민주당(구 진보당), 미키 다케오(三木武夫) 서기장의 국민협동당이라는 보수 두 정당과 보혁 연합으로 3당 연립 내각을 수립했다. 그 연립 여당 내에서도 사회당은 47%에 불과했고, 과반수(53%)는 보수 두 정당이 차지하고 있었던 데다, 사회당 내의 (우파와 좌파) 대립으로 정권의 기반이 흔들려 48년 2월 10일에 총사직하였다. 이듬해 3월 10일, 사회·민주·국협 3당의 연립을 유지하면서 민주당의 아시다 총재로 총리를 교체하는 형태로 아시다 내각이 출범하였다. 그 아시다 내각은 GHQ 내부의 (민정국과 참모 제2부 간의) 대립이 얽혀 발생한 쇼와전공(昭和電工) 의혹 사건으로 인해, 같은 해 10월 총사직을 강요당하게 된다. 그에 따른 총선거에서 민주자유당(이전 자유당, 이후의 자유민주당)의 총재·요시다 시게루가 총리로 다시 복귀하여, 1948년 10월 15일, 제2차 요시다 내각이 출범한다. 그로부터 1954년 12월에 이를 때까지 6년 이상에 걸쳐 제3차, 제4차, 제5차 요시다 내각(정권)이 계속되게 되었다.[31]

이렇게 하여 가타야마 데쓰 내각(1947년 5월~48년 3월)과 아시다 히토시(芦田均) 내각(1948년 3월~10월)의 1년 반을 사이에 끼어 있긴 했지만 1946년 5월부터 54년 12월에 이르기까지 수상직에 있었던 요시다의 의도와 의향이 강화회의에 향한 일본 정부의 방침과 결정을 크게 규정한다. 특히 그 민족적 편견과 미국의 반공 정책에 편승한 코리안 때리기는 전후 일본에서의 마이너리티 권리의 기피에 막대한 영향을 끼쳤다고 생각된다. 소데이 린지로(袖井林二郎)(호세이대학(法政大學) 명예교수)가 편집한 『요시다 시게루=맥아더 왕복서한집』에 요시다가 1949년 7월 6일, GHQ 민정국장 코트니 휘트니(Courtney Whitney)에게 보낸 서한이

---

31 石川·山口, 앞의 주5의 인용서, pp.30-45.

있다. "공산주의자들은 사건을 일으키려 꾀하며, 점령군 당국을 말려들게 하여 반미 감정을 불러일으키려 하고 있다. ……내밀하게 말씀드려 폐를 끼치고자 하는 바이나, 조선인 중 일본인의 불건전한 분자가 공산주의자의 앞잡이를 하여……노동운동이나, 또 일반 치안 문제에 중대한 사태를 일으키고 있다. 이 조선인은 참으로 매우 성가신 존재로, 소련 러시아라면, 이러한 자들은 단체적으로 몰아낼 조치를 취할 것이다. ……불량분자는 계속해서 불법 입국하고, 밀수를 행하여 공산당을 위해 자금을 조달하고 있다고 생각된다."[32] 편견과 제멋대로인 추론이다. '매우 성가신 존재'로 몰아내고 싶어 하는 '불량분자'라는 요시다의 대(對)조선인 관이 노골적으로 드러나 있다.

요시다는 1, 2개월 후인 같은 해 8월 말경 맥아더에게 보낸 서한에서도 "전후 일본의 여러 문제 가운데 옛 일본 신민(Japanese subjects)으로 지금도 이 나라에 체류하고 있는 조선인과 대만인에 관한 것이 있다"고 하며, "총수 약 100만 명에 이르며, 거의 절반이 불법 입국자(illegal entrants)인 재일조선인(Korean residents)의 문제에 대해 우리는 조속한 해결을 강요받고 있으며, 나는 이들 조선인이 전원 그들의 반도(home peninsula)로 송환되기를 바란다"고 하며 이하 세 가지 이유를 들고 있다.

① 일본의 식량 사정은 지금도 장래에도 여분의 인구(excess population)를 유지할 여유가 없다. 미국의 배려로 우리는 대량의 식량을 수입하고 있으나, 그 일부는 재일조선인을 먹이기 위해 사용되고 있다. 이러한 수입은 장래 수세대에 걸쳐 우리 국민(our people)의 부채가 될 것이다. 물론 우리는 그 전부를 상환할 각오가 되어 있지만, 그 대미 부채 중 조선인을 위해 발생한 부분까지 장래 세대에

---

32 袖井林二郎 編訳 『吉田茂＝マッカーサー往復書簡集(1945~1951)』 法政大学出版局, 2000, pp.261-262. 이 서간에 대해서는 영어 본문이 없고(초안이 일본어만 있음), 일본어 원문을 게재함.

젊어지게 하는 것은 불공평하다고 여겨진다.

② 조선인의 대다수(a great majority)는 일본 경제의 재건에 전혀 공헌하지 않고 있다.

③ 더 나쁜 것은 조선인 중 범죄자의 비율이 높고, 상습적으로 우리의 경제 법규를 위반하고 있다는 점이다. 공산주의자 및 그 동조자들이 매우 많고(a great many are Communists and fellow-travellers), 가장 악질적인(most vicious) 정치범죄를 저지르는 경향이 있으며, 항상 7,000명 이상이 수감되어 있다.

그리고 1945년 8월 15일부터 1948년 5월 말까지의 형사 사건 71만 59건과 관련된 조선인의 수를 9만 1235명으로 하는 통계를 첨부하여 자신의 '조선인 송환' 안으로서 ① 원칙적으로 일본 정부의 비용 부담으로 모든 조선인을 송환하고, ② 일본에 거주하기를 희망하는 자는 일본 정부에 허가를 신청하며, 그 허가는 일본 경제 재건에 기여할 수 있다고 인정되는 자에게 부여한다는 것을 제안하고 있다.[33] 소데이는 앞서 언급한 문고판 '후기'에서 "수많은 서한에서 드러나는 것은, 맥아더라는 호랑이의 위세를 빌려… 점령군에 간청하는 요시다의 교활함"이라고 말하며, 이 서한은 "요시다의 민족적 편견과 역사를 무시하는 태도가 명백히 보인다"고 평가하고 있다.[34] 약 50만 명이 '불법 입국자' 등으로 거짓을 들어 경계심을 불러일으키는 요시다의 주장은 GHQ 측에도 간파되고 있었다. 전 GHQ 민정국 차장 찰스 L. 케이디스(Charles L. Kades)는 후년, 요시다가 너무 자주 공산주의의 위협을 언급해 우리(미국 측)는 완전히 면역이 생겼다고 회고하고 있다. 요시다는 공직 추방

---

33 袖井林二郎 編訳, 위의 주32의 인용서, pp.146-148(서간 영어 본문). 영어 본문에서 필자가 다시 번역함

34 袖井林次郎『吉田茂＝マッカーサー往復書簡集(1945-1951)』講談社学術文庫, 2012, p.138, p.565.

이나 재벌 해체, 경찰의 지방 분권화 등 GHQ의 개혁 지령에 대해 그러한 정책들이 공산주의를 조장하고 사회를 혼란에 빠뜨린다며 항상 공산주의 위협을 내세워 반대했으나, 현실은 그렇지 않았다. 그러나 그런 사람들뿐만 아니라, 전 GHQ 외교국의 리차드 핀(Richard Finn)은 미국 측도 점차 요시다 일파의 사고방식, 즉 조선인에 대한 일본인의 편견에 영향을 받았다고 회고하고 있다.[35]

대일 강화 조약을 둘러싸고 사회당이나 (저명한 지식인 등으로 구성된) 평화 문제 간담회 등은 소련과 중국을 포함한 모든 관계국과의 '전면 강화'를 주장했으나, 요시다 정권은 미국을 중심으로 한 국가들과만 강화하는 '단면 강화'를 추진했다. 그 결과 1951년 9월 샌프란시스코 강화회의에 소련은 참석했으나 강화조약에 서명하지 않았고, 중국은 베이징 정부와 대만 정부 중 어느 쪽을 정통 정부로 할 것인가로 영미가 대립하여 회의에 초대받지 못했다. 한국전쟁 속에서 미국은 한국의 프레즌스를 높이기 위해 강화회의에 참가시키려 했으나, 이를 알게 된 요시다 수상 등은 강력히 반대했다. 1951년 4월 23일 요시다-달레스 회담(제2회)에서 미국 측에 건넸다는 '한국 정부의 평화조약 서명 문제에 관한 우리 측 견해'(Korea and the Peace Treaty)에서는 재일코리안의 대다수가 공산주의자라는 요시다의 편견과 거짓에 근거한 논거를 다시 꺼내 들며, 강화회의에 한국 정부를 서명국으로 초청하려는 미국에 재고를 촉구하고 있다.

"한국은……일본에 관해서는 평화조약에 의해 비로소 독립국이 된다. 일본과 전쟁 상태에도 교전 상태에도 있지 않으며, 연합국으로 인정받아서는 안 된다. 한국이 조약 서명국이 되면, 재일조선인(Korean nationals in Japan)은 연합국인으로서 평화조약의 규정에 따라 재산 회복

---

35 竹前, 앞의 주9의 인용문, pp.69-70. NHK, 앞의 주12의 방송.

이나 보상 등에 관한 권리를 갖게 되고, 이를 요구해 올 것이다. 현재도 100만 명에 가까우며, 종전 당시에는 150만 명에 이르렀던 조선인 (Korean residents)이 이러한 권리를 요구한다면, 일본 정부는 거의 견딜 수 없는 부담을 지게 될 것이다." 재일조선인의 대다수가 공산주의자임을 고려해야 한다(It should be noted a majority of Korean residents in Japan are Communists).[36]

당일 미국 국무부 측 기록(Memorandum of Conversation)에 따르면 달레스 특사는 대다수가 공산주의자임을 근거로 재일조선인(Korean nationals in Japan)이 조약에 의한 재산상의 여러 혜택(property benefits)을 받아서는 안 된다는 요시다의 논거가 설득력이 있다고 말했다고 한다. 결과적으로 한국 정부 대표는 강화회의에 초청되지 않았다. 또한 4월 23일 미국 측 회담에서 요시다 수상은 동시에 일본 정부가 재일조선인의 불법 활동에 오랫동안 골머리를 앓아왔으며, 그 거의 모두를 '조국'으로 보내기를 원한다고 호소했으나 맥아더가 대부분이 북한인(North Koreans)인 이들을 한국에 보내면 목이 잘릴지도 모른다며 반대했다고 한다.[37] 요시다 일파의 세뇌로 맥아더를 비롯한 GHQ와 미국 담당자들은 재일코리안 대부분이 북한인(조선반도 북부 출신자)이라는 오해를 하고 있었던 것 같다.

(3) '조선 국적의 일률적 회복'이라는 명목하에 일본 국적 박탈 = 무국적자화

일본 정부는 앞서 언급한 '평화조약에서의 국적 문제'(1946년 12월) 이

---

36 外務省『日本外交文書—サンフランシスコ平和条約対米交渉』, 2007, pp.413-414. 본 논문에서는 '일문 원안'을 기본으로 하면서, 전달된 영어본과 다른 부분은 영어본에 맞춰 재번역함.
37 松本, 앞의 주27의 논문, pp.140-141.

후에도 1951년까지 강화 준비를 진행하는 가운데, 옛 식민지 출신자의 국적 문제를 해결하기 위한 다양한 가능성을 검토했으나, 재일조선·대만인에게 어떠한 형태로든 국적 선택권을 보장하는 것을 일관된 전제로 하여 검토 내용은 선택권 부여 방식에 관한 것이었다. 그러나 미국이 대일 점령 정책을 전환하고, 그 대일 강화 구상에 국적 문제를 포함하지 않는 것이 드러나자 일본 정부는 초기 전망을 수정했다. 그리고 조약에 국적 조항이 포함되지 않고, 미국이 국적 문제 해결을 일본 정부에 위임하는 것이 확실해진 단계에서 재일조선인의 일본 국적을 일률적으로 상실시키는 방향으로 방향을 전환했다. 오누마 야스아키(大沼保昭, 국제법 학자, 도쿄대 명예교수)는 '재일조선인의 법적 지위에 관한 일고찰'(전 6회, 1979~80년)에서 이 방침 전환은 연합국 측에서 국적 선택 조항을 요구하지 않을 것임을 확실히 일본 정부가 알게 된 1950년 어느 시점에 이루어진 것으로 추정하고 있다.[38]

그 후 일본 정부의 평화조약 대책 연구를 상세히 검토한 마쓰모토 구니히코(松本邦彦, 정치학자, 야마가타대(山形大) 교수)는 1950년 6월 조선전쟁 발발 후 7월에서 9월 사이에 조약국이 선택권을 동반하지 않는 조선 국적의 일률적(재조와 재일 모두) '회복'만의 방침으로 변경했고, 이듬해 51년의 일미 교섭에서 조약 구상 중에 국적 규정이 없다는 것을 알게 된 후 일본 국적 취득을 희망하는 사람에게는 귀화 제도로 대응하는 '(조선 국적의 일률적) 회복＋귀화' 방침이 확정되었다고 분석하고 있다. 51년 3월 14일 일본 측이 미국 측에 전달한 각서에는 "조선의 독립 승인 및 대만, 팽호도(澎湖島) 할양에 따라 재일조선인 및 대만인은 당연히 조선

---

38 大沼, 앞의 주29의 인용서, pp.90, 238-242. 오누마는 연합 측은 국적 문제를 평화조약으로 해결할 문제로 여기지 않았으며, 재일조선인의 국적 문제는 당사국인 조선과 일본이 해결해야 할 문제이고, 국적 문제를 평화조약 내에 규정한다는 발상 자체가 기초자들에게 전혀 없었다고도 언급한다.

또는 중국 국적을 갖게 된다. 이때 이들에 대해 일본 국적 선택을 인정할 것인지의 문제가 있으나, 이는 일본 국적법에 의한 귀화로 해결될 것이다"라고 기재되어 있다. 이 단계에서 일본 정부는 이미 재일코리안의 국적 문제를 '일본 국적 상실+귀화'로 처리하는 방침을 확정한 것이다.[39]

일본 외무성이 제1차 세계대전 후 여러 강화조약이나 마이너리티 조약을 선례로 하여 국적 선택권 등을 검토한 것은 첫째로 재외(재조선, 재대만 등) 일본인의 처지를 고려했기 때문이며, 상호주의의 명목으로 재일조선·대만인의 일본 국적 유지나 국적 선택권을 검토한 것으로 보인다. 1946년 12월의 '평화조약에서의 국적 문제' 제3장 '우리나라가 당면한 국적 문제'에서도 "대일 평화조약에서 영토 이동에 따른 국적 관련 규정은… 우리 주권을 이딜하는 지역 주민은… 원칙적으로 일본 국적을 상실하고 신국적(또는 지위)을 취득해야 할 것을 요구할 것이다. 우리 쪽으로서는 이에 대해 일반적으로 ⑴ 일본 국적을 희망하는 자에게 선택권을 부여하는 것"이라고 하여 재조선·재대만 일본인의 처지를 우선적으로 고려하고 있다. 그 후 연합국의 조치로 재조선 일본인은 모두 귀환했다는 판단에 따라 일본이 일방적으로 조선과 국적 문제를 처리해도 재조선 일본인에 대한 영향은 무시할 수 있는 상황이 되어(상호주의를 배려할 필요가 없어져) 재일조선·대만인의 일본 국적 상실 쪽으로 방침 전환할 수 있었던 것이라고 마쓰모토 구니히코는 분석하고 있다.[40] 1950년 2월 1일 중의원 외무위원회(제7회 국회)에서 대이탈리아 평화조약 설명을 요구받았을 때 이미 외무성 니시무라 구마오(西村熊雄) 조약국장은 제2부 '국적과 시민적 정치적 권리(Nationality, Civil and Political Rights)'에서 영토 변경에 따른 국적 선택권이 규정된 이탈리아와 달리

---

39 松本, 앞의 주27의 논문, pp.138-139.
40 松本, 앞의 주27의 논문, p.145.

"일본과 독일에 대해서는 대체로 신국경 내에 모두 독일인과 일본인을 수용하는 정책인 것 같아, 일본에 대해 국적이나 시민적 정치적 권리 규정이 마련될지는 의문"이라고 말하고 있다.[41]

1951년 9월 8일 샌프란시스코에서 '일본국과의 강화조약(Treaty of Peace with Japan)'이 조인되었다. 영토에 관해서는 제2조에 "일본국은 조선의 독립을 승인하고… 조선에 대한 모든 권리 및 청구권을 포기한다"(대만도 마찬가지)라고만 기록되어 있을 뿐, 주민의 국적에 관한 문언은 없다. 인종평등에 관한 조항도 없으며, 전문의 "국제연합 헌장의 원칙을 준수하고, 세계인권선언의 목적을 실현하기 위해 노력한다"는 문언이 겨우 관련되어 있을 정도다. 이것도 영토 변경에 따라 발생하는 재조선, 재대만 일본인이 당초 예상보다 크게 줄어든 것과 일본의 패전으로 인해 '황화론(皇化論)'이 약화되고 일본인 이민 배척 운동도 진정 국면으로 접어든 점 등으로 필요하지 않다고 여겨졌기 때문일 것이다.[42]

1947년 2월 10일 '동맹 및 연합국과 이탈리아 간의 평화조약(Treaty of Peace between the Allied and Associated Powers and Italy)'에는 Part Ⅱ '정치 조항'이 있어 "이탈리아는 이탈리아 관할 하에 있는 모든 사람에게 인권과 기본적 자유의 향유를 인종, 성별, 언어, 종교 구별 없이 표현과 출판, 종교 신앙, 정치적 의견, 공적 집회의 자유도 포함하여 보장하기 위해 필요한 모든 조치를 취한다"고 규정되어 있다(제15조). 제2부 '국적과 시민적 정치적 권리(Nationality and Civil and Political Rights)'에서는 '이탈리아에서 다른 나라로 할양되는 지역에 1940년 6월 10일(대영불 선전

---

41 第7回国会衆議院外務委員会議録第2号, 1950年2月1日, p.3.

42 예를 들어, 1949년 11월 16일 참의원에서 요시다 시게루 수상이 "미국 등지에서의 일본 이민자에 대한 감정은 최근 크게 변화하여, 일본 국민에게 주어지는 비율 수가 완화되어… 기쁘게 생각한다"고 진술함(제6회 국회 참의원 회의록 제12호, p.124).

일) 당시 거주하던 이탈리아 국민'이나 '이탈리아 영내에 거주하며 유고슬라비아어를 상용하는 18세 이상의 이탈리아 국민' 등의 국적과 국적 선택권을 규정하고 있다(제19, 20조). 이런 조항은 대일 강화조약에는 전혀 포함되어 있지 않다.

그리고 같은 조약이 발효되는 1952년 4월 28일 9일 전인 같은 달 19일, 일본 정부는 법무부 민사국장의 통달을 통해 "조선·대만의 분리에 따라 조선인 및 대만인은 내지에 거주하는 자를 포함하여 모두 일본 국적을 상실한다"(民事甲 제438호 "평화조약에 따른 조선인·대만인 등에 관한 국적 및 호적 업무 처리에 대하여")고 알리며, 개인의 의사와 관계없이 재일조선·대만인의 일본 국적을 일률적으로 상실시키려 하였다. 그리고 강화조약 발효일과 동시에 외국인등록법을 시행하고, 전년 10월에 제정한 출입국관리령과 함께 재일조선·대만인을 '외국인'으로 다시 관리하기 시작하였다. 일본 정부는 '조선 국적 회복'이라고 해도 1948년에 건국한 대한민국도 조선민주주의인민공화국도 대일 강화조약의 당사국이 아니었고, 당시 양측 모두 일본과 외교관계를 맺지 않아 일본이 일방적으로 재일코리안의 일본 국적 상실을 선언한 것에 불과하였다. 대부분의 재일코리안은 남북 어느 정부로부터도 국민 등록되지 않았으며, 일본 정부는 외국인등록상의 '조선'도 (1950년 2월 이후 한국 정부와 GHQ의 요청에 따라 희망자에게 인정해 온) '한국'도 국적으로 인정하지 않았다. 따라서 일본에서 '외국인'으로 취급된 재일코리안 중 많은 이들은 사실상 어느 나라로부터도 (여권 발급과 소지 등) 외교적 보호를 받을 수 없는 무국적자 상태가 되었다.[43] 마이너리티 권리 보장에 전혀 대응하지 않고, 오히려 출입국관리령과 외국인등록법하에서 권리가 아닌 관리 대상으로 삼는 전후 일본 마이너리티 문제 회피가 여기서

---

43 韓東賢「日本政府による『朝鮮』籍コリアンの排除」李里花 編著『朝鮮籍とは何か―トランスナショナルの視点から)』, 明石書店, 2021, pp.87-88.

시작되었다.

(4) 재일 특권론의 근원

역사학자 사사키 류지(佐々木隆)(도쿄도립대(東京都立大) 명예교수)는 저서 『샌프란시스코 강화』에서 다음과 같이 말했다. "본래 이 강화 조약은 이 세상에서 전쟁을 추방하는 방책을 명시하는 역사적인 조약이 될 예정이었다. 그러나 실현된 것은 그것과는 거리가 먼 것이었다. 폭넓게 제국주의의 침략 정책·식민지 지배·침략 전쟁 등에 종지부를 찍는 방책은 검토 대상이 되지 않았다. 그 때문에 강화조약은 일본 제국주의의 책임을 근본적으로 묻는 것이 아니었고, 조선·중국 등 일본의 식민지지배와 침략에 고통받은 아시아 국민들의 목소리와 요구를 반영하지 않은 조약이 되었다." 일본은 미국의 달레스 국무부 고문의 강한 요구를 수용하여, 대일 강화 조약 발효와 같은 날(1952년 4월 28일), 대만으로 수도를 이전한 중화민국 정부와 일화 평화조약을 체결했다. 국민당 정권이었던 당시 중화민국 정부에게 중화민국 정부가 정통 중국 정부로 인정받는 것이 생명과도 같이 중요했다. 말하자면 그 대가로 중화민국 정부는 일본에 대한 배상 청구를 포기했는데, 이것이 전후 일본이 전쟁 책임과 식민지지배, 전후 보상에 직면할 기회를 잃는 중대한 계기가 되었다.

앞서 인용한 사사키는 재일코리안 처우에 대해 이렇게 적고 있다. "샌프란시스코 강화는 많은 과제를 미해결 상태로 방치했다.…식민지지배 기간 조선민족이 입은 물적·인적·문화적 피해에 대한 타당한 해결은 지금도 이루어지지 않았다.…약 60만 명에 이르는 재일조선인·한국인의 법적 지위 문제는 일본 제국주의가 남긴 부정적인 유산을 반성하고 청산한다는 관점에서 적절히 처리되어야 하지만, 일조(日朝) 양 민족이 서로 존중하며 받아들일 수 있는 형태로의 결착은 아직

지어지지 않았다."[44]

노마 야스미치(野間易通)의 『'재일 특권'의 허구(「在日特権」の虚構)』는 재특회(재일 특권을 용납하지 않는 시민의 모임)가 주장하는 '재일 특권'의 거의 전부가 그 근원을 거슬러 올라가면 1952년 샌프란시스코 강화조약 시점에 닿는다고 말한다. 일본에서 생활 기반을 쌓아왔던 재일코리안이 일본 국적을 상실함으로써 일본인에 비해 현저히 열악한 법적 지위에서 살아갈 수밖에 없게 되었다. 그 구조 속에서 재일코리안은 일관되게 일본인보다 낮은 지위에 놓였고, 제한된 권리만을 누릴 수 있었으며, 전후 50년에 걸쳐 그런 상태가 조금씩 개선되어 온 것에 불과하다는 것이다. 개선된 부분만을 떼어내어 때로는 다른 외국인과 때로는 일본인 빈곤층과 비교함으로써 마치 재일코리안이 부당한 특권을 누리고 있는 것처럼 논하는 것이 '재일 특권' 허위선전의 본질이라는 지적은 매우 적확한 분석으로 보인다.[45]

샌프란시스코 강화조약 조인 11일 후, 도쿄 주재 미 정치고문이 워싱턴 국무부에 보낸 '일본 내 마이너리티(Minorities in Japan)'이라는 외교국 공문서(제435호)가 있다. 1950년 1월, 유엔 차별방지 및 마이너리티 보호 소위원회(인권소위원회)가 제3회기에서 마이너리티의 정의에 관한 결의를 채택하였다. 이에 따라 경제사회이사회(ECOSOC)는 같은 해 8월 9일 결의 303F(XI)에서 인권소위원회의 정의에 해당하는 마이너리티의 실태 및 보호 현황에 관한 보고를 유엔 사무총장이 (유엔 비가입국도 포함해) 각국 정부에 요청하도록 하는 결의를 채택했다. 이에 따른 유엔 사무총장의 요청이 SCAP(연합국 최고사령부)를 통해 일본 정부 법무부 인권옹호국에 전달되어 작성된 문서이다.

44　佐々木隆爾『サンフランシスコ講和』岩波書店, 1988, p.42, pp.61-62.
45　野間易通『「在日特権」の虚構―ネット空間が生み出したヘイト・スピーチ』河出書房新社, 2013, pp.177-178.

동 문서 부속의 '일본 내 차별방지와 마이너리티 보호에 관한 보고서'는 먼저 아이누민족에 관하여 다음과 같이 기록하고 있다. "메이지시대……이주자보다 낮은 문화 수준을 가진 아이누는 생활 수단을 얻는 데 있어서 압박을 받게 되었다" 고 하고, "메이지 정부는 1868년부터 1886년 사이에 아이누에 대하여 동화 보호 정책을 실시했다. ……1899년 홋카이도 구토인(旧土人) 보호법이 제정되어……아이누민족에 대한 보호 조치가 정해졌으며……아이누의 생활 수준이 향상되고 여러 가지 대책이 성과를 거두었다……아이누에게 교육을 제공하고 그들의 생활 수준을 향상시켰다는 점에 있어서 앞서 언급한 보호법의 시행으로 놀라운 훌륭한 성과가 이루어졌다" 한편 재일조선인에 대해서는 "일본에 거주하는 조선인은 외국인으로 간주되며, 외국인 등록령 아래 있는 일반 외국인과 마찬가지로 등록되어야 한다. 국회와 지방 의회의 의원 선거에 관하여 그들의 선거권과 피선거권은 일시 중지되어 있다" 라고 기록하고 있다.[46]

아이누민족에 대해서는 일본 정부의 동화 보호 정책에 의한 눈에 띄는 성과를 설파하는 한편, 문화적·언어적·종교적 독자성은 전혀 언급하지 않고, 재일조선인은 외국인이라 하여 잘라내고 있다. 1980년 자유권 규약 제1회 보고서와 그 심사에서 나타난 "본 규약에서 말하는 마이너리티는 우리나라에는 존재하지 않는다"라는 일본 정부의 인식과 그 이유 부여는 이 시점에 이미 완성되어 있었다. 그것이 30년 후인 1980년까지 전혀 변하지 않고 유지되었던 점에서 전후 일본이 얼마나 오랫동안 마이너리티 권리에 등을 돌리고 무시해왔는지 엿볼 수 있다.

앞서 소개한 GHQ 외교국의 리처드 핀이 1949년 2월 3일 외무성 관리국장 와지마 에이지(倭島英二)와 나눈 대화를 기록한 '각서(Memorandum

---

46　伊地知紀子·譯「日本のマイノリティー」『部落解放研究』第75號, 1990.8, pp. 87-98, pp.105-106.

of Conversation)'가 있다. 그것에 따르면 '조선인 문제(Korean problems)'를 제기한 와지마는 "현재 조선인을 둘러싸고 일본인을 움직이게 하는 주요 동기는 그들을 일본에서 쫓아내고 싶다는 생각이다(The principle consideration motivating the Japanese at present in regard to Koreans is to get them out of Japan)"라고 말문을 열었다. 와지마는 "거의 모든 재일조선인이 일본 국적(Japanese nationality) 취득을 간절히 원하고 있다"고 하면서도, 일본 정부는 (a) 현재 일본에 거주하는 조선인을 앞으로 모든 법률에서 비일본인(non-Japanese)으로 취급하는 것, 그리고 (b) 현재 유효한 법률과 제도를 그 방향으로 개정하여 행정 분야의 모든 면에서 그들을 비일본인의 지위에 두는 것이 적절하다고 했다.[47]

이에 대해 핀이 조선인을 비일본인으로 취급하면 그들에게 외국인의 지위(foreign national status)를 얻는다고 생각하게 되어 일본의 법 집행이 더 어려워지지 않겠느냐고 말하자 와지마는 동의하면서도 장기적으로 보면 조선인을 일본인과 분리시키는 것(setting Koreans apart from Japanese)과 그들을 일본에서 퇴거시키는 것(their removal from Japan)에 기여한다는 점에서 자신의 생각이 더 효과적일 것이라고 말했다.

또한 핀이 재일조선인이 일본 선거에서 투표하지 못하게 한 제한은 일본 시민권에 하위 범주를 만드는 것(set up a subordinate type of Japanese citizenship)처럼 보이며 모든 일본 국민의 완전한 평등(complete equality of all Japanese nationals)을 명시한 신헌법의 규정에 위배되는 것 같다고 말하자 와지마는 "일본인들은 현재 이러한 심각한 마이너리티 문제를 처리할 자신이 없다(Japanese at present are not confident of their ability to handle a

---

47 이하, 핀의 각서는 Richard B. Finn, Memorandum of Conversation: Koreans in Japan, February 3, 1949, p.103. Enclosure No. 2 to Dispatch No. 111 of February 18, 1949 from the United States Political Adviser for Japan, Tokyo, subject: " Status of Koreans in Japan"(국립국회도서관 소장).

serious minority problem of this nature)"라고 대답하고 이렇게 덧붙였다. "일본인은 항상 조선인을 열등 인종으로 간주해 왔다(Japanese have always considered the Koreans to be an inferior race). 대전 중 조선인의 인종적 특성(racial characteristics)에 관한 매우 정밀한 연구가 이루어졌으며, 조선인의 지적·사회적 능력(mental and social capacities)은 매우 미개한 본성(very primitive nature)이라는 결론이 내려졌다. 일본인이 조선인에 대해 불안과 적대감(uncertainty and hostility)을 갖는 것은 상당 부분 조선인을 열등하다고 보는 일본인 쪽의 그런 감정 때문(Koreans are inferior)"이라고 말했다.

그 당시 기밀 취급(confidential)되었던 이 각서에서 핀이 기록한 와지마의 말은 당시 한 일본인 외교관의 본심을 지금까지 전하는 것이라 할 것이다. 마이너리티 문제에 대처할 자신이 없었기에 조선인에 대해 의심과 불신에 빠지고 식민지 시대에 제멋대로 만들어낸 우월 의식을 고치지도 않은 채 그것으로 계속 조선인을 열등 인종으로 여기면서 그 자신감을 숨기고 결국 마이너리티 권리에 대응하는 것을 회피한 것이다. 마이너리티 문제라고 불리는 것들의 대부분은 마이너리티가 일으키는 것이 아니라 머저리티이 일으키는 것이다 – 필자가 지금까지 여러 논문에서 반복해 말해온 말을 여기서도 밝힌다.

제4장

전후 일본 정치가와 관료의 '마이너리티' 인식
─ 국회 심의를 중심으로

오카모토 마사타카

---

1. 첫 번째 물결─샌프란시스코 강화회의를 향한 논의
2. 제2의 물결─한일조약·법적 지위협정 체결기의 담론
3. 제3의 물결─자유권 규약 보고서와 나카소네 총리의 단일민족 발언을 둘러싼 논의

1950년대 중반, 일본의 정계에서는 55년 체제(통일 사회당과 우파 합동의 자민당에 의한 정당 정치)가 성립하였다.[1] 그 후에 실시된 1958년 5월의 총

---

[1] 1950년 1월에 내부분열한 사회당이 1955년 10월에 합체하여 일본사회당을 결성했고, 사회당이 정권을 잡을 기세가 되었다. 이에 위기감을 느낀 미국과 재계의 요청을 받아 같은 해 11월, 요시다 시게루(吉田茂)가 이끄는 자유당과 하토야마 이치로(鳩山一郎)가 총재인 민주당이 합체하여 자유민주당을 결성하였다. 자유민주당은 ① 자본주의 체제(기업의 자유 경쟁을 원리로 하는 시장 경제 체제)를 지키고, ② 국제적으로는 미국 편에 선다는 입장으로 결합된 보수·우파 합동체였다.

선거에서 총 의석수의 62%를 자민당이, 33%를 사회당이 차지하고, 1992년 냉전 종결에 따라 자민당이 분열되어 정권에서 물러날 때까지 항상 여당인 자민당과 항상 제1야당인 사회당이라는 구도를 축으로 정계가 움직이는, (양당제가 아닌) 1대 1/2 정당제가 38년에 걸쳐 계속되게 된다.

이 전후 일본의 국회에서 '마이너리티'라는 용어가 등장하는 심의를 검출하고, 그 가운데 국내 소수자에 관한 논의를 추출해 보면, 논의가 비교적 집중되어 이루어진 세 번의 물결(시기)이 떠오른다. 첫 번째 물결은 샌프란시스코 강화조약의 체결을 둘러싼 1949년 가을부터 1952년 말까지이며, 두 번째 물결은 재일코리안의 귀환사업과 한일조약의 체결을 둘러싼 1958년부터 1965년 말까지이다. 그리고 세 번째 물결은 일본 정부가 유엔에 제출한 '시민저 정치저 권리에 관한 국제규약'(자유권 규약)의 제27조에 관한 기술과, 1986년 나카소네 야스히로(中曽根康弘) 총리의 단일민족 국가 발언을 둘러싼 1981년부터 1986년 말까지이다. 두 번째와 세 번째 물결 사이에는, 1972년 오키나와 반환을 둘러싼 오키나와인이나 아이누민족에 관한 논의가 간헐적으로 보였다. 그 안에는 일본 주권자의 '대의사(代議士, 대의원)'인 의원들과 정부의 의사결정자들의 마이너리티 문제에 대한 인식이 드러나 있다. 그 물결을 살펴보면 제2차 세계대전 후 약 20년 동안 일본 국회에서 국내의 마이너리티라 하면, 즉 재일코리안이었다는 것을 알 수 있다. 그러나 1970년대 이후, 재일코리안이 마이너리티로 논의되는 일은 거의 없어지고, 아이누민족이 그 주된 대상으로 대체되고 있다. 그 경위를 주요 발언과 그 시대적 배경도 함께 생각하면서 살펴보고자 한다.

1. 첫 번째 물결—샌프란시스코 강화회의를 향한 논의

(1) 백 년 후에 후회를 남길 중요한 문제

전후 일본 국회에서 국내 마이너리티가 처음으로 논의된 것은 아시다 히토시(芦田均) 정권(1948년 3월10월) 하의 제2회 국회의 중의원 치안 및 지방제도위원회(1948년 4월 15일)에서 센가 야스하루(千賀康治) 의원(민주당)이 경찰에 대해 "마이너리티 문제를 처리할 의향이 있는가"라고 물은 데 대해, 가바야마 도시오(樺山俊夫) 국가지방경찰본부 경시가 "민족 문제는 경찰의 직무 범위 밖이다"라고 대답한 장면이다.[2] 그 이후는 모두 총리직에 복귀한 요시다 시게루의 제2차~ 제5차 정권(1948년 10월~ 1954년 12월) 동안에 오간 질의응답이다.

1949년 11월 16일의 참의원 본회의(제6회 국회)에서는 마쓰이 미치오 (松井道夫) 의원(무소속, 변호사)이 강화와 관련된 재일조선인의 처우 문제에 대해 희망자에게는 "무조건으로 일본 국민으로서 남을 수 있는 길을 열어야 하며" "일본은 타민족에 대해, 지극히 공정하고 친애적인 태도로 임하지 않으면 안 된다"고 한 뒤, "조선인 문제는 마이너리티 문제로서 그 대책을 적절히 마련하지 않으면 후일 백 년의 후회로 남을 중요한 문제입니다"라고 발언하고 총리의 생각을 물었다. 이에 대해 요시다 시게루 총리는 "조선인이기 때문에 억압한다거나, 또는 마이너리티 문제라는 관념으로 조선인을 대하고 있는 것이 아니라, 일선인이 종래처럼 융합하는 것을 정부로서도 생각하고 있다"고 답변하였다.[3] 요시다는 이때 "결코 억압하려는 마음은 없다"고 거듭 말했지만 같은 시기 GHQ의 휘트니 민정국장에게 보낸 비공식 서한에서는 마쓰이가

2　제2회 국회 중의원 치안 및 지방제도위원회 회의록 제23호, 1948년 4월 15일, p.7.

3　제6회 국회 참의원 본회의 회의록 제12호, 1949년 11월 16일, pp.123-124.

말한 "공정하고 친애적인 태도"와는 거리가 먼 편견을 노골적으로 드러낸 바 있다는 것은 앞서 언급한 바와 같다.

1950년 7월 29일의 참의원 외무위원회(제8회 국회)에서는, 단 이노(團伊能) 의원(민주자유당, 실업가)이 "일본인의 생활에… 매우 관련이 있는 마이너리티이라 불릴 수 있는 문제가 있으며… 특히 가장 수가 많은 것이 조선과의 관계"라고 말문을 열자 요시다는 "조선인 문제에 대해서는… 정부로서도 매우 곤란해하고 있는 문제"라고 하며, 제1차 세계전쟁 후 프랑스에서는 많은 폴란드계 주민이 정착해 공산당원이 되어 의회에도 진출하면서 정계가 안정되지 않고, 군소정당이 난립했다며 "같은 종류의 문제가 일본에도 장래에 일어날 수 있다"고 언급했다. 대전 기간 동안 인구가 크게 감소한 프랑스 북부의 탄광 지역에서 기업이 노동력 부족 해소와 전후 부흥을 위해 약 50민 명의 폴란드인을 유입시킨 사례를 가리킨 것으로 보인다. 요시다는 전시 중 일본의 노동력 부족을 보충하기 위해 탄광 노동자로 일본에 와서 정착한 조선인이 "현재 규슈에 있어서의 탄광 문제의 하나의 현상이다"라는 인식을 나타내며, 가까운 장래에 프랑스와 같은 정치적 불안정이 일본에서도 발생하게 된다면 '중대한 사건'이라며 불안을 부추겼다. 그리고 "조선인을… 부주의하게 다루면 마이너리티 억압…이 되기도 하며", 아직 강화조약이 체결되지 않은 일본으로서는 국제적인 문제를 일으키고 싶지 않으므로 "몹시 처리하기 곤란한 문제"라고 말했다.[4]

1906년에 외무성에 들어간 요시다는 1920년대까지 대부분을 중국 대륙에서 보냈다. 1919년의 파리강화회의의 당시에도 지난(済南) 영사였지만, 아내의 아버지인 마키노 노부아키(牧野伸顕) 전권대사에게 부탁하여 수행원으로 참가하였다.[5] 1930년대에는 주이탈리아 대사, 주영국

4　제7회 국회 참의원 외무위원회 회의록 제4호, 1950년 7월 29일, pp.5-6.
5　宇佐美正行「パリ講和会議と日本外交」『立法と調査』第323号, 2011.12, p.2.

대사 등을 역임하며(제1부에서 본 아다치 등과 비교해서) 어중간하게 국제연맹 시절 '마이너리티 문제'에 접한 적이 있던 요시다가 '마이너리티'이라는 용어를 사용할 때에는 파리강화회의를 계기로 생겨난 마이너리티 조약이나, 제1장에서 본 '유럽의 골치 아픈 문제'라는 인식이 수반되어 있었던 것으로 보인다.

또한 이 시기에는 공산당 소속의 의원들이 재일코리안을 마이너리티로 위치 지우고 그 보호를 주장하는 발언을 하고 있다. 예를 들어 1950년 3월 30일의 중의원 문부위원회(제7회 국회)에서는 곤노 다케오(今野武雄) 의원(일본공산당·수학자)이 후술(제6장)할 조선인 교육 폐쇄에 대한 청원을 소개하며, "일본 국내에 있는 마이너리티인 조선인 여러분이……무엇보다도 교육 문제에 힘을 쏟아 왔으며……꼭 민족 교육을 할 기회를 주시기를 바란다"고 말했다.[6] 같은 해 4월 19일의 중의원 외무위원회에서는 기쿠나미 가쓰미(聽濤克巳) 의원(일본공산당, 노동운동가)이 "실질적으로 이미 대부분의 조선인은 일본 국내에 있어서 하나의 마이너리티이라는 지위를 가지고 있다고 나는 생각한다. 그런 대우를 정당하게 한다면 좋지만……외국인등록령이 강제로 시행된다. 이것은 하나의 큰 불안 요소가 된다"고 말했다.[7] 또 같은 해 12월 3일의 중의원 지방행정·인사·문부·노동위원회 연합심사회(제9회 국회)에서는 가토 미쓰루(加藤充) 의원(일본공산당, 변호사)이 고베 사건(神戸事件, 조선인학교 폐쇄령에서 비롯된 1948년 4월의 한신 교육 투쟁)에 대해 언급하며 "조선인은……국내의 마이너리티로서 그 정책이 매우 불충분하고, 불친절하며, 가혹하고……세금만은 징수되면서……보호 정책이라는 것은 없다"고 말

6　제7회 국회 중의원 문부위원회 회의록 제14호, 1950년 3월 30일, p.6.

7　제7회 국회 중의원 외무위원회 회의록 제16호, 1950년 4월 19일, p.10. 이때 기쿠나미(聽濤)의 질문에 대해 우에다 슌키치(殖田俊吉) 법무총재는 조선인의 국적 문제를 빨리 해결하고 싶지만, 강화 문제의 일환이기 때문에 "강화조약이 체결될 때까지는…결정할 수 없다"고 답했다.

했다.[8]

1951년 3월 7일의 중의원 지방행정위원회(제10회 국회)에서는 다치바나 도시오(立花敏男) 의원(일본공산당, 전 고베시 직원)이 "일본 국내에 거주하고 있는 마이너리티의 문제"로서, "약 60만 이상 되는 조선인"에게는 "민족 평등이라는 원칙에서……당연히 선거권을 부여해야 한다"고 말했다.[9] 이 시기 일본공산당은 제4차 전국협의회(1951년 2월)에서 "재일 마이너리티과의 연대 강화" 등을 내세우고 있었다. 조선민주주의인민공화국의 남일(南日) 외무상 성명을 받아 1955년 1월 1일의 '재일조선인 운동에 대하여'에서 재일조선인에 대한 마이너리티 규정을 폐기하기 전까지 일본공산당은 재일코리안을 적극적으로 지원하는 자세를 계속 취하고 있었기 때문이다.

(2) 일본 국적 일률 박탈에 대한 우려

1950년 3월 1일 중의원 외무위원회(제7회 국회)에서 오가와 한지(小川 半次) 의원(민주당)이 "현재 우리나라에서는 인구가 과잉이다. 그 위에 조선인의 수도 매우 많다. 게다가……상당수의 조선인은 매우 많은 범죄를 저지르고 있다. 어떻게든 이 사람들을 본국으로 돌려보낼 방법은 없는가"라고 질문한 것에 대해 우에다 슌키치(殖田俊吉) 법무총재는 "조선인에 대해서는 아직 국적을 둘러싼 확정적인 신분이 정해지지 않았으며, 그런 의미에서 말하자면 일본 국민 중의 한 마이너리티이 된다고도 할 수 있다"고 한 뒤에, "꽤 오래전부터 일본에 거주하고 있으며……일본 생활에도 익숙해져 있으며……아주 조화된 생활을 한다면 결코 본국으로 돌려보내야 할 필요는 없다……일본에 있어도 괜찮다"고 말했

8　제9회 국회 중의원 지방행정・인사・문부・노동위원회 연합심사회 회의록 제2호, 1950년 12월 3일, p.2.

9　제10회 국회 중의원 지방행정위원회 회의록 제20호, 1951년 3월 7일, pp.8-9.

다.[10] 이 시점에서는 아직 정부 내에서 재일조선·대만인의 일본 국적 일률 박탈 방침이 결정되지 않았음을 엿볼 수 있다.

샌프란시스코 강화회의가 열린 다음 달인 1951년 10월 29일에 열린 참의원 평화조약 및 미일안전보장조약 특별위원회(제12회 국회)에서는 소네 에키(曽祢益) 의원(일본사회당, 전 외무성 관료)이 강화조약 체결에서 "또 하나의 큰 문제는 분리되는 지역 주민의 국적 귀속"이라며 "나는 일본에 장래 마이너리티 문제를 남기고 싶지 않다"면서 다음과 같이 말했다. "이 문제는 종래의 국제법의 원칙이나 선례 등에 비추어 국적의 선택권을 부여하고, 그 결과 외국 국적을 선택한 자에 대해서는 퇴거시킨다. 이 원칙을 확립하고 교섭해야 하지 않겠는가"라며 정부의 소견을 물었다. 이에 대해 요시다 시게루 총리는 "이름까지도 고치게 하여 일본화시키는 데 종래의 정부가 매우 힘을 쏟은 결과 조선인임에도……완전히 일본인이 된 사람도 있다. ……또 무슨 소동이 일어나면 반드시 그 앞잡이가 되어……참가하는 자도 적지 않다. 좋은 사람도 있고 나쁜 사람도 있다"고 하며, "조선인에게 일본 국적을 부여하는 것에 대해서도 상당히 생각해 보아야 한다", "당신이 말한 바와 같은 마이너리티이라는 문제 따위가 일어나서 상당수의 외국에서 어려움을 겪고 있는 예는 적지 않기에 신중하게 생각하고 싶다"고 답변했다.[11]

소네(曽祢) 의원은 이 맞지 않는 응답에 대해 다음 달인 11월 5일의 참의원 평화조약 및 미일안전보장조약 특별위원회(제12회 국회)에서 여러 전쟁의 역사로부터 "국내의 마이너리티……이민족이 구 영토권의 주권국으로부터 분리되는 경우가 있었다"고 하며 다시 질문했다. 조선에 있는 조선인은 대한민국 국적을 취득하는 것이 당연하다고 생각하지,

---

10 제7회 국회 중의원 외무위원회 회의록 제6호, 1950년 3월 1일, p.12.
11 제12회 국회 참의원 평화조약 및 미일안전보장조약 특별위원회 회의록 제20호, 1951년 10월 29일, p.56.

"내지(일본 본토)에 영속적으로 살고 있는 조선민족에 대해서는 당연히 조선 국적을 부여한다는 규정으로 다스려야 하는 것은 아니다". 그런 짓을 한다면 "일본 본토 내에 마이너리티 문제를 남기게 된다". 분리국이기 때문에 "일본에 살고 있는 조선인도 조선 본토에 있는 조선인과 마찬가지로 분리된 나라의 국적을 취득하는 것이 당연하다는 답변이 있었던 듯하지만, 일본 국내에 남는 조선인에 대해서는 일정한 조건을 갖춘 사람에게는 선택권을 부여하고 일본 국민으로서 일반 국민과 전혀 같은 대우를 해야 하며, 인구가 많은 잔류 조선인에 대해 국적은 조선으로 하고 일본에서의 거주는 그대로 둔다는 방식으로 한다면 장래의 양국 간에 불쾌한 관계를 남기지 않을까"라고 우려를 표했다.

소네 의원은 재일조선인의 일본 국적을 박탈하는 듯한 난폭한 일을 하면 양국에 걸친 "마이너리티 문제"가 일어난다고 우려하고 있다. 한편, 요시다(吉田)는 재일코리안의 다수가 계속해서 일본 국적을 갖고 일본에 계속 거주하는 것이 '마이너리티 문제'가 된다고 생각하고 있다. '마이너리티 문제'라고 불리는 것의 대부분은 마이너리티가 일으키는 것이 아니라, 머저리티가 마이너리티를 억압함으로써 발생하는 것이라는, 현대에서도 주의해야 할 논점의 엇갈림이 여기에도 나타나고 있다.

소네(曽祢) 의원의 질문에 대해 니시무라 구마오(西村熊雄) 외무성 조약국장은 "독립국이었던 나라가 합병에 의해 일본 영토의 일부가 되었고, 그 조선이 이번 평화조약에 의해 독립을 회복하는 경우에는 조선인이었던 자는 독립 회복의 결과 당연히 이전에 가졌던 조선 국적을 회복한다고 생각해야 한다"고 하며 다음과 같이 말했다. "일본에 상당수의 조선인 여러분이 거주하고" 있고, "특히 일본인으로 있고자 하는 희망을 가진 분들을 위해 특별한 조건을 평화조약에 마련할 수 있는지 여부를 연구한 결과, 현재의 국적법에 따른 귀화 방식으로도 충분히 재류 조선인 여러분의 희망을 만족시킬 수 있다는 결론에 도달하여, 특별히 국적 선택이라는 조항을 마련할 것을 요청하지 않기로 했다." 정부가 앞서 언급한 조선 국적의 (조선 거주자도, 일본 거주자도) 일률 회복 + 귀화로 대응한다는 방침을 국회에서 처음으로 명확히 밝힌 것이 바로 이때였다. 이에 대해서 소네 의원은 "너무 국제법의 나쁜 쪽 선례에 얽매이지 말고……국내에 골칫거리인 마이너리티 문제를 남기지 않도록 한 번 생각해주시기 바란다"고도 말했다.[12]

그 후 정부는 일본 국적을 상실한 후의 재일 구 식민지 출신자를 외국인으로 하여 관리하기 위한 '포츠담 선언의 수락에 수반하여 발하는 명령에 관한 건에 근거한 외무성 관련 제 명령의 조치에 관한 법률안' (후의 법률 제126호)과 '외국인등록법안'을 국회에 제출했다. 1952년 3월 29일, 대일(對日) 강화조약의 발효가 한 달 앞으로 다가온 가운데, 중의원 외무위원회(제13회 국회)에서 두 법안의 심의가 이루어졌을 때 도카노 사토코(戸叶里子) 의원(일본사회당)은 "정부에 대해 보다 마이너리티에 대한 보호와 인도적인 입장에 선 조치를 강구할 것을 경고한다"며 외국인등록법안에 반대 의사를 표명했다. 그 이유는 이 법안의 주요 대상이 전쟁 전부터 거주해 온 60만 명이 넘는 조선인과 4만 5천 명의 화교들이며, 일본인 여성을 아내로 두고, 자녀는 조선이나 중국에 한 번도 가본 적이 없으며, 언어도 일본어밖에 모르는 사람도 많고, 게다가 조선인은 과거 일본인으로서 전쟁에 징용된 사람도 많은데도, 이들에 대한 어떤 고려도 이루어지지 않고 있기 때문이라고 언급했다.[13] 같은 해 4월 3일의 참의원 외무·법무 연합위원회에서도 외국인등록법안 등을 둘러싸고 하니 고로(羽仁五郎) 의원(무소속·역사학자)이 "일본인은 이른바 마

---

12 제12회 국회 참의원 평화조약 및 미일안전보장조약 특별위원회 회의록 제10호, 1951년 11월 5일, pp.18-20.
13 제13회 국회 중의원 외무위원회 회의록 제15호, 1952년 3월 29일, pp.9-10.

이너리티 프로블럼, 소수민족 문제라는 것을 제대로 해결한 적이 없다. 그것은 실제로 정치적으로 중대한 문제입니다"라고 말했다.[14] 두 의원은 마이너리티의 권리를 보장하지 않는 비인도적인 취급이 소수민족 문제를 야기한다고 우려하고 있었던 것이다.

같은 해 12월 12일의 중의원 예산위원회(제15회 국회)에서는 재일조선·대만인이 일본 국적을 상실하고, 출입국관리령 및 외국인등록법의 관리 아래 놓이게 된 것을 두고 나리타 도모미(成田知巳) 의원(일본사회당)은 "재일조선인의 대부분은 오래전부터 일본에 있고, 이 일본의 풍토에 뿌리내린 사람이 많다……전쟁 중에 강제로 조선에서 끌려와 공장이나 광산에서 강제노동에 종사하게 된 사람이 매우 많다"고 언급하면서, "다른 민족을 억압하는 민족은 결코 그 자체로 자유롭지 않다"고 하며, 일본 정부는 "일본에 있는 소수민족인 조선인 문제를 상당히 신중히 생각하고, 대책을 세워야 한다"고 말했다. 그리고 지금까지의 억압이나 단속 일변도가 아니라 조선인의 생활을 안정시키거나 융화를 도모하는 등의 정책을 내놓아야 할 때라고 언급하고 있다.[15]

이처럼 1940년대 후반부터 50년대 초에 걸쳐 국회에서 소수민족이 논의될 때, 그것은 거의 재일코리안(재일조선인)에 관한 것이었지만, 단 한 건만 류큐인(琉球人)에 관한 것이 있다. 제10회 국회의 참의원 외무위원회(1951년 2월 6일)에서의 단 이노(團伊能) 의원(자유당)의 다음 발언이다. "전 유럽 대전(제1차 세계대전) 이후의 강화회의 시대에, 마이너리티의 독립이라는 것이 매우 강하게 주장되었고…… 같은 소수민족 독립이라는 관념으로부터 류큐는 류큐인의 손에, 라는 구호도 있다고 들었습니다. 그래서 오늘날 류큐의 섬 주민 여러분의 각 계층에 걸쳐…… 류큐의 독

14　제13회 국회 참의원 외무·법무연합위원회 회의록 제1호, 1952년 4월 3일, p.12.

15　제15회 국회 중의원 예산위원회 회의록 제13호, 1952년 12월 12일, p.10.

립이라고 할까요, 그런 관념으로 움직이고 있는 분들이 계신지 어떤지, 사정을 여쭙고자 합니다"라는 내용이었다.[16]

또한 1955년 7월, 모리타 요시오(森田芳夫, 출입국관리국 법무사무관)는 『재일조선인 처우의 추이와 현상(在日朝鮮人処遇の推移と現状)』(법무연구보고서 제43집 3호)의 맺음말에 해당하는 '열망되고 있는 종합 대책'에서, 1952년 7월 15일에 '조선담화회(朝鮮談話会)'가 요시다 시게루 총리에게 보낸 '재일조선인 문제 대책에 관한 진언'을 소개하고 있다. 거기에서는 "대책의 입안과 실행을 담당할 관민(官民) 이중 체제를 마련할 것"이 제안되어 있었다. 관(정부) 측에서는 "내각에 재일조선인 문제에 관한 여러 문제를 종합적이며 통일적으로 입안·실시하는 책임 기관을 둘 것", 해당 기관으로서 "내각총리대신 아래에 후생대신, 법무총재, 외무대신의 3인 위원회를 둘 것", 그 "삼인 위원회의 주임은 후생대신으로 하고, 관방장관을 사무국장으로 한다"는 점이 언급되어 있었다. 민(민간) 측에서는 "각 분야의 민간 유식자(전문가)에게 의뢰하여 삼인 위원회와 일체를 이루는 민간 협력 기관을 설치할 것", "이 민간 협력 기관이 삼인 위원회의 위촉을 받아 재일조선인 문제에 관한 종합 대책을 입안할 것" 등이 제시되어 있다. 그리고 "조선인과의 오랜 교우 관계 및 접촉을 활용하여 종합 대책의 실행에 지도적 역할을 수행할" 이 "관민 이중 체제는 우선 다음의 제 사안을 주제로 한다"고 하면서,

- 재일조선인 문제는 일단 이른바 '소수민족 문제'와 같은 내정 문제로서 검토한다,
- 일반 조선인에 대한 복지 시설, 생활 안정 방책, 교육 정책 등,
- 조선인 여러 단체에 대한 지원,
- 이러한 여러 문제에 관한 국내외에 대한 계몽·선전,

16　제10회 국회 참의원 외무위원회 회의록 제3호, 1951년 2월 6일, p.5.

등이 제시되어 있다.[17] 이러한 관민 공동의 종합적인 기구가 만들어졌더라면 마이너리티 권리에 대한 대응도 이루어질 수 있었던 것이 아닐까 생각되지만, 앞서 언급한 조선인에 대한 관점을 지닌 요시다 등을 비롯한 보수 정치가들은 모리타가 마지막에 조명을 비춘 이 진언을 진지하게 받아들이지 않았던 것이다.

2. 제2의 물결—한일조약·법적 지위협정 체결기의 담론

(1) 재일코리안의 귀환사업과 난항을 겪은 한일회담

제2의 물결은 제1의 물결로부터 5년을 사이에 두고 시작된다. 1959년 2월 6일의 중의원 외무위원회(제31회 국회)에서 호아시 게이(帆足計) 의원(일본사회당, 전 상공관료)이 '재일조선인의 귀국 문제'에 맞추어 '일본에서의 조선인의 상황' 개선을 호소하였다. "불황의 위협, 불경기의 여파가 가장 강하게 이 소수민족에게 미치고 있는" 상황을 "세계 어디를 보더라도 소수민족 중에서 이토록 고통스러운 생활을 하고 있는 민족은 없다"고 하며, "이 소수민족에 대한 합리적인 대책이 아직 세워지지 않았고…… 인간다운 대우를 충분히 제공하는 정책을 갖고 있지 않다"는 것은 국회의원으로서 "정말로 부끄러운 일"이라고 말했다. 그리고 "귀국사업"뿐만 아니라, 일본에 계속 거주하는 재일조선인에 대해서도 "소수민족 대책을 고려하면서 적절하고 합리적인 시책을 시행할" 필요가 있다고 언급하였다.[18]

---

17 森田芳夫『在日朝鮮人処遇の推移と現状(法務研究報告書第43集3号)』法務研修所, 1955.7, pp.269-271.

18 제31회 국회 중의원 외무위원회 회의록 제4호, 1959년 2월 6일, p.5.

[2-4-1] 재일코리안의 출신지별 인구

1937년말(내무성 경무국 조사)

	출신지	인구	%
북위 38도 이남	경상남도	300,163	37.5
	경상북도	184,651	23.1
	전라남도	165,125	20.6
	전라북도	48,858	6.1
	충청남도	28,751	3.6
	충청북도	22,524	2.8
	경기도	14,433	1.8
동 이북	강원도	8,312	1.0
	평안남도	7,824	1.0
	함경남도	5,884	0.7
	황해도	5,643	0.7
	평안북도	4,666	0.6
	함경북도	3,044	0.4
	계	799,878	

* 제2차 세계대전 이후 제주도는 전라남도에서 분리되었으며, 자강도는 함경남도와 평안북도의 일부 지역으로 구성되었다.
출처 : 森田芳夫『在日朝鮮人処遇の推移と現状』(法務研究報告書第43集3号)法務研究所, 1955年7月, p.12, 237.

1952년 10월(국가지방경찰본부 경비 제2과『재일조선인의 실태』조사)

	출신지	인구	%
북위 38도 이남	경상남도	196,894	36.6
	경상북도	131,926	24.5
	전라남도	59,425	11.1
	제주도	64,117	11.9
	전라북도	16,202	3.0
	충청남도	13,209	2.5
	충청북도	11,054	2.1
	경기도	6,914	1.3
동 이북	강원도	5,772	1.1
	평안남도	2,382	0.4
	함경남도	2,645	0.5
	황해도	2,509	0.5
	평안북도	1,729	0.3
	함경북도	1,502	0.3
	자강도	62	
	기타	8,843	1.6
	알 수 없음	12,569	2.3
	계	537,754	

재일코리안의 약 95% 이상은 한반도 남부(현 한국)를 뿌리로 하고 있다. 현재 한국 남부의 경상남도, 경상북도, 전라남도만으로 전체의 80%를 넘는다(표 2-4-1 참조).[19] 그 때문에 일본의 패전 후, 1950년 6월의

---

[19] 1952년 10월 시점의 국가지방경찰본부 경비제2과 조사에 의함. 출신지별 비율은 1938년 말 시점 내무성 경찰국의 조사와 거의 같다. 모리타, 앞의 주62의 인용서, pp.237-238. 또한 법무부의 대조표 '1950년 3월 31일 현재 남조선인과 북조선인'에서는 재일조선인의 92.6%가 (현재 한국 국내 출신인) 남조선인으로 되어 있다(松本邦彦解説・訳『外国人の取り扱い(GHQ 日本占領史第16巻)』日本図書センター, 1996, p.128, p.136).

한국전쟁 발발까지 약 141만 명이 한반도 남부로 돌아간 반면, 북부로는 1947년에 351명만이 귀국했을 뿐이다.[20] 한국전쟁 휴전(1953년 7월)으로부터 2년 후인 1955년 10월, 조선민주주의인민공화국의 김일성 주석과 남일 외무상은 일본 국회의원 방북단에게 재일코리안의 수용과 귀국 비용 부담을 표명한다. 재일코리안의 '본국 송환'을 원해 왔던 요시다 시게루 이래의 정치 지도자들의 의도와도 일치하여, ICRC(국제적십자위원회)를 중재자로 한 북한으로의 '귀환' 사업이 움직이기 시작했다. 1958년 여름이 되면, 김일성은 재일코리안 전원의 귀국을 염두에 둔 귀환 촉진을 주장하게 된다. 그리고 이듬해인 1959년 2월 13일, 일본 측도 귀국 실시에 대한 각의 결정을 내린다. 앞서 언급한 호아시 의원의 국회 발언은 그 1주일 전이다. 같은 해 12월에 첫 번째 귀국선이 출항하였고, 1961년까지 7만 명 이상, 1967년까지는(일본인 배우자 등을 포함해) 누계 약 9만 3천 명이 북한으로 건너가게 된다.

많은 재일코리안이 북한으로의 '귀환' 사업에 응한 배경에는 호아시 의원이 지적한 일본 내의 차별 등으로 인한 폐쇄감, 당시에는 독재와 인권 억압의 인상이 강했던 '남쪽 조국'에 대한 실망, 그리고 이에 대비되는 '북쪽 조국'에 대한 기대가 있었다. 1970년대 초까지는 1인당 GDP에서도 북한이 한국을 상회하고 있었으며(1970년 기준으로 북한 388달러, 한국 284달러), 김일성 정권에는 한국과 세계에 사회주의 국가의 우월성을 보여주려는 의도도 있었던 것으로 여겨진다.

한편 열세에 있던 한국에서는 1961년 5월에 군사 쿠데타가 일어났다. 정권을 장악한 후 1963년 10월 대통령에 취임한 박정희는 북한에 대한 승리를 최우선 과제로 내세우고 일본과의 강화조약 체결 및 국교

---

20 이하, 북한 귀환사업에 대해서는 菊池嘉晃「北朝鮮帰還事業『前史』の再検討」『現代韓国朝鮮研究』第8号, 2008.11, pp.73-74. 木宮正史『日韓関係史』岩波書店, 2021, pp.50-51.

정상화를 추진한다. 한일 국교 정상화를 향한 협상은 샌프란시스코 강화회의 이후 미국의 중재로 시작되었다. 1952년 24월의 제1차 회담, 1953년 47월의 제2차 회담을 거쳐 같은 해 10월부터 제3차 한일회담이 열렸지만, (대한청구권을 주장하여 한국의 대일 청구권을 상쇄하려 했던) 구보타 간이치로(久保田貫一郎) 수석대표의 발언으로 인해 논란이 일어 불과 반달 만에 협상이 중단되었다. 약 5년 뒤인 1958년 4월에 재개된 제4차 회담도 한국이 반대하는 가운데 일본이 앞서 언급한 북한으로의 재일코리안 ‘귀환’ 사업을 추진했기 때문에 1960년 4월에 중지되었다. 같은 달, 한국에서는 이승만의 독재와 부정 선거에 항의하는 학생운동(4월 혁명)이 일어나 정권이 붕괴한다. 같은 해 8월, 대통령에 선출된 윤보선 정권하에서 10월부터 제5차 회담이 열리고 있었지만, 1961년 5월의 군사 쿠데타로 다시 중단되었다. 그 후 정권을 장악한 박정희는 구 만주국 군인이었던 자신의 경력과 인맥을 활용해 기시 노부스케(岸信介) 등 일본 보수 정치가들의 호감을 얻으면서 협상을 재개하고, 1961년 10월부터 1965년 5월에 걸쳐 제6차·제7차 회담을 이어나간다. 그 결과 1965년 6월 22일 ‘일본과 대한민국 간의 기본관계에 관한 조약’(한일기본조약)이 체결되었고, 같은 해 12월 18일에 발효되어 양국은 국교 수립에 이르게 되었다.[21]

이로써 박정희 정권은 일본으로부터 총액 8억 달러(무상 3억, 정부차관 2억, 민간차관 3억)의 ‘원조 자금’을 얻었으나, 그 대가로 대일(對日) 청구권을 포기한다. 이는 일본의 보수 정치가들의 의도에 부합하는 것이었다. 한국은 그 후 고도성장을 이루어 1973년에는 1인당 GDP에서 북한을 능가하게 되지만, 본래 조약 체결 시에 청산되어야 했던 식민지 지배에 대한 배상이나 전후 보상은 소홀히 다뤄졌다. 그리고 일본 측은 모든

---

21 木宮, 앞의 주65의 인용서, pp.39-63.

청구권은 "한일기본조약으로 해결되었다"고 주장하며 재일코리안에 대한 전후 보상 등도 한국 정부가 해야 할 일이라고 주장하게 된 것이다.[22]

(2) 한일 국교 수립이 재일코리안에게 준 영향

앞 장에서 서술한 바와 같이 재일코리안은 1947년 5월 외국인등록령으로 일본 국적자임에도 불구하고 외국인 등록이 되었다. 그 당시 조선반도에는 아직 국가가 수립되지 않았기 때문에 등록증의 국적란에는 국적 대신 출신지인 '조선'이 기재되게 되었다. 한반도에서는 1948년에 대한민국과 조선민주주의인민공화국이 각각 수립되었고, 일본 정부는 1950년 2월 이후 한국 정부와 GHQ의 요청을 받아 희망자에 한해 외국인 등록상의 국적란에 '한국'이라고 기재하는 것을 인정하였다. 이러한 정세 속에서 극히 일부는 본국의 국민 등록을 한 재일코리안도 있었지만 일본 정부는 그러한 사람들을 포함하여 어느 국가와도 국교가 수립되지 않았다는 이유로 외국인 등록상의 '조선'도 '한국'도 국적으로는 인정하지 않는 상태가 지속되었다.[23] 그리고 일본 정부는 샌프란시스코 강화조약의 발효에 따라 1952년 4월, 법무부 민사국장 통달로 재일조선인·대만인의 일본 국적 상실을 선언한다. '조선 국적의 회복'을 말하고 있었지만 이를 위한 조치는 전혀 취하지 않은 채 일방적으로 선언했을 뿐이며, 그 결과 재일코리안 다수가 사실상의 무국적 상

---

22 1972년까지 북한이 앞서 있던 1인당 GDP에서 한국이 추월한 것은 1973년(한국 482달러, 북한 413달러)이다. 그 후 2010년까지 두 나라의 차이는 40배(한국 2만 1,052달러, 북한 504달러)로 확대되었다(木宮正史『国際政治のなかの韓国現代史』山川出版社, 2012, p.139).

23 이하 특별한 주석이 없으면 본 항에 관한 기술은 郭辰雄「分断と統一——朝鮮籍から見えるもの」李里花 編著『朝鮮籍とは何か——トランスナショナルの視点から』明石書店, 2021, p.40, 崔紗華「朝鮮籍の制度的存続と処遇問題」, 같은 책, pp.45-60. 韓東賢「日本政府による『朝鮮』籍コリアンの排除」, 같은 책, pp. 85-88에 근거함.

태에 빠진 것은 앞서 언급한 바와 같다.

1965년의 한일기본조약 체결과 한일 국교 수립에 따라 일본 정부는 외국인 등록상의 '한국'을 처음으로 국적으로 인정하였고, 또 동 조약과 함께 체결된 '일본국에 거주하는 대한민국 국민의 법적 지위 및 처우에 관한 대한민국과 일본국 간의 협정'(재일한국인의 법적 지위 협정)에 따라 1966년 1월부터 5년 사이에 신청한 사람은 협정 영주권이라는 일반 영주권보다 약간 안정된 재류 자격을 일본에서 얻게 되었다(이를 재특회 등은 '재일 특권'의 대표적인 사례로 들고 있다). 그 당시에 다양한 이유로 한국 국적 변경 신청(한국의 재외국민등록)을 하지 않았던 재일코리안이 현재까지 이어지는 외국인 등록상의 '조선'적 보유자이다.

한일 국교 수립에 따라 1960년대 후반부터 '재일한국인'이라는 호칭이 퍼지게 되었고, 70년대에 이르러서는 '재일한국·조선인'이라는 표기도 일반화되었지만, 식민지 시절 일본 국적자로서 일본에 건너와 전후에도 일본에 계속 거주하고 있는(여권을 가지고 입국한 것이 아니라 1952년의 일본 국적 박탈로 비(非)일본 국적자가 된)사람들과 그 자손이라는 사실에는 변함이 없다.

일본 사회에서는 외국인 등록상의 '조선'적 보유자를 '북조선인'으로 간주하는 경향도 보이지만, 한국 국적으로 변경하지 않은 사람들이 모두 북조선을 지지하고 있는 것은 아니며, 그 다수는 북조선에서 국민등록조차 되어 있지 않다(여권도 발급받지 않는다). 곽진웅(郭辰雄)은 '조선적이란…… 구 식민지 출신자 및 그 자손으로서 한국 국적을 취득하지 않은 사람들의 출신지를 나타내는 '기호'라고, 또한 한동현은 '식민지 시대의 조선반도라는 지역에 루트를 가진다는 것을 나타내는 '기호'를 1947년의 외국인 등록령 이후 그대로 변경하지 않은 사람과 그 자손'이라고 표현하고 있다. 어느 국가로부터도 여권을 발급받지 못하는 (외교상의 보호를 받지 못하는) 등의 상태로 보아 그 다수는 사실상 무국적자 상태에 있는 사람들로 볼 수 있을 것이다.

한일 국교 수립으로부터 5년 후인 1970년까지 약 33만 1000명(재일 코리안의 54%)이 협정 영주권 신청(한국 국적으로의 변경)을 하였다. 그 후에도 한국 국적 변경이나 일본 국적 취득자가 늘어나 조선적을 유지하는 사람들은 2020년 현재 외국 국적의 재일코리안(전쟁 전부터 거주하는 코리안과 그 자손=특별 영주자) 약 30만 1000명 중 약 1할(2만 7000명) 정도가 되었다. 그렇다면 이 3만 명 가까운 사람들이 일본 내에서 북한 때리기의 공격 대상인가 하면 그렇지도 않다. 실제로 일본인이 공격 대상으로 삼아온 대부분은 코리안 뿌리의 한국 국적자나 일본 국적자이다. 2014년 오사카부 내 조선학교에 자녀를 보내는 가정(696세대)을 대상으로 한 설문에서 어머니 국적으로 보면 한국 국적자가 72.8%, 일본 국적자가 4.0%였고 (아버지 국적으로는 한국 국적자가 67.8%, 일본 국적자가 1.7%)이다.[24] 그 자녀들이 다니는 조선학교에 북한과의 외교 관계나 납치 문제를 이유로 사회적 우위를 가진 다수자인 일본인이 거리 선전·헤이트 스피치를 하거나 아동·학생들에게 폭행을 가해 왔다.

필자가 가장 비열하다고 생각하는 것은, 앞서 말한 다소 복잡한 재일 코리안의 역사적 경위를 자신들은 알고 있을 정치가들이 그것을 다수자인 일본인들에게 알리지 않고, 또 알지 못하는 것을 이용하여 "국민의 이해를 얻기 어렵다"고 하면서 민족적 마이너리티이며 게다가 어린이라는, 사회적으로 더욱 약한 위치에 있는 (복합 차별과 권리 침해의 피해자가 되기 쉬운) 조선학교에 다니는 아이들에 대한 집단 괴롭힘(대학 입시 부정이나 고교 무상화 제외 등)을 자신의 정치적 퍼포먼스 등을 위해 솔선해서 해왔다는 것이다. 그리고 다수 중 다수인 일본인 성인 남성들이 소수 중 소수인 코리안 뿌리의 조선학교에 다니는 여아 아동·학생,

---

24 大阪朝鮮学園高校無償化・補助金裁判記録集刊行委員会編『大阪朝鮮学校無償化・補助金裁判「あたりまえの権利」を求めて』現代人文社, 2023, pp.222-225.

즉 삼중의 vulnerability(피해를 입기 쉬운 위치)에 있는 사람들을 대상으로 (자신이 반격을 받지 않는다는 절대적 안심 속에서) 폭행과 괴롭힘을 반복해 온 것이다. 마이너리티 권리를 논하기 이전에 비인도적인 행위라고 하지 않을 수 없다.

(3) 장래에 발생할 마이너리티 문제에 대한 우려를 말하는 의원들

한일 법적 지위 협정은 한국의 재외국민 등록을 한 사람들에게 일반 영주자보다 다소 안정된 협정 영주권을 부여하는 것이었으나, 1차 세계대전 이후의 소수민족조약과 같은 재일코리안의 마이너리티 권리를 보장하는 규정은 포함하지 않았다. 앞서 언급한 제5차 일한 회담 중이던 1961년 4월 25일에 열린 참의원 외무위원회(제38회 국회)에서는 재일조선인의 법적 지위를 둘러싸고 모리 모토지로(森元治郎) 의원(일본사회당, 전 교도통신 논설위원)이 "일본에서 분리된 나라 사람에 대해서는 일반 외국인으로 다루는 편이 괜히 인간미를 섞는 것보다 합리적이고 좋지 않은가?"라고 질문했다. 이에 대해 이제키 유지로(伊関佑二郎)(외무성 아시아국장)는 법적 지위협정 체결에 있어 전쟁 전부터 일본에 거주하는 한국인에게 영주권을 주는 방침을 보이면서도 "영원히 반은 일본인 같고, 반은 한국인 같은 소수민족을 안고 있는 것도 하나의 문제이며, 어디선가는 끊어야 한다"고 답했다. 모리는 "원래 일본인이었다는 관념을 이번에 버리고, 앞으로는 외국인으로 취급하는 편이 분쟁도 없고 근대적이지 않겠느냐"고 거듭 주장했다.[25]

국제연맹 시대의 소수민족조약이 과거의 것이 되고, 자유권 규약 제27조도 아직 존재하지 않은 마이너리티 권리의 공백기였기에 허용된 언설이었다고 할 수 있다. 국회의원들 사이에서는 국적법에 출생지주

---

25 제38회 국회 참의원 외무위원회 회의록 제13호, 1961년 4월 25일, p.4.

의 요소를 도입하는 발상도 전혀 보이지 않았고, 재일코리안의 장래를 일본에 동화되거나 그렇지 않으면 배척하는 이분법으로 보는 시각이 강했다. 후년에 하타케야마 마나부(畠山学)(출입국관리국 법무사무관)는『재일한국인의 법적 지위를 둘러싼 여러 문제 연구』(1987년 3월)에서 "일한 법적 지위 협정 체결에 이르는 일한 협상에서 일본 측은 '자손대대로 협정 영주 허가라는 특수한 스테이터스를 가진 외국인이 존재하는 것은, 장래에 정치적·사회적으로 곤란한 문제를 일으킬 것'이라며 자손대대로 협정 영주 허가의 부여에 반대했다. 이것은 장래에 소수민족 문제가 발생하는 것에 대한 우려였다" 적고 있다. "재일한국인의 존재로서 생각할 수 있는 양극단 방향은 귀화하여 전적으로 일본인이 되는 것과 정반대로 전적으로 한국인으로 살아가는 두 가지"라는 발상은 1980년대 후반의 하타케야마까지 계속되었다.[26]

1965년 4월 8일, 한일기본조약 체결 2개월 전 열린 참의원 외무위원회 제234회 제2부 국제연합의 마이너리티 권리 보장과 일본(제48회 국회)에서, 하뉴 산시치(羽生三七) 의원(일본사회당)은 "전전 일본 국적을 가지고 있었으나 그 후 본인의 의사에 반하여 이를 상실한 한국인은 일본 국적을 원하여 일본 국민이 되고자 하는가, 아니면 한국 국적을 유지한 채 영주하고 싶은가"라고 발언했다. 이를 받아 앞서 언급된 모리 모토지로 의원이 다시 "소위 소수민족과 같은 형태로 국내에 남아 앞으로 문제가 발생하지는 않을까"라고 제기한 것에 대해 시이나 에쓰자부로(椎名悦三郎)로 외무상이 이렇게 답했다. "공민권이나 참정권, 관공서 임용 자격 등은 절대로 인정할 수 없다. 이미 한국어도 잊고… 일본 환경에서 쭉 자라 온 자는 과연 어느 쪽을 선택할 것인가. 귀화를 희망하는 사람이 점점 많아지지 않을까." "자연스럽게… 물이 낮은 데로 흐르듯

---

26   畠山学『在日韓国人の法的地位をめぐる諸問題の研究(法務研究報告書第74集5号)』法務総合研究所, 1987年3月, p.105, p.109.

이" 될 것이라고 생각하여 "국내에 소수민족 그룹이 생긴다는 것에 대해 지금부터 크게 걱정할 필요는 없다." 그러나 "그 점은 아직 구체적으로 깊게 논구하지 않았다."[27]

또한 한일조약 발효 2개월 전인 같은 해 10월 16일에 열린 중의원 본회의(제50회 국회)에서는 이마즈미 이사무(今澄勇) 의원(민주사회당)이 "한일 문제에 논점을 좁히고… 총리를 비롯한 관계 각 장관의 소신을 묻겠다"고 하여 이렇게 연설했다. "우리나라에는 일반 개념의 외국인도 아니고 일본인도 아닌 재일조선인이 약 58만 명 재류하고 있습니다. 그 사람들은 해마다 증가하여 우리나라에 가장 근심해야 할 마이너리티의 화근을 만들어가고 있습니다. 이 문제를 하루라도 빨리 해결하여 우리나라의 민족적 이익을 확보하는 것이 우리 나라 외교의 중대한 사명이 아니면 도대체 무엇이 우리나라 외교이겠습니까".[28] 당시 일본 총인구는 해마다 증가했고, 그것과 같은 비율로 재일코리안도 자연 증가했을 뿐이다. 이마즈는 '가장 근심해야 할 소수민족의 화근'이 무엇인지, 일본 총인구 1%도 채 되지 않는 재일코리안이 어떻게 그것을 만들어내는지, 무엇이 일본의 '민족적 권리'인지 전혀 밝히지 않았다. 그럼에도 불구하고 그 '화근' 제거가 일본민족의 이익 확보를 위한 '최우선 외교 사명'이라는 것은 전형적인 마이너리티를 스케이프고트로 삼아 적의를 조장하는 것이다. 프랑스의 반민족차별법이라면 처벌 대상이 되는 언설이다.

그러나 이마즈미 의원의 발언을 문제 삼는 의원은 없었고, 다음 해 11월 19일 참의원 본회의(제50회 국회)에서는 같은 민사회당의 무카이 나가토시(向井長年) 의원이 편승하여(재일조선인이 가장 근심해야 할 소수민족의 화근을 만들어가고 있다는) 앞서 언급한 이마즈 의원의 발언을 반복한 후,

---

27 제48회 국회 참의원 외무위원회 회의록 제12호, 1965년 4월 8일, p.4.
28 제50회 국회 중의원 본회의 회의록 제5호, 1965년 10월 16일, p.61.

이렇게 말했다. "재일조선인의 법적 지위에 관한 문제인데… 영주권의 범위가 너무 광범위하여, 양보를 지나치게 한 것에 대한 불만의 국민 목소리도 있고, 이것이 우리 나라의 장래에 있어서 해결하기 어려운 소수민족 문제를 형성하는 토대가 되는 것이 아닐까 하는 우려하는 시선도 많다". 같은 회의에서 자유민주당의 구사바 류엔(草葉隆圓) 의원도 "재일한국인에게 영주권을 부여하고… 강제퇴거 조건 완화 등의 우대 조치를 한 결과, 앞으로 수백 년에 걸쳐 상당수의 한국인이 영주하게 되어 소위 소수민족 문제가 발생할 우려가 심하다"라며 법무대신의 소견을 물었다. 이에 대해 이시이 코지로(石井光次郎) 법무상은 "한국인 중 영주권을 가진 자가 시간이 지남에 따라 소수민족적 존재가 되지 않을까 하는 걱정"에 대해 "저희는 그런 문제를 매우 주의 깊게 다루어야 한다고 생각한다"고 한 뒤, "일본인과 같은 생활을 하고 같은 상태가 되어간다면 일본인이 되어버리는 사람도 점차 나오게 될 것"이라는 견해를 밝혔다.[29]

(4) 외국인은 '삶아서 먹든 구워서 먹든 자유'

같은 (11) 달, 재일한국인의 법적 지위 협정의 일본 측 담당자였던 이케가미 쓰토무(池上務)(전 법무성 입국 참사관, 주한 일본대사관 일등 서기관)에 의한 『법적 지위 200의 질문』이 간행되었다. 그 본문에는 "외국인은 자국 이외의 타국에 거주할 '권리'는 없다. 그러므로 어떤 이유를 붙이더라도(국제법무상 그 이유조차 필요 없다고 여겨진다) 내쫓을 수 있다"(제2장 제5절 '영주권자의 퇴거 강제')라든가, "한일협정에 근거한 영주권을 얻지 못한 자나 얻지 않은 자의 처우"는 "일본 정부의 전적으로 자유재량에 속하게 된다. 국제법무상의 원칙에서 말하자면 '삶아서 먹든 구워서 먹든

---

29   제50회 국회 참의원 본회의 회의록 제8호, 1965년 11월 19일, p.70, p.73, p.84.

자유'인 것이다"(제5장 제1절) 등의 서술이 있다.[30] 1968년 7월 2일 제61회 국회 중의원 법무위원회에서 이 책을 언급한 이노마타 고조(猪俣浩三) 의원(일본사회당, 변호사)은 "야만인 같은 사고방식"이라고 비판했고, 답변에 나선 사이고 요시노스케(西郷吉之助) 법무대신 역시 "매우 유감스럽다"고 하면서 사용된 표현은 "진실로 매우 불경스럽기 짝이 없는 것"이라고 답하지 않을 수 없었다.

그러나 이케가미는 이 책의 '서문'에서 재일한국인이 그 법적 지위를 충분히, 쉽게 이해할 수 있도록 마음을 썼으며, "도움이 된다면 기쁘다"는 마음으로 썼다고 말하고 있다. 또한 '맺음말'에서는 "일본인의 섬나라 근성, 약한 자에 대한 우월적 태도, 자만과 반성이 없음이 옛 식민지, 옛 세력권의 사람들에게 정신적, 육체적인 쐐기처럼 유산을 남기고 있다", "범죄율이 높은 것도, 생활 곤궁자가 많은 것도 일본 사회의 책임으로 돌려야 할 부분이 크다"고 말하며, "현재 일본에 있는 이 사람들이 안심하고 생활하며…… 행복한 나날을 보내기를 기원"한다고도 적고 있다. 훗날 자신의 저서에 대해 '비판적 고찰' 쓴 요시오카 마스오(吉岡増雄)(재일 외국인 문제 연구회 대표)의 취재에도 응한 이케가미가 '야만인 같은 사고방식'을 가진 인물이라고는 필자에게는 생각되지 않는다.[31] 그렇기 때문에 더욱더 무자각한 편견의 무서움을 느낀다.

전후 초기에 외무성이 제1차 세계대전 후의 강화조약이나 소수민족 조약에 근거해 재조선·대만 일본인은 조선·중국 국적이 되고, 재일조선·대만인은 일본 국적을 유지한 채 국적 선택권을 인정하게 될 것이라 상정했던 일 등이 완전히 망각된 것처럼 보인다. 일본이 주권을 회복함과 동시에 일본 국적 박탈로 인해 재일조선·대만인을 다양한

---

30 池上努『法的地位200の質問』京文社, 1965, 「はしがき」, p.69, p.167, pp.209-210.

31 吉岡増雄・山本冬彦・金英達『在日外国人の在住権入門』社会評論社, 1988, pp. 63-67.

권리와 보호에서 배제해 온 끝에 "삶아서 먹든 구워서 먹든 자유"라는 담론이 탄생한 것이다. 이것은 이케가미 한 사람의 의식으로 돌릴 수 있는 일이 아니다.

이케가미의 저서 간행 다음 달(12) 11일 참의원 본회의에서는, 남녀평등·여성 해방운동으로 알려진 이치카와 후사에(市川房枝) 의원(무소속)이 "일본의 지배자가 취한 부끄러운 태도에 연대의 책임을 느낀다"고 하는 한편, "재일한국인의 법적 지위 및 대우에 관한 협정 등으로…… 강제퇴거의 조건을 매우 완화하고 있는 것에는 찬성할 수 없다"면서 "영주권 자격을 완화하고 특별히 넓은 범위에 부여한 것도 어쩔 수 없었다고 생각하지만, 장래, 마이너리티 문제가 생기게 될까 봐 나는 걱정된다"고 하며 "차라리 희망자에게는 일본에 귀화를 시키고, 귀화 조건을 좀 더 완화하여 일본인 속에 섞이게 하는 것이 석낭하다"는 생각을 밝혔다.[32]

이러한 '제2의 물결' 시기의 국회의원들의 담론을 따라가면서 필자가 가장 놀랐던 것은 패전 후 20년이나 지난 시점에서도 그들이 강조한 부분처럼 "장래(이후) '소수민족화한다', '소수민족 문제가 발생한다'" 등과 같은 표현을 미래형으로 말하고 있다는 점이다. 당시 일본에는 소수민족이 존재하지 않았고, 마이너리티 문제도 없다고 인식하고 있었던 것이 된다. 다시 말해, 그것은 지배자들의 눈에 재일조선인·대만인은 권리를 보장받아야 할 마이너리티로 보이지 않았으며, 따라서 전후 20년 동안 마이너리티 권리에 대해 전혀 아무런 정책도 없었다는 것을 나타낸다. 필자를 이주연(이주자와 연대하는 전국네트워크) 사무국으로 초대한 와타나베 히데토시(渡辺英俊) 전 공동대표가 외국인 노동자 수용 여부에 대한 논의를 불타는 집을 눈앞에 두고 장래의 방화 대책을 논의하는 것에 비유했지만, 그것과 마찬가지로 눈앞에 있는 문제로부터 시선을

32　제50회 국회 참의원 본회의 회의록 제14호, 1965년 12월 11일, p.250.

돌리고 있었다고밖에 생각할 수 없다.

(5) '유일한 소수민족 아이누' 담론의 등장

1968년 5월 24일 중의원 문교위원회(제58회 국회)에서는 다니가와 가즈오(谷川和穂) 의원(자유민주당)이 (조선학교 등의 인가권을 도도부현 지사로부터 문부대신으로 이관하려는) 외국인학교법안과 관련해 "소수민족이라는 말은 '매우 다른 뉘앙스'를 지니고 있으므로 사용하고 싶지 않다"고 전제하면서도 '소수민족 문제'를 제기하며, "하나의 국가 안에 어떤 하나의 민족의식을 지니고…… 그 국가의 국민이 될 수도 없고, 또 되고 싶어하지도 않으며…… 그러나 그 나라에서 나가고 싶어하지도 않는" 문제는 "우리가 다뤄야만 하는, 제2차 세계대전 후에 나타난 새로운 현상이다"고 말했다. 이에 대해 나다오 히로키치(灘尾弘吉) 문부대신은 "소수민족 문제는 나라마다 여러 사정이 다르다"면서, "일본 안에 몇몇 민족이 있고, 그 안에 소수의 민족이 있다"는 것이 아니라, "일본 안에 오래 거주하고 있는 상태의 외국인이 상당히 있는" 문제로서 파악해야 하며, "민족 문제로 고민하고 있는 외국과는 사정이 꽤 다르다"고 응답했다.[33] 재일코리안은 외국인이고, 자유권 규약 제27조의 권리가 보장되는 마이너리티가 아니라는 문답 대응도 이 무렵에는 그 원형이 형성되어 있었던 것이다.

이 1960년대 중반의 한일기본조약·법적지위협정을 둘러싼 논의를 경계로 국회에서 재일코리안을 일본 국내의 소수민족으로 논의하는 발언은 1980년대에 들어갈 때까지 끊긴다. 그 대신 일본 국내의 소수민족으로 논의되기 시작하는 것이 아이누민족이다. 예를 들어 1973년 3월 5일 중의원 예산위원회 제3분과회(제71회 국회)에서는 오카다 하루

---

33 제58회 국회 중의원 문교위원회 회의록 제22호, 1968년 5월 24일, pp.21-22.

오(岡田春夫) 의원(일본사회당)이 "아이누민족에 대한 소수민족으로서의 근본적인 정책을 이번 기회에 일본 정부로서 확립할 필요가 있다"고 하여 동화대책심의회와 마찬가지로 아이누민족에 관한 심의회를 만드는 것을 제안했다.[34] 또한 1975년 11월 6일 참의원 예산위원회(제76회 국회)에서는 가와무라 세이이치(川村清一) 의원(일본사회당)이 미키 다케오(三木武夫) 총리가 같은 달 1일의 사회경제국민회의(제국호텔)에서 행한 "일본은 교육 수준도 높고, 인종 문제도 없다"는 발언에 의문을 제기하며 "일본인은 결코 단일민족이 아니다…… 미국과 같은 인종 문제는 없지만 일본의 단 하나의 소수민족이며, 더구나 홋카이도의 선주민족이었던 아이누민족이 존재하고 있다"고 말했다.[35] 또한 1976년 5월 20일 중의원 결산위원회(제77회 국회)에서도 다다 미쓰오(多田光雄) 의원(일본공산당)이 "일본에서 유일하다고 할 수 있는 소수민족이라고도 할 수 있는 존재인 아이누계 주민에 대해 지금 역시 근본적인 입장을 명확히 할 필요가 있지 않겠는가"라고 질문했다.[36]

그런데 구체적인 내용이 언급되지 않은 앞서 말한 (1960년대 중반의) '소수민족 문제'라는 말로 당시 의원들은 무엇을 상상하고 있었던 것일까. 실제로 그 후 그들이 우려했던 바와 같은 '소수민족 문제'가 일어나지 않았기 때문에 국회 심의에 오르지 않았던 것이겠지만, 약 10년 후인 1977년에 쓰인 사카나카 히데노리(坂中英徳)(법무성 출입국관리국 직원)의 논문 '향후 출입국 관리 행정의 방향에 대하여'에는 그 일단을 엿볼 수 있는 기술이 있다. 사카나카는 '이민으로서 외국인을 수용하는' 경

---

34 제71회 국회 중의원 예산위원회 제3 분과회 회의록 제3호, 1973년 3월 5일, pp.23-24.

35 이에 대해 미키 총리는 "일본은 다행히 여러 외국에 있는 것 같은 인종 문제를 안고 있지 않다…… 세계와 같은 인종 문제는 없는 나라이고…… 동질의 민족이다" 라는 취지로 말했다며, 이후 나카소네 총리의 '동질 사회' 발언과 같은 발언을 하고 있다 (제76회 국회 참의원 예산위원회 회의록 제7호, 1975년 11월 6일, p.27).

36 제77회 국회 중의원 결산위원회 회의록 제8호, 1976년 5월 20일, p.15.

우를 염두에 두고 있긴 하지만, "세계에서도 드문 단일민족에 의한 일본 사회의 구성이 무너지고, 비교적 안정되어 있는 우리나라 사회질서가 훼손될 우려가 있다. ······ 오늘날 ······ 세계 각국에서 민족적 혹은 종교적 소수자의 분리·독립운동이 활발해지고, 사회적 긴장이 고조되는 등, 국민국가로서의 통합 그 자체가 문제가 되고 있지만, 다행히도 사회의 모든 구성원이 문화적으로 거의 공통적인 우리나라에서는 이러한 소수자에 관한 문제가 발생할 가능성은 거의 없다. 우리나라로서는 구성원의 문화적 공통성을 기반으로 한 통합적인 일본 사회의 틀을 앞으로도 기본적으로 유지해 나가는 것이 현명한 방책이라고 여겨진다"고 썼다.[37] 그렇다면 그것은 동질적인 일본 사회 속에 이질적인 존재가 섞임으로써 일본인 사회의 통제력이 떨어지고, 동조 압력이 작동하지 않게 되는 것에 대한 우려일 것이다. 그것은 다수자의 의식에 관련된 문제이며, 제3의 물결 = 나카소네 총리의 단일민족 발언으로 이어지는 문제이기도 하다.

3. 제3의 물결—자유권 규약 보고서와 나카소네 총리의 단일민족 발언을 둘러싼 논의

(1) 자유권 규약 제1차 보고서를 둘러싸고

제3의 물결은 현재까지 이어지는 자유권 규약의 정부 보고서와 나카소네 총리의 단일민족 국가 발언을 둘러싼 논의를 계기로 일어났다. 1981년 2월 27일 중의원 예산위원회 제2분과회(제94회 국회)에서 우에다 다쿠미(上田卓三) 의원(일본사회당)은 외무성이 발행한 책자 '인권 규약

37　坂中英徳『今後の出入国管理行政のあり方について』, 1977, p.82.

해설서' 28쪽에 "우리나라에는 여기서 말하는 소수민족에 해당하는 자는 존재하지 않습니다"라고 쓰여 있는데 "이것은 잘못이다"라고 문제를 제기했다. 왜냐하면 "홋카이도에는 아이누 분들이 계시고 소수민족으로서 현실적으로 차별을 받고 있으며, 그 차별을 없애기 위해 여러 형태로 후생성을 중심으로 예산도 편성되고 있기" 때문이라고. 이에 대해 가야 하루노리(賀陽治憲) 외무성 국제연합국장은 "소수민족에 해당하는지 여부에 대해서는 더 검토하도록 하겠지만, 이 책자를 작성한 당시에는 이 해석으로 대응하고 있었다"며, "소수민족에 대한 대응에 대해서는 인권 규약의 전체적인 이념과 각 조항에 비추어 유감이 없도록 최선을 다하겠다"는 입장을 밝혔다.[38] 앞 장에서 언급한 바와 같이, 1979년에 시민적·정치적 권리에 관한 국제규약(자유권 규약)을 비준한 일본은 규약 제40조 1항에 근거해 규약의 국내 이행 상황에 관한 보고서를 1980년에 유엔에 제출하였다. 앞서 언급한 외무성 책자 28쪽의 기술이 그 제27조 하에서의 보고에 맞춘 것이라는 점까지는 우에다 의원은(정부도 침묵하고 밝히지 않았기 때문에) 알아차리지 못했던 듯하다.

이듬해인 1982년 3월 1일 중의원 예산위원회 제1분과회(제96회 국회)에서는 나카노 히로시게(中野寬成) 의원(민사당)이 재일한국인은 첫째로 주민으로서의 그 역사와 생활의 실태에 걸맞은 지위를, 둘째로 동화나 귀화가 아니라 민족성 유지를 중시하는 마이너리티 정책을 바라고 있으며, "일본은 단일민족으로 이루어진 나라라고들 하지만, 실제로는 마이너리티도 일본이라는 나라를 구성하는 요소가 되고 있다는 인식을 일본 자신이 가질 시기…… 마이너리티 정책을 적극적이고 진지하게 생각하지 않으면 안 되는 시대를 맞이하고 있다"고 말했다. 자유권 규약을 비준하고 마이너리티 권리가 국내에서도 효력을 가지게 되면

---

38 제94회 국회 중의원 예산위원회 제2분과회 회의록 제1호, 1981년 2월 27일, p.4.

서 그것에 근거한 정책을 주장하는 논의가 시작된 것이다.

재일코리안의 권리 보장을 위한 활동은 1960년대까지는 재일코리안 자신들의 단체가 행하는 것이 거의 전부였지만, 1970~80년대에 걸쳐 일본 국내에서의 인권 의식의 고양이나 시민 사회의 성숙, 미국에서의 시민권 운동의 파급 등으로 인해 재일코리안과 일본인이 함께 하는 운동이 움트고 확산되었다. 재일한국인이라는 이유로 취업 내정을 취소당한 히타치 취업차별 사건이나 16세가 된 고등학생이 범죄자처럼 전 지문을 채취당하는 지문 날인을 거부하는 운동에 공감하는 일본인이 늘어나고, 민족 교육을 보장·지원하자는 활동이 각지에서 일어난 것이다. 국제 인권 규약이나 난민조약의 비준으로 내외국인 평등의 관념이 퍼지고, 가나가와현(神奈川県) 지사나 가와사키(川崎市) 시장이 '내면의 국제화'를 내세웠다. 필자가 1988년도 1년간 중학생부 지도원(자원봉사자)으로 근무했던 가와사키시 사쿠라모토(桜本)의 세이큐샤(青丘社)·후레아이관 등을 기반으로 납세의무도 다하는 같은 현민·시민이면서도 국적의 차이로 여러 권리에서 제외되고 있는 재일코리안에 대한 차별 철폐와 '함께 살아가는 사회'가 제창되기 시작한 것도 80년대였다. 그러나 앞서 언급한 나카노 의원의 호소에 대해 오타카 히로시(大鷹弘) 법무성 입국관리국장은 "재일한국인의 역사적 경위에 비추어 그 특수한 지위도 고려한 특별한 법률"을 제정할 생각도, "소수민족에 대해 특별한 배려를 할" 생각도 법무성에는 없으며, "모든 일본인이 아닌 분들"을 "외국인으로 파악"하고, 출입국관리법과 외국인등록법이 그 적용법이 된다고, 구태의연한 답변만을 내놓았다.[39]

같은 해(1982년) 4월 23일 중의원 법무위원회(제96회 국회)에서는 도이 다카코(土井たか子) 의원(일본사회당)이 전년도(1981년) 10월에 서독 본에서

---

39 제96회 국회 중의원 예산위원회 제1분과회 회의록 제3호, 1982년 3월 1일, pp.24-25.

열린 자유권 규약 위원회(HRC)에서의 일본 정부 보고서 심사에서 "일본에는 마이너리티즈(소수자·소수민족)이 존재하지 않는다고 일본은 보고에서 말하고 있지만, 실제로는 조선인, 중국인, 아이누인 등등의 그룹이 있는 것 아니냐는 지적이 있었던 것으로 안다"고 질의했다. 이에 대해 가도타 쇼조(門田省三) 외무성 유엔국장은 조선인이나 중국인에 관해서는 "모두 외국인"이므로 "규약 제27조에서 말하는 소수민족의 개념에서 제외된다"고 이해하고 있으며, "통칭 아이누라고 불리는 분들"에 대해서는 우리 측이 "그러한 소수민족은 존재하지 않는다는 답변을 했다"고 응답했다. 그 이유로서 제27조에서 말하는 소수민족은 "종족 또는 종교, 문화 등의 측면에서 소수의 집단으로서 역사적·사회적 또는 문화적으로 보아 다른 집단과 명확히 구별되는 소수민족"이라고 해석하고 있으며, 이 관점에서 소수민족으로 파악할 경우 징부의 견해로는 "단지 역사적·사회적 또는 문화적인 사안뿐 아니라, 더불어 정치적·사회적인 요건, 제도가 어떻게 되어 있는가"도 함께 고려해야 하며, "아이누 분들에게도 똑같이 동일한 정치사회 체제가 적용되고 있기" 때문에 "소수민족은 존재하지 않는다"고 설명한 것이라고 말했다.[40] 자유권 규약이 정하는 마이너리티 권리를 둘러싸고 HRC에서의 심의 내용이 국회에서 논의된 것은 이것이 처음일 것이다. 그것이 1986년의 나카소네 총리의 단일민족 발언과 얽히게 되는 것이다.

(2) 나카소네 총리의 단일민족 발언과 자유권 규약 제2차 이행보고서

1986년 9월 22일, 나카소네 야스히로(中曽根康弘) 총리가 자민당 전국연수회(시즈오카현(静岡県) 간난초(函南町))에서의 강연에서 "일본은 이렇게 고학력 사회가 되어 상당히 intelligent(지적인)한 society(사회)가 되어 가

---

40 제96회 국회 중의원 법무위원회 회의록 제18호, 1982년 4월 23일, pp.7-8.

고 있다. ……미국에는 흑인이라든가, 푸에르토리코인이라든가, 멕시칸이라든가, 그런 이들이 상당히 있어서 평균적으로 보면 아직 매우 낮다"고 발언했다. 그 내용이 미국 사회에 전해지자 주미 일본대사관·총영사관에는 항의 전화가 빗발쳤고, 멕시코계 의원연맹 회장이 발언 철회를 요구하는 성명을 발표하는 등 항의 행동이 일어났다. 이에 대해 나카소네 총리는 "미국은……복합 민족이기 때문에 교육 등에서 손이 미치지 않는 곳도 있다. 일본은 단일민족이라 손이 미치기 쉽다"(기자회견, 9월 24일), "미국은 다인종의 복합 국가이고……교육 등에 관해서는 반드시 쉬운 것만은 아니며, 충분히 손이 미치지 않는 곳도 있다. 일본은 단일민족이기 때문에 비교적 교육이 이루어지기 쉽고 손도 잘 미친다"(중의원, 9월 25일)고 해명·답변하여 더 큰 비판을 불러일으켰다. 같은 날(9월 25일), 미국 하원에 나카소네 비난 결의안이 제출되었고, 흑인 기업가·기업·단체 등은 연명으로 New York Times 등의 유력 신문에 "단일민족 사회가 복합 민족 사회보다 우월하다는 생각 자체가 가장 악질적인 인종차별이다"라고 적힌 나카소네 비판의 전면 광고("오만인가, 아니면 무지인가")를 게재했다.[41]

그것이 자유권 규약 제2차 정부 보고서의 제출 시기와 겹쳤기 때문에 규약 제27조의 서술에 주목이 집중되게 되었다. 같은 해 10월 21일의 중의원 본회의(제107회 국회)에서 고다마 겐지(児玉健次) 의원(일본공산당)은 양자를 연결지어 이렇게 말을 꺼냈다. "총리는 그 해명의 중에서 일본이 단일민족이라는 발언을 반복하셨습니다만, 우리나라에 소수민족이라고 할 수 있는 아이누 분들의 존재는 총리의 염두에 없는 것입니까". "우타리협회를 비롯해 많은 국민들로부터 당신의 단일민족 발언에 대해 분노와 항의의 목소리가 나오는 것은 당연하며" "총리의 단일

41　失言王認定委員会 『大失言』 情報センター出版局, 2000.7, pp.186-187.

민족 발언은 일국의 총리로서 아이누 분들을 비롯해 타민족으로서 일본 국적을 취득한 많은 분들의 존재를 무시·묵살하는 것으로 결코 용서받을 수 없는 것입니다". 그리고 "1980년에 일본 정부가 유엔에 제출한 일본 국민을 단일민족으로 한 보고서의 시정을 요구하며, 총리의 답변을 구합니다"라고 말했다. 이에 대해 나카소네 총리는 "일본에서는 일본 국적을 가진 사람들 중에서 이른바 차별을 받고 있는 소수민족은 없다"면서, "유엔에도 그렇게 보고하고 있는 것은 올바르다고 생각한다"고 답했다. 그리고 "우메하라 다케시(梅原猛) 씨의 책을 읽으면……아이누와 일본인, 대륙에서 건너온 분들이 상당히 융합되어 있다는 내용이 있습니다. 저 같은 경우도 눈썹이 진하고, 수염도 진하고, 아이누의 피가 꽤 섞여 있는 게 아닐까 싶습니다"라고 덧붙였다. 철학자·평론가 우메하라 다케시의 책을 근거로 민족이나 국제인권법의 마이너리티 권리를 논한 이 발언은 물의를 빚었다.[42]

이틀 후(10월 23일) 참의원 법무위원회에서는 자유권 규약 제1차 일본 정부 보고서(1980년 10월)에서의 제27조 서술 내용을 둘러싸고 복수의 의원과 관료가 질의응답을 주고받았다. 먼저 이노쿠마 주지(猪熊重二) 의원(공명당, 변호사)이 "'본 규약에 규정된 의미에서의 소수민족은 우리나라에 존재하지 않는다'는 보고 내용이 현재도 외무성으로서는 올바르다고 생각하십니까"라고 물었다. 이에 대해 하야시 사다유키(林貞行) 외무성 국제연합국 심의관은 "규약 제27조에서 말하는 '소수민족'이란 종족·종교 또는 언어가 다르고 역사적·사회적·문화적 관점에서 타인과 명확히 구별 가능한 소수민족을 의미한다고 해석하며, 이러한 관

---

42 제107회 국회 중의원 본회의 회의록 제7호, 1986년 10월 21일, pp.113-114. 나카소네는 10일 후의 참의원 본회의에서도 "아이누 문제 발언에 관한 문제입니다만…… 우메하라 다케시 씨의 책에 따르면, 일본인은 상당히 융합된 민족이라고 쓰여 있습니다"(제107회 국회 참의원 본회의 회의록 제8호, 1986년 10월 31일, p.11)라며 다시 우메하라 다케시의 이론을 근거로 들고 있다.

점에서 '소수민족'은 우리나라에 존재하지 않는다고 판단하였다"고, 앞서 82년 4월 23일과 같은 문구를 사용하여 답변하고 있다.

그것을 받아 이노쿠마 의원은 "규약 제27조에는 '문화적으로 어떻다', '사회적으로 어떻다'는 내용은 쓰여 있지 않다…… 아이누가 동화되었으니 문화적으로 동일한 문화를 공유하고 있다는 상황이 강하다는 문제는 아니다"라고 말하며, "외무성은 아이누가 민족적으로 일본인과 완전히 동일하며, 종교적으로도 일본인과 완전히 동일하고, 언어적으로도 완전히 동일한 민족이라는 견해를 가지고 있는 것인가"라고 질문했다. 이에 대해 하야시 심의관은 유엔 인권위원회가 자유권 규약 초안을 유엔 총회로 보냈을 때 심의 과정을 기록한 주석이 붙어 있으며, 그 안의 제27조 관련 심의 과정에서 "본 조항이 포함하는 것은 해당 국가의 영역 내에서 명확하게 구별되고, 장기간에 걸쳐 확립되며, 별개이거나 고유한 집단에 한정한다는 점에 대해 합의가 이루어졌다"고 쓰여 있다며, 그 점을 감안하여 전체적으로 해석한 것이라고 답변했다. 이노쿠마 의원은 "아이누는 일본인과 문화적으로 동일하며, 동화되었기 때문에 소수민족도 아무것도 아니다"라고 하는 "지배자의 입장, 다수자의 입장에서 문제를 해결하는 것은 잘못된 일이다", "일본인의 입장, 다수자의 입장에서 동일하다고 말하는 것은 논리적으로 이상하다"고 반박했다.

이어서 이사야마 히로시(諫山博) 의원(일본공산당)은 아이누 차별의 실태를 질문했고, 노자키 사치오(野崎幸雄) 법무성 인권옹호국장이 1980년 5월 홋카이도 삿포로시(札幌市)의 고등학교에서 교원이 수업 중 "아이누를 본 적이 있느냐, 구분이 안 되면 큰일이다, 잘못해서 결혼하는 일도 있을 수 있다"고 말한 차별 발언 사건이나, 1985년 초 아이누 출신자가 아들의 결혼과 관련하여 상대 가족에게 승낙을 요청했으나 상대 가족이 "아이누와의 결혼은 인정할 수 없다"고 거절한 사건을 사례로 들자

이사야마 의원은 법무대신의 견해를 물었다. 이에 대해 엔도 가나메(遠藤要) 법무대신은 "나 자신은 차별이 없다고 느꼈지만, 인권옹호국장의 이야기를 듣고 보니 개별적으로는 존재하는구나 하고 생각했다. 그러나 행정적 측면이나 법적으로는 차별이라기보다는…… 벽지(僻地)에 대한 대책 측면에서 여러 가지 염려를 하고 있는 것으로 이해해주길 바란다"고 답변했다. 그리고 "소수민족이라든가 그런 것이 아니기 때문에 나는 일본국에는 소수민족이 없다고 개인적으로 이해하고 있었다"고 말했다.

이 답변이 너무 소극적으로 보였던 것인지 회의 종료 직전 질문 예정이 없던 자민당 간사 하야시 유(林迪) 의원이 자유권 규약 제40조에 근거한 제1차 정부 보고서에서 "본 규약에 규정된 의미에서의 소수민족은 우리나라에 존재하지 않는다"고 명시되어 있는 점에 대한 법무대신의 견해를 물었다. 여당 간사로부터 등을 떠밀린 엔도는 "일본국에는 국적을 보유한 국민 중에 소수민족은 존재하지 않는다"는 견해를 두 차례 반복하며 명확히 밝혔다.[43]

(3) "권리를 부정당한 소수민족은 없다"는 책임 회피성 답변

1주일 후인 10월 30일, 중의원 내각위원회에서도 고다마 겐지(児玉健次) 의원(일본공산당)이 자유권 규약 제27조에 대한 질문을 하였고, 이에 대해 나카히라 노보루(中平立) 외무성 국제연합국장이 1980년에 관계 각 성과 신중히 협의한 결과, "27조에 말하는 소수민족이란 종족, 종교 또는 언어가 다르고, 역사적, 사회적, 문화적 관점에서 타인과 명확히 구별할 수 있는 소수민족"으로 해석하며, "소수민족은 우리나라에는 존재하지 않는다는 판단에 이르렀다"고 답했다. 그 관계 부처와의 협

---

43 제107회 국회 참의원 법무위원회 회의록 제1호, 1986년 10월 23일, p.7, p.8, p.14, p.20, p.21.

의를 주권자나 그 '대의자'인 국회의원도 모르는 곳에서 행했던 것은 국제인권조약의 이행 조치 취지에 반한다고 하지 않을 수 없다. 또한 이때 고토다 마사하루(後藤田正晴) 내각관방장관이 말한 "27조 규정에서 말하는 의미의 소수민족은 존재하지 않는다, 즉 어떤 권리의 제약도 일본은 하지 않고 있다는 의미일 것이다"라는 발언은 "제27조 권리를 부정당한 소수민족은 없다"는 변명 답변을 관료들이 반복하는 계기가 된다.[44]

다음 달 11월 10일 참의원 예산위원회에서는 야마구치 데쓰오(山口哲夫) 의원(일본사회당, 전 구시로 시장(釧路市長))이 "아이누가 소수민족이라는 것은 일반적, 사회학적으로 명백하며, 아이누 분들을 소수민족으로 인정하는 것에서부터 시작해야 한다"고 말한 것에 대해 나카소네 총리는 "소수민족이라는 정의가 매우 어렵다" "우메하라 다케시 선생님의 책을 많이 읽었는데, 그 안에서 일본인과 아이누 여러분이 매우 융합되어 있다는 학설을 소개했다"고 답변하였다.[45] 제1, 제2의 파동기에서 보았듯이, 여러 번 '소수민족 문제'를 논의해 온 국회에서 80년대 후반에 이르러 그 정의가 어렵다는 답변이 등장한 것이다. 또다시 우메하라의 책을 언급함으로써 나카소네의 아이누민족 융합론 근거가 우메하라 한 사람의 설에 의존하는 것이 더 명확해졌다. 같은 해 11월 25일 참의원 외무위원회에서 다치키 히로시(立木洋) 의원(일본공산당)이 아이누가 "소수민족이 아니라는 근거가 있느냐"고 묻자, 나카히라 외무성 국제연합국장은 자유권 규약 제27조의 마이너리티를 "종족, 종교 또는 언어가 다르고, 또한 역사적, 사회적, 문화적 관점에서 타인과 명확히 구별할 수 있는 집단을 의미하는 것으로 해석하며… 이 해석에 따라 이런 소수민족은 우리나라에 존재하지 않는다고 판단했다"고 답했다. 더 나아가

---

44 제107회 국회 중의원 내각위원회 회의록 제5호, 1986년 10월 30일, p.3, p.4.
45 제107회 국회 참의원 예산위원회 회의록 제4호, 1986년 11월 10일, p.27.

"역사적, 사회적, 문화적 관점은 27조에 없는 표현이지만, 그런 관점에서 타인과 명확히 구별할 수 있는 소수 집단이라는 해석을 취한 것"이며, "인권 규약을 작성할 때… '종족적, 종교적 또는 언어적 소수민족이 존재하는 나라에서'라는 의미 해석에 관련해서는 그 나라 영토 내에서 명확히 구별되고, 장기간 확립된 별개 또는 독자적 집단만을 대상으로 한다는 점에 합의한 것을 감안해 그런 해석을 했다"고 덧붙였다.[46]

일련의 논의 말미에 정부 측은 제1차 정부 보고서의 기술은 자유권 규약 "제27조에서 말하는 권리를 부정당하거나 제한된 마이너리티은 우리나라에 존재하지 않는다"는 의미라는 답변을 반복하였다.[47] 유엔에 제출한 보고서에서도 인권위원회(HRC)의 심사에서도 그런 말은 하지 않았기 때문에 이미 논리적으로 파탄이 난 상태였다. 그 무익한 논쟁에 일단 종지부를 찍은 것은 이가라시 고조(五十嵐広三) 의원(일본사회당)이다. 1987년 5월 15일 중의원 오키나와 및 북방문제에 관한 특별위원회(제108회 국회)에서 이가라시 의원이 그렇다면 "권리를 부정당하지 않은 소수민족은 있다는 뜻인가?" "정부가 반복해서 하는 답변은 소수민족 자체가 존재하지 않는다는 것이 아니라, 27조가 규정하는 권리를 부정당한 소수민족은 없다는 뜻인가?"라고 물었다. 그제서야 고토다 관방장관은 "우타리(아이누) 여러분… 그분들이 홋카이도에 있다. 이것은 소수민족이다. 특수한 풍습, 언어 등도 오늘날 가지고 있다면 이것은 역시 일본에는 소수민족이 존재한다, 이렇게 말하지 않을 수 없다"고 발언하였다(단, 규약 제27조가 말하는 의미의 소수민족은 존재하지 않는다는 말을 반복하면서).[48] 정부가 이런 보기 흉한 답변을 계속하면서도 마이너리

---

46 제107회 국회 참의원 외무위원회 회의록 제2호, 1986년 11월 25일, pp.20-21.
47 나카소네 총리 답변 · 제107회 국회 중의원 예산위원회 회의록 제3호, 1986년 11월 4일, p.13 외.
48 제108회 국회 중의원 오키나와 및 북방문제에 관한 특별위원회 회의록 제3호, 1987년 5월 15일, p.3.

티의 존재를 인정하기를 꺼려했던 것은 전후 마이너리티 권리에 정면으로 대응해야 할 기회가 여러 차례 있었음에도 불구하고 모두 회피하고 기피해 온 결과라고 하지 않을 수 없다.

또한 21세기에 들어서면서 외국인 노동자 수용을 둘러싼 논의에서 소수민족 문제가 언급되기 시작했다. 예를 들어 2014년 3월 13일 참의원 후생노동위원회(제186회 국회)에서 다케미 게이조(武見敬三) 의원(자유민주당)은 외국인 노동자를 둘러싸고 "의료와 요양 현장에서 인재 확보가 장래에 어려워질 가능성이 있다"면서, "장래에 소수민족 문제를 만들어내는 사회적 비용에 충분히 주의하면서…… 요양 인재, 보건의료에 관련된 인재 확보 관점에서 기술 연수 제도 등의 방향을 제대로 조정하고, 완화를 도모해야 한다"고 발언했다.[49] 다만 2016년 5월 19일 참의원 후생노동위원회(제190회 국회)에서는 같은 다케미 의원이 "외국인 요양 노동자들이 와서 일을 해주는 것은 매우 좋은 일이라고 생각한다"면서도 "실제로 체류해 소수민족 문제가 되고 사회문제가 되는 것은 역시 피해야 한다"고 이전 발언을 수정하였다.[50]

일본에는 1980년대 이후로 국제적으로 이민으로 간주되는 사람들이 대량으로 들어오고 있다. OECD(경제협력개발기구)의 국제 이주 데이터베이스(International Migration Database)에 따르면 일본은 2015년에 독일, 미국, 영국에 이어 세계 4위의 이민 유입국(연간 이민 유입 수)으로 평가받았다. 2023년 4월 26일에는 국립사회보장·인구문제연구소가 현재 상황을 기준으로 2070년 일본 총인구가 8700만 명이고, 그중 10%가 외국인이 될 것이라는 장래 추계 인구를 발표했다. 그러나 그 전날(25일), 기능 실습 제도의 폐지와 그에 대신해 가족 동반 체류도 허용하

---

49 제186회 국회 참의원 후생노동위원회 회의록 제2호, 2014년 3월 13일, p.22.
50 제190회 국회 참의원 후생노동위원회 회의록 제20호, 2016년 5월 19일, pp. 5-6.

는 외국인 노동자 확대(특정 기능 쿼터 확대)에 관해 마쓰노 히로카즈(松野博一) 관방장관은 기자회견에서 "소위 이민 정책을 취할 생각은 없다"고 말했다. 세계 유수의 이민 수용국으로 평가받고, 2070년에는 인구의 10%가 외국 국적자일 것이라는 추계가 나오고 있는 현대 일본에서 정부와 여당이 아직도 '소수민족 문제가 발생할 우려'를 이유로 "이민 정책은 취하지 않겠다"며 대응에서 등을 돌리는 모습을 볼 때, 눈앞에 실제 존재하는 재일코리안 문제는 외면한 채 "언젠가 소수민족 문제가 발생할 우려가 있다"는 등의 이유로 마이너리티 권리에 정면으로 맞서지 않았던 태도가 겹쳐 보인다.

제5장

상호 보완하는 마이너리티 권리의 국제 규준

오카모토 마사타카

---

1. 마이너리티를 권리 주체로 하는 인종차별 철폐조약
2. 새로운 형태의 인종주의와 특별보고자
3. 이주 노동자와 그 가족의 권리 조약

유엔에서 채택된 인권 관련 여러 조약 가운데 시민적 정치적 권리에 관한 국제규약(자유권 규약) 제27조에 이어 1989년 11월 20일에 채택되고, 다음 해인 1990년 9월 2일에 발효된 '아동의 권리에 관한 조약(Convention on the Rights of the Child)' 제30조가 민족적·종교적·언어적 마이너리티 및 선주민족에 속하는 자(ethnic, religious or linguistic minorities or persons of indigenous origin)가 그 집단의 다른 구성원과 함께 자신의 문화를 향유하고 자신의 종교를 신봉·실천하며 자신의 언어를 사용하는 권리를 규정하였다. 유엔은 더 나아가 앞서 언급한 마이너리티 권리 선언(1992년 12월 18일)에 더하여, 2007년 9월 13일에는 유엔 선주민족 권리 선언을 채택한다. 이 두 선언은 자유권 규약 제27조 및 아동 권리 조약 제30조가 규정한 조문의 보다 상세한 권리 내용을 보여주는 것으로, 마이너리티 권리의 충실화를 도모함에 있어 중요한 역할을 해 왔다.

　법적 구속력을 가지는 조약 가운데 마이너리티를 권리의 대상으로 명시하고 있는 유엔 조약은 앞서 언급한 두 가지이지만, 실제로는 그 권리 대상의 주체가 마이너리티인 다른 조약들도 있다. 그러한 조약들이 상호적으로 작용하고 서로 보완하면서 마이너리티 권리의 국제 기준이 충실히 다듬어져 왔다고 말할 수 있다. 이하에서는 특징적인 조항을 가진 '모든 형태의 인종차별 철폐에 관한 국제조약'(인종차별철폐조약) '모든 이주 노동자와 그 가족의 권리 보호에 관한 국제조약'(이주 노동자와 그 가족의 권리 조약)을 중심으로 살펴보자.

1. 마이너리티를 권리 주체로 하는 인종차별철폐조약

　'모든 형태의 인종차별의 철폐에 관한 국제조약'(International Convention on the Elimination of Racial Discrimination, 이하 인종차별철폐조약 또는 ICERD)는 1959, 60년에 서구 여러 나라에서 연이어 발생한 네오 나치에 의한 반유대주의(anti-semitism) 사건이나 나치즘의 선동에 대한 세계의 경악을 배경으로 하여 1969년 27개국의 비준을 얻어 발효된 것이다. 앞서 언급한 바와 같이 유엔은 1949년부터 세계인권선언(1948년)에서 정한 일반적인 권리를 법적 구속력을 가진 조약으로 만드는 전후 국제인권법의 주축－국제 인권 규약의 기초 작업에 착수하고 있었다. 그러나 '아프리카의 해'라고 불리는 1960년, 아프리카의 17개국이 독립하여 유엔에 가입하고, 유엔 내에서 반(反)아파르트헤이트의 분위기가 높아진 것도 호재가 되어 유엔은 후발의 ICERD의 기초·완성에 '절대적인 우선'을 부여한 것이다.[1] 이하, ICERD의 실체 규정인 제1부(제1조~제7조)의

개요와 의의를 일본에서의 과제를 감안하여 CERD(인종차별철폐위원회)
에 의한 조문 해석이 제시되어 있는 포괄적 권고(general recommendations)
도 참고하면서 정리해보자.

(1) 조약의 적용 대상(제1조)

ICERD는 아래와 같은 구성으로 되어 있다.

① 조약의 적용 대상 - 제1조

② 인종차별의 금지 - 제2조, 제3조, 제5조

(ⅰ) 국가나 공적 기관의 행위에 관련된 의무(제2조 1항 a~c)

(ⅱ) 사인(私人) 간의 차별 행위의 금지(제2조 1항 d)

③ 인종차별의 방지 - 제4조, 제7조

(ⅰ) 인종주의적 활동의 규제(제4조)

(ⅱ) 인종 간의 이해 증진과 편견의 제거(제7조)

④ 인종차별 피해자의 구제 - 제6조

⑤ 인종·민족 간의 실질적 평등의 실현: 적극적 차별 시정 조치 -
제2조 2항

ICERD 실체 규정 중에서도 대표적인 것이 제2조, 제4조, 제7조이
다. 인종차별을 법률로 처벌해야 할 범죄로 규정하는 의무를 부과하는
제4조는 ICERD의 핵심이 되는 조항이다. 한편 ICERD의 주체이자 핵
심을 이루는 것이 제2조이다. 제2조의 기본적인 의무와 구체적인 권리
를 열거하고 있는 것이 제5조이며, 제2조가 금지하는 인종차별 중에서
도 특히 악질적이고 중대한 아파르트헤이트를 다룬 것이 제3조라는 관
계에 있다. ⑵의 '인종차별 금지'에 관한 체약국의 기본적인 의무를 정

1　자세한 내용은 岡本雅享「第1章 人種差別撤廃条約の誕生と日本の批准」同監修·
編著『日本の民族差別—人種差別撤廃条約からみた課題』明石書店, 2005, pp.14-
31을 참고.

한 제2조 1항은 (i) 국가 및 공적 기관의 행위에 관한 의무(a~c)와 (ii) 사인(私人) 간의 차별 행위의 금지 (d)라는 두 종류의 의무로 구분할 수 있다. 또한 ⑶의 "인종차별 방지"에 대해서는 (i) 인종주의적 활동을 규제하고(제4조), (ii) 인종 간의 이해를 촉진하고 편견을 제거하는(제7조) 두 종류의 의무로 구분할 수 있다. 그럼 다음으로 일본의 마이너리티가 놓여 있는 상황을 감안하면서 이들 조항을 개별적으로 살펴보자.

ICERD는 제1조에서 조약에서 말하는 인종차별이란 "인종, 피부색, 세계(descent) 및 민족적 출신(national or ethnic origin)에 근거한 모든 구별, 배제, 제한 및 우선권"을 의미한다고 명시하고 있다. 따라서 이 조약은 '인종'차별에만 국한되지 않는다. 일본의 과제에 맞추어 본다면 무엇보다도 구 식민지 출신자나 선주민족 등에 대한 '민족차별을 없애기 위한 조약'으로 파악해야 할 것이다. 또한 이 조약이 문제로 삼는 것은 인종, 민족, 세계 등에 근거한 차별인지 아닌지이지 피해자가 체약국의 국적 보유자인지 여부는 아니기 때문에 외국적자에 대한 차별도 이 조약의 대상이 된다. 일본의 경우를 보더라도 재일코리안에 대한 '국적'을 이유로 한 배제 중에는 그 이유를 따져보면 "재일한국인에게 피해를 입은 적이 있다" "통명이면 채용하겠다" 등의 실제로는 민족 차별에 다름없는 사례가 많다. 전 한국 국적을 이유로 골프 클럽 가입을 거절당한 사건에서 나고야 고등재판소는 2023년 10월, 헌법 제14조(법 앞의 평등)와 더불어 국제 인권 규약, 인종차별철폐조약에도 위반된다는 판결을 내렸다.[2] 이것은 코리안 루트를 지닌 사람들에 대한 차별이 국적이 아니라 민족적 출신(national origin)에 기인한 것임을 드러낸 사건이라고 할 수 있을 것이다.

ICERD는 제1조에서 조약은 "체약국이 국민(citizens)과 비국민(non-

---

2 「元韓国籍理由に入会拒否『人種差別』—岐阜のゴルフクラブ，名古屋高裁判決」『朝日新聞』2023.10.28..

citizens) 사이에 설정하는 구별이나 배제, 제한, 우선에 대해서는 적용되지 않는다"(제2항), "이 조약의 어떠한 규정도, 국적(nationality)이나 시민권(citizenship), 귀화(naturalization)에 관한 체약국의 법규에 아무런 영향을 미치는 것으로 해석되어서는 안 된다"(제3항)라고 규정하고 있다. 이와 관련하여 CERD는 1993년 3월 제42차 회기에서 채택한 '비국민(non-citizens)에 관한 포괄적 권고(General Recommendation on non-citizens) 11'에서 동 조항은 "당사국이 외국인에 관한 입법 및 그 이행에 대해 보고할 의무"를 면제하는 것이 아님을 명시하였다.[3] 특히 '아파르트헤이트의 종언' 이후에는 후술할 제노포비아(외국인 혐오)가 동 조약의 주요 과제가 되고 있다. 국제연맹·국제연합에서의 인종 평등 제창은 미국에서의 일본인 이민 배척 문제를 배경으로 파리 강화회의에서 일본 정부 대표가 국제연맹 규약에 '인종 평등' 조항을 포함시키도록 제안한 것이 시초이며 애초에 이민 배척과 깊은 관련이 있다. 지금까지 CERD가 제14조에 근거해 심사해 온 개인 통보도 대부분이 이민자나 외국 국적 주민들로부터의 제소였다. 일본 정부 역시 2000년 12월, 유엔에 제1차·2차 병합 ICERD 이행 상황 보고서를 처음으로 제출했을 때부터 재일 코리안 및 그 외의 재일 외국인, 난민에 대한 기술을 하고 있다. 일본 국적을 가지지 않은 구 식민지 출신자나 이주(노동)자, 일본에 체류 중인 외국인, 난민, 무국적자 등이 조약의 대상이라는 사실 자체는 정부도 인정하고 있는 것이다.

문제는 어디까지가 제1조 제2항 및 제3항에서 말하는 국적에 의한 구별이며, 어디서부터가 민족차별인지를 구분하는 선 긋기이다. 외국인에 대한 국적에 근거한 '구별'이라면 ICERD의 적용 대상 외이지만,

---

3 유엔 문서 A/48/18, 1993년 9월 15일, pp.113-114. 일본 정부(외무성) 공식 번역에서는 'citizens'를 '시민'으로 번역하고 있으나, 여기서의 'citizens'는 '시민권을 가진 자'이며, 일본에서는 '국민'으로 번역하는 것이 적절함.

그 안에 민족 차별적인 요소가 포함되어 있다면 ICERD의 적용 대상이 된다. 또한 엄밀히 말하면 피해자가 외국 국적자라는 인권 침해라고 해도 그것이 인종·민족 차별에 근거한 것이 아니라면, ICERD의 대상이 되지 않는다. 일본의 경우 1980년대 중반까지 재일 외국인 ≒ 재일 구식민지 출신자의 조선민족과 한민족(漢民族)이었으며, 정부에 의한 구식민지 출신자에 대한 민족정책이 국적 박탈과 그 후의 국적 조항, 동화를 요구하는 귀화 제도에 의해 행해져 왔기 때문에 그 선 긋기가 더욱 문제가 되기 쉽다. 민족차별이 '국적 구별'로 위장되어 민간에서도 그것을 본떠 외국인 차별 ≒ 민족차별로서 행해져 왔기 때문이다. 일본 정부는 ICERD 비준 단계에서 주택이나 취직 문제에 관해서는 국적에 의한 차별은 합리적이지 않으므로 민족적 출신에 의한 차별에 해당하지만, 참정권이나 국가의 의사 결정에 참여하는 경우에는 국적에 의한 합리적 구별은 존재한다는 견해를 나타냈었다.[4] 사인(私人) 간에 발생하는 것은 '민족차별'이지만, 국가가 행하는 경우에는 '합리적 구별'이므로 ICERD에 위반되지 않는다고 말하는 것처럼 들리기도 한다.

한편 CERD는 2004년 봄 제64차 회기에서 앞서 언급한 포괄적 권고 11(총 3단락)을 대폭 발전시킨 포괄적 권고 30 '비국민(non-citizens)에 대한 차별(Discrimination against non-citizens)'(총 39단락)을 채택하였다.[5] 이 권고에서는 "조약 체약국의 의무"로서 "조약 제1조 제2항은 국민과 비국민을 구별할 수 있음을 규정하고 있지만", 같은 조항은 "기본적인 차별 금지를 해치지 않도록 해석되어야 한다"(제1, 2단락), "조약하에서 시민권(citizenship) 또는 체류 자격(immigration status)에 근거한 처우의 차이는

---

4 川田司(外務省人権難民課課長)「第7回久保田メモリアルシンポジウム『人種差別撤廃条約批准の意義と今後の課題』」『人権新聞』第298号, 1996.1.30.
5 유엔 문서 CERD/C/64/Misc.11/rev.3, 제64회 회기(2~3월), 2004년.

그러한 차이의 기준이 조약의 목적과 의도에 비추어 판단하여 정당한 목적에 의해 적용되는 것이 아니고, 또 그 목적의 달성에 상응하지 않는 경우에는 차별에 해당한다"(제4단락)고 명기하고 있다. 그리고 체약국(締約国)에 대해 "인종차별에 대한 입법무상의 보장(legislative guarantee)을 비국민에 대해서도 체류 자격(immigration status)에 관계없이 적용하고, 법률의 집행이 비국민에 대해 차별적인 효과를 초래하지 않도록 확보할 것"(제7단락)을 권고하고 있다. 포괄적 권고 30은 이후의 단락에서 '혐오 발언 및 인종적 폭력으로부터의 보호'(제1112단락), '국적 취득'(제1317단락), '사법 행정'(제1824단락), '국외 추방'(제2528단락), '경제적·사회적·문화적 권리'(제29~38단락) 등 다양한 분야에서 체약국이 '비국민'에 대한 인종·민족차별을 철폐하기 위한 조치를 취할 것을 권고하고 있다. 총 3단락이었던 포괄적 권고 11을 11년 뒤 CERD가 총 39단락의 포괄적 권고 30으로 볼륨업하고 리뉴얼한 것은 외국 국적자나 무국적자, 난민 등이 표적이 되는 인종·민족차별에 대한 대처가 짧은 기간에 국제 사회 내에서 얼마나 큰 과제로 부상했는지를 보여주는 것이다.

　CERD는 '체약국의 보고(조약 제1조)에 관한 포괄적 권고' 4(1973년)에서 체약국에 대해 제1조에 해당하는 주민의 인구 구성에 관한 관련 정보를 보고하도록 요구하고 있다. 일본 국적을 취득한 코리안이나 한인(漢人) 등은 설령 일본인 풍의 이름으로 변경했더라도 ICERD의 적용 대상이 된다. 이 점에 관해서는 뒤에서 언급하겠지만, 2001년의 국회에서 법무대신이 "귀화는 민족에 영향을 주는 것이 아니다"라고 답변하고 있기 때문에 견해 차이는 없다고 생각된다. 그러나 일본의 경우 국세조사(국세통계)에서 민족별 인구 통계를 취하지 않기 때문에 그 인구를 정확히 보고할 수 없는 상태에 있다.

　또한 인종적·민족적 마이너리티의 권리를 구체적으로 보장하는 단계에 이르면 그 권리의 대상자를 명확히 할 필요가 생기는 경우도 있다. 일본의 경우 ICERD 제2조 제2항이 정하고 있는 적극적 차별 시정 조치를 취할 경우 코리안과 일본인 사이에서 태어난 아이나, 아이누 가정에서 자란 야마토인(大和人)이 조약상 조선민족이나 아이누민족의 구성원으로 간주될 수 있는지, 라는 경우가 그것이다. 이 점에 관해 CERD는 '조약 제1조 제1항 및 제4조의 해석과 적용에 관한 포괄적 권고' 8(1990년)에서 개인이 어떤 민족에 속하는가는 "그 반대의 정당화 이유가 존재하지 않는 한 관련 개인의 자기 인식(자기 동일시, self-identification)에 근거해야 한다"는 견해를 나타내고 있다. 다양성을 인정하는 사회에서는 일본인과 코리안 사이에 태어난 아이가 어느 한 민족에 귀속될 것을 '선택'하도록 강요받는 상황은 바람직하지 않다. 양쪽(복수)의 민족을 자기 자신의 정체성 형성에 활용할 수 있도록 하는 것이 개인적 권리에 입각한 다문화주의라는 것일 것이다.

(2) 인종차별의 금지(제2조, 제3조, 제5조)

ICERD는 제2조 제1항에서 ① 인종차별을 비난하고, ② 인종차별을 철폐하며, 인종 간의 이해를 촉진하는 정책을 취할 체약국의 의무를 규정하고 있다. 보다 구체적으로는 체약국에 대해 (a) 국가 및 지방의 당국·기관이 인종차별을 하지 않도록 할 의무, (c) 중앙 및 지방 정부의 정책을 점검하여 인종차별을 낳고 지속시키는 법령이 있다면 그것을 폐지 또는 개정할 의무, (d) 개인에 의한 인종차별을 입법 조치를 포함한 수단을 사용하여 금지하고 종식시킬 의무, (e) 다민족 공생 등을 목표로 하는 단체나 활동을 장려하고, 서로 다른 민족 간의 분단을 조장하는 움직임은 억제할 의무를 부과하고 있다.

이 제2조 제1항 중에서 일본에서 특히 중요한 것은 입법을 포함한 적절한 방법으로 개인이나 집단에 의한 인종차별을 금지하고 종식시킬 체약국의 의무를 규정하는 (d)일 것이다. 이 조항의 의의 중 하나는 개인 간의 인종차별을 금지하고 있다는 점이며, 일본에서의 ICERD 비준 이후 제기된 일련의 인종차별 소송은 이 조항을 하나의 근거로 제기되어 왔다. 둘째로, 이 조항 하에서 체약국은 반드시 입법을 해야 하는 것은 아니지만, 입법 이외의 조치로 인종차별을 금지하고 종식시킬 수 없다면 입법 조치를 취해야 하며, 그렇지 않을 경우 조약 의무 불이행이 된다는 점이다.

일본의 상황을 고려하면 (a)는 경찰이나 출입국 관리 수용시설 등 공공기관에서의 직원에 의한 비일본인에 대한 차별이나 폭행 사건과 관련된 조항으로서 중요하다. CERD는 '인권 보호에 있어서 법 집행관의 훈련에 관한 포괄적 권고'13(1993년)에서 제2조 제1항에 따라 구금, 체포에 관련된 법 집행관이 인종차별을 하지 않도록 철저한 훈련을 받아야 한다고 명시하고 있다. CERD는 2001년 3월 20일, 일본 정부 제1·2차 보고서 심사 후에 채택한 총괄견해에서 "공무원, 법 집행관 및 행정관에 대해 조약 제7조에 따라 인종차별로 이어지는 편견과 싸우는 목적의 적절한 훈련을 실시할 것을 요구한다"고 권고하였다(제13항). 그 배경에는 도쿄도나 가나가와현의 경찰서가 '중국인인가 싶으면 110번(신고)', '건물 안에서 중국어를 말하는 사람을 보면 110번'이라고 적은 방범 전단지를 배포한 사건 등이 있다. CERD는 이러한 사건들을 『이주 노동자와 연대하는 전국 네트워크 편(오카모토 마사타카·스즈키 켄 감수)』의 NGO 리포트를 통해 상세히 파악하고 있었다.[6]

같은 달 22일 참의원 법무위원회에서 필자가 질문 초안 작성에 협력한 다케무라 야스코(竹村泰子) 의원이 이 문제를 제기했을 때 답변에 나선 사쿠라다 요시타카(桜田義孝) 외무대신 정무관은 사실관계와 조약 위

---

6 岡本 감수·편저, 앞의 주1의 인용서, pp.129-0134, pp.194-196.

반이라는 점을 인정하기도 했다. 경찰은 방범과 범인의 조기 검거를 최우선 과제로 삼는 조직이기 때문에 일본인 주민들에게 중국인 전체를 경계하도록 유도하는 것이 인종차별을 조장한다는 영향에 대한 관심은 낮다. 문제는 그런 성격을 지닌 경찰의 행위를 인종차별철폐조약(ICERD)에 따라 감시하고 주의를 주는 공적 기관이 존재하지 않는 다는 것이다. 당시 CERD의 심사에서 외무성 인권인도과장은 "앞으로는 이러한 일이 없도록 지도를 철저히 하겠다"고 언급했지만, 정부의 어떤 기관이 정부 부처 중 하나인 경찰청의 행위를 감시하고 인종차별철폐조약 위반 여부를 판단하며 지도를 할 수 있을까? 그 질문에 대한 다케무라 의원에 대한 정부 측 답변은 "(동) 조약에 위반하는지 여부를 판단하는 것은 일차적으로 외무성이다"(사쿠라다 외무대신 정무관)라고 하면서도, 외무성은 경찰을 지도하는 입장이 아니고, "이러한 일이 없도록…… 도도부현 경찰을 지도해 나가겠다"고 말한 경찰청은 "(동) 조약의 해석에 대해서는 답변할 입장이 아니다"(구로사와 마사카즈(黑澤正和) 경찰청 생활안전국장)라고 말해 수직 분할된 행정의 기능 부재를 드러내는 건설적인 대응책이 보이지 않는 답변이었다.[7]

2024년 1월에는 일본 국적이나 영주권을 가진 미국 및 파키스탄 출신자들이 인종이나 피부색을 이유로 경찰관에게 수차례(많은 사람은 약 20년 동안 70회 이상) 범죄자로 의심받는 직무질문(쇼쿠시쓰(職質), 불심검문)을 받았다며 국가와 도쿄도·아이치현을 상대로 소송을 제기하였다.[8] CERD가 2020년 11월 제102차 회기에서 채택한 '법 집행관에 의한 인종적 범죄자 추정(racial profiling)의 방지와 근절에 관한 포괄적 권고 36' (General recommendation on preventing and combating racial profiling by law enforcement officials)에 따라 사법 판단이 내려지기를 기대한다.[9]

---

7 제151회 국회 참의원 법무위원회 회의록 제3호, 2001년 3월 22일, pp.23-24.
8 「外見理由に職質、外国出身者提訴―人種差別で違憲」,『朝日新聞』, 2024.1.30.

ICERD 제2조 1항 (c)에 관해서는 아이누민족에 대한 차별적인 '홋카이도 구토인 보호법'의 폐지는 ICERD 비준에 부합한 것이라고 할 수 있다. 또한 제2조의 기본적인 의무·권리를 구체적으로 열거하는 제5조 중에서는 (f) 교통(운송) 기관, 숙박 시설(hotels), 음식점, 찻집, 극장, 공원 등 일반 공중의 사용을 목적으로 하는 모든 장소나 서비스를 이용할 권리가 미국계 일본인 입욕 거부 사건(2002년 10월, 삿포로 지방법원 판결) 등의 소송에서 중요한 역할을 해왔다. 제3조는 아파르트헤이트의 '기본적 종언' 이후 의미를 잃은 듯 보이지만, 인종격리라는 현상은 남아프리카 아파르트헤이트에만 한정되지 않는다. 이 점에서 CERD가 2001년 3월 제1·2회 정부 보고서 심사 후 총괄 소견에서 일본의 민족 학교, 민족 교육, 이민자의 자녀들에 대한 처우를 제3조의 '인종격리'라는 문맥에서 문제 삼아 다음과 같이 권고한 점이 주목된다. CERD는 "일본에서의 초등교육 목적은 일본인을 그 사회의 구성원으로 교육하는 것"이므로, 그런 목적을 가진 '의무교육'을 외국인 국적 아동·학생에게 강요하는 것은 적절하지 않으며, 그런 기준(목적)에 따르지 않는 학교(다문화 커리큘럼적인 학교)를 공교육의 일부로 인정할 수 없다는 정부 견해(문부과학성 '외국인 국적 아동의 교육')에 대해 우려를 표명했고, 그것이 "인종격리와 교육·훈련·고용에 있어서 권리의 불평등을 초래할 우려가 있다"며 인종이나 민족적 출신에 관한 차별 없이 교육을 보장하도록 정한 제5조 (e)를 이행할 것을 권고한 것이다.[10]

---

9 유엔 문서 CERD/C/GC/36, 2020년 12월 17일. 자세한 내용은 宮下萌 編著『レイシャル・プロファイリング―警察による人種差別を問う』大月書店, 2023, 제6장 pp. 151-171 참고.

10 유엔 문서 CERD/C/304/Add.114, 2001년 4월 27일, 15항.

(3) 인종차별 방지(제4조, 제7조)와 피해자 구제(제6조)

한편 인종주의 활동을 규제하는 ICERD의 핵심 조항인 제4조는 본문에서 ① 인종적 우월을 설파하는 사상·이론에 기초하여 인종적 증오·차별을 정당화·조장하는 선전이나 단체를 비난할 의무, ② 인종차별 선동·행위 근절을 목적으로 신속하고 적극적인 조치를 취할 의무, 이 두 가지 의무를 부과하고 있다. 그리고 제4조 (a)항에서는 ① 인종적 우월·증오에 기반한 사상의 유포, ② 인종차별 선동, ③ 인종이나 민족적 출신이 다른 사람들에 대한 폭력 행위, ④ 이러한 폭력 행위 선동, ⑤ 인종주의 활동에 대한 자금 등 지원 제공이 다섯 가지를 범죄로 규정하여 법률로 처벌할 의무를 체약국에 부과하고 있다. 제4조 (b)항에서는 인종차별을 조장·선동하는 단체나 조직적 선전 활동의 불법화·금지, 그리고 이들 단체나 활동에 참여하는 것을 범죄로 처벌할 의무를, 제4조 (c)항은 공권력에 의한 인종차별 조장·선동을 인정하지 않는 의무를 규정하고 있다.

일본은 ICERD 비준 당시 제4조 (a), (b)항에 대해 "그 의무의 이행이 일본국 헌법이 정하는 집회, 결사, 표현의 자유 및 기타 권리 보장과 충돌하지 않는 한도 내에서 이 규정에 기초한 의무를 이행한다"는 유보를 붙였다. 이 유보는 (a)항 ①② 및 (b)에 대해 일정한 제한을 두고 이행할 의사를 표명한 것으로 볼 수 있다. 또한 제4조 본문과 (a)항 ③④⑤, (c)항은 무조건 이행할 의무를 받아들였기에 이를 이행하지 않으면 조약 불이행=위반이 된다.

일본이 유엔에 대해 한 유보 표현은 유럽 여러 나라가 ICERD 제4조에 대해 붙여온 유보나 해석 선언을 계승한 것이었다. 이들 유럽 국가들은 일본과 마찬가지로, 혹은 일본 이상으로 '언론·표현의 자유'를 중시하는 유보·해석 선언을 붙이면서도 인종 관계법(영국), 반인종차별법(프랑스), 형법에 인종차별죄 도입(스위스) 등의 입법 조치를 취해왔다. 따라서 일본의 유보 자체가 인종·민족 차별 금지·처벌법 제정을 방해하거나 면제해 주는 것은 아니다. 일본의 유보 하에서도 앞서 언급한 유럽국가들 수준의 입법 조치는 가능하며, 또한 이루어져야 한다.

그러나 일본에서는 2016년 6월에 노력 규정인 '본국 출신자가 아닌 자에 대한 부당한 차별적 언동 해소를 위한 노력의 추진에 관한 법률'(헤이트 스피치 해소법)을 제정한 것에 그쳤고, ICERD 비준 이후 거의 30년이 지난 지금도 민족차별 자체를 처벌하는 인종(민족) 차별 금지법을 정비하지 않고 있다. CERD에서 제10·11차 정부보고서 심사 후 종합 소견(2018년)에서도 입법 부작위가 지적되어 헤이트 크라임(증오범죄) 등 처벌을 포함한 포괄적인 인종차별 금지법 제정을 권고받았다.[11]

특히 민족차별에 근거한 폭행·상해·살인 등의 처벌에 대해서는 '언론·표현의 자유'와의 조화가 없음에도 불구하고, 국가는 입법의 부작위를 계속하고 있다. 일본에서는 조선학교 아동·학생에 대한 폭행·상해 사건이 여러 차례 발생해 왔지만(1989년에 약 70건, 94년에 약 160건, 98년에 약 60건 등) 민족적 출신이 다른 사람들에 대한 폭력 행위를 범죄로 처벌하는 법률이 일본에 없기 때문에 가해자의 죄는 폭행이나 기물파손죄에 불과하며, 법에 근거한 효과적인 대응, 사건과 범인의 철저한 추적 및 재발 방지도 할 수 없었다. 1997년 10월 아이치현(愛知県) 고마키시(小牧市)에서 발생한 브라질인 소년 상해 치사 사건에서는 가해자에 대한 형벌이 인종차별이라는 요소를 고려한 것으로는 도저히 생각할 수 없는 가벼운 것이었다.[12]

2021년 여름에 재일 대한민국 아이치현 지방본부, 아이치 한국학원, 그리고 재일코리안이 집주하는 교토부 우지시(宇治市) 우토로 지구(ウトロ

---

11 유엔 문서 CERD/C/JPN/CO/10-11, 2018년 8월 30일, 78항, 13~14항.
12 양 사건에 대해서는 자세히는 岡本 감수·편저, 앞의 주1의 인용서, pp. 79-84, pp.122-123, pp.208-210 참고.

地区)에 연속 방화한 사건의 판결(2022년 8월 30일)에서 교토지방법원은 피고인 아리모토 쇼고(有本匠吾)에게 "재일코리안이 부당하게 이익을 얻고 있다" 등으로 "특정 출신을 가진 사람들에 대한 편견이나 혐오감에 근거한" 범행으로 징역 4년의 실형을 선고했다. 그러나 민족차별죄가 없는 일본에서는 이 명백한 혐오범죄 사건도 비현주건물방화죄(非現住建物放火罪) 등으로만 처벌되었다.[13] 앞서 언급한 CERD의 포괄적 권고 30은 ICERD 체약국은 "형법에 인종차별적 동기나 의도를 동반한 범죄는 보다 악질적인 정황으로 보고 더 엄중한 형벌을 적용하는 규정을 두라"고 권고하고 있다(para. 22). ICERD를 비준한 여러 국가에서는 형법 등에서 인종적, 민족적, 종교적 차별을 동기로 하는 범죄에 대해 형벌을 가중하는 나라가 많다. 앞서 언급한 사건의 재발 방지를 위해서도 민족차별에 근거한 상해 등을 일반 상해보다 무겁게 처벌하도록 형법을 개정하거나 단독의 민족차별 금지·처벌법을 제정해야 한다.

ICERD 제7조는 체약국에 대해 교육·문화·정보 분야에서 인종차별로 이어지는 편견을 제거하고, 인종·민족 집단 간 이해·관용·우호를 촉진하기 위한 신속하고 효과적인 조치를 취할 의무를 부과하고 있다. 앞서 우토로 방화 사건의 범인이 재일코리안과의 접촉이 전혀 없는 가운데 SNS와 인터넷 게시판에서 '이기적이고 독선적인' 재일코리안에 대한 '혐오감과 적대감을 품'고 범행에 이른 것으로 보이는 점 등에서도 차별을 만들어내는 무지와 편견을 제거하는 것은 중요한 방지책이다. 현재 코리안 루트 아이들 대부분이 일본 학교에 다니고 있음에도 불구하고, 그 아이들을 담당하는 교사를 양성하는 대학, 특히 교직 과정에서는 재일코리안의 역사와 현실이 거의 가르쳐지지 않고 있으며, 교사 자격으로서 마이너리티에 대한 이해는 전혀 요구되고 있지

13　鵜塚健·後藤由耶『ヘイトクライムとは何か──連続する民族差別犯罪』角川新書, 2023, 제5장 pp.14-16, pp.45-52.

않다.

1980년대 후반부터 모모야마학원대학(桃山学院大学), 하나조노대학(花園大学), 긴키대학(近畿大学), 오사카시립대학 등에서 학생들의 요구로 재일코리안의 역사와 직면한 문제를 다루는 강좌가 개설되었으나, 이러한 강의의 설치가 더욱 적극적으로 추진되어야 한다. 국제연합의 '인종주의 및 인종차별과 싸우는 제3차 10년'(1993~2003년) 행동계획은 가맹국에 대해 ① 교사가 인종차별 관련 법률이나 서로 다른 집단에 속한 아이들 간의 관계 문제를 다루는 방법을 인식하도록 교사 교육에 특별히 주의를 기울일 것, ② 아이들에게 전체주의 정권의 범죄 등을 알리기 위해 조기 교육을 실시할 것, ③ 반인종주의를 반영하고 다문화 교육을 촉진하는 교육과정과 교과서를 마련할 것 등을 권고하고 있다.

한편 ICERD는 제6조에서 '인종차별 피해자의 구제'에 관한 체약국의 의무를 규정하고 있다. ICERD 비준·발효로 체약국에는 ① 법원 등을 통해 인종차별 행위에 대한 효과적인 보호와 법적 구제를 보장할 것, ② 인종차별 결과로 입은 피해에 대해 공정하고 충분한 배상 및 구제를 법원에 청구할 권리를 보장할 의무가 발생한다. 이 조항에 따라 인종차별 피해가 존재하는 경우 일본 법원이 피해자에게 손해배상을 인정하지 않으면 조약상 체약국 의무 위반이 되어, ICERD 비준 이후 일본에서 제기된 인종차별 소송이 승소하기 쉬운 한 원인이 되었다고 할 수 있다.

일본 정부는 2001년 여름 CERD에 제출한 의견에서 "개인이 행하는 차별에 대해 불법행위가 성립하는 경우 그러한 행위를 한 자에게 손해배상 책임이 발생하며(민법 709조 등), 공서양속 위반인 경우에는 민법 90조에 따라 무효가 된다"고 밝혔다. 개인 또는 사적 단체에 의한 차별 구제에 대해서는 공서양속(민법 90조)이나 불법행위(민법 709조)를 근거로 소송을 제기할 수 있지만, 피해자가 상당한 기간과 비용을 부담해야 하므로 '효과적인 보호 및 구제'라고 할 수 없다. 간편하고 신속한 인권 구제 기관이 필요한 이유다.

(4) 적극적 차별 시정 조치와 민족 교육(제2조 2항)

ICERD는 제2조 2항에서 다음과 같이 정하고 있다. "당사국은 상황에 따라 정당하다고 인정되는 경우에는 사회적, 경제적, 문화적 기타 분야에서 인권과 기본적 자유의 충분하고 평등한 향유를 보장하기 위해 특정한 인종 집단이나 그에 속하는 개인의 적절한 발전과 보호를 확보하기 위한 특별하고 구체적인 조치를 취한다. 이들 조치는 어떤 경우라도 그 목적이 달성된 후 그 결과로서 다른 인종 집단에 대해 불평등하거나 또는 별개의 권리(separate rights)를 유지하는 일이 되어서는 안 된다".

이렇게 당사국에 '인종 집단·개인의 적절한 발전과 보호를 확보하기 위한 구체적인 특별 조치'를 취할 의무를 부과하는 제2조 2항(및 그에 관련된 제1조 4항)은 잘 알려진 예를 들면 미국에서 행해져 온 Affirmative Action이나 유럽의 Positive Action과 같은 적극적 차별 시정 조치에 해당하는 것이다. 그것은 과거의 엄격한 제도적 차별의 결과 현재 열악한 상태에 놓여 있는 집단·개인에게 적극적인 시정 조치를 취하고 평등의 실현을 목표로 하는 수단이다. 그리고 '필요한 보호를 요하는 특정한 인종이나 민족의 집단·개인의 적절한 발전을 확보하는 것만을 목적으로 취해지는 특별 조치는 인종차별로 간주하지 않는다'(제1조 4항)— 즉 '역차별'이 아니라고 ICERD는 정하고 있다.

자유권 규약 제27조는 기본적으로 개인의 권리이며 "부정되지 않는다"는 소극적인 표현을 취하고 있다. 이에 반해 ICERD 제2조 2항은 "특정한 인종 집단이나 그에 속하는 개인"의 "적절한 발전과 보호를 확보하기 위한" "특별하고 구체적인 조치를 취한다"고 훨씬 더 적극적인 표현을 취하고 있으며, 집단으로서의 민족의 권리는 ICERD 쪽이 보다 강하게 보장하고 있다고 말할 수 있다. 제2조 2항에는 "상황에 따라 정당하다고 인정되는 경우에는"이라는 조건이 붙어 있으나, 재일코리안이나 아이누민족 등의 경우 전전(戰前) 전후를 통틀어 동화(同化)정책 때문에 민족어 및 민족적 아이덴티티 상실의 위기에 직면하고, 아이들은 충분한 민족 교육을 받을 수 없었다. 그 희생에 대한 보상·회복 조치로서 민족 교육에 대한 적극적인 지원을 행하는 것은 충분히 '정당하다고 인정되는 경우'에 해당한다고 말할 수 있다.

그 때문에 교토부 다카쓰키시(高槻市)가 폐지·축소한 '다문화 공생·국제이해 교육사업'의 대상자였던 조선(韓)민족, 한(漢) 민족, 킨 민족, 타갈로그 민족 또는 포르투갈어를 제1언어로 하는 일계 브라질인 아동들이 원고가 되어, 2004년 7월에 제소한 다카쓰키 마이너리티 교육권 소송에서 학습회의 강사(2003년 10월)나 법원에 제출하는 의견서(2005년 11월)를 의뢰받은 필자는 자유권 규약 제27조와 그 조문 해석을 나타낸 자유권 규약 위원회(HRC)의 포괄적 견해 23, 유엔 마이너리티 권리 선언과 그 조문 해석을 나타낸 유엔 코멘터리와 함께 ICERD의 제2조 2항과 제7조를 바탕으로 위법성의 논거를 구성하였다. 그러나 2008년 1월의 오사카 지방법원, 같은 해 11월의 오사카 고등법원 판결은 원고가 내세운 '마이너리티 교육권'이라는 용어와 개념에 트집을 잡듯이 집착하고, 법적으로 확립된 '마이너리티 교육권' 따위는 없다고 하여 제소를 기각하는 것이었다. 매우 유감스럽고 놀라운 것은 양 법원이 국제 사회에서 자유권 규약 제27조의 해석상의 근거로 인용되어 온 HRC의 포괄적 견해 23이나 유엔 마이너리티 권리 선언과 그 코멘터리에 대해 어느 쪽도 법적 구속력은 없다는 '말장난'(법률 조문이 아니라는 점에서 이들 문서 자체에는 확실히 법적 구속력은 없다)으로 일축하고, 그것들이 없던 시대 =일본이 자유권 규약을 비준한 1970년대 옛 시절로 돌아가 자유권 규약 제27조의 "권리가 부정되지 않는다"는 문언을 글자 그대로만 해석하고, 동 조항은 적극적인 조치까지도 당사국에 의무 지우는 것은 아니라고 한 점이다. ICERD의 제2조 2항에 대해서는 당사국이 적극적 시책을 추진해야 할 정치적 책임을 지는 것을 정한 것이라고 인정하면서도, 그것으로 즉시 '마이너리티 교육권'이라는 구체적인 권리가 보장된다고는 할 수 없다고 하였다. '마이너리티 교육권'이라는 용어·개념의 제시에는 당시 필자도 미숙함을 느꼈으나 사회적 약자의 구제를 본령으로 하는 법원이라면 그러한 용어·개념에 집착할 것이 아니라 국제 사회에서 축적되어 온 조문 해석을 원용하면서 '다문화 공생·국제이해 교육사업'이 해당 마이너리티 집단에 속하는 아이들에게 실질적으로 초래한 피해를 자유권 규약이나 ICERD에 비추어 판단했어야 했다고 생각한다.[14]

일본에서는 1980년대부터 이문화 체험으로 몸에 익힌 개성이나, 다른 취학 경험으로 얻은 교양이나 어학력이 일본 사회에 기여한다고 하여 입시에 있어서 '귀국 자녀' 특별 추천 선발이 많은 국공사립 대학에서 실시되어 왔다. 그러나 일본이 ICERD를 비준한 1990년대 중반 그것을 응용하는 형태로 시코쿠가쿠인대학(四国学院大学)과 메이지가쿠인대학(明治学院大学)이 재일코리안이나 아이누민족, 오키나와 출신자 등을 대상으로 한 특별 추천 입학 제도를 도입했을 때 문부성은 부정적인 견

---

14 岡本雅享「国際人権条約と多文化共生(民族)教育権」高槻マイノリティ教育権訴訟連続学習会報告(第3回)『子ども会は勇気をくれる！―高槻マイノリティ教育権訴訟資料集』高槻マイノリティ教育権訴訟支援協議会, 2004, pp.115-143. 동「国際人権法が定めるマイノリティの権利及び積極的差別是正措置と民族教育の保障に関する意見書―在日コリアンの場合を中心に」大阪地裁平成17年(ワ)第7957号意見書, 2005.11. 大阪地裁・高裁判決의 강평은 桐山孝信「マイノリティの教育権」『ジュリスト』第1398号, 2010.4.10, pp.317-318와 窪誠「判例紹介―マイノリティの教育権」『ジュリスト』第1376号, 2009.4.10, pp.326-327, 金奉植「高槻マイノリティ教育権訴訟」在日コリアン弁護士協会編『裁判の中の在日コリアン[増補改訂版]』現代人文社, 2022, pp.264-272 등 참고.

해를 나타냈다. 제2조 2항에 따르면 이러한 제도는 정부 스스로가 적극적으로 추진해야 할 것이다.

2. 새로운 형태의 인종주의와 특별보고자

(1) 제노포비아의 대두

CERD가 앞서 언급한 포괄적 권고 11을 채택한 1993년 3월, 유엔 인권위원회(Commission on Human Rights=CHR)는 결의 1993/20으로 3년 임기의 '현대적 형태의 인종주의, 인종차별과 제노포비아 및 관련된 불관용에 관한 특별보고자(Special Rapporteur on contemporary forms of racism, racial discrimination and xenophobia and related intolerance)'를 임명하였다.[15] 이 긴 명칭은 종래의 개념만으로는 대응할 수 없는 새로운 형태의 인종주의·인종차별이 인류 사회 안에서 대두해왔음을 말해 주고 있다. 그 대표적인 것이 제노포비아일 것이다.

제노포비아(xenophobia)는 그리스어의 ξένος(크세노스—낯선 사람·이방인)와 phobia(포비아—두려움, 혐오)의 합성어로 외래자에 대한 두려움, 미지(이국)의 사람·것에 대한 (병적인) 혐오·증오·공포를 의미한다. 이 용어는 1980년대 이후 서구에서 이민자나 난민·망명 희망자(asylum seeker)에 대한 공격이라는 문맥에서 사용되기 시작했다. 1985년, 유럽의회의 '유럽에서의 인종주의와 파시즘의 대두에 관한 조사위원회'가 제노포비아를 '유럽에 따라붙는 새로운 유형의 유령'이라고 지적하였고, 이듬해인 1986년에는 인종주의와 제노포비아에 대한 선언이 채택되었다.[16] 냉전 붕괴 후의 민족 분쟁이나 난민·이민자의 증가 등에 따

---

15 유엔 문서 E/CN.4/RES/1993/20, 1993년 3월 2일. 현대적 형태의 인종차별, 인종차별, 외국인 혐오 및 관련 편협에 대처하기 위한 조치.

라 1990년대를 통틀어 제노포비아는 점점 인종주의·인종차별의 중점 과제가 되어 갔다. 21세기에 들어서면서 '인종주의' '인종차별'과 '제노포비아'를 병렬하는 것이 일반화될 정도로 외국 출신 배경을 가진 사람들(구 식민지 출신자, 이주 노동자와 그 가족이나 자손, 난민이나 망명 희망자, 무국적자 등)이 피해자가 되는 사례가 상시화되었다. 제노포비아는 일본어로 '외국인 혐오'나 '외국인 배척'으로 번역되기도 하지만, 국적이 문제가 아니므로 필자는 '가이진(外人) 혐오'나 '이방인 혐오'라는 일본어를 사용해 왔다.[17]

특별보고자(SR)는 유엔 인권위원회나 그 후속인 인권이사회가 그 활동을 보조하는 독립 전문가(independent expert)를 임명하여 주제별 또는 국가별 인권에 관한 보고와 자문을 위임하는 것이며, 2023년 11월 현재 '현대직 인종주의'를 포함힌 46개 주제, 14개 국가의 SR 및 유사한 특별 절차가 존재하고 있다. SR은 유엔 인권 고등판무관 사무소(Office of the United Nations High Commissioner for Human Rights = OHCHR)의 지원을 받으며, 독립된 전문가로서 ① 국가별 방문 조사(country visit)를 실시하거나 ② 제보를 받은 개별 인권 침해 사건이나 보다 광범위한 성격의 우려(concerns of a broader nature)에 관한 통보(communications)를 국가 등에 송부하거나 ③ 국제인권 규범의 발전에 기여하거나 ④ 권리 옹호 활동(advocacy)에 종사하고 공공 인식 제고를 도모하며, 기술적인 협력을 수행하는 등의 임무를 맡고 있다.

CHR은 1993년 6월의 세계인권회의(빈)를 거쳐 이듬해 94년 3월의 결의 1994/64에서 현대적 인종주의에 관한 특별보고자의 임무를 아래

---

16 エリス・キャッシュモア 編著『世界の民族・人種関係事典』明石書店, 2000, pp.473-474.

17 '가이징(外人)'은 '외국인(外國人)'의 생략형이 아님. 같은 동아시아인에 대해서는 사용하지 않는 점으로 보아 인종 개념임. 자세한 내용은 岡本 감수·편저, 앞의 주1의 인용서, pp.36-37의 칼럼「日本のゼノフォビア—外人嫌い」참고.

와 같이 보다 정확하게 정하였다.

- 현대적 인종주의나 제노포비아 등의 사건, 그리고 그것들을 극복하기 위해 정부가 취한 조치를 조사하고 인권위원회에 보고한다
- CERD를 포함한 유엔 시스템 내의 다양한 관련 기구나 조약 기관과 의견을 교환하고, 이들 기구나 기관의 유효성과 상호 협력의 더욱 강화에 힘쓴다
- 정부나 유엔의 관련 기관, 정부간 기구 및 NGO와 긴밀히 협의하면서 인종주의나 인종차별, 제노포비아 등을 일으키는 행위를 방지하는 관점에서 인권 교육에 관한 더 나아간 권고를 내놓는다, 등이다

현대적 인종주의에 관한 특별보고자는 초대(1993~2002년), 2대(2002~08년), 3대(2008~11년), 4대(2011~17년), 5대(2017~22년)로 이어졌으며 2022년 10월부터는 인도 출신의 아슈위니 KP(Ashwini K.P.)가 제6대 특별보고자를 맡고 있다. 그 사이 2001년 여름에 남아프리카공화국 더반에서 '인종주의, 인종차별, 제노포비아 및 관련된 불관용에 반대하는 세계회의'(반인종주의 세계회의=WCAR)가 열렸다. WCAR의 더반 선언은 이민자나 난민, 망명 희망자들에 대한 제노포비아가 현대적 인종주의의 주요한 원천이 되고 있으며, 이들 집단에 속한 사람들에 대한 인권 침해가 차별이나 인종주의적 행위라는 문맥에서 넓은 범위로 발생하고 있는 것에 대해 우려를 표명하고 있다. 그 직후에 일어난 9·11(미국 동시다발 테러 사건) 이후는 서방이나 유엔 문서에서 이슬라모포비아(Islamophobia=이슬람 혐오·배척)라는 용어가 무슬림이나 아랍 출신자에 대한 차별을 가리키는 문맥에서 자주 사용되게 되었다.

이듬해 2002년 6월에는 유엔 사무총장이 유엔 총회에 제출한 각서 '현대적 인종주의, 인종차별, 제노포비아 및 관련된 불관용과 싸우는 수단'에서 복수의 국가에서 민족주의자와 초보수(극우) 정당이 선거에

서 세력을 확대하고 이민 정책을 경직시킨 일이나 9·11 사건 이후 서구 국가들을 중심으로 무슬림과 아랍 민족이 적대시되게 된 것 등을 들어 인종주의, 인종차별, 제노포비아가 특히 이민자와 난민이 피해자가 되는 형태로 세계 각지에 만연하고 있는 현상을 지적하고 있다.[18] 이듬해 2003년에는 CERD로부터 국민이 아닌 사람들(non-citizens)에 대한 '구별'과 인종차별의 밀접한 관련이 지적되면서 유엔 차별방지 소수자 보호 소위원회가 임명한 '국민이 아닌 사람들의 권리'에 관한 특별보고자 미국 출신 데이비드 와이스브로트(David Weissbrodt)가 최종 보고서를 제출하는 등, 유엔은 외국계 사람들에 대한 인종주의에 맞서기 위한 대응을 빠르게 정비해 나갔다.[19]

(2) 두두 디엔의 일본 공식 조사

현대적 인종주의에 관한 특별보고자 중 일본에 공식 방문 조사를 실시한 인물은 세네갈 출신의 제2대 SR인 두두 디엔(Doudou Diene)이다. 디엔은 2005년 7월 3일부터 11일까지 오사카, 교토부, 도쿄도, 홋카이도, 아이치현을 둘러보며 중앙정부 관계자(외무 부대신이나 각 성청 대표자), 판사, 지방 정부 대표자, 국제기구 및 NGO 대표들과 면담했고, 교토의 조선학교, 우토로 지구, 홋카이도의 니부타니(二風谷) 등을 시찰했다. 디엔은 2006년 1월 유엔 인권위원회에 제출한 일본 방문 조사 보고서 (Mission to Japan)의 '분석과 평가'에서 "일본에는 인종차별과 제노포비아가 분명히 존재하며(do exist) 그 드러나는 방식은 중층적이다(manifold)" 라고 했다. 또한 아이누민족 국회의원이 과거 단 한 명뿐이었다는 사실 등, 국회나 정부 기관에서 마이너리티가 보이지 않는다는 점(invisibility) 이 보여주는 '차별의 정치적 성격(political nature)', 그리고 가장 두드러

---

18 유엔 문서 A/57/204, 2002년 7월 11일, p.2.
19 유엔 문서 E/CN.4/Sub.2/2003/23, 2003년 5월 26일.

진 현상으로 '문화적·역사적 성격을 지닌 차별이 마이너리티에게 주는 영향'에 주목하고 있다. 디엔의 통찰은 일본의 아이덴티티 구축(identity construction of Japan)이나 일본사 서술 및 교육 등이 그 차별의 근원(fundamental sources)이 되고 있으며, 코리안이나 중국(한족) 마이너리티에 대한 차별의 역사적·문화적 뿌리 깊음에 관한 인식이 일본 사회에 결여되어 있다는 점으로까지 뻗어 있다. 그리고 일본 사회에서 차별과 제노포비아를 낳고 있는 '문화와 사고방식의 깊은 뿌리(deeper roots of the culture and mentality)'를 근절하기 위한 지적·윤리적 전략의 필요성을 강조했다. 이러한 평가와 분석에 근거하여 디엔은 아래 사항을 포함한 총 24개 항목의 권고를 제시하였다.[20]

- 정부가 더 높은 수준에서 일본 사회에 인종차별과 제노포비아가 존재한다는 사실을 공적이고 널리 알려지는 형태로 인정할 것(74항).
- 정부와 국회가 긴급 과제로서 인종주의, 인종차별 및 제노포비아에 대한 국내법 제정을 추진할 것 (76항).
- 독립된 평등과 인권을 위한 국가위원회를 설립할 것 (79항).
- 정부가 마이너리티 및 이웃 국가들과의 관계에 대한 역사를 더 잘 반영하도록 역사 교과서를 개정하고, 마이너리티들이 일본의 정체성 형성(construction of Japanese identity)에 기여해 온 중요한 공헌을 부각시킬 것 (82항).
- 정부가 마이너리티와 관련된 정책이나 법률을 채택하거나 제정할 때는 해당 마이너리티들과 협의 할 것 (83항).
- 국가기관에서 마이너리티의 정치적 대표성(political representation of minorities)을 보장할 것 (86항).
- 일본의 미디어에서 효과적인 다문화주의(pluralism)를 보장하고, 아

---

20 유엔 문서 E/CN.4/2006/16/Add.2, 2006년 1월 24일, pp.18-23.

이누민족이 자신의 문화와 정체성을 증진하기 위한 추가적이고 실질적인 효과를 지닌 수단을 제공하기 위해, 공적 자금을 통해 아이누민족이 운영하는 독립적인 아이누 미디어 창설을 정부가 촉진할 것 (87항).

· 인종차별로 간주되는 조선학교와 다른 외국인 학교 간의 차별적 취급을 철폐하기 위해 정부가 모든 수단을 강구하고, 재일코리안의 특수한 역사적 상황을 고려하여, 한국·조선학교가 다른 외국인 학교 이상으로 보조금 등 재정적 지원을 받을 수 있도록 할 것 (89항).

· 정부가 코리안 아동에 대한 인종차별을 동기로 한 폭력 행위를 중단시키고 단호하게 제재하기 위한 강력한 예방 및 처벌 조치를 취할 것 (90항).

· 일본 사회의 다문화주의를 반영하고 상호 이해와 교류의 문화를 (culture of reciprocal knowledge and interaction) 촉진하기 위해 전국 미디어가 마이너리티 관련 프로그램의 방송 시간을 확대할 것 (93항).

디엔이 역사와 인종주의의 연결을 강하게 의식하고 있었던 것은 2001년 9월 WCAR(반인종주의 세계회의)가 채택한 '더반 선언 및 행동계획'에서 식민지주의와 현대 인종주의 사이의 강한 결합을 지적하고 있었기 때문일 것이다. 그 선언에는 "식민지주의가 인종주의, 인종차별, 제노포비아 및 관련된 불관용을 초래하였으며, 아프리카인과 그 자손, 아시아인의 자손, 그리고 선주민들이 식민지주의의 피해자이며, 그 결과 지금도 피해자 상태에 있다는 것을 인정한다. 식민지주의가 야기한 고통을 인정하고, 그것이 언제 어디서 발생했든 식민지주의를 강하게 비난하며, 그 재발을 방지해야 한다고 단언한다"(14항)고 기술되어 있었다.

마이너리티가 일본의 아이덴티티 형성(construction of Japanese identity)

에 기여해 온 중요한 공헌에 대해 역사 교육에서 조명을 비추라는 권고
는 다문화주의의 확산과 함께 미국 전역의 고등학교에서 사용되어 온
『다른 거울―다문화의 미국사(A Different Mirror―A History of Multicultural
America)』를 떠올리게 한다. '미국인의 조상은 유럽인'이라는 단일한 역
사 인식에 대신하여, 선주민족, 흑인, 유럽 외 지역에서 온 이민자들이
쌓아온 다문화의 미국사를 그린 미국 민족학(Ethnic Studies)의 선구자 로
널드 다카키(Ronald Takaki)의 명저다.[21]

(3) 일본 특유의 코리아노포비아

일본에서는 1952년 일본 국적 박탈로 인해 대량의 '외국인'이 발생
한 이후, 재일 외국인의 대부분이 코리안·대만인인 상황이 지속되었
고, 그 수는 1955년의 64만 명에서 1985년의 85만 명으로 완만하게 증
가해갔다. 그 후 버블 경제에 따른 노동력 부족 등을 계기로 서아시아
(중동)를 포함한 아시아 전역 및 남미 등 다양한 지역에서의 이민이 일
본에 유입되어 재일 외국인 수는 1995년에 130만 명, 2005년에는 191만
명으로 급증하였다. 그 결과 재일 외국인 중 코리안·대만인의 비율은
1980년대 전반의 80%대에서 2000년대 중반에는 20% 이하로 하락하
였다. 그 사이 1980년에는 0.9%였던 일본 국내의 국제결혼 비율이
2006년에는 6.1%까지 상승하였고, 국제결혼 가정에서 태어난 아이도
1998년부터 2008년 사이에 27만 명에 이르렀다. 공립학교에 다니는
외국인 아동·학생들의 모국어는 63개 언어(포르투갈어 26%, 중국어 26%,
스페인어 14%)에 달하며, 1995년에 1교가 개교한 브라질인 학교도 2006
년까지 97교로 증가하였다. 이처럼 언어나 이름을 바꾸어 비가시화하
는 종래의 동화정책이 통하지 않는 국가들로부터의 이주자가 대량으

21　Takaki, R., A Different Mirror―A History of Multicultural America, 2008,
　　Back Bay Books.

로 등장하게 되었다. 이에 대한 당혹감이나 거부 반응이 일본에서의 제노포비아의 싹이라고 할 수 있을 것이다. 1990년대 중반 이후, 일본에서 잇따라 인종차별 소송을 제기한 것이 인도인이나 브라질인 등 동아시아 외 지역 출신자, 흑인이나 백인이었다는 사실이 이를 말해준다.

이 90년대 중반은 1990년 전후까지 성 산업에서 착취당하는 아시아 여성이나, 남성 출가 노동자를 인권 침해의 피해자로 보던 미디어의 '외국인 보도'가, 일본의 치안과 질서를 어지럽히는 '가해자'로 보는 '외국인 범죄 보도'로 일변, 변모한 시기이기도 했다. 범죄나 밀입국 등 네거티브한 외국인 보도는 버블경제 붕괴 후의 불황 속에서 일본 사회에서 외국인 노동자를 배제하려는 움직임이 강화되는 것과 연동되어 있었다. 귀찮은 존재로 전락된 외국인(노동자)을 위험하게 여기고 적대시하는 것에 대한 죄책감이 옅어지고, 일본인의 피해자 의식이 조장되고 정당화되는 제노포비아가 사회에 스며들기 시작한 것이다. 그리고 그때까지의 음습한 민족차별과는 일선을 긋는 혐오 범죄-브라질인 소년 살해 사건 등-가 90년대 중반부터 발생하기 시작하였다.

2000년대에 들어서면서 이른바 '넷우익'과 이를 모체로 하는 배외주의(超보수) 단체들이 잇따라 생겨났고, 2010년대 초반에는 '조선인은 모두 죽인다' 등 집단학살을 제창하는 혐오 발언 거리 선전 활동이 빈발하게 되었다. 필자가 처음으로 '헤이트 스피치'라는 용어를 사용한 것은 2005년이며 이시하라 신타로(石原慎太郎) 도쿄도지사의 '불법 입국·체류 외국인의 흉악범죄·소요 사건'과 '민족적 DNA(를 연상시키는 범죄)'에 관한 발언(2000, 2001)에 대한 것이었다. 이시하라의 반중주의에 근거한 발언을 프랑스의 민족차별금지법으로 유죄 판결을 받고 처벌받아 온 극우 정당 국민전선(현, 국민연합)의 장-마리 르펜(Jean-Marie Le Pen) 전 당수의 반이민·반유대주의 발언과 비교해 보면 더욱 과격하며, 그 이전의 일본에서도 사죄하여 책임을 지는 수준이었다. 필자는 당시 일련의 이시하라(통칭 '삼국인') 발언을 검증한 논고에서 그것이 1990년대에 싹트기 시작한 일본인의 피해자 의식을 정당화하는 제노포비아를 조장·확대할 우려에 경종을 울렸다.[22] 그러나 CERD 등에서 비판받은 이시하라가 사죄하지 않고 정부도(유권자의 직접 선거=지지로 선출된 도지사의) 책임을 묻는 데 머뭇거리는 등의 이유로 이민과 소수자에 대한 차별을 공언하는 정치인이 늘어나 민간에도 전파되어 필자의 예상보다 훨씬 큰 형태로 확산되었다.[23]

2001년 4월부터 2006년 9월까지의 고이즈미 정권 시기, 여러 차례의 총리 야스쿠니 신사 참배로 중일 총리 상호 방문이 끊기는 상황에서 2005년 봄 교과서 문제(각사 역사 교과서에서 종군 위안부·강제 연행의 서술이 사라짐)와 영토 문제도 겹쳐 중일, 한일 관계가 악화되었다. 일본에서는 먼저 중국 공산당 지배 체제를 유지하면서 경제 발전과 군사력 증강을 계속하는 중국에 대한 위협론이 높아지고 중국이 일본을 위협하는 존재로 자리매김하면서 재일 중국인을 그 선봉으로 보고 적시·공격하는 시노포비아(Sinophobia)가 확산되었다. 민주당 정권 하의 2010년에 필자가 처음 목격한 혐오 발언 거리 선전의 공격 대상은 도쿄 이케부쿠로역 북쪽 출구에 집거하는 중국인이었다. 그 공격 대상이 2013년 들어 일시에 한국(인)과 재일코리안으로 향하게 된 것은 SNS에서의 반한 게시물과 정권 복귀를 이룬 아베 신조 정권 탄생과 연동하고 있었다.[24] 그

22　岡本雅享「人種差別撤廃条約からみた東京都知事発言—外国人への差別・敵意の扇動と助長」, 内海愛子 外『「三国人」発言と在日外国人』明石書店, 2000, 동「東京都知事による民族・人種差別の助長—『不法入国・滞在外国人の凶悪犯罪・騒擾事件』に関する一連の発言」村上正直監修『市民が使う人種差別撤廃条約』解放出版社, 2000.

23　岡本 감수·편저, 앞의 주1의 인용서, pp.192-194.

24　2007년 8월, 1년이 채 되지 않아 정권을 포기하고 다시 총재선거에 도전할 용기가 없었던 아베 신조를 격려하고 자신감을 되찾게 한 것은, 이명박 대통령의 독도 상륙을 '폭거'라고 비판한 아베의 Facebook 게시물에 반나절 만에 2만 건 이상의 '좋아요'가 붙은 것이라고, 아베 본인이 말하고 있다(『朝日新聞』 2013.7.6.).

들은 대량 학살과 함께 2012년 말 총선에서 아베가 내건 "일본을 되찾자"라는 깃발을 따르는 "일본을 다시 일본인의 나라로 되돌리자"는 현수막을 내걸고 당당히 거리 선전을 하고 있었다.

'가이징(싸人)'이라고 불리지 않는 코리안과 한족(중국인)은 기존의 민족차별 대상이었어도 피해자 의식에 기반한 병적인 혐오=제노포비아의 대상은 아니었다. 이것이 필자가 제노포비아를 일본적 문맥에서 '가이진 싫어함'으로 번역했던 이유이다. 그러나 2010년대 전반에 이르러 과격해진 혐오 발언이 상징하는 사회현상을 보면 기존 민족차별의 연장선에 있으면서도 이전에는 없었던 코리안과 중국인을 가해자로, 자신들을 피해자로 위치짓고 병적이거나 명확한 이유 없이 혐오하는, 바로 제노포비아의 특징을 지닌 공격이 표면화되었다고 하지 않을 수 없다. 국제적 존재감을 높여 일본(인)과 어깨를 나란히 하게 된 한국(인)과 중국(인)을 일본(인)의 긍지에 상처를 내고 폄훼하는 존재로 보고 병적으로까지 혐오·증오하는 모습을 필자가 2013년의 논고에서 기존 시노포비아(Sinophobia)와 함께 '코리아노포비아(Koreanophobia)'라 명명한 이유이다.[25]

한국의 경우에는 한국으로부터의 전쟁 책임·전후 보상 문제와 식민지 지배 비판을 일본을 폄훼하는 음모·공격으로, 또한 한류 붐을 문화에 의한 침략 행위로 간주하며 피해자인 일본을 지킨다는 대의를 내세운 공격이 격화된다. 한류 붐의 절정기였던 2005년에 거부 반응으로 출판되기 시작한 것이 디엔 보고서도 우려를 표명한 『만화 혐한류』 시리즈이다. 좋아하는 정치가는 이시하라 신타로와 아베 신조라고 하는 야마노 샤린(山野車輪)이 그린 만화는 역사 수정주의를 지지하는 시민 감정을 조성했고 시리즈는 밀리언 셀러가 되었다. 저널리스트 야마구치

25　岡本雅享「日本におけるヘイトスピーチの源流とコリアノフォビア」小林真生 編著『レイシズムと外国人嫌悪』明石書店, 2013, pp.50-75.

마사키(山口正紀)는 그 독자층에는 1990년대 이후 아시아의 전쟁·식민지배 피해자로부터 전쟁 책임을 추궁받은 것을 일본에 대한 '공격'으로 받아들이는 뒤틀린 피해자 의식이 있었다고 한다. 그리고 2002년 9월 이후의 '납치 사건 보도'가 일본이 한국·중국·조선으로부터 가해자로 비판받아온 답답함을 일거에 날려버리고 마침내 '피해자'로 이행할 계기를 주었으며, "일본인은 잘못하지 않았다"고 생각할 수 있는 것이 불안과 폐쇄감이 증대하는 일본 사회에서 『만화 혐한류』가 폭발적으로 팔린 원인이었다고 분석하고 있다.[26]

한편 별책 다카라지마(別冊宝島) 편집부의 『혐한(嫌'韓') 제2막 - 만들어진 한류 붐(嫌「韓」第二幕—作られた韓流ブーム)』(2012년)에서는 "한국이 한류 드라마와 K-POP이라는 문화로 일본에 대해 간접 침략을 하고 있다는 경종"이라며, 후지TV 항의 시위에서는 참가자들이 "일본이 폄훼당하고 있다", "한국에 일본 방송국이 점령당한다"라고 입을 모았다고 기록하고 있다.[27] 텔레비전에서 매우 빈번하게 등장하는 백인과 서구 문명에는 무비판적인 반면, 한국 드라마나 한국 문화 관련 프로그램을 매국적이라고 비판하는 것은 백인에게는 호의적이면서 같은 동아시아인을 혐오하는 '뒤틀린 인종주의'이며, 이것이 일본 특유의 코리아노포비아(Koreanophobia)의 특징이기도 하다.[28] 이 코리아노포비아의 만연은 국제 인권법에 근거해 재일코리안 등 마이너리티가 정당하게 주장하는 권리에 냉수를 끼얹고 있다. 무난한 문화 교류나 일본어 지도에 그치고 재일코리안이나 아이누민족을 그 대상으로조차 보지 않는 '다문화 공

---

26 板垣竜太·山口正起·鄭栄桓「〈嫌韓流〉の何が問題か」『前夜』第11号, 2007, pp. 40-43.

27 安田浩一『ネットと愛国』講談社, 2011, pp.306-311.

28 후지TV 데모와 혐한류에 대해서는 岡本雅享「フジテレビデモからロート製薬攻撃へ——金泰希バッシングにみる『嫌韓』流と嫌『韓流』の合流」前田朗編『なぜ、いまヘイト・スプーチなのか』三一書房, 2013, pp.79-94 참조.

생'은 이에 대응하는 이념이나 수단이 될 수 없다. 필자가 일부러 오소독스해 보일 수도 있는 마이너리티 권리를 중시해야 한다고 말해 온 이유이다.

3. 이주 노동자와 그 가족의 권리 조약

모든 이주 노동자와 그 가족의 권리 보호에 관한 국제 조약(The International Convention on the Protection of the Rights of All Migrant Workers and Members of Their Families, 이하 '이주 노동자와 그 가족의 권리 조약' 또는 ICRMW)은 1990년 12월 18일 국제연합에서 채택되어 12년 후인 2003년 7월 1일 발효되었다. 소속 국가와 관계없이 개인의 권리를 평등하게 보장하려는 국제인권조약 중에서도 가장 과감하게 '국적의 벽'에 도전한 조약이라 할 수 있다. ICRMW는 이주자가 체류 자격이 없는 경우에도 의료와 교육을 받을 권리, 국적을 취득할 권리를 명시하며 차별을 금지하고 있다. 체류 자격이 있는 사람에게는 노동과 사회보장 등에서 국민과 동등한 권리를 인정하며 배우자와 자녀와의 동거도 보장한다. 학교에서의 다문화 교육에 대해서도 이주자의 자녀가 수용국 언어뿐 아니라 모국어와 출신국 문화를 배울 수 있도록 체약국에 요구했다. 조약은 인권 보장의 수단으로서 비자 기간 만료 등으로 입관법무상 '불법' 상태에 있는 사람들에 대한 체류 자격 합법화 조치도 언급하고 있다.[29] 이주 노동자는 노동력 이전에 사람이며, 비록 입관법무상 '불법' 체류자라도 노동법무상 '합법' 노동자이다. 그리고 이주자 본인과 그 가족은 이

---

29 岡本雅享「移住労働者保護条約と家族生活の保護」『法学セミナー』第442号, 1991. 10. 이 논고에서는 사회보장이나 의료, 가족 재회의 측면에서도 의의를 검증하고 있음.

주 국가에서 민족적, 종교적 또는 언어적 마이너리티이며 특별한 배려가 필요하다는 생각이 이 조약에 명문화되어 있다.

그렇다고 해도 ICRMW는 이 분야에서 최고의 인권 기준을 제시한 것은 아니다. NGO가 개입하기 어려운 유엔총회 제3위원회에서 각국의 이해관계 대립 속에서 기초되고 타협된 바텀라인이라고 하는 편이 좋다. 실제로 송출국과 함께 조약 초안을 준비하고 적극적으로 초안 작업에 참여해 온 북유럽 국가 등에서는 이민자에게 지방자치단체 참정권, 수용국 언어 무료 강습 등 조약이 제시하는 기준을 뛰어넘는 권리를 보장해 왔다. 그럼에도 ICRMW는 '모든' 이주 노동자와 '그 가족'을 대상으로 사회보장, 교육, 의료 등 다방면의 권리를 정한 세계적인 기준으로서 큰 의의가 있다. 앞서 언급한 대로 체류 자격이 없는(=출입국관리법상의 '불법' 상태에 있는) 이주 노동자와 그 가족에게도 사회보장(제27조), 긴급의료(제28조), 교육(제30조) 등 면에서 국민과 동등한 처우를 인정하고 문화적 정체성 존중(제31조)과 출생 등록(제29조)의 권리도 보장했다. 더욱이 체류 자격이 있는 '합법적' 체류 상태에 있는 사람들에게는 가족 재회(제44조), 직업 훈련(제43조 1항, 제45조 1항), 아이들에 대한 수용국 지역 언어 교육(제45조 2항), 모국어 및 문화 교육(동조 3항)과 모국어를 사용하는 교육(동조 4항)에 대한 권리, 또한 이주 노동과 관련한 출입국 시 면세 조치(제46조) 등도 보장하고 있다.

이주 가족은 수용국 사회에서 흔히 법적·사회적 지위의 불평등, 차별에 시달린다. 특히 부모의 문화가 동등하게 평가받고 있지 못한 사회에서 자라는 아이들의 정체성 갈등은 심각하며 가족 붕괴로 이어지는 경우도 있다. 이러한 문제를 예방하고 수용국에서도 이주 노동자 가족의 가정생활이 건전하게 이루어지도록 하기 위해 ICRMW는 언어와 문화적 정체성에 관한 특징적인 권리를 정하고 있다. 그중에서도 제45조는 아이들이 수용국 지역 언어 교육(동조 2항), 모국어 및 문화 교육(동조 3항), 모국어에 의한 교육(동조 4항)을 받을 권리를 다음과 같이 정하고 있다.

【제2항】 고용국(states of employment)은 적절한 경우 출신국(states of origin)과 협력해 이주 노동자 자녀들의 지역 학교 제도 통합 촉진을 목표로 하는 정책을 특히 현지어(local language) 교육에 관해 취한다.

【제3항】 고용국은 이주 노동자 자녀들에게 자국 모국어(mother tongue)와 문화 교육을 촉진하기 위해 노력하며 출신국은 적절한 경우 언제든지(whenever appropriate) 이에 협력한다.

【제4항】 고용국은 필요할 경우 출신국과 협력해 이주 노동자 자녀들의 모국어에 의한 특별 교육 조치(special schemes of education in the mother tongue)를 마련할 수 있다.

일본 학교에서 이주자의 아이들에게 이루어져 온 것은 현지어=일본어 교육이 대부분이다. 그러니 동시에 모국어에 의한 교육도 ① 아이의 지력, 성격, 정신적 균형을 정상적으로 발달시키고 ② 가정 내 커뮤니케이션을 유지하며 ③ 출신국의 교육 시스템과 사회생활에 다시 적응할 수 있도록 한다는 점 등에서 이민 아이들에 대한 교육의 본질적 요소로 인식되고 있다. 모국어에 의한 교육은 익숙하지 않은 말로 배우는 것보다 이해력이 뛰어나며 모국어로 키워 온 사고력을 키울 수 있다. 또한 자신의 말로 감정을 표현하지 못하는 스트레스는 "아이들은 곧 순응한다"라고 하며 경시하는 어른들의 상상을 훨씬 뛰어넘는다. 정주 난민, 중국 잔류자, 일계(日系) 남미인의 아이들이 모국어가 오가는 국제·일본어 학급 등에 있는 동안 아이다운 본모습으로 돌아가는 모습을 우리는 30년 이상에 걸쳐 봐왔다. 1980년대에 '지역 속의 국제화' 흐름 속에서 시작된 일본 각지의 국제 학급에서 모국어나 민족문화를 가르치기 시작한 곳이 나오기 시작한 것도 정주 난민 가정에서 일본어에 능숙하지 않은 부모와 모국어를 잊어가는 아이들 사이에 커뮤니케이션 장애가 생기는 문제의 심각성이 인식되었기 때문이다.

더욱이 부모의 문화를 가르치는 것은 아이가 자존심을 기르면서 아이덴티티를 확립하고 부모의 관습·가치를 이해하며 가족의 유대를 지키는 데 중요하다. 아이가 수용 사회의 문화에 흡수되어 부모의 문화에 친근함을 느끼지 못하게 되고 부모의 가치관·관습을 거부하게 되면 가정 내 교육적 역할이 유지될 수 없게 된다. 일본에서는 1970년대 이후 정주 인도차이나 난민이나 이주자 부모의 많은 이가 자녀와의 관습 격차로 고민해 왔다. 서유럽 국가에서 사는 이민자 아이들 가운데서도 부모의 출신국과 자신이 거주하는 국가 둘 다를 '외국'으로 느끼는 (소외감을 가지는) 이가 많다고 한다. 프랑스와 독일에서는 이민자 아이들 사이에 세미링거 문제가 발생했는데 그 원인은 사회적으로 우위에 있는 머저리티와 열위에 있는 마이너리티 양쪽 언어 집단에 속함으로써 발생하는 아이덴티티 갈등 때문이라고 한다.[30] 이러한 폐해로부터 이민 가정을 보호하기 위해서는 아이가 진정 스스로의 자유 의지로 아이덴티티를 확립할 수 있도록 보장하는 것이 필요하다. 그를 위해서는 이민 아이에게 부모와 수용국 문화가 균형 있게 제공되고 이민 부모가 가진 문화, 언어에 대한 수용 사회의 차별과 편견을 제거하는 것이 불가결한 조건인 것이다.

모국어와 문화 교육의 과제는 유엔의 중요한 관심사이기도 하며 '제2차 인종차별과 싸우는 10년'(1983~93년) 행동계획에서도 마이너리티, 특히 이주노동자의 자녀에 대한 교육과 훈련, 고용 분야에서의 차별 영향에 관한 연구 중에 아이들이 모국어로 교육을 받을 수 있는 범위가 다루어졌다. 또한 유엔 ECOSOC 산하 사회개발위원회(Commission for Social Development)는 1989년 이민자의 2세대에 관한 보고서에서 '두 문화 속에서 자란 아이는 서로의 문화를 넘나드는 재능을 지닌 자질을 내포

---

30 山本雅代『バイリンガル―その実像と問題点』大修館書店, 1991, pp.20-23, 49-51.

하고’ 있으며, “문화적·언어적 차이는 교육 내용을 풍부하게 하고 학생들의 시야를 세계에 열어 주는 자원이 된다”고 강조하며 구체적으로 ‘교사가 이민 부모의 출신국에 가서 잠시 생활할 수 있는 제도’를 제안했다.[31]

학교 교육 외에도 ICRMW는 제31조에서 체약국이 ‘이주 노동자와 그 가족의 문화적 아이덴티티 존중을 확보’하고 이를 증진하기 위해 ‘적절한 조치를 취할 것’을 규정하고 있다. 유럽 여러 나라에서는 모국어 라디오, 텔레비전 프로그램이 방송되고 문화센터, 지역협회 등이 설립되어 왔다. 예를 들어 북유럽의 공공도서관에서는 지역 주민의 인구 구성을 고려해 마이너리티 주민의 모국어 자료(도서, 신문, 잡지, 영상, 음악 등)를 수집·제공하고 있다. 북유럽 각국에는 다양한 문화적 배경을 가진 도서관 이용자에 대응하기 위해 출신지가 100개국 이상에 이르는 마이너리티 주민을 위한 다언어 자료를 수집·제공하는 전국 센터가 있다. 각 공공도서관은 그 센터로부터 자신의 지역 인구 구성에 맞는 다언어 자료를 모아 대여하고 정기적으로 교체하며 다양한 마이너리티 주민의 수요에 대응하고 있다. 그중 하나인 덴마크 통합도서관센터에서는 각국 대표 문학과 각국 최신 동향 관련 자료, 이민자 자녀가 자신의 뿌리 문화를 이해하는 데 필요한 모국어 자료 등을 중심으로 도서를 모으고, 이민 배경을 가진 사람을 다언어 자료 전문 직원으로 고용하여 지역 공공도서관에서 오는 다언어 자료 관련 상담에 응하는 어드바이저 역할을 하고 있다. 또한 모국어 운용 능력이 덴마크어 습득에도 영향을 준다는 관점에서 부모가 아이에게 모국어로 책을 읽어 주어 확실한 언어 운용 능력을 기르는 활동도 하고 있다.[32]

---

31 유엔 문서 E/CN.5/1989/5, 1989년 1월 24일, p.12.

32 吉田右子「北欧におけるマイノリティ住民への図書館サービス—デンマークとスウェーデンを中心に」『図書館界』第59巻3号, 2007, pp.177-178. 和気尚美「移民·難民のくらしに寄り添う公共図書館」, 渡辺幸倫 編著『多文化社会の社会教育』明石書店, 2019, pp.143-146.

스웨덴에서는 다양한 이민자·마이너리티 언어로 쓰인 문학 작품 창작이나 민족 신문 발행을 위한 자금 지원 등을 해왔다. 그 기반에는 한 사람 한 사람이 '자신의 말을 소유하는 것'을 중시하는 사고방식이 있다고 한다. '자신의 말'이란 개인의 정체성에 관계되는 말과 사회에서 살아가기 위한 말을 뜻하며, 이민자에게는 '자신의 문화적 뿌리인 출신지의 말'과 '스웨덴어'가 된다.[33]

또한 ICRMW 발효에 따라 그 다음 해인 2004년 3월부터 이 조약 실행 감시 기관인 '모든 이주 노동자와 그 가족 권리 보호 위원회'(The Committee on the Protection of the Rights of All Migrant Workers and Members of their Families = CMW)가 활동을 시작했다. 그리고 앞서 언급한 이주자의 자녀에 관한 무차별과 교육 문제에 대해 CRC(아동권리위원회)와 공동의 포괄적 견해(Joint General Comment)를 작성·채택하고 있다. 예를 들어 2017년에 양 위원회가 동시에 채택한 '국제 이주 과정에 있는 아동의 인권에 관한 일반 원칙'을 다룬 CMW 공동 포괄적 견해 3(=CRC 포괄적 견해 22)에서는 "무차별(non-discrimination)의 원칙은 기본적인 것으로 국제 이주의 모든 과정에서 아동에게 적용된다. 국제 이주에 휘말리거나 영향을 받는 모든 아동은 … 민족적 출신(ethnic or national origin)이나 … 인종에 관계없이 자신 권리의 향유가 보장된다"고 명시하고 있다.[34] 또한 같은 해 채택한 '국제 이주 과정에 있는 아동의 인권에 관한 당사국 의무'를 다룬 CMW 공동 포괄적 견해 4(=CRC 포괄적 견해 23)에서는 "당사국은 이주자와 수용 사회 간 문화 간 대화를 촉진하고, 이주자의 자녀에 대한 제노포비아와 어떤 형태의 차별 또는 관련된 불관용에도 대응하고 예방하기 위한 구체적인 수단을 발전시켜야 한다"고 명시하고

---

33 小林ソーデルマン淳子 外 『読書を支えるスウェーデンの公共図書館』 新評論, 2012, p.233.
34 유엔 문서 CMW/C/GC/3-CRC/C/GC/22, 2017년 11월 16일, 21항.

있다.[35] 이러한 마이너리티 권리에 관한 공동 포괄적 견해 발표 시도는 조약 기관 간 교류와 상호보완적 활동 강화도 가져오고 있다.

이 외에도 여성 차별 철폐 위원회(Committee on the Elimination of Discrimination against Women=CEDAW)도 1994년 세계 여성 회의(베이징) 등에서 복합 차별 문제가 국제적으로 인식되기 시작하여 21세기에 들어서면서 마이너리티 여성(minority women)에 관한 관점에서의 우려와 권고를 활발히 내놓기 시작했다. CEDAW는 2009년 제44회기, 제6차 일본 정부 보고서 심사(7월 23일) 후 채택한 종합 의견에서 재일코리안이나 선주민 아이누, 류큐·오키나와인 등 마이너리티 여성에 관한 정보가 부족하다고 반복해서 지적하며, 마이너리티 여성에 대한 차별을 철폐하기 위해 정책 틀(policy framework) 마련과 임시적 특별 조치 도입을 포함한 효과적인 조치를 취할 것과 그 관점에서 마이너리디 여성 대표를 의사결정 주체(decision-making bodies)의 일원으로 지명할 것을 일본 정부에 요구했다.[36] CEDAW는 2016년 2월 16일 일본 정부의 제7·8차 보고서 심사 후 채택한 종합 의견에서 다양한 마이너리티 집단 여성에 대한 복합적·교차적 형태의 차별(multiple/intersectional forms of discrimination)을 금지하는 포괄적 반차별법(comprehensive anti-discrimination legislation) 제정을 비롯해, 마이너리티 여성이 직면한 여러 문제의 시정을 요구하고 있다.[37] CEDAW에 대해서는 자세한 내용은 제4부 3장에 넘기고자 한다.

다음 장에서는 재일코리안에 대한 남은 전형적인 마이너리티 권리 침해를 다루고, 이에 대해 CERD나 CRC 등 인권 조약 기구가 중층적으로 대응해 온 상황을 살펴보고자 한다.

---

35 유엔 문서 CMW/C/GC/4-CRC/C/GC/23, 2017년 11월 16일, 63항.
36 유엔 문서 CEDAW/C/JPN/CO/6, 52항 외.
37 유엔 문서 CEDAW/C/JPN/CO/7-8, 2016년 3월 10일, 2009년 8월 7일, 13항 외.

제6장

마이너리티 권리의 무시와 침해
―동화정책에 대한 보상과 회복 조치

오카모토 마사유키

1. 전후 일본에서 부활한 '창씨개명'의 동화 정책
2. 민족 교육의 부정과 억압
3. 민족 교육을 둘러싼 유엔 인권기구에서의
   질의와 권고

자민당 일당 우위의 55년 체제는 국내외의 공산·사회주의 세력에 대항하여 "자본주의를 지킨다"는 대의명분 아래 유지되어 왔다. 결당 이래 파벌 간의 항쟁을 반복하고 몇 번이나 분열 위기에 직면했던 자민당이 동서 냉전 하에서는 대분열에 이르지 않았던 것은 경제계가 그 움직임을 강하게 견제하고, 일본을 '사회주의의 방파제'로 위치 지은 미국도 이를 환영하지 않았기 때문이다. 그러므로 동서 냉전의 종결 선언(1989년)과 소련의 해체(1991년)는 일본에서의 55년 체제 붕괴(자민당의 대분열)로도 이어졌고, 1993년 7월의 총선거 결과 다음 해 8월에 비(非)자민 연립의 호소카와 모리히로(細川護熙) 정권이 탄생하였다. 리버럴파인 호소카와 총리는 같은 해 11월 7일 한국 경주에서 열린 김영삼 대통령과의 한일 정상회담(공동 기자회견)에서 "과거 우리나라의 식민지 지배로 인해 한반도 분들이 학교에서 모국어 교육의 기회를 빼앗기고, 자신의 성명(姓名)을 일본식으로 개명하게 되는 등, 참으로 다양한 형태로 견디기 힘든 슬픔과 고통을 경험하게 만든 것에 대해 그러한 행위를 깊이 반성하고 진심으로 사과의 말씀을 드린다"고 말하여 한국에서 호의적인 평가를 얻은 것으로 여겨진다.[1]

마이너리티 권리의 중대한 침해는 민족이나 언어, 종교 등에서의 동화를 강요하는 것이다. 또한 앞서 언급한 더반 선언대로 식민주의는 현대에서의 민족차별의 원천이 되고 있다. 호소카와 총리가 언급한 일본식 성명의 강요(민족명 사용의 부정)와 민족 교육의 부정은 전후 재일코리안에 대한 전형적인 마이너리티 권리 침해 사례와 겹치는 이유이기도 하다. 이 두 가지 모두, 패전 후의 일본이 제1차 세계대전 후의 강화조약이나 마이너리티 조약과 같은 법적 의무를 지고 있었다면 피해를 대폭으로 막을 수 있었던 것이 아니었을까 생각된다. 이 민족명과 민족교육이라는 두 가지 쟁점에 대해서는 마이너리티 권리를 명기하고 있는 시민적·정치적 권리에 관한 국제규약(자유권 규약)의 이행 기관인 자유권 규약 위원회(HRC)뿐만 아니라 인종차별철폐위원회(CERD)나 아동권리위원회(CRC)도 다루고 있으며, 일본에 대한 우려나 권고를 중첩적으로 제시해 왔다. 이에 따라 이하에서는 이 두 가지 문제에 초점을 맞추어 패전 직후부터의 경위를 바탕으로 국제인권조약의 비준이 미친 영향이나 인권조약기구의 견해도 살펴보면서 남겨진 과제를 생각해 보고자 한다.

---

1   水野直樹『創氏改名——日本の朝鮮支配の中で』岩波新書, 2008, p.2.

1. 전후 일본에서 부활한 '창씨개명'의 동화 정책

조선총독부는 1940년 2월 11일 '황기(皇紀) 2600년'의 기원절에 맞춘 조선인 동화정책의 핵심으로 민족 고유의 성명을 일본식 씨명으로 바꾸게 하는 '창씨개명'의 제령을 시행하여 반년 만에 전 조선민족의 8할 가까이를 창씨개명시켰다.[2] 제3장에서 제시한 "조선인이라는 증거를 전부 은멸하게 하라"는 나카야마 게이(中山啓)의 '조선인의 이름을 전부 일본 이름으로 바꾸어야 한다 — 조선민족 동화의 근본책'(1924년)이 에스노사이드의 의도를 여실히 드러내고 있다. 1945년 일본의 패전으로 조선인은 민족 이름을 되찾았지만, 이 '창씨개명' 동화정책이 전후 일본의 귀화 행정 속에서 계속되어 온 문제성에 대해 일본 사회는 너무나 무관심했다고 말하지 않을 수 없다. 그 결과가 21세기 재일코리안의 다수가 일본인 풍의 '통명(通名)'을 쓰게 하고 있는 차별 현상을 하물며 '특권'의 하나로 들먹이는 폭거를 낳았다고 할 수 있다. 식민지 시대의 동화정책에서 비롯되어 전후의 마이너리티 권리 회피와 함께 부활한 이 명백한 마이너리티 권리 침해는 1993~98년의 자유권 규약 위원회(HRC)나 1998년 아동권리위원회(CRC), 2001~2010년의 인종차별철폐위원회(CERD)에서도 다루어져 왔다. 이하, 그 경위와 남겨진 과제를 정리해보고자 한다.

(1) 국적 박탈과 귀화

일본 정부는 1952년 4월, 주권을 회복함에 있어 재일조선인·대만인은 "모두 일본 국적을 상실한다"고 통지하였고(4월 19일자 법무부 민사국장 통지, 민사갑 438호), 그 이후에는 '창씨개명'을 국적 부여의 조건으로

---

2 宮田節子·金英達·梁泰昊『創氏改名』明石書店, 1992, pp.41-46.

하여, 그 결과 수십만 명 단위의 사람들이 일본식 씨명으로의 변경을 강요당했다. 이 문제는 전 장에서 본 국적 '상실'이라는 이름의 '박탈'의 부당성에서 다시 검토되어야 한다.

미국 국무성에서 파견된 앞서 언급한 리처드 B. 핀(Richard B. Finn, GHQ 외교국)은 1948년 8월 16일자 '재일코리안에 관한 스태프 연구 (Staff Study Concerning Koreans in Japan)'에서 "일본에 계속 거주하는 코리안의 국적의 최종적인 결정은 포괄적인 조약에 의한 해결이나, 기타 일본과 조선을 포함하는 최종적인 국제 협정에 의한 결론을 기다려야 할 사안이라고 SCAP는 공식 성명으로 강조해 두어야 한다"고 언급하고 있었다.[3]

또한 쇼와 23(1948)년도 사법연구원으로 선발된 에치카와 준키치(越川純吉)(기후(岐阜)지방재판소 판사)는 자신의 연구 성과인 『일본에 기주하는 비일본인의 법률상 지위』(1949년)에서 "전쟁의 종료도 영토 일부의 할양도 국적 변경과 관계가 있지만, 국적 변경의 결정적인 요인은 아니다", "기존의 통설은 국적의 변경은 강화조약에 의해서만 확정된다고 한다"고 하며, "(재일조선인·대만인은) 강화조약이 없으므로 국적 변경은 없다는 것이 된다"고 언급하고 있었다.[4] 그러한 전망이나 관례에 반하여 강화조약에 국적 선택 조항이 포함되지 않는다는 것을 알게 된 정부는 "국적법에 의한 귀화 방식으로 충분히 재일조선인의 희망을 만족시킬 수 있다"고 하여, 법무부 민사국장의 (438호) 통지로 재일조선인·대만인의 일본 국적 '상실'을 통지한 것이다. 그리고 "재일조선인의 희망

---

3 Richard B. Finn, Staff Study Concerning Koreans in Japan, August 16, 1948. Enclosure No.1 to Dispatch No.580 dated September 3, 1948 from the Office of the United States Political Adviser at Tokyo, on the subject of: "Status of Koreans in Japan". p. 6.

4 越川純吉『日本に在住する非日本人の法律上の地位(司法研究報告書第2輯3号)』司法研究所, 1949, p.61.

을 충분히 만족시킬 수 있다"고 한 귀화에서 조선인이 식민지 해방=독립으로 되찾은 민족명을 다시 포기하게 하여 '창씨개명'을 강요하는 등, 국적 취득을 동화정책에 이용하기 시작한 것이다.

2010년 9월, 재일코리안 2세인 김명관(金明観)이 국적 박탈의 위법성을 다투는 일본 국적 확인 소송을 제기했다. 이것은 앞서 언급한 통지에 의해 일본 국적을 박탈당한(조선인 남성과 결혼한) 일본인 여성이 제기한 '국적 존재 확인 청구' 소송의 최고재판소 판결(1961년 4월 5일)을 재검토하도록 요구한 소송이었다. 그러나 도쿄지방법원(2011년 7월 20일), 도쿄고등재판소(2012년 3월 28일), 최고재판소(동년 12월 12일)는 모두 일본은 샌프란시스코 강화조약 제2조 (a)항에 따라 "조선에 속할 영토에 대한 주권"과 함께 "조선에 속할 사람에 대한 주권"도 포기했기 때문에 조선에 속할 사람의 국적을 상실시킨 것이라고 하여 법무부 민사국장 통지에 의한 국적 박탈을 추인한 반세기 전의 최고재판소 판결을 답습할 뿐이었고, 원고의 청구를 기각했다.[5] '주권재민'의 일본국헌법 하라고는 생각되지 않는, 메이지헌법적인 '주권재국(主権在国)' 발상이 반세기를 지나 그 사이 소속 국가와 무관하게 개인의 인권을 존중하는 국제인권이 세계적으로 확대되었음에도 변하지 않은 재판관의 '갈라파고스' 현상은 놀라움을 자아낸다.

1947년 5월 발효된 일본국헌법 하에서 재일조선인·대만인은 주권자인 일본 국민이 되었고, 52년 4월까지의 5년 동안 그 지위를 계속 유지하고 있었다. 그 주권자의 의사를 묻지 않고 국적을 빼앗는(국민으로서의 지위를 상실시키는) 행위는 필자에게는 위헌으로 여겨진다. 국제법학자 오누마 야스아키(大沼保昭)도 『재일한국·조선인의 국적과 인권』에서 법률 이하의 통지로 국적을 박탈한 통지 438호는 국적 요건은 법률로

---

5 中村一成「在日朝鮮人の日本国籍剥奪、その不当性を問う―キム・ミョンガンの国籍確認訴訟」『部落解放』第664号, 2012년 7월, pp.62-67.

정한다고 하는 헌법 제10조에 위반하며, "재일조선인을 통지 438호를 근거로 외국인으로서 처우하는 것의 위헌성은 명백하다"고 말하고 있다.[6] 게다가 그 국적 박탈은 요시다 시게루가 총리로서 국회에서 말한 "조선인 중에는 좋은 자도 있고 나쁜 자도 있다"는 이유로(이름도 바꾸고 일본인이 다 된 듯한) 요시다 등이 좋다고 생각하는 자만을 선별하여 일본에 남긴다는, 위정자의 의향을 반영한 스크리닝과 연동되어 있었다. 명확한 마이너리티 권리의 침해이다. 일본이 다른 선진국들처럼 자유권 규약의 선택의정서를 비준하고 있었다면, 개인통보를 접수하고 심의하는 HRC의 준사법적 프로세스를 통해 통지에 의한 국적 박탈은 부당하며, 그로 인해 재일코리안 등이 입은 다양한 불이익이나 차별은 규약 위반이라고 판단되어, 일본 정부는 보상 조치를 취할 것이 요구되었을 것이다.

본래 조선의 독립＝민족 자결을 승인하는 것과 재일조선인의 마이너리티 권리를 보장하는 것은 별개의 문제이다. 오히려 제1부에서 본 것처럼 민족자결(national self-determination)에 의해 민족국가(nation state)가 생겨날 때 그 틀 안에서는 권리를 보장받을 수 없는 마이너리티(national minority)을 보호하기 위한 보완 조치(민족 자결의 실현에 따르는 보완 조치)로서 마이너리티 권리는 탄생했던 것이다. 그 마이너리티 권리의 보장 의무를 회피하기 위한 면죄부로, 당시의 위정자들이 국적 박탈에 의한 외국인화를 이용했다고 말하지 않을 수 없다.

(2) 동화의 정도를 중시한 귀화 심사

이지치 노리코(伊地知紀子)는 『재일조선인의 이름(『在日朝鮮人の名前』)(1994년)에서 "재일조선인이 샌프란시스코 강화조약으로 일본 국적을 일방적

6　大沼保昭『在日韓国・朝鮮人の国籍と人権』東信堂, 2004, pp.312-323.

으로 박탈당한 이후, 일본 국적을 가지려면 '귀화'라는 절차를 밟아야 하게 되었다. ……그러나 '귀화'는 단순한 국적 취득 행위로 간주되지 않는다. 왜냐하면 그 허가는 일본 국가의 자유재량이며, '얼마나 일본인답게 되는가'가 심사의 주요 기준이 되기 때문이다"라고 말하고 있다.[7] 그보다 수년 전에 간행된 『가나가와현의 한국·조선인(神奈川県の韓国·朝鮮人)』(1984년)은 "귀화는 몸도 마음도 일본인이 되고자 하는 의사 표시이며, 일본인이 되도록 하는 것이다. 따라서 이름도 일본적이어야 한다……는 점에서 행정상의 지도를 하고 있다"는 법무국 귀화 담당자의 말을 싣고 있다.[8] 또한 평론가 정경모(鄭敬謨)는 같은 시기(1985년) 간행된 『일본을 묻다(『日本を問う)』에서 귀화 신청을 내면 법무성의 공무원이 신청자의 생활양식을 조사하기 위해 거주지를 방문하며, "현관문을 여는 순간 김치 냄새가 나면 그것으로 우선 탈락"이고 "치마저고리를 입은 여성이 눈에 띄어도 귀화는 허락되지 않는다"는 이야기를 소개하고 있다.[9]

어쨌든 국가나 지자체가 '다문화'를 슬로건으로 내거는 지금으로서는 믿기 어려운 이야기일지도 모른다. 그러나 귀화 행정의 담당자였던 사토 시게모토(佐藤重元)(법무성 민사국 제5과 국적총괄계장)는 실제로 『귀화 절차 소론(帰化手続小論)』(1965년)에서 다음과 같이 말했다. "귀화자는 일본 사회에 동화하고 있는 것을 조건 중 하나로 요구받는다. 여기서 말하는 동화란, '외국인이 일본 사회의 생활에 익숙해져 그 풍습·생활양식 등을 자신의 것으로 완전히 받아들이고 이전의 생활양식을 퇴화시켰다는 것'이다. ……귀화자가 우리나라에 동화된다는 것은, 단순히 의식주를 일본식으로 하는 것만으로는 부족하다".[10] 이 '동화의 정도'를

---

7 伊地知紀子『在日朝鮮人の名前』明石書店, 1994, p.91.
8 神奈川県自治照合研究センター『神奈川県の韓国·朝鮮人』公人社, 1984, p.32.
9 鄭敬謨『日本を問う』径書房, 1985, p.124.

확인하기 위해 신청을 접수한 행정 측은 주거 환경, 생활양식, 교제 범위, 본국과의 교류까지, 회사나 이웃에 대한 탐문조사, 본인에 대한 대면조사 등을 통해 조사하고 있었던 것이다.

가토 노리히로(加藤典洋)는 '귀화 後의 씨명 – '일본인으로서 합당한' 이름을 둘러싸고(帰化後の氏名—『日本人としてふさわしい』名前をめぐって)'(1990년)에서 법무성이 신청자의 기본적 인권을 침해하면서까지 이름의 변경을 요구해 온 근본에는 '단일민족국가'로서의 일본을 지키기 위해 귀화 '외국인'을 '일본인'으로 만들고자 하는 욕구가 있으며, '외국인'을 '일본인'으로 '다시 태어나게 하는' 상징으로서 개명이 필수불가결하다고 여겨졌다고 분석하고 있다. 그리고 그 속에는 일본의 행정 당국자가 신청자의 '민족성'을 말살하려는 의도와 더 나아가 중대한 문제로서 신청자의 '민족성'보다 더 깊은 자아의 존재의 핵심에 손을 대어 이를 훼손하고 있다는 두 가지 부당성이 존재한다고 설명하고 있다.[11]

일본에서는 메이지 이후 외국인이 일본 국적을 취득하는 것을 '귀화'라고 불러 왔다. 이 '귀화(인)'이라는 말에는 유럽·미국에서의 시민권(citizenship) 취득에는 없는 독특한 의미가 담겨 있다. 용어의 본래 의미는 "군주(천황)의 덕에 감복하여 그것에 따르는 것"이다. 엔도 마사타카(遠藤正敬)의 『신판 호적과 국적의 근현대사 – 민족·혈통·일본인(『新版 戸籍と国籍の近現代史—民族·血統·日本人)』은 '귀화'는 본래 이국에서 온 '화외의 민(化外の民)'이 왕의 덕치에 귀복하고 국가의 질서에 귀속하며 동화하는 것을 의미하는 말로, 일본국에 대한 귀복의 증거로서 이방인(도래인)을 호적에 편입하는 고대 국가에서 길러진 '왕화(王化) 사상'이 근대 국가에 계승된 것이라고 한다.[12] 조선민족으로서의 아이덴티티,

---

10 佐藤重元「帰化手続小論」『民事月報』第20巻12号, 1965년 12월, p.61.

11 加藤典洋「帰化後の氏名—『日本人としてふさわしい』名前をめぐって」『思想の科学』 第469号, 1990.9, pp.26-28, p.32.

민족문화를 지닌 채 '귀화'하는 것은 있을 수 없다는 인식이 20세기 후반의 일본 사회에서도 이어져 왔다는 점이 제2차 세계대전 이후 '귀화' 허가 신청자에게 '창씨개명'을 요구해 온 배경에 있었던 것으로 보인다. 이렇게 해서 자유권 규약 비준 이후인 1980년대에 이르러서도 이른바 천황제 국가의 '순도'를 유지한다는 행정적 감각의 '대의'에 따라 민족적 아이덴티티를 버리는 것을 일본 국적 부여의 조건으로 삼는 마이너리티 권리의 침해가 계속해서 감행되어 온 것이다.

(3) 마이너리티 문제의 회피와 귀화 제도

최창화(崔昌華)는 『국적과 인권(国籍と人権)』(1975년)에서 일본 정부가 법무부 민사국장의 한 장의 통달로 재일조선·대만인의 국적을 상실시킨 것은 "국적 선택 제도를 채택함으로써 발생하는 한국계 마이너리티, 대만계 마이너리티의 존재를 배제"하는 것이 목적이며, '일본인화된 생활'이나 '민족적 주체성의 상실' 등을 기준으로 한 엄격한 심사를 거쳐 행정 당국의 재량으로 허가하는 귀화 제도는 전전 일본의 황민화·동화 정책을 계승한 것이라고 비판하고 있다.[13] 확실히 『민사월보(民事月報)』 1965년 12월호에 게재된 가와카미 도미쓰구(川上富次)의 '조선인 귀화 사건의 장래(그 두 번째)('朝鮮人帰化事件の将来(その二)')'는 마이너리티 문제와 동화·귀화를 연결지어 "재일조선인이 매년 증가하여 백만에 이를 날도 그리 멀지 않다고 계산하는 사람도 있는 현재, 이 사람들이 일본에 동화되지 못한 채 민족의식을 강하게 가진 채로 영구히 남는다면, 이른바 '마이너리티' 문제로서 우려할 만한 상태가 발생할 우려조차 있을 것이다"라고 서술하고 있다.[14]

12　遠藤正敬『新版　戸籍と国籍の近現代史—民族・血統・日本人』明石書店, 2023, pp.65-66.
13　崔昌華『国籍と人権』酒井書店, 1975, p.60, p.327.

그로부터 5개월 후, 내각관방 내각조사실『조사월보(『調査月報)』1965년 7월호에 게재된 T·I의 '재일조선인에 관한 제문제(在日朝鮮人に関する諸問題)'도 '마이너리티 문제'라는 제목 아래 다음과 같이 기술한다. "우리 나라에 영주하는 이민족이 언제까지나 이민족으로 남는 것은 일종의 마이너리티 문제로서 장래에 곤란하고 심각한 사회문제가 될 것은 명백하다. 그들과 우리 쌍방의 장래 생활의 안정과 행복을 위해 이 사람들에 대한 동화 정책이 강조되는 이유이다. 즉 크게 귀화하도록 하는 것이다. 귀화인 그 자체는 예를 들면 반(半)일본인으로서 일조 쌍방의 사람들로부터 차가운 시선을 받을 수도 있고, 크게 괴로워할 것이다. 그러나 그것은 2세, 3세로 갈수록 전혀 문제가 되지 않게 된다."[15]

이러한 언설들은 전 장에서 본 국회에서의 '마이너리티 문제' 논의의 제2의 물결＝한일조약 체결기에 등장한 것이며, 동일한 주장은 그 후에도 계속되었다. 『호적시보(戸籍時報)』1967년 7월호에 게재된 S의 '조선인과 귀화(권두 시평)'는 다음과 같이 서술하고 있다. "재일조선인의 수는 앞으로 그들이 대거 본국에 귀환하거나 또는 일본에 귀화하거나 하여 그 절대수가 감소하지 않는 한, 이 상태로 경과한다면 인구는 해마다 증가 일로를 걷게 되며 20년 후 30년 후에는 그 수가 백만 명에도 이를 것으로 예상된다. 이 점은 미국의 흑인 문제와 마찬가지로 장래의 추이에 따라서는 일본에서의 마이너리티 문제의 원인이 될 우려도 충분히 있다." 그리고 "민족성……을 극단적으로 강조하는 듯한 교육이나 생활 태도는 엄중히 삼가야 하며" 또 "일본에 영주하는 이상……일본 사회에 자발적으로 융화하고 그리고 동화하도록 유의해야 한다"고 한다.[16]

14　川上富次「朝鮮人帰化事件の将来(その二)」『民事月報』第20巻12号, 1965.12, p.70.

15　T·I「在日朝鮮人に関する諸問題」内閣官房内閣調査室『調査月報』第115号, 1965.7, p.73.

1970년대 유럽과 미국에서는 복합문화주의, 다문화주의가 확산되기 시작했지만 일본에서는 오히려 단일민족국가론이 퍼지며 동질성과 동조 압력이 높아져 갔다.[17] 그 1970년대 중반 『쇼와 49(1974)년도 법무 연구보고 요지집』에 게재된 엔도 쓰요시(遠藤毅)(오사카 입국관리사무소·입국심사관)의 '재일조선인의 역사 및 처우에 관한 연구(在日朝鮮人の歷史及び處遇に関する硏究)'는 제2편 '재일조선인의 재류 실태'의 (7) '귀화'에서 '재일조선인의 우리나라에서의 생활 방식으로는, (1) 조선민족으로서 살아가는 것, (2) 귀화에 의해 일본인으로서 살아가는 것, 두 가지 형태가 있다'고 한다. 코리안 루트를 정체성(의 일부)으로 가진 일본 국민이라는 선택지=발상 자체가 없다. 그러한 가운데의 양자택일은 마이너리티에게 "동화하거나, 그렇지 않으면 배제된다"는 선택을 강요하는 것이 된다. 또한 엔도는 제3편 '재일조선인 문제의 전망'에서 다음과 같이 기술하고 있다. '재일조선인의 처우 방식에 대해서는, ① 동화(귀화)정책, ② 자손에 이르기까지 외국인으로 처우하는 정책, ③ 권장 또는 강제로 귀국시키는 정책의 세 가지 기본적인 사고방식이 있을 것이다. ①의 동화정책은 재일조선인의 귀화를 대폭 인정하고……일본 사회에의 동화를 적극적으로 촉진하는 것을 강조하는 것이다. 이것에 대해서는……설령 귀화했다 하더라도 '원조선인' '제2신평민' '신일본인'으로서의 차별이 계속될 것이 예측된다……②의 자손에 이르기까지 외국인으로 처우하는 정책은 적극적으로 일본 사회에 동화시키는 방책은 취하지 않고, '조선인'으로서 장래에 걸쳐 재류시키는 것이다. 이 정책은 재일조선인이 실질적으로 일본 국내에서 마이너리티을 형성하고, 마이너리티 문제로서 장래의 일본에 화근을 남길 가능성이 크다'[18]

---

16 S「朝鮮人と帰化(卷頭時評)」『戸籍時報』第110号, 1967.7, p.1.
17 日本で高度経済成長期の企業社会構造によって、社会や意識の同質化が進んだ経緯については、岡本雅享『民族の創出』(波書店, 2014), pp.379-391을 참조.

재일코리안이 외국인으로서 생활을 계속하는 것이 (장래에) 마이너리티 문제를 야기할 것이라는 언설은 그로부터 7년 후 재일코리안은 외국인이기 때문에 자유권 규약 제27조의 마이너리티에 해당하지 않는다고 유엔에 제출한 동 규약 이행 일본 정부 보고서의 기술과 명백히 모순된다. 전후 초기의 '간주 외국인(見なし外国人)'(외국인 등록령) 시절부터 외국인이라는 것을 자의적인 권리 배제와 관리·억압에 이용해 온 정책적 '꼼수(裏技)'는 내외국인 평등을 원칙으로 하고 국적 유무에 관계없이 개인으로서 인권을 보장하는 국제인권조약 하에서는 통하지 않으며, 기능 부전(논리 파탄)에 빠졌다고 필자에게는 보인다.

1970년대 일본은 이처럼 법무 관료들이 조선민족으로서의 정체성을 버리지 않으면 일본 국적을 부여할 수 없다고 태연히 말하던 시대였다.『민사월보(民事月報)』1975년 9월호에 실린 이나바 다케오(稲葉威雄)(법무성 민사국 제4과장)의 '귀화와 호적상의 처리'는 다음과 같이 적고 있다. "귀화 후의 성명은 일본 사회에의 동화와 관련하여 허가 여부 판단의 참고로 삼는다……일본 국가가 단일 민족 국가이므로 일본 국민 간에는 일본 국민을 하나의 혈연 집단으로 관념하는 경향이 강하다. 이처럼 동족 의식이 강한 반면, 배타적인 국민감정도 나타나 외관상 외국인 혹은 귀화인으로 보이는 것은 동화에 장애가 된다. 또한 민족의식의 발로로서 굳이 외국인다운 호칭의 성에 집착하는 것은 귀화로 일본 국민으로 삼기에 적합하지 않다."[19]

이러한 법무 관료들의 논설을 모아 검증한 김영달은『재일조선인의 귀화』에서 "재일조선인이 일본에 동화하지 않은 채 장래에 일본 국내

18　遠藤毅「在日朝鮮人の歴史及び処遇に関する研究」『昭和49年度法務研究報告要旨集』法務総合研究所, 1974, pp66~69(部外秘文献). 金英達『在日朝鮮人の帰化』明石書店, 1990, pp.144-146dp 전재(転載).

19　稲葉威雄「帰化と戸籍上の処理」『民事月報』第30巻 9号, 1975.9, p.11, p.13.

의 '마이너리티'이 되는 것을 어떤 수단을 써서라도 막아야 한다는 치안적 발상이 일본 귀화 행정의 근저에 있다"며 "일본 귀화 행정은……그 정책 목적의 기조에 재일조선인의 '마이너리티'화를 방지하기 위한 동화(일본인화=민족성 부정)라는 치안상의 목적이 있다"고 반복해서 언급하고 있다.[20] 이러한 귀화 행정은 마이너리티 권리를 정한 자유권 규약 제27조, 아동권리협약 제30조, 그 밖에 ICERD 제1조 3항, 제2조 1항 a, c에도 위반되는 것으로서, 본래라면 늦어도 조약 비준 시에 철폐했어야 할 것이었다.

(4) 국제인권조약의 비준이 가져온 귀화 지도의 궤도 수정

일본이 자유권 규약을 비준한 것은 1979년 6월 21일이며 9월 21일에 발효되었다. 그 3개월 후인 같은 해 12월 14일에 열린 중의원 외무위원회(제90회 국회)에서 와타나베 이치로(渡部一郎) 의원(공명당)의 질문에 답한 법무성 민사국 다나카 야스히사 제5과장은 여전히 이렇게 말했다. "귀화 후에는 일본인으로서 일본 사회에 녹아들게 되는 것이므로… 일본인으로서 녹아들기 위해서는 그 본인을 위해서도, 그리고 받아들이는 일본의 현재 사회 정세를 생각해 볼 때 역시 일본인다운 이름을 사용해 주는 것이 좋지 않을까 하는 것으로… 성명에 관해서는 가능한 한 일본인다운 이름을 사용하도록 지도하고 있다."[21] 법무성 내에서는 그것이 마이너리티 권리 침해이며 자유권 규약 제27조 위반이라는 것을 이 시점에서도 자각하지 못했던 것으로 보인다. 그 결과 1984년까지 귀화 허가 신청서에는 "(귀화 후의) 성명은 일본인으로서 적합한 것으로 해 주세요"라는 주의사항이 계속 명기되었고, 1985년까지 귀화자 약 17만 명 대부분이 이름을 변경당했다.

---

20 金英達『在日朝鮮人の帰化』明石書店, 1990, p.127, p.141.
21 第90回 国会衆議院外務委員 会議録 第3号, 1979.12.14, p.18.

　　다나카 히로시(田中宏)는 인도차이나 난민(보트피플)의 내왕을 일본에 내외인 평등과 국제조약 비준, 국적 조항 철폐 등을 가져온 '제2의 흑선'이라고 부르고 있다.[22] 국적 취득에 일본식 성명 변경을 요구하는 법무성의 귀화 행정에 궤도 수정을 가져온 – 국제인권 기준에 대한 개국을 촉구한 것도 베트남인이었다. 1983년 4월, 귀화 시 법무국 계관으로부터 "일본풍 성명으로 바꾸지 않으면 귀화가 허가되지 않는다"는 말을 듣고 부득이 본명을 포기한 베트남인에 대해 고베 가정재판소가 민족명 회복을 인정하는 첫 판결을 내렸다. 이를 받아 법무성은 같은 해 7월 8일 민사국 제5과장 명의로 전국의 지방법무국장에게 보낸 "귀화자의 성명에 관한 지도에 대하여"라는 제목의 통지를 발령, "귀화 후 성명에 대한 지도·상담에 관해서는 강제에 이르는 오해를 일으키지 않도록 유의하고, 종전의 성명을 사용하는 것을 희망하는 자에 대해서는 그 사정을 조사서에 기재하여 진달할 것"(법무성 민5, 829호)이라고 지시했다.

　　인도차이나 난민의 도래는 1958년 이후 20년간 국제인권조약을 비준하지 않았던 일본이 국제 인권 규약(자유권 규약과 사회권 규약), 난민 지위에 관한 조약(1981년) 및 그 의정서(1982년)를 잇따라 비준하는 계기가 되었다. 이어서 1985년 여성차별철폐조약의 비준이 사태를 더욱 움직였다. 일본의 국적법은 메이지 시대 이래로 아버지가 일본 국적인 경우에만 일본 국적을 취득할 수 있는(어머니가 일본 국적이라도 아버지가 외국 국적이면 자녀는 외국 국적) 부계우선혈통주의였다. 조약 위반이 명백했기 때문에 일본은 비준에 즈음해 종래의 남녀 불평등한 국내법을 개정하게 되었다. 1984년에 국적법과 호적법을 개정하여, 외국인 남편과 일본인 아내 사이에 태어난 자녀에게도 일본 국적을 인정하고, 또 서양인과 결

22　田中宏「第6章『黒船』となったインドシナ難民」, 동『在日外国人[第3版]』岩波新書, 2013, pp.161-186 외.

혼한 일본인 배우자 등의 요청을 받아 외국인과 결혼한 일본 국적자는 신고에 의해 배우자의 외국 성을, 아버지 또는 어머니가 외국인인 일본 국적자는 가정법원의 허가를 얻어 각각 외국 성을 호적에 기재할 수 있도록 하였으며 호적상의 성명에 외국 성을 (가타카나로) 기재하는 것도 인정하였다.[23] 이러한 가운데 귀화 허가 신청서에 있었던 "(귀화 후의) 성명은 일본인으로서 적합한 것으로 해 주세요"라는 노골적인 표현은 하지 않게 되었고, 귀화 시 일본식 성명으로의 변경 요구도 완화되었다.

그러나 1980년대 중반 이후에도 노골적인 표현을 피하면서도 신청서의 '귀화 후 성명'란은('통칭명'을 쓰는 란을 포함하여) 계속 존재하였고, 『귀화 허가 신청 안내』의 기입 예에서는 그것이 모두 '귀화를 하려는 자'란과 달리 일본식 성명이라는 상태가 이어졌다. 그리고 현장에서는 일본식 성명으로의 '지도'가 아니라 '유도'가 계속되었다.

1991년 4월 12일 중의원 법무위원회(제120회 국회)에서 기타가와 가즈오(北側一雄) 의원(공명당, 변호사)의 질문에 답한 시미즈 아키라(清水澔) 법무성 민사국장은 "귀화 후의 성명에 대해서는 일본식 성명으로 하도록 강제하는 일은 현재 하고 있지 않다. 과거에는 일본인다운 성명을 사용하도록 꽤 강하게 지도한 시기도 있었다"면서도, "현재는 그런 지도는 하지 않고 있다"고 말했다. 한편으로는 이렇게 덧붙였다. "다만, 귀화 신청이 있을 때… 앞으로 2대, 3대에 걸쳐 박(パク)이라든지 김(キム)이라는 이름으로 괜찮은가도 생각해, 그런 귀화 후 성명으로 할 것인지에 대해 신중하게 성명을 결정하도록 하는 조언은 하고 있다"고.[24]

이러한 방침하에 현장에서는 1990년 말에 일본 국적을 취득한 캄보

---

23 1970年代半ばに日本国籍を取得したアーネスト・スタンレー(東京在住)は、「帰化後の氏名」を「スタンレー・アーネスト」で申請したが、「氏に片仮名はない」と言われ、やむなく「須丹礼」に改め、須丹礼アーネストになったという。주 (43) 加藤, 앞의 주11의 인용 논문, p.30.

24 第120回 国会衆議院法務委員 会議録 第10号, 1991년 4월 12일, p.9.

디아 출신 여성도 귀화 신청을 했을 때 창구 담당자로부터 "스즈키(鈴木) 같은 이름으로 하면 어떻겠느냐", 또는 "아이들을 위해서"라며 꽤 집요하게 일본식 이름으로 바꾸도록 권유받았다고 증언하고 있다. 2003년에도 관동 지역에 거주하는 재일한국인 남성이 법무국에 가서 '귀화 허가 신청 안내'를 받고 설명을 들었을 때 "귀화 후의 성명을 지금까지 쓰던 이름 그대로 계속 사용할 수 없는가?"라고 물었더니 상담원이 "일본인이 되는 것이므로 일본인다운 이름으로 할 필요가 있다"고 답했다고 한다.[25] 2005년에 출간된『행정서사를 위한 3일 만에 알 수 있는 귀화·영주·체류 허가 신청서』에도 '귀화 후의 성명'은 '일본적(일본인으로서 적합한) 성명'으로 하도록 기재되어 있다.[26] 이것이 현장의 실태였다. 2010년 1월 7일에 지바(千葉)법무국에 국적 취득 신청을 하러 간 태국인 여성도 담당자로부터 "일본 이름이 더 편리하니까 다음번 일본 국적으로 할 때 사용할 일본 이름을 생각해서 와 달라"고 말했다고 한다.[27]

(5) 귀화 행정을 둘러싼 유엔 인권 조약기구에서의 심의와 우려·권고

이 문제는 유엔의 인권 조약기구의 일본 심사에서 여러 차례 논의되어 왔다. 우선 1993년 10월 27일, 자유권 규약 위원회(HRC) 제49차 회기에서는 필자 등이 작성·제출한 NGO 보고서의 정보를 바탕으로 문제를 제기한 위원에게, 일본 정부 대표는 "귀화 시에 일본식 이름으로 고쳐야 한다는 법률상의 규제도 없고, 법무성으로서 일본식 이름을 사용하라고 지도를 하고 있는 것도 아니다"라고 말했다.[28] 5년 후인 아동

25　岡本雅享「国籍取得と名前の変更—常用・人名用漢字による漢・朝鮮民族姓への制約」『法学セミナー』第663号, 2010.3, p.6.
26　田中嗣久＝木本博之『行政書士のための3日でわかる帰化・永住・在留許可申請書』法学書院, 2005, p.46.
27　岡本, 앞의 주25의 인용 논문, pp.6-7.

의 권리에 관한 위원회(CRC) 제18차 회기에서도 지적을 받은 정부 대표가 1998년 5월 27일 "일본에서 호적에 기재할 때 일본식 이름으로 기재해야 한다는 규정은 없다. 당연히 한국 이름으로 기재하는 것이 인정되고 있다"고 답변했다.[29] 같은 해 10월 29일 자유권 규약 위원회 제64차 회기에서는 필자와의 브리핑 등을 통해 상세한 정보를 파악한 영국 출신의 콜빌(Lord Colville) 위원이 "행정직원으로부터 코리안이 귀화를 시도하는 과정에서 아직도 일본 이름을 채택하라는 압력이 있는 것 아닌가. 85년 이전에 귀화한 일본 국적자는 일본 이름을 본래 이름으로 다시 바꿀 수 있는가"라고 질문했다. 이에 대해 정부 대표단(법무성 민사국 부검사 후쿠모토 슈야)은 "그런 대응은 현재는 하고 있지 않다. 또한 이미 일본 이름으로 호적에 기재된 귀화 외국인의 경우 정당한 이유가 있으면 호적법 규정에 따라 이름을 변경하는 것이 가능하다"고 답했다.

제2부 2장에서 언급한 바와 같이, 필자는 인권 조약기구에서의 심사를 보완·강화하기 위해 국내에서 여러 국회의원의 협력을 받아 유엔 심사 전후에 국회에서 관련 질의를 요청하였다.

그중 하나는 필자가 초안 작성에 협력한 다케무라 야스코(竹村泰子) 참의원 의원이 제출한 '재일한국·조선인의 시민적 권리 등에 관한 국회 질문 주의서'(1998년 8월 10일)인데, 국적법·호적법이 개정(1984년)·시행(85년)되기 전까지 "귀화 허가 신청서에 '(귀화 후의) 성명은 일본인으로서 적절한 것으로 해주십시오'라고 기재되어 있었는데, 지침이 언제 변경되었는가. 또한 지침 변경을 창구 담당자 등 관계자에게 철저히 주지시키기 위해 어떤 지도를 했으며, 그것을 귀화 신청 희망자를 포함

---

28 Japan Federation of Bar Associations (JFBA), "Record of the Human Rights Committee Meeting on the Third Periodic Report of Japan," Tokyo, March 1995, para. 329.

29 子どもの人権連・反差別国際運動日本委員会編『子どもの権利条約のこれから』에이델연구소, 1999, p.261.

한 일반 사회에 알리기 위해 어떤 조치를 취했는가" 등의 질문이 포함되어 있었다. 이에 대한 오부치 게이조(小渕惠三) 내각총리대신 답변서(내각참질143호 제1호, 같은 해 9월 18일)에서 정부는 "귀화 후의 성명에 대해서는 일본인다운 성명을 사용하도록 지도하던 시기도 있었지만, 1983년부터는 그러한 지도를 하지 않기로 하였다. 이 점에 대해서는 부내 담당자 회의 등 다양한 기회를 통해 국적 업무 담당자에게 주지시키고, 또한 귀화 상담 시 귀화 허가 신청 희망자나 그 외 문의자에게 알리는 노력을 하고 있다"고 기재하였다.

필자는 이 질문 주의서와 총리의 답변서를 영어로 번역하여 NGO 보고서에 게재했고, 콜빌 위원 등은 그것도 참고하여 질문을 했던 것이다. 심의 도중 점심을 함께 하던 자리에서 콜빌 위원이 정보의 근거를 하나하나 필자에게 확인하던 모습을 지금도 기억하고 있다. 신빙성(credibility)은 유엔 인권 활동에 있어서 강력한 '무기'이다. 그렇기 때문에 불확실한 정보에 기반한 질문이나 코멘트는 그것을 제공한 NGO가 신뢰를 잃는 데 그치지 않고 협력하고 있는 위원들에게도 '치명적'일 수 있다. 이 점을 NGO는 명심하고, 자신이 제공하는 정보의 정확성과 적절성에 책임을 져야 한다. 콜빌 위원의 진지한 눈빛은 지금도 필자의 뇌리에 깊이 각인되어 있다. 필자가 NGO 보고서에 학술논문 수준의 출처와 주석을 철저히 붙여온 이유이기도 하다.

이 1998년 10월의 자유권 규약 위원회(HRC) 심의를 계기로 2001년 3월 인종차별철폐위원회(CERD)의 제1·2차 일본 정부 보고서 심사에 대비해 필자가 다시 초안 작성을 도운 다케무라 야스코(竹村泰子) 참의원이 '인종차별철폐조약의 이행을 둘러싼 여러 문제에 관한 질문 주의서'(2000년 5월 26일, 질문 제40호)를 제출하였다. 이에 대한 모리 요시로(森喜朗) 내각총리대신의 답변서(내각참질147호 제40호, 2000년 7월 14일)에서 정부는 "일본인답지 않은 성명을 사용하는 것이 일본 사회에 일본인으로서 정착하는 데 장애가 될 우려가 있다는 생각"에서 "귀화 행정에서 귀화 후의 성명으로 일본인다운 성명을 사용하도록 지도하던 시기도 있었다"고 하면서도, "1983년부터는 그러한 지도를 하지 않기로 하였다"고 기재하였다. 필자 등은 그동안 1984~85년의 국적법 및 호적법 개정·시행이 귀화 행정이 궤도 수정된 계기라고 생각하고 있었지만, 앞서 언급한 1998년 9월 18일자 총리 답변서(내각참질143호 제1호)에 이어 다시 '1983년'이 언급되었기 때문에 다케무라 의원 사무실을 통해 법무성에 그 근거를 확인해 달라고 요청하였다. 그 결과 법무성이 처음으로 공개해 (다케무라 의원실에 팩스로 송신한) 문서가 앞서 언급한 민사국 제5과장 통달문(법무성 민5, 829호)이었다.

필자는 그 전문(통달문)도 번역하여 질문주의서 및 총리 답변의 영어 번역과 함께 CERD 위원들을 위한 NGO 보고서에 수록하였다.[30] 1993년과 1998년의 자유권 규약 위원회(HRC), 1998년 아동권리 위원회(CRC) 등 유엔에서의 심의가 반복되어 온 경위도 있어 2001년 3월 CERD 심사에서는 보다 깊이 있는 질의와 논평이 제기되었다. 영국 출신의 소른베리(Patrick Thornberry) 위원은 "코리안 마이너리티(재일조선인/한국인)에 대해 정체성과 밀접히 관련된 이름의 중요성을 강조하고 싶다"고 말했고, 프랑스 출신의 드구트(Régis de Gouttes) 위원은 이러한 상황을 "사람들의 정체성과 출신에 대한 공격의 표시"라고 하며 루마니아 출신의 디아코누(Ion Diaconu) 위원과 함께 일본 정부에 귀화 허가 행정의 실제 상황에 대한 설명을 요구하였다. 이에 대해 일본 정부 대표는 과거의

---

30 在日韓国人問題研究所(RAIK)編、岡本雅享＝佐藤信行＝田中宏監修, *Joint NGO Report Regarding Rights of Japan's Korean Minority for Consideration of the First & Second Periodic Report Submitted by the Japanese Government in Accordance with Article 9 of the ICERD*, 2001.2. 日本語訳は岡本雅享監修・編著『日本の民族差別—人種差別撤廃条約からみた課題』明石書店, 2005, pp.71-108에 게재.

지도를 철회하기 위한 조치나 현장의 실태에는 언급하지 않고 단지 "귀화에 의해 일본 국적을 취득하는 데 있어 일본식 성명으로의 변경은 필요 없다"고만 답변하였다. 납득할 만한 답변을 얻지 못한 CERD는 같은 해 3월 20일에 채택한 총괄견해(Concluding Observations)에서 일본 정부가 "귀화 신청 시 이름 변경을 요구하는 행정·법률상의 요구는 존재하지 않는다"고 주장하는 한편, 실제 운영 면에서는 당국이 신청자에게 이름 변경을 계속 권하고 있으며, 신청자들이 그렇게 하지 않으면 안 된다고 느끼는 실태가 존재한다는 점에 대해 우려를 표명하였다. 그리고 이름이라는 문화적·민족적 정체성의 기본적인 표현을 바꾸도록 하는 관행을 철폐하기 위해 필요한 조치를 취할 것을 권고하였다.[31]

(6) 일본의 씨명 변경 유도와 인명 한자의 '함정'

필자는 스위스에서 귀국한 후, 즉시 다케무라 의원에게 CERD(국연 유럽 본부)에서의 심의 상황을 보고하고 협의하였다. 그리고 같은 (3)월 22일의 참의원 법무위원회에서 다케무라 의원이 그 이틀 전 CERD가 채택한 종합소견의 우려·권고에 대한 정부의 견해를 물었다. 그 자리에서 답변에 나선 다카무라 마사히코(高村正彦) 법무대신은 "당국이 계속해서 신청자에게 씨명을 변경하도록 요구하는 일이 있다면 말도 안 되는 일이며, 우리는 1983년 이래로 해서는 안 되며 하지 않기로 결정했기 때문에 만약 현실에 그런 사례가 있다면 적절한 조치를 취하고 싶다"고 말했다.[32] 하지만 앞서 언급한 바와 같이 '그런 사례'는 여러 건 있었다. 애초에 앞서 말한 법무성 민사국 제5과장 통달(1983년 7월 8일)은, 자연스럽게 읽으면 "귀화 후의 씨명 지도·상담에서는 앞으로 일

31　国連文書CERD/C/304/Add.114, para. 18.
32　第151回 国会参議院法務委員会 会議録 第3号, 2001년 3월 22일, pp.19-21.

본식 씨명으로의 변경을 강요하고 있다고 받아들여지지 않도록 주의하고, '종전의 씨명'을 사용하는 것을 희망하는 사람이 있다면 조사서에 그 사정을 적어 진달(進達, 아래에서 상급 관청으로 서류를 보내는 것)하라"고 지시하는 것이다. 다카무라 대신이 말한 "해서는 안 되는", "하지 않기로 결정했다"는 의미는 이 통달로부터는 파악할 수 없다.

1980년대 후반 이후에도 귀화 시에 법무국 창구 담당자로부터 "정말 괜찮으신가요. 일본인이 아닌 것이 이름으로 드러납니다", "일본인이 되는 것이니까 일본인다운 이름으로 해주십시오"라고 일본식 씨명으로의 변경을 지도·권유받거나, 혹은 행정 창구의 담당자가 1993년에도 일본식이 아닌 씨로 호적을 만들 수 있게 된 사실을 몰랐다는 보고도 있었다.[33] 그것이 실무 수준의 상황이었다. CERD는 NGO 보고서 가운데 전문 번역된 1983년 7월의 민사국 제5과장 통달이나, 이러한 현장의 실태 보고도 파악한 후에, 앞서 말한 우려·권고를 낸 것이다.

다카무라(高村) 법무상 답변 후 법무성이 작성·배포한『귀화 허가 신청 안내서』(2003년 이후판)에서도 귀화 신청서의 기입 예에서 '귀화 후의 씨명' 란의 이름이 '귀화를 하려고 하는 자'란과 다른 일본식 씨명으로 되어 있었고(김류사쿠에서 세키구치 지로로), 귀화 신청서에는 '귀화 후의 씨명' 란, '통칭명' 란이 있었다. 행정서사 다자와 미쓰루(田澤満)는 2004년 귀화 신청을 다루는 가운데 얻은 체험으로서 귀화 후의 씨명에 '통칭명(일본명)'을 선택하는 사람들 중에는 "사실은 한국의 민족명으로 밀고 나가고 싶지만……"이라는 마음을 가진 사람도 많은 듯하나 많은 재일코리안이 귀화할 때 통칭명(일본명)을 사용하지 않으면 "귀화 허가 신청에서 불리하게 된다" "법무국·법무성은 은근히 일본명 사용을 강요

---

33 李福美「法務局·帰化相談の窓口は今 帰化後の『氏名』—日本人になるのだから日本名を」『Sai』第21号, 1996.12, p.11.「天声人語」『朝日新聞』1997.10.1, 20.『第14回全国在日朝鮮人教育研究集会資料』1993, p.184.

하고 있다”고 생각하고 있는 듯하다고 적고 있다.[34] 같은 해(2004년) 봄에 CERD가 채택한 앞서 말한 포괄적 권고 30(Discrimination Against Non-Citizens)은 당사국은 “국민이 아닌 자에 대해 국적을 취득하기 위해 이름을 바꾸도록 법률상 또는 사실상 요구하는 것과 같은 문화적 정체성을 부정하는 행위를 방지하기 위해 필요한 조치를 취할 것”을 권고하고 있다(paragraph 37). 이러한 가운데 2008년 8월, 유엔에 제출한 ICERD 이행 상황 보고서에서 정부가 앞서 말한 우려·권고에 일절 언급하지 않았기 때문에 CERD는 2009년 11월 17일, 일본 심사에 앞서 정부에 송부한 사전 질문 속에서 다시 이 문제를 거론하고, 설명을 요구한 것이다.[35]

이듬해 2009년판 법무성 『귀화 허가 신청 안내서』에서는 2003년판 신청서 기입 예에서 ‘귀화를 하려고 하는 자’ 란＝‘김류사쿠’, ‘귀화 후의 씨명’ 란＝‘세키구치 지로’로 되어 있던 부분의 ‘세키구치 지로’가 ‘○○○○’로 고쳐져 있었다. 거듭된 유엔 인권조약기구의 우려·권고나 법무대신이 ‘하지 않는다’ ‘해서는 안 된다’고 명언한 2001년 3월의 국회 답변 등이 점차 침투한 결과로 보인다. 2000년대를 통틀어 법무국의 창구 담당자들 사이에서 귀화 허가 신청자에게 일본식 씨명으로의 변경을 노골적으로 유도하는 사례도 거의 들리지 않게 되었다. 한편 “귀화 후의 씨명은…… 자유롭게 정할 수 있습니다”라고 씨명의 변경이 전제로 받아들여지는 서술은 계속되었고, 또한 귀화 후의 씨명을 한자 이름으로 할 경우에는 인명용 한자표(상용한자표＋호적법 시행규칙 별표 제2의 ‘한자표’＝인명용 한자 별표)에 실린 한자가 아니면 안 된다는 제약은

34　田澤満「帰化後の氏名について思うこと—在日コリアンの方々の帰化申請をお手伝いして」ウェブサイト『名古屋国際綜合事務所』<http://www.tazawa-jp.com/office/kikago-shimei.htm>(검색일: 2024.1.).

35　国連文書CERD/C/JPN/3-6. 国連文書CERD/C/JPN/Q/3-6.

계속되었다. 그 인명용 한자표에는 조선민족이나 한민족에서 일반적인 최, 정, 강, 조, 윤 등의 성이 실려 있지 않아, 그런 사람들은 본래의 성을 포기할 수밖에 없는－"당연히 한국명으로 기재하는 것이 인정되고 있다"는 CRC에서의 정부 답변(1998년 5월)과는 어긋나는－상황이 2010년대에 들어서까지 계속되었다.

1991년 11월에 일본 국적을 취득한 손정의는 일본에 '손'이라는 성이 없다는 것을 이유로 일본풍 씨(氏)로 바꾸도록 요구받았지만, 법원에서 일본인 아내의 성을 '손'으로 바꾸는 씨 변경 절차를 진행해 일본인에게도 '손' 성이 있다는 것으로 해서 '손'을 호적상의 성으로 인정받았다고 한다. 그러나 그런 기지를 발휘할 수 있는 사람은 예외다. 1997년에 귀화 신청을 한 재일 중국인 3세의 남성은 잡지 인터뷰에서 "허가 후의 이름은 인명 한자에 없으면 안 된다고 들었고, 내 성은 없었다"고 답하고 있다.[36] 신청자의 대부분이 한국·조선, 중국·대만 국적자임을 감안할 때, 법무국의 담당자가 노골적인 일본식 씨명으로의 변경 강제나 유도를 하지 않게 된 후에도 인명 한자표의 제한에 의해 상당수의 사람들이 민족명을 포기당했다고 여겨진다.

(7) 정부 방침 변경의 주지와 민족명 회복에 대한 보상 조치

2010년 11월 30일 자 내각 고시로 상용한자표가 개정·폐지된 것에 따라 같은 날짜 법무성 민사국장 통달('씨 또는 명의 기재에 사용하는 문자 취급에 관한 오자·속자·정자 일람표의 일부 개정에 관하여')에서 '강희자전 또는 한화자전에서 정자로 되어 있는 글자체'가 '상용한자표의 통용자체' 등과 함께 '정자 등'에 추가되었다.[37] 또한 2012년 7월 9일부터 새로운

---

36 岡本, 앞의 주25의 인용 논문, p.7.
37 『新訂 人名用漢字と誤字俗字関係通達の解説』日本加除出版, 2011, p.81, pp.304-306.

재류 제도가 도입됨에 따라 '귀화 허가 신청 안내서'의 주의사항은 "귀화 후의 이름은 원칙적으로 상용한자표, 호적법 시행규칙 별표 제2에 올라 있는 한자, 히라가나 또는 가타카나 이외는 사용할 수 없습니다", "귀화 후의 씨에 대해서는 그 외의 올바른 일본 문자도 사용할 수 있습니다"로 변경되었다.[38] 그 결과 강희자전에 수록된 최, 강, 조, 윤 등의 성도 호적상의 씨로 사용할 수 있는 '기타 올바른 일본 문자'로 인정되어 '귀화 후의 씨'로 신청할 수 있게 되었다.[39]

하지만 그것이 현장에 충분히 침투되어 있는 것 같지는 않다. 2022년 6월 간행된 기모토 히로유키(木本博之)(행정서사·오사카경제법과대학 조교)가 쓴 『행정서사의 실무―귀화·영주·재류 허가 신청 업무[제4판]』에서도 귀화 후의 씨명은 "일본적인(일본인으로서 적절한) 씨명이라면 지금까지의 통칭명과 달라도 상관없습니다"라고 기재되어 있으며, 귀화 허가 신청서의 기입 예에는 '귀화를 하려고 하는 자'의 씨명을 '김일수(金一秀)', 귀화 후의 씨명을 '김산일수(金山一秀)'로 적은 예시가 실려 있다.[40]

일본 사회의 변화와 재일코리안의 세대교체(3세, 4세, 5세가 주류)가 맞물리면서 2000년대 전반에는 연간 약 1만 명 정도의 재일코리안이 귀화를 통해 일본 국적을 취득했다(1952~2020년 누적으로 약 38만 4,000명). 그 결과 2000년대 중반에는 재일코리안 중 한국 국적·조선 국적과 일본 국적이 반반이 되었고, 이후에는 일본 국적자가 더 많아졌다. 정부가 북한 때리기의 희생양으로 삼고 있는 조선학교에 다니는 아이들 가운데도 일본 국적자가 일정수 존재한다. 하지만 일본 국민의 다민족화가

38　竹内正宣行政書士が2023年2月、福岡法務局で国際課職員から手渡された「帰化申請のてびき」のコピー(p.5)による。なお p.15の「帰化許可申請書」記入例中の「帰化後の氏名」は「○○」로 되어 있다.

39　いくつかの事例(姜、趙、尹など)は、2023年7月、韓雅之弁護士がLAZAK(在日コリアン弁護士協会)会員に尋ねて下さり、判明した。

40　木本博之『行政書士の実務―帰化・永住・在留許可申請業務[第4版]』法学書院, 2022, p.47, p.50.

사회적으로 가시화되고 있는 것처럼 보이지는 않는다.

CERD는 2001년 3월, ICERD 제1·2차 일본 정부 보고서 심사 후에 채택한 총괄 소견에서 정부가 민족별 인구 통계(ethnically disaggregated population surveys)를 밝히지 않는 것에 대해 우려를 표하고, 다음 보고서에서는 인구 구성에 대한 완전하고 상세한 정보를 제공할 것을 요구하였다(paragraph 7). 그중에서도 특히 코리안을 언급한 것은 정부가 보고한 코리안 인구가 외국 국적자로서 생활하는 사람의 수에만 해당되며, 일본 국적을 가진 사람들의 존재가 완전히 누락되어 있었기 때문이다. 일본 국적의 코리안은 귀화 제도를 통해 일본 국적을 취득한 사람과 그 자손, 부모 중 한 명이 일본 국적자이기 때문에 출생에 의해 일본 국적 또는 이중 국적이 된 사람 등으로 구성되어 당시에도 약 43만 명(1999년 말 기준)으로 추산될 수 있었다. 그러나 정부는 그때까지 한 번도 'Korean Japanese'라는 민족 집단의 존재를 인정한 적이 없었고, 이 용어를 사용한 적도 없었다. 재일코리안의 거의 절반에 해당하는 인구를 누락한 것은 CERD 위원들에게 '놀라운 생략(surprising omission)'(쏜베리 위원)이었던 것이다.

심의에서는 에콰도르 출신의 로드리게스(Luis Valencia Rodriguez) 위원이 "인구의 민족별 분류는 제시되지 않았지만, 일본에는 다양한 민족이 존재한다"고 지적하였고, 디아코누 위원은 일부러 '100만 명의 코리안 마이너리티'라고 표현하였으며, 쏜베리 위원은 하나의 민족 또는 마이너리티 권리 대상자를 국적으로 나누는 것의 비합리성을 지적하였다. 남아프리카공화국 출신의 J. 바딜(Patricia Nozipho January-Bardill) 위원도 "정부는 왜 굳이 일본에 거주하는 다양한 인종 집단별 인구를 명확히 하는 인구조사를 하지 않기로 선택했는가"라고 그 의도를 이해하지 못한 듯하였다. 이에 대해 외무성 인권인도과의 오자키(尾崎) 과장은 국세조사에서 민족적 통계의 실시 여부는 기입자의 부담, 정책적 수요

등을 고려하여 향후 검토하겠다고 답변하였다.

CERD 심사 후 2001년 4월 16일 국회의원회관에서 열린 보고회(국회의원과 정부, NGO의 3자 공동 팔로업 회의)[41]에서는 외무성 인권인도과의 오자키 과장이 재일코리안에 대해서는 외국 국적자뿐 아니라 귀화자도 ICERD 제1조의 대상이 된다는 견해를 처음으로 명시하고, 다음부터는 그것을 포함한 보고를 하고 싶다고도 밝혔다. 또한 귀화 시 이름을 일본식으로 바꾼 사람의 경우에도 조약의 대상이 되는가라는 질문에 대해 같은 과장이 "개인의 아이덴티티가 중요하며 이름은 관계없다"는 생각을 명시한 것도 큰 진전이었다고 할 수 있다. 앞서 3월 22일의 국회 답변에서 다카무라(高村) 법무대신이 "국적과 민족은 전혀 다른 것"이며 "귀화는 민족에 영향을 주는 것이 아니다"라고 답변한 것도 영향을 주었을 것으로 보인다.[42]

그 3월 22일의 앞선 답변에서 다카무라 법무상은 "재일한국·조선인의 분들이 본명을 사용하는 것에 의해 생기는 편견이나 차별을 두려워하는…… 그런 상황은 매우 바람직하지 않다"고도 언급하고 있었다. 그 몇 년 전 실시된 '제3차 재일한국인 청년 의식 조사(1994년, 중간 보고서)'에서는 응답자 796명 중 민족명만으로 생활하는 사람은 6.4%에 불과했다. 1996년 오사카시 외국인 교육연구협의회에서는 오사카시의 일본 학교에 다니는 한국·조선인 아동·학생의 학교 내 민족명 사용률이 약 10% 정도에 머물렀으며, 초·중·고로 올라갈수록 점점 낮아지는 경향을 보였다. 1990년대를 통해 재일코리안이 취업 활동을 할 때에도 여전히 "일본식 이름은 없나요", "통명을 쓰지 않으면 채용은

41　国会議員有志の主催で、参議院議員会館会議室で開かれた。国会議員は8人(＋秘書代理参加10数人)、政府は外務省、法務省、文部科学省、総務省から17人、NGO はレポート作成・CERD審議傍聴団体から19人が出席した。

42　第151回 国会参議院法務委員会 会議録 第3号. 2001년 3월 22일. p.22.

어렵다", "그렇게 고집하는 건 좋지 않다" 등, 일본식 이름 사용을 채용 조건으로 요구받은 사례들이 여러 건 보고되었다.[43]

다카무라 법무상이 2001년 3월 22일 국회에서 말한 "1983년 이래 (당국이 귀화 신청자에게 이름 변경을 요구하는 일은) 해서는 안 되고, 하지 않기로 결정했다"는 강한 각오가 대부분의 일본인에게 전달되지 않았기 때문에 그런 일이 일어난 것이 아닐까. 1952년의 국적 박탈 이후 오랜 세월 계속되어 온 행정지도는 국제인권조약에 위반되는 것이었다는 인식을 일본 사회 일반에 전하지도 않았고, 그 조약 위반에 해당하는 행정지도로 인해 본의 아니게 이름을 바꾸게 된 사람들에 대한 보상 조치도 이루어지지 않았다. 그런데도 "1983년까지는 강하게 요구했지만 그 이후에는 하지 않기로 했으니 그걸로 된 것 아닌가"라는 식으로 뻔뻔하게 굴고 있는 정권·정부의 자세가 다카무라 법무상이 말한 '매우 바람직하지 않은' 상황을 지속시켜 왔다고 필자는 생각한다.

종래의 행정지도로 인해 본의 아니게 일본식 씨명으로 바꾸게 된 사람들이 원래의 민족명을 회복할 수 있는 간이한 절차(회복 조치)는 아직 존재하지 않는다. 정부는 "귀화에 있어 정한 씨에 대해서는 호적법 제107조 제1항에 의해, 이름에 대해서는 같은 법 제107조의2에 의해 각각 정해진 요건 하에 가정재판소의 허가를 받아 변경하는 것이 가능하다"고 밝히고 있다(오부치 게이조 총리 답변서, 1998년 9월 18일). 실제로 지금까지 민족명을 회복한 사람들은 호적법 제107조가 정하는 '부득이한 사유'에 따른 성씨의 변경을 이용해 왔다. 그러나 가정재판소에의 신청은 번잡하며 일정한 비용과 시간이 든다. 1983년 이후 가정재판소에의

43　岡本雅享監修・編著, 앞의 주30의 인용서 주1) 『日本の民族差別』, pp.85-91. 大阪府によれば、府内公立学校における日本国籍でない在日コリアン児童生徒の本名使用率は、2022年5月時点では小学校で39.2％、中学校で29.1％であるという(山根俊彦「『本名・民族名を呼び名のる』運動の継承」『Migrants Network』231号, 2023.12, p.15).

신청을 통해 빼앗긴 민족명을 되찾은 사람은 극히 소수다. 국제인권조약 위반인 행정지도로 인해 민족명을 빼앗긴 사람들에게 그 회복을 위해 다시 시간과 비용의 부담을 지우는 것은 부당할 것이다. 이처럼 일본인의 성명 변경은 쉽게 인정하지 않으면서도 정부가 외국인의 이름에 대해서는 아무런 법률에도 근거하지 않은 행정지도로 일본식 성명으로의 변경을 요구해 온 것은 합리적 근거를 결여한 차별적 대우라고 하지 않을 수 없다.

가정재판소에서는 지금도 성명 변경 신청서에서 "외국인과 혼동될 우려가 있다"는 점을 허가 사유로 들고 있는 한편, 귀화 신청 시의 행정지도 등으로 어쩔 수 없이 민족명을 포기한 사람이 본래의 성명으로 회복하려는 경우는 그 사유로 인정하고 있지 않다. 사법서사 요시코시 기요아키(吉越清顕)는 2023년 12월, 민족명을 그대로 사용한 채 귀화한 사람이 "신분증을 제시해도 일본인으로 취급받지 못하는 등의 불편이 있었다"는 이유로 일본식 이름으로의 변경을 신청한 경우는 '외국인과 혼동될 우려가 있는' 이름에 해당하는 것으로 보고 허가되는 사례가 많은 반면, 귀화 후에 민족적 정체성을 이유로 원래 민족명으로의 변경(회복)을 신청한 경우는 법원이 이를 인정하지 않은 사례를 들며, 일본식 이름으로의 변경은 쉽게 허가되는 반면, 귀화 전 이름으로의 변경은 어렵다고 언급했다.[44]

과거의 행정지도가 조약 위반이었다는 사실과 국가로서의 방침 전환을 널리 알리는 동시에 수십 년에 걸친 마이너리티 권리(Minority Rights)의 침해로 인해 본인의 의사에 반하여 민족명을 포기해야 했던 사람들이 민족명 회복을 요구하는 경우 원활하게 응할 수 있는 보상 조치를 마련해야 한다. 복수 민족으로부터 다민족 사회로 점점 이행해 가고 있

44　吉越清顕「帰化した人の氏名の変更」ウェブサイト『改名・改姓相談.com』<https://renameconsultant.com>2023年12月25日。

는 일본에서 메이지·다이쇼 시기의 민법 관념이나 창씨개명이라는 식민지 정책에 기인한 관습은 이제 바로잡아야 한다. 호적법 제107조를 개정하여 성과 이름의 변경 사유에 '귀화 신청 시 일본식 성명 변경 요구로 인해 본인의 의사에 반하여 민족명을 포기한 사람에 대한 회복 조치' 조항을 추가하는 정도는 마이너리티 권리 준수 의무로서 최소한 이행되어야 할 것이다. 그렇게 되면 현행 제도 내에서도 민족적 정체성에 근거하여 민족명 회복을 요구하는 사람의 신청을 가정재판소가 기각하는 일은 없을 것이다.

또한 주권자인 일본 국민은 글로벌 시대에 부합하지 않는 국적법의 개정 문제에도 마주해야 한다. 일본과 마찬가지로 혈통주의 국적법을 유지해 온 독일에서는 1999년에 국적법을 개정하여 아이가 태어났을 당시 부모 중 한 사람이 8년 이상 합법적으로 독일에 거주하고 있고 이미 영주권을 보유했거나 3년 이상 무기한 체류 허가를 보유하고 있다면 그 아이는 독일 국적을 취득할 수 있도록 했다(법 개정 전 10년간 독일에서 태어난 아이도 독일 국적을 취득).[45] '하나의 민족, 하나의 국가'라는 20세기 초 세계를 휩쓴 개념에서 일본도 이제 벗어나야 한다. 2024년 2월, GDP에서 독일에 추월당한 것은 단순히 경제 분야의 요인만은 아니다. 이 책에서 언급한 판결에서도 보이듯이 '현상 유지'에 집착하는 '갈라파고스' 사회가 초래한 전(全) 사회적 정체에 근본적인 원인이 있는 것으로 보인다. 다양성이 발전의 열쇠로 여겨지는 21세기 국제 사회에서 일본이 더 이상 뒤처지지 않기 위해서도 스스로 사고하고 시대의 변화에 맞추어 유연하게 변화·발전해 나가는 자세가 필요하다.

---

45 遠藤, 앞의 주12의 인용서, p.295.

2. 민족 교육의 부정과 억압

(1) 재일코리안이 자력으로 세운 민족학교

1936년 8월 조선총독으로 부임한 미나미 지로(南次郎)는 이듬해 1937년 7월 중일전쟁 발발을 계기로 조선인에 대한 황민화 정책을 본격적으로 강화했다. 식민지하의 조선에서는 일본어가 '국어'로 지정되었으며, 조선인 징병제 실현을 목표로 했던 미나미가 이끄는 조선총독부는 1938년 3월 공포된 제3차 조선교육령을 통해 학교 교육에서의 조선어(언어 과목으로서)마저도 선택과목으로 지정하며 점진적으로 배제했다. 태평양 전쟁 발발 이후 '국어' 상용 운동은 신사참배, 궁성(宮城) 요배, 창씨개명 등과 함께 '내선일체'의 핵심으로 간주되었으며, 학교와 관공서에서는 조선어 사용이 금지되었고, 학교에서 조선어를 사용하면 처벌받았다. 1940년 8월에는 『동아일보』와 『조선일보』가 총독부의 언론 탄압으로 인해 강제로 폐간되었다. 한편, 조선총독부의 기관지였던 『경성일보』(1906년 이토 히로부미가 창간함)는 1943년 8월 16일자 사설 「내선일체와 국어 상용」에서 "국어 상용에 그치지 않고, 한 걸음 더 나아가 조선어를 말살하려는 열의를 가지고 국어 교육을 철저히 시행하는 것이 내선일체를 실현하는 방법"이라며, 제노사이드(Genocide, 민족 말살)의 의도를 노골적으로 드러냈다.[46]

이러한 황국신민화 동화 정책의 압력은 일본 '본토'에 거주하던 조선인들에게 더 강하게 가해졌다. 이러한 이유로 일본이 패전한 후, 재일조선인들은 식민지 동화 정책으로 빼앗긴 언어, 역사, 문화를 되찾기 위해 전국 각지에 '국어(조선어) 강습소'라는 데라코야(寺子屋)식 교육 시설을 설립했다. 공립학교의 교실이나 민간 창고를 임대하거나 조선인

---

46 李炳喆 「植民地支配下の朝鮮語」 『長崎県立大学国際社会学部研究紀要』 第1号, 2016.12, pp.7-16 외.

이 소유한 건물을 개조하여 세워진 이 시설들은 재일조선인들이 스스로의 힘으로 만든 민족 학교였다. 교사와 시설의 건설에는 일부 일본인들의 협력과 오사카부 등 지방 자치단체의 지원도 있었다고 한다.[47]

1945년 10월 15일 결성된 재일조선인의 전국 조직인 '재일본조선인연맹(조련)'은 이러한 '국어 강습소'를 학교 형식의 초등학교로 정비했다. 조련은 이듬해 1946년에 도쿄와 히메지(姬路)에 조선인 중학교를 설립하고, 1948년에는 도쿄에 고등학교를 병설하여 중등 교육 체계도 갖추었다. 또한 도쿄와 오사카에 사범학교를 설립해 교사를 양성하고 교과서 편찬 위원회를 조직했다. 1946년 10월 결성된 민단(재일본조선인거류민단, 1948년 8월 이후 '재일본대한민국거류민단') 계열의 협력도 있어, 1948년 4월에는 학교 수가 573곳, 학생 수 약 6만 명, 교원 수 1,500명, 교과서 92종(약 100만 3천 부)을 발간하기에 이르렀다.

연합국군최고사령관총사령부(SCAP/GHQ)와 일본 정부는 초기에는 재일조선인들이 자력으로 시작한 이러한 민족 교육을 용인했다. 그러나 앞서 언급된 동서 냉전의 시작과 미국의 동아시아 전략 및 대일 점령 정책의 전환으로 그 대응은 점차 경직되기 시작했다. 한반도에서는 신탁통치와 독립국가 설립을 둘러싼 협의가 진행되던 미소공동위원회(제1차: 1946년 3~5월, 제2차: 1947년 5~10월)가 결렬되며, 1947년 여름 이후

---

47 이하에 특별히 주를 달지 않는 한 본 절의 기술은 다음의 문헌에 근거한다. 金德龍『朝鮮学校の戦後史―1945-1972』社会評論社, 2002, pp.48-49, 70-88, 92-94, 96-99, 111- 117, 125-127, 130-131, 165-173, 204-206, 281-284. 江原護『民族学校問題を考える』アジェンダ・プロジェクト, 2003, pp.111-141, 200-205. 松下佳弘『朝鮮人学校の子どもたち―戦後在日朝鮮人教育行政の展開』六花出版, 2020, pp.32-35, 54-57, 64-69, 96-102, 110-114, p.132, pp.134-137, p.141, pp.145-159, 170-171, p.180. 水野直樹＝文京珠『在日朝鮮人―歴史と現在』岩波新書, 2015, pp.111- 115. 鄭祐宗「1948年朝鮮人学校閉鎖令の史料批判」『人権と生活』第47号, 2018. 12, pp.22-25. 小池聖一『森戸辰男』吉川弘文, 2021, pp.174-176. 第四歴史保存整理事業推進委員会編, 伊地知紀子監修『猪飼野の朝鮮学校』ハンマウム出版, 2023, pp.19-22, 30-37, 44-47, 50-51, 68-69, p.103.

한반도의 남북 분단화가 진행되고 있었다. 이러한 상황에서 조련은 1946년 2월 제2차 임시대회에서 북조선임시인민위원회를 지지하는 결의를 채택했고, 이듬해 1947년 10월 제4차 대회에서는 소련과 미국 양군의 한반도 동시 철수를 주장했다. 당시 사회주의의 반제국주의, 식민지 해방, 민족 평등이라는 이상은 식민지 및 반식민지 상태에 놓인 여러 민족들에게 큰 매력을 발휘하고 있었다.

이에 대해 GHQ는 1947년 중반부터 조련과 그 지지 기반이었던 민족 교육 운동을 점령 정책 및 극동 군사 전략상 장애물로 인식하기 시작했다.

(2) GHQ가 주도한 조선인학교 폐쇄와 한신(阪神) 교육투쟁

GHQ는 일본 각 지역을 철저히 관리하기 위해 오키나와를 제외한 46개 도도부현마다 군정부(Military Government Section)를 두고 각 지방의 법령, 행정, 경제, 교육, 정보 등의 조사와 지도를 수행했다. 교육 분야에서는 교과서 배포부터 교직원의 적정(適正) 검사까지 포함되었다. 이러한 체제 속에서 오사카 군정부는 1947년 중반부터 조선인 학교의 실태를 조사한 결과, 공산주의 교육이 이루어지고 있다는 이유로 오사카부 학무과에 학교 폐쇄를 권고했다. 이에 대응 방안을 찾지 못한 오사카부는 문부성 오사카 출장소에 문의했고, 출장소장은 1947년 8월 29일 문부성 학교교육국장에게 「조선인 설립 학교의 취급에 관하여」(문대출(文大出) 제152호)라는 조회서를 발송했다.

그보다 약 2년 전인 1946년 11월 20일, GHQ/AFPAC 소속 교섭국은 "조선 본국으로의 귀환 계획 종료 시점(같은 해 12월 15일) 이후, 일본에 잔류하는 조선인은 일본 국적(citizenship)을 취득해야 한다"는 명령이 있었다는 신문 보도가 잘못되었다며 「조선인의 지위 및 취급에 관한 발표」를 했다. 이 발표에서 GHQ는 12월 15일 이후 본국 귀환을 거부하고 일본에 남기로 선택한 조선인은 모든 일본 법규에 따를 의무가 있다는 점을 명확히 했다.

1947년 9월 12일, 오사카 군정부가 보낸 「조선인에 대한 일본 법령의 적용」이라는 서한에 대한 답변으로, GHQ/SCAP는 재일조선인은 일본 법령을 따라야 한다고 지시했다. 이듬해 10월 말, SCAP의 민간정보교육국(Civil Information and Education Section, CIE)은 이 방침을 교육 분야에 반영해, 재일조선인을 일본의 교육기본법과 학교교육법에 따르게 할 것을 명령했다. 이 명령에 따라 조선인 학교(Korean Schools)는 정규 교과과정에 추가적인 형태로 조선어를 가르치는 것은 허용하지만 그 외 모든 것은 일본 문부성의 지시에 따르도록 했다. 신헌법 시행에 맞춰 1947년 3월 말에는 GHQ의 민주화 개혁 방침에 따라 학교교육법과 교육기본법이 공포되었고, 같은 해 6·3제 등의 새로운 학교 제도가 시행되었다. 이러한 제도 개편은 GHQ가 조선인 학교를 일본 법률의 범주에 포함하려 한 주요 요인이었다. 에드워드 와그너(Edward Wagner)는 조선인학교가 자율적으로 운영되고 있어 SCAP의 급진적 교육 개혁 흐름(mainstream of the drastic educational reform)에 포함되지 않은 것을 우려했으며, 일본 학교 제도의 근본적 개혁(radical changes)을 이미 계획하고 있던 SCAP는 이 시기를 계기로 조선인학교를 일본의 법적 범주 안에 넣으려 했다고 한다.[48]

문부성은 GHQ/CIE의 지시에 따라 새롭게 시행된 교육기본법과 학교교육법에 의거하여 조선인 자녀를 일본의 공립 또는 사립 초·중학교에 취학시키고, 조선인학교는 도도부현 지사의 인가를 받아야 한다

---

48 Edward W. Wagner, *The Korean Minority in Japan: 1904-1950*, Institute of Pacific Relations, 1951, p.69. 이 책에 의하면, 지령의 원문은 Tokyo Liaison Office USAMGIK to OFAUSAMGIK, Weekly Report, October 19-25, 1947 에 게재.

는 통보를 발표했다. 1948년 1월 24일, 문부성 학교국장이 모든 도도부현 지사에게 발송한 「조선인 설립 학교의 취급에 관하여」(관학 제5호)는 다음과 같은 내용을 담고 있었다. "현재 일본에 거주하는 조선인은 1946년 11월 20일 자 총사령부 발표에 따라 일본 법령을 따라야 한다. 따라서 조선인 자녀 역시 학령에 해당하면 일본인과 동일하게 시·정·촌립 또는 사립 초·중학교에 취학해야 한다"고 명시하며, 조선인 설립 학교를 사립학교로 인정하려면 설치나 교과서, 교과 내용 등에 대하여 교육기본법과 학교교육법의 적용을 받아야 한다고 규정했다. 이러한 통보는 재일조선인들에게 전쟁 이전 동화 교육의 재현으로 받아들여져 강한 반발을 불러일으켰고, 일본 각지에서 격렬한 항의 운동이 전개되었다. 이에 각지의 군정부는 1948년 3월부터 도도부현 당국을 움직여 조선인학교 폐쇄에 나섰고, 이를 반대하는 조선인들과의 충돌이 전국적으로 발생했다. 이후 각 군정부는 지방 교육 당국에 학교교육법(제13조 2항)을 근거로 학교 폐쇄 명령, 교사(校舍) 명도, 조선인 아동의 공립학교 전학 등을 지시하도록 했다.

한편, 조선에서는 미국이 남한에서 단독 선거를 준비하면서 1948년 4월 3일 제주도에서 이를 반대하는 민중 봉기가 일어났고, 이는 미국군의 지휘 아래 무력 진압되었다(제주 4·3 사건). 당시 제주도 출신자가 많은 간사이(関西) 지역의 재일조선인 사회는 이 사건에 큰 충격을 받았고, 미국에 대한 실망과 반감이 고조되었다. 이에 따라 미국은 제주 4·3 사건의 봉기가 간사이 지역의 재일조선인 사회로 확산될 가능성을 경계하기 시작했다.

1948년 4월 10일 자 점령군 문서에서는 "특히 오사카 지역의 재일조선인 중 이단 분자들이 남조선의 대규모 폭동과 연대하여, 점령군을 곤란에 빠뜨릴 목적으로 시위 운동을 벌이거나 폭동을 일으킬 가능성이 있다"며 경계심을 드러냈다. 5월 10일 남한 단독 선거를 앞둔 상황에서 점령군은 재일조선인이 남한에서의 단독 선거 반대 운동과 결합할 가능성을 극도로 경계했다. 이러한 상황에서 조선인학교 폐쇄에 반대하는 재일조선인의 항의 운동이 맞물리며, GHQ는 이를 미군 통치에 방해가 되는 치안 문제로 간주하기 시작했다. 오사카에서 재일조선인들에 대한 도청과 검열을 수행했던 미 육군 정보부(GHQ 민간 검열 담당관) 소속의 잭 스워드(Jack Seward)는 "조선인 사회에는 공산주의자가 일본인보다 많다고 여겨져 관심을 가졌다"고 언급했다.[49] 이는 요시다 시게루 등의 발언이 GHQ의 의사결정 층에 어느 정도 영향을 미쳤음을 시사한다.

그리고 제주 4·3 사건을 전후한 시기에 재일조선인의 민족 교육을 지키기 위한 운동은 절정에 달했다. 1948년 3월 31일, 야마구치현에서는 민족학교 폐쇄에 반대하는 1만 명이 집결하여 현 지사와 교섭을 통해 폐쇄 명령 철회를 이끌어냈고, 한신 지역에서도 4월 23일, 오사카부 청사 앞 공원에 1만 5천 명이 모였다. 효고현에서는 다음 날 4월 24일에 경찰과 미군 MP에 의한 조선 초등학교 봉쇄에 항의하는 2만 명이 효고현청앞에 모여 효고현 지사와의 협상 끝에 학교 폐쇄 명령 철회에 합의했다. 그러나 그날 밤 미군정부 고베 지구 사령관은 고베 지역 전역에 비상사태를 선포하고, 효고현과 고베시 경찰을 미군 헌병 지휘하에 두며 항의 시위 참가자 체포를 명령했다. 이후 GHQ의 로버트 아이켈버거(Robert Eichelberger) 중장은 효고현 지사에게 조선인학교 폐쇄 철회 약속을 번복하도록 강요했다. 제주 4·3 사건과 남조선에서의 단독 선거 시행의 중간 시점(3주 후, 3주 전)에 발생한 일이었다. 4월 26일, 오사카부청 앞 공원에는 3만 명의 조선인 대표가 부지사와 협상 중이었으나, 오사카 군정부 장관이 협상에 끼어들어 즉각 중단을 명령했다.

49　NHK「シリーズ日本と朝鮮半島[第4回]解放と分断—在日コリアンの戦後」2010년 7월 25일 방송.

이후 오사카시 경찰국장이 이끄는 경찰대가 시위 중인 조선인을 향해 발포해 16세 소년 김태일이 사살되었다. 그는 가난한 모자가정에서 자라며 담배를 팔아 생계를 돕던 소년이었다. 이 일련의 사건은 후에 한신 교육투쟁으로 불리게 되었다.

(3) '속죄'로서의 자주적 사립학교—모리토 다쓰오(森戸辰夫)가 체결한 5·5 각서

사태 해결에 나선 이는 당시 문부대신이었던 모리토 다쓰오(일본사회당 소속)였다. 모리토는 "민족과 인종에 의한 차별을 금지한다"고 명시한 「헌법 초안 요강」(1945년 12월)을 작성한 헌법연구회 회원이었다. 그는 1946년 4월 총선거에서 일본 사회당 소속으로 출마해 중의원 의원으로 당선되었으며, 이어 가타야마(片山) 내각과 아시다(芦田) 내각에서 문부대신을 역임했다.[50]

모리토는 구(舊) 제1고등학교(현재의 도쿄대학교 교양학부 등의 전신)의 재학 시절, 후에 국제연맹 사무국 차장(1920~1926)을 역임한 니토베 이나조(新渡戸稲造)에게 가르침을 받았다. 이후 도쿄제국대학에 진학해 경제학을 공부했고 졸업 후에는 같은 대학의 교원이 되었다. 그는 사회정책학회에서(나중에 앞서 언급한 헌법 초안 요강을 주도한다) 다카노 이와사부로(高野岩三郎)를 보좌하며 조교수로 활동하던 1920년, 「크로포트킨의 사회사상 연구」라는 논문을 발표했다. 이 논문은 제정 러시아에서 추방된 표트르 크로포트킨(Piotr Kropotkin)의 무정부주의 사상을 연구한 것이었는데, 당시 위험 사상으로 간주되어 조헌문란죄(朝憲紊乱罪)로 금고 3개월 형을 선고받고 도쿄 감옥에 수감되었다. 이후 도쿄제국대학에서도 해고되었는데, 이는 이른바 "모리토 사건"으로 알려져 있다. 이듬해

---

50 森戸辰男의 경력 등에 대해서는, 小池, 앞의 주47의 인용서, pp.9-10, p.20, p.27, pp.30-58, 62-68, 123-145, 157-180, 284-286, p.297.

1921년, 모리토는 오하라(大原) 사회문제연구소의 연구원으로 초청받아 활동을 시작했다. 약 2년간의 독일 유학을 마치고 귀국한 후, 같은 연구소에서 연구를 계속하면서 오사카 노동자학교에서 노동자 교육에 종사하는 등 다양한 활동을 펼쳤다. 이러한 경력을 바탕으로 전후 일본 사회당에 합류했고 당의 정무조사회장으로서 1947년 5월 가타야마 데쓰(片山哲) 내각의 수립에 기여했다. 가타야마 정권이 수립된 이후, 모리토는 문부대신으로서 민주화를 중심으로 하는 전후 교육 개혁을 추진했다. 그는 6·3제 의무교육 제도의 도입 등 교육 기회의 확대에 힘썼으며 일본국헌법에 원래 포함되지 않았던 생존권(제25조)을 삽입한 인물로도 잘 알려져 있다. 1947년 3월에 출간된 저서 『사회민주주의를 위하여』(제1출판사)를 통해 전후 유럽의 중도 좌파로 자리 잡은 사회민주주의 노선을 표방하고 있음을 명확히 했다.

모리토는 한신 지역에서 발생한 사건을 계기로 1948년 4월 27일, 30일, 5월 3일 밤에 걸쳐 재일조선인연맹(조련) 대표들과 반복적으로 대화를 나누었다. 그는 "조선인의 교육은 교육기본법 및 학교교육법에 따른다"는 원칙 아래, "조선인학교 문제는 사립학교로서의 자주성이 인정되는 범위 내에서 조선인들이 독자적인 교육을 시행하는 것을 전제로 사립학교 인가를 신청한다"는 타협에 도달했다. 이를 바탕으로 "서로 민족적 편견을 초월하여 이 문제를 원만히 해결하자"고 약속한 각서를 체결했다. 이 각서는 조련 중앙총본부의 원용덕 문교부장이 입회한 가운데, 조선인 교육대책위원회 대표인 최용근과 교환되었다. 모리토는 이 협상의 경위를 같은 달 5일 열린 중의원 문교위원회에서 보고하면서, 일본사회당 소속 다카쓰 마사미치(高津正道) 의원의 질문에 다음과 같이 답변했다. "조선인들이 자신의 자녀를 독자적인 방식으로 교육하고자 하며, 특히 조선어를 사용하고 조선의 역사와 문화를 가르치고자 하는 것은 매우 타당한 요구라고 생각합니다. … 사립학교의 자주성이 인정되는 범위에서, 예를 들어 자유 과목, 선택 과목 또는 과외 활동에서 조선어를 사용하는 것은 문제가 없다고 봅니다. … 과거 일본이 취했던 잘못된 조선인 정책에 대한 속죄로서, 합리적이고 우호적인 정책이 시행되어야 한다고 생각합니다". 모리토는 같은 위원회에서 '조선인학교 문제의 구체적인 해결책'에 대해 다음과 같이 명확히 밝혔다. "일본의 학교교육법을 준수하고, 사립학교로서 허가된 규정 범위 내에서 조선인들이 독자적인 교육을 수행한다는 전제하에서 허가 신청을 하고, 그 원칙에 따라 사립학교로 인정한다." "이 틀 안에서 사립교육으로 인정한다." "이 원칙 안에서 조선인들이 요망하고 있는 민족 독자적인 교육을 시행하길 바란다."라고 명언하고 있다.[51]

모리토의 지시에 따라 문부성은 다음날인 5월 6일, 학교교육국장 명의로 도도부현 지사들에게 「조선인학교에 관한 문제에 대하여」(1948년 5월 6일 발학(發學) 200호)라는 통지를 발송했다. 이 통지는 서두에서, 조선인학교 문제와 관련하여 "5월 3일 별지각서에 가조인하고, 5월 5일 공식적으로 조인을 완료하여 기본 문제에 대해 원만한 해결에 도달했다"고 전하며, "이 기회에 조선인의 교육 및 관련 문제를 처리할 때는 선의와 친절을 원칙으로 하여 양 민족의 장래 우호 증진에 기여할 수 있도록 조치해달라. 또한 이번 처리에 있어 아래 사항에 유의하여 유감이 없도록 조치 바란다"고 적었다. 이어 아래의 6개 조항을 열거했다.

1. 각서에서 "사립학교로서 자주성이 인정되는 범위 내"란 다음 두 가지를 의미한다.

　가. 조선인 스스로 사립 초등학교와 중학교를 설립하여 의무교육으로서 최소한의 요건을 충족시키는 한편, 법령이 허용하는 범위 내에

51　第2回 国会衆議院文教委員 会議録 第3号, 1948년 5월 5일, pp.9-11.

446

서 선택과목, 자유 연구, 그리고 과외 시간에 조선어로 조선어, 조선의 역사, 문학, 문화 등 조선인 고유의 교육을 실시할 수 있다. 다만 이러한 조선인 고유의 교육을 실시할 경우 교과서는 연합군총사령부 민간정보교육부의 인가를 받은 것을 사용해야 한다.

나. 일반 초등학교에서 의무교육을 받게 하는 동시에 방과 후나 휴일 등에 조선어 등의 교육을 실시할 목적으로 설립된 각종 학교에 재학시켜 조선 고유의 교육을 받게 하는 것은 문제가 없다.

2. 기존 조선인 학교에 대해서는 인가 신청이 있을 경우 설립 기준에 부합하는지 즉시 심사한 후 신속히 인가하고 수업 재개에 최대한 편의를 제공할 것.

3. 초등학교와 중학교의 설립 주체는 반드시 재단법인이어야 하며, 법인 설립 인가 신청서를 1개월 이내(특별한 사정이 있는 경우 최대 2개월 이내)에 제출하는 것을 조건으로 학교 설립 인가를 하는 데 문제가 없다.

4. 교사(校舍) 문제에 대해서는 실정에 맞게 최대한 호의적인 조치를 취해주길 바란다.

5. 조선인 아동이 공립학교로 전학을 필요로 하는 경우 특별히 편의를 제공하고 일본인 아동과 동일하게 취급되도록 조치할 것.

6. 향후 조선인 교육 문제에 대해서는 각 지방 당국이 조선인학교 책임자 및 문교 책임자의 의견을 충분히 청취한 후 문제 해결에 노력할 것.

'모리토 사건'으로 투옥된 경험과 오하라 사회문제연구소에서의 활동 등, 전전부터의 모리토의 경력을 고려하면, GHQ의 대일 점령 정책 전환이라는 거대한 압력 속에서도 모리토가 가능한 한 선의를 가지고 대응하려 했음을 엿볼 수 있다. 1948년 1월 24일자 「조선인 설립 학교의 취급에 대하여」(관학 제5호)가 된 같은 해 1월 8일의 초안에는, GHQ의 지령 중 "조선어 등의 교육을 과외로 실시하는 것은 문제가 없다"는 문장이 없었으나, 이를 대신 결재 단계에서 삽입한 것도 모리토였다.[52] 앞서 언급한 1948년 5월 6일 통지의 초안 서문에서도 모리토는 "이번 기회에 <u>과거 일본 정부가</u> 조선인의 교육 및 취급에 있어 <u>유감스러운 점 이 다수 있었음을 깊이 반성하고 개선하며</u> 선의와 친절을 원칙으로 삼아…"라고 기록했지만, 각의 검토 단계에서 밑줄 친 부분이 삭제되었다고 한다.[53] 가타야마·아시다 두 내각은 혁신적인 사회당 단독 내각이 아니라 민주당(구 진보당)과 국민협동당이라는 보수 성향의 두 정당과의 보수-진보 연합(삼당 연립) 내각이었다. 같은 연립 구도에서도 사회당 위원장이 총리였던 가타야마 내각에 비해 민주당 총재가 총리였던 아시다 내각에서는 보수파의 영향력이 더 강하게 작용했던 것으로 보인다. 모리토 초안의 '깊이 반성·개선' 등의 표현 삭제를 요구한 것은 보수 정당 출신 각료들이었을 것이다.

그럼에도 불구하고 모리토가 조금 더 문부대신직을 이어갔다면 조선학교는 사립학교로 인가를 받아 다른 사립학교와 동일한 공적 보조를 얻고 선택 또는 자유 과목으로라도 조선의 역사, 문학, 조선어 등을 조선어로 가르칠 수 있는 학교로서의 기반을 구축했을 것으로 보인다. 모리토는 1948년 4월 27일 오후 국회(중의원)에서도 "사립학교의 설립은 가능하다"며 "그 과정에서 조선어 또는 조선의 역사, 문화 등을 가르치는 것은 전혀 문제가 되지 않는다"고 다시 한 번 분명히 밝혔다. 또한 그는 "이 문제는 이웃 국가 조선과 패전국 일본 양 민족 간의 문제이며 이것이 민족 감정을 되풀이하지 않도록 최선을 다해야 한다"며, "양 민족이 평화와 민주주의의 길을 따라 손을 맞잡고 함께 나아갈 수 있도록 우리 문부 당국은 최선을 다하고자 한다"고 말했다.[54]

52　小池, 앞의 주47의 인용서, p.174.
53　NHK, 앞의 주49번 프로그램.
54　第2回 国会衆議院会議録 第43号, 1948년4월 27일, pp.367-368.

앞서 언급된 각서에서 조련이 합의한 조선인학교의 교육 형태는 (20세기 후반 재일코리안 사이에서 이상적 모델로 자주 언급되었던) 현대 중국의 조선족이나 몽골족 민족학교에서 이루어지는 교육 방식과 비교하면, 민족어를 교수 언어로 삼아 다양한 과목을 가르치고 중국어를 하나의 언어 과목으로 추가하는 '중국어 추가형'에는 미치지 못한다. 그러나 그 반대인 '조선어 추가형'이나 '몽골어 추가형'보다 민족 교육의 비중이 높은 형태였다고 할 수 있다.[55] 만약 이러한 교육 방식이 유지되었더라면 이후 논의될 대학 입시 자격, 보조금, 현재의 고등학교 수업료 무상화 문제 등은 전혀 발생하지 않았을 것이라는 점은 명확히 기록해야 할 사항이다. 조선인의 자주성과 학교 교수 언어를 조선어로 하는 점을 양보할 수 없다고 주장했던 조련은 큰 양보를 했지만 모리토 역시 조련 대표들과의 대화를 통해 '교육의 자주성'에 대한 그들의 중요성을 이해하고, 민주적인 학교교육법과 교육기본법을 확산해야 할 문부대신으로서의 사명과 입장 사이에서 가능한 한 많은 양보를 했던 것으로 보인다. 양측이 (강제력이 아닌) 대화를 통해 도달한 합의였다는 점은 이후 상황이 안정화된 데서도 알 수 있다. 그러나 불과 5개월 후인 1948년 10월, 아시다 내각이 쇼와전공의옥(昭和電工疑獄) 사건으로 인해 총사직하면서, 뒤이어 출범한 (제2차) 요시다 시게루(민주자유당) 정권은 모리토와 조련 대표가 맺은 '원만한 해결' 방안을 무효화시켰다.

(4) 요시다 정권이 주도한 민족학교의 강제 폐쇄와 자주학교 등을 통한 존속

민족 교육을 지키기 위한 투쟁에 대한 탄압은 이를 주도했던 GHQ

---

55 중국 민족학교의 加授漢語型, 加授朝鮮語, 몽골어형 교육에 대해서는 岡本雅享 『中国の少数民族教育と言語政策[増補改訂版]』 社会評論社, 2008, pp.157-169, 211-269를 참조.

(당초에는 '해방군'으로 환영받았음)에 대한 재일조선인의 감정을 크게 악화시켰다. 이는 반미 의식의 고조로 이어졌으며 한반도 분단 상황에서 재일조선인들 중 북한을 지지하는 사람들을 더욱 증가시키는 결과를 낳았다. 이에 대응하여 GHQ는 재일조선인을 더욱 위험하게 인식하는 이른바 부정적인 순환 구조에 빠져들었다. 앞서 언급한 리처드 핀이 1948년 8월 16일 작성한 「재일조선인에 관한 스태프 연구」에서는 "일본 내 대규모 조선인 집단은 그 대부분이 일본에 동화될 수 없으며, 일본인과의 위험한 마찰(dangerous friction)의 원천이 되고, 극동지역에서 중대한 불안정 요소(strong element of instability)이자, 일본에서 주요 점령 통치자인 미국에 직접적으로 불리한 선전(unfavorable propaganda)의 원인이 되고 있다"는 견해를 밝혔다.[56] 당시 미국은 공민권 운동 이전으로 흑인 차별이 만연했던 나라였으며 국제연맹 시기 소수민족조약의 이행에도 관여하지 않아 마이너리티 권리에 대한 경험이나 실적이 매우 낮은 나라였다(이는 오키나와 통치 방식에서도 드러난다). 이러한 GHQ의 의도를 살피면서 재일조선인에 대해 강한 편견을 품고 있던 요시다 총리가 이끄는 내각은 혁신 정치가인 모리토 문부대신이 조련 대표와 체결한 각서를 폐기해 나갔다.

모리토 문부대신과 조련 대표가 1948년 5월 5일에 각서를 교환한 이후, 그 약속에 따라 많은 조선인학교가 설립 인가 신청을 제출했으며 초등학교나 각종 학교로 인가받았다. 1949년 초까지 사립학교로 인가된 조선인학교는 총 232개에 달했다. 또한 조련은 각서 체결 직후인 6월부터 소수의 번역 기술진을 총동원하여 출판할 교재의 내용을 영어로 번역하고 그 번역본 전체를 GHQ 민간정보국에 제출해 검열을 받았다. GHQ 역시 이에 대해 인가를 내주기 시작했다. 인가를 받은 학교는

---

56 Finn, *supra* note 3, p.3.

법적 형식상 일본 행정하에 들어갔지만 교육 조직과 학교 관리 조합은 거의 그대로 유지되었으며 실질적으로는 자주적이고 자치적인 관리 운영을 지속한 것으로 보인다.

이러한 움직임 속에서 GHQ 역시 조선인 학교 문제는 모리토 문부 대신과 조련 대표가 체결한 5·5 각서를 통해 해결될 것으로 보고 있었던 것 같다. 1948년 5·5 각서 이후 작성된 것으로 보이는 제1군단 사령부에서 제8군 사령관에게 보낸「조선인학교 문제에 관한 스태프 연구(Staff Study: Korean School Problem)」문서에서는, 모리토 문부대신과 조련 대표가 체결한 5·5 각서를 "후에 제8군 점령 당국도 관여한 협정"이라고 언급하고 있다. 이 협정에 따라 "모든 조선인학교는 일본의 도도부현에 학교를 설립하고 운영하기 위해 인가를 신청하게 될 것"이라고 보고 있다. 또한 "조선인학교의 교사는 조선인이어도 무방하다"고 하며, "조선어 교과서는 남조선에서 사용되고 있는 공인 교과서여도 된다"고 적혀 있다. 더불어 "조선에서 전문 교원을 초빙하는 것도 가능하다"고 하였으나, "해당 교사는 두 언어에 모두 능통해야 한다"는 조건을 명시하고 있다.[57]

이러한 상황 속에서 조련은 교육비의 공공재정 지원을 요구하는 운동을 시작했고, 1949년 4월 중의원 문교위원회에「조선인학교 교육비 국고 부담 청원」(같은 해 4월 19일 접수)을 제출했다. 이에 따라 중의원은 문교위원회의 심의를 거쳐 5월 25일 본회의에서 "민족 고유의 교육 측면이 있음을 인정하고 이를 존중한다"고 하며, 재일코리안의 교육비용 국고 부담을 인정하는「조선인 자녀에 대한 교육비 지급안」을 채택해 같은 달 31일 내각에 송부했다. 이를 계기로 각 지방정부도 잇따라 조선인학교에 대한 공적 재정지원을 인정하기 시작했다. 모리토가 마련

57　金英達『GHQ 文書研究ガイド―在日朝鮮人教育問題』むくげの会, 1989, pp.12-21.

한 "원만한 해결" 방침이 순조롭게 진행되는 듯 보였다.

그러나 요시다 내각은 중의원이 가결하고 채택한 결의를 보류 상태로 두었으며 같은 해 6월 23일 문부성으로 하여금 효고현 교육위원회의 조회에 대한 답변 형식으로 「조선인 교육비의 일본 정부 부담에 대하여」(문부성 관리국장 통달, 기관 제25호)를 발표하게 하여 조선인 학교에 대한 보조금 교부를 명시적으로 거부했다. 이는 민주주의적 신헌법 하에서 국가 권력의 최고 기관으로 규정된 국회(중의원)의 결의를 무시한 행위였다. 이어 요시다 정권은 같은 해 9월 8일, 조련을 「단체 등 규제령」에 저촉되는 단체로 간주하고 해산을 명령했다. 「단체 등 규제령」은 요시다 내각이 같은 해 4월 4일 공포·시행한 정령(국회에서 의결된 법률이 아닌, 내각이 정한 규정)으로, 본래는 군국주의적, 국가주의적, 폭력주의적, 반민주주의적 단체의 결성과 지도 행위를 금지하는 것을 목적으로 했다. 즉 군국주의적 전전 일본의 부활을 꾀하는 단체의 결성을 저지하기 위한 규정이었으나, 요시다 내각은 군국주의의 피해자였던 조선인을 대상으로 이를 적용한 것이다.

더 나아가 이듬해 10월 12일, 요시다 내각은 「조선인학교 조치 방침」을 각의에서 결정하여 조련 계열의 조선학교에도 폐쇄 조치를 확대했다. 1949년 10월 13일, 요시다 정권하의 문부성 관리국장이 도도부현 특별심사국장과 연명으로 각 도도부현 지사 및 교육위원회에 발송한 통달 「조선인학교에 대한 조치에 대하여」(문관서 제69호)는 "구 조선인연맹 본부 및 지부 등이 설립했던 학교는 설립자를 상실했으므로 당연히 폐교된 것으로 간주하여 조치할 것"을 지시했다. 이미 학교 관리 조합이 운영하고 있는 학교에 대해서도, "조련이 설립자였던 학교는 현재 학교 관리 조합이 운영하고 있든 없든 당연히 해산되어야 한다"(해당 조치에 관한 문부성 모리타 총무과장 담화)고 하여 폐쇄를 강요했다.

앞서 언급한 바와 같이 모리토 전 문부대신이 체결한 「각서」에 따라 많은 조선인학교가 이미 학교교육법 제1조에 의해 인가를 받았다. 그러나 요시다 정권은 이러한 제1조 학교인 조선인 학교들에 대해 다시 재단법인 설립 인가 신청을, 그것도 단 2주 이내에 제출할 것을 지시했다. 또한 2주 이내에 신청을 제출하지 않는 학교나 신청을 제출하더라도 문부성이 심사 후 불인가한 학교에 대해서는 학교교육법 제4조(감독청의 인가) 위반으로 간주하여 감독청인 지사에게 학교 폐쇄를 명령하도록 하는 가혹한 요구를 내렸다. 이는 재단법인 신청 절차를 단 2주 내에 완료하기 어려운 점을 노려 인가 신청 자체를 포기하게 만드는 것이 목적이었다고 한다. 그러나 많은 조선인학교들이 필사적으로 지정된 절차를 따라 같은 해 11월 2일의 절차 기한 내에 재단법인 설립 인가 신청 서류를 준비하여 각 도도부현에 제출했다.

이에 대해 문부성은 다음 날(11월 3일), 전국 도도부현에서 접수된 서류를 단 하루 만에 심사한 뒤 오사카 민단 계열의 백두학원(현 건국초중학교) 한 곳을 제외하고는 모두 '불허', '보류', 또는 '취소' 결정을 내렸다. 그리고 11월 5일, 도도부현 지사를 통해 문부성의 '불허' 및 '취소' 명령을 통보하게 하고 학교 폐쇄 명령을 발했다. 이 재단법인 인가 신청 이전부터 문부성 내부에서는 이미 모든 신청을 '불허' 또는 '기각'하기로 방침이 정해져 있었으며 심사는 형식적인 절차에 불과했고 학교 폐쇄를 위한 구실을 만드는 데 목적이 있었다고 한다. 문부성 관리국의 시부야 게이조(渋谷敬三) 사무차관은 같은 해 10월 27일, 시가현 총무부의 조회에 대해 "일단 신청은 받겠지만 최고 방침으로는 각의 결정에 따라 불허하고 기각하는 방향으로 나아갈 것"이라고 답변했다. 학교 설립 인가 권한은 도도부현 지사에게 있었기 때문에 재단법인 신청 절차를 강제함으로써 학교 관련(재단) 법인의 인가권을 중앙정부(문부성)로 이전시킨 뒤 이를 불허하는 '계략'이었다. 이로 인해 전체의 약 60%에 해당하는 225개 학교가 학교교육법에 따라 폐쇄되었으며 그 중 절반에 가까운 약 100개 학교는 재단법인 인가 신청을 제출했음에도 기각된 학교(5·5 각서에 따라 사립학교로 인가받았던 학교)였다.[58] GHQ의 기록에 따르면 폐쇄 대상은 총 367개 학교였으며 약 4만 693명의 아이들이 모교를 잃었다고 한다.

1948년의 조선학교 폐쇄를 주도한 것은 GHQ였지만 1949년의 폐쇄는 요시다 정권이 주도한 것이었다. 이전 정권이 시행한 정책을 정권 교체로 뒤집는 것은 민주주의에서 흔히 볼 수 있는 방식이다. 모든 재일코리안을 '본국으로 송환'하기를 열망했던 요시다 시게루에게는 재일코리안과 함께 살아가는 사회라는 발상은 없었으며, 오히려 그들이 일본에서 불편함을 느껴 스스로 떠나도록 만드는 것이 자신이 그리는 이상적인 일본 국가에 가장 적합한 해결책이라고 생각했던 것 같다. 보수 정치가의 입장과 정책으로서는 (동의할 수는 없지만) 이해할 수 있는 부분이다. 만약 그것이 주권자(국민)에게 부당하다고 여겨진다면 다음 선거에서 정권 교체를 통해 이를 바꾸면 될 것이다. 새로운 헌법에 의해 국민은 그러한 힘을 얻게 되었다. 그러나 모리토가 목표로 삼았던 "양 민족이 손을 맞잡고 함께 성장해 나가는 것"을 위한 "최선의 노력"과, 이를 통해 쌓여가던 쌍방의 신뢰 관계를 요시다 정권은 국회 결의를 무시하고 신의를 저버리는 비열한 수단으로 짓밟았다고 말하지 않을 수 없다.

또한 이 시기에 요시다 정권이 취한 조치가 과연 합법적이었는지에 대한 재검토가 필요하다. 일련의 조치는 요시다 내각의 각의 결정에 근거한 것이었지만 정부 내부에서도 법무부가 "각의 결정 사항은 내부적인 합의에 불과하며 법적 근거가 없다"고 우려하고 있었다. 문부성에서도 "법령의 규정을 고의로 위반한 경우" 또는 "6개월 이상 수업을 하지 않은 경우"에만 "학교 폐쇄를 명령할 수 있다"는 학교교육법 제13조를

---

58 松下, 앞의 주47의 인용서, p.137(표4-1), 147, 151, 155.

조선인학교에 적용할 수 있는지, 또 폐쇄 명령을 내렸다 해도 강제 집행이 가능한지에 대한 법적 근거에 의문이 제기되었다. 그러나 실제로는 국가경찰과 시경찰을 동반하여 폐쇄 명령을 전달하고 즉각적인 수업 중지를 통보했으며, 수업을 중단하지 않을 경우 구속이나 기타 경찰 조치를 취하는 강제 집행이 이루어졌다. 같은 시기, 사립학교의 자율성을 존중하며 "지원은 하되 통제는 하지 않는다"는 원칙을 내세운 사립학교법 제정을 위한 준비가 진행 중이었다(1949년 11월 17일 법안이 국회에 제출되어 12월 1일 참의원에서 가결). 사립학교법이 성립되면 모리토 문부대신이 체결한 5·5 각서에 따라 이미 사립학교로 인가된 조선인학교에 대해 내각이 정한 정령 수준의 학교 폐쇄 조치를 취할 수 없게 되었을 것이다(이는 국회가 가결한 사립학교법이라는 법률에 위반되기 때문). 또한 조선인학교의 자율성을 법적으로도 존중해야 했을 것이다. 이러한 상황이 도래하기 직전에 요시다 정권은 조선인학교의 강제 폐쇄를 단행한 것이다.[59](사진 2-6-1) 만약 1949년의 조선인학교 폐쇄가 요시다 정권에 의한 법률과 정령의 남용이었다고 본다면, 사립학교로 이미 인가된 조선인 학교에 대한 강제 폐쇄 자체가 불법·무효가 될 가능성이 있다. 이는 현재까지 이어져 온 조선학교에 대한 각종 차별과 배제, 이를 둘러싼 논의와 법적 해석에도 근본적인 재검토를 요구할 수 있는 사안이다.

그럼에도 불구하고 재일코리안들은 자주학교, 공립학교, 민족학급 등의 형태로 민족 교육을 유지하려고 노력했다. 자주학교는 학교 폐쇄 조치에 응하지 않고 교육을 계속한 미인가 학교로, 1949년 당시 오사카, 효고, 아이치를 중심으로 40여 개가 있었다고 한다. 이러한 학교들은 폐쇄 압력을 받으며 관청의 허가 없이 운영되었기 때문에 교육 환경은 열악했다. 공립학교 또는 그 분교로 운영된 조선학교는 민족학교 폐쇄의

---

59 松下, 위의 주47의 인용서, p.97, pp.156-158, 170-171.

대안 조치로, 각 지역의 재일코리안들과 지방정부 간 협상을 통해 설립된 학교였다. 이러한 학교들에서는 모든 학생이 조선인이었으며 일본인 교사와 조선인 교사가 함께 수업을 진행했다. 수업에서

[사진 2-6-1] 아이치현 모리야마시 조선학원에 대한 강제 폐쇄 (1950년 12월)

조선어를 사용했으며 조선어와 조선 역사 등의 과목도 가르쳤다. 이 학교들은 도쿄도 15개교, 가나가와현 5개교, 아이치현 3개교, 오사카부 1개교, 효고현 8개교, 오카야마현 12개교, 야마구치현 1개교 등 총 45개교에 달했다. 공립학교 내에 설치된 민족학급은 다양한 유형이 있었다. 예를 들어, 국어나 사회 등 특정 과목 시간에 조선인 학생들만을 모아 조선어 등의 수업을 진행하는 추출형 학급, 방과 후에 운영되는 과외 학급, 조선인 학생들로 구성된 별도의 학급을 만들어 하루 종일 해당 단위로 수업을 진행하는 형태 등이 있었다. 이러한 민족학급은 오사카(大阪), 교토(京都), 시가(滋賀), 이바라키(茨城), 후쿠오카(福岡) 등을 중심으로, 가가와(香川), 야마가타(山形), 기후(岐阜), 지바(千葉), 미에(三重) 등지에도 설치되었다.

그 후 1952년 4월, 요시다 정권은 샌프란시스코 평화조약 발효에 맞춰 법무부 민사국장 통달을 통해 재일조선인 및 대만인의 일본 국적 '상실'을 통보하면서, 재일코리안에 대한 취학 의무의 폐지를 통보했다. 문부성은 1953년 2월 11일, 초등중등국장 명의로 각 도도부현 교육위원회에 발송한 통달 「조선인의 의무교육 학교 취학에 대하여」(문초재 제74호)에서 다음과 같이 지시했다. "평화조약 발효 이후 재일조선인은

456

일본 국적을 보유하지 않게 되었으며... 일반 외국인과 동일하게 취급된다. 따라서 취학 연령에 해당하는 외국인을 학령부에 등재할 필요는 없으며, 외국인을 호의적으로 공립 의무교육 학교에 입학시킨 경우에도 의무교육 무상의 원칙은 적용되지 않는다." 그러나 "조선인에 대해서는 종래의 특별한 사정이 있으므로... 가능한 한 편의를 제공하는 것을 원칙으로 삼고 상황이 허락하는 한... 종전처럼 입학을 허가한다." 이로써 재일코리안 아동들은 의무교육 대상에서 제외되었다.

제1부에서 살펴본 제1차 세계대전 이후 강화조약 및 소수민족조약의 학교 교육 관련 조항과 비교하면, 그 간극의 크기에 놀라지 않을 수 없다. 1940년대 말, 일본 국적자라는 이유로 일본의 학교교육법 등을 따라야 한다며 조선인학교를 폐쇄했으면서, 불과 2~3년 후에는 일본 국적을 상실했기 때문에 의무교육 대상이 아니라고 주장했다. 그리고 '호의'로 입학을 허가하는 경우에도 의무교육 무상의 원칙을 적용하지 않겠다고 하며 일본 학교에서 재일조선인을 배제하려 했다. 그럼에도 불구하고 국세와 지방세 납세의무는 일본인과 동일하게 계속 부과했다는 조치에서 필자는 전혀 도덕성과 합리성을 찾을 수 없다. 이러한 중앙정부의 방침에 따라 도쿄도에서는 1953학년도부터 재일조선인 가정에 입학 통지서를 발송하지 않았고, 입학을 희망하는 조선인 아동과 학생들에게는 "조선어, 조선 역사, 조선 지리 등 소위 민족 과목은 일체 교육하지 않는 것에 동의합니다" 등의 조건을 명시한 서약서를 작성하도록 요구했다고 한다.[60] 이는 마이너리티 권리에 대한 중대한 침해다.

(5) 북한에 의한 민족학교 지원과 한국의 냉대

재일코리안 사회에서는 조련의 강제 해산(1949년 10월) 이후, 후속 단

---

60   吳永鎬『朝鮮学校の教育史』明石書店, 2019, pp.66-69.

체였던 민전(재일조선통일민주전선, 1951년 1월 결성)을 거쳐, 1955년 5월에 재일본조선인총연합회(총련)가 결성되었다. 총련은 교육 전문 부서를 두고 민족 교육에 주력하며 자주학교를 늘렸고, 1956년 4월 10일에는 도쿄도 고다이라시(小平市)에 조선대학교를 설립하기도 했다. 이러한 가운데 1957년 4월 19일 조선민주주의인민공화국(북한)은 재일코리안들에게 막대한 교육 지원금과 장학금을 제공했다.

앞서 언급했듯이 1955년 10월, 일본 국회의원 방북단에 대해 김일성 주석은 재일조선인의 수용과 귀국 비용을 부담하겠다고 표명했다. 그와 동시에 재일조선인 자녀를 위해 조선 정부가 교육 지원금과 장학금을 보내겠다고 제안하며 일본 정부의 수용을 요청했다. 국교가 없는 상황에서 다양한 채널을 통해 협상이 진행된 결과, 1957년 3월 기시 노부스케(岸信介) 총리가 국회에서 수용을 표명하기에 이르렀다. 같은 해 4월, 조선적십자회에서 일본적십자사로 위임하는 형태로 제1차 교육 지원금이 전달되었다. 김일성 정권 측은 동서냉전을 반영한 한반도의 남북 대립 속에서 '귀국사업'과 연계하여 한국 및 세계에 사회주의 국가의 우위를 과시하려는 정책적 의도를 가진 것으로 보인다. 실제로 이는 재일조선인 사회에 큰 정치적 영향을 미쳤다. 일본의 공적 기관으로부터의 지원이나 학교로서의 대우조차 받지 못하는 역경 속에서 민족 교육의 불씨를 끄지 않으려 애썼던 재일조선인들에게 당시 5천만 원(일본 엔화로 약 1억 2,100만 엔)의 교육 지원금과 장학금은 '생명의 물과도 같은 감사한 존재'로 여겨졌다. 이 교육 지원금 덕분에 민족 교육 재정 상황은 크게 개선되었으며 초급학교 수업료 무료화, 교과서 비용 대폭 인하, 빈곤 아동 및 학생을 위한 학습 장려금, 조선대학교 건설 및 해당 대학생들에게 장학금을 제공하는 등의 일이 실현되었다. 김덕룡(前 조선대학교 교원)은 그의 저서 『조선학교의 전후사』에서 이 교육 지원금과 장학금의 송금이 "재일조선인들 사이에서 '조선의 해외 공민'으로서의 의식을 높이는 정치적 효과"를 가져왔으며, "재일조선인과 사회주의 조국을 더욱 강력하게 결속시키는 정치적 효과를 불러일으킨 점에서 획기적인 의미를 가졌다"고 말했다.[61] 되돌아보면 약 95%가 한반도 남부, 즉 현재의 한국 출신인 재일조선인들 사이에서 북한 지지자의 비율이 증가한 것은, 한편으로 동서냉전을 배경으로 한 GHQ와 요시다 시게루를 비롯한 일본 보수 정권의 민족 교육 억압이 초래한 결과였다고도 할 수 있다.

그 냉전에 따른 부정적 순환은 1965년 한일조약 때에도 작용했다. 재일코리안 대부분은 한국령 내 출신이므로, 원래라면 한일조약에서 한국 정부가 그들의 민족 교육을 보장하기 위한 조치를 취했어야 했다. 그러나 군사 독재 정권인 박정희 정부는 인권 중시나 마이너리티 권리에 대한 관점을 전혀 가지고 있지 않았다. 북한과의 대결과 승리를 최우선과제로 삼은 박정희 정권은 재일코리안들이 간신히 유지해온 민족 교육을 지원하기는커녕 조선학교가 북한을 지지하는 조총련과 연계되어 있다는 이유로 이를 폐쇄하려 했다. 1965년 4월 23일에 열린 제7차 한일 전면 회담 및 한일 법적 지위협정 위원회의 제26차 회의에서, 한국 대표 측은 "조총련계 학교를 폐쇄해야 하지 않겠는가"라는 의견을 제기했다. 이에 일본 측이 "일본 정부가 조총련계 학교를 '정리'할 경우, 재외국민 보호의 관점에서 외교적으로 항의할 것인가"라고 묻자, 한국 측은 그러한 항의는 하지 않을 것이라는 뜻을 밝혔다.[62]

이렇게 한국 측의 '내락(內諾)'을 얻은 일본 정부는 민족 교육과 조선학교의 '정리'에 나섰다. 한일조약 발효 10일 후인 1965년 12월 28일,

---

61 김덕룡, 앞의 주47의 인용서, p.167, p.172.
62 田中宏「高校無償化法における『高等学校の課程に類する課程』に関する意見書」朝鮮学校「無償化」排除に反対する連絡会記録編集委員会編『高校無償化問題が問いかけるもの──朝鮮学校物語2』花伝社, 2023, pp.158-159.

일본 정부는 각 도도부현의 지사와 교육위원회에 두 가지 문부사무차관 통달을 발송했다. 하나는 "일본국에 거주하는 대한민국 국민의 법적 지위 및 대우에 관한 일본국과 대한민국 간 협정에서의 교육 관계 사항의 실시에 대하여"(문초재(文初財) 제464호)라는 제목의 통달이다. 재일한국인의 법적 지위협정에는 대한민국 국민에 대한 교육에 관해 일본 정부가 "적절하게 고려한다"라고 명시되어 있지만, 이는 영주를 허가받은 재일한국인이 일본의 공립 초·중학교 입학을 희망할 경우 이를 허용하는 조치를 취한다는 의미일 뿐, "교육과정의 편성과 실시와 관련하여 특별한 취급"을 하는 것은 아니며, 조선인의 교육은 "일본인 자녀와 동일하게 취급한다"라는 내용을 담고 있다.

또 하나는 "조선인만을 수용하는 교육시설의 취급에 대하여"(문관진 제210호)라는 제목의 통달이다. 이 문서에서는 재일한국인이 일본의 공립 초·중학교에 입학할 수 있도록 허용한 것은 "조선인 자녀에게 우리나라 공립학교에서 특별한 교육을 시행하는 것을 인정하는 취지가 아니다"라고 강조하며, "조선인만을 수용하는 공립 초등학교 분교에 대하여 법령에 위반되는 상태의 시정이나 그 외 학교 교육이 정상화되었다고 인정되지 않을 경우"에는 해당 분교의 폐지를 검토할 것을 지시했다. 또한 "조선인만을 수용하는 공립 초등학교 또는 중학교 및 이들 학교의 분교나 특별 학급은 앞으로 설치해서는 안 된다"고 명시했다. 더불어 조선인만을 수용하는 사립 교육시설, 즉 조선인학교에 대해서는 "학교교육법 제1조에 규정된 학교의 목적에 비추어 이를 학교교육법 제1조의 학교로서 인가해서는 안 된다"며, "조선인으로서의 민족성 또는 국민성을 함양하는 것을 목적으로 하는 조선인학교는 우리나라 사회에 있어 각종 학교의 지위를 부여할 적극적인 의미를 가진 것으로 인정되지 않는다"며 이를 각종 학교로 인가하지 말 것을 지시했다.

(6) 혁신 자치체의 등장과 조선학교의 인가

각종 학교는 「학교교육법」 제1조에 해당하는 학교(공립·사립의 유치원, 초·중·고등학교, 대학교 등)가 아닌 피아노 교실이나 스포츠 클럽과 같은 시설로, 조선학교를 이들과 같은 수준의 학교로도 인정하지 않는다는 것이 사토 에이사쿠(佐藤栄作)(자민당) 정권의 의사 표시였다. 그러나 그 지시에 따르지 않고 조선학교를 각종 학교로 인가하는 도도부현들이 나타나기 시작했다. 이를 주도한 것은 '혁신 자치체'의 수장이었다. 1960년대 이후 급속한 도시화와 공업화로 인해 생활 환경이 악화되면서 주민들의 지역 사회에 대한 관심이 높아졌고, 중앙집권적인 경제 개발 노선을 추진하던 자민당 정권에 비판적인 주민 운동이 확산되었다. 그 결과 사공(사회당과 공산당)이나 사공민(사회당·공명당·민사당) 등 혁신(비자민) 계열 여러 정당의 지지를 받아 당선된 수장들이 도시 문제의 해결을 바라는 지역 주민들의 기대를 짊어지고 등장했다. 미노베 료키치(美濃部亮吉) 도쿄도지사(1967~79년)와 나가스 가즈지(長洲一二) 가나가와현(神奈川縣) 지사(1975~95년) 등이 이끄는 지방 정권이 "혁신 자치체"로 불리며 도시 환경 및 공해 대책, 복지의 확충, 내부 국제화(민간 외교) 등을 내걸었다. 도시 지역을 중심으로 확산된 혁신 자치체는 1970년대 중반에 약 150개에 달했으며, 주민 참여와 정보 공개 등을 통해 지방행정의 민주화가 진전되었다. 혁신 자치체를 기반으로 시민 사회와 인권 의식도 높아졌다.[63]

---

63 제2차 대전 후의 일본에서는 전쟁전 적인 것을 최대한 계승하려고 한 수구파가 보수(정당)로, 그것을 부정하고, 새로운 헌법 아래에서 민주화를 진행하려고 한 진보파가 혁신(정당)으로 불렸다. 그것은 전쟁 전의 일본을 긍정하느(보수)냐, 부정하느(혁신)냐의 대립이기도 했다. 혁신은 전쟁 전의 (오래된) 일본 제국적인 요소에 비판적이었고, 전후 헌법이 (새롭게) 가져온 평화주의(9조), 민주주의, 개인적 권리 등을 긍정하고, 군비 강화에 반대했다. 경제면에서는 기업(경영자) 우선의 (기존의) 자본주의 경제를 비판하고, (기존에 없던) 노동자 보호와 생활보장을 위한 국가 개입을 주장했다. 이에 반해 보수는 신헌법의 전쟁

　도쿄도에서는 경제학자 출신의 미노베 도지사가 1968년 4월 조선대학교를 각종 학교로 인가했다. 미노베는 전전의 천황기관설로 잘 알려진 헌법학자 미노베 다쓰키치(美濃部達吉)의 아들로, 호세이대학(法政大學)과 도쿄교육대학 교수, 그리고 마이니치신문 논설위원 등을 역임했다. 이후 1967년 4월 도쿄도지사 선거에서 사회당·공산당의 추천을 받아 출마했으며, 자민당·민사당 추천의 마쓰시타 마사토시(松下正壽)와 공명당 추천의 아베 겐이치(阿部憲一)를 꺾고 당선되어 최초의 혁신 도정(都政)이 탄생했다. 미노베는 도민 참여를 중시하며 평화헌법의 가치를 도정에 반영했다. 그는 미인가 보육소에 대한 지원, 고령자 의료비의 무료화(도쿄도가 비용을 부담하는 형태) 등 복지 정책과 자동차 배출가스 규제 등 공해 대책에 힘썼다. 리버럴(liberal)하고 좌파적(북유럽식 고도 복지 사회적)인 도정으로 지지를 넓혔으며, 2기째인 1971년 선거에서는 사상 최다인 361만 표를 획득하며 재선에 성공했다. 그는 1979년 4월까지 3기 12년 동안 도지사를 역임했다.

　도쿄조선학원은 1959년 이래로 매년 도쿄도에 각종 학교로서의 인가를 신청했지만 도쿄도는 이를 접수조차 하지 않았다. 이에 대해 미노베는 도지사 취임 3개월 반이 지난 1967년 8월 6일에 신청을 접수하고, 인가에 반대하는 사토 에이사쿠 정권하의 문부성 및 자민당과 맞서며, 이듬해 1968년 4월 17일에 조선대학교의 인가를 단행했다. 이후 기자회견에서 미노베는 세계인권선언이 규정한 교육의 자유와 권리, 헌법 등을 준수하여 인가를 결정했다고 밝혔다. 미노베의 선진적인 정치적

포기나 상징 천황제에 비판적이며 재군비나 천황의 원수화를 지향하게 된다. 경제면에서는 (기존의) 기업(경영자) 우선의 자본주의 경제를 유지하는 입장에 섰다. 이것이 55년 체제기의 보수와 혁신이지만 전쟁 전의 혁신은 전후와는 정반대의 급진적인 국수주의자나 전체주의적인 혁신 관료 등을 가리켰다. 자세한 것은, 岡本雅享「保守とリベラル、右派と左派—日本政治のための概念整理(前編)」『福岡県立大学人間社会学部紀要』第29巻2号, 2021.3, pp.79-84를 참조.

접근법은 일본 전역의 지방자치단체에 큰 영향을 미쳤다고 평가된다. 조선학교와 관련해서도 수도인 도쿄도가 민족 교육의 최고 학부인 조선대학교를 인가한 것은 큰 충격을 주었으며 그 후 일본 전역의 도도부현에서 조선학교를 각종 학교로 인가하는 사례가 잇따랐다. 1975년까지 전국의 모든 조선학교가 각종 학교로 인가를 받게 되었으며 문부성은 이를 사실상 묵인하게 되었다.

그러나 그로부터 20~30년이 지난 1996년 8월, 야마구치현이 시모노세키(下関)조선초중급학교의 교사 개축을 위한 기부금을 세제상 우대되는 "지정 기부금"으로 취급해 달라고 신청했을 때, 하시모토 류타로(橋本龍太郎) 정권하의 문부성은 1965년 12월 문부사무차관 통달(문관진 제210호)을 반복하며 "조선인학교가 도도부현으로부터 각종 학교로 인가된 현실을 감안해 대응해 왔지만 문부성으로서는 조선인학교를 각종 학교로 적극적으로 인정하는 것은 아니다"라고 밝혔다. 또한 "1965년 사무차관 통달의 내용은 변경하지 않았으며 새로운 방침을 변경할 상황에도 있지 않다고 인식한다"며 1965년 통달이 여전히 유효하다는 점을 알렸다(下関朝鮮初中級学校の指定寄付について).[64] 이와 관련해 1997년 2월 20일 열린 참의원 문교위원회에서 "조선인학교 등 민족학교 졸업생의 대학 수험 자격"에 대해 질문한 모토오카 쇼지(本岡昭次) 의원(민주당)은 1965년 12월의 문부사무차관 통달을 언급하며, 30년이 지난 통달에도 불구하고 그 사이 국제 인권 규약, 아동권리협약, 인종차별철폐조약 등을 비준했음에도 불구하고 "왜 조선인 민족학교만을 눈엣가시로 여기는가"라고 물었다. 이에 대해 고스기 다카시(小杉隆) 문부대신은 "우리나라의 학교 교육 체계의 근간에 관련된 문제"라고 답변했다.[65]

---

64 「朝鮮学校は公益に資さぬ—文部省、寄付の税優遇認めず」『朝日新聞』版本社版, 1997년 8월 7일 석간.
65 第140回 国会参議院文教委員会 会議録 第2号, 1997년 2월 20일, pp.26-27.

그리고 21세기에 들어서기 전까지, 전국 국립대학과 공립·사립대학의 약 절반이 조선고급학교 졸업생의 수험을 인정하지 않는 상태가 계속되었다.

3. 민족 교육을 둘러싼 유엔 인권기구에서의 질의와 권고

조선학교는 졸업생의 대학 입학 자격 인정을 얻기 위해 지속적으로 문제를 제기했으나 1997년 당시 문부성의 방침에 따라 전국 국립대학 98곳과 공립대학 53곳 중 23곳(43%), 사립대학 422곳 중 203곳(48%)이 조선고급학교 출신의 수험을 인정하지 않는 상태였다.[66] 앞서 언급했듯이, "조선학교는 공익에 기여한다고 보기 어렵고 각종 학교로 보호를 제공해서는 안 된다"는 문부성의 방침이 계속 유지되었기 때문이다. 그러나 이러한 문부성의 방침에 대해 마이너리티 권리(Minority Rights)의 관점에서 민족 교육을 바라본 국제 인권조약 기구들의 활동이 점차 변화의 계기를 마련해 갔다. 이하에서는 필자가 직접 관여했던 HRC(제3, 4차 심사)와 CERD(제1, 2차 심사)를 중심으로 그 경위를 살펴보고자 한다.

(1) 심의의 단서—자유권 규약 위원회와 아동권리 위원회(1993~1998년)

유엔 인권조약 기구에서 처음으로 조선학교 문제를 제기한 것은 1993년 10월 HRC(자유권 규약 위원회)에서 열린 제3차 일본 심사였다. 이

---

66 「公私大『朝鮮高校OK』―受験に『独自判断』50%超す」『朝日新聞』大阪版, 1997.9. 21. 민족학교 출신자의 수험자격을 요구하는 전국연락협의회가 1996~97년 봄까지 조사한 결과, 공립대 53개교 중 30개교(57%), 사립대 422개교 중 219교(52%)가 조선고급학교생의 수험을 인정하고 있다는 기사로부터 역산했다.

심사에서 앞서 언급된 야하타 아키히코(八幡明彦)가 중점적으로 대화를 나눈 인물은 히긴스(Rosalyn Higgins) 위원이었다. 히긴스 위원은 코리안과 관련해 앞서 언급된 자유권 규약 제27조의 권리 대상 인정 문제와 귀화 시 일본식 이름으로의 변경 문제를 언급한 뒤, "사실 확인을 위한 질문(tiny questions)"이라며 연금 문제와 함께 "조선학교에서 대학으로의 진학에 문제가 있는가"와 "조선학교 학생들에게 통학 정기권의 학비 할인이 적용되지 않는 것이 사실인가"를 물었다. 이에 대해 일본 외무성 인권난민과장은 조선학교가 '특별한 학교(special school)'로서 각 도도부현 지사의 인가를 받아 운영되는 '외국인학교(alien schools)'이며, "특별한 학교에서의 교육 내용에 대해 특정한 법규가 없기 때문에 그 졸업생이 고등학교 졸업생과 동등한 자격을 갖추고 있는지 확인하기 어렵다"며 일본 대학 입학 자격이 없다고 답했다. 또한 통학 정기권의 학비 할인은 "학교교육법 제1조가 규정하는 초·중·고등학교 학생에게 적용되며, 조선학교를 포함한 외국인 학교에는 적용되지 않는다"고 답했다.[67]

그 질의를 거쳐 당시 HRC(자유권 규약 위원회)가 심사 후 채택한 '의견(Comments)'의 "영주하는 코리안, 부락 출신자, 아이누민족 등 사회 집단에 대한 차별적 관행이 계속되고 있는 것에 우려를 표한다"는 '주요한 우려 사항'에 조선학교 학생들이 직면한 문제도 포함된 것으로 볼 수 있다. 히긴스 위원이 제기한 JR 통학 정기권 할인 문제는 이듬해인 1994년도부터 조선학교의 아동·학생들에게도 적용되었다. 일본 정부가 히긴스 위원의 의견을 의식하고 있었음을 보여주는 또 다른 사례는 이후 작성된 제3차 보고서에 '한국·조선인 아동·학생에 대한 각종

---

67 Japan Federation of Bar Association (JFBA), *Record of the Human Rights Committee Meeting on the Third Periodic Report of Japan*, Tokyo, March 1995, para. 173, 292, 295.

정기 승차권 할인'이라는 항목을 신설하여 이를 설명한 점에서 확인할 수 있다.[68]

이 1993년 가을의 HRC(자유권 규약 위원회)를 시작으로 조약 기구들은 조선학교 학생들이 직면한 문제에 주목하기 시작했다. 1998년은 5월에 아동권리위원회(CRC, 아동권리협약 제1차 보고서)와 10월에 HRC(자유권 규약 제4차 보고서) 등 두 조약 기구의 일본 심사가 겹친 해였다. 먼저, CRC는 일본 심사 후 동년 6월 5일 채택한 총괄 의견(Concluding Observations)에서 무차별(nondiscrimination)의 일반 원칙(제2조), 아동의 최선의 이익(제3조), 아동의 의견 존중(제12조) 등이 아이누나 코리안 등 민족적 소수자(national and ethnic minorities) 및 사회적으로 약한 위치에 있는 아동들에게 관련된 법 정책이나 제도에 충분히 반영되지 않았다고 지적했다. 또한 조선민족 출신(Korean origin) 아동들이 평등하게 고등교육기관에 접근할 수 없는 상황에 대해 특히 우려를 표명하며 코리안과 아이누 등 소수자 아동(minority children)에 대한 차별적 대우를 제거할 것을 권고했다.[69]

이 CRC의 권고를 바탕으로 같은 해 10월에 예정된 HRC 제64차 회기에서의 제4차 일본 심사를 앞두고 필자 등은 몇 가지 점에서 정부의 견해를 미리 밝혀낼 필요가 있다고 판단했다. 민족 교육과 관련하여 일본 정부는 자유권 규약 제3차 보고서에서 "재일한국·조선인이 우리나라의 학교 교육을 희망하지 않는 경우 한국·조선인 학교에 다니는 것도 가능하다. 한국·조선인 학교에 대해서는 대부분 각종 학교(miscellaneous schools)로 도도부현 지사의 인가를 받고 있으며 그 자율성은 존중되고 있다"고 기술하고 있었다(제4차 보고서에서는 조선학교에 관한 기술이 없음). 또한 앞서 언급된 CRC에서 정부 대표(문부성)는 조선학교나 인터내셔

---

68 国連文書CCPR/C/79/Add. 28, 5 November 1993, para. 9. CCPR/C/115/Add.3, 1 October 1997, para. 28.

69 国連文書CRC/C/15/Add. 90, 24 June 1998, para. 13, 35.

널 스쿨 등 외국인 학교에 대해 "각종 학교라는 카테고리를 설정하여 자유로운 교육을 보장하고 있다"고 답변했다.[70] 이러한 발언들은 "조선인으로서의 민족성 또는 국민성을 함양하는 것을 목적으로 하는 조선인 학교는 우리나라 사회에 있어 각종 학교의 지위를 부여할 적극적인 의미를 가진 것으로 인정되지 않으므로 이를 각종 학교로 인가해서는 안 된다"고 하는 문부사무차관 통달(문관진 제210호)과 모순되었다. 이에 필자가 초안 작업에 협력한 다케무라 야스코(竹村泰子) 참의원 의원이 제출한 "재일한국·조선인의 시민적 권리 등에 관한 질문 주의서"(1998년 8월 10일, 내각참질(內閣参質) 143제1호)에서, 이 통달이 "현재는 효력을 상실한 것으로 보아도 되는가"라고 물어보도록 요청했다.

이에 대해 "해당 통달에 관해서는 발행 이후 그 내용을 변경하는 조치를 특별히 취하지 않았으며 그 효력을 상실하지 않았다"는 오부치 게이조(小渕恵三) 내각총리대신의 답변서(1998년 9월 18일)가 돌아왔다.[71] 이에 따라 문관진(文管振) 제210호 통달과 다케무라 의원의 질문 주의서, 총리의 답변서를 정확히 번역한 영어판을 RAIK(재일한국인문제연구소)를 비롯한 13개 단체가 작성한 공동보고서에 포함시켰다. 이 보고서를 미리 HRC 사무국에 송부하고, 필자 본인이 직접 이를 들고 HRC 제64차 회기가 열리는 제네바로 향했다. 송부한 NGO 보고서는 HRC 사무국에서 각 위원에게 사전에 전달된다고 들었지만, 현지에 도착했을 때 위원들에게 배포되지 않은 상태였고 필자가 직접 나서서 이를 배포하게 되었다.[72]

---

70 国連文書CCPR/C/70/Add. 1, 30 March 1992, para. 50. 子どもの人権連 외, 앞의 주29의 인용서, p.257.

71 内閣総理大臣小渕恵三 「参議院議員竹村泰子君提出在日韓国·朝鮮人の市民的権利等に関する質問に対する答弁書」 答弁書第1号, 内閣参質143第1号, 1998. 9.18.

72 Research-Action Institute for the Koreans in Japan (RAIK) and other 13 organizations, *Joint NGO Report Regarding Rights of Japan's Korean Minority for Consideration of the Fourth Periodic Report Submitted by the*

같은 해 10월에 진행된 제4차 심사에서 HRC(자유권 규약 위원회)는 질문 목록 2(b) "규약상의 권리 확보"(제2조)에서 "조선민족 출신(Korean origin)의 아이들이 고등교육에 평등하게 접근할 수 있는가? 정부는 차별적 행위를 제거하기 위해 어떤 조치를 취할 계획인가?"라고 물었다. 이에 대해 일본 외무성 인권난민과장이 다음과 같이 답변했다. "한국·조선인 학교를 포함한 국내의 외국인 학교는 대부분 각종 학교로 분류되며 각종 학교의 교육 내용에 대해서는 법령상 특별한 규정이 마련되어 있지 않습니다. 따라서, 해당 졸업생이 일반적으로 고등학교 졸업생과 동등 이상의 학력을 갖췄다고 인정하기 어렵기 때문에 대학 입시 자격을 인정하지 않고 있습니다. 이는 학교교육법 제1조에서 규정한 학교와 각종 학교의 구분에 근거한 것으로, 자유권 규약 제2조에서 규정된 차별에 해당하지 않는다고 생각합니다."[73]

이에 대해 에콰도르 출신의 프라도 발레호(Julio Prado Vallejo) 위원은 "조선학교 학생들에 대한 명백한 차별이 존재한다. 그들은 일본 국립대학에 입학하려 해도 받아들여지지 않는다"며, 이것 또한 제2조에 따른 차별이며 일본이 규약에 서명한 시점에서 규약 제2조의 규정을 충족시키기 위해 국내법을 개정했어야 한다고 지적했다. 이에 대해 문부성 대표는 다음과 같이 답변했다. "재일코리안 아이들은 우리나라의 정규 학교에 입학하고 그곳을 졸업함으로써 대학 입학 자격을 얻는 길도 보장되고 있다. … 스스로의 의사에 따라 외국인 학교에 입학한 경우에는, … 대학 입학 자격을 얻을 수 없다." 또한 "외국인 학교에 입학할지 일본의 초·중학교에 입학할지 선택할 수 있다"는 점에서 "규약

Japanese Government in Accordance with Article 40 of the ICCPR, RAIK, September 1998.

73 이하, HRC 제64회기의 일본 심사에서의 질의는, 岡本雅享「在日コリアン・マイノリティ」国際人権NGO ネットワーク編『ウォッチ！規約人権委員会—どこがずれてる？人権の国際規準と日本の現状』日本評論社, 1999, pp.96-116에서 인용.

에 명시된 차별에 해당하지 않는다"고 말했다.

이러한 질의를 바탕으로, 필자가 중점적으로 대화를 나눈 위원 중 한 명인 콜빌(Colville) 위원이 다음과 같이 발언했다. "재일코리안들은 당연히 자신의 문화와 언어에 기반한 교육을 받고자 하는 바람이 있다. 30년 이상 해결되지 않은 문제가 있다". 그는 1965년 12월 28일의 문부사무차관 통달을 언급하며 이렇게 말했다. "이 통달은 여전히 유효한 것으로 알고 있다. … 이 통달은 이들 교육시설을 이용하고자 하는 사람들에 대해 아주 차별적이지 않은가. … 대표단의 말을 통해 이들 학교에 다니는 학생들이 고등교육을 받는 데 있어 다양한 장애에 직면한다는 사실을 확인했다. 많은 대학에 받아들여지기 전에 동화의 과정을 거쳐야만 한다. 일본 학교에 입학할 선택지가 있다는 점은 알고 있다. 그러나 왜 그렇게 해야만 하는가." 이후 칠레 출신의 메디나 키로가 (Cecilia Medina Quiroga) 위원도 콜빌 위원의 의견에 동의를 표했지만 일본 외무성 인권난민과장은 콜빌 위원의 의견에 대해 추가적인 답변은 하지 않겠다고 밝혔다.

그 결과 HRC(자유권 규약 위원회)는 심의 후 같은 해 11월 5일에 채택한 총괄 의견의 "주요 우려 사항과 권고"에서 다음과 같이 명시했다. "위원회는 조선학교가 승인되지 않은 것을 포함하여 일본 국민이 아닌 일본의 코리안 소수자에 속하는 사람들에 대한 여러 차별 사례에 대해 우려를 표한다. 위원회는 체약국(締約国)에 규약 제27조에 따른 보호는 국민에게만 한정되어서는 안 된다는 포괄적 견해 제23호(1994년)를 주목하도록 촉구한다."[74] 같은 해 8월 교토대학교 대학원 이학(理学)연구과가 조선대학교 졸업생의 수험을 독자적으로 인정한 사례에 힘입어 문부성은 이듬해인 1999년 7월 8일 조선대학교와 인터내셔널스쿨 졸업

---

74 国連文書CCPR/C/79/Add.102, 19 November 1998, para. 13.

생들에 대해 개별 심사를 통해 대학원의 수험을 인정하고 조선학교 학
생들도 대학입학자격검정(대검)을 볼 수 있도록 함으로써 일본 국립대
학 수험의 길을 열겠다는 방침을 밝혔다. 이는 한 걸음 진전된 조치였
으나 조선학교 졸업을 대학(학부)의 수험 자격으로 인정하지 않는 방침
은 유지되었다.

(2) 인종차별 철폐 위원회에서의 심사(2001년 봄)—혈연 논리에 따른 우대와 차별

마이너리티 권리(Minority Rights)에 관련된 다음 조약 기구의 심사는
2001년 봄의 인종차별 철폐 위원회(CERD)였다. 필자는 HRC에서 콜빌
위원 등의 지적을 참고하여(아이누민족에 대한 홋카이도 구토인(北海道旧土人)보
호법과 마찬가지로) 명백히 마이너리티 권리와 충돌하는 것으로 보이는
1965년 12월 28일의 문부사무차관 통달을 철폐하고자 했다. 필자 등
이 기초 작업에 협력한 후쿠시마 미즈호(福島瑞穂) 참의원 의원이 제출한
"국제 인권 규약 위원회 '최종 의견'에 관한 실시 상황에 대한 질문 주
의서"(2000년 6월 1일)는 HRC 심사의 후속 조치이자, 단기적으로는 2001
년 봄의 CERD 심사를 대비해 정부의 입장을 확인하기 위한 목적이 있
었다. 먼저, 1965년 12월 28일의 문부사무차관 통달(문관진 제210호)에
대해 "전적으로 차별적"이라는 의견이 HRC 심사에서 제기된 바 있었
고 이에 따라 앞서 언급된 다케무라 의원의 질문 주의서에 대한 오부치
총리의 답변서(1998년 9월 18일)에서 나타난 견해가 변했는지를 확인하
고자 했다. 주의서 에서는 HRC의 심의 내용을 기술한 뒤 다시 한번
"정부는 이 통달을 폐지하거나 개정할 의사가 있는가"라고 물었다.[75]
만약 재차 "변경이 없다"는 답변이 돌아온다면 이를 CERD에 제출할

---

[75] 福島瑞穂「国際人権規約委員会『最終見解』についての実施状況に関する質問主意
書」第147回 国会質問 제53호, 2000.6.1.

NGO 보고서에 영어로 번역해 HRC 제64차 회기까지의 질의 경과와 함께 CERD 위원들에게 제공할 계획이었다.

그러나 2000년 8월 25일 내각총리대신 임시대리(나카가와 히데나오)의 답변서는 다음과 같았다. "헤이세이(平成) 12년(2000년) 4월 1일 지방분권일괄법의 시행에 따라 이른바 기관위임사무제도가 폐지되고 사립 각종 학교의 설립 인가는 도도부현의 자치사무가 되었기 때문에 '개정 전의 지방자치법 제150조가 규정하는 지휘감독권 등에 근거하여 발행한' 해당 통달은 무효가 되었다는 이유로 1965년 12월 28일의 문부사무차관 통달은 '현재(2000년 4월 이후)는 효력을 상실하였다'"라고 답변했다.[76] HRC와 CRC에서의 질의를 거쳐 이 통달을 유지한 채 CERD 심사에 임하는 것은 현명하지 않다고 판단한 것으로 보인다. "코리안으로서의 민족적 정체성을 함양하는 학교는 일본 사회에 의의가 없다"는 인식을 정부가 수정했는지는 불명확했지만(마이너리티 권리를 명확히 부정하는) 해당 통달이 무효화되었다는 총리의 답변서를 이끌어낸 것은 한 걸음 진전을 이룬 것이라 평가할 수 있다. 다만 앞서 언급한 바와 같이 총리 답변서로 회신되는 질문 주의서는 역효과를 낳을 위험도 있기 때문에 그 초안 작업 및 제출에는 신중을 기해야 한다.

CERD(인종차별 철폐 위원회)는 2001년 3월 제58차 회기에서 일본 정부의 제1 · 2차 통합 보고서(유엔 문서 CERD/C/350/Add.2)를 심사했다. 그리고 정부 대표단이 귀국 후 제출한 서면 답변을 바탕으로 2001년 3월 20일 총괄 의견을 채택했다. 심의에서는 데쿠트 위원이 재일코리안 교육에 관한 제도적 차별을 지적했고 로드리게스 위원도 공교육에서 외국 국적 아동 · 학생들의 교육 상황을 언급했다.[77] 이는 체약국에 대해 "초

---

76 内閣総理大臣臨時代理中川秀直「参議院議員福島瑞穂君提出国際人権規約委員会『最終見解』についての実施状況に関する質問に対する答弁書」第147回国会答弁書第53号, 内閣参質 147第 53号, 2000.8.25.

등·중등 교육 및 고등교육으로의 진학(access)에 있어서 국민이 아닌 사람들에게 인종, 피부색, 출신 계열, 민족적 출신(national or ethnic origin)을 이유로 인종 분리적 학교 교육(segregated schooling)을 실시하거나 다른 기준을 적용하지 않을 것"을 권고한 CERD의 포괄적 견해 30(para. 31)을 근거로 한 것으로 보인다. 이에 대해 일본 문부과학성은 "일본 학교에서 교육을 받는 것을 원하지 않는 사람들을 위해 외국인 학교가 있으며, 재일 외국인은 일본의 정규 학교에 다니거나 외국인 학교에 다니며 민족 문화를 배우는 두 가지 선택지가 있다"고 답했다. 이는 "일본의 교육 제도의 포용성을 나타내며 민족 문화를 존중하는 관점과 일치하며, 인종차별이라는 관점에서 문제가 발생하지 않는다"고 밝혔다. 또한 "조선학교를 포함한 외국인 학교를 정부가 공교육의 일부로 인정하지 않는 것이 차별에 해당한다는 주장에는 동의할 수 없다"고 답했다.

한편 디아코누 위원은 "정부는 코리안을 자유권 규약 제27조에서 규정한 마이너리티로 인정하고 있는가", "100만 명에 가까운 인구를 가진 코리안에 대해 왜 마이너리티 스테이터스를 포함한 다양한 상태를 명확히 하는 법률을 제정하지 않는가", "다른 많은 국가에서는 이 정도 인구 규모의 마이너리티에 대해 일반적으로 시행하고 있는 것처럼 왜 일본의 교육 시스템에 코리아어 수업이나 이중 언어 수업이 존재하지 않는가" 등의 의문을 제기했다. 또한 손베리 위원은 "마이너리티의 권리는 언어와 교육 측면에서 더욱 널리 인정되어야 하며 재일코리안을 둘러싼 현재 상황에서 이중 언어 교육을 받을 권리의 보장이 매우 중요하다"고 언급했다.

이들 위원들의 질문과 의견에 대해 일본 문부과학성 대표는 "일본에

---

77 이하, CERD 제58회기의 일본심사 질의는, 岡本雅享「CERDの日本政府報告書審議と民族的マイノリティ問題」同監修, 앞의 주30의 인용서, pp.164-200에서 인용.

서 초등교육의 목적은 일본인을 그 사회의 구성원으로 교육하는 것이다"라며, 그러한 목적을 가진 의무교육을 외국 국적의 아동·학생들에게 부과하는 것은 적절하지 않으며 그러한 기준(목적)에 따르지 않는 학교(다문화 교육과정을 포함한 학교)를 공교육의 일부로 인정할 수 없다고 답변했다. 이는 일본 국내 국회 심의에서 오랫동안 의원들이 질문해도 답변하지 않았던 '학교 교육의 근간'이 무엇을 의미하는지를 유엔의 자리에서 명확히 밝힌 것이다.[78]

그 결과 CERD(인종차별철폐위원회)는 총괄 의견의 제15항에서 "일본에서 초등 교육의 목적은 일본인을 그 사회의 구성원으로 교육하는 것이다"라는 문부과학성의 '외국 국적 아동의 교육'에 대한 정부 입장에 대해 우려를 표명했다. 이 입장은 "그러한 목적을 가진 '의무교육'을 외국 국적 아동·학생들에게 부과하는 것은 적절하지 않으며 그러한 기준(목적)에 따르지 않는 학교(다문화 교육과정을 포함한 학교)를 공교육의 일부로 인정할 수 없다"고 밝힌 내용이다. CERD는 이러한 입장이 "인종 분리와 교육·훈련·고용에서의 권리 불평등을 초래할 우려가 있다"고 지적하며 인종이나 민족적 출신에 따른 차별 없이 교육을 보장하도록 규정한 제5조(e)를 이행할 것을 권고했다.[79] 또한 제16항에서는 다음 두 가지를 권고했다.

① 재일코리안 학생들이 고등교육 접근에서 불평등한 대우를 받고 있는 점에 대해 우려하며 이러한 코리안 등 소수자에 대한 학교 제도상의 차별적 대우를 철폐하기 위한 적절한 조치를 취할 것.

---

78 1989년 11월 29일 중의원 문교위원회의 조선고등학교 졸업생 대학수험 자격을 둘러싼 질의에서, 이시바시 카즈야 문부대신이 일본의 학교교육 체계의 근간에 관계되는 사항이라고 말한 데 대해 시마자키 조 의원(정치학자, 사회당)이 근간에 관계된다는 것은 무엇인지 물었을 때도 이를 밝히지 않았다. 第116回国会衆議院文教委員 会議録 第5号, 1989.11.29, p.20.

79 国連文書CERD/C/304/Add.114, 27 April 2001, para. 15.

② 조선어로 학습할 수 있는 환경이 공적으로 승인되지 않은 점에 대해 우려하며 일본 공립학교에서 '마이너리티 언어를 통한 교육'에 접근할 수 있도록 보장할 것을 권고했다.

앞서 언급한 일본 정부의 주장은 1980년대에 시작된 대학의 '귀국자녀' 특별 입학제도가 자녀들이 해외 유학 경험을 통해 얻은 어학 능력과 다른 문화 체험이 일본의 국제화에 기여한다고 보아 국립대학을 중심으로 적극적으로 도입되어 온 사실과 모순된다. 옥스퍼드대학교 교수인 로저 굿맨(Roger Goodman)은 『귀국자녀-새로운 특권층의 등장』(1992년)에서 '일본에서의 귀국자녀와 마이너리티 그룹'을 논하며, "마이너리티 그룹을 위한 특별한 학교는 일본 정부에 의해 억압받는 반면 귀국자녀의 경우에는 지원을 받았다"고 하는 격차에 주목했다. 그는 해당 저서의 결론에서 "교육에 있어서도 귀국자녀는 다른 마이너리티에 비해 훨씬 더 우대받고 있으며 … 오히려 일반 학생과 비교해도 훨씬 유리한 입장에 있다"고 지적했다.[80] 이러한 우대와 차별을 가르는 것은 민족의 차이(즉, 일본인인지 아닌지)라고 말하지 않을 수 없다.

CERD(인종차별철폐위원회)의 일본 심사 전 해(2000년), 모리 요시로(森喜朗) 총리의 자문기관인 교육개혁국민회의가 발표한 제1분과회 보고서는 '일본인으로'라는 제목으로 "일본을 조국으로 태어나 그 전통을 혈류 속에서 이어받고 … 그 역사를 갖지 않은 개인은 없다"고 주장하며, '공통된 조국을 가진 여러분께'로 마무리되었다. 이 보고서는 혈연 논리를 앞세워 다른 민족·문화에 의한 교육이 국내에서 이루어질 의의를 부정하고 다문화 교육을 배제하면서 이루어지는 애국심 교육이 우생주의적이고 편협한 민족주의를 조장한다고 지적되었다. 앞서 언급된 디엔(Dien) 보고서는 일본의 정체성 구축(identity construction of Japan)이

---

80 ロジャー・グッドマン『帰国子女—新しい特権層の出現』岩波書店, 1992, p.147, pp. 153-154, p.218.

나 일본사의 서술·교육 등이 차별의 근원(fundamental sources)이 되고 있으며 코리안이나 중국(한) 인 마이너리티에 대한 차별의 역사적·문화적 뿌리가 깊다는 인식이 일본 사회에 부족하다고 지적했다. 또한 일본 사회에서 차별과 외국인 혐오(xenophobia)를 만들어내는 "문화와 사고방식의 깊은 뿌리(deeper roots of the culture and mentality)"를 근절하기 위해 지적·윤리적 전략이 필요하다고 강조한 이유이기도 하다.

(3) 민족학급의 보장

1948년 5월 5일에 모리토 다쓰오(森戸辰男)가 조련(재일조선인연합회) 대표와 교환한 각서를 근거로 다음 날인 5월 6일에 문부성이 발표한 통달 「조선인학교에 관한 문제에 대하여」에서 요시다 시게루(吉田茂) 정권에 의해 철회되지 않은 부분이 있다. 그 내용은 "일반 초등학교에서 의무교육을 받는 동시에 방과 후 또는 휴일 등에 조선어 등의 … 독자적인 교육을 받는 것은 문제가 없다", "앞으로 조선인 교육 문제에 대해서는 각 지방청은 조선인 학교 책임자 및 문교 책임자의 의견을 충분히 청취한 후 해결에 노력하기 바란다"라는 조항에 근거하여 각 지방자치단체 수준에서 이루어진 민족학급이다.

메이지 헌법과 비교했을 때 일본국 헌법은 ① 천황에서 국민으로의 주권 전환, ② 전쟁의 포기, ③ "지방자치"라는 두 장이 추가된 점이 세 가지 주요 특징이라고 할 수 있다. 메이지 헌법하의 도도부현 및 시정촌은 국가의 지방행정기관에 불과했으나 전후의 그것들은 국민주권을 전제로 한 일본국 헌법 제92조에 따라 보장된 지방정부(Local Government=GHQ의 영어 헌법 초안)이다. 전 국민에게 책임을 지는 중앙정부와 달리 지방정부는 특정 지역의 자치단체 구성원에게 책임을 진다. 중앙정부(국)는 의회제 내각제를 중심으로 입법(국회), 행정(내각), 사법(최고재판소)의 삼권분립을 기본으로 하지만, 지방정부는 단체장(도지사나 시정촌장)과 대의원

(의회 의원)을 유권자가 직접 선출하는 이원대표제(대통령제)를 채택하고 있다. 이원대표제에서는 단체장이 유권자의 의사에 반하는 정치를 시도할 경우 의회가 이를 제지하는 등 유권자가 단체장과 의회의 견제와 균형 관계를 활용해 민의를 반영하기 쉬운 민주적인 정치 제도를 이루고 있다. 또한 대통령에 준하는 권한을 가진 단체장을 교체함으로써 정책의 방향을 완전히 바꾸는 것도 가능하다. 현행 헌법상 자치단체는 지역 주민의 정부이며 중앙정부의 지방행정기관이 아니기 때문에 앞서 언급한 미노베 도지사의 조선대학교 인가 역시 헌법에 위배되지 않는다. 반대로 중앙정부가 지방정부를 억지로 따르게 하려 한다면 헌법 위반이 된다. 이것이 민족학급이 38년에 걸친 55년 체제(보수 정당인 자민당에 의한 장기 일당체제) 아래에서 지방자치단체 수준에서 유지될 수 있었던 법제도적 이유이다.

오사카부에서는 1948년 6월 4일, 앞서 언급된 5월 6일의 문부성 통달을 근거로 부지사와 조선인 교육위원회 책임자 간의 협의가 이루어졌다. 이 협의를 통해 오사카부 독자의 각서가 교환되었으며 부내 공립 초·중학교에서 조선인 측이 위촉한 교사가 과외 수업을 진행하는 것 등이 합의되었다. 이에 따라 부내 총 10개 공립학교에서 민족학급이 시작되었다. 1950년대에는 부내 초·중학교 33개교에 민족학급이 설치되었고 36명의 조선인 교원이 채용되기에 이르렀다.[81]

오사카부(大阪府)와 마찬가지로, 5·5 각서와 5·6 문부성 통달을 근거로 교토부(京都府), 시가현(滋賀県), 효고현(兵庫県), 아이치현(愛知県), 야마구치현(山口県), 후쿠오카현(福岡県) 등 재일코리안이 집단으로 거주하

---

81 이하, 본 항에서 민족 학급에 관한 기술은 다음의 문헌에 근거한다. 金, 앞의 주 47의 인용서. 梁千賀子「大阪における民族学級の歴史と現状」『Sai』84호, 2020년 12월, pp.24-26. 洪里奈『ルーツのある子どもたち―民族学級という場所で』크레인, 2022, p.64. 金光敏「民族学級への消極的対応」동 감수, 앞의 주30의 인용서, pp.95-98.

는 지역에서도 지방정부가 임용한 조선인 교원(민족 강사)이 조선인 아동·학생들에게 민족의 언어와 역사를 가르치는 '민족학급(조선어 학급)'의 설치가 진행되었다. 그러나 1960년대에 들어 민족 강사에 대한 차별, 행정의 방치, 일본인 교직원의 이해 부족 등으로 민족학급은 쇠퇴하기 시작했고 폐지되거나 대폭 축소되었다. 또한 1965년 12월의 문부사무차관 통달을 근거로 공립학교에 설치된 조선(특별)학급의 폐지를 추진하는 교육위원회도 있었다.

1970년대에 들어 일본 사회의 인권 의식이 향상됨에 따라 재일코리안 아동들의 교육을 지역의 과제로 인식하는 움직임도 확산되었다. 이로 인해 1972년 오사카시립 나가하시(長橋)초등학교를 시작으로 1948년 각서에 의존하지 않는 민족학급이 등장하기 시작했다. 이는 아이들과 부모들의 염원을 받아들여 학교 교직원이 교직원 회의에서 제안하는 등의 과정을 통해 각 학교가 자발적으로 개설·운영하기 시작한 민족학급이다. 1980년대에는 민족교육촉진협의회(민속협, 1986년 발족) 등의 시민운동도 활발해지며 민족학급이 다시 활기를 되찾기 시작했다.

이러한 상황에서 1991년 1월 10일, 일본과 한국 사이에서 「한일 법적 지위협정에 따른 협의 결과에 관한 각서」가 체결되었다. 이는 1965년 「재일한국인의 법적 지위협정」에서 명시된 재일한국인 3세 이후의 지위 등에 관한 25년 후 협의의 결과로 이루어진 것이다. 해당 각서에는 교육에 관한 제3조 제1항에서 "일본 사회에서 한국어 등 민족의 전통 및 문화를 유지하고자 하는 재일한국인 사회의 희망을 이해하며 현재 지방자치단체의 판단에 따라 학교의 과외 활동으로 진행되고 있는 한국어 및 한국 문화 등의 학습이 앞으로도 문제없이 이루어질 수 있도록 일본 정부로서 배려한다"고 명시되어 있었다. 한편 한국에서는 1981년 광주 5·18 민주화운동 등 많은 희생을 치른 과정을 거쳐 민주화가 진전되었다. 1987년 6월에는 대통령 직접선거제 등을 요구하는 대규모 민주화 운동이 다시 일어났지만 5·18을 전두환과 함께 무력으로 탄압했던 군 출신 차기 대통령 후보인 노태우는 이를 수용하고 「민주화 선언」을 발표하며 군사 독재 정권의 종지부를 찍었다. 앞서 언급한 1991년의 한일 각서가 체결된 것은 1992년 12월 대선에서 박정희 이후 약 30년에 걸친 군 출신 대통령 시대가 끝나고 문민정부 시대로 전환되는 과도기였다. 이 시기에 한국 정부 역시 1965년과는 전혀 달라져 인권과 마이너리티 권리에 대한 배려를 하게 되었다.

앞서 언급한 1991년의 각서 내용이 문부성 초등중등교육국에서 각 도도부현 교육위원회 교육장에게 전달되었다(1991년 1월 30일자, 문초고(文初高) 제69호 통달). 이를 계기로 민족학급 설치 움직임이 탄력을 받았으며, 2019년 기준으로는 오사카부 전역에 184개교, 오사카시 내에만 108개교의 민족학급이 설치되기에 이르렀다. 그러나 문초고 제69호 통달에서 문부성이 독자적으로 기술한 문장은 재일코리안의 교육을 일본인과 동일하게 취급하고 교육과정의 편성 및 실시에서 특별한 취급을 하지 않아야 한다고 한 1965년 12월 28일자 문초재(文初財) 제464호 통달의 내용을 "과외활동에서 한국어 및 한국 문화 등의 학습 기회를 제공하는 것을 제한하는 것은 아니다"라는 소극적이고 제한적인 표현으로 유지한 것에 불과했다. 이는 재일코리안들이 자신의 문화를 향유하고, 자신의 종교를 신앙하며 실천하고, 자신의 언어를 사용할 권리를 부정하지 않기 때문에 자유권 규약 제27조의 마이너리티 권리에 관한 체약국 의무를 다하고 있다는 일본 정부의 주장을 반영하는 의식과 맞닿아 있다.

쉽게 말해 "방해하지 않으니 그걸로 충분하지 않느냐"는 논리일 뿐이다. 그러나 그것만으로 한국어와 한국 문화 등의 학습이 아무런 장애 없이 이루어지도록 일본 정부가 배려했다고 할 수 있을까? 부모들의 희망이 실현되어 공립학교 내에서 민족학급 등이 운영되고 있는 지역은 오사카, 교토 등 일부 지역에 불과하다. 이러한 민족학급은 자발적인 활동으로 간주되며, 민족 강사들의 헌신적인 노력, 보호자들의 열망, 그리고 일본인 교직원들의 지지에 의해 겨우 유지되어 온 것이 현실이다.

이에 대해 앞서 언급한 CERD의 권고는 방과 후 시간에 조선어와 역사를 가르치는 민족학급(가장 많은 오사카부에서도 공립 초·중학교의 10% 미만)의 보장 수준만으로는 ICERD 제2조 2항의 충분한 이행이라고 할 수 없음을 지적했다. 이 권고는 이중 언어 교육을 실시하는 민족(외국인)학교의 제도적 평등을 확보하면서, 일본 공립학교에서는 일본어 교육, 민족어 유지를 위한 바이링거(bilingual, 이중 언어 병용) 교육, 민족어 회복을 위한 민족어 교육으로 구분되는 이중 언어 교육을 아이누민족이나 아메라시안(Amerasian)도 포함한 다양한 마이너리티 집단에 적용할 수 있는 종합적 제도로 도입해야 한다는 점을 강조했다. 앞서 언급했듯이, 자유권 규약 제27조나 아동권리협약 제30조는 기본적으로 개인의 권리를 다루며 "부정되지 않는다"는 소극적인 표현을 취하고 있다. 반면, ICERD 제2조 2항은 "특정 인종 집단이나 그에 속하는 개인의 적절한 발전과 보호를 보장하기 위해" "특별하고 구체적인 조치를 취해야 한다"고 명시하며 훨씬 더 적극적인 표현을 사용하고 있다. 이로 인해 집단으로서의 민족 권리는 ICERD가 더 강하게 보장하고 있다. CERD가 민족적 마이너리티에 대해 특별하고 구체적인 조치를 취할 것을 HRC나 CRC보다 더 강력히 체약국에 요구해 온 이유이기도 하다.

앞서 언급한 CERD 이후 5개월이 지난 2001년 8월 하순 사회권규약위원회(CESCR)는 사회권규약 제2차 일본 심사를 진행했으며 같은 달 말에 채택된 일본에 대한 총괄 의견에서 다음과 같은 우려를 표명했다. 마이너리티 아동들이 공립학교에서 자신들의 언어(own language)로 자신들의 문화(own culture)에 관한 교육을 받을 기회가 매우 제한적이라는 점, 그리고 조선학교와 같은 마이너리티 학교(minority schools)가 중앙정부로부터 보조금을 받지 못하며 대학 입시 자격도 부여받지 못하고 있다는 점이다. CESCR는 이에 대해 공립학교의 공식 교육과정에 모국어 교육(mother-tongue instruction)을 도입하고 국가 교육과정에 부합하는 경우 조선학교를 비롯한 마이너리티 학교를 공식 인정하여 보조금 및 기타 재정적 지원을 받을 수 있도록 해야 하며 이들 학교의 졸업 자격을 대학 입시 자격으로 인정할 것을 권고했다.[82]

일본 정부는 2001년 8월 CERD에 제출한 「의견」에서 "CERD의 권고에서 언급된 '마이너리티 언어에 의한 교육'이 구체적으로 어떤 교육을 지칭하는지 명확하지 않다"고 밝혔으나 CESCR가 이를 구체적으로 제시하는 형태가 되었다. 이는 곧, 코리안, 중국·대만인, 브라질인, 페루인 등 상당수 학생이 재학 중인 공립학교의 정규 교육과정에 조선어, 중국어, 포르투갈어, 스페인어로 이루어지는 교육과 각 민족문화에 관한 교육을 포함해야 한다는 의미였다.

(4) 왜곡된 인종주의와 이념 없는 배제

그로부터 약 1년 반 후인 2003년 3월 6일, 고이즈미 준이치로 정권하의 문부과학성은 '외국인 학교' 중에서 서구권의 국제학교 졸업생에게는 대학 입학 자격을 부여하고 아시아권의 조선학교, 한국학교, 중화학교·학원 졸업생에 대해서는 당분간 이를 인정하지 않는다는 방침을 밝혔다. 이는 '외국인 학교는 대부분 각종 학교로 분류되며 대학 입학 자격을 인정하지 않는 것은 학교교육법 제1조에 규정된 학교와 각종 학교의 구분에 따른 것으로 한국·조선학교만을 다르게 취급한 것은 아니므로 자유권 규약 제2조에 명시된 차별에 해당하지 않는다'는

82　国連文書E/C.12/1/Add.67, 24 September 2001, para. 32, 60.

일본 정부의 기존 주장(1998년 10월 HRC에서 외무성 및 문부과학성 대표의 답변)을 뒤집은 것이었다. 더욱이 백인이 다수를 차지하는 서구권 학교 출신자에게는 혜택을 부여하면서 같은 인종인 아시아권 학교 출신자를 차별하는 '왜곡된 인종주의'를 드러낸 것이었다. 이로 인해 문부과학성이 실시한 공공 의견 수렴에서도 96%가 해당 방침에 반대하는 등 광범위한 비판이 일어났다. 이에 문부과학성은 같은 달 28일 이 방침을 동결하고 재검토하겠다고 발표했다.[83]

그리고 반년 후인 같은 해 9월 문부과학성은 아시아권 학교 중 중화학교와 한국학교 졸업생의 대학 수험 자격은 인정하는 한편 조선학교 졸업생의 수험에 대해서는 신청한 본인을 대상으로 각 대학의 개별 심사에 맡긴다는 방침을 내놓았다. 이 조치는 각 대학의 판단에 따라 대응이 달라질 가능성을 포함하고 있었으나 결과적으로 거의 모든 대학이 조선학교 졸업생의 수험 자격을 인정하게 되었다.[84]

이듬해인 2004년 1월 말, CRC(아동권리위원회)는 제2차 일본 심사 후에 채택한 총괄 의견에서 다음과 같은 우려를 표명했다. ① 코리안, 아이누민족, 아메라시안 등 마이너리티와 이주 노동자 아동들에 대한 사회적 차별이 존재한다는 점, ② 대학 진학을 희망하는 외국인 학교 졸업생에 대한 자격 기준이 완화되었음에도 여전히 고등교육에 접근하지 못하는 아이들이 있다는 점, ③ 마이너리티 아이들이 자신의 언어로 교육받을 기회가 매우 제한적이라는 점이다. CRC는 이에 대해 마이너리티 아이들이 자신의 문화를 누리고 종교를 신앙하며 언어를 사용할 기회를 확대할 것을 권고했다.[85]

83　자세히는 岡本雅享「外国人学校卒業生の国立大学受験―欧米系とアジア系を差別する文科省の国際人権条約違反の人種主義」『週刊金曜日』2003년 3월 14일호 등을 참조.

84　同胞法律・生活センター「朝鮮学校と大学受験資格」『とんぽらいふ―在日同胞のための生活便利帳』http://tonpo-center.com/tonpo-life(검색일: 2024.2.)

　그 후에도 조약 기구들은 일본에 대해 조선학교에 다니는 아이들에 대한 차별적 대우와 관련하여 우려와 권고를 제기해 왔다. HRC(자유권 규약 위원회)는 2008년 10월 일본 정부 제5차 보고서 심사 후 채택한 총괄 의견에서 다음과 같이 언급했다. "위원회는 (제26조=법 앞의 평등과 제27조=마이너리티 권리와 관련하여) 조선어로 교육을 실시하는 학교에 대한 국가 보조금이 일반 학교보다 현저히 적으며 또한 조선학교 졸업 자체를 대학 입학 자격으로 인정하지 않는 점에 대해 우려한다. 체약국은 조선학교에 대한 국가 보조금을 증액하고 조선학교 졸업을 직접적인 대학 입학 자격으로 인정해야 한다." CRC(아동권리위원회)도 2010년 6월 11일, 일본 정부 제3차 보고서 심사 후 채택한 총괄 의견에서 중국인과 코리안 등 아이들의 학교가 충분한 보조금을 받지 못하고 있으며 이러한 학교 졸업생이 일본 대학 입학 자격을 얻지 못하는 경우가 있다는 점에 대해 우려를 표명했다. 또한 소수민족(ethnic minorities) 아이들에 대한 차별을 제거하기 위해 필요한 법적 및 기타 조치를 취하고 협약에서 정한 모든 서비스와 지원에 접근할 수 있도록 보장할 것을 요구했다.[86]

　양 조약 기구 심사 사이에 해당하는 2009년 9월, 일본에서는 민주당 대표 하토야마 유키오를 총리로 하는 (사회민주당·국민신당과의) 3당 연립 정권이 탄생했다. 하토야마 정권은 '콘크리트에서 사람으로' 및 '(일본과 가치관이 다른 국가들과 서로의 입장을 인정하며 공존공영을 추구하는) 우애 외교'를 내세우며, 교육기회의 균등을 목표로 고등학교 무상화 정책을 발표했다. 이 정책에는 조선학교와 외국인 학교 학생들에게도 사립 고등학교 학생과 마찬가지로 '취학 지원금'을 지급한다

85　国連文書CRC/C/15/Add.231, 26 February 2004, para. 24, 49(d)(f), 50(d).

86　国連文書CCPR/C/JPN/CO/5, 18 December 2008, para. 31. CRC/C/JPN/CO/3, 20 June 2010, para. 72, 87.

는 방침이 포함되어 있었다. 그러나 나카이 히로시(中井洽) 납치 문제 담당 장관(민주당 합류 전 자유당 부총재였던 인물로 오자와 이치로(小沢一郎)와 함께 민주당에 합류)은 조선학교 학생들을 무상화 대상에 포함하는 것에 강하게 반대했고, 그 결과 적용 보류로 몰아넣으면서 정책이 혼란에 빠졌다. 2010년 2월 하순 일본 정부의 제3~6차 통합 보고서를 심사한 CERD(인종차별철폐위원회)는 이듬해 3월 9일에 채택한 총괄 의견에서 나카이 장관 등 일부 정치인들의 움직임에 대해 우려를 표명했다.[87] 그러나 이후에도 정책 적용을 둘러싼 우여곡절이 이어졌으며(자세한 경위는 제4부 2장 참조), 결국 조선학교 학생들에게 정책을 적용하지 못한 상태에서 2012년 12월 총선거에서 아베 신조가 이끄는 자민당이 승리하여 정권이 교체되었다. 같은 달에 출범한 제2차 아베 정권의 시모무라 하쿠분(下村博文) 문부과학상(아베파)은 취임 직후 '납치 문제에 진전이 없다'는 이유로 '국민의 이해를 얻을 수 없다'며 조선학교 학생들을 지원 대상에서 제외하겠다는 방침을 명확히 밝혔다.[88]

민주당은 1996년 9월 사회민주연합(사민련) 출신의 간 나오토(菅直人) 등 구 혁신계와 하토야마 유키오(鳩山由紀夫)등 신당 사키가케(さきがけ)(1993년 자민당 온건파가 탈당해 결성)의 정치인들이 결집해 탄생했다. 민주당은 자민당과 연정을 구성한(지사샤(自社さ)연립 정권, 1994년 6월~1998년 6월) 사회당(1996년 사회민주당으로 개칭)을 대체하며, 55년 체제 시기의 '혁신' 지지자들의 표를 모아 국회 의석을 늘렸다. 1998년에는 민정당(구 자민계), 신당 유아이(友愛)구 민사당계, 민주개혁연합(노조계)이 합류해 신민주당이 되었고, 2003년에는 오자와 이치로(구 자민당 보수 본류)가 이끄는 자유당과도 합병하며 국회 내 의석수를 확장하는 동시에 당내 보수 의원의

---

87 国連文書CERD/C/JPN/CO/3-6, 6 April 2010, para. 13, 22.
88 前川喜平「民主党政権はなぜ朝鮮高校を無償化できなかったのか」, 朝鮮学校「無償化」排除に反対する連絡会記録編集委員会編, 앞의 주62의 인용서, pp.114-116.

비율도 높아졌다. 그 결과 2009년 여름 총선에서 정권 교체를 이루었으나 정책에서 발을 맞추지 못해 지지율이 급락했다. 특히 2010년 5월 오키나와(沖縄) 후텐마(普天間) 기지 이전 문제를 둘러싸고 기지 이전을 오키나와 외 지역으로 옮기자는 입장을 고수한 사민당이 연정을 탈퇴하면서 정권 내의 진보적 색채가 크게 약화되었다(잔류한 국민신당은 2005년 총선에서 고이즈미 준이치로 총리가 추진한 우정 민영화 법안에 반대해 자민당 공천을 받지 못한 자민당 의원들이 결성한 보수 정당이었다). 이는 나카이(中井) 등 정권 내 보수 의원들의 반대를 극복하지 못한 이유이자 민주당 정권이 다양한 국면에서 흔들림을 드러낸 원인으로 작용했다.

아베 정권이 취학지원금 제도에서 조선학교 고등학생들을 제외한 것에 대해 CESCR(사회권규약위원회)는 일본 정부의 제3차 보고서 심사 후, 2013년 5월 17일에 채택한 총괄 의견에서 다음과 같이 우려를 표명했다. 일본 정부가 공립 고등학교 수업료 무상화 정책과 고등학교 등 취학 지원금 제도에서 조선학교를 배제한 것은 차별에 해당하며, 조선학교에 다니는 아이들에게도 이 제도를 적용할 것을 일본 정부에 요구했다. 2014년 8월 하순, 일본 정부의 제7~9차 통합 보고서를 심사한 CERD(인종차별철폐위원회)도 같은 해 8월 28일에 채택한 총괄 의견에서 다음과 같은 점들에 대해 우려를 표명했다.

(a) 고등학교 등 취학 지원금 제도에서 조선학교를 배제한 것,

(b) 지방정부가 조선학교에 배정하는 보조금을 중단하거나 지속적으로 삭감한 것(제2조, 제5조).

CERD는 이러한 조치들이 조선민족 출신(Korean origin) 아이들의 교육받을 권리를 저해하는 법규와 정부의 행위라고 지적하며 일본 정부에 다음을 권고했다.

① 해당 입장을 수정해 조선학교가 고등학교 등 취학 지원금 제도의 혜택을 적절히 받을 수 있도록 할 것,

② 지방정부가 조선학교에 대한 보조금 지급을 재개하거나 유지할 것을 권고하고 있다.[89]

그러나 자민당은 이러한 인권조약 기구들의 우려와 권고에 역행하는 형태로 2015년 6월, 북한의 장거리 탄도미사일 발사 등에 대한 제재를 제안하며, 조선학교에 보조금을 지급하고 있는 지방정부(자치단체)에 보조금을 전면 중단하도록 강력히 지도·권고할 것을 정부에 요구했다.[90] 이에 따라 2016년 3월 29일, 하세 히로시(馳浩) 문부과학대신(자민당 아베파)은 조선학교에 보조금을 지급해온 '홋카이도 외 1도 2부 24현'의 지사들에게 「조선학교에 관한 보조금 지급 시 유의점에 대하여」(27문과제 제171호)를 발송했다. 이 통지에서는 조선학교가 "북한과 밀접한 관계를 가지고 있으며, 조총련이 그 교육을 중시하고, 교육 내용, 인사 및 재정에 영향을 미치고 있다"는 인식을 나타내고 있었다. 또한 '조선학교에 대한 보조금의 공익성 및 교육 진흥 효과 등'을 재검토할 것을 요구하며, 이 통지를 받은 일부 지방정부는 보조금 지급을 중단하기도 했다.

조선학교 측은 「공립 고등학교에 관한 수업료 면제 및 고등학교 등 취학지원금 지급에 관한 법률」(고등학교 무상화법, 2010년 3월 제정) 제1조인 "고등학교 등에 대한 경제적 부담을 경감하여 교육 기회의 균등에 기여한다"는 조항에 반한다고 주장하며, 2013년 1월 오사카조선학원과 아이치(愛知)조선중고등학교 학생들의 제소를 시작으로, 불지정 처분의 취소 등을 요구하는 소송을 제기했다. 그러나 2017년 7월 28일 오사카 지방법원이 오사카조선학원의 승소 판결을 내린 것을 제외하면, 히로

---

89 国連文書E/C.12/JPN/CO/3, 10 June 2013, para. 27. CERD/C/JPN/CO/7-9, 26 September 2014, para. 19.

90 「朝鮮学校への補助金、支出中止要請を検討―政府、自治体に」『産経新聞』2016.2. 18.

시마(広島), 도쿄, 나고야(名古屋), 규슈(九州) 등에서는 패소가 이어졌고, 오사카고등법원이 오사카지방법원의 판결을 뒤집은 뒤, 최고재판소에서도 패소가 확정되었다.[91] 이를 계기로 아베 정권은 유아교육·보육 무상화 제도(2019년 10월)와 코로나19 팬데믹으로 인한 학생지원 긴급지급 제도(2020년 5월)에서도 조선학교(유치원·고등학교·대학)를 대상에서 제외했다.

이러한 아베 정권의 정책과 사법부의 판단에 대해 CERD(인종차별철폐위원회)는 2018년 8월 일본 정부 제10~11차 통합 보고서 심사 후 채택한 총괄 의견에서 조선학교가 고등학교 등 취학 지원금 대상에서 제외되었다는 보고에 우려를 표하며 조선학교가 이 제도에서 차별받지 않도록 보장할 것을 거듭 권고했다. CRC(아동권리위원회)도 일본 정부 제4~5차 보고서 심사 후 2019년 2월 1일에 채택한 총괄 의견에서 조선학교에도 고등학교 등 취학지원금을 적용하기 쉽도록 기준을 재검토하고, 대학 입시 접근이 차별적이지 않도록 보장할 것을 다시 권고했다.[92]

2000년대까지의 대학 입학 자격 문제는 '학교 교육 체계의 근간에 관련된다'는 국가적 이념을 이유로 한 배제였으나, 2010년대 이후의 움직임은 이념 없는 정치적 퍼포먼스처럼 보인다. 앞서 언급했듯이 2020년 현재, 외국 국적의 재일코리안(전쟁 이전부터 거주한 코리안과 그 후손=특별영주자) 약 30만 1000명 중 90%인 27만 4000명이 한국 국적이다. 또한 2014년, 오사카부 내 조선학교에 자녀를 보내는 가정(696가구)을 대상으로 한 설문조사에서 어머니 국적이 한국 국적인 경우는

---

91 金英哲「『高校無償化』裁判—教育制度における不平等」在日コリアン弁護士協会編『裁判の中の在日コリアン』現代人文社, 2022, pp.273-285.

92 国連文書CERD/C/JPN/CO/10-11, 26 September 2018, para. 21-22. CRC/C/JPN/CO/4-5, 5 March 2019, para. 39.

72.8%, 일본 국적인 경우는 **4.0%**(아버지 국적은 한국 국적이 67.8%, 일본 국적이 1.7%)였다.[93] 아동·학생 대부분이 한국 국적이며, 일본 국적의 자녀도 민족의 언어와 문화를 배우고자 조선학교에 다니고 있다.

이처럼 한국 국적자가 다수를 차지하는 조선학교 고등학생들에게 학비 지원을 하지 않는다고 해서, 북한의 납치 문제나 미사일 실험 문제가 해결될 리 없다. 국교가 없는 북한과 구체적인 외교 성과를 내지 못하면서, 일본 국내에서 (예컨대 납치 문제 담당 장관으로서) 존재감을 드러내기 위한 눈에 띄는 수단으로 활용되는 것처럼 보였다. 조선학교에 다니는 아이들을 곤경에 빠뜨려도 납치 문제의 진상 규명이나 가족 상봉으로 이어지지 않는다는 점은 납치 피해자 가족들이 누구보다도 절실히 느끼고 있다.[94] 이를 지지하는 사람들은 납치 문제 등을 구실로 북한뿐만 아니라 한국과 관련된 모든 이들에게 혐오감을 드러내는 코리아노포비아(Koreanophobia)를 조장하는 사람들처럼 보인다.

HRC(자유권 규약 위원회)는 제7차 일본 심사를 앞두고 2017년 가을(제121차) 회기에서 채택한 사전 질문 리스트에서 '조선학교(Korean Schools)의 학생들이 고등학교 교육 수업료 무상화 및 취학 지원금 제도에서 제외된 것'에 대한 설명을 요청했다. 이에 대해 일본 정부는 2020년 3월 회신에서 '북조선인 학교(North Korean Schools)'라는 용어를 사용하며, 조선학교 학생들을 취학 지원금 제도에서 제외한 것은 "학생들의 국적(nationality)이나 정치적, 외교적 고려에 의한 것이 아니다"라고 답변했다.[95] 그러나 기존에 다양한 인권 조약 기구에서 '조선학교(Korean

---

93　大阪朝鮮学園高校無償化・補助金裁判記録集刊行委員会編『大阪朝鮮学校無償化・補助金裁判 ―「あたりまえの権利」を求めて』現代人文社, 2023, pp.222-225.

94　북한에 의해 딸이 납치된 요코타 시게루는 고등학교 수업료 무상화에서 조선학교를 제외한 것에 대해 "제재, 제재라고 하지만 전혀 해결되고 있지 않다. 그리고 납치가 있다는 이유로 무상화에 반대하는 것은 바람직하지 않다. 납치가 있으니 (보조금을) 주지 말라는 것은 이상하다"고 말하고 있다.(横田滋＝横田早紀江『めぐみへの遺言』幻冬社, 2012, p.194, pp.198-199)

Schools)'라는 용어를 사용해 온 일본 정부가, 이 시점에 와서 '북조선인 학교(North Korean Schools)'로 명칭을 바꾼 것 자체가 정치적, 외교적 이유에서 비롯된 것임을 명백히 보여주는 것이 아닐까……

본 장에서 그 역사를 추적해온 바와 같이, 조선학교는 일본에 거주하는 소수자들이 스스로의 힘으로 세운 민족학교이며, 해외에 있는 일본인 학교와 같은 외국인 학교도 아니다. 시민사회의 성숙과 인권 의식의 향상에 따라 한국 내에서도 1990년대 말부터 조선학교에 대한 차별에 반대하며 지원 활동을 펼치는 시민운동이 확산되기 시작했다. 1999년 결성된 KIN(Korean International Network)은 이시하라 신타로石原慎太郎 도쿄도지사 하에서 도쿄 제2초급학교(고토구 에다가와(江東区枝川))의 토지 반환을 요구한 소송(2003~2007년)을 지원하기 위한 모금 활동을 벌였다. 2006년에는 김명준 감독이 제작한 홋카이도(北海道)의 조선학교를 다룬 다큐멘터리 영화 '우리학교(ウリハッキョ)'가 한국 각지에서 상영되었고, 2011년 3월에는 동일본 대지진으로 피해를 입은 센다이(仙台)와 고리야마(郡山) 등지의 조선학교를 지원하기 위해, 한국 배우 권해효 등이 주도한 '몽당연필(작은 연필)'이 한국 각지에서 가수와 드라마 출연진과 함께 자선 콘서트를 열며 조선학교 지원을 호소했다. 2014년 6월에는 법조단체, 여성단체 등 한국 내 다양한 시민 단체가 참여한 '우리학교와 아이들을 지키는 시민의 모임'이 결성되어 한일 양국에서 조선학교 이야기를 출판하는 활동 등을 전개하고 있다.[96]

---

95 国連文書 CCPR/C/JPN/QPR/7 (List of issues prior to submission of the seventh periodic report of Japan), 11 December 2017, para. 28, 30. CCPR/C/JPN/7, 28 April 2020, para. 223-225, 230-236.

96 朝鮮学校「無償化」排除に反対する連絡会記録編集委員会編, 앞의 주62의 인용서, pp.23-25. 「冬ソナ20年、朝鮮学校支える『キム次長』権さん、韓国で団体代表」『朝日新聞』2023.10.13 석간.

(5) 리버럴 정권 수립과 마이너리티 권리 보장

재일코리안은 식민지 시대에 시작된 동화 정책과 전후에도 GHQ와 일본 보수 정권이 조선학교를 강제 폐쇄하고 이후에도 민족 교육에 대해 다양한 부정적 간섭을 이어 온 결과, 민족어와 민족적 정체성 상실 위기에 직면하며 아이들이 충분한 민족 교육을 받을 수 없는 상황에 처해 왔다. 민족학교나 일본의 일반 학교 중 어디에 입학할지는 개인의 자유였지만 민족 교육을 받을 경우의 부담과 불리한 조건 때문에 재일코리안은 교육 내용과 같은 본질적인 점만을 기준으로 학교를 선택할 수 있는 환경에 놓여 있지 않았다.

앞서 언급한 1949년 유엔 사무총장 각서 마이너리티의 정의와 분류 (Definition and Classification of Minorities)는 "통상적으로 근대에 들어 강제로 국가 관할권 내로 이주된 마이너리티"를 하나의 범주로 제시하며 이러한 마이너리티는 강제 합병이라는 근본적 부당성(wrongness)으로 인해 그 문화적·종교적·언어적 특성을 보호받기 위한 특별한 조치를 당연한 권리로 요구할 수 있다고 밝혔다. 또한 그 후손 역시 자신의 정체성을 유지하고 그 보전을 희망하며 합병을 부당하다고 인식할 경우 동일한 권리를 요구할 수 있다고 언급하고 있다.[97] 이 기준에 따르면 식민지 정책 이후의 동화 정책으로 인해 본인의 의지와 무관하게 민족어와 민족적 정체성 상실 위기에 직면한 재일코리안에 대해 일본은 식민지·동화 정책에 대한 보상과 회복을 위한 적극적인 조치를 취해야 할 의무가 있다. 디엔 보고서가 재일코리안의 특수한 역사적 상황을 감안해 한국·조선학교가 다른 외국인 학교보다 더 많은 보조금과 재정적 지원을 받을 수 있도록 권고한 이유도 여기에 있다.

그러나 국제인권 기준과 일본의 현실 및 인식 간의 격차는 줄어들기

97　国連文書E/CN.4/Sub.2/85.27 December 1949, para. 80-82.

는커녕 점점 더 벌어지고 있는 듯하다. 애초에 일본 정부는 재일코리안을 아직도 자유권 규약 제27조의 권리 대상으로 인정하지 않고 있다. 자유권 규약 제7차 일본 심사에서 HRC(자유권 규약 위원회)는 사전 질문 리스트에서 "식민지 시대부터 일본에 거주하는 재일코리안과 그 후손을 민족적 소수자(national or ethnic minorities)로 인정할 계획이 있는가"라고 물었다. 이에 대해 일본 정부는 2020년 3월 회신에서 "우리나라에서는 재일한국·조선인 및 그 후손을 포함해, 누구나 자신의 문화를 공유하고 자신의 종교를 신앙하고 실천하며 자신의 언어를 사용할 권리가 부정되지 않았다"며 "재일한국·조선인 및 그 후손이 이 규약에서 말하는 소수민족에 해당하는지 여부를 판단할 필요성은 반드시 있는 것은 아니다"라고 답변했다.

1980년대 초부터 40년이 지났지만, 마치 시간이 멈춘 듯 전혀 진전되지 않았다. HRC는 제136회기 제7차 일본 정부 보고서 심사(2022년 10월) 후 채택한 총괄 의견에서 "위원회는 식민지 시대부터 일본에 거주해 온 재일코리안과 그 후손으로 민족적 소수자로 인정받아야 할 사람들이 사회 보장 제도나 정치적 권리 행사에서 배제되는 차별적 정책 운용에 대한 보고를 우려하고 있다"고 밝혔다. 또한 한 걸음 더 나아가 "식민지 시대부터 일본에 거주하는 재일코리안과 그 후손에게 지방 선거 투표권을 인정하도록 관련 법 개정을 검토해야 한다"고 권고했다.[98]

2019년부터 2022년까지 HRC 위원을 역임한 후루야 슈이치(古谷修一)(와세다대 법과대학원 교수)는 조약기구 등에서의 국제 인권 규범 발전을 '동적 해석'이라는 개념으로 다음과 같이 설명했다. "규약의 문구는 일반적이고 추상적이며, 구체적인 사안에 대한 적용은 많은 경우 '해석'이라는 작업에 맡겨진다. 또한 규약이 채택된 지 이미 50년이 넘었고

---

98 国連文書 CCPR/C/JPN/CO/7 (Concluding observations on the seventh periodic report of Japan), 30 November 2022, para. 42, 43.

인권을 둘러싼 환경도 채택 당시와 크게 달라졌다. 이러한 변화에 대응할 필요가 있다. 변화하는 시대에 적확히 대응하며 그 속에서 규약의 준수를 확보하는 것은 이른바 '동적 해석'을 필요로 한다.”[99]

후루야는 일본의 보수 정치인과 판사들이 '법적 구속력이 없다'는 이유로 총괄 의견이나 포괄적 견해(General Comment)를 조항 해석에조차 활용하지 않는 점에 대해 다음과 같이 덧붙였다. 위원회는 총괄 의견을 통해 “인권 상황의 일반적인 개선을 촉진하는 행정적 기구로서 기능”하며, “포괄적이고 일반적인 내용으로 '우려' 수준의 상황까지 포함하는 총괄 의견이, 더 엄밀한 의미의 규범 발전이나 해석 확대를 만들어내는 '요람' 역할을 한다”. 또한 총괄 의견이 포함한 광범위한 인권 침해에 대한 '우려'가 규범적 발전과 확대를 촉진하는 데 중요한 역할을 한다고 설명했다. 포괄적 견해(General Comment)는 새로운 상황에 대한 조항 해석과 적용 방식을 고려하며, 그 결과 조항의 규범적 내용이 실질적으로 확장되거나 심화되기 때문이다. 또한 시간이 지나면서 변화하는 인권을 둘러싼 정치적·사회적 환경이 포괄적 견해 작성 과정에 포함되면서 규범적 내용의 확장으로 간주될 수 있는 현상을 초래한다고 했다. 후루야는 “국가가 동의한 시점의 인권 상황만을 대상으로 한다면, 규약이 규정하는 인권 보호를 완전히 이행할 수 없다”고 결론지었다.

이처럼 동적으로 발전하는 국제인권 기준에 유연하게 대응하는 것은 보수 정당에게는 맞지 않는 일이다. 유럽 각국의 인종차별 금지법 성립과 발전 과정을 보아도 진보 좌파 정권 아래에서 만들어지고 강화된 것을 알 수 있다. 영국의 인종관계법은 1964년 보수당에서 노동당으로 정권이 교체된 이듬해인 1965년에 제정되었으며 프랑스의 인종차별 금지법도 1971년 6월 좌파가 통일사회당을 결성한 이듬해인

---

99 古谷修一「自由権規約委員会における規約解釈の動態—総括所見、見解、一般的意見の相互作用」『国際人権』32호, 2021.11, pp.88-91.

1972년 6월에 발의되었다. 72년 법을 확장한 1983년 법, 1985년 법, 1990년 법, 1992년 법도 모두 사회당이 국민의회에서 제1당을 차지한 시기에 제정되었다. 일본이 인종차별철폐조약을 비준한 것도 사회당이 여당이며 총리가 사회당의 무라야마 도미이치(村山富市) 위원장이었던 내각 시절이었다.

본 장에서 살펴본 1940년대 후반의 가타야마(片山)·아시다(芦田) 정권이나 2010년 전후 민주당 정권의 '실패'로부터 우리가 배워야 할 점은 선거에서 승리하기 위해 보수 정치인을 끌어들인 진보 정당이나 보수 정당과의 연립 정권으로는 목표를 달성할 수 없다는 사실이다. 진보 정치인이 결집한 정당에 의한 단독 정권 혹은 진보 정당들만의 연립 정권 수립이 반드시 필요하다.

일본에서는 국세 인권이나 마이너리티 권리에 관한 연구나 논설에서 '일본 정부'를 하나로 묶어서 보는 경향이 있다. 그러나 해외로 시선을 돌리면 미국에서는 공화당 정권과 민주당 정권의 정부가 '같은 정부'일 수 없으며 영국(보수당과 노동당), 최근의 한국(국민의힘과 더불어민주당)이나 대만(국민당과 민진당)에서도 마찬가지임은 자명한 일이다. 일본의 경우는 중국이나 러시아 연방의 발상이나 관점과 비슷하다고 볼 수 있다. 이는 55년 체제가 상징하는 바와 같이 거의 자민당의 단독 정권이 이어져 온 결과라고 생각된다. 하지만 어떤 성격의 정권 아래에서 누가 무엇을 했는지를 구분해 생각하지 않으면 역사를 올바르게 이해하고 현재를 분석하는 데 한계가 있을 수밖에 없다. 필자가 요시다 시게루(吉田茂), 모리토 다쓰오(森戸辰男), 미노베 료키치(美濃部亮吉) 등을 중심으로 재일코리안의 민족 교육과 관련된 전후 일본의 정책을 분석하려 한 이유도 여기에 있다.

【칼럼】
세계회의의 시대―비엔나 선언과 더반 선언

* 세계회의(World Conference)의 시대

제2차 세계대전은 당시 독일, 이탈리아, 일본이라는 전체주의 국가들에 맞서 자유를 지키기 위한 전쟁이라고 불렸다(프랭클린 루즈벨트의 1941년 1월 4대 자유(Four Freedoms 연설)). 그러나 미국의 프랭클린 루즈벨트(Franklin Roosevelt) 영국의 윈스턴 처칠(inston Churchill) 소련의 이오시프 스탈린(oseph Stalin) 세 사람이 1945년 2월 크림반도에서 개최한 얄타 회담은 제2차 세계대전 이후의 세계 비전을 그리는 동시에 이미 자본주의 진영과 사회주의 진영의 대립인 냉전의 시발점이었다고 평가되기도 한다.

'냉전'은 양 진영의 중심인 미국과 소련이 직접 군사력을 동원해 싸우는 '열전'으로 이어지지는 않았지만 미국과 소련의 대리전쟁은 세계 각지에서 여러 형태로 전개되었다. 그 후 1989년 12월, 미국의 조지H. W. 부시(George Herbert Walker Bush) 대통령과 소련의 미하일 고르바초프(Mikhail Gorbachev) 최고회의 의장이 개최한 몰타 회담에서 '냉전'의 종식이 선언되었다.

냉전 구조는 여전히 한반도나 대만 해협 등에 남아 있지만, 그 종식 선언은 '얄타에서 몰타로(From Yalta to Malta)'라는 슬로건으로 표현되었을 뿐 아니라 직전인 1989년 11월 발생한 베를린 장벽 붕괴에서도 볼 수 있듯이 '냉전' 시대의 부정적이고 음울한 분위기에 한 줄기 희망을 비추는 계기가 되었다고 할 수 있다.

유엔에서도 이는 구체적인 변화로 나타났다. 유엔은 특정 과제에 대해 특별 총회를 개최해 왔지만 대부분 뉴욕이나 제네바 등 본부 기능이 있는 도시로 한정되었으며 정부와 국제기구, 유엔 NGO만이 참여하는 비교적 소규모의 경우가 많았다. 예를 들어, '대체 불가능한 지구(Only One Earth)'라는 표제로 1972년 6월 스웨덴의 올라프 팔메(Olof Palme) 정권의 주도 아래 스톡홀름에서 개최된 유명한 '유엔 인간 환경 회의(UN Conference on the Human Environment)' 조차 참가국은 113개국이었다.

냉전의 붕괴는 자본주의와 사회주의 양 진영 간의 비판과 보복으로 인해 논의가 중단되거나 절차가 멈추는 상황이 적어도 완화될 것이라는 기대감을 가져다주었다. 자유롭게 논의하고 가능하다면 행동으로 옮길 수 있다는 희망 속에서 1992년 6월 브라질 리우데자네이루에서 개최된 '유엔 환경개발 회의(UN Conference on Environment and Development, UNCED)'(이하, 1992년 리우 회의)는 그러한 첫 번째 특수 총회이자 세계회의였다.

기존의 특수 총회가 주로 각국 외교관 중심으로 이루어진 데 비해 리우 회의에서는 많은 국가가 정상급 고위 관료를 파견한 점이 특징이었다. 그 결과 1992년 리우 회의는 정상들이 모이는 '정상회의(Summit)'를 본떠 '지구 정상회의'라고도 불렸다. 당시 유엔 회원국 거의 전부라 할 수 있는 172개국 정부 대표가 참가했으며 그중 116개국은 국가 원수를 파견했다.

동시에 NGO의 참가 자격도 유엔 NGO뿐만 아니라 세계 각지의 풀뿌리 NGO로 개방되었고 약 2400명이 참여해 열기로 가득 찬 대회가 되었다. 회의에서 채택된 '선언', 여기서는 '환경과 개발에 관한 리우 선언'도 중요했지만, 실행을 염두에 둔 '행동계획'에는 다양한 합의 사항이 포함되어 두꺼운 '의제 21(Agenda 21)'로 정리되었다.

회의가 끝난 후 이 '의제 21'은 여러 언어로 번역되어 각국에 전파된 것으로도 잘 알려져 있다.

또한 '기후변화 협약'이나 '생물다양성 협약'과 같은 중요한 환경 조약의 서명도 이 회의를 계기로 시작되었다.[1]

이러한 세계회의 중 특히 본서와 관련된 것은 1992년 리우 회의 이듬해인 1993년 6월 14일부터 25일까지 오스트리아 빈에서 세계 인권선언 45주년을 기념하여 개최된 '세계 인권 회의'(이하, 1993년 빈 회의)와 2001년 8월 31일부터 9월 8일까지 남아프리카공화국 더반에서 열린 '반인종주의 세계 회의'(이하, 2001년 더반 회의)이다.

이 두 세계 회의에서는 본서에서 다루는 인권과 관련된 중요한 쟁점들이 주요 의제로 다루어졌으며 풀뿌리 NGO의 참여가 가능했기 때문에 일본에서도 많은 인권 NGO 관계자들이 참석했다. 이들은 문제를 세계적으로 발신하고 글로벌 사회의 흐름을 직접 체감할 수 있는 소중한 기회를 가질 수 있었다.

행운으로 나 자신도 이 두 세계회의에 소속 NGO의 대표로서뿐만 아니라 일본 인권 NGO의 조정 담당자로 참여할 수 있었다.

* 세계 인권 회의(World Conference on Human Rights) : 1993년 빈 회의

인권 전반에 특화된 특별 총회는 1968년 4월부터 5월에 걸쳐 세계 인권 선언 채택 20주년을 기념해 이란 테헤란에서 개최된 '국제 인권 회의(International Conference on Human Rights)'가 있었다. 그러나 1993년 빈 회의는 앞서 언급한 냉전 종식 후에 개최된 첫 번째 인권을 주

---

1 「国連環境開発会議(地球サミット)」ウェブサイト『Sustainable Japan』<https://sustainablejapan.jp/2017/08/07/unced/27763> 2017.

제로 한 세계회의로 냉전 구조로 인해 피폐해진 유엔 인권 체제를 재건하는 것이 큰 목적이었다.

본 회의는 171개국 정부 대표 약 1,800명, 800개가 넘는 풀뿌리 NGO를 포함한 약 3,000명의 NGO 참가자, 약 1,800명의 언론 관계자를 포함해 총 약 7,000명이 참석한 대규모 회의였다. 일본에서도 '세계 인권 회의 NGO 연락회'가 결성되어 준비 회의 참가 등 사전 단계에서부터 활발한 정보 교환이 이루어진 것은 말할 필요도 없다.

또한 개최지인 빈이 당시 보스니아-헤르체고비나 분쟁 현장과 가까운 점도 있어 현실적인 인권 침해에 대해 유엔 인권기구가 어떻게 대응할 수 있을지에 대한 긴장감이 회의에 감돌았다. 하지만 유엔 인권 체제의 재건이라는 목표는 착실히 전진하는 느낌이 있었다.

회의가 열린 유엔 오스트리아 센터 건물에서는 3층에 본 회의장이 마련되었고 지하 1층에는 NGO 부스가 설치되었다. 본 회의에서 중요한 논의가 시작되었다는 뉴스가 전해지면 NGO 참가자들은 에스컬레이터를 뛰어 올라가 3층으로 향했다.[2]

1993년 빈 회의의 성과는 '제2의 세계 인권 선언'이라 불리는 '빈 선언'과 '행동 계획'(추가로 '세계 인권 회의 NGO 선언'도 채택되었다)으로 요약되었다. 이 회의의 주요 진전은 다음과 같이 정리될 수 있다.

냉전 시대에는 1966년 12월 국제 인권 규약이 두 개의 규약으로 채택된 것에서 알 수 있듯 사회권(일반적으로 경제적, 사회적, 문화적 권리)과 자유권(일반적으로 시민적, 정치적 권리)을 구분하는 경향이 강했다. 그러나 '빈 선언'에서는 인권의 불가분성, 상호 의존성, 상호 관련성이라는 개념이 확인되었다(선언 제Ⅰ부 5항).

이 흐름 속에서 민주주의의 중요성, 인권과 인도적 지원의 상호 관

2　市民外交センター『ピース・タックス年次報告書1992/93年』1994, p.7.

련성, 개발과 인권의 상호 의존성 등이 언급되었다. 또한 인권을 보장해야 할 대상으로 여성(소녀)(선언 제 I 부 18항), 마이너리티(19항), 선주민족(20항), 아동(21항) 등의 분야가 강조되었다. 마이너리티와 관련해서는 전년도인 1992년에 '마이너리티 권리 선언'이 채택된 중요성을 다시 확인하며 유엔 인권센터에 이 분야에서의 전문적인 기술 협력을 요청하였다(선언 제II부 25항).

선주민족에 관해서는 여전히 선주민족 권리 선언의 초안 작성이 완료되지 않았기 때문에 선언 초안의 완성을 촉진함과 동시에 초안 완성 이후에도 이를 담당했던 '선주민족 작업반'의 지속이 요청되었다(선언 제28항 및 제29항).[3] 선주민족 분야에서는 회의장 내에서 큰 논쟁이 있었다. '선주민족'의 영어 표기를 자신 결정권의 주체를 의미하지 않는 indigenous populations 또는 indigenous people이 아니라, indigenous peoples로 표기해야 한다는 점을 호소하기 위해 본 회의에서 이를 부정적으로 발언하는 정부 연설이 시작될 때 선주민족 당사자 단체와 이를 지지하는 NGO 관계자들이 회의장에 모여 크게 'S'라고 쓰인 종이를 들어 올리며 방청석을 가득 메웠다. 이는 흔히 'S의 투쟁'이라 불리고 있다.

또한 유엔 인권기구의 강화는 그 후의 움직임을 고려할 때 극히 중요한 사안이었다. 유엔 인권기구에 대한 재정지원 증대가 요청되었고, 그 기능 강화를 위해 유엔 인권센터의 중요성을 확인하고 이를 강화하는 방안(선언 제II부 9항~16항)과 효율성과 유효성을 높이기 위해 필수적인 존재로서 유엔 인권 고등판무관의 설치를 검토하라는 권고가 이루어졌다(제18항).[4]

---

3 「第2回国連世界人権会議」ウェブサイト『人権ライブラリー』<https://www.jinken-library.jp/database/view.php?p=law&c=human-treaty&id=58415>(검색일: 2023.12.5.).

4 위와 같음.

'설치 검토'라는 완곡한 표현이 사용된 이유는 일부 초강대국 정부가 인권기구 강화를 원하지 않았기 때문이다. 그러나 1993년 12월 제48차 유엔 총회에서 '빈 선언'의 권고를 받아 유엔 인권 고등판무관 설치가 결정되었고 동시에 유엔 인권센터도 유엔 인권 고등판무관 사무소로 격상 및 개칭되었다.

유엔 인권 고등판무관의 설치가 결정되었다는 뉴스를 접했을 때 자신들이 논의하고 요청했던 기구가 실현되었다는 점에서 글로벌 민주주의와 시민주의 시대를 강하게 실감했다. 이 유엔 인권 고등판무관은 유엔 사무국 내에서 두 번째로 높은 사무차장급 지위로 격상되었으며 인권 분야의 조정 및 활동은 이전 유엔 인권센터장 시절에 비해 더욱 원활해졌다.

역대 인권 고등판무관 중에서는 2대 메리 로빈슨(Mary Robinson, 아일랜드)과 6대 나바네팀 필레이(Navanethem Pillay, 남아프리카공화국)가 특히 기억에 남는다. 이 두 인물은 각각 1998년 1월과 2010년 5월에 일본을 방문하여 일본의 차별받는 당사자 및 NGO와 면담을 가진 바 있다.[5]

또한 1993년 빈 회의의 영향을 받아 1993년 7월 30일 결의 1993/80을 통해 유엔 NGO 협의 자격의 전반적 검토가 이루어졌으며 1996년 7월 결의 1996/31을 통해 새로운 협의 자격 취득 요건이 정해졌다.

이전 요건(1968년 5월 ECOSOC 결의 1296(XLIV))에서는 정부로부터의 독립성과 함께 본부 외에 3개국 이상에 지부를 두어야 한다는 국제성이 요구되었으나 이는 아시아와 아프리카 등지의 많은 NGO가 충족하기 어려운 조건이었다. 그러나 1996년 결의로 인해 국내 NGO도 유엔 NGO가 될 수 있는 길이 열렸다.[6]

5　市民外交センター『市民外交センター2010年年次報告書』2011, p.17.
6　「経済社会理事会とNGO」웹사이트『国際連合広報センター』<https://www.unic.or.jp/

참고로 내가 주도하는 시민외교센터는 1993년 6월 세계 인권 회의에 풀뿌리 NGO로서 참가했으며 이 요건 개정을 거쳐 1999년 5월 유엔 경제사회이사회 NGO의 '특정 분야 협의 자격(Special Consultative Status)'을 취득했다.

【사진 2-7-1】 필레이 인권 고등판무관, 2010년 5월 일본 방문 당시 인권 NGO 멤버들과의 기념사진

이후 많은 NGO와 당사자 단체들이 그 뒤를 따르게 되었다.

이러한 유엔 인권기구의 조직적 강화는 이후 인권보장 활동이 명실상부하게 폭넓게 전개되는 중요한 토대가 되었다.

* 반인종주의 세계회의(World Conference against Racism) : 2001년 더반 회의

위에서 언급한 바와 같이 세계회의는 냉전 붕괴 이후의 희망 중 하나로 빛났지만 결국 초강대국들이 합심하여 그러한 기회를 부정하는 방향으로 나아갔다. 대규모 세계회의는 유엔의 자금, 에너지, 인적 자원의 낭비라는 주장과 함께 영향력이 미미한 중소국이나 NGO가 대거 모여도 실질적인 논의가 이루어지지 않을 것이라는 지적이

activities/un_civilsociety/ngo/ecosoc_ngo/>(검색일: 2023.12.5.).

있었다. 극단적인 경우 국제사회에서 실질적 권한을 가진 초강대국 정부가 협의해 결정하면 된다는 의견까지 나오게 되었다.

예를 들어, 1975년 오일쇼크 이후 세계 경제 조정을 위해 시작된 'G6 정상회의(선진 6개국 정상회의)'는 이후 G8으로 확장되었다가 2014년 이후 G7으로 축소되었다. 이 회의는 1980년 아프가니스탄 침공 이후 정치적 문제로까지 의제를 확장하였으며 현재는 안전보장 및 지구 환경문제 등 광범위한 의제를 대상으로 하고 있다. 또한 2000년 일본에서 열린 규슈·오키나와 정상회의 이후 의장국의 권한으로 개발도상국 등을 초청하여 진행하는 '확대(아웃리치) 회의'가 정례화되었다.

이러한 '정상회의'는 세계회의와는 정반대의 움직임이라고 볼 수 있다. 1996년 6월 터키 이스탄불에서 개최된 제2차 유엔 인간 기주 회의(UN Conference on Human Settlement=HABITAT) 이후로는 이러한 대규모 세계회의가 더 이상 열리지 않았고, 2016년 10월 에콰도르 키토에서 열린 제3차 HABITAT 회의가 간신히 그 흐름을 이어갔다.

그 와중에 21세기 첫해인 2001년, 오랜만에 열린 세계회의가 바로 '반인종주의 세계회의' 였다. 이 회의는 인종주의와 인종차별에 반대하고 외국인 혐오의 철폐, 노예무역 및 식민주의에 누가 어떤 책임을 져야 하는지에 대한 문제를 논의하며 더 나아가 세계화 속에서의 인권 침해를 다루었다.

남아프리카 공화국이 개최지로 선정된 것은 상징적이었다. 이 나라는 '1948년 법적으로 확립된 인종 분리 정책(아파르트헤이트)'을 1994년 4월 전 민족이 참여한 선거를 통해 철폐한 뒤 같은 해 5월 넬슨 만델라(Nelson R. Mandela) 신정부를 탄생시켰다. 또한 개최 도시인 더반은 1893년 마하트마 간디(Mahatma Gandhi)가 변호사 업무와 시민권 운동을 시작한 곳으로 반인종주의를 논의하기에 적합한 장소였다.

　　일본에서도 이 세계회의에 참가하기 위한 준비가 진행되었으며 2001년 3월에는 '더반 2001(Durban 2001 Japan)'이 결성되었다. 공동 대표로는 필자를 비롯해 무샤코지 긴히데(武者小路公秀), 아베 고키(阿部浩己), 이인하(李仁夏), 이디스 한손, 구미사카 시게유키(組坂繁之), 다나카 히로시(田中宏), 토니 라즐로 등이 이름을 올렸다.

　　당시의 흐름 속에서 무샤코지 코키는 정부 대표단에 NGO 소속으로 참여할 수 있는 기회를 얻었다. 회의에는 163개국에서 약 2,300명의 정부 대표와 약 4,000명의 NGO 대표가 참가했으며 이곳에는 차별을 받는 당사자들의 참여가 많았음을 언급해 두고 싶다.

　　회의의 주제는 광범위했지만 '원인과 책임을 묻는다'라는 취지에서 보면 인종차별, 노예무역, 식민주의 문제를 어떻게 다룰 것인지가 초점이 되었다. 이러한 문제들은 누구나 부정적인 것으로 생각하지만 2001년 더반 회의는 한 걸음 더 나아가 이러한 문제들에 대해 누가 어떤 책임을 져야 하는가를 물었다. 이를 단적으로 표현하자면 평소 국제회의에서 개발도상국의 인권침해를 비판해온 서구 국가들, 특히 일본을 포함한 주요 강대국 정부가 이 문제에 있어 명확한 가해자임을 스스로 인정할 수 있는가가 핵심이었다고 할 수 있다.

　　미국의 조지 W. 부시 정권은 아프리카계 최초의 국무장관인 콜린 파월(Colin L. Powell)을 대표단의 수장으로 세워 이 회의를 넘기려 했으나 준비 회의 단계에서 노예무역과 노예제도에 대한 미국의 책임이 집중적으로 제기되면서 대표단의 수장은 점차 격하되었다. 개최국인 남아프리카공화국을 포함한 아프리카 국가들은 유럽의 식민주의 책임과 보상 문제를 명확히 하려고 했다.

　　한편, 글로벌화 속에서 다시 떠오르는 '반유대주의(anti-semitism)'를 우려하는 유대인 그룹, 유럽의 이중적 외교 정책(1917년 영국의 밸푸어 선언 등)과 이스라엘의 폭력·식민지 지배에 반대하는 팔레스타인 그룹, 그리고 팔레스타인 지역에 유대인 국가를 설립하려는 운동인 '시온주의(Zionism)'에 반대하는 유대인 그룹이 같은 회의장 및 주변에 뒤섞였다. 특히 전자 두 그룹의 시위대가 회의장 근처에서 충돌할 뻔했으나 남아프리카의 기동대가 중재하며 가까스로 상황이 진정되었다.

또한 인도의 카스트 차별 문제와 일본의 부락 차별 문제가 스위스 정부에 의해 제기되었으나 이는 인도 정부의 압력 아래 미국 정부에 의해 삭제되었다. 이러한 상황 속에서 아프리카 및 카리브해 국가들로부터 압박을 받은 미국과 이슬람 국가들로부터 추궁받은 이스라엘 정부는 9월 3일 돌연 모든 대표단을 철수시키고 귀국했다. 다음 날 아침 회의장에 있던 다수의 참가자들은 이 '폭거'라 할 만한 소식에 경악함과 동시에 '불길한 예감'을 느끼게 되었다.

한편, 교묘하다는 평가를 받는 유럽 정부들은 아프리카 정부 대표들을 호텔로 불러 '선언'과 '행동 계획'에서 식민주의를 '인도에 반하는 죄' 즉 국제 범죄로 명기하지 않도록 설득에 나섰다고 전해진다. 일본 정부의 태도 역시 한국 정부 등의 추궁에 대해 느슨하고 회피적인 자세를 보였다.

이러한 교섭 과정에서 원래 최종일로 예정되어 있던 9월 7일에 '선언'과 '행동계획'이 합의되지 못했다. 회기는 하루 연장되었고 전날까지의 모든 수정안을 삭제하는 강경한 방식으로 문서가 작성되었다. '인도에 반하는 죄'는 '노예제와 노예거래'에만 명기되었고(선언 제13항), 그 외에는 미완성된 표현이 채택된 문서에 남아 있었다. 이것이 바로 '더반 선언'이 미완의 선언으로 불리는 이유이다.

그러나 2001년 더반 회의를 실패한 회의라고 생각하지는 않는다. 적어도 이 회의에서는 각국 정부가 본심을 드러내며 맞부딪쳤고 세계의 현실을 직시할 수 있었기 때문이다. 또한 회의 사무국장이었던 메리 로빈슨(Mary Robinson) 인권 고등판무관이 이를 이끌었다는 점도 어느 정도 충실함을 더했을 것이다. 회의 중반에 우리 일본 NGO 참가자들은 한국 NGO의 초청을 받아 일본의 식민주의에 반대하는 시위를 공동으로 진행했는데 본 회의장에 인접한 그 장소는 원래 시위가 금지된 구역이었다. 그러나 제네바에서 익숙했던 경비 담당자는 우리를 해당 구역에서 퇴거시키지 않았고 다음 날부터 그곳은 각 NGO들의 시위 장소로 변모하게 되었다.

한편, 우리는 9월 9일 더반을 떠나 귀국길에 올랐고 공항에서 전날 신문 기사가 눈에 띄었다. 미국 해군 항공모함이 인도양으로 향하던 도중 케이프타운 항구에 기항을 요청했지만 타보 음베키(Thabo Mbeki) 대통령이 이를 거부했다는 기사였다. 회의에서 미국대표단의 갑작스러운 철수에 대해 음베키 대통령이 남아달라고 간청했다는 말도 있었다. 개최국으로서 당연한 일이었을 것이다. 그러나 이를 단호히 거부한 미국의 태도에 대한 남아프리카 정부의 '보복'이라 직감했다.

9월 10일 귀국한 다음 날인 9월 11일, 미국 동부 해안에서 뉴욕의 세계무역센터 빌딩을 비롯해 여러 곳에서 동시다발적인 테러가 발생했다. 테러리스트들은 오랜 세월을 들여 이를 준비했을 것이다. 그러나 언제 실행할지 판단한 시기를 고려하면 9월 3일 이 세계 회의에서의 미국대표단의 갑작스러운 철수가 그 방아쇠가 된 것이 아닐까라는 '불길한 예감'의 의미를 지금도 떠올리게 된다.

시대는 인권보장을 가로막는 '대테러 전쟁'으로 들어섰다. '전쟁의 세기'로 불렸던 20세기가 새로운 형태로 계속 이어지게 된 것이다. 또한 미완의 더반 회의를 회고하며 2021년 4월 일본에서도 '더반+20: 반인종주의는 당연한 것 캠페인'이 실행위원회 형식으로 식민지 문제 청산에 나서기 위해 출범했다는 것을 보고하고 싶다.

【우에무라 히데아키】

[참고문헌]

· 上村英明「ダーバンへの長い道のり、そして、差別撤廃の未来への視座」ダーバン2002編 『反人種主義・差別撤廃世界会議と日本(部落解放・増刊号)』解放出版社, 2002년 5월.

· 上村英明＝古屋恵美子＝ジェイアン・パテル＝鈴木美恵子「人権保障への新しい枠組み－『ウィーン宣言』の実現がキーポイント」『ヒューマンライツ』1993년 9월호.

· 공보자료「デジタル・アーカイブ：世界会議・国際年」ウェブサイト『国際連合広報センター』

　<https://www.unic.or.jp/news_press/info_materials/booklets_leaflets/print_archive/world_conference/>(검색일: 2023년 11월 26일).

· 市民外交センター『市民外交センター2001年年次報告書』2002, pp.4-6.

· 世界人権会議NGO 連絡会編『NGO が創る世界の人権』明石書店, 1996년 1월.

· 藤岡美恵子「世界会議時代・NGO 隆盛期のダーバン会議を振り返る」『国際人権広場』第159号、2021년 9월.

· 「ダーバン会議の準備会議と本会議」ウェブサイト『ヒューライツ大阪』

　<https://www.hurights.or.jp/archives/durban-wcar/2010/03/-200189.html>(검색일: 2023년 12월 5일).

선주민족의 권리

선주민족 권리의 특징
—집단의 권리와 역사적 권리(근대사의 복구)

우에무라 히데아키

---

1. '집단의 권리'라는 인권의 관점
2. 역사를 자신의 집단에서 주체적으로 구축할 권리

1. '집단의 권리'라는 인권의 관점

인권은 크게 정리하면 개인의 권리와 집단의 권리로 나눌 수 있다. 이는 다소 복잡하게 느껴질 수 있지만, 권리라는 개념을 생각해보지 않았거나 생각하지 못하도록 만들어진 근대 일본 사회에서는 적어도 이러한 사고방식이 있다는 것을 확인하는 것이 필수적이다.

예를 들어, 언어권이라는 사례를 보면 어떤 개인이 어떤 언어로 말하는가는 '개인의 언어권'이다. 일본에서도 제2차 세계대전 중 이른바 '적성 언어'를 거리에서 외치면 경찰에 체포될 가능성이 있었다. 반면, 그 언어를 생활, 학교, 직장 등에서 사용하려면 그 언어를 배울 기회, 가르치는 시스템, 사용하기 위한 사회적 합의 등이 필수적이다. 이러한

507

보장을 '집단의 언어권'으로 볼 수 있다. 이 점에서 다양한 법 체계나 정치 제도에서 일본어의 사용은 '당연한 것'으로 간주되어 일본어에 대해서는 일본 사회에서 '개인의 언어권'도 '집단의 언어권'도 확보되어 있다고 볼 수 있다. 이러한 일본어의 다중적 권리가 사회에서 충분히 보장되고 있다는 사실을 일본 사회의 다수자(야마토민족)는 오히려 거의 무의식적으로 받아들인다.

그러면 선주민족인 아이누민족의 사례는 어떻게 될까? 거리에서 갑자기 아이누어로 말하더라도 이 사회에서 배제되거나 금지되지는 않을 것이다. 기본적으로 아이누어에 관한 개인적 권리는 보호되고 있는 것으로 보인다. 하지만 상황은 그렇게 간단하지 않다. 아이누 출신으로 처음 국회의원이 된 가야노 시게루(萱野茂) 참의원은 1994년 11월 24일, 제131회 참의원 내각위원회에서 아이누어로 질문을 했다. 이에 대해 위원장은 일본어로 질문할 것을 권고했지만 가야노 의원은 아이누어로 질문한 후 일본어 번역을 직접 덧붙이겠다고 답변하며 아이누어로 질문을 계속했다. 위원장의 이러한 제지와 일본어 사용 명령은 어떻게 봐야 할까? 국회의 위원회를 포함한 심의를 관할하는 법률은 '국회법'인데 현재 총 133조로 구성된 '국회법'에는 사실 일본어 사용을 규정하는 조항이 없다. 즉 가야노 의원의 아이누어 질문은 '국회법'을 위반하지 않았으며 원칙적으로 위원장이 이를 제지할 권리는 없었다. 그런 의미에서 아이누민족의 개인의 언어권은 '당연히 일본어를 사용한다'라고 가정된 위와 같은 환경에서는 여전히 부당한 제한 아래 놓여 있다.

다른 한편, 아이누민족의 집단적 언어권은 어떠할까? 일본에서는 일반적으로 인권이 개인의 권리로 간주되며 집단의 권리는 인권의 논의에서 제외되기 쉽다고 생각하는 전문가도 적지 않다. 이는 일본 국가가 그러한 구조를 심어왔기 때문이다. 확실히 1948년 세계인권선언은 국가에 대한 개인의 인권에 초점을 맞추었지만, 이 책에서 다루는 바와 같이 1960년대에는 마이너리티의 권리에 관심이 쏠리기 시작했으며 그 가운데 개인의 권리를 집단적으로 행사할 권리나 집단 자체의 권리가 논의되기 시작했다. 이러한 논의의 집대성이 1966년 채택된 국제인권 규약의 자유권 규약 제27조다. 그러나 확인해야 할 것은 통상적으로 인권상의 집단적 권리는 국가에 의해 독점되는 경우가 적지 않다는 점이다.

앞서 언급한 언어권을 예로 들면, 집단으로서 언어권을 행사하려면 공용어 등 언어의 지위 설정, 언어 습득을 위한 교육기관 설립과 교원 양성, 교과서 제작 등이 필수적이지만 대부분은 국가의 통제하에 있다. 앞서 언급한 가야노 시게루 의원은 1983년에 아이누어 교육기관으로 '니부타니 아이누어 학원'을 설립하고 자력으로 운영해왔다. 사실 가야노 의원은 처음에 아이누어로 교육할 수 있는 보육원을 설립하려는 구상을 가지고 있었고, 지원자들의 원조를 받으면서 기본적으로 독자적으로 시설 건설을 진행했다. 개인의 언어권을 집단적으로 행사하기 위한 시설로 하와이나 아오테아로아(뉴질랜드를 지칭하는 마오리어 표기) 등 해외의 선주민들도 동일한 사례가 적지 않다. 그러나 운영 자금을 확보하기 어려워 보육원이라는 특성상 당시 후생성(현 후생노동성)에 보조금을 신청했다. 후생성은 이 신청을 즉각 기각했으며 그 이유는 간단히 말해 아이누어로 가르치는 보육원은 영어 학습 학원과 동일하며 사적인 언어 교육 시설은 정부 보조 대상이 아니라는 것이었다. 이는 당시 아이누어의 공적 위치 설정이 이루어지지 않았기 때문이다.

물론 언어권도 본래 선주민족의 자율적 권리이지만 선주민이 처해온 역사를 고려하면 그 권리를 집단적으로 행사할 수 있는 환경을 조성하는 것은 정부의 당연한 의무이다. 이러한 점에서 2007년 9월의 '유엔 선주민족 권리 선언(United Nations Declaration on the Rights of Indigenous Peoples, UNDRIP)'의 대부분은 집단의 권리로 구성되어 있으며 이는 곧 국가에 의해 박탈당한 권리 목록이기도 하다. 또 다른 관점에서 보면, '집단의 권리'가 명확히 규정되거나 보장되지 않은 경우 선주민족이나 마이너리티의 개인적 권리가 보장되어 있더라도 '다수결 원칙'이라는 민주주의의 방법론을 이용해 다수파에 의해 교묘히 지배되거나 억압당하게 된다.

2. 역사를 자신의 집단에서 주체적으로 구축할 권리

또 하나는 '역사의 권리'의 중요성이다. 이미 언급했듯이 선주민족의 여러 권리는 근대 역사 속에서 국가에 의해 박탈당했으며 극단적인 경우 그러한 권리 집단이나 권리 자체가 애초에 존재하지 않았던 것으로 여겨져 왔다. 이를 '비가시화되었다'고 표현할 수 있다. 반대로 정부의 억압은 그들에게 불편한 역사를 은폐하는 것에서 시작되었고 다수자는 이러한 구조에 깊이 빠져들어 그에 동조하는 결과를 낳게 되었다. 이러한 점에서 현실에 기반하여 말하자면 선주민족에 대한 국가의 역사(국민의 역사), 특히 근대사에 대한 철저한 검토 없이는 선주민족의 권리 회복을 위한 여정은 가시화되지 않을 뿐만 아니라 전진도 이루어질 수 없다. 이는 선주민족만의 역사가 아니라 다수자가 왜 그곳에 있는지 또는 어떠한 과정을 통해 그 자리에 있게 되었는지를 직면하는 과제이기도 하다.

'선주민족 중심의 역사'라고 하면 단순히 이전까지 몇 줄로 기록되던 그들의 역사가 반 페이지, 한 페이지로 늘어난다는 양적인 증가만으로 평가될 문제가 아니다. 선주민족 자신들의 역사관에 기반하여 오류로 가득하고 왜곡되거나 날조된 근대사를 다시 쓰고 이를 선주민족과 다수자가 함께 공유하는 것이 중요하다. 아오테아로아(뉴질랜드의 마오리어 명칭)에서 이러한 활동을 해온 로버트 콘세다인(Robert Consedine)은 이를 '우리의 역사를 치유하기(Healing Our History)'라고 표현했다.[1]

일본사 역사 교과서에서는 아이누민족과 야마토민족(和人) 사이에 큰 전투가 있었다고 기록되어 있다. 이를테면, '코샤마인 전투(1457년)', '샤쿠샤인 전투(1669년)', '구나시리·메나시 전투(1789년)' 등이 그것이다. 그러나 1980년대까지의 교과서에서는 각각의 사건을 '난(亂)'이라는 표현으로 표기해 왔다. 이 '난'을 '전투'라는 단어로 바꾸는 것이 당시 아이누민족의 정치적 과제 중 하나였다. 일본어의 '난'이라는 단어는 일반적으로 국내에서 정부나 정권에 대한 반란을 떠올리게 한다. 예를 들어, 다이라노 마사카도(平将門)와 후지와라 스미토모(藤原純友)가 일으킨 '쇼헤이텐교(承平天慶)의 난(931년~947년)', '시마바라(島原)의 난(1637년~ 1638년)', '오시오 헤이하치로(大塩平八郎)의 난(1837년)' 등이 그 대표적인 사례일 것이다. 또한 '난'이라는 표기는 '야운모시리(홋카이도 섬)'가 일본의 일부였다는 것을 전제로 한다. 그러나 적어도 쇄국 정책을 펼쳤던 에도 시대에는 북쪽 국경이 마쓰마에번(松前藩)에 있었고 이 지역은 '마쓰마에구치(松前口)'라고도 불렸다. 마쓰마에 이북 지역에서는 일본의 국내 행정 제도나 주민 등록이 이루어지지 않았다. 일본의 행정 제도가 '야운모시리(ヤウンモシリ)'에 적용된 것은 1869년 개척사(開拓使)가 설치되고 같은 해 외국을 뜻하던 '에조치(蝦夷地)'를 국내적 이미지를 연상시키는 '홋카이도'로 개칭한 이후였다. 따라서, 이러한 '난'은 아이누민족과 야마토민족 간의 '전투'로 불려야 마땅하다. 이러한 아이누민족의 주장은 1992년 노무라 요시카즈(野村義一) 당시 홋카이도 우타리협회 회장의 유엔 총회 연설을 거쳐 1996년 고단샤의 『일본어 대사전』 아이누민족 관련 항목 대개정을 이끌어냈고 결과적으로 아이누 역사

---

[1] ロバート&ジョアナ・コンセダイン 『私たちの歴史を癒すということ』影書房, 2022, pp. 21-30.

와 관련된 '난'이라는 표기가 사라지게 되었다.

한편, 에도 시대 남쪽 국경은 사쓰마번(薩摩藩)으로 이를 '사쓰마구치(薩摩口)'라 불렀으며 그 너머에 '류큐국(琉球国)'이 존재했다. 그러나 '류큐국'이 오키나와현으로 바뀌고 이 사건이 '류큐처분(琉球處分)'으로 일본사에 기록된 배경에 대해 야마토민족은 잘 알지 못한다. 일본 정부는 메이지 유신 이후인 1872년, 도쿄를 방문한 류큐 사절단에게 '류큐 왕국'을 '류큐번'으로, '국왕'을 '번왕'으로 격하하는 명령을 전달했다. 이는 '류큐국'을 일본의 일부로 통합하기 위해 국내 봉건 제후들과 동일한 단계로 처리하려는 필요성 때문이었다.

국내적으로는 에도 시대 봉건 제후국들은 1869년에 판적봉환(版籍奉還)을 통해 천황에게 토지(版)와 인민(籍)을 반환하며 근대적 천황제 국가의 틀을 마련했다. 이어 1871년까지의 폐번치현(廃藩置県)을 통해 중앙집권형 국내 제도를 구축하며 전국의 토지를 '3부 302현'의 지방행정기구로 재정비했다. 그러나 폐번치현 이후 '류큐번'의 설치와 국내 제도에 없는 '번왕'의 임명은 류큐 정부 입장에서 볼 때 외국의 침략 혹은 강제 통합으로 비쳤다.

류큐의 오랜 역사 속에서 류큐 정부는 천황으로부터 토지나 인민을 위임받은 적이 없었기에 당연히 반환할 의무도 없었다. 이에 반복적으로 저항하던 류큐 정부에 대해 일본 정부는 결국 군대와 경찰 무장 부대를 파견했고 1879년에는 슈리성(首里城)을 포위한 가운데, 류큐번의 폐지와 오키나와현의 설치를 명하는 태정관 통첩을 류큐 국왕에게 전달했다. 일본 정부에 대한 저항적 태도 때문에 군사력을 동원한 '폐번치현'은 류큐국을 처벌하는 의미로 받아들여져 '류큐처분'이라는 일본사 용어로 불리게 되었다.

현재 류큐의 역사 재평가에서는 류큐 측의 과실이나 무례를 지적했던 '류큐처분'이라는 표현 대신 외국이었던 류큐국에 대한 식민지 지

배의 시작을 나타내는 '류큐병합(琉球併合)'이라는 표현이 점차 확산되고 있다.[2]

근대 역사학을 집대성했다고 평가받는 영국 역사학자 에드워드 할렛 카(Edward Hallet Carr)는 과거와 현재의 관계를 '역사학의 이중적 역할'이라는 형태로 다음과 같이 제안한 것으로 유명하다. "과거는 현재의 빛 아래에서 비로소 인식될 수 있으며, 현재는 과거의 빛 아래에서 비로소 충분히 이해될 수 있습니다."[3]

카에 따르면 역사는 단순히 과거를 정리하는 활동이 아니다. 과거와 현재의 상호작용 속에서 성립되며 그렇기에 선주민족의 관점에서의 "역사의 치유"는 현대 사회의 삶에 큰 사회적 의미를 제공하는 것이다.

권리의 인정과 역사 회복은 오늘날의 관점에서 말하자면, 복잡한 구조 속에서 진행되는 '비가시화'와의 싸움이기도 하다.

---

2 上村英明『新・先住民族の「近代史」』法律文化社, 2015, pp.69-110.
3 E・H・カー『歴史とは何か[新版]』岩波書店, 2022, p.86.

국제인권법과 선주민족-선주민족과 마이너리티

우에무라 히데아키

1. 선주민족 권리의 고유화와 유엔 선주민족
   작업반의 설립
2. 사상 최대의 유엔 개혁과 '유엔 선주민족 권리
   선언'의 채택

1. 선주민족 권리의 고유화와 유엔 선주민족 작업반의 설립

선주민족의 권리와 국제법의 관계를 논하려 한다면 근대 국제법의 초기 연구자인 프란시스코 데 비토리아(Francisco de Vitoria, 1486?~1546), 후고 그로티우스(Hugo de Grotius, 1583~1645), 에머리히 데 바텔(Emmerich de Vattel, 1714~1767) 등의 업적으로 거슬러 올라갈 수 있다. 이는 선주민족이 근대 식민주의의 최초 희생자로서 국제법상 주체성에 대한 논의가 일정 부분 이루어졌기 때문이다.[1] 그러나 본 논문에서는 아베 히로미와

---

1 小坂田裕子『先住民族と国際法—剥奪の歴史から権利の承認へ』信山社, 2017, pp. 19-27.

구보 마코토의 주장에 포함된 국제법의 '원죄'라고도 할 수 있는 이 문제는 다루지 않고 국제연합(UN) 설립 이후에 한정하여 선주민족과 국제법의 문제를 소개하고자 한다(국제연맹 시기에 관해서는 제1부 칼럼을 참조).

유엔의 인권기구에서는 유엔 헌장에 따라 '유엔 인권위원회'가 1946년 2월 경제사회이사회 아래에 설치되었다. 더 나아가 인권보장 활동을 활성화하기 위해 같은 해 7월에는 각국 정부 대표가 아닌 인권 전문가들로 구성된 그 의미에서 획기적인 '차별방지 및 마이너리티 보호 소위원회'(이하, 인권소위원회)가 창설되었다(이 소위원회는 1999년 7월에 '인권 촉진 및 보호 소위원회'로 개칭되었다).

그러나 1945년 9월 베트남 민주공화국의 설립, 1948년 8월9월 한반도의 남북 분단(대한민국과 조선민주주의인민공화국 설립), 1949년 9월10월 독일의 동시 분단(독일연방공화국과 독일민주공화국 설립), 1949년 10월 중화인민공화국의 설립, 그리고 1950년 6월 한국전쟁 발발에서 보이듯 '냉전'에 따른 긴장이 급격히 고조되자 인권 침해 사건에 대한 유엔의 국제적 개입은 그에 반비례하여 어려워졌다.

이 냉전의 긴장기 동안 인권소위원회에 부여된 과제는 인권 침해의 구제가 아니라 인권 문제에 관한 '연구'였다. 본래라면 인권 구제 과제가 후퇴한 것이라 할 수 있지만, 오늘날의 관점에서는 이 연구 활동이 이후 인권 분야의 다양화로 나아가는 길을 열었다고도 볼 수 있다.

1948년 남아프리카에서의 아파르트헤이트 법제 확립과 1950년대 말부터 유럽에서의 네오나치의 대두는 인종차별 문제에 대한 냉전 구조를 초월한 관심을 높였다. 그 결과 1963년 11월에는 인종차별 철폐 선언이, 그리고 곧이어 1965년 12월에는 인종차별철폐협약이 유엔 총회에서 채택되었다. 또한 인종차별 문제와 깊은 관련이 있는 탈식민지화 문제에서는 1960년 12월에 식민지 독립 부여 선언이 채택되었으며 더 나아가 1966년 12월에는 민족의 자기결정권과 마이너리티의 권리를 명시한 국제 인권 규약이 유엔 총회에서 채택되었다.

이러한 배경 속에서 인권 소위원회의 전문가들은 특별보고관의 지위와 다양한 연구 과제를 맡게 되었다. 예를 들어, 1966년에는 세계인권선언의 초안 작성에 참여한 칠레의 전문가 에르난 산타 크루스(Hernan Santa Cruz)가 '정치적, 경제적, 사회적, 문화적 영역에서의 인종차별에 관한 특별 연구(Special Study on Racial Discrimination in the Political, Economic, Social and Cultural Spheres)」'[2]를 시작했다. 이어서 1969년에는 이탈리아의 전문가 프란체스코 카포토르티(Francesco Capotorti)가 '민족적, 종교적, 언어적 마이너리티에 속하는 사람들의 권리에 관한 연구(Study on the Rights of Persons Belonging to Ethnic, Religious and Linguistic Minorities)」'[3]를 시작했다. 특히, 1969년에 발간된 산타 크루스의 보고서는 다음과 같은 점에서 중요했다. 이 보고서는 1102개의 단락으로 구성되었으며 자기결정권의 대상은 아니지만 '선주민족(indigenous populations)'이라는 표현을 사용하면서 이 집단에 대한 차별과 그 해결을 위해 유엔이 적절하고 포괄적인 연구를 수행할 독립적인 기구를 설립할 것을 제안했다. 또한 소수자 보호 문제와 관련이 있지만 '선주민족'에 대한 차별 문제를 별개의 연구로 다룰 것을 제안했다. 이는 국가와 개인 사이에 있는 집단이 '마이너리티'로 통합되던 시기에 있어 어떤 면에서는 획기적인 제안이었다. (국제적으로는 '선주민'이라는 개념이 1919년 6월 체결된 국제연맹 규약에서 등장했지만 일본에서는 이를 발전시킨 '선주민족'을 '소수자·마이너리티'와 구별하지 못하는 경우가 여전히 많다.)

산타 크루스의 제안은 1970년 인권 소위원회의 발의, 1971년 경제사회이사회의 연구 승인을 거쳐 같은 해 에콰도르의 전문가 호세 마르티네스 코보(José R. Martínez Cobo)가 '선주민족에 대한 차별에 관한 특별

---

2 国連文書 E/CN.4/Sub.2/301, 1969.

3 国連文書 E/CN.4/Sub.2/384, 1977. ここでは、ethnic の訳語に「種族的」を使う。

보고관'으로 임명되면서 실현되었다. 그 「선주민족에 대한 차별 문제의 연구(Study of the Problem of Discrimination against Indigenous Populations)」[4]의 개시에 의해 실현되었다. 코보의 최종 보고서는 역사적인 성과로서 1986년에 간행되었는데, 그 사이에 제출된 중간보고도 중요한 역할을 했다. 먼저, 1972년에 '예비 보고서'[5]가 제출되었는데, 단 15페이지의 이 보고서에는 본 연구의 목적을 위한 '선주민족'의 정의와 '연구 준비'라는 장이 포함되었다. 전자의 경우 코보는 당시 노동권에 관해 선주민 문제를 선도적으로 다룬 국제노동기구(ILO)의 '선주민족에 관한 연구'(1953년), 제107호 협약(1957년), 제104호 권고(1957년)의 성과를 바탕으로 '작업 정의Working Definition'를 다음과 같이 요약했다. 이는 오늘날에도 중요한 포인트이므로 소개하고자 한다.

"선주민족은 세계의 다른 지역에서 도착한 이들로 인해 그들을 압도당하고, 정복·이주·기타 수단에 의해 비지배적이거나 식민지적 상태로 변화된 해당 국가의 현재 영토에서 완전히 또는 부분적으로 거주했던 사람들의 현존 후손으로 구성된다. 이들은 인구적으로 다수를 차지하는 국가적, 사회적, 문화적 성격을 주로 통합한 국가 기구 아래에서 현재 자신들이 일부를 이루고 있는 국가의 제도보다 자신들의 특정한 사회적, 경제적, 문화적 관습과 전통에 따라 오늘날까지 생활하고 있다."

(Indigenous populations are composed of the existing descendants of the peoples who inhabited the present territory of a country wholly or partially at the time when persons of a different culture or ethnic origin arrived there from other parts of the world, overcame them and, by conquest, settlement or other means, reduced them to a non-dominant or

---

4　国連文書 E/CN.4/Sub.2/1986/.
5　国連文書 E/CN.4/Sub.2/L.566.

518

colonial condition; who today live more in conformity with their particular social, economic and cultural customs and traditions than with the institutions of the country of which they now form part, under a State structure which incorporates mainly the national, social and cultural characteristics of other segments of the population which are predominant.)

코보는 이 '작업 정의'를 다음 네 가지 요소로 정리했다.

① 국가의 현재 영토에 거주했던 사람들의 현존 후손, ② 다른 문화나 민족적 기원을 가진 사람들이 세계의 다른 지역에서 도착하여, 그들을 압도하고, 정복, 이주 및 기타 수단에 의해 지배적이지 않은 상태 또는 식민지 상태로 변화시켰다. ③ 그들이 현재 일부를 이루고 있는 국가 제도보다는 그들의 특정한 사회적, 경제적, 문화적 관습과 전통에 따라 오늘날까지 생활하고 있다. ④ 인구적으로 다수를 차지하는 국가적, 사회적, 문화적 성격을 주로 통합한 국가 기구 아래에 있다.[6]

코보의 「선주민족에 대한 차별 문제의 연구」는 이후 1981년에 제1차 진척 상황 보고서가,[7] 이어 1983년에 제2차 진척 상황 보고서[8]가 작성되었으며, 역사적 성과로 평가되는 최종 보고서는 제1권에서 제5권으로 나뉘어 1986년부터 발간되었다. 가장 중요한 제5권 『결론, 제안 그리고 권고』[9]는 1987년 3월에 출판되었다. 위에서 언급한 '정의'와 관련해 코보는 '예비 보고서'의 '작업 정의'에 의미를 부여하면서도 최종 보고서 제5권에서 "무엇이 그리고 누가 선주인지 정의하는 권리는 선주민족 스스로가 인정받아야 한다(369단락)"고 하였고, "인위적, 자의적

---

6 *ibid*, paras. 36-45.
7 コーボゥ最終報告書第1部 : 国連文書 E/CN.4/Sub.2/476.
8 동 최종보고서 최종부 : 国連文書 E/CN.4/Sub.2/1983/21.
9 国連文書E/CN.4/Sub.2/1986/7/Add.4.

또는 조작적인 정의는 어떠한 경우에도 받아들여질 수 없다(372단락)”
며 정부에 의한 정의 개입을 경고했다. 이는 약 25년 후인 2007년 유엔
총회에서 채택된 '유엔 선주민족 권리 선언'이 정의 조항을 포함하지
않은 이유다.

한편, 코보 보고서는 1981년 제1차 진척 상황 보고서 단계부터 유엔
기구에 큰 영향을 미쳤다. 이 보고서에서는 유엔 인권 기구 내에 선주
민 차별 문제를 전문으로 다루는 기구의 설립이 제안되었다. 이 제안을
바탕으로 인권 소위원회의 발의와 인권위원회의 승인 후, 1982년에는
경제사회이사회 결의 1982/34에 따라 인권 소위원회 산하에 '유엔 선
주민 작업반(UN Working Group on Indigenous Populations, 이하 작업반)'의 설
치가 결정되었고, 같은 해 8월 9일부터 13일까지 제1회기 작업반[10]이
개최되었다.

제1회기에서는 인권소위원회에서 선출된 5명의 위원이 조사 활동을
담당했으며 이들이 작업의 실질적 활동을 이끌었다. 이 가운데 노르웨
이 정부가 추천한 인권 전문가 아스비욘 아이데Asbjørn Eide가 의장으
로 임명되었으며 그의 획기적인 제안이 이 기구의 역사적 위치를 확립
하는 데 기여했다. 당시 유엔 기구 참여자는 각국 정부 대표, 국제 기구
(정부 간 기구), 그리고 경제사회이사회와 협의 자격을 가진 NGO로 한정
되어 있었으나 아이데는 차별 문제 연구의 성공을 위해 선주민 자신들
의 폭넓은 참여를 촉구했다.

제1회기 보고서는 다음과 같이 기술하고 있다.

"그 임무를 수행하기 위해 작업반은 협의 자격을 가진 비정부기구, 정
부 간 기구, 정부뿐만 아니라, 선주민족 대표자들에게도 개방되어 참여할
수 있다. 작업반은 공동의 사업으로서 선주민족의 합리적인 우려를 보호

---

10 제1회기 선주민작업반의 보고: 国連文書 E/CN.4/Sub.2/1982/33.

하는 기준의 발전과 그에 대한 존중을 촉진하기 위해 이들 모든 관계자 간의 대화를 장려할 필요가 있다(111단락)."

(111. In fulfilment of its mandate, the Working Group should be open and accessible to representatives of indigenous populations, as well as to non-governmental organizations with consultative status, to intergovernmental agencies and to Governments. The Working Group should encourage a dialogue between all of these in order to advance, as collective enterprise, the evolution of and respect for standards safeguarding the reasonable concerns of indigenous populations.)

'선주민족'과 NGO, 국제기구, 각국 정부 간의 대화가 차별 개선으로 이어진다는 원칙을 내세우며 선주민족의 유엔 참여를 실현시킨 아이데의 기반 구축은 큰 의의를 지닌다. 이를 통해 선주민족 권리라는 인권 규범은 선주민족 자신들의 참여로 발전하는 매우 드물고 동시에 중요한 인권 보장의 역사가 새겨졌다. 그러나 초기 단계에 불과했던 이러한 시도는 첫걸음에 지나지 않았으며 옛 종주국들이 대다수를 차지한 국제사회의 충분한 이해를 얻지 못했다.

제1회기 작업반에 참여한 정부는 12개국(아르헨티나, 호주, 브라질, 캐나다, 인도, 모로코, 뉴질랜드, 니카라과, 파나마, 수단, 미국, 예멘)으로, 아시아에서는 인도만이 아프리카에서는 모로코만이 참여했다. 참여 정부의 대부분은 남북아메리카와 오세아니아에 집중되었고 아이데의 모국인 노르웨이 정부조차 참여하지 않았다. 또한 경제사회이사회와 협의 자격을 가진 선주민 NGO로 참가한 단체는 국제 인디언 조약 평의회(International Indian Treaty Council=IITC), 세계 선주민족 평의회(World Council of Indigenous Peoples = WCIP), 인디언 법률 자료 센터(Indian Law Resource Centre)의 세 단체뿐이었다. 선주민족의 참여 자격 개방 원칙에 따라 참가가 가능했던 선주민족 단체는 식스 네이션스 이로쿼이 연방(Six Nations Iroquois Confederacy)[후에 호데노쇼니(Haudenosaunee)로 개명], 오글랄라 라코타 법적 권리 기금(Oglala Lakota Legal Rights Fund), 스탠딩 록 수 부족 평의회(Standing Rock Sioux Tribal Council) 등 주로 미대륙의 선주민족 단체에 지나지 않았다. 그러나 아이데의 이러한 활동을 달갑게 여기지 않았던 일부 정부의 압력으로 그는 1년 만에 직에서 물러나게 되었고, 이후 작업반 의장직에는 '선주민족 권리의 어머니'로 불리며 90개국에 걸쳐 현재 3억7천만 명으로 추정되는[11] 선주민족들을 위한 '인권 선언' 초안에 큰 공헌을 하게 된 이는 에리카-아이린 다에스(Erica-Irene Daes)가 임명되었다. 그녀는 그리스 정부가 추천한 인권 전문가로 과거 그리스 대법원 변호사였으며 1976년부터 인권소위원회 위원을 역임했다. 다에스의 지도 아래 작업반은 활발히 운영되었고 1987년 제5회기에는 79개 선주민족 단체와 370명이 참석했으나 1994년 제12회기에는 참가 단체가 219개로 증가했고 참가자도 790명을 넘었다.[12] 당사자 자신에 의해 인권 규범이 설정되었다고 말해지는 이유가 여기에 있다. 그러나 앞서 말한 것처럼, 작업반이 설치된 당초에는 운영이 그다지 순조롭지 않았다. 초기 회의에서는, 참가자들은 귀국 후 해당국 정부에 의한 보복·협박·괴롭힘·살해 등을 두려워했다. 매년 회기 직전의 토요일·일요일에 참가하는 선주민족들이 한자리에 모여 이번 회기의 동향이나 공통된 전략 등을 논의하는 준비회의가 개최되었으나, 그 시작은 그 1년 동안 사망한 활동

11 Asia Pacific Forum of National Human Rights Institutions and the Office of the United Nations High Commissioner for Human Rights, *The United Nations Declaration on the Rights of Indigenous Peoples: A Manual for National Human Rights Institutions*, The APF and OHCHR, 2013, pp.3-6.

12 上村英明「アジアにおける先住民族の権利確立に向けて ―先住民族の権利に取り組む国連人権機構の歴史と現状」アジア・太平洋人権情報センター編『アジア・太平洋人権レビュー1997―国連人権システムの変動―アジア・太平洋へのインパクト』現代人文社, 1997, pp.84-87.

가들에 대한 묵념으로 시작되었다. 더욱이 1986년에 개최될 예정이었던 제5회기는 유엔 내부에서 자금이 확보되지 않았다는 이유로 소규모 워크숍으로 전환되었고, 사실상 유회였다. 이듬해 1987년에 이 제5회기가 개최되었는데, 이 회의가 노무라 요시키치를 단장으로 하는 아이누민족의 유엔 인권기관에 대한 최초의 참가가 되었다. 그 후, 1992년에 아시아 선주민족 단체의 네트워크 조직인 '아시아 선주민족 연합(Asia Indigenous Peoples Pact = AIPP)'이 설립된 것을 생각한다면, 아이누민족의 유엔 인권기관 참여는, 1990년대라 불리는 아시아·아프리카 선주민족들의 유엔 참여의 효시라고 말할 수 있을지도 모른다. 참고로, 참가자가 790명을 넘었던 1994년의 제12회기에서는 지원 NGO인 시민외교센터를 포함하여 겨우 19단체 43명이 아시아에서 온 참가자였다.[13]

아무튼 본서 제2부의 칼럼에서 소개하는 세계인권회의가 개최된 1993년에는, 과제로 여겨지던 권리선언의 작업반 초안이 확정되었고, 이듬해 1994년에는 해당 초안이 인권소위원회에 제출되어 승인되었다. 여기까지 작업반 설치로부터 12년의 세월이 흘렀지만, 그 길은 더욱 험난해졌다. 작업반과 인권소위원회에서의 심의는 정부의 추천이 있었다 하더라도 개인 인권 전문가들에 의해 수행되었지만, 1995년에 인권위원회로 넘겨진 작업반 초안 심의에서는 이후 각국 정부 대표들의 직접 심의가 기다리고 있었다. 같은 해에는 곧바로 인권위원회 산하에 「선주민족 권리선언 초안 작업반(WGDD)」(이하, 초안작업반)가 설치되었으나, 초안작업반의 임무가 2004년 「(제1차) 선주민 국제 10년」(1995년~2004년)의 최종 연도까지 심의를 완료하는 것으로 명기되자, 많은 선주민족 대표들은 실망을 넘어 분노를 느꼈다. 12년의 세월

---

13 INSAF-SECRETARIAT (Bombay India), *United Nations WORKING GROUP On Indigenous Peoples-Report of the 12th Session*, INSAF- SECRETARIAT, 1994, pp.57-58.

에 다시 10년이 더해지게 된 것이다.[14]

2. 사상 최대의 유엔 개혁과 '유엔 선주민족 권리 선언'의 채택

그리고 이 어려운 상황 속에서는 안타깝게도 기쁜 서프라이즈는 일어나지 않았다. 더딘 심의에 대해 2002년 캐나다, 호주, 뉴질랜드, 미국으로 구성된 'CANZUS'라고 불리는 정부 그룹에서는 선언 초안이 2004년까지 채택되지 않으면 예산이 많이 드는 추가 심의는 허용하지 않겠다는 거의 협박에 가까운 제안을 내놓았다. 또한 초안 작업반에서는 2004년 단계에서 합의된 조문은 선주민족 개인이 국적/민족적 소속(nationality)을 가질 권리(제5조)와 선주민족 남녀 개인 간 평등(제43조) 단 두 조문뿐이었다.[15] 2005년에는 초안 작업반이 1년 연장되었지만, 같은 해에는 전후 최대 규모의 유엔 개혁이 시작되었고, 구체적으로는 유엔 인권위원회 폐지와 유엔 인권이사회의 신설이 핵심이 되었다. 그 과정에서 '선주민족 권리 선언' 초안의 미래는 전혀 예측할 수 없게 되었다. 최악의 시나리오는 유엔 인권위원회의 하부기관이었던 초안 작업반도 폐지되고, 권리 선언 초안 자체도 동시에 폐기되는 것이었다.

그러나 대테러 전쟁을 선포하고, 유엔 대사에 극우라고도 불리는 존 볼턴(John R. Bolton)을 임명하며, 안전보장이사회와 신설된 인권이사회를 연결하려 했던 미국 부시 주니어 행정부에 대해 노르웨이를 비롯한 중소국가 정부들은 인권 기구의 견해를 지켜냈다.

14　上村英明「『先住民族の権利に関する国連宣言』獲得への長い道のり」『PRIME』第27号, 2008, p.58.

15　上村, 앞의 주14의 인용 논문, p.58.

안전보장이사회의 상임이사국을 자동으로 인권이사회의 이사국으로 하고, 이 신설 이사회를 안전보장이사회의 실질적인 관리하에 두려던 시도는 부정되었으며, 이사국 선출은 총회에서의 선거가 되었고, 또한 입후보국에는 인권 보장에 관한 자발적 서약(Commitments and Pledges)이 의무화되었다. 더욱이 초강대국이 심사를 회피할 수 없도록 모든 회원국의 인권 상황을 자동적이고 정기적으로 심사하는 "보편적 정기 심사(Universal Periodic Review=UPR)" 제도도 신설되었다(제4부 2장 참조). 이러한 상황 속에서 미국 정부는 인권이사회의 첫 번째 이사국 선거에 출마조차 하지 않았다. 말하자면, 할 수 없었던 것이다. 앞서 언급한 것처럼, 인권 기구의 독립성에 부당하게 개입하려 했기 때문이다. 이러한 유엔 개혁의 움직임, 특히 독립된 인권이사회의 창설 흐름은 "유엔 선주민족 권리 선언" 초안에 적극적인 의미에서 영향을 주었다고 말할 수 있다.

마지막 초안 작업 소위원회 회의가 2006년 2월에 종료되자, 의장을 맡았던 페르 대사는 인권 소위원회의 초안 원안을 바탕으로, 초안 작업 소위원회에서의 논의를 더해 새 초안을 정리하였고, 이를 2006년 3월 제62회기 마지막 유엔 인권위원회에 제출하였다.

여기서의 채택은 실현되지 못했지만, 새 초안은 같은 해 6월 유엔 인권이사회의 제1회기에 제출되었고, 6월 29일, 47개 이사국 중 찬성 30국, 반대 2국(캐나다·러시아), 기권 12국의 찬성 다수로 채택되었으며, 같은 해 9월에 시작되는 제61회기 유엔 총회로 송부가 결정되었다. 기적적인 채택이었지만, 이사국 중 CANZUS 국가에서는 캐나다만이 취임하고 있었던 것이 다행이었다고도 한다. 그러나 총회 채택까지는 한 번 더 파란이 있었다. 초안은 2006년 10월에 인권 문제를 다루는 총회 제3위원회에서 심의되었으나, 복귀한 CANZUS 국가들과 동시에 이에 부추겨진 아프리카 국가들이 초안에 포함된 자기결정권, 토지권, 자원권에 난색을 표시하였다. 스스로는 식민주의의 희생자였지만, 독립국이

됨으로써 국가 권한의 축소에 대해 우려를 느낀 것이었다. 11월 28일에는 초안의 검토와 채택을 연기한다고 한 '나미비아 결의안'이라고 불리는 아프리카 그룹의 결의안이 채택되어, 채택은 다시 암초에 부딪히는 것처럼 보였다.

이듬해인 2007년 5월에는 아프리카 국가들이 33항목의 수정안을 제안하였고, 또한 같은 해 8월에는 캐나다·러시아·뉴질랜드·콜롬비아 정부에 의해 채택을 단념시키기 위한 것으로밖에 보이지 않는 공동 제안이 제출되었다.

이 사이 2006년에 결성된 "글로벌 선주민족 코커스(Global Indigenous Peoples' Caucus)"에 결집한 선주민족 활동가들은 끈질기게 아프리카 국가 정부들과 협상을 계속하였고, 8월 말에는 수정점을 9항목으로 압축하였으며, 더 나아가 각 선수민족 대표들의 합의를 잉기 위한 타협점 작업이 온라인으로 계속 진행되었다. 2007년 9월 5일에는 세계 각지의 원주민 단체들의 기본적인 지지가 아프리카 그룹에 전달되었고, 같은 날 합의안의 유엔 총회 본회의 제출이 결정되었다.[16]

그리고 2007년 9월 13일, 뉴욕에서 개최된 유엔 총회에서는, 전문 24단락과 본문 46조로 구성되는 「유엔 선주민족 권리 선언」(이하, 권리 선언)이 캐나다·호주·뉴질랜드·미국이라는 CANZUS를 구성하는 4개국 정부의 반대를 제외하고 144개국의 찬성, 11개국의 기권이라는 압도적인 지지 속에서 채택되었다. 본고에서 소개한 바와 같이, 채택된 권리 선언에는 여러 가지 문제가 있다는 것을 부정하지 않는다. 그러나 25년을 넘는 이 과정에 참여한 사람으로서 솔직히 말하자면, 1993년에 확정된 선언 초안이 위기를 극복하고 여기까지 유지된 것을 「꿈 같은 전개」라고 평가해도 좋을 것 같다. 이 9월 13일, 나는 제6회기 인권이

16　上村, 위의 주14의 인용 논문, pp.59-62.

사회에 참석하기 위해 제네바의 유엔 유럽 본부에 있었지만, 뉴욕에서 전해진 뉴스를 듣고 가까이에 있던 원주민 베테랑 활동가들과 서로 껴 안았던 것을 기억한다.[17] 비유가 적절하지 않을 수도 있지만, 그것은 인권을 둘러싼 글로벌 규모에서의 극히 치열한 투쟁이었다. 특히 마지막 단계에서는 「글로벌 선주민족 코커스」의 활약이 있었지만, 이 25년 동안에는 세계 각지의 많은 선주민족 대표들의 공헌이 있었다. 아이누민족으로부터는 노무라 기이치(野村義一)와 아베 유포(阿部ユポ), 류큐민족으로부터는 마쓰시마 야스카쓰(松島泰勝), 지넨 히데키(知念秀記), 미야사토 고사마루(宮里護佐丸), 도마 시게키요(当真嗣清) 등의 끈질긴 참여가, 아시아 선주민족 조직의 일원으로서 이에 기여한 것도 잊어서는 안 된다.

이로써 1992년 12월 유엔 총회에서 채택된 전문 11단락, 본문 9조로 구성되는 「민족적(national, ethnic), 종교적 및 언어적 마이너리티에 속하는 자의 권리 선언」(이하, 마이너리티 권리 선언)과 나란히 「선주민족 권리 선언」이 국제인권 기준으로 정비된 것이 된다.

어느 권리 선언도 법적 구속력을 가지는 국제 조약화를 목표로 하고 있지는 않지만, 각각 다음과 같은 전문적 이행 감시 기구가 활동하고 있다. 마이너리티 권리 선언에 대해서는 1995년에 「마이너리티 작업반」이 인권 소위원회 산하에 설치되었고, 2007년에는 인권이사회 산하의 「마이너리티 문제 포럼」으로 계승되었다.[18] 선주민족 권리 선언에서는 2002년에 이미 설치되어 있던 '선주민족 문제 상설 포럼(PFII)'과 2007년에 '선주민족 작업반'의 후속 기구로 설치된 '선주민족 권리 전문가 기구(EMRIP)'가 이 역할을 담당하며 활동하고 있다.

17　上村英明 「『先住民族の権利に関する国連宣言』採択の意味」『世界』第771号, 2007, pp.20-24.

18　元百合子 「マイノリティの権利に関する国際人権基準の進展と課題」『立命館法学』第333＝334号, 2010, pp.1536-1539.

제3장

일본 사회는 선주민족의 권리를 어떻게 다루어 왔는가
— 단일 민족 국가 신화와의 투쟁

우에무라 히데아키

1. 머리말

근대를 주권 국가의 시대라고 본다면 선주민족이 맞서 싸워야 했던 대상은 전 세계적으로 우선 이 주권 국가 혹은 그 실질적 권력인 정부였다. 근대는 스스로를 전근대와 대비하여 정의하였으며, 근대가 계몽적이고 진보한 문명 사회라면 전근대는 미개하고 야만적이며 좋게 보더라도 인습에 얽매인 고루한 시대로 간주되었다. 이러한 문맥 속에서 선주민은 소멸할 운명에 처한 사람들로 여겨졌으며 국가 또는 정부에 의해 그 존재 자체가 부정되는 경우가 많았다. 달리 말하면 선주민족은 '보이지 않는 존재'[1]로 간주되곤 했다. 따라서 선주민족으로서의 투쟁의 시작은 존재 자체의 인정 즉 '비가시화'와의 싸움이었다. 이에 대해 권리 선언 전문 제2단락은 다음과 같이 규정하고 있다.

> "모든 민족이 다를 권리, 자신을 다르다고 생각할 권리, 그리고 다른 존재로서 존중받을 권리를 가진다는 것을 인정하며 선주민이 다른 모든 민족과 평등하다는 것을 확인하며, ……."[2]

일본에서도 전쟁 이전 예를 들어, 아이누민족은 대일본제국을 구성하는 '소수민족'으로서 교과서에서 인구 그래프와 함께 소개되었다. 반면, 류큐민족은 오키나와 현민으로서만 다루어졌고 그곳에서는 민족적 정체성이 언급되지 않았다. 한 지리 교과서는 다음과 같이 기술하고 있다.

> "국민의 총수는 약 1억 명이며 그 대부분은 야마토민족이다. 그러나 조선에는 약 2,300만 명의 조선인, 대만에는 약 500만 명의 중국 민족과 10만여 명의 원주민이 있다. 또한 홋카이도에는 소수의 아이누인, 사할린에는 소수의 아이누인과 기타 원주민이 있다."[3]

이 사례에서 보듯 '제국'은 다민족 국가임을 '자랑'하는 경우가 적지

1　小坂田裕子『先住民族と国際法——剥奪の歴史から権利の承認へ』信山社, 2017, p. 18.

2　市民外交センター訳「先住民族の権利に関する国際連合宣言」2007.9.13. <http://hiratatsuyoshi.com/undrip/UNDRIP_Jpforprint.pdf>。선언 번역에 민족과 인민을 병기하였다. 그 배경에 대해서는 이하를 참조. 上村英明「先住民族の権利——その概念、表現、展開に関する史的経緯」, 国際人権法学会編『新国際人権法講座(3)国際人権法の規範と主体』信山社, 2023, pp.38-147.

3　文部省『尋常小学地理書(巻一)』文部省, 1938, p.4.(表記は現代漢字に変換)

않았다. 그러나 제2차 세계대전이 종료된 후 1945년 7월 포츠담 선언 제8항 "일본국의 주권은 본주, 홋카이도, 규슈 및 시코쿠 및 우리(연합국)가 결정하는 여러 작은 섬들로 한정된다"는 조항에 의해 일본이 식민지를 포기하게 되자 일본이 개국 이래 '단일 민족 국가'라는 악성 신화가 확산되었다.

아이누민족의 경우 이러한 투쟁이 표면화된 계기는 1986년 9월, 나카소네 야스히로 총리의 '단일 민족 국가 발언'이었다. 이 발언 직전 같은 총리에 의해 '지적 수준 발언'이 있었고 이 '지적 수준'이라는 관점에서 다민족 사회를 깎아내리는 발언에 대한 변명으로 '단일 민족 국가 발언'이 튀어나온 것이다. 이러한 '단일 민족 국가 발언'은 겉으로는 줄어든 듯 보이지만,[4] 이후에도 표현을 바꾸어 반복되고 있다. 예를 들어, 2020년 1월에는 아소 다로 재무상의 "2000년에 걸쳐 하나의 나라에서, 하나의 민족, 하나의 왕조가 이어진 나라는 일본뿐이다"라는 발언이 물의를 일으켰다. 이러한 단일 민족 신화에 대한 집착은 일본이 야마토민족의 국가 혹은 고대에 여러 민족이 융합된 균질의 '일본민족'이기 때문에 뛰어나고 훌륭한 나라라는 사상에 기반을 둔다. 그러나 이는 이 책의 문맥에서 보자면 마이너리티나 선주민족의 존재 자체를 부정하는 사상을 퍼뜨리는 토대이기도 하다.[5] 특히, 1984년 5월 차별법인 '홋카이도 구토인 보호법'을 폐지하고 '아이누 신법' 제정을 요구했던 아이누민족에게 1986년의 '단일 민족 국가 발언'은 극도로 분노를 일으켰다. 삿포로뿐만 아니라 도쿄에서도 집회가 열렸고 상경한 아이누민족 및 관동에 거주하는 아이누민족·지원자들에 의한 총리 관저에 대한 항의 행동도 이루어

---

4 宮島喬『「移民国家」としての日本—共生への展望』岩波書店, 2022, p.i.
5 小熊英二 「『麻生発言で考えた』…なぜ『日本は単一民族の国』と思いたがるのか？」 『毎日新聞[デジタル版]』2020.2.5. <https://mainichi.jp/articles/20200204/k00/00m/010/113000c>。

졌다. 그 항의자들 중에는 홋카이도 우타리 협회(당시)의 노무라 요시카즈(野村義一)나 관동 우타리회의 요코야마 무쓰미(横山むつみ), 페우레 우타리회의 아오키 에쓰코(青木悦子)도 있었으며, 거기에서 나 또한 이 기회에 많은 아이누와 처음으로 말을 나누게 되었다. 물론 이는 불행한 기회였으나 아이누민족의 존재 자체가 겨우 사회적 논의의 대상으로 올라선 시기라고도 할 수 있다.

당시 나카소네 총리 발언의 구조를 보다 상세히 살펴보면 일본 국민은 고대부터 일본 열도에 도래한 여러 민족의 융합으로 이루어진 야마토민족을 주체로 형성된 단일한 '일본민족'이다. 그 '일본민족'은 '일본 국민'이 균질성을 갖추고 근면하며 우수한 이유로 설명되었다. 즉 당시 일본 정부에 따르면 아이누민족은 현재의 국민을 형성한 고대·중세의 구성 요소 중 하나에 불과하며 나카소네 자신도 아이누 혈통이 섞여 있음을 언급했다. 그리고 그 아이누민족은 오랜 동화 정책의 완성에 의해 현대에서는 '소멸된 민족' 집단에 지나지 않는다고 했다.

예를 들어, 1981년 제네바에서 열린 국제 인권 규약·자유권 규약에 대한 제1차 정기 보고서 심사에서 일본 정부 대표는 아이누를 조상으로 둔, 그러나 야마토민족으로의 동화를 완성한 사람들, 즉 '우타리인(Utari people)'이 존재한다고 소개했다.[6]

2. 아이누민족의 근대사―'홋카이도 구토인보호법'에서 '아이누문화 진흥법'까지

아이누민족에 대한 처우가 국가의 책임 하에 '법'으로 명문화된 것

6　上村英明「『少数民族』とは何か―日本政府に消されたアイヌ民族」『世界』第503号, 1987, pp.238-247.

은 1899년에 제정된 '홋카이도 구토인보호법'(이하 구토법)으로 형식적으로는 '복지법'의 형태를 취했다. 그러나 유감스럽게도 이 법은 은혜로서의 보호를 명목으로 하면서도 차별법이었다. 구토법에 따라 아이누민족에게 일정한 토지가 제공되고 농기구, 의료비, 장례비 등이 지원되었으나 이는 농업화를 조건으로 강제 동화를 받아들일 것을 전제로 한 것이었다. 강제 동화를 전제로 한다면 마이너리티나 선주민족의 권리는 본래 상정되지 않았다. 또한 일본식 농업 장려와 일본인으로의 강제 동화 정책에 기반한 이 법은 민족으로서의 정체성을 박탈하고 아이누민족을 말살하려는 법이었다고 해도 과언이 아니다. 여기서 일본식 농업이라고 언급한 것은 아이누민족에게는 고유의 가치관이 존재했기 때문이다. 예를 들어, 식물의 자생지를 소중히 여기며 비료를 사용하지 않는 등 아이누민족만의 독특한 시각에서 본 '농업'과 '밭'의 개념이 있었다.

동화의 수단으로서 교육은 그 중심적인 방법이었고 학교는 그 무대가 되었다. 구토법에는 야마토민족과 분리된 국가 예산으로 운영되는 내무성 산하 홋카이도청이 관할하는 소학교(구토인 학교)의 설립과 수업료 지원이 명시되어 있었다(제7조, 제9조). 토지의 분배와 관련해서는 본래 사냥과 어업을 생업으로 삼았던 아이누민족에 대해 '농업을 희망하는 자'라는 조건이 붙었고 이는 야마토민족 이주민에게는 요구되지 않은 것이었다. 이와 더불어 토지의 면적에서도 차별이 있었다. 예를 들어, 일본의 '판적봉환'에 해당하는 1872년의 '홋카이도 토지 매각·대여 규칙'에 따라 아이누 땅 전역(야운모시리)은 기본적으로 '관유지'로 규정되었다. 또한 1877년 '홋카이도 토지증서 발행 조례'에 의해 강, 바닷가, 산림, 계곡, 황야를 포함한 모든 토지가 '관유지' 즉 '국유지'로 명문화되었다(동 조례 제3조 및 제15조).[7] 그리고 내무성 산하에 신설된 홋카이도청이 1886년에 설립되면서 대규모 개척이 본격화되었다. 1886년에 제정된 '홋카이도 토지 불하 규칙'에 따르면 야마토민족 이주민에게는 1인당 10만 평(약 33헥타르)의 토지가 제공되었다. 반면, 같은 국민이라 칭해졌던 아이누민족에게 구토법에 따라 지급된 토지는 가구당 1만5000평(약 5헥타르)에 불과했다. 게다가 농업에 적합한 토지는 이미 1872년 이후 일본인 이주민에게 분배되었기 때문에 아이누민족이 받은 토지는 대부분 강가나 경사지 같은 황폐한 땅이었다. 토지 소유권에는 양도 등의 제한이 있었으며 토지 지급 후 15년이 지나면 '성공 검증'(제3조)이 이루어졌다. 농업에서 성공하지 못했다고 판단되면 해당 토지는 다시 정부에 의해 몰수되었다. 1897년에 국회를 거쳐 성립된 '홋카이도 국유 미개지 처분법'에 따라 개간지에는 1인당 150만 평(약 500헥타르), 목초지에는 250만 평(약 826헥타르), 과수 재배에는 200만 평(약 661헥타르)의 토지가 제공되었으나 이는 대자본가나 부유층을 염두에 둔 정책으로 성공 검증조차 애매하게 우대되었다고 전해진다. 규모 면에서 보면 시라카바파(白樺派) 소설가로 유명한 아리시마 다케오(有島武郎)의 아버지 아리시마 다케시(有島武)는 실업가이자 사쓰마파(薩摩閥) 출신 재무관료로서 1897년 같은 법에 따라 현재 니세코에 해당하는 후지(後志)시 지청(支庁)에서 100만 평(약 330헥타르)의 토지를 임대받았다. 성공 검증을 거쳐 소유권을 확보한 그는 이를 확장하여 '아리시마 농장'을 설립했다. 1922년 아리시마 다케오가 이 농장을 해방했을 때 농장은 450헥타르 면적에 약 70가구의 소작농을 두고 있었다. 또한 공작(公爵) 산조 사네토미(三条実美)가 농장주였던 '화족조합(華族組合) 우류(雨竜) 농장'은 1889년에 무려 1억5000만 평(약 5만 헥타르)이라는 광대한 토지를 불하받았다. 이는 비와호(琵琶湖)에 육박하는 규모로 이러한 사례는 전형적인 부유층에 대한 토지 분배를 보여준다. 반면, 1899년 구토

---

7 吉川仁 「アイヌ民族の土地権に関する序論的考察」 『文化科学研究』 第7巻 第2号, 中京大学, 1996, pp.6-7.

법에 따른 토지 분배에서 아이누 1가구당 불하된 토지가 고작 5헥타르에 불과했다는 점을 감안하면 당시 토지 정책이 얼마나 차별적이었는지를 이해할 수 있다. 성공적이라고 평가된 홋카이도 개척의 실체는 본래의 토지 소유자인 아이누민족에 대한 차별과 착취 위에 성립된 것이었다.

제2차 세계대전 후 정부의 책임으로 국민 전체의 삶의 질을 평등하게 보장하기 위한 '(구) 생활보호법'이 1946년 10월에 제정되면서 구토법은 유명무실화되었다고 평가되었다. 그러나 식민지 지배에 의해 만들어진 격차와 빈곤이 일반법의 제정만으로 간단히 해소될 리 없었다.

1972년 홋카이도는 새로운 실태 조사를 실시하였는데 '홋카이도 우타리 생활 실태 조사'에 따르면 아이누민족의 생활보호율은 115.7‰로, 홋카이도 평균 21.0‰의 5.5배, 일본 전체 평균 12.7‰의 9.1배라는 격차가 드러났다. 또한 1979년 대학 및 단기대학 진학률은 아이누민족이 8.8%였던 반면 홋카이도 전체는 31.3%, 일본 전체는 37.8%(1975년 기준)였다.[8]

토지권의 문제이기도 한 농지 문제에 관해서는 특별히 강조할 필요가 있다. 토지권과 자원권은 마이너리티와 구별되는 선주민족에게 가장 중요한 고유 권리이다. 제2차 세계대전 후인 1946년 3월, 오가와 사스케 등을 중심으로 한 민족 조직으로 '홋카이도 아이누 협회'(이후 1961년 4월 '홋카이도 우타리 협회'로 개명, 2009년 4월 다시 '홋카이도 아이누 협회'로 개명)가 설립되었다. 이 조직이 설립된 가장 큰 이유는 과거 구토법에 의해 지급된 농지가 일본 정부에 의해 강제로 매수되는 것에 대해 아이누민족의 항의 목소리를 결집하기 위해서였다. 연합군 최고사령부(GHQ)

---

8 上村英明『知っていますか？アイヌ民族一問一答[新版]』解放出版社, 2008, pp.90-93.

는 일본 군국주의의 기반으로 여겨졌던 대지주와 소작인의 관계를 대대적으로 전환하기 위해 1946년 10월 '자작농 창설 특별조치법'을 제정하고 1947년부터 부재지주(不在地主) 등의 소작지를 강제로 매수하여 이를 소작인에게 저렴하게 판매하는 정책을 실행했다. 이 농지 개혁 과정에서 구토법에 따른 지급지 중 아이누가 야마토민족 소작인에게 임대하던 토지가 강제 매수 대상이 되었다. 이 소작지의 구조는 가난한 아이누 지주와 비교적 부유한 야마토민족 소작인으로 이루어져, 농지 개혁이 상정했던 일본 사회의 착취 구조와는 정반대였다. 이에 대응하여 막 결성된 '홋카이도 아이누 협회'는 농지 개혁에서 지급지를 제외하도록 요구하며 반대의 목소리를 냈고 도쿄에 진정단을 파견했다. 그러나 이듬해인 1948년, 일본 정부는 구토법의 지급지를 제외하지 않겠다고 통보하며 많은 아이누 농지가 부재지주의 토지로 강제 매수되었다. 아이누민족에 의해 작성된 1984년 '아이누민족에 관한 법률(아이누 신법)안'(이하 아이누 신법안)에서는 이 상황에 대해 '본 법을 제정하는 이유'에서 다음과 같이 기록되어 있다.

> "아이누는 지급지에 묶여 거주의 자유와 농업 이외의 직업을 선택할 자유를 제한받았으며 교육에서는 민족 고유의 언어를 빼앗기고 차별과 편견에 기반한 '동화' 정책에 의해 민족의 존엄이 짓밟혔다.
> 전후 농지개혁은 이른바 구토인 지급지에도 영향을 미쳤고 더불어 농업 근대화 정책의 여파로 소규모 빈농인 아이누는 흩어졌으며 코탄(아이누 공동체)은 차례차례 붕괴되었다."[9]

이와 같은 차별적 상황이 아무런 해결도 되지 않은 상태에서 1964년

---

9 上村, 위의 주8의 인용서, pp.126-127.

당시 행정관리청이 아이누민족의 동화가 완료되었으며 국민 간의 격차 해소에는 '생활보호법'으로 충분하다는 이유로 구토법의 폐지를 권고하자 아이누민족 사이에서 위기감이 확산되었다. 또한 1970년 6월, 이가라시 고조(五十嵐広三) 아사히카와(旭川) 시장의 주장에 따라 전 홋카이도 시장회에서 차별법인 구토법의 폐지를 권고하였으나 이 역시 아이누민족의 불안을 더욱 가중시켰다. 단순히 차별법의 폐지만으로는 아이누민족이 '보이지 않는 존재' 혹은 '소멸된 민족'으로 간주될 위험이 있었기 때문이다.

'홋카이도 우타리 협회(당시)'는 1982년 구토법의 폐지와 동시에 새로운 법률의 제정을 요구하는 운동 방침을 결정하였고 부이사장이었던 가이사와 다다시(貝澤正)를 좌장으로 초안 작업을 진행하였다. 1984년 5월, 전문('본 법을 제정하는 이유'를 포함)과 6개 항목으로 구성된 '아이누 신법안'이 총회에서 채택되었다. 아이누 신법안은 민족성과 그 권리를 전면에 내세우며 차별 해소 및 인권 확립, 민족으로서의 정치 참여권, 교육 보장과 문화 진흥, 경제적 기반 확보, 자립화 기금과 정부의 책임 있는 심의 기구 설치를 요구하였다. 이는 단편적인 요구가 아닌 포괄적이고 일관된 아이누 입법의 필요성을 주장하는 운동으로 시작되었다. 앞서 언급한 문제 의식에 따르면, 경제적 기반 확보에 농업 기반의 확립이 포함되며, 이는 곧 농지 문제와 직결된다.

1975년 홋카이도는 구토법과 관련된 실태조사를 실시하였다. 그 결과 구토법에 따라 지급된 전체 지급지 면적은 9,061헥타르로, 야운모시리(홋카이도 전체 면적) 834만5천 헥타르의 약 0.1%에 불과했다. 이 중 1,950헥타르는 구토법 제3조의 '성공 검증'에 따라 몰수되었고 농지개혁으로 인해 2318헥타르가 강제 매수되었다. 당시 확인된 지급지 잔여 면적은 1,518헥타르에 불과했으며 일본 정부가 아이누에게 보장한 토지는 야운모시리 전체 면적의 약 0.02%에 지나지 않았다. 비슷한 사례로 농지의 경우 홋카이도 농가 1가구당 평균 농지 면적은 30.2헥타르 (2020년 기준)였지만 아이누 농가 1가구당 평균 농지 면적은 3.50헥타르 (2017년 기준)에 불과했다. 이 숫자는 식민지 정책에 의해 발생한 격차를 보여주는 것이며 그 역사를 거슬러 올라가 보면 왜 이러한 상태가 발생했는지 그리고 누구에게 책임이 있는지가 명확히 드러난다.

어쨌든, 1984년 5월 '아이누 신법 제정 운동', 1987년 8월 '유엔 선주민 작업반' 참여, 1992년 12월 노무라 요시카즈(野村義一) 홋카이도 우타리 협회 이사장의 유엔 총회 연설, 1994년 8월 가야노 시게루(萱野茂)의 아이누민족 출신 첫 국회의원 취임 등을 거치며 국정은 크게 변화하였고 1997년 7월에는 구토법이 폐지되고 '아이누문화 진흥법'(이하 문화진흥법)이 제정되었다. 그러나 1984년 아이누 신법안의 관점에서 보면 이 문화진흥법은 '아이누 사람들'의 '긍지가 존중받는 사회'를 목표로 삼으면서도 이를 위해서는 '국민'의 이해가 필수적이며 그 이해를 촉진하기 위해 아이누민족의 문화와 전통을 진흥한다는 이상한 구조의 '문화법'에 불과했다. 본래 인권이 침해된 경우 그것은 신속히 회복되어야 마땅하다. 그러나 가해자라 할 수 있는 야마토민족 다수파인 '국민'의 이해 없이는 권리에 대한 논의조차 할 수 없다는 논리는 본말이 전도된 것이다. 이는 여성 권리 실현에 있어서 남성의 이해가 먼저 필요하다고 주장하는 것과 같은 불합리함을 보여준다. 이 기본적인 구조는 이후 2019년에 제정된 '아이누 정책 추진법'에서도 변하지 않았다.

3. 류큐민족의 근대사―'오키나와현'의 설치에서 미군의 류큐 통치까지

선주민족은 모두 식민주의의 희생자이다. 이러한 의미에서 공통된 경험을 공유할 수 있지만 식민주의의 방식은 종주국에 따라 다르며 같은 종주국이라도 대상 민족이나 지역에 따라 차이가 있다. 메이지 정부의 일방적인 주장에 따르면 불행히도 중일 양국의 '양속(両属) 관계'의 희생이 된 류큐국 주민들을 야마토민족으로 다시 통합하는 것이 근대 메이지 국가의 의무였다. 근대 국가 일본에서는 가마쿠라 시대 이래 무가 정권에 위임했던 천황의 소유인 토지와 주민을 반환받고 문명개화(civilization)와 함께 근대 천황제 국가의 틀을 확립할 필요가 있었다. 이 글의 서두에서 소개한 것처럼 1869년에 시행된 '판적봉환'은 봉건 제후들이 지배하고 있던 '판(土地)'과 '적(人民)'을 천황에게 반환하도록 하는 틀을 마련한 정책이었다. 그러나 아이누민족과 류큐민족은 역사적으로 일본 천황으로부터 토지를 받은 적도 없고 주민을 할당받은 적도 없었다. 따라서 메이지 정부는 이들 지역을 일본 내의 일부인 것처럼 위장할 필요가 있었다. 야운모시리(홋카이도)에서는 1850년대 일러 국경 협상에서 '오래전부터의 일본 국민'이라고 주장하여 아이누민족을 형식적으로 통합하고 1869년 8월 '에조치'를 '홋카이도'로 개명하였다. 그리고 율령제도의 령외관(令外官)을 본떠 천황 직속의 '개척사'를 설치하여 전 지역을 국유지로 만들었으며 일본의 국내 행정 단위인 '국군제(国郡制)'를 시행하였다.

한편 류큐에 대해서는 1872년 9월에 류큐번(琉球藩)을 설치하고 국왕이었던 쇼타이(尚泰)를 '번왕(藩王)'으로 임명하며 메이지 정부는 이를 일본의 일부로 선언했다. 그러나 '번'의 설치라는 점에서 보면 전년도인 1871년에 일본에서는 이미 '폐번치현(廃藩置県)'이 완료되어 있었다. 또한 '번왕'이라는 직위는 일본의 정치 제도에는 존재하지 않았으며 더구나 '류큐번'의 관할은 외무성이 담당하는 등 자국의 논리로 보아도 모순된 불가사의한 제도였다. 이는 류큐 정부가 중국과의 조공 관계의 역사 등을 이유로 강하게 저항했기 때문이었다. 이에 따라 1879년 3월,

메이지 정부는 류큐를 '징계'한다는 의미로 내무성 소속 마쓰다 미치유키(松田道之)를 '처분관'으로 류큐에 파견했다. 마쓰다와 동행한 무장 부대인 구마모토진대(熊本鎮台) 소속 육군 병력과 경시청 무장 경찰대는 슈리성을 포위했고 이 과정에서 '류큐번'의 폐지와 '오키나와현'의 설치를 명하는 태정관(太政官) 통달을 류큐 국왕 대행인 나키진왕자(今歸仁王子)에게 전달했다. 이때 동행한 경시청 무장 경찰대는 국민개병제의 육군 병력과 달리 메이지 정부 내부에서 사족 중심의 부대였으며 마쓰다는 내무 관료임에도 불구하고 류큐 정부가 저항할 경우 이 부대를 지휘하여 저항 세력을 진압·섬멸할 군사 지휘관으로서의 권한을 부여받았다. 이 '류큐처분'에 의해 류큐국은 멸망했지만 다른 시각에서 보면 이는 '판적봉환'과 '번적폐지현'의 국내 절차가 한꺼번에 실행되어 '오키나와현'으로 설치되면서 일본의 일부로 편입된 사건이었다. 오키나와현의 설치로 류큐민족은 오키나와현민으로서 '보이지 않는 존재'가 되었고 명백한 식민지 지배를 받게 되었다.

미국 사회학자 마이클 헥터(Michael Hechter)의 1970년대 연구와 오타루 상과대학 역사학자 이마니시 하지메(今西一)가 소개한 '국내·내국 식민지(Internal Colonialism)'라는 개념은 이른바 일본 '내지'의 마이너리티에 적용되어 왔다.[10] 이 개념은 정당한 국내에 위치한 마이너리티가 식민지적으로 취급되는 것을 지칭하며 일본 정부가 공식적으로 정의한 대일본제국 헌법 제정 이전의 영토를 '내지'로 규정한 견해에 기반한다. 그러나 선주민족의 경우 특정 집단이 한 국가에 통합될 당시 해당 영토가 본래 그 국가의 영토였는지를 문제로 삼는다. 이 점에서 구분되어야 할 것은 앞서 언급한 산타 크루즈와 코보의 지적이 명확히 보

---

10 西川長夫「<新>植民地主義について」『立命館言語文化研究』第19巻1号, 2007, pp.213-227, 今西一「帝国日本と国内植民地—『内国植民地論争』の遺産」『立命館言語文化研究』第19巻1号, 2007, pp.17-27.

여준다. 당연히 이 사건은 류큐에 대한 국내 민족 통합의 결함을 류큐에 떠넘기는 '류큐처분'이 아니라 국제 관습법의 집대성인 1969년 '비엔나 조약법 협약' 제51조 '국가 대표자에 대한 강제'에 해당하는 군사력에 의한 '류큐 병합'이며, 이 협약에 따르면 해당 태정관 통보는 국내 문서가 아니라 국제 문서로서 무효가 된다고 해석할 수 있다.[11]

'오키나와현 설치' 전후로 1874년 마지막 진공선(進貢船)을 타고 중국으로 간 구니가미 모리노리(国頭盛乗, 중국명: 毛精長)를 비롯해 1896년까지 약 120명의 류큐인(주로 사족 계층)이 중국으로 망명하여 '탈청인(亡命琉球人)'으로서 구국운동에 나섰다. 그러나 당시 중국은 열강에 의한 반식민지화 대응에 몰두하고 있었고 조공 관계에 따라 류큐의 안전보장을 보장할 능력이 없었다. 망명하지 않았으나 망명자와 연계된 것으로 보인 류큐인들은 일본 내무성 산하 오키나와현 경찰과 특별고등경찰의 엄중한 감시와 탄압을 받았다.[12]

한편, 야마토민족으로의 통합, 동일한 일본 국민이 된 이후에도 시민적 권리의 평등은 처음부터 실현되지 않았다. 1889년에 제정된 '중의원 의원 선거법'은 오키나와현에는 1912년까지 적용되지 않았다. 1912년에 처음으로 선거가 실시되었으나 미야코(宮古) 및 야에야마(八重山) 지역은 제외되었으며 오키나와현 전체에 선거권이 적용된 것은 1920년이 되어서야 가능했다. 또한 일본에서 1871년에 시행된 '징병령'도 1894년 청일전쟁 당시에는 오키나와에서 시행되지 않았고 미야코·야에야마 지역을 제외한 나머지 지역에서는 1898년, 미야코·야에야마 지역에서는 1902년에야 시행되었다. 이러한 시민적 권리 시행의 지연에 대해, 일본 정부는 '국민으로서의 충성심이 부족하다', '문명수준이 낮다'는 등의 표현으로 차별을 정당화하려 했다. 특히, 참정권

---

11 上村英明『新・先住民族の「近代史」』法律文化社, 2015, p.106.
12 後田多敦『琉球救国運動─抗日の思想と行動』Mugen, 2010.

의 불평등에 대해서는 1899년 '오키나와클럽'이 도쿄에서 결성되어 참정권 획득 운동이 시작되었다. 이 운동의 중심인물은 1882년 제1회 현비 유학생으로 도쿄제국대학 농과대학(현재의 도쿄대학 농학부)에 입학했던 사하나 노보루(謝花昇)였다. 그는 졸업 후 현청 직원으로 근무했으며 당시 현지사였던 나라하라 시게루(奈良原繁, 재임 기간: 1892년~1908년)와 류큐 시대 공유림 및 입회권을 가진 산림, 즉 '소마산(杣山)' 문제 등을 둘러싸고 격렬히 대립했다. '오키나와클럽'은 사하나 노보루가 현청 직원을 사직한 후 나중에 '해외 이민의 아버지'로 불린 도야마 규조(當山久三) 등과 함께 결성한 단체로 독재적인 나라하라(奈良原)의 현정 비판, 토지 정리 사업 반대, 참정권 획득 등을 운동 목표로 삼았다.

1890년대, 오키나와현을 둘러싼 일본인 여행자의 일기에는 다음과 같은 표현이 남아 있다. 이는 '내지인(일본인)'의 시선에서 본 '토인(류큐인)'의 실태와 그 원인에 대한 고찰을 보여준다.

> "이곳에서 내지인이 으스대는 모습은 서양인이 일본에 와서 으스대는 것과 같은 비율로 이익이 있는 일은 모두 내지인의 손에 들어가고 가치가 없는 역할은 항상 토인에게 돌아간다. 내지인은 귀족이고 토인은 하인이다. …… 이는 우승열패의 결과로 어쩔 수 없는 일이지만 대체로 망국의 민족만큼 보잘것없는 존재는 없다."[13]

자, 여기서 '오키나와현 설치' 이후의 현정(県政)의 특징을 전쟁 전으로 한정하여 살펴보고자 한다. '오키나와현'에서는, 1879년~1886년의 「현령(県令)」, 1886년~1945년의 「(관선) 현지사(県知事)」 시대가 계속되었다. 이 사이, 「현령」 5명(나베시마 나오아키라(鍋島直彬)~오사코 사다키요(大迫貞

---

13 琉球政府編『沖縄県史(14)資料編4雑纂1』琉球政府, 1965, p.487.

542

淸)), '현지사' 23명(오사코 사다키요(大迫貞淸)~시마다 아키라(島田叡)), 합계하면 오사코의 중복을 제외하고 27명이 현의 최고위직에 취임했지만, '오키나와현'의 경우 그 모두가 이른바 타부현 출신자, 다른 표현으로 하면 '내지인(일본인)'이었다. 초기의 부현제(府県制)에서는 메이지 정부에 반기를 든 번을 기반으로 한 자치체의 경우 「현령」「현지사」는 타부현인, 특히 사쓰마(薩摩)·조슈(長州)·도이(土肥) 출신자가 임명되었다. 그러나 시대가 내려감에 따라 내무성 출신자라 하더라도 1930년대에는 자기가 속한 부현 출신자가 이 요직에 취임하는 사례도 있었지만, 이러한 배려는 「오키나와현」에는 적용되지 않았다.[14] 특히 오키나와 현지사뿐만 아니라 현청 간부는 거의 모두 가고시마현 출신자였고, 앞서 언급한 나라하라 시게루도 그 예외가 아니었다. 관선 현지사로서 이 직에 16년이나 머물렀으며, 스스로 「류큐왕」이라는 별명을 휘두르기도 했다.

또한 류큐민족의 토지권과 자원권과 관련해서는 '소마야마(杣山) 문제'와 깊이 연관된 토지 정리 사업이 있다. 이는 홋카이도에서 국유지와 민유지를 명확히 구분하고 민유지에 소유권을 인정하며 토지대장(지적)을 작성하는 작업과 유사한 정책으로 그 기원은 1877년 '홋카이도 토지증서 발행 조례'였다. 오키나와에서는 1899년 3월 '오키나와현 토지 정리법'이라는 특별법이 제정되었고 당시 대장성(재무성) 직속 '임시 오키나와현 토지 정리 사무국'이 설치되면서 지적 정비 작업이 시작되었다. 이 사업에서는 토지의 구분과 소유권 결정, 토지 측량 및 지가 산정이 이루어졌고 그 결과를 바탕으로 토지대장이 정비되고 지세(地租)가 개정되었다. 이 작업은 미야코·야에야마 지역에서 1902년에, 오키나와 본섬 및 기타 섬들에서는 1903년에 완료되었다. 이 과정에서

14　歴代知事編纂会編『新編日本の歴代知事』歴代知事編纂会, 1991.

'소마야마(杣山) 문제'가 큰 논란이 되었다.

'소마야마(杣山)'은 류큐왕국에서 목재 공급을 목적으로 왕부령(王府領)으로 정해진 산이었으나, 그 관리와 산의 손질을 지역 공동체에 맡기고, 그 대가로 지역 주민의 건축 자재나 장작·숯재료 사용 등을 인정하고 있었다. 1730년대~50년대에 확립된 이 '소마야마 제도'에서는 소마야마 내에 '구실밭(喰実畑)'이라는 일종의 화전 농경지가 인정되었고, 이것에는 세금이 부과되지 않았다. 또한 장작용 잡목, 낙엽·낙가지, 하초(下草) 등의 이용도 관습적으로 인정되고 있었다.[15] 이에 대해 '오키나와현 토지정리법'에서는 "소마야마, 하천바닥, 제방 부지, 도로 및 그 여지, 기타 민유로 인정할 사실이 없는 것은 모두 관유로 한다"(제18조)라고 규정되어, '오키나와현'의 '소마야마' 90%가 '관유지'='국유지'가 되었다. '소마야마'의 관습적 이용권을 부정당한 지역 농민들이 자연 파괴나 자재 부족을 우려하여 목소리를 높이는 한편, 그 '국유지'를 나라하라는 야마토 자본이나 현청 고위 관료, 혹은 상급 사족(士族)에게 매각하였다.

'소마야마'를 지역 농민에 의한 '공유지'로 하고, 그 존재와 입회권을 주장한 샤하나 노보루(謝花昇)는 위원으로서 현의 토지 조사 위원회에서 나라하라 지사와 대립하였고, 1894년에 해임되었다. 이처럼 야마토민족 출신자가 행정의 최고위직을 차지하는 구조는 고등사범학교 등 교육기관에서도 일반적이었으며, 그것은 오키나와 전쟁에서 법적 근거 없는 학도의 전장 동원(철혈근황대, 통신대, 히메유리 학도대, 백매 학도대 등)에도 크게 영향을 미쳤다.

그 밖에도 '일본인(야마토민족)'에 동화시키는 것을 목적으로 류큐 특유의 풍속·관습을 폐지하는 '풍속 개량 운동'도 1890년대 말부터 행

---

15 仲間勇栄「沖縄の杣山制度・利用に関する史的研究」『琉球大学農学部学術報告』第31巻, 1984, pp.129-180.

해졌다. 가라지라고 불린 헤어스타일의 절단, 표준어의 장려, 류큐 복장에서 와복(和服)으로의 전환, 하지치(문신)나 유타(민간의 무당)의 금지 등, 일상생활 전반에 걸쳤다. 학교에서의 표준어화, 실질적으로는 일본어 강제 교육은 1900년대에 '방언찰(方言札)'을 이용한 상호 감시·벌칙 교육이 시작되어 1970년대까지 계속되었다. 또한 같은 시기 류큐 본래 성명을 일본식으로 바꾸는 '개성 개명 운동'도 행해졌다.

이러한 동화 교육과 함께 특히 '천황에게 충성을 다하는 민'으로서 황민화 교육도 강력하게 추진되었다. '오키나와현' 설치 후 17년이 지난 1896년, 다카라 린토쿠(高良隣徳)가 『대일본교육회잡지』에 기고한 논문에는, 다음과 같은 문장이 있다.

"……오키나와현에서는 국민 일반이 일본 제국 신민이라는 의식이 부족하며 따라서 충군애국 정신이 결여되어 있다. 오늘날 이미 교육을 받은 초등학생들은 물론 예외이지만 그들의 부모 세대에 이르러서는 천황 폐하나 일본 제국이라는 말을 이해하지 못하는 사람도 있다."[16]

이는 일본 정부에 있어 심각한 문제로 간주되었으며, 천황 중심 국가 의식을 교육 정책의 핵심으로 삼는 황민화 교육이 강화되었다. 이 과정에서 본래 교육의 범위를 넘어선 방법이 활용되었는데 그것이 바로 '교육칙어(教育勅語)'와 '어진영(御真影)'이었다. 1890년, '만세일계의 천황'이 통치한다고 명시된 '대일본제국 헌법' 제정 이후 천황이 교육의 본뜻을 설파하는 교육칙어가 반포되었다. 이어 1891년에는 '초등학교 축일대제일 의식 규정'이 공포되어 1870년대부터 정비된 학교 의식이 교육의 중심으로 확립되었다. 교육칙어와 함께 천황의 초상사진이나 초

---

16 前田真之「波照間と皇民化」『波照間島総合調査報告書』沖縄県立博物館, 1998, p. 169.

상화인 어진영에 대한 예배와 교육칙어의 봉독이 학교 의식으로 공식화되었으며 이를 보관하기 위한 '봉안전(奉安殿)'이 각 학교에 건립되었다. '어진영'은 1873년 나라현 지사의 요청으로 시작되어 1887년에는 오키나와현 사범학교에, 1889년에는 슈리 중학교와 나하·슈리의 각 학교에 하사되었다. 반면 교육칙어 등본은 일본 전국의 관례에 따라 1890년 도사 출신의 마루오카 간지(丸岡莞爾) 오키나와현 지사의 주도로 오키나와현 전역에서 일제히 배포되었다. 황민화 교육의 결과 중 하나는 오키나와 전쟁에서 나타난 주민들의 비극적 희생이었다. 예컨대, '집단 자결' 등은 이러한 교육 정책의 영향으로 발생한 대표적인 사례였다.

1945년 3월에 시작된 오키나와 전쟁 이후 점령 지역에서는 미군의 통치가 시작되었다. 여기서 미국 및 미군에 의한 류큐 권리 부정의 역사를 간략히 정리하고자 한다. 미국의 류큐 문제에 대한 인식은 1854년 체결된 '류미화친조약(琉米和親條約)'에서 시작되었다. 이후 이 조약은 미국 연방의회에서 비준되어 정식 조약으로 미국 조약집에 기록되었다. 이를 계기로 류큐 정부는 '류불화친조약(琉仏修好條約)'(1855년), '류란화친조약(琉蘭修好條約)'(1859년)을 체결했다. 이들 조약의 존재는 국내의 가상 체제로서 류큐번이 설치된 이후에도 그 관할이 외무성이었던 이유이다. 그러나 1872년에 류큐 병합 과정이 시작되면서 류미 관계도 이 과정에 휘말리게 되었다. 1878년, 류큐 정부는 일본 정부의 부당한 요구에 대응하여 조약을 체결한 미국, 프랑스, 네덜란드의 도쿄 주재 공사들에게 국왕의 '밀서'를 전달했다. 프랑스와 네덜란드 공사는 이를 수령하지 않았지만 미국 공사 존 빙엄(John A. Bingham)은 이를 받아들였고 대통령에게 전달할 것을 약속했다. 존 빙엄은 제16대 에이브러햄 링컨(Abraham Lincoln) 대통령 밑에서 측근으로 일했으며 남북전쟁 후에는 전 노예들의 권리를 보장한 미국 연방헌법 수정 제14조를 초안을 작성한 중요한 정치가였다. 이 류큐 국왕의 밀서는 약속대로 당시 제19대 러더퍼드 B. 헤이스(Rutherford B. Hayes) 대통령에게 전달되었다. 그러나 헤이스 대통령은 미국의 향후 이익을 우선으로 판단하여 이를 무시했다. 이렇게 하여 미국의 류큐에 대한 불공정이 시작되었다. 이 역사적 배경을 보면 오키나와 전쟁 당시 미군이 작성한 다음과 같은 문서가 만들어진 것도 이상할 것이 없다. 미군 장교들은 Military Government Team이 1944년에 발행한『The Okinawas of Loo Choo Islands: A Japanese Minority Group』(琉球 제도의 오키나와인: 일본의 소수민족)과『Civil Affairs Handbook: Ryukyu(Loochoo) Islands』(민사 핸드북: 류큐 열도)를 소지하고 진주했다. 이 문서에는 다음과 같은 내용이 적혀 있었다.

"일본인과 오키나와인은 인종적으로 긴밀한 관계와 언어상의 유사성에도 불구하고 일본인은 오키나와인을 인종적으로 동등하게 여기지 않는다. 따라서 여러 방법으로 차별하고 있다. 그러나 오키나와인은 열등감을 느끼기보다는 그들의 전통과 중국과의 오랜 문화적 유대에 자부심을 갖고 있다. 따라서 일본과 오키나와 사이에는 정치적으로 이용 가능한 갈등의 잠재적 근거가 존재한다."[17]

즉, 오키나와인은 민족적·언어적 마이너리티이며 역사와 전통 또한 일본과 다른 존재로 간주되었다. 따라서 일본으로부터의 분단 통치를 정치적으로 활용할 수 있는 존재로 여겨졌다.[18]

오키나와 전쟁이 시작되면서 니미츠(Nimitz) 선언에 의해 오키나와

---

17 Military Government Team, *Civil Affairs Handbook*,(民事ハンドブック), Military Government Team, 1944, p.19.
18 斉藤泰雄「異民族による教育復興支援と教育支配—米軍統治下の沖縄の経験」『国際教育協力論集』第23巻第1号, 広島大学教育開発国際協力研究センター, 2020, pp.79-92.

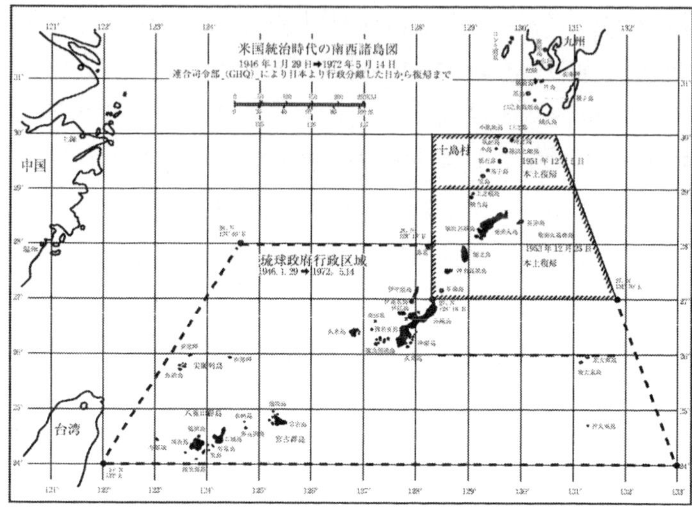

출처 : 又吉眞三編著『琉球歷史・文化史総合年表 附録<史料編>』琉球文化社, 1973, p.125.

[図3-3-1] 米国統治時代의 南西諸島図

지역에서 일본 정부의 행정권 분리가 선포되며 전투가 시작된 것은 그 첫 단계였다. 하지만 여기서도 오키나와현의 영역이 아닌, 류큐국의 영토가 분리된 점이 흥미롭다(그림 3-3-1 참고: 가고시마현에 포함된 옛 류큐국의 영역 중 도카라 열도는 1972년 「오키나와 본토 복귀」 이전인 1952년 2월에, 아마미 군도는 1953년 12월에 일본으로 반환되었다).

전후 미국의 직접 통치는 1945년부터 1950년까지의 '류큐 열도 미국군정청(United States Military Government of the Ryukyu Islands)', 그리고 1950년부터 1972년까지의 '류큐 열도 미국 민정부(United States Civil Administration of the Ryukyu Islands)'로 명칭은 변경되었으나 실제로는 미군에 의한 점령 지배에 불과했다. 미군 정부는 전전의 '오키나와'라는 명칭 대신 '류큐'라는 표현을 빈번히 사용했다. 북나카구스쿠촌에 위치했던 점령군 사령부는 류큐 미군 사령부(Ryukyu Command Headquarters. 약칭 RyCom: 라이컴)로 불렸으며 '류큐 열도 고등판무관' 등의 명칭도 사용되었다. 또한 일본 시대에는 없었던 고등교육기관인 류큐 대학이 1950년에 개교하였고 라디오에서는 '우치나구치 방송'이 시작되었다. 이와 더불어 슈리성 내에 위치하며 신(神)에 대한 예배의 문으로 여겨지는 '소노히야타케 이시몬(園比屋武御嶽石門)'은 1957년에 16세기에 세워져 중국 사절단을 환영하는 데 중요한 역할을 했던 '슈레이문(守礼門)'은 1958년에 각각 재건되었다.

미군에 의한 오키나와인을 일본 내 마이너리티로 간주한 인식은 단순한 정치적 판단만은 아니었다고 할 수 있다. 이 글에서는 자세히 다루지 않지만 미군 정부는 이른바 본토 출신자 공무원의 공직 추방이나 본토로의 송환을 실시했으며 전쟁 중 여러 지역으로 흩어진 류큐인의 귀환과 철수를 촉진했다. 또한 오키나와의 호적을 이용하여 류큐 주민과 비류큐를 구분하는 주민 관리를 수행했다. 일본에 대한 제2차 세계대전의 종결을 의미하는 '샌프란시스코 평화조약'은 1951년 9월에 체결되었다. 오키나와의 지위는 이 조약 제3조에 따라 국제법상 신탁통치로 명문화되었다.

> "제3조 일본국은 북위 29도 이남의 남서 제도(류큐 열도 및 다이토 열도를 포함함), 소후이와(孀婦岩)이남의 남방 제도(오가사와라 군도, 니시노시마 및 화산 열도를 포함함) 및 오키노토리시마와 미나미토리시마를 합중국을 유일한 시정권자로 하는 신탁통치 제도 아래 두는 것을 국제연합에 대한 합중국의 어떠한 제안에도 동의한다. 이와 같은 제안이 이루어지고 채택되기 전까지 합중국은 영해를 포함한 이들 제도의 영역 및 주민에 대해 행정, 입법 및 사법상의 권력의 전부 또는 일부를 행사할 권리를 가진다."

　　이 조항은 오키나와를 미국의 통치 아래 둔다는 것을 명시하며 신탁
통치 체제가 완전히 시행되기 전까지 미국이 행정, 입법, 사법권을 포
함한 광범위한 권한을 갖는다는 점을 강조하고 있다. 이 조항에 따르
면, 오키나와를 '신탁통치제도 아래 둔다는 미국의 어떤 제안에도 일본
은 동의한다'고 명시되어 있다. 신탁통치제도는 제1차 세계대전 후 국
제연맹 아래에서 창설된 위임통치제도의 연장선상에 있으며 본질적으
로 제2차 세계대전 후 패전국의 식민지를 일정 부분 '해방'하기 위한
프로그램이다. 이를 고려하면 '동의한다'는 것은 미국 정부와 일본 정
부 모두 오키나와를 일본의 식민지로 인식하고 있었다는 것을 의미한
다. 그러나 결국 미국은 오키나와를 국제연합의 신탁통치 지역으로 제
안하지 않았다. 1950년 9월, 후에 국무장관이 되는 존 포스터 덜레스
(john F. Dulles) 특사가 발표한 '대일강화 7원칙'에서는 오키나와가 국제
연합 신탁통치 체제 내에 포함된다고 되어 있었지만 실제로는 미국의
시정권 아래 두게 되었다(원칙 제3조). 신탁통치를 피한 이유는 신탁통치
지역으로 지정되면, 장차 해당 지역에 자치나 독립을 보장해야 한다는
통치 상의 제약이 있었기 때문이다(국제연합 헌장 제76조). 이에 따라 미국
정부는 오키나와를 정치적으로 활용하기 위한 전략을 일본 정부와 공
모했다고 볼 수 있다. 평화조약의 같은 조항 후반에는 다음과 같이 규
정되어 있다. "이와 같은 제안이 이루어지고 채택되기 전까지, 미국은
영해를 포함한 이들 제도의 영토 및 주민에 대해 행정, 입법 및 사법상
의 모든 권력을 행사할 권리를 가진다." 이를 통해 미국은 광범위한 시
정권을 행사하며 반영구적인 미군의 군사 거점을 확보하려 했다. 또한
일본 정부는 이를 인정함으로써 '잠재적 주권'이라는 명목으로 체면을
유지하며 냉전 하에서 미국과의 군사 동맹을 강화했다. 이렇게 식민지
류큐는 일본과 미국 정부에 의해 그들에게 가장 유용한 방식으로 희생
되었고 이것이 현재의 오키나와 미군 기지 문제의 본질이다.

한편, 일본의 패전으로 전쟁이 끝난 후 초기에는 일본의 군국주의와 식민지 통치를 대신해 미국에 의한 민주주의 사회 실현에 대한 기대가 주민들 사이에 있었다. 그러나 1948년 9월 조선민주주의인민공화국의 성립, 1949년 10월 중화인민공화국의 성립을 거쳐 동아시아에서도 냉전의 폭풍이 강해졌다. 1950년 5월, 미국은 프랑스를 지원하며 베트남 전쟁에 개입했고 같은 해 6월 한국전쟁이 발발하자 미군 기지와 미군의 통치를 받는 오키나와 사회에서는 일방적인 군사화가 강화되었다. 1950년대 오키나와는 군사 확장 정책의 상징으로 총검과 불도저(bulldozers and bayonets)의 시대로 불렸다.

미국의 민주주의에 대한 기대가 배신당하자, 류큐 내에서는 일본을 '조국', 미군을 '이민족'으로 규정하고, '조국 일본'의 평화헌법에 기대를 거는 움직임이 시작되었다. '오키나와현'의 부활을 요구하는 사회 운동의 중심으로서, 1960년 4월에 '오키나와현 조국 복귀 협의회'가 결성되었고, 이 운동에서는 '이민족 지배'에 대한 야마토민족과의 '민족 통일'이 목표 중 하나로 내걸렸다. 그 한편으로, 생활 보호 · 인권 보호 외에도 '안보조약 폐기, 핵기지 철거, 미군기지 반대'(1967년 방침) 등 반일본 정부의 주장이 명확히 제기되었다.[19] '민족 통일'을 명목으로 하면서도 반정부적 성격을 가진 조국 복귀 운동이었기 때문에, 이 운동을 맡은 정당 중 하나인 오키나와 사회대중당을 탈퇴한 히가 슈헤이(초대 류큐정부 행정부 수반)를 중심으로 1952년 8월에 결성된 '류큐민주당'은, 이후 1959년 10월에 결성된 '오키나와 자유민주당'에 합류하였다. 친미적인 이러한 정치세력 일부가 조국 복귀 운동에는 당초 참여하지 않았다는 점은 주목할 만하다. 다시 말해, 오키나와의 조국 복귀 운동은 자신의 정체성에 관한 운동이 아니라, 미군의 억압에 대한 반전 · 반

19　沖繩県祖国復帰闘争史編纂委員会『沖繩県祖国復帰闘争史』沖繩時事出版, 1982.

기지 운동, 평화헌법에 의한 보호를 요구하는 운동이었다고 말할 수 있다. '조국 복귀'가 가까워지고, 복귀 후 조건이 미군 기지의 존속임이 분명해지자, '반복귀론'도 고조되었다. 또한 일리노이 대학 명예교수이자 해외를 거점으로 류큐의 자립·독립 문제를 연구한 히라 츠네지에 의한 '오키나와 특별자치체 구상' 등도 1970년에 발표되었다.[20] 그리고 '오키나와현 조국 복귀 협의회'는 1972년 5월 15일의 '조국 복귀 기념식'에 불참하였다. 이러한 시대적 배경 속에서, 자신의 주체성을 두고 '류큐인'인지 '일본인·오키나와현민'인지라는 논의는 흔들리면서 시간과 함께 후퇴하였다.

이러한 모순된 상태 속에서 오키나와 자유민주당 총재이자 오키나와현 지사였던 니시메 준지(西銘順治)가 신문 기자에게 "오키나와의 마음이란 무엇인가"라고 묻자, "그것은 야마톤추(大和人)가 되고 싶지만, 완전히 될 수 없는 마음일 것이다"라고 답한 유명한 이야기가 있는데, 이는 1985년 7월의 일이다. 즉 니시메가 말하고자 했던 것은 류큐인은 야마톤추가 되고 싶다고 생각할 때가 있음을 부정하지 않지만, 실제로 야마톤추가 아니라는 마음가짐일 것이다.

---

20 平恒次는 『琉球人』은 호소하다, 『中央公論』 1970년 10월호에서 沖縄特別自治体構想을 밝혔다. 또 平에는 『日本国改造試論—国家を考える』 講談社, 1974도 있다.

제4장
아이누민족과 류큐민족의 현황
─ 많은 과제와 다수자의 의무와 책임

우에무라 히데아키

1. 머리말

2007년 9월의 '유엔 선주민족 권리 선언'(이하, 권리 선언)의 유엔 총회에서의 채택은 일본의 정치 상황에도 큰 영향을 미치게 되었다. 우선, 유엔 총회에서의 채택에 대해 일본 정부는 어떠한 형태로든 의사표명을 해야 했고, 뉴욕의 유엔대표부 가미요 다카히로(神余隆博) 대사는 '집단적 권리'는 인정할 수 없다는 등의 유보 조건을 붙이면서도 이에 찬성표를 던졌다. 그리고 이듬해 2008년 7월에는 G8 정상회의(선진국 정상회의)를 홋카이도 도야호에서 개최하는 준비를 해야만 했다. 이 일견 무관해 보이는 정치 정세가 같은 해 6월에 아이누민족을 '선주민족'으로 인정하는 중·참 양원 국회 결의로 이어지게 된 것이다. 그 전후를 포함하여, 이 흐름을 소개해 두고자 한다.

2. 아이누민족─'아이누문화 진흥법'에서 '아이누 정책 추진법'과 우포포이

(1) 일본형 선주민족 정책

1995년 3월에는 관방장관 아래 1984년의 아이누 신법안에 관련하여 '우타리 대책의 방식에 관한 유식자 간담회'가 드디어 설치되었고, 이듬해에 보고서가 제출되었다. 그것에 기초하여 1997년 7월에는 '아이누문화 진흥법'(정식 명칭은 '아이누문화의 진흥 및 아이누의 전통 등에 관한 지식의 보급 및 계몽에 관한 법률')이 제정되어 '구토인(旧土人)'이라는 멸칭과 더불어 앞서 언급한 바와 같이 농업만을 아이누민족의 선택지로 삼고, 농지의 하사에 있어서도 차별적이었던 '홋카이도 구토인 보호법'이 약 100년의 세월을 거쳐 폐지되었다. 조금 거슬러 올라가면 1994년 8월에는 가야노 시게루(萱野茂)가 아이누민족으로서는 처음으로 국회의원이 되었고, 또한 가야노와 가이자와 다다시(후에 고이치(耕一))에 의해 제기된 '니부타니(二風谷) 댐 재판'에서는 1997년 3월에 삿포로 지방재판소가 아이누민족을 일본의 통치가 미치기 이전에 생활하고 있던 '선주민족(先住民族)'이라고 인정하고, 댐의 건설을 그 권리에 비추어 위법하다는 획기적인 판결을 내렸다. 이 판결에서는 재판관에 의해 국제인권법상 선주민족의 권리에 대한 적극적인 검토가 더해졌으나, 그 '니부타니 댐 판결'의 결과는 안타깝게도 4개월 후의 '아이누문화 진흥법'에는 반영되지 않았다.

앞서 언급한 바와 같이 일본 정부는 권리 선언의 채택에 찬성표를 던졌으나 선주민족에 관해 국제적으로 받아들여지는 '정의'가 존재하지 않는다며, 그 때문에 아이누민족은 '선주민족'으로 인정할 수 없다는 입장을 취하고 있었다. 정의 조항의 결락은 이것 또한 본서 제3부 1장의 코보우 보고서에 관한 부분에서 설명한 대로이다. 그러나 그 선주민족이 향유해야 할 권리는 권리 선언에서 망라되어 있으며, 오히려 그 관점에서 아이누민족이 '선주민족'인지 여부를 판단하면 된다. 즉 (국제적인) 정의가 없기 때문에 아이누민족이 '선주민족'인지 알 수 없다는 일본 정부의 변명은 명백히 우스꽝스러운 것 외에 아무것도 아니었다. 그 아이누민족의 땅인 '홋카이도'에 국내적으로 선주민족의 요건을 책정하고, 그 정책을 갖는 미국·캐나다·러시아의 수뇌가 방일하게 된다. 영국이나 프랑스 역시 식민주의와 얽힌 민족 문제에 대해 충분한 경험을 축적하고 있다. 이러한 나라들의 수뇌가 '홋카이도'를 방문하여 아이누민족과 접촉할 기회가 생겼을 때 일본 정부는 그 모순을 어떻게 설명할 수 있을 것인가 하고 '기우'되었던 것이다.

이 점에 착목한 홋카이도 출신의 국회의원을 중심으로 '아이누민족을 선주민족으로 할 것을 요구하는 결의'안이 작성되어 2008년 6월에 중·참 양원에 제출되었고, 각 의원의 결의로서 전원 일치로 가결되었다. 이 결의의 전문은 서두에서 2007년의 권리 선언의 채택에 언급하고, 이것이 아이누민족의 오랜 숙원이었음을 확인하며, 동 권리 선언에 관한 '구체적 행동'이 유엔 제기구로부터 요구되고 있다는 점으로 맺고 있다. 그리고 결의가 요구한 두 개의 조항은 어느 것이든 권리 선언을 바탕으로 아이누민족을 선주민족으로 인정할 것, 또한 아이누민족에 대한 정책을 종합적으로 추진할 것을 명문화한 것이었다.[1]

---

[1] 上村英明「私の視点: アイヌ国会決議過去の要求に政府は応えよ」『朝日新聞[東京本社版]』2008.6.26 조간.

국회 결의를 후속하는 형태로 그 후 여러 정책이 책정되었는데, 어느 것이든 권리선언의 채택을 전제로 하고 있다. 예를 들면, 국회 결의와 같은 날에 발표된 관방장관 담화에 기초하여 2007년 7월에 '아이누 정책의 방식에 관한 유식자 간담회'가 설치되고, 해당 간담회의 보고서에 기초하여 2009년 12월에는 '아이누 정책 추진회의'가 관방장관 아래에 설치되었는데, 어느 설치 요강에도 권리 선언을 '참조'하면서 작업을 진행할 것이 명기되어 있다.

2009년에 설치된 이 '아이누 정책 추진회의'는 관방장관을 좌장으로 하는 행정기구에서 극히 높은 위치의 기관이었다. 또한 14명의 위원 중 5명이 아이누민족이라는 위원 구성도 획기적인 것이었으며, 아이누민족 정책의 일정한 전진을 느끼게 하는 것이었다.[2] 그러나 '아이누 정책 추진회의'의 설치 이념이 '종합적' '효과적인' 아이누 징책이었음에도 불구하고 설치 초기의 의제는 테마파크 같은 공간을 확보하고, 그곳에 야외에서 아이누문화와 전통을 학습하는 시설 및 국립 아이누문화 박물관을 건설한다는 '상징 공간' 구상과 그동안 홋카이도가 주도해온 아이누 복지 대책의 대상이 되지 않았던 '도외 아이누 조사'의 실시로 제한되는 것이었다. 선주민족의 포괄적인 권리 보장은 선반 위에 올려졌을 뿐만 아니라, '권리'에 관한 논의조차 일어나지 않았다고 해도 좋다. 그 이유는 1997년의 문화 진흥법 이래로, 권리에 관한 논의를 시작하려면 '국민'의 아이누문화·전통에 대한 이해가 필수적이라는 논리 때문이었다. 그 논리는 본질을 묻지 않는 것이었으나, 그것을 손쉬운 방식으로 세련되게 만든 것이 2007년 4월에 홋카이도대학이 설치한 '홋카이도대학 아이누·선주민족 연구센터'의 센터장(당시)이자 '아이누 정책 추진회의'의 위원이었던 쓰네모토 데루키(常本照樹)에 의해

2　上村英明「アイヌ民族―アイヌ民族の権利から見たアイヌ政策の進展」『人権キーワード2012(部落解放増刊号)』解放出版社, 2012, pp.98-99.

외쳐진 정책 비전이었다. '일본형 선주민족 정책'이라 불리는 이 이론은 이후의 아이누 정책의 강력한 견인차가 되었다.

예를 들면, 이 '일본형 선주민족 정책'에 기초하여 2010년 10월에 같은 센터의 주최로 심포지엄 '일본형 선주민족 정책의 가능성－해외의 시점'이 개최되었다. 여기에 쓰네모토 자신이 '아이누민족과 '일본형' 선주민족 정책'이라는 논문을 2011년 9월에 발표하여 이 사고방식을 설명하고 있다.[3] 쓰네모토에 따르면 '일본형 선주민족 정책'은 '절차형 선주민족 개념'이라고 그가 부르는 절차 중시의 개념을 토대로 권리 선언을 참조하면서도 일본의 기존의 법률·제도의 틀 안에서, 또한 다른 정책과 충돌하지 않는 형태로 아이누민족 정책을 입안하는 것이라고 한다. 유엔이 정한 본래의 선주민족의 권리의 실현은 쓰네모토에 따르면 일본의 법·행정 체계에 적합하지 않는다. 즉 결과적으로 권리 선언에 규정된 여러 권리는 거의 완전히 무시되는 것이 되고, '일본형 선주민족 정책'은 일본 정부의 관료 주도형 정책 입안 체제를 뒷받침하는 형태가 되었다. 2016년 4월에는 삿포로에서 여기에 대항하여 국가의 '아이누 정책 추진회의'의 방향성이나 '일본형 선주민족 정책'에 불만을 가진 아이누민족이나 연구자, 시민이 '아이누 정책 검토 시민회의'를 발족시키고, 권리 선언을 오히려 중심축으로 삼아 그 실행을 향한 다양한 활동을 하고 있다는 점도 소개해 두고자 한다. 2024년의 같은 시민회의의 중요한 과제는 제정 후 5년이 지난, 후술하는 2019년의 아이누 시책 추진법을 아이누민족의 시점에서 근본적으로 재검토하는 것이다.

---

3 常本照樹「アイヌ民族と『日本型』先住民族政策」『学術の動向』第16巻9号, 2011, pp.79-82. 또는, 常本照樹「アイヌ施策推進法—アイヌと日本に適合した先住民族政策を目指して」『法学教室』第468号, 2019, pp.63-69.

(2) '아이누 정책 추진법'의 가능성과 과제

2019년 4월에는 '아이누 시책 추진법'(정식 명칭은 '아이누 사람들의 자긍심이 존중되는 사회를 실현하기 위한 시책의 추진에 관한 법률', 이하 시책 추진법)이 제정되었고, 이에 따라 1997년의 '아이누문화 진흥법'이 폐지되었다. 그 이유는 두 법 모두 아이누민족의 문화·전통의 보호를 표방한 '문화법'이었기 때문이다. 22년 만에 큰 법 개정이 이루어졌다고 보면 되지만, 안타깝게도 새로운 법도 1984년의 아이누민족의 요구(아이누 신법(안))에 대응하여 종합적인 민족법이 된 것은 아니다.

다만, 이 실질적인 개정이 주목된 점은 여러 가지가 있다. 첫째, 법문상 처음으로 아이누민족이 '선주민족'이라고 명기되었고(제1조), 또한 법에 규정된 '지정 법인'(제3장 및 제6장)을 통해 관리되는 대규모 국립 아이누문화·전통 체험형 교육시설 '민족공생 상징 공간'(애칭: 우포포이)이 이듬해 2020년 7월 '홋카이도'의 시라오이(白老)에서 개업한 것이다. 여기서 말하는 '우포포이'를 관리하는 '지정 법인'이란 그동안 존재했던 시라오이의 '아이누민족박물관'과 아이누문화 진흥법에 의해 설립된 '아이누문화 진흥·연구 추진 기구'가 가장 먼저 2018년 4월에 합병하여 설립된 '아이누민족문화재단'을 가리키며, 그 현 이사장은 앞서 소개한 쓰네모토 데루키이다. 그럼, 여기에서는 시책 추진법의 구조를 조금 자세히 살펴보도록 하자.

가. 문화전통의 이해계몽을 위한 새로운 정책

2008년 6월에 중·참 양원이 '아이누민족을 선주민족으로 할 것을 요구하는 결의'를 채택하자 앞서 언급한 것처럼 일본 정부는 같은 해 7월에 '아이누 정책의 방식에 관한 유식자 간담회'(이하, 아이누 간)를 설치하고 아이누 정책의 재검토를 시작했다. 아이누 간의 보고서는 1년 뒤인 2009년 7월에 정리되었는데, 그 안에서 '민족공생의 상징이 되는 공간'의 정비와 새로운 '입법 조치'가 제언되었다. 제언을 받아들이기 위한 틀로서 2011년 2월 내각부에 '아이누 정책 추진회의'가 설치되었고, 2014년 6월에는 '공간'의 정비·운영에 관한 기본방침이 각의에서 결정되었으며, 건설 장소가 '홋카이도'의 시라오이정으로 결정되었다. 시라오이초(白老町) 예정지에는 1984년 4월에 '아이누민족'이라는 명칭을 내걸고 개관하여 '홋카이도 관광' 거점 중 하나이기도 했던 앞서 언급한 '아이누민족박물관'과 야외시설 '포로토코탄'(큰 집락)이 있었던 점도 선택 이유가 되었다. 2018년 12월에는 '공간'의 애칭이 '우포포이'로 결정되었고, 이를 법적으로 뒷받침한 것이 시책 추진법이다. 다만, '정책 추진회의'에 아이누 대표가 포함되어 있었다고는 하나, 이 법안이 아이누민족 자신이나 시민에게 공개된 것은 법안이 각의 결정된 2019년 2월로, 시기적으로도 제정 직전인 두 달 전이었다. 이 시기의 일본 정부의 정책 결정 일반에서 보였던 것처럼, 민주적이고 개방된 논의를 회피하는 각의 결정 우선의 법 제정이었다는 점은 부정할 수 없다.

시책 추진법은 총 8장 45개 조문으로 구성되어 있으며, 그 목적과 이념은 거듭 말하듯 문화 진흥법과 동일하고, 권리 논의를 위해서는 '국민'의 이해·계몽이 필요하다는 구조이다. 문화 진흥법과의 차이는 그 수단으로서 두 가지 큰 정책이 추가되었다는 점일 것이다. 하나는 이해·계몽을 위한 구체적 시설로서의 '우포포이' 개업이며, 그 관리·운영 체계도 규정되어 있다. 또 하나의 새로운 정책은 '아이누 시책 추진 지역 계획'(이하, 추진 지역 계획)인데, 추진 지역 계획에 관해 정부는 이것을 '종래의 문화 진흥이나 복지 시책에 더해 지역 진흥, 산업 진흥, 관광 진흥 등을 포함한 지원'[4]으로 확충한 것이라고 설명하고 있으나, 어느 것이든 문화 정책의 확대 개념의 범위 내에 있는 것은 틀림없다.

4　內閣官房アイヌ総合政策室「アイヌ政策の概要」<https://www.kantei.go.jp/jp/singi/ainusuishin/policy.html>.

나. '민족공생 상징 공간'(애칭: 우포포이)이라는 존재

정부의 설명에 따르면 우포포이는 '아이누문화 부흥 등의 내셔널 센터'로서 개업했지만, 그 내용은 중핵 시설인 '국립 아이누민족박물관' 외에도 '국립 민족공생공원', 그리고 약간 떨어진 곳에 있는 '위령 시설'로 구성되어 있다. 다소 엄격하게 말하면 전국을 대상으로 한 문화·전승의 진흥과 '국민'의 이해·계몽을 표방하면서 그 활동 센터가 시라오이에만 존재한다는 것 또한 아이누문화에만 특화된 시설이라는 점에서 의아한 이야기다. 어쨌든 그 관리·운영은, 이것도 거듭 말하지만, '아이누문화 진흥·연구 추진 기구'와 '아이누민족박물관'이 합병하여 이미 2018년 4월에 설립된 '아이누민족문화재단'이 유일한 '지정법인'으로서 그 업무의 위탁을 받는다. 그리고 이사장이 쓰네모토라는 점을 생각하면 '우포포이'는 '일본형 선주민족 정책'의 실험장이라고도 할 수 있다.

· '국립 아이누민족박물관'과 '국립 민족공생공원'

방문객에게 '아이누의 역사와 문화를 전하고 아이누문화를 미래로 잇는 것'을 목적으로 하는 이 박물관은 2층에 전시실이 마련되어 있으며, 상설전인 기본 전시실과 기획전에 사용되는 특별 전시실로 나뉜다. 문화청에는 2015년 6월 '전시 검토위원회'와 '전시 워킹 회의'가 설치되고, 아이누민족 위원도 참여하여(검토위원회 위원 7명 중 1명, 워킹 회의 위원 13명 중 2명이 아이누민족 위원), 약 1년간의 검토가 이루어졌다. 그 결과 기본 전시실은 '언어', '세계', '생활', '역사', '일', '교류'의 여섯 가지 테마로 아이누문화와 전통을 소개하고, 전시 설명의 주어는 '우리들'로, 아이누민족 스스로가 말하는 형식을 취하고 있다. 또한 해설의 제1 언어를 아이누어(일본어는 제2언어)로 하고, 그 다양성을 고려해 말하는 이의 지역명을 명시하는 등, 국립 시설로서는 여러 장치가 더해져 있다. 더 나아가 '일'에서는 다양한 삶을 살아가는 개개의 아이누인들이 소개되고, 새롭게 제작된 설명용 애니메이션, 중·고등학생의 '탐구' 학습에 대응할 수 있는 많은 아이누 스태프 배치 등도 좋은 인상을 준다. 지금까지와 비교하면—이라는 조건은 붙지만—좋은 점도 있다.

그러나 본래라면 '문화'와 나란히 놓였어야 할 '역사', 본고에서 강조하고자 하는 바로 그 '역사'는 안타깝게도 하나의 테마에 불과하며, 이 시설의 가장 큰 문제라고 해도 좋을 것이다. '역사'와 정면으로 마주한다면, 선주민족의 시점에서 국가와 정부에게 날카로운 비판의 칼날이 향하는 것은 자연스러운 일이다. 이 과제에 어떻게 마주했는지가 국가 민주주의의 수준이라고 한다면, 유감스럽게도 일본 정부는 이에 마주하지 않고 회피했다고 말할 수 있다. 간단히 말하면, 특히 '홋카이도 개척' 이후의 식민지 정책에 의한 수탈이나 아이누민족의 고난의 역사를 학습할 기회로서는 극히 불충분한 시설이다.

한편, 체험형 시설로서의 '국립 민족공생공원'에서는 아이누민족의 노래와 춤 공연, 이러한 전통 예능의 참여 체험, 아이누 식재료를 이용한 창작 요리를 포함한 식문화 체험, 전통 공예품 제작 체험, 프로젝션 매핑 등이 가능하며, 포로토 호반의 자연이 풍부한 환경을 배경으로 아이누문화를 체감할 수 있다. 레스토랑·푸드코트에서는 사슴고기 사쓰카레(윳카쓰카레), 행자(행자마늘) 라멘 등 아이누민족의 전통 식재료를 살린 새로운 요리들이 고안되어 있다. 더 나아가, 문화와 전통에 대한 체험 학습을 위해, 체험 교류홀, 체험 학습관, 공방, 전통적 고탄, 이자나이(초대)의 회랑, 환영의 광장, 입구동, 지키사니 광장이 배치되어 있으며, 구체적으로 2009년에 유네스코 무형문화유산에 등록된 '아이누 고식(古式) 무용'의 공연이나 무크리(입고), 돈코리(5현 악기)의 연주 등의 이벤트가 준비되어 있고, 목조각이나 자수 체험, 민족 의상의 착용도 가능하다. 체험형 학습 시설로서 항공사 등 관광 산업과 연계해 대대적인 투어 패키지 캠페인이 전개되고 있다. 이것을 아이누민족의 취업 기회라고 본다면, 아이누문화를 배운 아이누 청년들에게 일정한 고용 기회가 확보되는 셈이지만, 관장 등은 국가 공무원인 반면, 현장은 위탁을 받은 재단의 직원들이며, 충분한 생활 보장은 되지 않고 있다.

· 아이누 유골 반환 문제와 '위령 시설'

'위령 시설'은 아이누민족의 묘지에서 도굴되어 전국의 대학이나 연구기관(박물관 등)에 '연구 재료'로 보관되어 있던 아이누 유골 가운데 '즉시 반환할 수 없는' 것을 모아둔 시설로, 2019년 9월에 완성되어 같은 해 11월부터 수용을 시작했다. 그러나 박물관의 전시에는, 연구자가 연구를 명목으로 한 신체 측정이나 혈액 채취, 이러한 유골이나 부장품의 도굴에 관한 사과는 물론이고 그에 대한 기술 자체도 존재하지 않는다. 그 결과 사과에 더해 본래의 코탄에 반환되어 재매장되어야 할 유골에 대한 연구기관의 책임을 모호하게 하는 시설로서, 또한 아이누민족의 동의 없이 연구의 지속을 가능하게 하는 시설로서 비판의 대상이 되고 있다.

이 '위령 시설'과 관련되는 아이누 유골의 반환은 큰 인권상의 과제이다. 오가와 류키치(小川隆吉)에 의한 홋카이도대학 의학부 교수 고다마 사쿠자에몬(児玉作左衛門)의 '아이누 인골 대장(台帳)'에 대한 오랜 조사에서 2008년 8월에 '홋카이도대학 정보공개문서 연구회'가 발족하여, 수탈된 아이누 유골을 도굴된 장소로 반환하는 운동이 전개되었다. 2012년 9월에는 오가와, 조노구치 유리(城野口ユリ) 등 우라카와정(浦河町) 기네우스(杵臼) 고탄 출신자들에 의한, 홋카이도대학에 대한 유골 반환 소송이 삿포로지방법원에 제기되어, 2016년 3월의 화해 성립과 함께 기네우스 고탄으로의 반환이 실현되었다. 더 나아가 사시마 마사키(差間正樹)를 중심으로 한 우라호로(浦幌) 아이누협회(현재 라포로 아이누 네이션)는 유골 반환을 둘러싸고 홋카이도대학(2014년 5월), 삿포로의과대학(2018년 1월), 도쿄대학(2019년 11월)을 제소하여 화해를 이끌어냈고, 각각의 기관으로부터 유골의 반환을 실현시켰다. 그러나 류큐민족의 유골 반환 요구 운동에 대한 대응과 마찬가지로 대학이나 연구기관은 도굴에 관한 사실 확인이나 사과를 일절 거부하고 있으며, 마쓰시마 야스카쓰(松島泰勝) 등이 비판하는 '학지(學知)의 제국(식민지)주의'는 여전히 연구자들 사이에 깊게 뿌리내리고 있다.[5]

다. '아이누 시책 추진 지역계획'과 그 기본 구조

이제 또 하나의 핵심 정책은 앞서 언급한 '추진 지역계획'이다. '우포포이'에 주목이 집중되면서 간과되기 쉽지만, 시책추진법에서는 가장 많은 조문이 이 정책에 할당되어 있으며(제4장·제5장), 선주민족 권리의 문제로서도 중요하다. 시책추진법은 아이누민족에게 어떠한 권리도 보장하지 않는 반면, 이 정책과 관련하여 지방자치단체인 시정촌(市町村)에만 일정한 권리가 부여되어 있다. 권리의 주체가 아이누민족이 아니라는 점은 실로 불가사의하다.

시정촌이 권리 주체가 되어 아이누민족 단체와의 협의를 거쳐 지역계획을 작성하고, 이 계획을 내각총리대신이 아이누문화·전통의 진흥사업으로 인정하면 '인정 아이누 시책 추진 지역계획'(이하, 인정 지역계획)으로서 적지 않은 교부금을 정부로부터 받게 된다. 첫 해인 2019년도 예산 총액은 10억 엔이었지만, 2020년도 이후에는 총액 20억 엔으로 예산이 두 배로 늘었고, 2022년도에도 그 규모가 유지되고 있다. 참고로 2022년도 아이누 정책 관련 예산은 '우포포이'의 관리·운영비 약 31억 엔을 포함하여 58억 엔에 이른다. 그러나 구체적인 생활 지원

---

5   松島泰勝『学知の帝国主義―琉球人遺骨問題から考える近代日本のアジア認識』明石書店, 2022, pp.37-38.

을 보면, 홋카이도가 실시하는 '아이누 생활 향상 방책'에 대한 보조금은 전체 약 3억 5,000만 엔에 불과하고, 교육 지원 약 6,800만 엔, 고용·생활 지원 약 9,200만 엔, 중소기업 산업 진흥 약 700만 엔이라는 숫자이다.[6] 즉, 아이누 예산의 대부분은 계몽 시설이나 뒤에서 설명할 지자체 주도의 지역 진흥에 투입되고 있다고 해도 과언이 아니다.

또한 '특례'로서 의식에 사용하는 산림자원의 이용(제16조), 내수면에서의 연어 포획 사업(제17조), 그리고 아이누 공예품 등의 상표 등록 절차(제18조)의 세 가지가 인정 지역계획 안에서 '우대'의 대상이 된다. 그러나 이러한 '우대'에는 다음과 같은 제도적 우려도 적지 않다. 우선 이 '특례' 조치는 인정 지역계획이 없는 곳에서는 이용할 수 없다. 즉 개인 아이누, 아이누 커뮤니티가 없는 곳, 지자체가 협조적이지 않은 곳에서는 혜택을 누릴 수 없다. 그 결과 아이누 사회의 격차를 확대할 우려가 있으며, 이미 그런 일이 일어나고 있다는 목소리도 들린다. 더욱이 뒤에서 설명하듯 세 가지 '특례'는 현행 제도를 이용함으로써 성립하기 때문에, 극단적으로 말하면 아이누민족의 권리 요구를 일본의 제도로 구속하는 것이 가능해진다.

지역계획 모집은 법이 시행된 직후부터 시작되었으며, 첫해에는 연 4회라는 이례적인 속도로 진행되었다. 내각부에 따르면, 아래와 같이 지속(갱신)까지 포함해 적지 않은 지방자치단체가 그 '혜택'을 누리게 되었다. 제1회 인정(2019년 9월) 13개 자치단체, 제2회 인정(2019년 12월) 5개 자치단체<2019년도 합계 약 7억 3,600만 엔>, 제3회 인정(2020년 3월) 20개 자치단체, 제4회 인정(2020년 6월) 6개 자치단체, 제5회 인정(2020년 9월) 2개 자치단체<2020년도 합계 약 16억 8,200만 엔>, 2021년도 제1

---

6 內閣官房アイヌ総合政策室「令和5年度アイヌ政策関係政府予算案について」2022 (令和4)年12月23日<https://www.kantei.go.jp/jp/singi/ainusuishin/pdf/r5_yosan.pdf>.

회 인정(2021년 3월) 29개 자치단체<2021년도 합계(현재) 약 19억 8,500만 엔>. 이처럼 인정 지역계획의 승인 범위가 순식간에 확대되었으며, 막대한 예산이 아이누민족의 이름을 사용해 지방자치단체와 이에 관련된 기업에 흩뿌려지고 있다. 그 대부분은 홋카이도의 자치단체이지만, 막말의 탐험가 마쓰우라 다케시로(松浦武四郎)의 출생지인 미에현의 자치단체도 인정 지역에 포함되어 있다. 지방자치단체에 대한 '우대' 측면에서 인정 지역계획의 주체인 시정촌이 실시하는 사업에 발행하는 '지방채'는 국가가 이를 인수한다는 '특별한 배려'도 규정되어 있다(제19조). 한 아이누 친구는 이 정책을 '현대의 장소 청부제'라고 평했는데, 근세 마쓰마에번(松前藩)의 무사와 간사이 상인이 결탁하여 아이누민족을 이용하고 아이누 모시리 각지에서 자원을 수탈했던 '장소 청부제'와의 유추도 결코 틀린 비유가 아니다. 달리 말하면 아이누의 이름을 이용한 산업 진흥·지역 진흥에 다름 아니다라고도 할 수 있다. 아래에서는 이러한 '특례'를 조금 더 자세히 소개하겠다.

· '국유림'의 산림 이용(제16조: 국유림에 있어서의 공유림 설정)

'특례'의 첫 번째 사례는 야운모시리(北海道島)의 산림자원 이용이지만, 국유림에서의 현행 '공유림 제도'를 지방자치단체와 아이누민족이 이용 가능하게 한 것이다. 법적으로는 농림수산대신 산하에 있는 1951년 6월 제정 '국유림야 관리경영에 관한 법률'(이하 국유림야법)에 규정된 국가와 지역 주민이 계약을 체결함으로써 국유림을 일정 이용할 수 있게 되는 '공유림(제5장)'을 인정 지역계획에 따른 산림 이용으로 간주하는 것이다. 임업청에 따르면, '공유림'에는 '연탄용 공유림', '방목용 공유림', '일반 공유림'(제18조)이 있으며, 시책추진법에 따른 아이누 공유림은 산나물 등 임산물을 채취할 수 있는 '일반 공유림'에 포함된다.

그러나 '공유림 제도'는 명칭만으로 오해를 불러일으킬 수 있지만, 지역 주민의 관습적 권리를 인정해서 성립한 것이 아니다. 국유림야법에 따른 5년 기한의 '계약'(국유림야법 제19조, 제20조)을 근거로 국가가 지역 주민에게 은혜적 서비스를 제공하는 것에 불과하다. 이 점에서 아이누민족의 권리가 인정되지 않은 시책추진법 하에서의 공유림 계약은 오히려 아이누민족이 국유림, 즉 국가가 해당 산림과 토지를 소유하고 있다는 사실을 공식적으로 인정하게 하고, 아이누민족이 가져야 할 선주권의 근거를 약화시킬 수 있다는 우려가 있다.

· **내수면에서의 연어 채취**(제17조: 어업법 및 수산자원보호법에 따른 허가 관련 배려)

'특례' 두 번째 사례는 문화·전승과 관련한 내수면에서의 연어 채취이다. 농림수산대신과 도지사의 감독하에 있는 1949년 어업법과 1951년 수산자원보호법에 규정된 허가에 '적절한 배려'가 이루어진다. 구체적으로는 홋카이도 지사의 허가 절차를 간소화하는 것이다. 다만, 기존의 특별채취 절차와 마찬가지로 홋카이도 지사의 허가는 문화진흥법과 마찬가지로 시책추진법에서도 여전히 유효하다. 즉 의식용이라 하더라도 아이누는 자유롭게 강에서 연어를 잡을 수 없다.

지금까지 아이누민족은 개척사 시대(1869년~1882년)에 금지된 연어 채취권, 특히 의식용 연어 채취권의 회복을 주장해 왔다. 1982년 9월, 도요카와 시게오(豊川重雄)와 유키 쇼지(結城庄司) 등의 노력으로 도요히라강(豊平川)에서 100년 만에 '아시리쳅노미(신 연어 맞이 의식)'가 부활했으며, 도요카와는 2006년 제24회까지 제의(祭主)를 맡았다. 도요카와를 중심으로 하는 '삿포로 아이누문화협회' 등의 교섭 결과 1987년부터 일정 수량의 연어 특수채취가 사회교육이라는 명목으로 도지사의 인가 하에 이루어지게 되었다. 그 전까지는 시장에서 구매한 연어를 강가의 생석(生簀)에 넣고, 잡은 척하며 의식을 진행했다. 하지만 금지를 제외하고라도 원래 연어를 자유롭게 잡았던 아이누가 왜 도지사의 허가를 얻지 않으면 강에서 연어를 잡을 수 없는가. 이러한 의문을 오랫동안 주장해온 몬베츠(紋別) 아이누 협회 회장 하타야마 토시(畠山敏)는 '부활'로부터 35년이 지난 시책추진법의 제정으로 가능해질지도 모른다는 희망을 2019년 4월 법률 제정에 걸었다. 그러나 앞서 언급했듯이 절차 완화는 있었지만, 수산자원보호법 하의 홋카이도 내수면 어업조정 규칙에서는 도지사의 허가가 필요하다는 사실은 전혀 변하지 않았다. 2019년 9월 하타야마는 도지사의 허가 없이 '가무이쳅노미(연어 맞이 의식)'용 연어를 채취하는 행동을 감행했다. 하타야마는 아이누가 자신들의 땅에서 의식용으로 자유롭게 연어를 채취하는 것은 '선주권'의 토대인 '자기결정권'이라고 2009년 이래 주장해 왔다. 즉 '홋카이도 개척' 이후 제정된 법규·규칙이 아이누민족에게 불법이라는 논리다. 그리하여 하타야마는 사전에 경찰에도 통보했으나, 도는 곧바로 이 행위를 소위 '밀렵'으로 경찰에 고발했고, 이후 하타야마는 경찰 조사를 받은 뒤 검찰로 송치되었다. 2020년 6월, 아사히카와 지방검찰청은 이유를 밝히지 않고 사건을 불기소 처리했는데, 이는 아마도 재판으로 문제화되고 정치화·국제화되는 것을 피하기 위한 조치였을 것으로 추정된다.

어쨌든 하타야마 사건은 연어 채취 권리라고 할 수 있지만, 의식을 실현하기 위한 '문화권'의 행사를 요구한 것이었다. 이에 대해 2020년 8월에는 '자원권'으로서의 '어업권'을 요구하는 움직임이 일어났다. 앞서 언급한 우라호로(浦幌) 마을의 아이누민족 단체인 '라포로 아이누 네이션'(구 우라호로 아이누 협회)이 국가와 홋카이도를 상대로 우라호로 토카치강(十勝川)의 연어 어업 권리를 요구하며 삿포로 지방법원에 제소한 것이다. 이 소송에서는 생계와 연결된 생업으로서의 '어업권' 회복

이 목적이었으며, 아이누민족 집단에 '어업권' 회복을 요구하고 집단적 권리를 염두에 둔 점에서도 획기적인 소송이라 할 수 있다. 어쨌든 이러한 움직임에 대해 시책추진법은 효과적으로 대응할 수 없으며, 대응할 수 있는 구조가 아니다. 또한 다시 확인할 필요가 있는데, 왜 올바른 주장이 '불법'이 되는가 하면, 근본적으로 법의 제정자와 집행자가 '범죄자'이기 때문이다. 2024년 4월 18일에는 '라포로 아이누 네이션'에 대한 판결이 선고될 예정이다.

· 상표 등록(제18조: 상표법 특례)

'특례' 세 번째 사항은, 특허청장 승인 하에 아이누 공예품 등의 상표 등록 수수료 및 등록료를 '경감 또는 면제'하는 특별 조치를 취하는 것이다. 상표 등록은 상품이나 서비스의 표지를 국가 제도를 통해 보호하는 것으로, 아이누 공예품 등에 대한 모방(가짜)이나 문화 도용을 금지하거나 방지할 수 있다. 이는 '아이누문화의 브랜드화'라고도 할 수 있다. 그러나 인증 지역 계획 제1회 인증 13개 지방자치단체 가운데 임산 자원 이용은 7개, 연어 채취는 6개였지만, 상표를 신청한 지방자치단체는 없었다. 예외적으로 2019년 8월 구시로시(釧路市) 아칸초(阿寒町)에 '아칸 아이누 콘살룬'이 설립되어 아이누문화의 지적 재산권을 보호하는 활동을 아이누민족 스스로의 단체로서 계속하고 있다.

라. 차별 금지와 혐오 발언(제4조)

'국립 아이누민족 박물관'의 전시에 관해, 가장 큰 우려는 역사 인식이라고 지적되었다. 특히, '홋카이도 개척' 이후의 식민지화와 그 과정에서 아이누민족에 대한 수탈, 권리 침해에 관한 역사 인식이 충분하지 않다는 점이다. 이 점 시책추진법도 동일하며, 법 자체가 필요성을 다음과 같이 적고 있다.

> "이 법은 일본 열도 북부 주변, 특히 홋카이도의 선주민인 아이누의 사
> 람들의 긍지의 원천인 아이누의 전통 및 아이누문화(이하 '아이누의 전통
> 등'이라 한다)가 놓여 있는 상황……에 비추어"(제1조)

즉, 아이누민족의 문화와 전통이 놓여 있는 현황, 그리고 그 이유에 대해 시책추진법은 아무런 언급을 하지 않는다. 이러한 상황에서 예산이 많아질수록 '특별 대우'라는 형태로 아이누에 대한 혐오 발언은 증식된다. 시책추진법에서는 2016년 5월에 제정된 소위 '혐오 발언 규제법'의 영향을 받아, 제4조에 아이누민족에 대한 차별 금지가 포함되었으며, 제6조에는 아이누민족과의 공존 사회를 향한 '국민의 노력'이 명기되어 있다. 그러나 어느 쪽도 '혐오 발언 규제법'과 마찬가지로 실효적인 조문은 아니다.

이러한 '혐오 발언'의 구체적 내용으로는 아이누민족이라는 존재하지 않는 민족을 조작하여 보조금을 부정 수급하고 있다, 외국 정부로부터 돈을 받고 있다, 일본으로부터 분리 운동을 하고 있다 등과 같은 발언이 인터넷상에서 확산되고 있다. 그 큰 원인은 일본 정부가 아이누민족 정책에 대한 근본적인 역사 인식을 명확히 밝히지 않았기 때문이다. 또한 이를 단속할 독립된 국내 인권 기구가 존재하지 않는 것도 큰 문제이다(도쿄신문, 2022년 10월 22일 조간).

3. 류큐민족—국제 연합 참여를 통한 운동의 확산

권리 주체로서의 인식이라는 문제에서 보면 류큐민족의 상황은 아이누민족과는 달랐다. 중요한 점은 권리 주체로서의 인식이 애초에 운동의 중심 과제가 되지 않았다는 것이다. 아이누민족의 경우 반복해서

언급하지만, ‘사라진 민족’이라는 이유로 정책의 대상이 되지 않는다는 주장에 맞서 ‘아이누 신법’ 제정 운동이 있었고, 이는 동시에 경멸적 명칭을 가진 ‘홋카이도 구 토민 보호법’의 폐지와 연결되는 정체성 문제와 깊게 관련되어 있었다. 그러나 1972년에 ‘조국’에 복귀한 류큐민족에게 가장 큰 문제는 일본의 식민지 지배의 부작용적 피해라고도 할 수 있는 미군 기지가 축소되지 않고 점점 그 기능이 강화되며, 기지를 원인으로 한 다양한 인권 침해와 환경 파괴가 끊이지 않았다는 것이다.

그 때문에 복귀 이후의 ‘오키나와’에서는 미군 기지에 반대하는 격렬한 운동이 지속되었고, 이는 일본 전체의 반전·평화 운동, 또는 이와 밀접하게 관련된 보수냐 진보냐라는 냉전 구조 속의 이데올로기 논쟁·계급 논쟁 속에 파묻혀 버렸다.

예를 들어, 류큐민족이 선주민족 작업반(先住民族作業部会)에 참여한 것은 1996년 7월 마쓰시마 야스카쓰(松島泰勝, 현 류코쿠(龍谷)대학 교수)로부터 시작되었는데, 이는 1996년에 오타 마사히데(大田昌秀) 당시 현 지사가 미군의 토지 이용에 관한 대리 서명 거부와 관련된 소송에서 ‘현(県)’의 패소가 최고재판소에서 확정된 것을 배경으로 한다. 오타 마사히데는 현직 니시메 준지(西銘順治)를 꺾고 진보 후보로 1990년 12월에 현 지사로 취임했으나, 1995년 9월에는 토지주의 의사를 무시한 미군용지 강제 사용에 대한 행정기관의 대행 절차를 거부(대리 서명 거부)할 것을 표명했다. 일본 정부는 현 지사의 행동을 국가의 안보 정책이라는 전속 사무에 대한 도전으로 보고 사법기관에 소송을 제기했으나, 이후 최고재판소 판결은 지사의 행동에 법적 합리성이 없다고 하여 국가가 승소했다. 이 대응은 일본 사법제도가 중앙과 지방이라는 구도 속에서 류큐민족의 의사를 억압할 수 있고, 실제로 그렇게 할 수 있음을 의미한다. 적어도 그렇게 판단한 마쓰시마는 유엔 인권 기구에 참여하고, 그 의사를 선주민 권리로서 주장하기로 결심했다.

결심은 같았지만 노무라 기이치(野村義一)가 홋카이도 우타리 협회의 이사장이었고 협회를 중심으로 운동이 확산된 것과 달리 마쓰시마 야스카쓰는 당시 한 명의 대학원생에 불과했다. 즉 류큐에서의 선주민 운동은 한 시민의 참여로 시작되어 그 작은 움직임이 점차 지지자를 얻으며 확대되는 형태를 취했다. 예를 들어, 이후 류큐민족 작업반 참여자를 중심으로 1999년 2월에는 '류큐 열도 선주민회(AIPR)'가 결성되어 인종차별 철폐 위원회와 자유권 규약 위원회에 대한 참여와 활동이 지구적으로 꾸준히 이어졌다.

이러한 운동의 결과로 2001년 3월 인종차별 철폐 위원회 및 같은 해 9월 사회권 규약 위원회가 일본 정부에 권고한 '최종 의견'[7]에서는 '오키나와 주민(the residents of Okinawa)' 혹은 마이너리티로서의 '오키나와 커뮤니티(the Okinawa community)'라는 주체가 등장하며 그 집단에 대한 차별에 대한 우려가 명시되게 되었다. 더 나아가 2008년 8월 자유권 규약 위원회의 '최종 의견'[8]에서는 '류큐·오키나와인(the Ryukyu/Okinawa)'을 선주민족으로 인정하고, 고유의 역사와 문화와 함께 토지권을 인정하도록 권고하였다. 추가로, 2010년 4월 인종차별 철폐 위원회의 '최종 의견'[9]에서는 '오키나와인(the people of Okinawa)'에 대한 지속적인 차별을 우려하며, 군사기지의 불균등한 집중이 그들의 경제적·사회적·문화적 권리를 침해하고 있다고 권고하였다. 국제연합의 각 인권 기구에 의한 이러한 권고는 류큐민족의 권리 주체성을 분명히 하는 동시에, 그들이 경험하는 문제의 본질을 드러내는 역할을 했다.

한편, 선주민족이라는 인식의 본질은 (보이지 않는) 식민주의의 희생자라는 점이며, 따라서 선주민족 권리 회복에는 '자기결정권'이 필

---

7 国連文書 CERD/C/58/CRP及び国連文書E/C.2/1/Add.67.

8 国連文書CCPR/C/JPN/CO/5.

9 国連文書CERD/C/JPN/CO/3-6.

수적이라는 의식도 조금씩, 그리고 2010년 6월 하토야마 유키오 정권의 붕괴 무렵부터 확실히 류큐 내부에 퍼지기 시작했다. 2013년 5월에는 '류큐민족 독립연구학회', 2014년 7월에는 '오키나와 건백서를 실현하고 미래를 여는 섬 전체 회의',

[사진3-4-1] 2015년 9월, 유엔 인권이사회 사이드 이벤트에서 발언하는 오나가 다케시 오키나와현 지사(맨 오른쪽. 중앙은 필자)

같은 해 8월에는 '류큐·오키나와의 자기결정권을 확립하는 모임', 2016년 3월에는 '오키나와 국제인권법 연구회', 2016년 7월에는 '생명의 보물! 류큐의 자기결정권 모임(준비회)' 등이 연이어 설립되었다. 또한 2015년 9월에는 오나가 다케시(翁長雄志) 현 지사가 직접 제네바의 유엔 인권이사회에 출석하여, 오키나와에는 '자기결정권'이 존재하며, 그것이 일본 정부에 의해 침해되고 있다고 발언한 것도, 이러한 운동의 확산의 한 예라고 할 수 있다.[10]

오키나와에서의 '선주민족' 권리를 축으로 한 운동은 '자기결정권'을 요구하는 운동과 일정 부분 공명하며 전개되어 왔다. 이는 2015년 9월 오나가 지사가 유엔 인권이사회에 참가하여 성명을 발표하면서 하나의 정점에 도달하게 된다. 그러나, 그 직전 상황에서 또 다른 작은 정점이 있었다. 자유민주당 오키나와현 연합은 제네바로 출발하기 직전 (9월 17일)의 오나가 지사에게, 요약하자면 신기지 건설에 반대 의견을

---

10 永井文也「日本―先住民族の権利運動は、琉球／沖縄に何をもたらしうるのか」小坂田裕子＝深山直子＝丸山淳子＝守谷賢輔編『考えてみよう　先住民族と法』信山社, 2022, pp.226-228. 참고로, 동서(同書)의 표지에 사용된 아이누 디자인은 아칸 아이누 콘사룬의 인증을 받은 것이다.

주장하더라도 그 근거를 '선주민족·류큐인'의 인권에 두지 말아 달라는 요청을 전달했다(오키나와 타임스 2015년 9월 18일 아침판). 그 이유는 ① 오키나와 현 내에서는 '선주민족·류큐인'의 인정에 대한 논의가 없다는 점, ② 기지 문제는 기본적으로 현과 정부 간의 국내 정치 문제이며, 인권 문제는 아니라는 것이었다.

이 흐름은 보수계 현 내 지방자치단체를 활용한, 우파 넷우익 계열 시민단체가 주장하는 '오키나와 현민 = 선주민족'론에 반대하는 의견서 채택에서도 나타난다. 2015년 12월 22일 도미구스시 의회, 2016년 6월 20일 이시가키시 의회에서는 다수 찬성 속에서 각각 '유엔 각 위원회의 <오키나와 현민은 일본의 선주민족>이라는 인식을 바로잡고, 권고 철회를 요구하는 의견서', '유엔의 <오키나와 현민은 선주민족>이라는 권고 철회를 요구하는 의견서'가 채택되었다.

이는 류큐에서 선주민족으로서 유엔을 상대로 운동을 전개하는 세력과, 이를 불쾌하게 여기는 우파 세력이 일본 권력 구조와 연결되어 있는 특이한 관계를 단적으로 보여준다. 우선, 류큐인의 선주민족으로서 유엔을 상대로 한 운동에서는 행정 단위로서의 오키나와현 주민인 '오키나와 현민'을 '선주민족'으로 주장한 적이 단 한 번도 없으며, 유엔 역시 '오키나와 현민'을 '선주민족'으로 권고한 적은 없다. 일본 국민이라면 누구나 오키나와현 내에 주민등록을 옮기면 오키나와 현민'이 될 수 있으며, 반대로 절차를 거치면 '오키나와 현민'이 아니게 될 수도 있다. 운동이 주장하는 것은 류큐국 시대의 주민의 후손을 '류큐민족'으로 상정하고, 그 사람들이 '야마토민족'과는 다른 다양한 역사적 고난을 경험했으며, 현재도 인권상 불합리한 대우를 받고 있고, 그 책임이 일본 정부에 있다는 것이다.

또한 '선주민족' 권리를 주장하는 것의 문제점으로서 도미구스쿠시(豊見城市) 의회 의견서는 "선주민족의 권리를 주장하면 전국에서 오키나와 현민이 일본인이 아닌 마이너리티(minority)로 간주되어 오히려 차별을 불러올 수 있다"고 이유를 밝히고 있다. 안타깝게도 "마이너리티로 간주되는 것이 차별을 불러온다"는 이러한 논지는 본서가 출간된 이유이기도 한 마이너리티·선주민족의 존재와 그 권리가 기본적인 맥락에서 이해되지 않은 데서 비롯된 망언에 지나지 않으며, 이러한 공적 문서는 명백한 차별 문서라고 할 수 있다. 이 논리는 정부가 선주민족으로 인정한 아이누민족이 전국민으로부터 그로 인해 차별받는 존재가 되는 것을 당연하게 전제하고 있다. 즉 일본 사회는 일본인이 아닌 그룹을 차별하는 사회이므로, 다른 그룹이라고 주장해서는 안 된다는 식으로도 해석될 수 있다.

이시가키시(石垣市) 의회 의견서도 같은 점을 다른 이유로 문제시하고 있다. "오키나와 현이 행정 구역으로 하는 센카쿠 제도를 포함한 영토·영해, 천연자원 및 해양자원이 어디에 귀속되는지 문제가 될 수 있으며, 모든 면에서 위험성을 내포한다…"라는 것이다. 이 문구의 배경을 설명하면, '오키나와'에서 일본 정부 정책에 반대하면 중국의 위협을 과장하는 정치인이나 활동가들로부터 중국에 이용되고 앞잡이가 되고 있다는 발언이 종종 등장한다. 왜 류큐인의 권리를 이야기하는 것이 중국의 이익이 될 위험이 있는가? 이는 논리의 악의적 비약이자 사실무근의 주장으로 일종의 정치적 망상이다. 상황을 '홋카이도', 즉 아이누 모시리라는 아이누민족의 전통적 영토로 바꿔보면 이 논리의 모순이 잘 드러난다. 실제로 아이누민족의 주장을 공적으로 전개한 1984년 '아이누 신법안'에서는 아이누민족의 전통적 영토를 홋카이도 본섬, 사할린 남부, 쿠릴열도 전체로 규정하고 있다. 이시가키시 의회의 논리를 적용하면 아이누 모시리 전체의 천연자원과 해양자원에 러시아가 개입할 가능성을 우려해야 한다. 그러나 아이누민족을 선주민족으로 인정했다고 해서 직접적으로 러시아의 이익을 유도하는 위험이 높아졌을까? 만약 그렇다면 왜 국회나 정부는 2008년에 그것을 인정했는지, 혹은 그 위험성이 그 국회 결의로부터 8년이 지난 지금 어디에서 나타나고 있는지를 의견서는 본래 설명할 의무가 있다. 확실히 자유민주당 오키나와현 연합이 말한 것처럼 '오키나와'에서 '선주민족'과 관련한 논의가 충분하거나 적절하지 않을 수도 있다. 그러나 내 경험으로 볼 때 '선주민족' 개념을 충분한 시간과 정리된 근거를 가지고 설명하면 '류큐인'이라는 의식과 연결되는 경우가 적지 않다. 2014년 시작된 류큐 신보의 장기 연재 '오키나와의 자기결정권'이 광범위한 지지를 받은 것도 그 한 예일 것이다.[11] '오키나와 현민'이 '선주민족'으로서의 '자기 의식'을 갖고 있지 않은 원인은 논의를 공정하게 진행할 장이 마련되지 않았기 때문이다. 반대로 도미구스쿠시 의회나 이시가키시 의회도 이 개념을 진지하게 토론한 흔적은 보이지 않는다. 더 단순히 말하면 선주민족의 권리가 류큐는 '일본'이 아니라는 주장으로 이어질 것을 두 의견서는 우려하는 것일 수 있지만, 최근의 독립론이나 자기결정권에 관한 논의는 무엇보다도 '일본' 근대 국가 형성과정의 역사적 재평가와 그 위에서의 인권 보장을 요구하고 있다는 점을 확인할 필요가 있다.

11　琉球新報社＝新垣毅編著『沖縄の自己決定権—その歴史的根拠と近未来の展望』高文研, 2015, pp.18-98.

제5장

탈식민지화의 맥락에서 법적 구속력과 자기결정권을 생각한다

우에무라 히데아키

최근 상황으로 말하자면, 일정한 방식으로 정부의 행정 정책에 통합되는 방식에 대한 우려와 더불어 선주민족의 권리 진전에 향한 전략, 유엔 기구의 활용과 소송에 대해 언급해 두고 싶다. 아이누 정책 추진법에서는 이전에는 없던 정책들이 고안되었고, 상당한 예산도 배정되게 되었다. 예를 들어, 2021년도 아이누 정책 관련 예산 총액은 57억 5,200만 엔, 2022년도는 58억 5,900만 엔이었다. 2016년도 아이누 정책 관련 예산의 개산(槪算) 요구액이 13억 7,200만 엔이었다는 점을 생각하면, 정책 추진법을 계기로 큰 금액이 움직이게 되었다고 볼 수 있을지도 모른다. 하지만 동시에 이 법으로 인해 아이누민족은 주무 관청인 내각부, 국토교통성, 문부과학성뿐만 아니라, 농림수산성, 임업청, 특허청, 문화청 등 관료 조직의 지배 하에 통합되고 있는 상황이다. 다시 언급하자면, 정부의 본심은 아이누민족을 이용하여 침체되는 일본 경제에 대해 지역 진흥·산업 진흥·관광 진흥을 도모하는 것일지도 모른다고 의심하게 된다. 아이누민족이 주체가 아니라는 점은, 정책 추진법의 주무 관청 중 하나인 국토교통성이 교훈을 살렸다면서 아이누

문화 유적의 조사를 한 뒤, 2022년 11월 사루가와 상류에 히라토리(平取) 댐을 건설한 사례에서도 알 수 있다.

국제법의 일반적 상식에서 보면, 선주민족 권리 선언은 법적 구속력을 갖지 않는 국제법 문서에 불과하며, 법적 구속력을 갖게 하려면 다음 단계인 '유엔 선주민족 권리 조약'이 필요하다고 한다. 하지만 오랜 유엔 협상을 몸소 경험해 온 선주민족에게 한때 식민지 독립 가속화를 목표로 1960년 12월 '식민지 독립 부여 선언'(정식 명칭: '식민지 및 국민에게 독립을 부여하는 선언')이 채택된 이후, 이 선언의 적용을 감시하고 그 실시에 관해 권고를 행하는 '탈식민지화 특별위원회'(정식 명칭: '식민지 및 국민에게 독립을 부여하는 선언 이행 특별위원회')가 1961년에 설치된 것처럼, 선언으로서의 권리 선언 이행을 직접 감시하는 유엔 네트워크를 구축하고 기능하게 하는 것이 훨씬 더 효과적이다. 다행히 현재는 '선주민족 권리 특별보고관'(2001년 설치), '선주민족 문제 상설포럼(PFII)'(2002년 설치), '선주민족 권리 전문가 기구(EMRIP)'(2007년 설치)의 최소 3개 기관이 유엔에서 선주민족 권리에 관한 전문 기관으로서 권리 선언 이행을 감시하고 있다. 또한 권리 선언이 유엔 총회에서 채택될 때 반대표를 던진 CANZUS 국가들도, 2009년 9월 오스트레일리아, 2010년 4월 뉴질랜드(마오리어로 아오테아로아), 같은 해 11월 캐나다가 지지로 정책을 전환하고, 기본적으로 자국 국내법 범위 내라는 제한은 있지만 권리 선언의 이행을 약속했다.[1]

더 나아가 2014년 9월에는 유엔 총회의 특별 회기로서 '세계 선주민 회의'가 뉴욕 유엔 본부에서 개최되었고, 그 전 해인 2013년 6월에는 노르웨이 알타에서 준비 회의가 열렸다. 그곳에서 채택된 '알타 회의 성과 문서'와 '세계 선주민 회의 성과 문서'에서도 권리 조약의 제정에

---

1 小坂田裕子『先住民族と国際法—剝奪の歴史から権利の承認へ』信山社, 2017, pp. 42-43.

는 언급하지 않고, 인권 조약 기구 위원에 선주민족 출신자를 임명하도록 촉진, 유엔 인권이사회의 '보편적 정기 검토(UPR)'에서 권리 선언의 활용, EMRIP의 임무 강화 등 실효적인 이행 감시가 요구되고 있다.[2] 이 상황을 다른 관점에서 보면 권리 선언은 실질적으로 일정한 구속력을 발휘하는 권리 조약에 가까운, 매우 실천적인 권리 선언으로 볼 수 있다. 그런 의미에서, 중요한 인권 문서에 해당하며, 일본의 선주민족 정책에도 앞으로 영향을 미칠 것이다.

또한 최근 들어 '유엔 선주민족 권리 선언'에서는 제46조[주권 국가의 영토 보전과 정치적 통합]가 명시됨으로써, 제3조[자결권]는 주권 국가 내부에서의 자결권(내적 자결권)이며, 독립을 포함한 주권 국가의 틀을 넘어선 자결권(외적 자결권)은 아니라는 해석이 나타나기 시작했다.[3] 이러한 논조는 '내적 자결권'과 '외적 자결권'을 명확히 구분하며 선주민족은 국가의 틀 안에서 행사하는 내적 자결권만 누릴 수 있다는 오해를 불러일으킨다. 본서에서도 소개한 것처럼, 자결권 논의에서 권리 선언의 초안 과정에서도 제3조에 관해, 1970년 유엔 총회에서 채택된 '우호 관계 원칙 선언(Declaration on Principles of International Law concerning Friendly Relations and Co-operation among States in accordance with the Charter of the United Nations)'이 자주 언급되었다. 이 원칙 선언은 국민·민족의 자결권을 국제법 원칙 중 하나로 명시하면서도 영토 보전과 정치적 통합 원칙은 무조건적인 것이 아니라 '차별 없이 그 영토에 속하는 국민 전체를 대표하는 정부를 가진 주권 독립 국가'를 대상으로 한다고 규정하였다. 즉 영토 보전과 정치적 통합 원칙은 조건부로 규

2　小坂田, 위의 주1의 인용서, pp.100-102.

3　阿部藹『沖縄と国際人権法—自己決定権をめぐる議論への一考察』高文研, 2022, pp.53-62. 阿部藹「託されたバトン9　再考・沖縄の自己決定権」『琉球新報』2023.10. 27.

제된다는 의미이다.[4] 이것이 의미하는 바는 설령 내적 자결권과 외적 자결권 사이에 일정한 구별이 있다 하더라도 그것은 단절된 것이 아니라 연속적으로 연결되어 있다는 것이다. 예를 들어, 권리 선언 제35조에는 국경을 넘는 권리, 제36조에는 조약 및 협정의 준수와 존중이 명시되어 있다. 또한 제26조의 영토 및 자원 권리에는 빙상이나 해저 자원 등도 구체적인 권리 대상으로 포함된다. 이러한 권리의 행사는 기존 국가의 틀을 이미 넘어서는 것이며, 선주민족임에도 불구하고 그 권리가 정부에 의해 부당하게 인정되지 않는 경우, 그 권리 주장은 점점 더 확대될 가능성이 있다.

그리고 선주민족의 권리 보장을 진전시키는 수단, 논리적으로 권리를 생각하는 수단으로서 법원을 이용한 소송의 역할을 일본에서도 다시 한번 재인식할 필요가 있다. 교토대학교를 상대로 한 '류큐민족 유골 반환 청구 소송'은 2023년 9월 22일 오사카 고등재판소에서 판결이 내려졌다. 판결은 선주민족이라 주장하는 원고의 청구를 기각했지만, '유골은 고향에서 조용히 잠들 권리가 있다'고 하면서 이를 연구하고자 하는 일본인류학회의 문서를 비판했고, 동시에 사법기관으로서는 처음으로 류큐민족을 '선주민족'으로 인정했다.[5] 이는 1997년 니부타니(二風谷) 댐 판결과 정확히 같은 구조이다. 더 나아가 야운모시리(北海道 섬)의 우라호로 도카치강에서 생업으로서의 아이누 어업권(자원권)을 주장한 '라포로 아이누 네이션(Raporo Ainu Nation)'의 소송도 앞서 언급한 바와 같이 2024년 4월 삿포로 지방법원에서 판결이 선고될 예정이다.

4　孫占坤「自決権と国家の独立」, 日本平和学会編『平和学事典』丸善出版, 2023, pp. 212-213.

5　「『遺骨は故郷に帰すべき』　琉球遺骨訴訟で大阪高裁判決、人類学会を異例の批判　原告控訴は棄却」『京都新聞(석간)』2023.9.22. 大阪高判令5・9・22LEX/DB25596046(令和4년(ネ)第1261号・琉球民族遺骨返還等請求控訴事件)참조.

물론, 동시에 다수자가 그 '특권'을 알기 위해서라도 선주민족의 역사를 성실히 배우는 것,[6] 그를 위한 노력과 교육의 장을 구축하는 것이 필수적일 것이다.

[제3부 참고문헌]

上村英明「解説　歴史を正すことに格闘する―その重要性と難しさ」ロバート＆ジョアナ・コンセダイン『私たちの歴史を癒すということ』影書房, 2022, pp.436-444.

上村英明「先住民族とその権利」日本平和学会編『平和学事典』丸善出版, 2023, pp.216-217.

上村英明「先住民族の権利―その概念、表現、展開に関する史的経緯」国際人権法学会編『新国際人権法講座(3)国際人権法の規範と主体』信山社, 2024, pp.135-156.

上村英明「ヤウンモシリ(北海道島)の森林とアイヌ民族の資源権―国有林・御料林による資源収奪と森林鉄道の役割」『恵泉女学園大学紀要』第34・35号, 202년 2월.

6　上村英明「声を上げた日本の先住民族―国際連合での運動がもたらした成果と課題」深山直子＝丸山淳子＝木村真希子編『先住民からみる現代世界―わたしたちの<あたりまえ>に挑む』昭和堂, 2018, pp.45-66.

마이너리티 권리 보장 시스템의 강화

제1장

21세기 유엔의
마이너리티 권리 보장 시스템

오카모토 마사타카

1. 유엔 마이너리티 전문위원회 선언 해설문서
2. 마이너리티 문제 포럼과 특별보고관

1. 유엔 마이너리티 전문위원회 선언 해설문서

유엔은 '마이너리티 권리 선언'이 규정한 권리를 효과적으로 증진하고 보호하기 위한 수단과 조치를 검토하는 기구로서, 1995년 유엔 차별방지 마이너리티 보호 소위원회(1999년부터는 인권증진 보호 소위원회, 이하 '인권소위원회') 산하에 '마이너리티 실무그룹(Working Group on Minority, 이하 'WGM')'을 설치하였다.[1] WGM은 인권소위원회 위원 중 유엔의 지역 안배에 따라 아프리카, 아시아태평양, 동유럽, 라틴아메리카·카리

---

1 1999년 7월 29일 ECOSOC 결의 1999/256에 의해 차별방지마이너리티보호소위원회는 인권촉진보호소위원회(Sub-Commission on the Promotion and Protection of Human Rights)로 명칭이 변경되었다.

브해, 서유럽·기타에서 각 1명씩 총 5명의 위원으로 구성되며, 정부 대표와 IGO(정부 간 기구)뿐만 아니라, 마이너리티 권리에 관한 NGO(UN NGO에 국한되지 않음), 마이너리티 문제 전문가(scholars)에게도 회의 참여를 허용했다.

WGM의 주요 임무는 ① 마이너리티 권리 선언의 촉진과 실천적 실현을 고찰하는 것, ② 마이너리티를 둘러싼 제반 문제에 대해 마이너리티와 정부 간의 상호 이해 증진을 포함하여 가능한 해결책을 검토하는 것, ③ 민족적, 종교적, 언어적 마이너리티에 속하는 사람들의 권리를 보호·증진하기 위한 추가 조치를 적절히 권고하는 것 등이다. WGM은 신설 후 3년간은 임시기관이었으나, 1998년부터 인권소위원회의 상설 기구가 되면서 활동을 더욱 활성화하였고, 세계 각 지역에서 마이너리티 권리 보장에 관한 세미나를 개최하였나.

그 전후로 WGM은 1997년부터 마이너리티 권리 선언의 각 조항에 대한 해석을 상세히 기록한 '해설문서(Commentary to the UN Declaration on the Rights of Persons Belonging to National or Ethnic, Religious and Linguistic Minorities)'의 작성에 착수하여 2001년 '해설문서(Commentary)'를 포함한 『마이너리티를 위한 유엔 가이드(UN Guide for Minorities)』를 발간했다.

당시 WGM에서는 선언을 바탕으로 독립된 조약 또는 자유권 규약 제27조에 관한 선택 의정서로서 마이너리티 권리 조약을 기초하는 것도 상정하고 있었다. 해설문서는 그 토대 역할을 하도록 만들어졌으며, 자유권 규약 위원회(HRC)의 포괄적 견해(General

[사진4-1-1] 『마이너리티를 위한 유엔 가이드 (UN Guide for Minorities)』(2001년)

Comment) 23보다 마이너리티 권리를 둘러싼 국가의 의무 등을 훨씬 자세히 기록한 문서가 되었다.

(1) '조약화의 토대'가 보여주는 권리 대상과 집단적 성질

권리 선언에서 먼저 사람들의 주목을 끈 것은 그 제목이다. 자유권 규약 제27조가 그 권리 대상을 민족적, 종교적 또는 언어적 마이너리티(Ethnic, Religious or Linguistic Minorities)로 표기하는 반면, 권리 선언은 내셔널·마이너리티(National Minorities)를 더한 네 종류의 범주를 권리 대상으로 명시하고 있다. 그렇다면 권리선언은 자유권 규약 제27조의 권리 대상을 확대하는 것인가라는 의문이 생길 수 있다. 이에 대해 해설 문서는 선언이 자유권 규약 제27조를 넘어 권리 대상을 확대하는 것은 아니라고 명확히 밝히고 있다.

내셔널·마이너리티의 개념에 대해서는 제1부 제1장에서 자세히 설명하고 있으므로, 여기서는 반복하지 않는다. 이는 국제연맹 시대부터 유럽에서 많이 사용되었으며, 일본에서 '소수민족'으로 번역되어 온 개념이다. 유럽의 인권조약 중에는 내셔널·마이너리티를 해당 국가의 국적 소유자로 한정하려는 것도 있다. 이에 대해 자유권 규약 제27조의 권리 대상에는 명확히 외국 국적자도 포함되며, 영주권자일 필요도 없다고 명시되어 있다. 이 국적 유무를 둘러싼 논의에서부터 내셔널·마이너리티가 자유권 규약 제27조의 권리 대상보다 좁은 범주이며 그 틀 안에 속해 있음을 알 수 있다.

일본에서는 정부가 하는 번역처럼 'Ethnic'을 '종족적'이라고 번역하는 경우가 있지만, '종족'이라는 용어는 현대 일본에서 일반적으로 사용되지 않는다. 당사자들을 포함해 '조선 종족'이나 '아이누 종족'이라고 말하지 않기 때문에, 현대 일본에서 'Ethnic'을 '종족적'이라고 번역하는 것은 적절하지 않다. 또한 인종과 유사한 '종족'과는 달리, 에스니시티(Ethnicity)는 문화와 관련된 개념으로 해석되고 있다. 한편, 유엔 공용어인 한어(중국어)에서는, 인종차별철폐조약의 공식 명칭이 '모든 형태의 종족 차별 철폐 국제공약(消除一切形式種族歧視国際公約)'이며, CERD (인종차별 철폐 위원회)는 '消除種族歧視委員会'라 칭하고 있다. 또한 자유권 규약('공민 권리와 정치 권리에 관한 국제규약') 제27조의 마이너리티는 '인종적, 종교적 혹은 언어적 마이너리티(人種的, 宗教的或語言的少数人)'로 표기하고 있다. 즉 race = 종족, ethnic = 인종이 유엔 공용어상의 한자 표기이지만, 마이너리티 권리 선언에서는 '민족 혹은 족예, 종교 및 언어상의 소수 집단(民族或族裔, 宗教和語言上属於少数群体)'이라고 하여, national = 민족, ethnic = 족예(族裔)라는 용어를 사용하고 있다.

일본에서의 '민족'이라는 용어 창출을 둘러싼 혼란이 중국에도 파급된 현상이라 할 수 있다. 'national'도 'ethnic'도 모두 '민족'으로 번역하는 것이 현대 일본어의 통념에 부합하는 번역이라고 필자는 생각한다. 중국과 마찬가지로 일본으로부터 '민족'이라는 용어를 도입한 한국에서도 'national'과 'ethnic'을 구분하는 용어는 없다. 이처럼 동아시아에서는 (이라기보다 유럽 이외의 지역에서는) 양자의 차이가 명확하지 않다. 해설문서가 "민족적 또는 언어적 마이너리티가 아닌 내셔널·마이너리티는 사실상 존재하지 않는다"고 언급한 점에서 유럽에서도 내셔널·마이너리티는 에스닉·마이너리티의 일부로 간주되고 있음을 알 수 있다.

또한 해설문서는 자유권 규약 제27조가 규정하는 세 가지 범주(카테고리)의 차이에 대해서도 기술하고 있다. 즉, 종교적 마이너리티의 권리는 신앙의 표현이나 종교 활동에 관한 것에, 언어적 마이너리티의 권리는 교육이나 언어사용에 국한될 수 있는 반면, 민족적 마이너리티에 속하는 개인의 권리는 생활양식을 포함한 문화라는 넓은 개념으로 정의되는 에스니시티(민족성)에 기반한 자신의 문화를 유지하고 발전시킬 권리가 있다. 생활양식을 포함한 문화라는 넓은 개념에 의해 정의되는 민족성에 기초한, 자신의 문화의 유지와 발전에 관한 보다 광범위한 권리라고 언급하고 있다. 이는 일본 정부(공식) 번역본이 제27조의 권리 대상을 '종족적, 언어적 또는 종교적 마이너리티'라는 하나의 범주로 보는 것의 부적절함―언어적 마이너리티나 종교적 마이너리티는 민족적으로는 다수인 경우도 있기 때문에―을 고려할 때 주목해야 할 점이다.

다음으로 권리 선언이 담고 있는 마이너리티 권리의 집단적 성격에 대해 살펴보면, 해설문서는 마이너리티 권리의 개인적 보장과 집단적 보장의 관계에 대해 다음과 같이 기술하고 있다. "선언은 주로 제2조에서 마이너리티에 속하는 사람들의 권리를 규정하고, 제1조, 제4조 및 제5조에서 그 사람들이 존재하는 국가의 의무를 규정하고 있다. 권리는 항상 개인의 권리로서 규정되어 있지만, 국가의 의무 중 일부는 집단으로서의 마이너리티에 대한 의무로 규정되어 있다.……개인만이 권리를 주장할 수 있지만, 국가는 집단이 전체로서 존재하고 아이덴티티를 가질 수 있도록 하는 적절한 조건을 확보하지 않고서는 그러한 권리들을 충분히 실현할 수 없다"(14항).

이것이 바로 자유권 규약 제27조 하에서 집단의 권리를 보장하는 것이 모순되지 않는다고 여겨지는 이유이다. 이와 관련하여, 요코타 고이치(橫田耕一, 규슈대학 명예교수)는 같은 헌법학자인 우라베 노리호(浦部法穗, 고베대학 명예교수)와의 대담 '마이너리티의 인권'에서, "어떤 집단이 스스로 정의하는 아이덴티티를 지배 민족의 억압으로 인해 구현하지 못하고 있다면, 이는 헌법적 관점에서 볼 때 '자기실현의 권리'가 침해받고 있는 상태인 것이다. 우리는 그것을 어떻게 회복하고 보장해 나갈 것인가 하는 형태로 문제를 제기해야 한다"고 한다. 또한 그는 "누구의 권리인지가 확립되지 않는 한, 어떤 권리가 보장될지는 결정되지 않는다. 실제로 마이너리티라고 불리는 사람들에게 보장되어야 할 권리는 각각의 집단마다 다르다.……개별적으로 특정 집단의 권리로 생각하는 편이 좋다”고 말한다. 그리고 “아이누민족이나 조선민족의 민족교육이 집단적으로 보장되어야 한다”며, “차별을 없애기 위해서는 규제와 같은 소극적인 대응뿐만 아니라, 적극적인 원조가 필요하다. 일본 국적을 가진 조선민족을 포함하여, 조선인들에게 민족교육을 제대로 보장할 필요가 있다. 공교육에서 지금처럼 단순히 과외 수업으로 조선어를 가르쳐도 ‘무방하다’는 수준에 그치는 것이 아니라, 국가가 이를 ‘반드시 시행해야 한다’는 의무를 져야 한다”고 주장한다.[2]

(2) 아이덴티티를 보호·촉진하는 입법 및 기타 조치

앞서 언급했듯이, 마이너리티 권리 선언은 제2조에서 자유권 규약 제27조의 “부정당하지 않는다”는 소극적 표현을 “권리를 가진다”는 적극적 표현으로 바꾸었다. 또한 마이너리티에 속하는 개인이 “자신들이 살고 있는 지역에 관한, 전국적 또는 적절한 경우에는 지역적 수준에서의 결정에, 효과적으로 참가할 권리” 등을 명기하고 있다. 아래에서 구체적으로 살펴보자. 권리선언에서 국가의 의무를 정하고 있는 것은 제1조와 제4조, 제5조이다.

【제1조】 먼저 제1조에서는 “국가는 각각의 영역 내에서, 마이너리티의 존재와 그 민족적(national or ethnic), 문화적, 종교적, 언어적 아이덴티티(고유성)를 보호하고, 그 아이덴티티를 촉진하기 위한 조건을 조성해야 한다”(제1항)고 하며, “국가는 이러한 목적을 달성하기 위해, 적절한 입법 및 기타 조치를 취해야 한다”(제2항)고 정하고 있다.

---

2 横田耕一＝浦部法穂「憲法学を問う―マイノリティの人権」『法学セミナー』第554号, 2001.2, pp.42-46.

해설문서에 따르면, 제1항이 말하는 "마이너리티의 보호에는 해당 집단의 존재를 보호하는 것, 배제하지 않는 것, 차별하지 않는 것, 동화시키지 않는 것의 네 가지가 필요"(para. 23)하며, "동화시키지 않는 것"이란 "결과적으로 마이너리티의 집단적 아이덴티티를 위한 조건을 보호하고 촉진하는 것"이다(para. 27). 또한 "마이너리티의 아이덴티티 촉진은 자신의 문화를 유지, 재생산하고 더욱 발전시키는 것을 용이하게 하는 특별한 조치를 필요로 한다"(para. 29). 그리고 제2항이 말하는 "입법 및 기타 적절한 조치"에 관해서는 "무엇이 적절한 조치에 해당하는지에 대해, 국가가 마이너리티와 협의하는 것이 중요하다.......서로 다른 마이너리티에게는 고려해야 할 서로 다른 필요(니즈)가 있을 가능성도 있다"(para. 30)고 하고 있다.

【제2조】 선언은 앞서 언급한 바와 같이 제2조 1항에서 자유권 규약 제27조의 '권리를 부정당하지 않는다'라는 문구를 '권리를 가진다'라는 적극적인 문구로 대체한 후, 같은 조 2항에서 '마이너리티에 속하는 사람들은 문화적, 종교적, 사회적, 경제적 생활과 공적 생활(public life)에 효과적으로 참여할 권리를 가진다'고 규정한다. 해설문서는 '공적 생활'이라는 용어가 인종차별철폐협약 제1조와 마찬가지로 광의로 해석되어야 할 개념이며, 여기에는 선거권과 피선거권, 공직을 가질 권리, 그 밖의 정치 및 행정 영역에 관한 권리도 포함된다고 기술하고 있다(para. 36). HRC가 2022년 10월 자유권 규약 제7회 일본 정부 보고서 심사 후 채택한 총괄 소견에서, 제27조에 의거하여 "민족적(national or ethnic) 마이너리티로 인식되어야 할, 식민지 시대부터 일본에 살고 있는 재일코리안과 그 자손이, 정치적 권리에서 배제되고 있다는 차별적인 정책 운용"에 우려를 표하고, "식민지 시대부터 일본에 사는 재일코리안과 그 자손에게, 지방선거의 투표권을 인정하도록 관련 법의 개정

을 검토해야 한다"고 강하게 권고한 것은 바로 이러한 관점과 일치하는 것이다.[3]

(3) 적극적 차별시정 조치와 다문화 교육

【제4조】 제4조에서는 ①마이너리티에 속하는 자가 자신의 모든 인권과 기본적 자유를 어떠한 차별 없이 법 앞에서 완전히 평등하게, 충분하고 효과적으로 행사할 수 있도록 보장하기 위한 조치, ② 마이너리티에 속하는 자가 자신의 특성을 표현하고, 자신의 문화, 언어, 종교, 전통, 습관을 발전시킬 수 있는 유리한 조건을 만들기 위한 조치, ③ 마이너리티에 속하는 자가 자신의 모국어를 배우거나, 모국어로 교육을 받을 충분한 기회를 얻도록 하는 적절한 조치, ④ 교육 분야에서, 영역 내에 존재하는 마이너리티의 역사, 전통, 언어, 문화의 지식을 조성하기 위한 조치를 각각 규정하고 있다.

제1항이 말하는 '조치'에 대해 해설문서는 "국제법상 국가는 일반적으로 사회의 모든 구성원이 인권을 행사할 수 있도록 할 의무가 있지만, 마이너리티에 속하는 사람들은 특별한 문제에 직면하기 때문에 이들의 인권상황에는 특별한 주의를 기울여야 한다. …… 실질적 평등을 보장하기 위해 국가는 상황에 따라 민족적, 인종적 마이너리티에게 적용되는 인종차별철폐협약 제2조 2항이 규정하는 것과 같은 과도기적 적극적 차별시정조치(transitional affirmative action)를 다른 사람들의 권리에 불균형적인 영향을 미치지 않는다는 조건 하에서 취할 필요가 있다"(para. 55)고 적고 있다.

제2항이 말하는 '조치'에 대해서는 다음과 같다. "(제2항은) 국가의 영

---

3 유엔 문서 CCPR/C/C/JPN/CO/7, 30 November 2022, paras. 42, 43.

역 내에서 다양한 문화의 자기표현을 단순히 허용하는 것 이상을 요구하고 있다. 유리한 조건의 창출을 위해서는 국가의 적극적인 조치가 필요하다. 조치의 내용은 해당 마이너리티가 처한 상황에 따라 다르지만, 두 가지 목적에 부합하는 것이어야 한다. 하나는 마이너리티에 속한 개인이 전통 의상을 입거나 고유한 문화적 방식에 따라 생활할 권리를 포함하여 그 집단의 전통적 성격을 표현할 수 있도록 해야 한다. 다른 하나는 공동체에서 그 집단에 속한 다른 사람들과 함께 자신의 문화와 언어, 전통을 발전시킬 수 있도록 하는 것이다. 이러한 조치에는 국가의 경제적 자원 제공이 필요할 수 있다. 국가는 다수자의 문화와 언어를 발전시키기 위해 자금을 제공하는 것과 마찬가지로 마이너리티의 유사한 활동에 대해서도 자원을 제공해야 한다."(para. 56).

제3항의 '조치'에 대해서는 다음과 같이 서술하고 있다.

"언어는 집단적 아이덴티티의 가장 중요한 요소 중 하나이며, 국가는 해당 마이너리티의 언어적 아이덴티티 증진을 촉진해야 한다는 선언 제1조에 따라 마이너리티에 속하는 사람들이 (최소한) 자신의 모국어를 배울 수 있도록, 또는 (더 나아가) 모국어 교육을 받을 수 있도록 조치를 취해야 한다."(para. 59).

"필요한 조치에는 많은 가변적 요소가 있으며, 집단의 규모와 거주지 특성, 즉 집단적으로 모여 살고 있는지, 국내 각지에 분산되어 살고 있는지가 중요한 포인트가 된다. 또한 시민권(citizenship) 보유 여부와 관계없이 장기적으로 존재하는 마이너리티인지, 최근 이주자들에 의해 구성된 새로운 마이너리티인지도 관련이 있다."(para. 60).

"마이너리티의 언어가 국내의 특정 지역에서 전통적으로 사용되고 많은 사람들이 사용하는 지역어(territorial language)인 경우, 국가는 이용 가능한 자원을 최대한 제공하고, 그 언어적 아이덴티티가 유지될 수 있도록 보장해야 한다. 이 경우, 취학 전 교육이나 초등교육은 아이들이 자신의 언어, 즉 가정에서 사용하는 마이너리티의 언어로 이루어지는 것이 이상적이다. 마이너리티에 속하는 사람들도 공용어 또는 국가어(official or state language)를 배울 필요가 있지만, 공용어 교육은 나중 단계에서 점진적으로 도입하도록 해야 한다"(para. 61).

"마이너리티에 속하는 사람들이 분산 거주하여 각 지역에 소수만 살고 있는 경우, 그 자녀들은 주변 환경에서 사용되는 언어를 더 일찍, 더 충분히 배울 필요가 있지만, 그 자녀들은 항상 자신의 모국어를 배울 수 있는 기회도 가져야 한다. 그런 점에서 마이너리티에 속하는 사람들은 다른 사람들과 마찬가지로 마이너리티 언어를 주된 교육의 언어로 하는 사립학교를 설립할 권리가 있다...... 이러한 교육에 국가가 보조금을 줄 의무가 있는지는 모르겠지만, 국가는 소수언어 교육을 할 수 있는 교육기관의 존재를 보장하고 자금을 제공해야 할 것이다. ...... 집단이 분산 거주하고 있는 마이너리티 언어 교육에 얼마나 많은 자금을 제공할 의무가 있는지는 국가의 자원에 따라 달라질 것이다"(para.63).

"새로운 마이너리티(이민자)가 국내의 어느 지역에 모여 살고 있고 그 인구도 많은 경우, 오래된 마이너리티와 다르게 취급할 이유가 없다." '새로운 마이너리티에 속하는 사람들도 자신의 모국어를 가르치고 모국어로 교수할 수 있는 사립 교육기관을 설립할 권리가 있다'(para. 64).

제4항의 '조치'에 대해서는 "다문화 교육(multicultural education)과 이문화 간 교육(inter cultural education)이 모두 필요하다"고 한다. 그 배경에 있는 마이너리티가 종종 직면하는 위기를 해설문서는 다음과 같이 표현하고 있다. "서로 다른 민족적(national or ethnic), 종교적, 언어적 집단이 공존하는 사회에서 마이너리티 집단의 문화와 역사, 전통은 종종 무시당하고, 다수자는 마이너리티의 전통과 문화에 대해 무지한 경우가 많다. 충돌이 발생하면 마이너리티 집단의 문화와 역사, 전통은 종종 왜곡된 형태로 표현되고, 해당 집단 내에서는 자존감 저하를, 더 넓은

공동체에서는 그 집단에 속한 사람들에 대한 부정적인 편견(stereotype)을 가져오고, 인종적 증오와 외국인 혐오, 불관용이 뿌리내리게 된다.”(para. 65)

그러한 사태를 피하기 위한 ‘다문화 교육’에 대해 해설문서는 “서로 다른 문화적 전통을 가진 여러 집단이 사회에 공존하는 가운데 각각의 교육적 요구에 맞는 교육정책과 실천을 포함하는 것”으로 정의하고, ‘이문화 간 교육’은 “마이너리티이든 머조리티이든 서로 다른 문화에 속한 사람들이 서로 건설적으로 교류하는 것을 배우는 교육정책과 실천을 포함하는 것”이라고 구분하여 개념화하고 있다(para. 66). 그리고 “제4조 4항을 달성하기 위해서는 그곳에 사는 마이너리티의 역사, 전통, 문화에 관한 지식을 사회 전체가 공유하는 이문화 간 교육이 필요하다”며 다음과 같이 이어진다. “다민족(pluri-ethnic) 사회에서 상호 교류와 충돌을 피하기 위한 수단으로 마이너리티의 문화와 언어를 다수 민족이 접할 수 있도록 해야 한다. 이러한 지식은 관용과 존중을 촉진하기 위해 긍정적인 방식으로 소개되어야 한다. 이 점에서 역사 교과서는 특히 중요하며, 역사를 서술할 때의 편견이나 마이너리티의 기여를 경시하는 행위 등이 민족 간의 긴장을 초래하는 큰 요인이 된다.”(para. 67).

제5항은 국가가 사회 전체의 경제적 발전을 도모하는 과정에서 마이너리티가 피해를 입지 않도록 조치를 취할 의무를 규정하고 있다. 마이너리티는 종종 배제, 주변화, 무시당할 위험이 있으며, 최악의 경우 마이너리티의 토지나 자원을 사회 내 더욱 강력한 부문에 탈취당하여 마이너리티가 강제 퇴거당하거나 주변화되기도 한다. 또한 마이너리티가 사회의 경제적 삶에서 소외되는 경우도 발생한다. 제5항은 그러한 사태가 일어나지 않도록 하기 위한 조치를 요구하고 있다고 해설문서는 말한다(para. 71). 또한 경제 발전으로의 통합은 마이너리티에 속하는 사람들이 자신의 아이덴티티를 유지할 수 있는 방식으로 이루어져야

한다는 것이다(para. 72).

(4) 특권이 아닌 마이너리티 권리

【제5조】 제5조는 국가에 대해 마이너리티에 속하는 사람들의 정당한 이익을 합리적으로 고려하여 정책과 계획을 입안·실시할 의무를 부과하고 있다. 해설문서는 여기서 말하는 "마이너리티에 속하는 사람들의 이익은 단순히 경제적인 것만이 아니며, 교육정책이나 보건정책, 공중 영양 정책이나 주거·정주 정책의 입안은 마이너리티의 이익을 고려해야 하는 사회생활의 여러 측면의 일부이다"라고 설명한다.(para. 73).

이를 재일코리안의 경우에 적용해 보면, 마이너리티의 권리를 명시한 입법조치(마이너리티 기본법 제정 등), 민족학교나 민족학급의 제도적·재정적 보장, 민족(언어)교사 및 이중언어교사의 육성, 조선(한)문화회관 등의 설치와 조선문화 전승활동에 대한 경제적 지원, 진학 시 (귀국자녀 전형과 같은) 특별전형을 설정, 취업 시 인구 비례 이상의 채용, 마이너리티를 대상으로 한 이문화 간 교육 촉진 등을 추진하게 될 것이다. 또한 정책이나 행정조치를 취할 때는 반드시 재일코리안의 이익을 고려하고 의견을 들어 수립해야 한다는 뜻이기도 하다.

그렇게 말하면 또 '재일 특권'이라고 말하는 사람이 있을 것 같다. 해설문서는 선언의 제8조와 연관시켜 그러한 반응에 대한 예방선을 긋고 있다. 즉 "특정 범주에 속한 사람들의 권리는 보편적으로 인정된 모든 사람의 권리를 보완하는 것이다. 선언은 마이너리티들에 관한 인권의 이행을 강화하기 위한 것이지만, 그것이 누군가의 보편적 인권의 향유를 약화시키지는 않는다"(para. 81)고 규정하고 있다. 마이너리티에 속하는 사람들에게 마이너리티 고유의 권리를 부가적으로 인정한다고 해서 그것이 머조리티에 속하는 개인의 권리를 약화시키는 것이 아니기 때문에, 그 점에서 머조리티가 불안해하거나 눈을 부릅뜨고 경계할 필요가 없다. 만약 다수자 개인이 자신의 권리 중 충분히 보장받지 못하는 것이 있다고 느껴 불안하다면 그 원인은 다른 데 있는 것이지, '재일 특권'을 외치며 마이너리티를 비판한다고 해서 해결될 문제는 아니라는 것이다.

해설문서는 거듭 다음과 같이 말한다. "민족적(national or ethnic), 종교적 또는 언어적 마이너리티에 대한 특별한 조치가 인권 향유에 있어서 차별을 초래하는지 여부", 즉 "마이너리티 선언에 따른 민족적(national or ethnic) 출신에 근거한 특별한 조치가 특혜이며, 용납할 수 없는 차별에 해당하는지 여부"에 대해서는 제8조 3항이 '그러한 조치가 명백히 평등의 원칙에 반하는 것으로 간주되지 않는다'고 답하고 있다(para. 82). 그리고 "통상적인 상황에서 마이너리티가 사회에 효과적으로 참여하거나 경제 발전의 성과를 누릴 수 있도록 조치를 강구하는 것, 그리고 마이너리티가 자신의 언어를 배울 수 있는 가능성을 갖는 것은 사회의 다른 구성원에 비해 특권(privilege)이 되지 않는다"고 결론짓고 있다(para. 83).

(5) 압도적인 머저리티의 특권과 무의식적 편견

영국에서 제작된 영화 '인종차별을 없애기 위한 실험 수업(The School That Tried to End Racism)'(2019년, Proper Content 제작)은 그 '특권'이 무엇인지를 생각하게 하는 시사적인 작품이다.[4] 학생의 절반 가까이가 흑인을 포함한 인종적 마이너리티(일본계 학생도 있음)이고 나머지가 백인인 런던 남부의 공립학교 글렌손 고등학교를 무대로, 머저리티가 가진 "무

---

4 '인종차별을 없애는 실험 수업'은 NHK '다큐랜드에 오신 것을 환영합니다(ドキュランドへようこそ)'에서 2021년 6월 첫 방송. 개요는 Proper Content 웹사이트 <https://propercontent. com> 등 참조.

의식적인 인종적 편견"을 깨닫게 함으로써 진정한 공생 사회를 목표로 하는 교육 프로그램을 기록한 필름이다. 성적이 우수한 학생들이 모인 이 학교에서 학생들 인종 간의 관계는 언뜻 보기에 좋아 보였지만, 3주 간의 특별 수업에 참여한 신입생(11세)들은 머저리티인 백인 아이들 사이에 자신과 다른 인종이 있다는 것을 고려하지 않고 판단과 평가를 내리는 '무의식적 편견'이 있다는 것을 깨닫게 된다. 인종적 차이를 무시하고 차이가 존재하지 않는 척하는 '컬러 블라인드니스(color blindness)'로는 진정한 신뢰 관계를 구축할 수 없다. "나는 인종차별을 하지 않는다"고 말하면서도 실제로는 그와 모순되는 행동이나 결정을 하는 경우가 있다. 권력자나 이야기의 주인공이 모두 백인인 나라에서 자라면 백인이 다른 인종보다 우월하다고 생각하기 쉽다. 인종을 무시하는 것이 차별을 없애는 최선의 방법이라는 주장도 있지만, 많은 전문가는 그 자체가 인종차별이라고 지적한다.

그것은 문화심리학자 데구치 마키코(出口真紀子, 조치대학(上智大学) 교수) 등이 소개한 미국의 사회정의(social justice) 운동 등에서 확산된 '특권(privilege)' 연구를 떠올리게 한다. 데구치는 "어떤 머저리티성의 아이덴티티를 가진 사회 집단에 속함으로써 노력 없이 얻게 되는 우월성" "백인이라는 인종 집단에 속해 있음으로써 자동적으로 부여되는 다양한 혜택 = 백인 특권(white privilege)"이라는 미국의 '특권' 개념을 소개하면서, 그것은 타고난 속성(성별, 인종·민족, 사회계층 등) 즉 아이덴티티에 의해 자동적으로 받는 혜택으로, 원칙적으로 노력으로 얻은 것이 아니며, 또한 대다수는 자신이 가지고 있는 특권을 잘 깨닫지 못한다는 특징이 있다고 서술하고 있다.[5]

앞서 '인종차별을 없애는 실험 수업'에 참가한 백인 아이들도 자신

---

5 出口真紀子「『特権』の概念―北米社会と白人特権の考察」坂本光代編『多様性を再考する―マジョリティに向けた多文化教育』上智大学出版, 2021, pp.73-74.

이 누구인지, 타인에게 어떻게 보이는지, 즉 백인이라는 것의 의미에 대해 생각해 본 적이 없었다. 백인과 비백인 그룹으로 나뉘어 아이덴티티에 대해 이야기를 나누자, 비백인 그룹에서는 대화가 활발하게 이어졌다. 침묵이 흐르는 백인 그룹 속에서 그 소리를 들은 한 학생은 "저 애들은 우리가 없는 게 즐거운가 봐…"라며 평소에 백인이 경험하지 못한 소외감을 느낀다. 인종적 마이너리티임을 일상생활 속에서 의식하며 살아온 비백인 아이들과 달리, 인종 문제는 백인 아이들에게 있어 화제로 삼아본 적도, 그때까지 건드려 본 적도 없는 주제였기 때문이다.

영국에는 인종 간 평등을 위한 인종관계법이 있지만, 여전히 뚜렷한 인종·민족 간 불평등이 존재한다. 국민의 14%를 차지하는 인종적 마이너리티가 하원 의원 중에는 8%, 기업 임원 중에는 2%에 불과하고, 반면 수감자의 25% 이상이 유색인종이며, 불평등은 교육, 주택, 고용 등 사회 곳곳에 스며들어 있다. 백인은 다른 인종에 비해 사회적으로 특혜를 받고 있다. 마이너리티 입장에서 보면 백인에게는 '차별(racism)을 받지 않고 살 수 있다'는 특권이 있으며, 비백인에 비해 사회에서의 출발선부터 특혜를 받고 있다. 그 불공평함에 대해 우대를 받고 있는 머저리티측은 좀처럼 깨닫지 못한다.

이를 일본에 대입해 마이너리티인 재일코리안의 입장에서 보면, 다수자인 일본인은 실로 다양한 특권을 누리고 있다. 일본에서 태어나고 자라서 다른 나라에 대해 모르는데도, 그 일본에서 '외국인'으로 간주되어 '나는 누구인가'라는 아이덴티티에 대해 (재일코리안처럼) 고민하지 않아도 되는 특권. 자신의 민족적 출신을 수업이나 아르바이트 장소에서 말해도 괜찮을까 고민하거나 숨기지 않아도 되는 특권. 민족 이름을 말했을 때 이상한 표정을 짓거나 몇 번이고 되묻는 일을 당하지 않아도 되는 특권. '일본어를 잘하시네요'라는 말을 듣고 증조부모님 대부터 일본에 있었다는 것을 일일이 설명하지 않아도 되는 특권. 민족적 출신을 이유로 폭언(헤이트 스피치)을 듣거나 폭력 또는 위해를 당할 걱정 없이 살 수 있는 특권. 자민족의 문화와 언어를 익히는 민족 교육을 무료로 받을 수 있는 특권. (조선학교 학생 입장에서는) 등하교 중 폭행을 당하지 않을까 걱정하지 않아도 되는 특권, 고등학교 수업료 무상화, 고등학교를 졸업하면 모든 대학에 무조건적으로 수험 자격을 인정받는 특권. 자신이 구성원으로 있는(납세의 의무도 이행하고 있는) 자치단체의 공무원이 될 수 있고(직종 등에 제한 없이), 그 단체장이나 대의원을 뽑는 선거에 참여할 수 있는 특권. 이전이라면 16세라는 사춘기에 (외국인등록법에 의해 의무화되어 있던) 지문 날인을 하지 않아도 되는 특권이나 보험료를 계속 납부하면 연금을 받을 수 있는 특권 등을 들 수 있을 것이다.

이를 '일본인의 특권을 가시화하는 척도'로 개념화한 시부야 메구미(渋谷恵)(비교·국제교육학자, 메이지가쿠인대학(明治学院大学) 교수)와 데구치 마키코는 다음과 같은 6가지 범주로 정리하고 있다. ① 법적 권리(일본 국적 보유자로서 법적으로 권리가 보장되어 있기 때문에 일상적으로 의식하지 않아도 되는 특권), ② 사회참여(이름이나 외모로 일본인으로 간주되어 사회로부터 자동적으로 신뢰받고, 주거, 직장, 계좌 개설, 결혼 등에 접근할 수 있는 특권), ③ 교육(일본인이기 때문에 교육기회를 원활하게 얻고 배제되지 않는 특권 및 커리큘럼이나 수업 교재에 자국의 문화가 반영되어 긍정적으로 소개되는 특권), ④ 문화·언어·아이덴티티(일본문화를 이해한다는 전제하에 접하거나 모국어인 일본어로 공적인 장소에서 의사 소통을 하는 것에 대한 불안감이 적고, 공적 기관에서 정보를 얻거나 서비스를 받을 수 있는 특권), ⑤ 진정성(일본 거주를 당연하게 여겨지며 '왜, 언제까지 사느냐'는 질문을 받지 않는 위치에 있는 특권), ⑥ 차별(일본에서의 인종적·민족적 다수자이기 때문에 차별을 받지 않고, 차별받을 가능성 자체를 생각하지 않아도 되는 특권).[6]

---

6 出口真紀子＝渋谷恵『日本人の特権を可視化するための尺度の開発』坂本編・위의 주5의 인용서, pp.109-110.

다수인 일본인은 의식하지 않아도 되는 이러한 일들을 재일코리안들은 일상적으로 직면하고 고민하고 피해를 입어 왔다. 이러한 사회에 존재하는 불공평과 머저리티가 무의식적으로 부여받고 있는 출발선에서 특혜의 격차를 시정하기 위해 도입된 것이 마이너리티에 대한 부가적인 권리인 것이다.

2. 마이너리티 문제 포럼과 특별보고관

(1) 동아시아 지역 세미나 개최 시도

'마이너리티를 위한 유엔 가이드'를 발행한 다음 해인 2002년 5월 WGM에서는 같은 해 12월 마이너리티 권리 선언 채택 10주년을 맞이하여 선언의 조약화(단독 조약 또는 자유권 규약 선택 의정서)를 위한 움직임을 구체화시키려는 분위기가 고조되고 있었다. 또한 아프리카, 유럽, 남미 등에서 마이너리티 문제에 관한 지역 세미나를 개최해 온 WGM에서는 '다음 차례는 아시아'라는 목소리도 나왔다. 그런 가운데 제8회 WGM에 참가한 필자는 마지막 날인 5월 31일에 발언을 통해 아시아 7개 지역 세미나 개최를 위한 제안(Tentative Proposals on Regional Seminar(s) in Asia)을 건의했다.[7] 이후 제8차 WGM에서는 마이너리티 권리 선언 이행의 '행동규범(Code of Conduct)'의 작성과 마이너리티 권리 선언 10주년에 맞춰 아시아 지역에서 여러 차례의 세미나 개최, 인권위원회의 마이너리티 권리 특별보고관을 두는 일을 포함한 '결론과 권고(Conclusions and Recommendations)'를 채택했다.

필자는 이 권고를 받아 폐회 후 유엔인권고등판무관실(OHCHR)에서

---

7 유엔 문서 E/CN.4/Sub.2/Sub.2/2002/19, 14 June 2002, para. 69.

WGM 사무국을 맡고 있던 인권 담당관 피오나 쿠보타(Fiona Kubota), 루후이(Hui Lu, 중국 이족)와 다른 회의로 제네바에 체류 중이던 무샤코지 긴히데(武者小路公秀)(당시 국제 반(反)차별 운동 일본 위원회[IMADR-JC] 이사장) 등과 동아시아 세미나 개최 가능성을 협의했다. 귀국 후 관계자들과 협의를 진행하는 과정에서, 마이너리티 권리 선언의 의의를 동아시아 전역에 널리 알리고, 나아가 유엔의 마이너리티 권리 보장 시스템을 더욱 실효성 있게 만들기 위한 동아시아 차원의 제안을 구상했다. 하지만 당시 일본 내부를 점검해 보니 해당 선언을 인지하고 있는 사람 자체가 매우 한정적이었으며, 특히 정작 권리의 주체가 되어야 할 일본 거주 마이너리티들에게조차 이 선언이 충분히 알려지지 않은 상황이었다. 이에 따라 우선은 마이너리티 권리 선언 10주년에 맞춰 일본 국내를 대상으로 한 심포지엄을 개최하여 내부적인 인식부터 확산시키는 것이 좋겠다는 의견이 모였다. 이에 재일한국인문제연구소(RAIK)와 반차별 국제운동(IMADR)을 중심으로 실행위원회를 만들어 2002년 12월 15일 도쿄에서 개최한 것이 '유엔 마이너리티 권리 선언 10주년 기념 심포지엄'이다. 심포지엄은 1부 '마이너리티의 현재와 과제'에서 재일코리안, 이주자·이주노동자, 인도차이나 난민, 아이누민족, 오키나와·류큐민족, 중국 귀국자 등 당사자들의 증언이 이어졌다. 제II부 '더 활용할 수 있을까? 마이너리티 권리 선언'에서는 '마이너리티 권리 선언 10년 - 도달점과 동아시아의 과제'(오카모토 마사타카), '선주민족의 권리 보장 운동과 마이너리티의 관점'(우에무라 히데아키(上村英明)) '마이너리티 권리 선언과 아시아·태평양'(무샤코지 긴히데)을 포함한 6개의 '보고와 발제'를 실시하고, 패널 토론을 통해 다음과 같은 제안을 포함한 성명서를 채택했다.

① 마이너리티 권리 선언이 규정한 권리를, 특히 그 권리 대상인 사람들이 충분히 알 수 있도록 효과적인 조치를 취해 나갈 것.

② '마이너리티'의 지위와 권리를 규정한 국제인권조약의 정부 번역
   인 '소수민족'을 '소수자'로 수정할 것.

③ 마이너리티 여성에 대한 복합차별의 실태를 조사하고, 당사자
   의 의견을 청취하면서 필요에 맞는 효과적인 조치를 책정·실
   시할 것.

④ 유엔 마이너리티 작업반이 추진하고 있는 마이너리티 권리 선언
   의 '행동 규범'과 그 이후에 전망되는 선언의 조약화 등 전 세계
   마이너리티의 권리를 보장하는 규범 만들기에 일본이 적극적으
   로 참가하고 공헌할 것.

⑤ 유엔이 세계 각지에서 마이너리티 관련 지역 세미나를 개최하고
   있는 것을 감안하여, 현재 향유할 수 있는 마이너리티 권리를 보
   다 많은 사람들에게 알리고, 앞으로 만들어야 할 권리를 함께 생
   각하고 발신하기 위한 장으로서 아시아 지역에서는 최초의 동남
   아시아 지역 세미나(2002년 12월)에 이어 동아시아 지역 세미나를
   일본에서 개최할 것.

해당 심포지엄의 성과는 후일 『마이너리티의 권리란 무엇인가(マイノリ
ティの権利とは)』(해방출판사(解放出版社), 2004)라는 제목으로 간행되었다. WGM
은 2002년 12월 태국 치앙마이에서 '문화적 다양성과 개발'을 주제로
한 동남아시아 지역 세미나를 개최했다. 이에 필자는 이듬해인 2003년
제9회 WGM에 다시 참가하여 5월 13일 도쿄에서 심포지엄을 공동 주
최한 IMADR과 공동으로 WGM의 지역세미나 개최에 대한 찬성과 동
아시아 지역 세미나의 도쿄 개최를 제안했다.[8] WGM은 최종일인 5월

8 　모든 형태의 차별과 인종차별 철폐를 위한 국제 운동(IMADR) 및 오카모토 마
　사타카 (유엔 마이너리티 권리 선언 10주년 도쿄 심포지엄 코디네이터) 공동성
　명: 동아시아 소지역 세미나 개최 촉구, 2003년 5월 13일, 제네바. 유엔 문서

16일, 필자 일행의 제안을 받아들이는 형태로 "지역 또는 소지역 세미나 개최를 장려하기로 결정하고, 중앙아시아, 남아시아, 그리고 동아시아에서의 세미나 개최 제안을 환영한다"는 '권고 및 결정'을 채택하였다. 그 전후로 필자는 5월 14일, 20일, 21일 WGM 사무국의 쿠보타, 루와 함께 IMADR UN Office의 다나카 아쓰코(田中敦子)와 WGM에 수차례 참석했던 유일한 민간 중국인 연구자인 저우 용(周勇)(중국사회과학원 민족연구소)등과 함께 회의를 통해 유엔(WGM+OHCHR)이 주최하는 동아시아 지역 세미나를 기획했다.

지역 세미나 개최는 마이너리티를 둘러싼 문제의 경우 지역 단위로 검토하는 것이 더 효과적일 수 있다는 발상에서 나온 것이었다. 마이너리티 권리 선언에 "national minority"라는 용어가 추가된 것은 마이너리티 권리를 추진해 온 유럽에서는 이 개념이 강해 "national minority"라고 말하지 않으면 어색한 경우가 많았기 때문이다. 유럽에서는 1992년 7월 유럽안보협력회의(CSCE)가 '마이너리티에 관한 고등 변무관(High Commissioner on National Minorities)'을 설치하였고, 같은 해 11월 유럽평의회(Council of Europe)가 '지역 언어 또는 소수 언어를 위한 유럽헌장(Euro Charter for Regional Language or Minority Language)'을 제정하였다. 94년 11월에는 '마이너리티 보호를 위한 기본조약(Framework Convention for the Protection of National Minorities)'도 채택하였다. 한편, 다른 지역에서는 "national minority"는 거의 사용되지 않고 있다. 따라서 'national minority'에 초점을 맞춰 논의하기 위해서는 유럽의 틀에서 논의하는 것이 효과적이라고 판단한 것이다.

하지만 동아시아의 경우, 유럽이나 아세안 등 지역연합기구가 있는 동남아시아 등과 달리 관련 국가들의 결속력이 약하다. 대상 국가로 일

E/CN.4/Sub.2/2002/19, 2003년 7월 10일, para. 51.

본, 중국, 한국, 몽골 등이 떠올랐지만, 북한을 어떻게 할 것인지, 대만
과 홍콩의 독자적 참여를 중국이 인정할 것인지, 러시아 연해주와 사할
린을 어떻게 할 것인지 등에 대한 이견이 좁혀지지 않아 동아시아 지역
세미나가 실현되지 못했다.

　필자는 이러한 헛수고로 끝나는 일을 두려워하지 않고 제안하고 시
도해 보는 것이 NGO의 노력에 필요하다고 생각해 왔다. 그 속에서 '불
가능하다', '비현실적'이라는 말을 들으면서도 앞으로 나아가는 사례
가 생겨나기 때문이다. 지역 세미나의 경우도 OHCHR 직원과 실시를
염두에 두고 협의를 한 덕분에 개최에 대한 구체적인 준비 사항을 알
수 있는 수확이 있었다. 예를 들어 보고서(Working Paper)의 경우, 5개를
준비해야 하고(1장당 최대 25페이지), 1장당 500달러를 유엔에서 지급한
다는 점, 영어의 경우 회의 3개월 전, 다른 언어의 경우 6개월 전에 완성
해야 한다는 점, 중국어의 경우 유엔의 공용어이기 때문에 유엔에서 번
역하지만, 일본어 등의 경우에는 주최 측에서 번역해서 참가하는 각국
정부에 미리 보내야 한다는 점, 유엔 측이 부담하는 비용은 WGM 위원
2명과 사무국 2명의 비용(여행, 체류비 등 모든 비용)을 알 수 있었다. 거기
서 실시한 유엔 및 정부와의 협력 시뮬레이션을 필자는 후술하는 '이주
민 인권에 관한 특별보고관'의 일본 공식 조사에 활용할 수 있었다.

(2) 마이너리티 문제 포럼 신설

　WGM이 권고한 마이너리티 문제 관련 특별보고관(SR)은 2005년 독
립전문가(independent expert on minority issues=IEMI)로 탄생했으며, 미국 출
신의 게이 맥두걸(Gay McDougall)이 임명되었다. 이 독립전문가는 WGM
이나 인권조약기구 등 마이너리티 권리 및 마이너리티 문제에 관한 유
엔 기관과 기구를 보완·강화하는 임무를 담당하였다. 특히 유엔 마이
너리티 권리 선언의 이행을 촉구하고, 각국의 마이너리티 상황에 정통

한 NGO의 관점을 다루고, 정부와 직접 협의하는 역할도 요구되었다.[9]

한편, 2005년 3월 아난(Kofi Annan) 유엔 사무총장(당시)이 발표한 인권위원회 강화를 포함한 유엔 기구 개혁안에 따라 ECOSOC 산하의 인권위원회를 폐지하고 총회의 하부 기관으로 인권이사회를 설립하게 되었다. 이에 따라 2006년 3월 15일 유엔 총회 결의 60/251에 따라 인권소위원회를 포함한 유엔인권위원회의 모든 임무와 기구, 기능, 책임을 2006년 6월 19일부로 신설된 유엔 인권이사회(Human Rights Council)가 이어받게 되었다. 신설된 인권이사회는 기존의 소위원회를 폐지하고 18명의 전문가로 구성된 인권이사회의 싱크탱크인 인권이사회 자문위원회(Human Rights Council Advisory Committee)로 대체하였다.

이 개편에 따라 유엔 인권이사회는 2007년 9월 28일 결의 6/15에서 마이너리티 문제 포럼(Forum on Minority Issues, 이하 FMI)의 설치를 결정하였다. 이로써 WGM은 2006년 8월 제12차 회기를 끝으로 FMI로 대체되게 되었다. 또한 이 6/15 결의에서 FMI의 목적은 ① 민족적(national or ethnic), 종교적 및 언어적 마이너리티에 속하는 사람들의 문제에 관한 대화와 협력을 촉진하는 플랫폼을 제공, ② 마이너리티 문제에 관한 독립 전문가들에게 주제별 기여와 전문 지식을 제공, ③ 민족적, 종교적, 언어적 마이너리티 문제에 관한 민족적(national or ethnic), 종교적, 언어적 마이너리티의 권리에 관한 선언의 추가적 이행을 위한 최선의 이행과 과제, 기회와 이니셔티브를 식별하고 역할을 수행하는 것으로 규정되었다.

그리하여 2008년부터 FMI가 시작되었고, 매년 이틀간의 회기로 주제별 논의를 진행하게 되었다. 2008년 제1차 회의부터 2023년 제16차 회의까지 FMI는 다음과 같은 다양한 주제를 논의해 왔다.

9　마이너리티 문제에 관한 독립전문가 및 유엔 기구들과의 향후 활동 및 협력, 유엔 문서 E/CN.4/Sub.2/AC.5/2006/6, 2006년 6월 15일.

제1회기(2008년): 마이너리티와 교육받을 권리

제2회기(2009년): 마이너리티와 효과적인 정치참여

제3회기(2010년): 마이너리티와 경제생활의 효과적인 참여

제4회기(2011년): 마이너리티 여성의 권리 보장

제5회기(2012년): 마이너리티 권리 선언 이행

제6회기(2013년): 종교적 마이너리티의 권리 보장

제7회기(2014년): 마이너리티 대상의 폭력 및 잔인한 범죄 예방 및 대응

제8회기(2015년): 형사사법제도에서의 마이너리티

제9회기(2016년): 인도적 위기 상황에서의 마이너리티

제10회기(2017년): 마이너리티 청년들-다양하고 포용적인 사회로

제11회기(2018년): 무국적-마이너리티와 관련된 과제

제12회기(2019년): 교육, 언어 및 마이너리티의 인권

제13회기(2020년): 혐오표현, 소셜미디어와 마이너리티

제14회기(2021년): 분쟁 예방과 마이너리티 인권 보호

제15회기(2022년): 회고·재고·개선-마이너리티 권리 선언 30주년

제16회기(2023년): 마이너리티와 사회적 통합-평등과 사회적 포용, 사회 경제적 참여

인권이사회 결의 제6/15에서는 마이너리티 문제에 관한 독립 전문가가 FMI를 지도하고, 매년 회의를 준비하며, 권고안을 제출할 것 등을 규정하고 있다. 2기 6년(2005년~2011년)을 역임한 초대 게이 맥두걸에 이어, 2011년 8월에는 리타 이작(Rita Izsák-Ndiaye, 헝가리, 2011년 8월~ 2017년 7월)이 제2대 IEMI에 취임했다. 그리고 인권이사회는 2014년 3월 27일 결의에서 리타 이작의 제2기 재임에 따라 IEMI를 마이너리티 문제에 관한 특별보고관(Special Rapporteur on Minority Issues)으로 개칭하기로 결정하였다.[10]

(3) 마이너리티 문제에 관한 특별보고관 활동

유엔 인권이사회가 임명한 특별보고관(SR)은 인권이사회의 요청을 받아 특정 인권 문제 등을 조사하고 그 결과를 매년 인권이사회에 보고하여 개선 방안을 권고하는 임무를 맡고 있다. 독립적인 전문가인 SR의 조사 활동은 인권 침해 피해자와 NGO의 정보를 활용하여 실태를 파악하는 것으로, 그 보고서와 권고안은 많은 경우 인권의 상황 개선에 기여하는 질 높은 것으로 평가받고 있다. 제2부 4장에서 살펴본 현대적 인종주의 특별보고관과 마찬가지로, 마이너리티 문제에 관한 특별보고관에게도 다음과 같은 주제에 부합하는 고유한 임무가 있다.

(a) 마이너리티에 관한 기존 국제 규범과 국내법을 고려하면서 정부와의 협의를 통해 마이너리티 권리 선언의 이행을 촉진한다.

(b) 마이너리티 권리의 완전하고 효과적인 실현을 위해 기존의 장애물을 극복할 수 있는 방법과 수단을 검토한다.

(c) 정부의 요청에 따라 OHCHR과의 기술적 협력을 위한 최선의 실행과 가능성을 모색한다.

(d) 임무에 젠더 관점을 포함한다.

(e) 관련하는 기존 유엔 기관 및 지역 기구와의 긴밀한 협력과 조정을 수행한다.

(f) 임무에 관한 사항에 대해 NGO의 의견을 고려하고 NGO와 긴밀히 협력한다.

(g) FMI의 활동을 지도하고, 연차회의를 준비하여 주제별 보고와 권고를 실시한다.

(h) 민족적(national or ethnic), 종교적 또는 언어적 마이너리티에 속하는 사람들의 권리를 더 잘 이행하기 위한 효과적인 전략에 대한 권고

10　유엔 문서 A/HRC/25/L.8, 2014년 3월 21일 (마이너리티 문제에 관한 독립 전문가의 임무).

를 포함한 연례 활동보고서를 인권이사회와 총회에 제출한다.

이러한 임무를 수행하기 위해 특별보고관은 다음과 같은 활동을 수행하도록 되어 있다.

① 국가 및 전문 기관, 유엔 기구, 지역 및 기타 정부 간 기구, NGO 및 기타 시민사회단체(Civil Society Organization=CSO)를 포함한 다양한 정보원으로부터 정보를 입수하고, 이를 바탕으로 적절한 경우 마이너리티 선언의 이행에 관한 견해(communication)를 국가에 전달한다.

② 마이너리티 인권의 주요 이슈에 대한 주제별 연구를 포함한 연례 활동 보고서를 인권이사회와 유엔 총회에 제출한다.

③ 정부의 초청에 따라 국가와 마이너리티 인권에 관한 보다 건설적인 협의를 하고, 마이너리티 관련 정책 및 계획을 관찰한다. 우려 사항을 파악하여, 협력해야 할 분야를 찾기 위해 국가별 방문을 실시한다. 이러한 방문을 통해 특별보고관은 마이너리티 권리 선언의 효과적인 이행을 촉진하기 위한 마이너리티 관련 국내법, 정책, 규제 프레임워크, 제도 및 관행을 연구하고 권고안을 제시한다.

그중에서도 'Country Visit'(국가별 방문)라고 불리는 특정 국가를 공식 방문하는 조사는 특별보고관의 특징적인 기능으로, OHCHR의 비용으로 독립적으로 진행되기 때문에 1년에 3개 국가 정도만 할 수 있는 흔치 않은 기회이기도 하다. 유엔기구가 주체가 되어 실시하는 공식 Country Visit의 조사 결과는 해당 국가에 대한 권고를 포함한 단독 보고서로 유엔 인권이사회에 제출 및 보고된다. 그 권고가 이행되지 않을 경우, SR은 유엔에 제출하는 종합적인 연례보고서에 기재하여 권고의 이행을 촉구할 수도 있다. 마이너리티 문제 특별보고관은 아직 일본에 대한 공식 방문 조사를 실시하지 않았다. 제2대 SR인 리타 이작이 2016년 1월 일본변호사연합회의 초청으로 일본을 방문했지만, 공식 방문은 아니었다. 이작은 일본 공식 방문을 희망했으나 일본 정부가 이를 받아들이지 않아 공식 방문을 하지 못했다고 한다.[11] 마이너리티 권리와 관련이 깊은 현대적 인종주의 디엔 특별보고관의 방일 조사는 앞서 언급했지만, 여기서는 필자가 시민사회 분야 코디네이터로 참여한 '이주민 인권에 관한 특별보고관'의 일본 조사 중에서 마이너리티 권리와의 관계와 의의를 소개하고자 한다.

(4) 이주자 인권에 관한 특별보고관과 마이너리티 권리

2010년 3월 23~31일, 유엔 이주자 인권 특별보고관(Special Rapporteur on the Human Rights of Migrants) 호르헤 부스타만테(Jorge A. Bustamante)가 일본에서 공식 방문 조사를 실시했다. 그 시작은 2001년 2월, 반인종주의 세계회의(WCAR) 아시아 지역 회의(테헤란)에서 이주 노동자와 연대하는 전국 네트워크(이주련) 국제인권부의 이나바 나나코(稻葉奈々子)(현 조치대학교 교수)가 초대 SR인 가브리엘라 로드리게스 피사로(Gabriela Rodríguez Pizarro)를 만난 시점으로 거슬러 올라간다. 하지만 "일본이 거액을 분담하고 있는 유엔 예산을 사용하여 일본 정부를 비판하는 보고서가 나올 조사를 하러 오는 것이 적절한가?"라는 당시 외무성 인권인도과 수석 사무관의 부정적인 대응으로 무산되었다. 이주련(移住連)이 다시 SR의 공식 방문 실현을 위해 움직이기 시작한 것은 2009년 봄, 로드리게스의 후임인 부스타만테 SR이 일본을 공식 방문할 의향이 있다는 정보를 MFA(Migrant Forum in Asia)로부터 전달받으면서부터였다. 그 후 필자와 이주련 국제인권부의 히구치 나오토(樋口直人)(현 와세다대학 교수)가 약 1년 동안 부스타만테 SR과 연락을 주고받았고, 부스타만테 SR이 일본 정부 유엔 대표부에 정식으로 타진하자 정부가 승낙하여 일

11　前田朗「国連人権理事会マイノリティ問題報告」『部落解放』 2017년 5월호, p.67.

610

본 방문을 성사시킨 것이다.

운 좋게도 그 사이 2009년 여름 총선에서 민주당이 승리하여 정권 교체가 이루어졌다. '표현의 자유에 관한 특별보고관'의 방일 조사를 이끌었던 후지타 사나에(藤田早苗)는 『무기로서의 국제인권』(集英社新書, 2022)에서 아베 신조(安倍晋三) 정권(2012년 말 탄생) 하의 정부가 SR의 조사 방문을 세 번이나 거부(취소)하거나 방문 희망을 방치해 왔다는 속내를 밝히고 있다. 필자가 부스타만테 SR의 방일 조사를 코디네이터했을 때는 정부와의 협상을 포함하여 시종일관 순조롭게 진행되었기 때문에 후지타의 분노와 고생담은 안타까운 마음으로 읽었다. 동시에 비교적 자유주의 성향이 강한 정권하의 영향이 당시 필자가 느낀 것 이상이었다는 것을 다시 한번 실감했다.

후지타가 관여한 '표현의 자유' SR의 임무와 관련해서 말하자면, 언론의 자유도 랭킹에서 일본은 민주당 정권 시절인 2010년 관저에서의 기자회견 개방화나 정보 공개 촉진 등이 평가되어 세계 11위까지 올랐지만, 아베 정권이 들어서면서 특정비밀보호법 통과(2013년 말)나 다카이치 사나에(高市早苗) 총무대신의 '전파 정지' 발언(2016년 2월), 방송국 방송 내용 개입 등으로 2014년 59위, 17년에는 72위로 순위가 급락했다. 세계 민주주의 순위나 젠더 격차 지수에서도 마찬가지다. 이들 순위는 어느 나라든 자유주의 정권이 들어서면 상승하는 경향을 보이지만, 2012년 이후 일본에서는 보수 정권이 들어서면서 순위가 지속적으로 하락했다. 일본 정부는 민주당 정권 시절인 2011년, 대부분의 유엔 회원국을 따라 유엔 특별보고관의 조사 요청에 대한 '상시 수용(standing invitation)'하겠다고 선언했으나, 아베 정권이 들어선 뒤(이미 선언한 내용을 철회할 수는 없는 상황에서) 이를 사실상 사문화한 것이었다.[12]

12　藤田早苗『武器としての国際人権—日本の貧困・報道・差別』集英社, 2022, pp.57-92.

[사진 4-1-2] 부스타만테 특별보고관의 방일 조사(2010년 3월 28일, 나고야 거주 외국인·지원단체와의 면담, 중앙 왼쪽부터 부스타만테, 밀라노, 중앙 안쪽이 필자)

부스타만테의 방일 조사로 돌아가서 이야기하면, SR의 공식 조사는 정부가 초청하는 것이 아니라 유엔 주체로 실시한다(정부는 동의한다는 입장이다). 따라서 로지스틱스(숙박과 이동 등의 준비)는 유엔대하이, 기자회견은 유엔 홍보센터가, 국제기구와의 연락은 IOM 주일한국사무소가 담당했다. 정부 기관과의 면담은 일본 정부 유엔대표부와 외무성 인권인도과가 중심이 되어 조율하였으며, SR은 내각부, 외무성(인권인도과·외국인과), 법무성(입국관리국·인권옹호국), 후생노동성(노동기준국), 문부과학성, 경제산업성, 우시쿠(牛久)입국관리소를 시찰하고, 후쿠시마 미즈호(福島瑞穂) 특명전권대신(재일외국인문제 겸임)과의 면담이 이루어졌다. 아이치현(愛知県)에서는 도요타시(豊田市) 시장과 면담, 하마마쓰시(浜松市)에서는 헬로워크와 국제교류협회를 방문했다.

그러나 인권침해 실태조사에서 가장 중요한 것은 피해자와 지원단체와의 면담이다. 그 시민사회와의 면담은 이주련(移住連)이 OHCHR로부터 코디네이터를 맡았다. 이렇게 이주련 국제인권부 겸 사무국 차장이었던 필자가 담당한 시민사회(Civil Society) 분야 면담은 10개의 테마 14개 회의를 설정하고 도쿄와 나고야, 하마마쓰에서 이민 정책, 신 재류관리제도, 외국인 배척 운동의 확산, 비정규 체류자와 재류 특별허가, 입관 수용소 문제, 연수생 문제, 외국인 학교 문제, 일본 학교에 다니는 어린이, 이주여성과 DV 문제, 중국인, 브라질인, 페루인, 필리핀인 커뮤니티, 일본변호사연맹, 브라질인 학교 방문 등 다양한 면담을 진행했다(사진 4-1-2).

인권조약기구의 이행 상황 심사에 따른 권고가 심사를 진행한 동일 회기에 18명으로 구성된 위원회 전체에서 채택되는 반면, 개인인 SR의 공식 조사 권고는 조사 종료 후 일정 시간이 경과한 후에 나온다. 그러나 SR의 조사는 특정 사안에 특화되어 있고, 제네바나 뉴욕에서 열리는 회의와 달리 SR이 직접 현지에 와서 조사를 한다는 점에서 효과와 영향력이 크다. 필자 일행은 방일 조사에 협력함에 있어, 정확한 권고안을 도출하기 위한 정보 제공 방법과 보고관의 방일을 더 많은 사람들에게 알리는 데 주의를 기울였다. 그 결과 조사 마지막 날인 2010년 3월 31일 도쿄 유엔 홍보센터 내에서 열린 기자회견에는 디엔 SR 때보다 훨씬 많은 60명 이상의 미디어 관계자가 참가했다(사진 4-1-3).

당일 발표한 SR의 보도자료에서는 일본에는 "인종주의, 차별과 착취가 존재하고, 사법기관과 경찰이 이주민의 권리를 무시하는 경향이

[사진 4-1-3] 부스타만테 SR의 기자회견(2010년 3월 31일, 유엔홍보센터)

있으며, 또한 인권의 보호를 포함한 포괄적인 입국관리정책의 부족 등
일련의 과제가 존재하고 있다"는 우려를 표명했다.

그리고 '중요성 높은 우려 및 예비 권고'로 "국적에 기반한 인종주의
및 차별의식은 여전히 일본에 뿌리 깊게 남아 있으며, 직장, 학교, 의료
시설, 주택 등에서 볼 수 있다."고 밝혔다. 유엔 인종차별철폐위원회가
권고에서 밝힌 바와 같이, 외국인 주민을 인종 또는 국적에 근거한 차
별로부터 효과적으로 보호하는 규정이 헌법이나 현행법에 결여되어
있어 인종차별 철폐와 예방을 위한 특별법 제정이 요구된다"는 점 등
을 꼽았다.

(5) 특별보고관의 방일 조사와 마이너리티 문제 포럼과의 결합

SR은 공식 조사를 바탕으로 권고사항을 포함한 상세한 보고서를 작
성하여 유엔 인권이사회에서 공표하게 되는데, 앞서 언급했듯이 거기
에는 일정 기간이 소요된다. 2010년 3월 방일 조사 보고서는 2011년 5월
31일 유엔 인권이사회 제17차 회의에서 공표되었다. 그 사이에 부스타
만테 SR의 방일 조사가 퇴색되지 않도록 필자는 그 중간에 열린 제3회
FMI(2010년 12월)에 이주련 사무국 차장으로서 참석하여 그 의의를 설
명하기로 했다. 제3회 FMI의 주제는 이주민과 관련된 '마이너리티와
경제생활의 효과적인 참여'였다. 이에 이 주제에 관한 권고안 중 '민족
적(national or ethnic), 종교적 또는 언어적 마이너리티 집단에 속하는 이
주 노동자의 보호'를 기술한 제29항에, 부스타만테 방문조사 결과를
활용한 추가 문안을 제안하는 성명서를 이주련과 IMADR이 공동으로
발표했다.[13] 즉, HRC의 포괄적 견해23에서 명시하고 있듯이 마이너리

---

13 '마이너리티와 경제생활에의 효과적 참여에 관한 권고안(マイノリティと経済生活への効
果的参加に関する勧告案)'은 Draft recommendations on minorities and effective
participation in economic life, UN document A/HRC/FMI/2010/3.

티는 당사국 국민에 국한되지 않고 이주 노동자와 그 가족도 민족적, 종교적 또는 언어적 마이너리티로서 그 대상임을 FMI에 상기시키면서, 부스타만테 SR이 일본 방문조사 마지막 날(2010년 3월 31일)에 발표한 잠정 권고문에서 발췌한 문장을 추가하여 (연수생, 기능실습생과 같은) 임시 고용 제도에 놓인 마이너리티들이 사회보장 및 의료서비스 접근에 있어 차별의 피해자가 되기 쉽다는 점에 주의를 촉구했다.[14]

이후 2011년 5월 말 발표된 부스타만테 방문 조사 보고서는 '포괄적인 이민정책의 부재', '인종주의와 차별', '연수생·실습생 제도', '비정규 이주 노동자와 망명 신청자 수용 및 송환', '이주여성에 대한 폭력과 차별', '이주자 자녀의 교육기회 제약', '고용상의 차별', '정치참여' 등 14개 분야에 걸친 과제, 21개 항목에 이르는 권고안을 제시하였다.[15] 예를 들어, '이주민 인권 보호의 주요 과제' 서두에서 일본은 오랜 기간 이주노동자를 받아들여 왔음에도 불구하고, 여전히 이주민의 입국과 체류를 관리하는 것 이상의 포괄적인 이민 정책을 취하고 있지 않으며, 이주자에 대한 차별을 근절하기 위한 정책과 이주자들을 일본 사회에 효과적으로 통합하기 위한 장기적인 프로그램들이 모두 결여되어 있다는 것에 우려를 표하고 있다(para. 35).

SR은 중앙정부 내에 이주정책과 관련된 각 부처를 효과적으로 지도·조정하고, 유엔기구의 권고를 이행할 수 있는 권한과 재원을 갖춘 기관을 설치해야 한다고 구체적인 권고를 했다(para. 78c).

또한 부스타만테 보고서는 '주요 과제'의 두 번째로 '인종주의와 차

---

14 오카모토 마사타카, 일본 이주민 연대 네트워크(SMJ)의 구두 발표문: 마이너리티와 경제생활의 효과적 참여에 관한 권고 초안에 대하여, 유엔 마이너리티 문제 포럼 제3차 회의, 2010년 12월 15일. <www.ohchr.org/en/events/forums/2010/ third-session-forum-minority-issues>

15 유엔 문서 A/HRC/17/33/Add.3, 2011년 3월 21일 (이주민 인권 특별보고관 호르헤 부스타만테(Jorge Bustamante) 보고서, 2011년 3월 21일). 문서 작성일은 3월 21일이지만 실제 공표는 유엔 인권이사회 회기 중인 5월 31일이었다.

별'을 꼽으며, 인종주의와 제노포비아가 확산되고 인종주의적인 단체
들이 코리언과 중국인에 대한 차별적이고 공격적인 시위를 반복하고
있는 것에 대한 우려를 표명했다. SR은 방일 조사 중 재일 특권을 용납
하지 않는 '시민 모임(재특회)'이 조선학교 교문 앞에서 벌인 시위 행위
에 대해 설명을 들었다. 또한 도쿄도(東京都) 내 재일 중국인과의 면담 중
2010년 1월 이케부쿠로(池袋) 북쪽 출구에서 열린 재특회 외 5개 단체
연합의 시위를 영어 자막이 있는 영상으로 시청하였다. 그는 영상 속
욕설과 폭언의 참담함에 큰 충격을 받았으며, 공격의 표적이 되었던 중국
식자재 마트 '양광성(陽光城)'을 직접 방문하기도 했다. 유럽 국가들에
비해 일본에서는 인종주의에 기반한 물리적 폭력은 적은 반면, 헤이트
스피치의 내용은 서양인들이 놀랄 정도로 심각하다. 인종주의, 인종차
별과 제노포비아를 방지하고 철폐하기 위한 국내법을 조속히 제정해
야 하며, 모든 형태의 인종차별을 유죄로 규정해야 한다(para. 78d)는 권
고의 배경에는 부스타만테 SR이 받은 충격이 있었던 것으로 보인다.

부스타만테 보고서는 '주요 과제' 곳곳에서 '사법부의 기능 부전'도
언급하고 있었다. 현행법의 틀 내에서도 이주민의 인권을 어느 정도 보
호할 수 있음에도 불구하고 법원이 이주민의 권리를 인정하지 않고 일
본인을 우대할 뿐만 아니라 이주민을 차별하는 경향까지 있었다. 이주
민을 구제하지 않는 사법부의 기능부전이 이주노동자에 대한 차별을
용인하고 있는 상황에 '심각한 우려'를 표명하고 있다(para. 42, 73). 이는
앞서 언급한 마이너리티 교육권 소송이나 고등학교 수업료 무상화 정
책에서 조선학교 학생을 배제하는 소송과도 연결되는 문제이다.

SR은 권고에서 이주민에 대한 차별을 용인하고 있는 사법부의 직무
유기에 대해 깊은 우려를 표명하고, 이주민을 차별로부터 보호하지 않
는 사법부의 태만은 개인이나 기업이 차별을 계속하는 것에 대한 '위험
한 장려'(dangerous encouragement)라고까지 말하였다. 또한 이주자의 인

616

권과 이를 지킬 의무에 대해 재판관들에게 훈련을 실시하는 등의 '긴급 조치'가 필요하다고 했다 (para. 78e). SR은 면담 내용을 (보고서가 공표될 때까지) 타인에게 누설하지 않는다. 그것은 시민사회 분야의 코디네이터를 담당했던 필자도 마찬가지여서, 정부나 사법기관 등과의 면담 내용은 알지 못했다(반대로 SR이 시민사회 분야에서의 면담 내용을 정부 관계자 등에게 밝히는 일도 없다). 그러나 어시스턴트로 동행한 평소에는 차분한 OHCHR의 인권담당관(Human Rights Officer) 발렌티나 밀라노(Valentina Milano)가 유독 최고재판소(대법원) 방문 직후에만 "믿을 수 없다! (incredible!)"라고 분개했던 것이 기억나, 보고서 발표 후 확인해 보았다. 그러자 SR이 대법원을 방문했을 때 면담한 판사가 일방적으로 일본 재판제도에 대한 설명을 하고, SR 측이 사전에 보낸 질문에 제대로 답변하지 않아 SR 측은 항의의 뜻을 표하며 자리를 박차고 나갔다고 한다. 부스타만테 보고서가 정부보다 사법기관에 더 엄격한 시선을 보냈던 이유가 바로 여기에 있다.

부스타만테 보고서가 발표된 지 두 달 후, 필자들은 그 성과를 국가 정책에 반영하고자 2011년 7월 28일 중의원 의원회관에서 '유엔 이주자 인권 특별보고관의 방일 조사 보고서와 권고를 받으며'라는 주제로 국회 집회를 열었다. 그 며칠 전에 발생한 노르웨이 총기 난사 사건(약 70명 살해)의 범인 안네쉬 베링 브레이빅(Anders Behring Breivik)이 성명서에서 반이슬람을 외치면서 이민정책이나 난민 인정이 적은 '다문화주의를 거부하는' 국가로 일본을 극찬하고, 만나고 싶은 인물로 구 유고슬라비아 전범 카라지치 피고와 함께 아소 다로(麻生太郎) 전 총리의 이름을 거론한 것이 보도된 직후여서 참석한 국회의원들이 입을 모아 우려를 표명하고 있었다. 아소는 "창씨개명은 조선인이 성을 달라고 한 것이 시작이다", "일본이라는 나라는 하나의 국가, 하나의 문명, 하나의 언어, 하나의 문화, 하나의 민족, 이런 예는 다른 나라에 없다"는 등 자민족 중심주의(ethnocentrism)적 발언을 되풀이해 온 정치인이다. 브레이빅은 체포 후 변호사를 통해 "유럽인보다 일본인이 자기가 한 일의 명예적 가치를 더 잘 이해할 수 있을 것"이라며 일본인에게 자신의 정신감정을 요구한 것으로 알려졌다. 전세계로 확산되는 제노포비아 현상과 일본 국내의 상황이 예상치 못한 방식으로 연결되면서, 제노포비아 및 혐오 발언의 확산을 막기 위한 수단으로 부스타만테 보고서가 주목받게 된 것이다.

인종주의 특별보고관(디엔), 인신매매 특별보고관(에세이로)의 방일 조사에 동행한 OHCHR의 밀라노가 보좌관으로 동행한 덕분에 부스타만테 보고서는 축적된 두 조사까지 충분히 고려한 분석이 되어 더욱 날카로운 권고를 내놓을 수 있었다. 필자는 방문하지 못한 오사카 가도마나미하야고등학교(門真なみはや高校)의 사례가 보고서에 반영된 점 등으로 미루어 볼 때, 밀라노가 '문서더미(Piles of File)'라고 말하면서 가져온 자료를 꼼꼼하게 참고해 준 것을 알 수 있었다. 대학원에서 법학 학위를 취득한 밀라노도 당시 이미 뛰어난 연구자였다. 지금은 스페인의 발레아레스 제도 대학(University of the Balearic Islands)에서 국제공법 교수로 재직하고 있다. SR의 조사라고 하면 관심이 SR에게 쏠리기 쉽지만, 동행하는 보조 인력(어시스턴트)이 핵심 인물이 되는 경우도 많다.

RAIK(재일한국인문제연구소)에서 1990년에 발간한 『국제인권과 재일한국·조선인－유엔 인권활동에의 접근』에서 우에무라 히데아키가 '유엔 직원과 친해지자'라는 칼럼을 쓴 적이 있다. 그리고 유엔대학교 부총장을 퇴임한 지 얼마 되지 않은 무샤코지 긴히데(武者小路公秀)(메이지가쿠인대학 교수)가 같은 책의 권두에 기고한 '추천의 말'에서 "'유엔 직원과 친해지자'는 조언이 실린 인권 관련 서적은 많지 않다고 생각한다. 그러나 이것은 유엔에서 효과적인 활동을 하는 데 있어 가장 중요한 것임에 틀림없다"고 칭찬하고 있다. 필자가 지금까지 유엔 직원들과 일할 때도 사람으로서 배려를 가지고 대하고 신뢰와 일회성이 아닌 관계를 맺기 위해 노력해 온 것은 그 말이 뇌리에 새겨져 있었기 때문이다.

위와 같은 공식적인 조사 외에도 SR은 다양한 정보를 분석하면서 개별 주제에 관한 연구를 바탕으로 한 제안도 하고 있다. 마이너리티 문제에 관한 특별보고관이 수행한, 일본의 과제와도 밀접한 관련이 있는 주제로 제2대 SR 리타 이작의 『언어적 마이너리티의 언어권－이행을 위한 실천적 가이드(Language Rights of Linguistic Minorities: A Practical Guide for Implementation)』(2017년 3월)의 발표 등을 들 수 있다. 제3대 페르낭 드 바렌느(Fernand de Varennes, 캐나다, 2017년 8월~2023년 10월)가 2020년 유엔 인권이사회 제43차 회의에 제출한 보고서도 2019년 열린 '마이너리티의 교육, 언어 및 인권에 관한 지역 포럼' 등을 계기로 '마이너리티의 교육, 언어 및 인권'을 주제로 한 것이었다.[16]

또한 2020년 유럽과 아시아의 혐오표현, 소셜미디어 및 마이너리티 관련 포럼에 참여한 드발렌느는 같은 해 11월 FMI에서 인터넷상의 혐오표현이 마이너리티를 표적으로 삼아 배제, 불관용, 적대감, 폭력의 풍토를 조성하고 있다며 혐오표현에 대한 대처를 강조하고 있다. 이듬해인 2021년 유엔 이사회에 두발렌느는 '혐오표현, 소셜 미디어 및 마이너리티'를 주제로 한 보고서를 제출하며 소셜 미디어에서의 혐오표현이 빠르게 확대되고 강화되고 있으며, 마이너리티가 (70%에 달하는) 주요 피해자가 되고 있는 것에 대해 큰 우려를 표명하고 있다.[17]

OHCHR은 2022년 5월 마이너리티 권리 선언의 이행 강화를 재확인하면서 같은 해 7월 『마이너리티의 권리 보호－포괄적인 반차별금지

16　유엔 문서 A/HRC/43/47, 2020년 1월 9일.

17　유엔 문서 A/HRC/46/57, 2021년 3월 3일. 18 유엔 문서 A/HRC/52/53, 2023년 1월 4일.

법의 발전을 위한 실천적 가이드』를 발간하였다(제4부 4장 참조). 같은 해 9월 21일, 유엔 총회는 고위급 회의를 열어 마이너리티 권리 보호를 위해 마이너리티 권리 선언의 이행을 강화할 것을 확인했다. 두발렌느도 같은 해 보고서에서 다시 한번 마이너리티 권리조약 초안 작성과 '마이너리티를 위한 국제 10년'을 제안했다.[18] 2023년 11월에는 니콜라스 레브라(Nicolas Levrat)가 제4대 특별보고관으로 취임하며 새로운 활동을 전개하기 시작했다.

　마이너리티 권리를 둘러싼 유엔의 활동은 지난 20여 년 동안 권리 선언 채택이나 포괄적 견해23 등과 같은 비약적인 발전은 보이지 않지만, 꾸준히 연구와 검토를 거듭하며 축적되어 왔다고 할 수 있다.

18　유엔 문서 A/HRC/52/53, 2023년 1월 4일.

제2장

유엔의 새로운 마이너리티 권리 보장 시스템의 활용과 실천

박김 우기

1. 머리말

앞 장에서 자세히 기술한 바와 같이, 유엔의 마이너리티 권리 보장 시스템은 나날이 진화하고 발전하고 있다. 일본 내 마이너리티 권리 보장을 앞으로 더욱 진전시키기 위해서라도, 이러한 국제적 시스템을 적극적으로 활용하는 것이 바람직하다.

필자는 재일조선인 인권단체의 사무국 직원으로서 지금까지 인종차별철폐위원회, 사회권규약위원회, 자유권 규약 위원회, 여성차별철폐위원회 등의 조약기구의 일본심사에 NGO의 입장에서 관여해 왔다. 또한 이들 조약기구에서 나온 권고를 활용하여 21세기 이후의 새로운 마이너리티 권리 보장 시스템인 '유엔 마이너리티 문제 포럼(Forum on Minority Issues)' 및 '보편적 정례 심사(Universal Periodic Review)', 그리고 이전부터 있는 절차이긴 하지만 잘 활용되지 않고 있는 '통보(Communications)'에 관여한 경험이 있다. 이 장에서는 이 세 가지 제도에 초점을 맞추어 그 개요와 활용 사례에 대해 소개하고자 한다. 일본 시민사회가 이들 시스템을 활용하는 데 있어 하나의 참고가 되었으면 하는 바람이다.

2. 유엔 마이너리티 문제 포럼

2017년 11월, 필자는 유엔 인권이사회가 주최하는 '제10회 마이너리티 문제 포럼(Tenth session of the Forum on Minority Issues)'(이하 포럼)에 일본 시민사회에서는 처음으로 패널리스트로 초청을 받아 일본 정부의 조선학교 차별에 대한 재일조선인 청소년들의 저항운동을 보고했다. 이하, 포럼의 개요, 보고의 내용과 반향, 포럼 참가의 의의에 대해 서술하고자 한다.

(1) 포럼의 개요

포럼은 유엔 인권이사회에 의해 매년 1회 유엔 마이너리티 문제 특별보고관 주도로 스위스 제네바 유엔 유럽본부에서 이틀에 걸쳐 개최되고 있다. 전 세계에서 민족적, 종교적, 언어적 마이너리티를 중심으로 한 마이너리티들이 모여 각자가 직면한 과제 및 과제 극복을 위한 실천과 정부에 대한 권고안을 보고하고 공유하는 장이 되고 있다. 마이너리티 당사자 및 NGO뿐만 아니라 각국 정부, 관련 국제기구, 유엔 전문가(협약기구 위원 등), 대학 및 연구기관 연구자 등도 참여하여 참가자 간 대화와 협력, 네트워크 형성을 목표로 하고 있다.

2017년은 마이너리티에 속하는 자들의 권리와 국가의 의무를 규정한 '민족적, 종교적 및 언어적 마이너리티의 권리에 관한 선언'(마이너리티 권리 선언, 1992년 채택) 채택 25주년을 맞이하는 동시에 포럼 개최 10주년을 맞이하는 뜻깊은 해로, 전 세계에서 400명이 넘는 많은 참가자가 모였다. 포럼 개회식에서 페르낭 드 바렌스(Fernand de Varennes) 유엔 마이너리티 문제 특별보고관은 세계가 다양한 위기에 직면한 상황에서 다양하고 포용적인 사회 건설을 위한 마이너리티 청년들의 역할이 중요하다고 강조했다.

(2) 일본 정부의 조선학교 차별과 재일조선인 청년들의 저항운동 보고

2017년 포럼에는 4개의 패널(① 마이너리티 청년의 역량강화를 위한 포용적 교육, ② 마이너리티 청년의 공적 생활 참여, ③ 디지털 시대의 마이너리티 청년과 미디어, ④ 평화와 안정을 위한 변화의 주체로서의 마이너리티 청년, ⑤ 평화와 안정을 위한 변화의 주체로서의 마이너리티 청년)이 마련되었으며, 각 패널당 3명의 패널리스트가 선정되었다. 각 패널은 약 3시간 동안 진행되었으며, 최대한 많은 참가자에게 발언의 기회를 균등하게 부여하기 위해 패널리스트에게는 각 5분, 그 외의 참가자들에게는 각 2분의 발언 시간이 주어졌다.

나는 제1패널 '마이너리티 청년의 역량 강화를 위한 포용적 교육'의 패널리스트로서 튀니지의 아마르지그 커뮤니티[1]의 활동가와 리투아니

---

[1] 북아프리카의 광활한 지역에 고대부터 거주하며, 베르베르어파를 제1언어로 사용하는 이들을 일컫는 총칭. 한편, '베르베르인'이라는 명칭은 비하적 의미를 담고 있으므로, 이 글에서는 이들이 스스로를 부르는 명칭인 '아마지그'를 사용한다.

아의 폴란드어 교육 연구자와 함께 등단하여 ① 재일조선인 청년들이 직면하고 있는 과제로서 일본 정부의 조선학교 차별과 ② 재일조선인 청년들의 저항운동에 대해 보고했다. 구체적으로는 다음과 같다. ① 일본 정부의 차별로 인해 재일조선인의 모국어인 조선어를 가르치는 교육기관인 조선학교의 존립이 위기에 처해 있다는 점이다. 일본 정부는 조선학교를 정규 학교로 인정하지 않아 국고 보조금이 없으며 대학 수험 자격도 일률적으로 인정하지 않고 있다. 특히 2010년 이후에는 '고교 무상화' 제도[2] 대상에서 조선학교 고등학생들만 정치·외교적 이유로 제외되어 피해를 보고 있으며, 수많은 지방자치단체도 조선학교에 대한 보조금 지급을 중단하고 있다. ② 재일조선인 청년들은 이러한 차별에 단호하게 맞서고 있다는 점이다. 이들은 '고교 무상화' 제외에 저항하는 재판 투쟁, 매주 금요일 문부과학성 앞에서 진행하는 '금요 행동', 조약 기구에 대한 로비 등 광범위한 활동을 전개하고 있다. 나아가 예술을 통한 일본 대학과의 교류나 공개 수업 개최 등 조선학교에 대한 이해를 넓히기 위한 다양한 노력을 기울이고 있음을 보고했다. 그리고 일본 정부를 포함한 각국 정부는 마이너리티의 언어를 가르치는 교육기관의 유지를 위해 모든 적절한 조치를 취해야 한다는 권고안을 제안했다.[3]

여기서 앞서 언급한 '고교무상화' 제도에서 조선학교 고등학생들만 제외된 문제와 지방정부가 조선학교에 대한 보조금 지급을 중단한 문제에 대해 간략히 설명하고자 한다.

---

2 '공립 고등학교에 관한 수업료 미징수 및 고등학교 등 취학 지원금 지급에 관한 법률(公立高等学校に係る授業料の不徴収及び高等学校等就学支援金の支給に関する法律)'(2014년 4월 이후 '고등학교 등 취학지원금 지급에 관한 법률')에 근거한 제도.

3 필자의 보고를 포함한 동 포럼의 내용은 유엔 마이너리티 문제 특별보고관이 보고서로 정리하여 인권이사회 제36차 회기(2018년 3월 14일)에 보고했다. 유엔 문서 A/ HRC/37/73, para. 27 참조.

먼저 전자의 '고교무상화' 문제에 대해, 일본에서는 초·중학교 9년 간의 의무교육은 무상이며, 이를 고등학교까지 확대한 것이 2010년 4월 부터 시작된 '고교무상화' 제도이다(2014년 4월부터는 소득제한이 부과되고 있다). 이 제도는 교육비 부담 경감을 통해 고등학교 단계의 모든 아이에 게 교육을 받을 수 있는 기회를 제공하기 위한 것으로, '각종 학교' 인 가를 받은 외국인 학교도 그 대상에 포함되었다. 외국인학교의 경우, 연간 약 12~18만 엔의 '취학지원금'이 학교를 통해 각 학생에게 지급 된다.

일본 문부과학성(이하 문부과학성)은 '고교무상화' 제도의 적용 대상인 외국인학교를 (가) 본국 인정교, (나) 국제평가기관 인정교, (다) 기타 의 3개로 분류하고 2010년 4월 30일에는 (가)로 중화학교와 브라질학 교 등 14개교, (나)로 국제학교 17개교를 각각 대상 학교로 지정했다. 전국에 10개교가 있는 조선고등학교에 대해서 문부과학성은 (다)의 범 주에 해당한다며 당초 조선고등학교 학생에게도 취학지원금을 지급할 예정이었다.

그러나 제도 개시 직전인 2010년 2월, 당시 나카이 히로시(中井洽) 납 치 문제 담당 장관이 문부과학대신에게 '고교무상화' 제도에서 조선고 등학교를 제외해 줄 것을 요청했다는 보도가 나왔다. 일본 정부는 조선 학교에 대한 적용을 유보했고, 같은 해 11월 한반도의 군사적 긴장이 고조되자 당시 간 나오토(菅直人) 총리는 조선고등학교의 '고교무상화' 제도 적용을 위한 심사 절차의 중단을 명령했다. 2011년 8월, 간 총리 는 퇴임하면서 해당 심사의 재개를 명령했지만, 다음 노다 요시히코(野 田佳彦) 내각은 심사를 연장하더니 2012년 12월에 퇴진하고 민주당 정 권은 붕괴되었다. 2012년 말, 자민당·공명당에 의한 제2기 아베 정권 이 등장하자, 정권은 가장 먼저 조선고등학교의 심사 기준이 되었던 위 의 규정(다) 자체를 삭제했다. (다) 자체를 삭제하는 법령 개정과 동시에 조선고등학교에 '고교무상화' 제도를 적용하지 않는다는 내용의 불지정 통지를 내림으로써 2013년 2월 20일, 조선고등학교를 이 제도에서 완전히 배제했다. 당시 시모무라 하쿠분(下村博文) 문부과학상은 "(일본과 조선민주주의인민공화국 간의) 납치 문제에 진전이 없다"[4]는 것 등을 그 이유로 들며 조선고등학교의 제외가 정치·외교적인 것임을 숨기려 하지도 않았다.

다음으로 후자의 보조금 문제에 대해, 조선학교가 소재하는 각 지방자치단체는 재일조선인들의 민족교육권 보장을 요구하는 운동에 호응하여 1960년대 후반부터 1970년대에 걸쳐 조선학교에 '각종 학교' 인가를 내주었고, 대체로 1970년대 이후 일본 정부의 재정지원이 없는 조선학교에 대해 지방자치단체의 권한으로 보조금을 지급해 왔다. 지자체의 조선학교에 대한 보조금은 일본의 공립학교나 사립학교에 비해 현저하게 적은 금액이지만, 일본의 국고보조가 전혀 없는 조선학교에 있어서는 학교 운영의 귀중한 재원이 되어 왔다.

그러나 일본 정부가 조선고등학교에 대한 '고교무상화' 제도 적용을 보류한 2010년도 이후 도쿄도(東京都), 오사카부(大阪府), 사이타마현(埼玉県)의 각 지사들은 2010년도 조선학교에 대한 보조금 지급을 서둘러 중단했다. 이후 미야기(宮城県)·치바(千葉県)·가나가와(神奈川県)·히로시마(広島県)·야마구치(山口県)·니가타(新潟県)·이바라키(茨城県)·도치기(栃木県)·와카야마(和歌山県)·미에(三重県)·군마(群馬県) 등 각 현에서도 보조금 지급을 중단했고, 나아가 오사카(大阪市)·후쿠오카(福岡市)·히로시마(広島市)·센다이(仙台市)·요코하마(横浜市)·치바(千葉市) 등 각 시 단위까지 보조금 지급을 중단하는 사태에 이르렀다. 2009년도에는 조

4　시모무라 하쿠분 문부과학상 기자회견록(2012년 12월 28일) <https://warp.ndl.go.jp/info:ndljp/pid/11373293/www.mext.go.jp/b_menu/daijin/detail/1329446.htm>(검색일: 2023.12.20.).

선학교가 소재한 모든 도도부현자치단체에서 조선학교에 보조금을 지급했던 것과 대조적으로, 현재는 절반 이상의 지자체가 보조금 지급을 중단한 상황이다.

보조금 중단의 이유는 대부분 납치 문제나 조선민주주의인민공화국의 핵·미사일 문제를 이유로 들고 있으며, 일본 정부의 '고교무상화' 제도에서 조선학교를 제외시킨 논리가 그대로 지자체로 이어진 형태이다. 이러한 지자체의 조선학교 보조금 중단의 흐름에 설상가상으로 2016년 3월 문부과학성은 조선학교에 대한 보조금 지급의 '재검토'를 촉구하는 '통지'를 각 지자체에 발송했다. 이 '통지' 이후 앞서 언급한 이바라키, 도치기, 와카야마, 미에, 군마 등 5개 현이 보조금 지급을 중단했으며, 이 통지가 지방자치단체의 보조금 지급 중단에 대한 사실상의 압력이 되었다.

단 5분이라는 발언 시간의 제약 속에서 이러한 문제의 경위나 조선학교의 역사와 현황을 충분히 전달할 수는 없었지만, 재일조선인 청년들의 마음을 대변하기 위해 2014년 인종차별철폐위원회의 NGO 브리핑에서 "일본에서 태어나고 자랐어도 자신의 언어와 문화, 아이덴티티를 배우고 같은 뿌리를 가진 동료들을 만날 수 있는 장소로서 조선학교가 갖는 소중함"을 호소했던 당시 대학생이었던 재일조선인 4세의 발언을 일부 소개할 수 있었다. 또한 참가자들에게 발언 내용이 효과적으로 전달될 수 있도록 원고를 암기하여 발표하느라 고생은 했지만, 긴장하면서도 발언 시간 내에 보고를 할 수 있었다.

보고 후 많은 참가자가 필자의 발언을 지지해 주었다. 그중에서도 프랑스 북서부 브르타뉴 지방에서 온 한 NGO는 단 2분의 발언 시간 동안 필자의 보고에 대해 공감을 표해 주었다. 이 NGO의 회원으로 포럼에 참석한 20대 초반의 브르타뉴어권 청년들은 "우리도 당신의 공동체와 비슷한 과제에 직면해 있습니다. 어떻게 하면 그렇게 많은 조약기구로부터 권고를 이끌어낼 수 있었나요? 우리가 무엇을 할 수 있는지 가르쳐주십시오"라며 영상 인터뷰를 신청했다. 조약기구와 유엔 인권이사회의 UPR(보편적 정례 심사, 자세한 내용은 후술) 등 주로 유엔 인권보장제도의 활용 방안에 대해 그동안의 경험과 교훈을 바탕으로 이야기해주자 그들은 매우 기뻐하며, "동료들과 함께 이 영상을 여러 번 보고 공부하겠다"고 말했다.

1990년대 이후 일본의 다양한 인권 활동가들이 국제 인권의 틀을 활용하여 재일조선인의 권리 옹호 운동을 전개하고, 그 과정에서 쌓아온 지식과 경험, 교훈이 이제는 다른 마이너리티 커뮤니티의 권리 옹호 운동에 참고할 수 있는 힘을 축적하고 있음을 실감하는 순간이기도 했다.

(3) 조선학교 유지를 위한 재일조선인 운동이 가지는 국제적 의의

포럼에 참가하여 전 세계에 이토록 수많은 마이너리티가 존재한다는 사실에 놀랐고, 그들이 한결같이 정부에 의한 차별과 혐오 표현을 비롯하여 사회적 소외를 겪고 있다는 현실에 다시 한번 경악했다. 각 마이너리티마다 고유한 과제가 있지만, 그 과제에서 공통적으로 드러난 것은 마이너리티의 권리를 보장하는 각국의 법 제도의 미흡함과 마이너리티에 대한 권리 침해가 효과적으로 구제되지 못하고 있는 현실이었다. 이런 자리에서 다른 마이너리티 커뮤니티가 참고할 수 있는 재일조선인 청년들의 조선학교 차별 철폐를 위한 노력에 대해 보고할 수 있었던 것은 매우 의미 있는 일이었다. 즉 일본 정부의 거듭된 탄압에도 불구하고 재일조선인 커뮤니티가 약 80년 동안 지속해 온 조선학교 유지 운동이 이제는 마이너리티 권리 보장의 관점에서도 국제적인 의미를 갖게 되었다고 해도 과언이 아닐 것이다.

포럼에 참여하면서 재일조선인의 권리옹호운동에 마이너리티 권리라는 관점에서 접근하는 것이 얼마나 중요한지 다시 한번 느꼈다. 마이너리티 권리 선언에서 마이너리티의 권리 보장은 각국 정부의 의무로 규정되어 있듯이, 마이너리티에 대해서는 실질적으로 평등한 권리를 보장하기 위한 조치를 취하는 것이 각국 정부에 요구되고 있다. 이러한 관점에서 볼 때, 일본 정부가 조선학교를 차별해서는 안 되는 것은 당연한 일이며, '고교무상화' 제도에서 제외하는 것은 언어도단이다.

그러나 차별금지의 차원을 넘어 진정으로 물어야 할 이론적 수준은 일본 정부가 구식민지 출신인 재일조선인의 실질적인 권리 보장을 위한 모든 조치를 취해야 한다는 한 단계 더 높은 차원의 문제임을 새삼 통감한 경험이었다.

3. UPR(보편적 정례 심사)

(1) UPR이란

UPR이란 'Universal Periodic Review(보편적 정례 심사)'의 약칭으로, 2008년부터 시작된 유엔 인권 메커니즘의 하나이다. 2006년 유엔 총회 결의[5]에 따라 기존의 인권위원회를 대신하여 인권이사회가 창설되면서 각국 인권 상황의 발전을 목적으로 도입된 제도이다.

당시 유엔 개혁은 전후 최대라고 불렸지만, 2001년 시작된 미국 주도의 대테러 전쟁 아래 인권기구를 안전보장이사회의 영향력 아래 두려는 초강대국과 보다 공정하고 강력한 인권기구를 재건하려는 중소 국가들 간의 대립이 있었다. 특히 후자 세력의 노력으로 실현된 것이 인권이사회와 이 UPR의 제도이다. 전통적으로 인권 문제는 개발도상국이나 중소국의 인권 문제가 유엔 인권기구에서 다루어지는 경우가

---

5 유엔 문서 **A/RES/60/251**.

대부분이었으며, 미국 등 초강대국의 인권 문제는 정치적 압력에 의해 문제 삼지 않는 것이 보통이었다.

그러나 이러한 상황을 개선하기 위해 UPR은 모든 유엔 회원국(193개국)이 상호 간에 각국의 인권 상황을 심사하는 구조로, 1년에 세 번 UPR 실무그룹(Working Group)의 형태로 심사가 이루어진다. 모든 국가에 대한 심사가 전체(1주기) 완료되는 데 4년 반이 걸리며, 2008년부터 1주기, 2012년부터 2주기, 2017년부터 3주기가 진행되었고, 2022년부터 4주기에 접어들어 현재에 이르고 있다.

심사에는 모든 유엔 회원국이 논의에 참여할 수 있으며, '트로이카'로 불리는 인권이사회 이사국 3개국이 한 팀이 되어 심사받는 국가(이하 '피심사국')의 보고국이 된다. 심사의 기준이 되는 것은 유엔 헌장, 세계인권선언, 피심사국이 체결하고 있는 인권조약 등이며, 심사의 기초가 되는 문서는 ① 피심사국이 자국의 인권 상황에 대해 기술한 정부보고서, ② NGO가 제출한 보고서를 유엔인권고등판무관실(이하 'OHCHR'이라 함)이 요약한 문서, ③ 조약 기구 · 특별보고관 등이 피심사국에 대해 작성한 문서를 OHCHR이 요약한 문서 등 3가지이다.

NGO는 심사에 앞서 피심사국의 인권상황에 대한 보고서를 OHCHR에 제출할 수 있으며, 해당 보고서의 정보가 상기 ②의 OHCHR의 요약 문서에 포함되면 해당 정보가 각국 정부에 의해 참조된다. 또한 각국 정부는 피심사국에 있는 자국 대사관이나 제네바 주재 정부대표부를 통해 피심사국의 인권 상황에 관한 정보를 수집하고 있기 때문에 해당 대사관이나 정부대표부에 직접 NGO 보고서를 제출하거나 담당자를 만나서 정보를 제공할 수도 있다. 또한 심사 한 달 전에 UPR Info라는 NGO 주최로 심사 전 사전 세션(Pre-sessions)이 유엔 제네바 사무소에서 열리기 때문에, 정원의 범위 내에서 사전 등록을 하면 이 사전 세션에서 각국 정부 대표부를 대상으로 보고를 할 수도 있다. 정원을 초과한 경우에도 유엔 제네바 사무소에 모여 있는 각국 정부대표부에 직접 로비를 할 수 있다.

UPR에서는 각국의 심사에 3시간 30분, 실무부서에서 보고서 채택에 30분, 인권이사회에서 심사 결과 검토에 1시간, 총 5시간이 소요되며, 결과문서는 이후 인권이사회에서 채택된다. 피심사국은 결과문서 채택 전까지 심사에서 나온 각국의 권고를 수용할 것인지(accept), 유의할 것인지(note)에 대한 견해를 표명한다. 인권이사회 본회의에서는 NGO도 의견을 진술할 수 있다.

(2) UPR 일본 심사에 대하여

UPR 일본 심사는 지금까지 4차례 실시되었다(제1차: 2008년 5월 9일, 제2차: 2012년 10월 31일, 제3차: 2017년 11월 14일, 제4차: 2023년 1월 31일). 각 심사에서 받은 권고 건수는 26건, 174건, 217건, 300건으로 꾸준히 증가하고 있으며, 국내 인권기구 설치, 개인 신고제도 도입, 차별금지법 제정, 사형제도 폐지, 젠더 불평등과 여성 차별, 인종차별 등의 분야에 대해 많은 권고를 받고 있다.

필자는 이 중 제3차 심사와 제4차 심사에 NGO의 입장에서 참여하였기에 두 심사에서의 경험을 다음과 같이 서술하고자 한다.

가. 제3차 심사

2017년 11월 14일에 열린 제3차 심사에서는 106개국에서 217개의 권고가 나왔다. 국내 인권기구의 설치, 개인 신고제도 도입, 포괄적 차별금지법 제정 등 1차 심사부터 지적되어 온 문제의 시정이 다수의 국가에서 권고되었고, 인종차별과 혐오표현에 대한 효과적인 법적 규제의 부재에 대한 시정, 성적 마이너리티에 대한 몰이해와 차별의 시정을 요구하는 권고도 다수 이루어졌다.

제3차 심사를 위해 필자가 사무국을 맡고 있는 NGO인 재일본조선인인권협회(HURAK)는 반차별국제운동(IMADR)과 공동으로 '마이너리티 아이들에 대한 교육기회 제공의 차별-조선학교 아이들을 중심으로'라는 제목의 NGO 보고서를 2017년 3월에 OHCHR에 제출했다. 이 보고서를 통해 일본 정부가 비준한 인권조약의 조문과 조약기구의 권고에 따라 일본 정부가 민족적 마이너리티인 재일조선인 자녀들의 교육권을 보장할 것을 요구하며, 구체적인 과제로 ① 조선학교 자녀들에게도 '고교무상화' 제도를 적용할 것, ② 조선학교에 대한 보조금을 재개·유지하도록 지방자치단체에 촉구할 것, ③ 세금 제도상의 우대 조치에서 조선학교에 대한 차별을 철폐할 것, ④ 조선고등학교 졸업생에게도 일률적으로 대학 응시자격을 인정할 것 등을 제기했다.[6] 이 보고서는 앞서 언급한 OHCHR의 NGO 보고서 요약문서에서 인용되었다.[7]

그 후, 같은 해 9월에는 일본에서의 인종차별 철폐를 위해 협력하는 NGO의 네트워크인 '인종차별철폐NGO네트워크(ERD넷)'로서 일본에 주재하는 각국 대사관 담당자를 초청한 브리핑을 도쿄에서 실시하여, 필자도 재일조선인 자녀의 교육권과 조선학교 차별 문제를 주제로 정보를 제공했다.

또한 같은 해 10월 10일부터 13일까지 UPR Info가 유엔 유럽본부(제네바 사무소)에서 개최한 프레세션에도 참석하여, IMADR(반차별국제운동)의 지원을 받으며 결과적으로 총 13개국 정부 대표부와 접촉해 대면 및 온라인으로 정보를 제공할 수 있었다.

제네바에서 여러 정부대표부에 정보를 제공했을 때 필자가 일본 정

---

6 같은 보고서는 재일본조선인인권협회 홈페이지에서 영문 원문과 일본어 번역본 모두 열람 가능<http:// k-jinken.net/?p=812>(열람일: 2023.12.20.).

7 유엔 문서 A/HRC/WG.6/28/JPN/3, para. 10, 12, 44, 45.

부가 '고교무상화' 제도에서 조선학교를 제외했다는 사실을 설명하자, 한 국가의 정부 대표는 "정말 조선학교만 제외했느냐?"고 물었다. "우리나라도 완벽하지는 않지만 21세기에 그런 일이 일어나고 있다니 믿을 수 없다"는 반응이 즉각 돌아왔다. 일본 정부의 재일조선인 정책이 너무 노골적이고 명백한 차별 정책임을 실감하는 순간이었다.

또 다른 나라 정부 대표는 '고교무상화' 제도에서 조선학교를 제외하는 것은 차별이므로 조선학교에도 해당 제도를 적용할 것을 일본 정부에 요구한 조약 기구(사회권규약위원회－인종차별철폐위원회)의 권고[8]에 대해 필자가 정리한 자료에 주목하며 "조약 기구에서 권고가 나오면 우리도 권고하기 쉽다"고 말했다. UPR에서 각국으로부터 유용한 권고를 이끌어 내기 위해서는 동일한 종류의 문제에 관한 조약기구의 권고를 받아 두는 것이 매우 효과적이라는 것을 실감했다.

이러한 활동의 결과, 같은 해 11월 14일에 열린 심사에서는 재일조선인을 비롯한 마이너리티 아동의 교육권과 관련된 권고가 4개국에서 나왔다(표 4-2-1 참조).[9] 이 중 포르투갈과 조선민주주의인민공화국은 조선학교 학생들에게도 '고교무상화' 제도를 적용할 것을 요구하는 취지의 권고를 했다. 오스트리아도 앞서 언급한 바와 같이 사회권규약위원회 및 인종차별철폐위원회가 각각 2013년과 2014년에 마이너리티 자녀의 교육권과 관련하여 조선학교에 '고교무상화' 제도 적용을 요구하는 권고를 내놓은 것으로 보아 같은 취지의 내용을 권고하고 있는 것으로 해석할 수 있다. 이러한 점에서도 UPR과 다른 협약기구와의 연관성이 높다는 것을 알 수 있다. UPR 일본 심사에서 조선학교 차별 문제가

---

8 유엔 문서 E/C.12/JPN/CO/3, para. 27, 유엔 문서 CERD/C/JPN/CO/7-9, para. 19.

9 이 중 팔레스타인에 대해 유엔 총회는 2012.11.29. 29에 채택된 유엔 총회 결의에 따라 팔레스타인을 옵서버 국가 지위를 가진 비회원국으로 인정하고 있다. 유엔 문서 A/ RES/67/19.

[사진 4-2-1] 참가한 다른 정부 대표에게 정보를 제공하는 필자(중앙, 2017년 10월 10일)

거론된 것은 이번이 처음으로, 일본 정부의 '고교무상화' 제도에서 조선학교를 제외한 것이 국제인권기준에 비추어 시정되어야 할 인권침해 행위임을 다시 한번 보여준 형태이다. UPR 심사에서의 권고는 지금까지 제출되었던 조약 기관들로부터의 권고와 더불어 피심사국에게 권고의 이행을 압박하는 효과가 있다고 할 수 있으며, 일본 정부에는 해당 권고의 성실한 준수가 요구된다.

이 권고들은 2017년 11월 16일 UPR 작업반에서 채택되었고,[10] 인권이사회의 검토를 거쳐 2018년 3월 19일 인권이사회에서 결과문서가 채택되었다.[11] 일본 정부는 같은 달 인권이사회에 제출한 정부 보고서

---

10 유엔 문서 **A/HRC/37/15.**
11 유엔 문서 **A/HRC/DEC/37/112.**

<표4-2-1> UPR 제3차 일본 심사에서 나온 각국의 권고와 일본 정부의 답변
(조선학교·재일조선인 관련)

UPR 제3차 일본 심사에서 제출된 권고 (2017.11.14)	권고한 국가	일본 정부의 답변 (2018.3.1)
161.145 지방자치단체의 책임하에 있는 학교를 포함하여, 국내의 모든 학교에 '고등학교 교육 수업료 무상화 및 취학 지원금 제도'가 적용되도록 확보할 것.	포르투갈	유념함(Note). 해당 제도는 지방자치단체의 책임하에 있는 학교를 대상으로 한다. 해당 제도의 적용은 관계 법령으로 규정되어 있다.
161.146 모든 사람에게 학교 입학에 대한 완전한 접근을 확보하고, 특히 여성과 아동의 평등한 교육 접근과 관련하여, 마이너리티 집단이 직면할 수 있는 모든 장애물을 제거하기 위한 노력을 계속할 것.	팔레스타인	후속 조치(Follow-up)를 수용함 (Accept to follow up).
161.150 사회권 규약 위원회 및 인종차별 철폐 위원회의 권고에 따라, 마이너리티 아동들이 차별 없이 교육받을 권리를 향유할 수 있도록 확보할 것.	오스트리아	후속 조치를 수용함.
161.151 '고등학교 교육 수업료 무상화 및 취학 지원금 제도'가 조선학교에 다니는 아동들에게도 적용될 수 있도록 조치를 취할 것. 또한 관련 조약 기관의 권고에 따라, 조선학교에 대한 평등한 대우를 확보할 것.	조선민주주의인민공화국	수용하지 않음(Not accept). 일본의 입장은 UPR 실무그룹 보고서에 기록된 상호 대화에서 언급한 바와 같다(155항). 일본은 제도의 적합성을 공정하게, 그리고 관계 법령의 취지에 근거하여 판단하고 있으며, 조선학교에 대한 차별이 아니다.
161.86 재일조선인에 대한 차별이나 괴롭힘을 허용하는 모든 국가 정책 및 규칙을 폐지할 것.	조선민주주의인민공화국	수용하지 않음. 재일조선인에 대한 차별이나 괴롭힘을 허용하는 국가 정책 및 규칙은 존재하지 않는다.

를 통해 포르투갈과 조선민주주의인민공화국이 제시한 상기 권고들을 '유념(Note)'할 뿐 수용하지 않겠다(Not accept)고 답변하며, 조선학교 차별 문제에 직면하지 않으려는 태도를 표명했다(표 4-2-1 참조).[12]

나. 제4차 심사

제4차 심사는 2023년 1월 31일에 실시되었으며, 115개국의 정부 대표가 일본의 인권 상황에 대해 300개에 달하는 권고를 했다. 그 내용은 독립적인 국내 인권기구의 설치, 포괄적 차별금지법 제정, 사형제 폐지, 성 평등, 난민 수용, 외국인 노동자의 인권 문제 등 다양했다.

필자는 제4차 심사를 위해 재일본조선인인권협회로서 NGO 보고서 '일본의 인종차별: 조선학교에 다니는 아이들을 중심으로'를 2022년 7월에 OHCHR에 제출했다. 이 보고서에는 제3차 심사 때에도 보고한 ① '고교무상화' 문제, ② 지방정부의 보조금 삭감 및 중단 문제, ③ 2019년부터 시작된 유아교육·보육 무상화 제도의 적용 대상에서 조선학교를 포함한 외국인학교 유치원이 제외된 문제(이하 '유아무상화 문제'), ④ 조선학교 학생에 대한 혐오표현·혐오범죄 문제에 대해 보고했다. 이러한 보고는 OHCHR의 NGO 보고서 요약문서에 인용되었다.[13]

또한 같은 해 12월부터 심사 직전까지 OHCHR에 보고서를 제출한 다른 일본 NGO와 협력하여 일본에 주재하는 각국 대사관에 위 NGO 보고서를 보내 관련 권고가 내려지도록 노력했다.

그렇게 심사 당일이 다가왔고, 조선민주주의인민공화국 정부가 '고교무상화' 문제, 유아보육 무상화 문제, 보조금 문제 및 혐오표현 문제에 대해 일본 정부에 시정을 요구하는 권고를 하였다.[14] 앞서 언급한 바와 같이 제3차 심사 시에는 제네바에 가서 각국 정부 대표부에 대면으로 권고를 한 적도 있어 4개국에서 관련 권고가 나온 반면, 제4차 심사에서는 대면으로 정보를 제공할 수 없었기 때문에 조선학교 차별시정

---

12 유엔 문서 A/HRC/37/15/Add.1.

13 유엔 문서 A/HRC/WG.6/42/JPN/3, para. 14, 48.

14 '조선 대표부, 조선학교 차별에 권고 / 유엔 인권이사회, 일본 인권 상황 심사', 『조선신보[웹판]』 2023.2.5. <https://chosonsinbo.com/jp/2023/02/05-88/>(검색일: 2023.12.20.).

을 요구하는 구체적인 권고를 한 국가는 위의 1개국에 불과했다. 온라인을 통한 정보 제공이 충분히 가능한 현재에도 NGO가 제네바를 방문하여 각국 정부대표부에 직접 대면하여 정보를 제공하는 것은 그 의미가 더욱 크다고 할 수 있다.

심사에서 나온 권고안은 이후 UPR 작업반에서 채택(2023년 2월 3일)되고, 인권이사회에서 검토를 거쳐[15] 결과문서가 인권이사회에서 채택(같은 해 7월 10일)되었다.[16] 일본 정부는 같은 해 6월 인권이사회에 제출한 정부 보고서에서 또다시 조선민주주의인민공화국의 위 권고를 받아들이지 않는다는 취지의 회신을 하였다.[17]

조선학교와 재일조선인에 대한 차별 문제에 대해서는 지금까지 조약 기구의 시정 권고가 많이 쌓여왔지만, 일본 정부에 대한 차별시정을 요구하는 여론을 국내·국제적으로 더욱 강화하기 위해서는 UPR을 활용하여 각국의 권고를 이끌어 내는 것이 중요하다는 것을 실감했다.

4. 통보(Communications)

(1) 통보란

유엔 인권이사회에는 특정 국가나 지역(국가별) 또는 전 세계적으로

---

15 유엔문서 A/HRC/53/15.

16 유엔문서 A/HRC/DEC/53/112.

17 유엔문서 A/HRC/53/15/Add.1. '조선학교 차별시정 '불수용' / 유엔인권이사회의 각국 권고에 일본정부 답변' 『조선신보 [웹판]』 2023.8.31. <조선신보>. https://chosonsinbo.com/ jp/2023/08/31-97/>(열람일: 2023.12.20.) 그 외의 권고와 일본 정부의 대응 태도에 대해서는 일반재단법인 아시아태평양인권정보센터(휴먼라이츠오사카)의 웹사이트에 일람표(일본어)로 정리되어 있다. <https:// www.hurights.or.jp/archives/newsinbriefja/section4/2023/07/upr710.html> (검색일: 2023.12.20.).

발생하고 있는 인권 침해(주제별)에 대해 조사, 감시, 권고, 보고서를 공표하는 유엔 인권 메커니즘으로서 '특별절차(Special Procedures)'라는 시스템이 있다. 이 특별절차를 위해 임명되는 독립적인 전문가는 '특별보고관', '독립전문가', '특별대표' 등으로 불리며, 여러 전문가가 임무를 맡는 경우 일반적으로 '실무그룹'으로 불린다. 2023년 11월 현재 특별절차에는 46명의 주제별 임무보유자, 14명의 국가별 임무 보유자가 존재하고 있다.[18]

'통보'란 이 특별절차 중 인권 침해를 호소하는 신뢰할 수 있는 정보가 접수된 경우 특별보고관들이 외교 경로를 통해 관련국 정부나 정부 간 기구, 기업, 군사-안보 관련 기업 등에 보내는 서한을 말한다. 그 주요 목적은 ① 인권 침해의 진정에 대해 정부 및 관계자의 주의를 환기시키고, ② 인권 침해 행위의 예방, 중지, 조사, 시정조치를 취하도록 관계자에게 요청하고, ③ 신고와 이에 대한 답변을 인권이사회에 보고함으로써 일정 기간 대응한 개인이나 집단의 사안에 대해 일반 시민의 의식을 향상시키는 데 있다.[19]

모든 개인, 집단, 시민사회단체, 정부 간 기구, 국내 인권기구는 특별보고관에게 전용 특별절차 제출 온라인 양식[20] 또는 우편을 통해 인권 침해에 대한 정보를 제출할 수 있다. 접수된 정보가 신뢰할 수 있는 것이라면 OHCHR의 조정을 거쳐 특별보고관이 정부나 관계자에게 통보를 송부한다. 통보에는 긴급성이 없는 인권 침해의 경우 제출하는 '진

---

18 "인권이사회의 특별절차" <https://www.ohchr.org/en/specialprocedures-human-rights- council>(검색일: 2024.2.29.).

19 木村光豪 「国連特別手続の通報手続制度に関する一考察—『ハンセン病患者・回復者及びその家族に対する差別撤廃に関する特別報告者』による通報を手がかりとして」, 関西大学学術リポジトリ, 2023, p.144.

20 "Submission of information to the Special Procedures" <https://spsubmission.ohchr.org/>에서 제출 가능(검색일: 2024.2.29.). 2024년 2월 현재 제출 언어는 영어, 스페인어, 프랑스어 세 가지로 제한되어 있다.

정 서한(letter of allegations)', 생명의 위험 등 시간적으로 급박한 경우 제출하는 '긴급 호소(urgent appeal)', 인권침해 이외의 정보를 요청하는 경우 제출하는 '기타 서한(other letter)'의 세 가지 종류가 있다. 통보를 받은 정부나 관계자에게는 해당 통보에 대해 답변할 기회가 주어진다.

개인이 유엔에 인권 침해를 진정할 수 있는 제도에는 ① 국제인권조약상의 개인통보제도, ② 인권이사회의 불복신청 절차(이른바 1503절차), ③ 특별절차에 따른 통보 절차의 3종류가 있는데, 위에서 서술한 일련의 통보 절차는 해당 정부가 국제인권조약 상의 개인통보제도를 도입하지 않았더라도 이용할 수 있다. 또한 대규모 인권 침해를 대상으로 하는 인권이사회 불복 신청 절차와는 달리 개별적인 인권 침해 사례도 다룰 수 있다. 따라서 개인 신고제도가 도입되지 않은 일본과 같은 국가에서는 보다 적극적으로 활용되어야 할 제도라고 할 수 있다.[21]

(2) '학생지원 긴급 급부금' 제도의 마이너리티 차별 문제에 대한 활용 사례

2020년 5월, 문부과학성은 코로나 사태로 가계 수입이나 아르바이트 수입이 크게 감소하여 대학 등에서의 학업 지속이 어려워진 학생들이 학업을 포기하지 않도록 현금을 지급하는 제도로, '배움의 지속'을 위한 '학생 지원 긴급 급부금'(이하 '급부금') 제도를 창설했다.

그러나 이 제도는 마이너리티 권리 보장의 관점에서 두 가지 심각한 문제를 안고 있었다. 즉 ① 조선대학교 학생 등을 지급 대상에서 제외시킨 문제, ② 지급 대상 중 유학생에 한하여 성적 상위라는 요건을 설정한 문제이다.

21　국제인권조약상의 개인통보제도, 인권이사회의 이의제기 절차, 특별절차상 통보 절차의 역사적 전개에 대해서는 木村, 앞의 주19의 인용 논문 pp.135-143 참조.

그리고 코로나 사태로 인해 경제적으로 어려움을 겪는 학생이 있다는 사정은 조선대학교 학생이나 유학생 모두 마찬가지임에도 불구하고, 수급 대상이나 수급 조건에서 불필요한 선을 긋는 것은 차별적이라며 처음부터 당사자인 조선대학교 학생과 유학생, 그 외 다양한 NGO, 변호사협회, 지식인 등이 반대의 뜻을 표명해 왔다.

구체적으로 살펴보면, ①에 대해서는 각종 학교 인가조차 받지 않은 학교까지 포함하여 외국 대학의 일본 분교 6개교를 대상으로 삼은 반면, 조선대학교는 각종학교라는 이유로 배제하고 있다. 또한 문부과학성 스스로 조선대학교 졸업생의 대학원 응시자격과 국가시험 응시자격 인정을 통해 조선대학교를 실질적으로 일본의 고등교육기관으로 인정하고 있음에도 불구하고, 조선대학교가 고등교육기관이라는 담보가 없다는 이유로 배제하는 민족차별의 문제가 있었다. 또한 ②에 대해서는 유학생이라는 이유만으로 성적 상위의 요건을 부과하는 국적 차별의 문제가 있었다.

이러한 문제에 대해 IMADR이 같은 해 6월 특별절차 통보 절차를 통해 4명의 특별보고관(A: 현대적 형태의 인종주의·인종차별·인종혐오 및 외국인 혐오 및 관련 불관용에 관한 특별보고관, B: 교육에 대한 권리에 관한 특별보고관, C: 이주민의 인권에 관한 특별보고관, D: 마이너리티 문제에 관한 특별보고관)에게 일본이 준수해야 할 의무가 있는 각 국제인권조약을 위반하여 국적·인종·민족차별에 해당할 가능성이 있다고 제소했다. 위 ①과 관련하여 필자가 HURAK로서 IMADR에 정보를 제공하였다.

그러자 위 4명의 특별보고관들은 2021년 2월, 위 2가지 질문의 시정을 요구하는 공동 진정 서한(Joint Letter of Allegations)을 연명으로 일본 정부에 송부했다.[22]

---

22 '현대적 형태의 인종주의·인종차별·외국인 혐오 및 관련 불관용에 관한 특별보고관, 교육권에 관한 특별보고관, 이주민 인권에 관한 특별보고관, 마이너리티

640

이 서한에서 특별보고관들은 '급부금'이 일본이 당사국인 사회권규약 및 인종차별철폐조약을 포함한 국제인권조약상의 의무를 준수하지 않고 있는 것에 대해 우려를 표명했다.

해당 서한은 또한 위 ①에 대해 "인종, 민족 또는 국적을 이유로 한 차별에 해당할 가능성이 있다"며 "조선대학교의 마이너리티 학생을 차별하고 있는 것을 우려한다"고 지적했다. 또한 "이러한 배제는 이들 학교의 제도적 자율성을 훼손할 우려"가 있고, "마이너리티 학생들에게는 그들의 민족적, 인종적, 문화적, 언어적 아이덴티티 증진에 도움이 되는 교육에 대한 접근을 더욱 위태롭게 한다"고 강력히 비난했다.

그리고 위 ②에 대해 "유학생들이 (코로나 사태로) 직면한 어려움은 학업 성적과 무관하다"고 강조하면서, 학업 성적에 따른 지원에서 배제하는 것은 평등하게 교육을 받을 권리를 해칠 수 있으며, 유학생을 다르게 취급하는 것은 "차별에 해당할 수 있다"고 밝혔다.

또한 이 서한은 두 문제에 대한 추가 정보와 의견, 마이너리티 학생들의 학습 지속을 용이하게 하기 위해 일본 정부가 취한 조치 등에 관한 정보를 제공할 것을 요청했다.

이에 대해 일본 정부는 위 ①에 대해서는 각종 학교 중 조선대학교만 제외된 것이 아니므로 차별에 해당하지 않으며, ②에 대해서도 일본인 학생에게도 성적 요건이 있어 지급 격차가 없다는 등의 반론을 같은 해 4월 19일자로 위 특별보고관들에게 발송했다.[23]

그러나 해당 반론은 위 ①에 대해 문부과학성 스스로의 모순된 조치

문제에 관한 특별보고관의 임무', 2021.2.19. <https://spcommreports.ohchr.org/TMResultsBase/DownLoadPublicCommunicationFile?gId=26027>(검색일: 2024.2.28.).

23 '특별절차 공동통신에 대한 일본 정부의 답변(AL JPN2/2021)'<https://spcommreports.ohchr.org/TMResultsBase/DownloadFile?gId=36145>(검색일: 2024.2.28.).

에 대해 그 어떤 합리적인 설명도 내놓지 못했다. 또한 위 ②에 대해서도 유학생의 성적요건이 일본인 학생에 대한 성적 요건보다 더 까다로운 것에 대해 합리적인 설명을 하지 않은 부당한 내용이었다. 한편, 조선대학교와 이주민과 연대하는 전국 네트워크(이주련)가 해당 반론에 대한 추가 반박을 하고 있으므로, 그쪽도 참고할 필요가 있다.[24]

이 서한이 일본 정부에 송부된 것은 당시 언론에서도 크게 보도되었지만, 국제인권조약상의 개인통보제도가 아직 도입되지 않은 일본에서 통보는 누구나 쉽게 이용할 수 있는 유용한 절차라는 것을 실감했다.

5. 맺음말

"왜 우리는 항상 지원의 대상에서 제외되는 것일까? 이것은 돈의 문제가 아니라 존엄성의 문제라고 생각합니다. 누구나 자신의 아이덴티티에 자부심을 가지고 활기차게 살아갈 수 있는 사회. 그것이 진정한 다문화 공생 사회가 아닐까요?"

이는 앞서 언급한 '급부금' 문제와 특별보고관들의 공동청원 서한을 받고 2021년 9월에 열린 입헌민주당의 청문회에서 조선대학교 학생이 한 말이다.

---

24 조선대학교, '학생 지원 긴급 급부금의 조선대학교 학생 제외가 차별임을 지적한 유엔 공동 서한(2021년 2월 19일)에 대한 일본 정부의 답변(동년 4월 19일)에 대한 본교의 주장' <https:// www.korea-u.ac.jp/20210906014-2 />(2021년 9월 6일, 검색일: 2024.2.28.). 이주민과 연대하는 전국네트워크 '학생지원 긴급 급부금에 관한 유엔 공동서한에 따른 일본 정부의 답변에 대한 반론'<https://migrants.jp/news/voice/20210629.html>(2021년 6월 29일, 검색일: 2024.2.28.).

　문부과학성은 '급부금'이 안고 있는 위와 같은 문제와 그것이 당사자들에게 주는 경제적·정신적 고통의 크기에 대해 이러한 마이너리티 당사자들의 호소를 들을 기회가 여러 차례 주어졌음에도 불구하고, 같은 해 12월에 세부 내용을 발표한 새로운 '학생 등의 학업을 계속하기 위한 긴급 급부금'에 대해, 유학생의 성적 요건을 일본인 학생과 동일하게 개정하는 한편, 또다시 조선대학교 학생을 그 대상에서 제외했다.

　'고교무상화' 제도에서의 제외, '유아보육무상화' 제도에서의 제외, '급부금'에서의 제외 등에서 볼 수 있듯이, 조선학교와 그 학생·대학생들을 정부의 지원에서 무조건 배제하려는 문부과학성의 '배제 정책'은 일본 정부가 재일조선인의 마이너리티 권리를 무시하고 있으며, 나아가 오히려 적극적인 침해를 지속하고 있는지를 노골적으로 보여주고 있다.

　이러한 현상에 대항하기 위해서라도 이 글에서 언급한 바와 같이 유엔 시스템을 활용하여 일본 정부가 마이너리티 권리의 국제기준에 비추어 조선학교와 그 학생들에 대한 차별 정책을 시정하고 마이너리티 권리를 보장할 것을 강력히 촉구해 나가고자 한다.

유엔 여성차별철폐위원회를 통해 얻은 마이너리티 여성의 임파워먼트

박군애

1. 마이너리티 여성으로 '깨어나다'

나는 한반도에 뿌리를 둔 재일교포 3세이며, 여성, 즉 마이너리티 여성이다. 나의 경험을 돌이켜보면, 어떤 때는 재일코리안이라는 이유로, 또 어떤 때는 여성이라는 이유로, 그리고 그 두 가지 차별이 겹쳐진 것이 아닌가 하는 생각을 하면서 인생의 과정에서 여러 가지 삶의 어려움을 느껴왔다. 지금은 '박'이라는 민족 이름으로 사는 것이 당연한 일상이 되었지만, 10대 후반까지는 일본식 통칭을 사용하며 재일코리안임을 숨기고 살았다. 학교나 지역 사회에서 민족 차별적인 발언이 나올 때마다 고개를 숙일 수밖에 없었다. 일본인들 앞에서 민족의상인 치마저고리를 입는다는 것은 상상도 할 수 없는 일이었다. 1980년대에 관여했던 민족차별철폐운동은 일본이 1979년에 비준한 국제 인권 규약을 비롯한 인권조약들을 활용하면서 운동을 전개하며 큰 의미를 느꼈지만, 지도자의 대부분이 남성이었고, 인권 운동에서도 고정적인 성 역할이 뚜렷하게 존재했다. 또한 한반노 출신에 내한 민족차별과 억압이 지속되고 일본으로의 동화를 강요받는 사회 속에서 재일코리안 커뮤니티는 민족차별에 대해 목소리를 높이는 한편, 전통문화 속의 성차별적인 부분을 되짚어보는 일은 좀처럼 하지 못하고, 이로 인해 재일코리안 여성들 스스로도 커뮤니티 내 성차별에 침묵하는 상황이었다. 재일코리안 여성은 일본 사회의 성차별은 물론 재일코리안 커뮤니티 내에서도 성차별을 겪으며 뿌리 깊은 가부장적 의식에 부딪히기도 했다. 그러나 나를 포함한 주변의 재일코리안 여성들은 애초에 젠더라는 단어도 몰랐고, 더군다나 '복합차별'이라는 개념은 알 길이 없었다. 일본의 여성 운동은 일본인 여성들의 운동으로만 보였고, 내가 속할 곳이 아니라고 생각했다. 그 무렵 집회에서 만난 일본 여성 운동 지도자들이 말하는 '우리'에는 일본 국적을 갖지 않은 재일코리안 여성 등은 포함되지 않았던 것 같다.

30대 후반부터 직원으로 일하기 시작한 (재)아시아태평양인권정보센터(휴 라이츠 오사카)의 사업에서 1995년 유엔이 개최한 '제4회 세계여성회의'[1] (베이징 여성회의)와 그 성과 문서(베이징 선언 및 행동강령)[2]에 대한 정보를 접할 수 있었다. 행동강령에는 더 어려운 상황에 처한 여성들에 대한 언급이 있었고, 자신과 같은 마이너리티 여성들이 자신의 힘든 경험을 당당하게 말할 수 있다는 용기를 얻었던 기억이 난다. 베이징 여성회의는 전 세계에서 5만 명, 일본에서도 5천 명 이상이 참가한 대규모 회의였는데, 거기에 내가 알던 마이너리티 여성과 재일코리안 여성단체도 NGO로 참가했다는 사실을 나중에 문자로 알게 되었다.

복수의 마이너리티성을 가진 사람이 겪는 차별은 각각의 차별이 교차적으로 작용하고 복잡하게 얽혀 있기 때문에 그 차별과 억압의 상황이 더 복잡하고 잘 보이지 않게 된다. 각각의 차별을 개별적으로 다루고, 차별의 해결도 개별적으로 대응하는 것으로 여겨졌기 때문에 그러한 사람들의 존재가 사회 속에서 인식되지 못하고 가시화되지 못했다. 이러한 성격의 차별은 '복합차별', '교차성차별'이라고 불린다(이하 이 글에서는 '복합차별'이라 칭한다).

복합차별이 일본에서 거의 화제가 되지 않았던 1999년 말부터 약 1년간 국제 인권 NGO인 반차별국제운동(IMADR)이 사무국을 맡은 '마이너리티 여성에 대한 복합차별연구회(이하 '복합차별연구회')'는 활발한 활동을 전개했다. 나는 그 복합차별연구회의 멤버이기도 했던 재일코리안 여성

---

1 1975년 유엔에서 '국제 여성의 해'가 제정되었고, 같은 해 제1회 세계여성회의가 멕시코시티에서 개최되었다. 이후 '유엔 여성 10년'(1976~1985년)의 시행이 결정되었고, 중간 해인 1980년 코펜하겐에서 제2회 세계여성회의가 개최되었다. 코펜하겐에서는 1979년 유엔에서 채택된 여성차별철폐협약의 서명식 등이 열렸다. '유엔 여성 10년'의 마지막 해인 1985년 제3차 세계여성회의가 나이로비에서 개최되었고, 10년 후 베이징에서 제4차 여성회의를 개최하기로 결정되었다. 그 성과문서('여성의 지위 향상을 위한 전략 1985-2000')에 마이너리티 여성에 대한 내용이 약간 언급되어 있다.

2 '베이징 선언'(일본어 번역) <https://www.gender.go.jp/international/int_standard/int_4th_beijing/index.html>, 「행동강령」(일본어 번역) <https://www.gender.go. jp/international/int_standard/ int_4th_kodo/index.html>.

들에 의한 재일코리안 여성에 대한 제1차 실태조사(2005년)에서 설문조사의 협조를 요청받아 재일코리안 여성들의 활동에도 접하게 되었다.

2. '복합차별'에 대한 관심 고조

베이징 여성회의 이후, 마이너리티 여성에 대한 언급이 인권 문서에 계속 등장하고 있다. 그중 내가 영향을 받은 정보를 몇 가지 나열해 보고자 한다.

① 2000년 인종차별철폐위원회가 '인종차별의 젠더 관련 측면에 관한 포괄적 권고 25'를 채택했다.

② 2000년 11월에 유엔 기구들이 협력하여 크로아티아에서 '성차별과 인종차별에 관한 전문가 회의'가 개최되었다. 복합차별의 개념을 정리한 이 회의 보고문서의 일본어 번역본에서 복합차별의 개념을 배웠다.[3] 이 회의의 개최 목적 중 하나는 2001년 남아프리카공화국 더반에서 개최된 '더반 회의(반인종주의·차별 철폐 세계회의)'를 위한 준비였다. 유엔이 주최한 더반 회의에서 인종차별과 성차별이 복합적으로 여성에게 미치는 영향이라는 것이 의제 중 하나가 되었다.

③ 2010년 여성차별철폐위원회(CEDAW)가 채택한 '여성차별철폐협약 제2조에 따른 당사국의 주요 의무에 관한 포괄적 권고 28'. 그중 당사국이 복합차별(※원문은 intersectionality)을 인식하고 금지할 필요가 있으며, 복합차별 근절을 위해 잠정적인 특별조치를 포함

---

3 IMADR-JC 복합차별 프로젝트 번역 '성차별과 인종차별에 관한 전문가 회의 보고서 2000.11.21.-24 자그레브(크로아티아)' <https://imadr.net/wordpress/wp-content/uploads/2012/10/822f9244a8626e2f839125ad904d6b6c.pdf>.

한 정책·계획을 추진해야 한다고 명시되었다.

④ 2006년에 채택된 장애인권리협약(2014년 일본 비준)의 조문에 '장애 여성' 항목이 포함되었다. 장애 여성과 장애 남성은 차별에 의한 부정적 영향이 같지 않고, 성별에 따른 차별을 받는다는 인식과 그 해소를 위한 조치의 필요성이 명시되어 있다.

(참고로 인종차별철폐위원회, 여성차별철폐위원회는 국제인권조약인 인종차별철폐협약, 여성차별철폐협약의 비준국에 의한 이행 상황을 감시하기 위해 설치된 조약 기구이다.)

마이너리티 여성의 인권 문제가 국제사회의 관심사가 된 것은 말할 것도 없이 미국의 '흑인' 여성과 세계 각지의 원주민 여성을 비롯한 세계의 마이너리티 여성들이 일어나 복합적인 차별의 문제를 제기하고 해결을 요구하면서부터이다. 나는 마이너리티 여성 운동을 직접 알게 되면서 일본에서도 부락 여성, 재일코리안 여성, 장애 여성 등 다양한 마이너리티 여성들이 지금보다 훨씬 억압받던 시절에 자신의 권리를 찾기 위해 싸워온 역사를 알게 되었다. 그리고 앞서 언급한 바와 같이 국제사회의 인권 문서와 조약 기구의 노력은 나를 비롯한 복합적인 차별에 직면한 마이너리티 여성들에게 힘을 실어주었다.

더반 회의로부터 20여 년이 지난 지금, 일본 국내에서도 여성이자 다양한 마이너리티에 속하는 사람들이 연결되고 있다.

3. 제4회·제5회 일본 정부보고서 심사 — '복합차별'이 과제가 되다(2003년)

2003년 7월 여성차별철폐위원회(CEDAW)의 제4회·제5회 일본 정부 보고서 심사 시 마이너리티 여성(부락 여성, 재일코리안 여성, 아이누 여성)이 자신들의 실태를 호소하는 공동보고서를 제출했다. 이후 마이너리티 여성 운동의 코디네이터는 IMADR이 맡았다. 이 회기부터 일본 정부보고서 심사를 위해 NGO 간 연대·협력하고자 JNNC(일본여성차별철폐조약 NGO네트워크)가 결성되었다. 마이너리티 여성 그룹은 JNNC에 참여하여 로비 활동을 하기 위해 부락 여성과 아이누 여성들이 심사 장소인 뉴욕 유엔본부를 방문했다.

당시 CEDAW에 처음 참가한 아이누 여성은 나중에 이렇게 말했다. "아이누의 민족의상을 입고 참가한 저는 긴장의 연속이었지만, 일본 정부와 위원회와의 대화 속에서 '아이누'와 '마이너리티'라는 단어가 많이 들려왔고, 그 모습을 듣는 것만으로도 눈물이 쏟아졌다."고 말했다. 일본 사회에서 '없는 존재'로 여겨져 온 마이너리티 여성이 가시화되고, 자신들이 호소하는 과제가 위원들에게 전달되어 유엔 조약 기구의 심사장에서 이야기된 것이다. CEDAW의 최종 견해[4]에는 구체적인 고유명사는 언급되지 않았지만, 일본 정부가 제출한 마이너리티 여성 관련 정보가 매우 결여되어 있다는 점에 대해 우려가 표명되었다. 그리고 마이너리티 여성에 대한 포괄적인 정보, 특히 교육, 고용, 건강 상태, 폭력에 관한 정보를 제공할 것을 권고했다.

마이너리티 여성들은 일본 정부에 대한 이 권고를 환영하며, 일본 정부에 권고 실시를 요구하며 면담을 신청했지만 면담조차 이루어지지 않았다고 한다. 그러자 아이누 여성·부락 여성·재일코리안 여성들은 비록 사회조사 전문가는 아니었지만 당사자가 당사자를 직접 조사하는 실태조사의 의의를 느끼고 연대하여 조사를 진행하기로 했다. 그리

---

4 '협약 제18조에 따라 당사국이 제출한 보고서 심의(여성차별철폐위원회 제29차 회의 보고서(A/58/38) 관련 부분)' (가번역)<https://www.gender.go.jp/international/int_kaigi/int_teppai/ pdf/ 4th5th-comment.pdf>.

고 당사자 단체들이 공통의 과제를 논의하는 한편, 각자의 상황에 입각한 독자적인 설문 문항을 설정했다. 세 그룹의 조사 결과는 일본어와 영어 서적으로 발간되었으며,[5] 그 일부는 다음 심사를 위한 NGO 리포트로서 CEDAW에 제출되었다.

4. 제6차 일본 정부보고서 심사―파워업한 마이너리티 여성들(2009년)

이어진 제6차 일본 정부보고서 심사는 2009년 7월에 뉴욕에서 개최되었다(사진 4-3-1). 일본 정부의 제6차 보고서에는 마이너리티 여성에 대한 언급은 있었지만, 지난번 권고에도 불구하고 구체적인 시책이나 데이터는 제시되지 않았다. 이러한 일본 정부의 태도에 대해 더욱 다양한 마이너리티 여성 그룹이 CEDAW에 NGO 보고서를 제출했다. 그리고 부족 여성, 재일코리안 여성, 아이누 여성, 오키나와 여성, 이주여성, LBT(레즈비언·바이섹슈얼·트랜스젠더) 여성 등 마이너리티 여성들이 힘을 모아 뉴욕 유엔본부에서 위원들을 상대로 로비 활동을 벌였다. 이번 총평[6]에서는 '마이너리티 여성'이라는 항목이 신설되어 복합차별 철폐를 위한 권고가 구체적으로 언급되었다. 또한 CEDAW의 종합견해에서 처음으로 일반명사 '마이너리티 여성'이라는 표현뿐만 아니라 아이누, 피차별부락, 재일코리안, 오키나와 여성과 같은 고유명사도 제시되

---

5 『立ち上がりつながるマイノリティ女性(現代世界と人権21)』 반차별국제운동 일본위원회(IMADR-JC), 2007. 영어는 유리코 하라, "Minority Women Rise Up: A Collaborative Survey on Ainu, Buraku and Korean Women in Japan," IMADR, 2009.

6 '여성 차별철폐위원회의 최종견해(여성차별철폐위원회 제44차 회의 2009년 7월 20일~8월 7일)'(가역)<https://www.gender.go.jp/international/int_kaigi/int_teppai/pdf/CEDAW 6_co_ j.pdf>.

[사진 4-3-1] 2009년 7월에 개최된 CEDAW 제6회 일본 정부보고서 심사 모습
(제공: 반차별국제운동[IMADR])

었다(참고로, 국제인권법에 근거한 선주민족 권리를 요구하는 활동에서는 류큐(琉球)를 사용하는 경우가 많다). 권고에서 언급된 구체적인 조치는 다음과 같다.

① 복합차별 철폐를 위한 정책이나 잠정적 특별조치를 취한다.
② 의사결정 기관에 마이너리티 여성의 임명을 촉구한다.
③ 마이너리티 여성의 상황, 특히 교육, 고용, 건강, 사회복지, 폭력 피해에 관한 정보를 다음 보고서에 포함한다.
④ 아이누, 피차별부락, 재일코리안, 오키나와 여성을 포함한 마이너리티 여성의 실태 조사를 실시한다.
⑤ '여성에 대한 폭력'과 '정치·공공활동의 평등한 참여'에 관한 마이너리티 여성의 상황에 대해 보고한다.

또한 '피해받기 쉬운 여성 집단' 항목에서 농촌 여성, 미혼모, 장애 여성, 난민 및 이주여성에 관한 정보와 통계의 부족을 지적하고, 집단의 요구를 충족시킬 수 있는 젠더에 특화된 정책과 프로그램을 요구하고 있다.

다만, LBT 여성에 대해서는 당사자들이 위원회에 NGO 보고서를 제출하고 로비 활동을 펼쳤으나, 종합소견에는 언급되지 않았다.

5. 제7차 · 8차 일본 정부보고서 심사—다수의 권고 (2016년)

2016년 2월 제7차 · 8차 일본 정부보고서 심사는 스위스 제네바의 유엔 유럽본부에서 이루어졌다. 나는 CEDAW에 정보를 제공하기 위한 NGO 보고서 작성 당시부터 재일코리안 여성 그룹에 참여하여 준비를 진행하였다. 그리고 일터인 휴 라이츠 오사카에서 방청을 위해 파견되어, 특히 마이너리티 여성과 관련된 정보 수집과 함께 당사자의 한 사람으로서 심사에 임했다. 마이너리티 여성단체는 지난번과 마찬가지로 JNNC의 네트워크에 가입한 다양한 여성인권 과제를 다루는 NGO와 협력하여 NGO 보고서, 그리고 로비활동을 진행했다. NGO 중에는 나를 포함하여 처음 참가하는 단체도 적지 않았다. 장애 여성 그룹은 활동보조인을 포함해 11명이 참가했다. 어떤 위원이 특히 복합차별에 관심이 있는지, 어떤 분야의 전문가인지, 한정된 시간에 타이밍을 맞춰 위원들에게 접근하는 것은 쉽지 않다. JNNC, IMADR, 그리고 휴 라이츠 오사카 관계자들이 마이너리티 여성들의 유엔에서의 활동을 지원했다. 마이너리티 여성들은 각 위원들을 대상으로 한 로비 활동과 JNNC가 주최하는 NGO 브리핑(위원들이 자발적으로 참여하는 비공식 회의)에서의 프레젠테이션에 힘을 쏟았고, 2월 16일 일본 정부 보고서 심사(일본 정부의 프레젠테이션과 위원들과의 질의응답)에서는 NGO는 방청만 할 수 있었다. 그리고 이 자리에서 여러 위원들로부터 마이너리티 여성에 관한 발언이 많이 나왔는데, 나는 우선 그 자체가 방청석에 있던 마이너리티 여성들에게 힘을 실어주는 것임을 실감했다.

3월 7일에 총괄소견[7]이 발표되었는데, 마이너리티 여성을 포함한 모든 여성에 관한 인권 상황에 있어서는 국내 인권기구의 설립, 민법 개정, 선택의정서 비준 등 그동안 거듭되어 온 우려와 권고의 문구들이 여전히 나열되었다. 그러나 마이너리티 여성에 관해서는 지금까지의 심사 중 가장 많은 항목에 걸쳐 아이누, 부락, 재일코리안, 오키나와, 이주여성, 장애 여성 등 구체적인 고유명사를 곳곳에 제시하면서 권고가 이루어졌다.

다음은 권고안 중 주요 마이너리티 여성과 관련된 부분만 발췌하여 항목의 소제목과 내용 개요를 소개하고자 한다.[8]

① 차별적 법률 및 법적 보호 부족 – 다양한 마이너리티 그룹에 속한 여성에 대한 포괄적인 차별금지법 제정과 괴롭힘과 폭력으로부터 보호한다.
② '고정관념과 유해한 관행' – (마이너리티 여성에 대한) 인종주의적, 성차별적 혐오 발언과 선전을 금지하고 처벌하는 법 제정과 독립적인 전문기관을 통해 (마이너리티 여성에 대한) 차별적 성별 고정관념과 편견을 해소하기 위해 취해진 조치 등의 효과를 정

---

7 유엔 문서 CEDAW/C/JPN/CO/7-8 <https://www.gender.go.jp/international/int_kaigi/int_teppai /pdf/CO7-8_e.pdf>.
8 보고회 '제네바의 뜨거운 이틀: 마이너리티 여성, 유엔 일본 심사를 말하다'(2016년 4월 8일, 주최: '유엔 심사와 마이너리티 여성 2015' 심포지엄 실행위원회)에서 배포한 자료를 참고했다.

기적으로 모니터링한다.

③ '잠정적 특별조치' — 마이너리티 여성, 원주민 여성, 장애 여성의 권리를 강화하기 위해 쿼터(할당)제 등 잠정적 특별조치의 채택을 검토한다.

④ '정치 및 공적 활동 참여' — 마이너리티 여성이 의사결정 지위를 차지하는 비율을 높이기 위해 잠정적 특별조치를 포함한 구체적인 조치를 취한다.

⑤ '여성에 대한 폭력' — 가정폭력 피해자(특히 이주여성)의 신고 및 신고를 장려하고, 쉼터 등의 시설을 마련한다.

⑥ '강제 불임수술' — 장애 여성에 대한 가해자 기소와 적절한 처벌, 그리고 피해자에게 법적 구제조치에 대한 접근을 지원하고, 배상 및 재활(권리 및 심신 회복 포함) 서비스를 제공한다.

⑦ '교육' — 마이너리티 여성 및 소녀들의 교육에 대한 접근을 방해하는 요인을 제거한다. 특히 재일코리안 여성 — 소녀에 대한 교육에서 인종차별적 표현, 괴롭힘, 폭력을 근절하기 위한 조치를 강화한다.

⑧ '고용' — 마이너리티 여성에 관한 실태조사를 실시하여 젠더 통계를 작성한다.

더불어 '인신매매와 성매매에 의한 착취', '경제적·사회적 혜택' 항목에서도 마이너리티 여성이 언급되어 있다. 그리고 '불이익을 받는 집단'으로 아이누, 부락, 재일코리안, 장애 여성, LBT 그리고 이주여성을 꼽으며, 다양한 사회생활에서 경험하는 '복합적이고 교차적인 형태의 차별 철폐를 위한 노력'을 일본 정부에 요구했다. 특히 LBT 여성에 대해서는 처음으로 언급되었다.

또한 위원회는 특별히 모니터링이 필요한 사항으로서 일본 정부에 대해, 다음 세 가지 항목에 대해 2년 이내에 후속(Follow-up) 정보를 제출하도록 요구했다. 하나는 부부선택제 별성제 도입 등 민법 개정이며, 다른 두 가지는 앞서 언급한 '고정관념과 유해한 관행'의 마이너리티 여성에 관한 것이다.[9] 이렇게 CEDAW에서 마이너리티 여성들이 스스로 떨쳐 일어나 유엔의 인권보장 시스템을 활용하기 시작한 이후, 회를 거듭할수록 총평에서의 서술은 점점 더 그 내용이 두터워지고 있다. 다양한 마이너리티 여성 당사자와 그 지지자들의 위원회에 대한 정보 제공과 로비 활동이 영향을 미친 것은 틀림없다. 동시에 2003년 이후 여러 차례 권고를 받으면서도 이를 거의 수용하지 않으려는 일본 정부의 태도도 계속되고 있다. 물론 마이너리티 이외의 시민사회가 마이너리티 여성의 인권 과제에 관해 함께 일본 정부에 이행을 촉구하며 힘쓰는 노력이 없다면, 정책의 실행도 사회의 변화도 불가능하다.

6. 마이너리티 여성을 향한 혐오발언으로 본 일본 사회의 과제

2016년 일본 정부 보고서 심사 현장에는 현재(2024년 2월) 중의원 의원인 스기타 미오(杉田水脈)의 그룹도 NGO 자격으로 CEDAW에 보고서를 제출하고 심사회장에 참석해 있었다. 스기타 미오 의원은 심사가 끝난 후 자신의 블로그와 페이스북 등에 CEDAW 방청 보고를 게시했다. 그것은 '일본국의 수치'라는 제목으로 시작해서, "…… 치마저고

---

9 제7차 및 제8차 보고서 심사 시 여성차별철폐위원회의 후속 의견 <https://www.gender.go.jp/international/int_kaigi/int_teppai/pdf/commission_opinion_j_ www.gender.go.jp/international/int_kaigi/int_teppai/pdf/commission_opinion_j_ 201812. pdf>.

리와 아이누민족의상을 입은 코스프레 아줌마까지 등장. 완전히 품격에 문제가 있습니다. ……" 등의 내용이 적혀 있었다. 그 외에도 스기타 미오씨는 LGBTQ+ 사람들이나 여성 성폭력 피해자 등에 대해 수많은 문제 발언을 해왔는데, 2022년 11월이 되어 이러한 발언들이 국회에서 야당 의원들에 의해 문제시되면서 인터넷상에 계속 게재되었던 이 블로그 등의 발언도 미디어에 크게 다뤄지며 사회적으로 널리 알려지게 되었다.

이러한 상황을 계기로 IMADR과 '마이너리티 여성 포럼' 등의 요청으로 2022년 12월, 당시 정부의 요직에 있던 스기타 미오 의원 등에 대해 상기 발언 내용이 헤이트 스피치(혐오 표현)임을 인정할 것과 헤이트 스피치의 피해자에게 직접 사과 등을 요구하는 항의 서명 활동이 전개되었다. 서명운동을 촉구한 재일코리안 여성은 이렇게 적고 있다.

> "표적이 된 우리는 그 블로그를 보지 않으려고 애쓰는 것이 전부였습니다…… 공포를 느꼈습니다. 하지만 정치인이 공공연하게 차별과 편견을 말하는 것이 허용된다면, 같은 의식을 가진 사람들은 '보증'을 받았다고 생각하고 자제하지 않을 것입니다. 이는 결코 용납될 수 없습니다. 우리는 더 이상 침묵하지 않을 것입니다."[10]

2016년 CEDAW의 최종 견해 발표 당시 매스미디어의 보도에서는 '위안부' 문제에 대한 일본 정부의 입장이 크게 다뤄졌지만, 마이너리티 여성의 상황에 관한 위원회의 우려와 권고에 대해서는 극히 일부 언론을 제외하고는 보도되지 않았다. 2012년부터 다시 출범한 아베

---

10 IMADR 웹사이트 '서명을 시작했습니다: '혐오표현, 용서하지 않습니다'. 스기타 미오 의원에게 사과를 요구합니다!" (2023년 1월 6일) <https://imadr.net/notohatespeech-minoritywomenforum/>.

정권이 계속 집권하고 있었으며, 정권과 깊이 결탁한 풀뿌리 보수 조직이 큰 영향력을 가지고 활동하던 시기였다. 스기타 미오 씨 그룹의 CEDAW에서의 행동이나 SNS 등을 통한 발신에 관해서도 당시 주요 언론은 인권의 관점에서는 이를 보도하지 않았던 것으로 보인다.

이후 2023년 2월과 3월에 마이너리티 여성 당사자들이 각자의 거주지를 관할하는 오사카 법무국(재일코리안 여성 3명), 삿포로 법무국(아이누 여성 1명)에 인권 침해 진정을 제기했다. 양 법무국은 2023년 가을에 해당 발언이 인권침해라고 인정했지만, 조치 유예(인권 침해 사실이 있다고 인정하더라도 인권 침해의 내용, 인권 침해 후의 사정 등으로 인해 조치를 취하지 않는 것이 타당하다고 인정할 때의 결정)가 되었다. 스기타 미오 씨에 대해서는 '계발(인식 개선 교육)' 처분을 내리는 데 그쳤다. 신청인이 요구한 "발언이 헤이트 스피치(혐오 표현)임을 인정하라"는 청구는 인정되시 않았다. 법무성의 인권 침해 상담은 인권 침해 여부를 판정할 뿐, 헤이트 스피치 여부를 판단하는 기관이 아니라는 것이다. 2016년에 제정된 '헤이트 스피치 해소법'은 혐오 표현을 용납해서는 안 된다고 명시하면서도 처벌 규정이 없고, 교육과 계발을 통해 그 해소를 위한 이해를 깊게 하는 수준에 머물러 있다. 이런 점에서 실효성이 부족한 이념법이라는 한계가 드러나고 있다.

그럼에도 불구하고 마이너리티 여성들은 법무성이라는 공적 기관이 국회의원이라는 공적 지위에 있는 사람에 대해 인권 침해를 인정했다는 사실 자체는 긍정적으로 평가했다. 그러나 법무국이 어떻게 심리했는지, 왜 그런 결과가 나왔는지 피해자에게 설명할 의무가 없고, 불복 제도도 없다. 절차나 결과에 강제력이 없기 때문에 이번처럼 인권 침해로 인정되어도 스기타 씨에게는 아무런 책임을 묻지 않는다.[11] 하루빨

---

11 휴 라이츠 오사카 웹사이트 '긴급기획 '인권을 실현할 수 있는 일본을 위하여─ 마이너리티 여성의 인권 침해 진정서를 통해 생각하다'를 공동주최했습니다.

리 헤이트 스피치를 포함한 인종주의적 차별 발언을 금지하고, 피해자에 대한 구제를 실효성 있게 시행할 수 있는 법 정비를 포함한 인권보장 시스템을 구축하는 것이 절실하다.

신종 코로나 바이러스 감염증의 세계적 유행의 영향으로 CEDAW 심사 일정이 연기되었다. 제9차 일본 정부 보고서는 2020년 9월에 제출되고, 보고서 심사는 2024년 10월에 실시되는 것으로 결정되었다. 2016년 CEDAW의 권고를 일본 정부가 얼마나 이행했는지, 여성들의 인권에 변화가 있었는지, 마이너리티 여성에 대해서는 진전이 있었는지 등이 검증될 예정이다. CEDAW는 절차에 따라 정부 보고서를 국제인권기준에 비추어 심사하며, CEDAW는 정부 보고서를 보완할 목적으로 NGO가 별도로 제출한 보고서를 중시하고 있다. 이러한 정보 제공을 위한 NGO 보고서 작성은 협약기구의 권고를 지렛대 삼아 시민사회단체가 정부나 사회에 얼마나 인권 개선을 촉구할 수 있었는지를 검증하는 과정이기도 하다.

나 자신은 마이너리티 여성 당사자 운동에 참여하면서 인생을 두 번다시 살게 되었다고 실감한다. 재일코리안에 대한 제도적 차별과 사회적 차별이 심해 자기를 부정할 수밖에 없었던 내가 재일코리안 당사자들의 인권 운동과 국제인권기준의 존재를 알고 민족적 정체성을 되찾은 1980년대가 첫 번째다. 그리고 두 번째는 복합차별의 개념과 일본 사회의 마이너리티 여성 운동을 만나고, 나아가 국제 사회가 마이너리티 여성에게 보내는 응원을 보게 된 21세기에 접어든 지금까지의 20년이다. 특히 CEDAW의 정부보고서 심사 시 CEDAW 위원들이 우리의 목소리에 귀를 기울여 준 것, 함께 로비 활동에 참여한 다양한 여성 NGO와의 신뢰와 연대감을 확신한 것, 그리고 유엔 문서에 마이너리티

(2024년 2월 3일) https://www.hurights.or.jp/japan/eventreport/2024/02/23.html

여성의 인권이 포함된 것, 그 모든 것에 임파워먼트(역량 강화)된 것이 두 번째 경험의 큰 부분을 차지한다.

　일본의 여성 인권 상황은 여전히 엄혹하며, 재일코리안에 대한 배타적인 의식도 뿌리 깊게 존재하고 있다. 이러한 일본 사회의 과제에 대해 포기하지 않고 재일코리안 여성의 존엄을 되찾아 가고 싶다.

[제4부 제3장 참고자료]

原由利子『日本にレイシズムがあることを知っていますか？―人種・民族・出自差別をなくすために私たちができること』合同出版, 2022.

元百合子「マイノリティ女性に対する複合差別とアプロ実態調査」『第3回在日コリアン女性実態調査―「子育て」「介護」「コロナと仕事」を中心に見えたもの』(アプロ・未来を創造する在日コリアン女性ネットワーク, 2021).

北海道ウタリ協会札幌支部ほか編『立ち上がりつながるマイノリティ女性(現代世界と人権21)』反差別国際運動日本委員会(IMADR-JC), 2007.

原由利子「特集　女性差別撤廃委員会第6回日本報告書審査とマイノリティ女性　立ち上がりつながったマイノリティ女性のパワー結実―審査と総括所見」IMADR-JC通信159号, 2009.

林陽子「女性差別撤廃委員会での複合差別に関する議論の進展と日本」IMADR-JC通信181号, 2015.

朴君愛「在日コリアン女性からみた女性差別撤廃委員会日本審査と勧告」国際人権ひろば127号, 2016.

反差別国際運動日本委員会『マイノリティ女性の視点を政策に！社会に！―女性差別撤廃委員会日本報告書審査を通して(現代世界と人権17)』解放出版社, 2003.

反差別国際運動日本委員会『マイノリティ女性が世界を変える！―マイノリティ女性に対する複合差別』解放出版社, 2001.

熊本理抄『被差別部落女性の主体性形成に関する研究』解放出版社, 2020.

제4장

유엔 가이드가 제시하는 차별금지와 마이너리티 권리의 새로운 사고

구보 마코토

1. 머리말

1992년 유엔 마이너리티 권리 선언 이후 마이너리티 권리는 괄목할 만한 발전을 이루어왔다. 2023년 2월 유엔은 이러한 발전을 정리하고 회원국들이 포괄적인 차별금지법을 제정하도록 촉구하는 가이드 북

『마이너리티 권리 보호: 포괄적인 차별금지법 제정을 위한 실천적 가이드』를 발간했다.[1] 본 장에서는 이 가이드북이 제기하는 차별금지와 마이너리티에 대한 새로운 사고를 소개하고자 한다. 먼저, 사고 변화의 논리적 필연성을 검토한다. 다음으로, 새로운 차별 정의에 따라 차별 사유의 확대, 새로운 차별상황 및 새로운 차별 형태가 고려되고 있음을 확인한다. 그리고 이러한 차별 개념의 변화에 따른 마이너리티 개념 자체의 변화를 검토하고, 나아가 이러한 변화에 따라 부과되는 국가의 의무를 살펴보는 것이 목적이다. 그리하여 본 장이 일본의 중요한 인권 과제를 밝히는 데 기여할 수 있다면 다행이다.

2. 사고 변화의 논리적 필연성

본서 제1부 제1장에서 살펴본 바와 같이, 유엔 하의 마이너리티 보호제도란 프랑스 혁명에서 제기된 Nation의 권리를 둘러싼 분쟁의 해결책으로서, 미국 대통령 우드로 윌슨이 네이션이라는 집단적 권리를 인정하는 과정에서 머저리티 네이션 내부의 마이너리티 네이션, 이른바 내셔널 마이너리티에게 일정한 권리를 인정하는 것이었다(제1부 제1장 그림 1-1-13 참조). 이로써 네이션이라는 기업 지배 단위의 집단 지배가 확

---

[1] UN 문서 PROTECTING MINORITY RIGHTS: A Practical Guide to Developing Comprehensive Anti-Discrimination Legislation, 2023 <https://www.ohchr.org/en/publications/policy-and-methodological-publications/protecting-minority-rights-practical-guide> (2023년 12월 19일 접속). 이 글 작성 후 2023년 10월, 일본에 본부를 둔 국제인권 NGO인 반차별금지국제운동(IMADR)이 "포괄적 반차별금지법 제정을 위한 실천 가이드-마이너리티 권리 보호"라는 제목으로 일본어 번역본을 웹사이트(https://)에 공개했다. imadr.net/guide_antidiscrimination_japanese/>(2023년 12월 19일 접속). 위 유엔 사이트에서도 일본어 번역본에 접속할 수 있다.

립되면, 그다음으로 그 내부의 개인 지배 확립을 목표로 하는 것은 당연한 이치이다. 따라서 제2부 제2장에서 살펴본 바와 같이 제2차 세계대전에서 미국 대통령 프랭클린 루즈벨트는 개인의 권리로서의 보편적 인권을 통해 미국의 참전을 정당화하고, 전후 연합국 기구(이른바 유엔)의 목적으로 삼았다. 세계인권선언 초안 심의에서 엘리너 루즈벨트의 발언에서 알 수 있듯이,[2] 보편적 인권이란 서구 정치 지배자들이 있는 그대로의 인간을 부정하고 그들이 상정한 '백인·성인·남성·유자산자·정상인'을 중심으로 한 가치 모델에 인간을 동화시키는 것이었다. 즉 백인의 생활양식을 모델로 한 인종평등, 남성을 모델로 한 남녀평등, 비장애인을 모델로 한 장애인 대책이었다. 이 지배 권력 측의 욕망인 '동화의 희망'이라는 것이 '마땅히 있어야 할 존재론'에 의해 피지배자 개인의 희망으로 치환되어 차별금지와 마이너리티 권리가 규정되었다. 이러한 지배자의 지배자에 의한 지배자를 위한 인권을 '지배자권'이라고 부를 수 있다. 그런데 이 '지배자권'이 세계인권선언 제1조 '모든 인간은 태어날 때부터 자유롭고, 존엄성과 권리에 대해 평등하다'에 위배되는 것은 분명하다. 따라서 피지배자가 지배로부터의 해방을 요구하며 항의의 목소리를 내는 것은 논리적 필연이다. 이러한 움직임을 지배자의 '지배자권'에 대한 피지배자의 '해방인권'이라고 부를 수 있을 것이다.[3] 실제로 세계인권선언, 자유권 규약, 사회권규약을 합쳐서 국제인권장전이라고 하는데, 이후 채택된 인권 조약들은 앞서 언급한 지배자들에 의해 지배받고 차별받아 온 사람들의 권리를 승인하는 것이었다. 인종차별철폐협약(1965), 여성차별철폐협약(1979), 아동

---

2 본서 p.200-201 참조.

3 이러한 역동성에 대해서는 졸고「1. 国際人権法のパラダイムチェンジ」졸저『人権法・人権政策のダイナミズム』信山社, 2006, p.5 및 졸고「第1章　人権の歴史—その動態と認識支配」, 金子匡良＝山崎公士＝嘉藤亮編 『人権の法構造と救済システム』法政大学出版局, 2023, p.9 참조

권리협약(1989), 이주노동자권리협약(1990), 장애인권리협약(2006)의 예가 이를 보여준다. 특히 '장애인권리협약(2006)' 초안에서 장애인 당사자가 '우리 없이 우리를 결정하지 말라'는 슬로건을 내걸고 적극적으로 초안 심의에 참여한 사실에서 알 수 있듯이 당사자 참여의 중요성이 강조되고 있다. 또한 '선주민족 권리 선언(2007)'은 선주민족 스스로가 그 성립 과정에 적극적으로 참여했으며, 그 선언문에서는 자결권이 당당히 명시되어 있다.

당사자 참여와 당사자 결정의 중요성은 역설적으로 사회에 참여할 수 없는 사람들이 있다는 것, 즉 사회에서 배제된 사람들이 있다는 것 자체에 문제가 있다는 인식으로 이어진다. 이로 인해 차별의 의미 자체가 크게 변화한다. 제2부 제1장에서 살펴본 바와 같이, 종래의 차별은 '취급의 평등'에 대한 부정이었다. 즉 '취급'이라는 국가 또는 개인의 행위가 문제였다. 그러나 오늘날 국제사회에서 차별은 행위뿐만 아니라 사회적 배제 상황, 나아가 배제를 낳는 사회구조 자체의 문제로 여겨지게 되었다. 따라서 개별적인 차별 사건에 대한 대처뿐만 아니라 사회에 존재하는 구조적 차별(systemic discrimination) 자체를 해소하는 국가의 의무가 강조된다. 차별금지란 차별 문제의 해결뿐만 아니라 당사자 참여와 당사자 결정에 기반한 평등사회 건설을 의미하게 된 것이다. 가이드북은 서문에서 인권에 관한 국제 문서 및 가이드북의 목적이 평등사회 건설에 있음을 다음과 같이 명시하고 있다.

"이러한 국제적인 법적 문서들의 핵심 목적은 모든 사람이 평등하게 참여할 수 있는 사회를 만드는 것이다. 따라서 이 가이드북의 목적은 포괄적인 차별금지법 채택을 의무로 규정하는 동시에 평등한 세상을 이루고자 하는 열망과 노력에 부응하고자 하는 국가들에게 하나의 지도를 제공하는 것이다."[4]

3. 새로운 차별 정의

새로운 사고방식에 기초하여 제시된 차별의 정의는 다음과 같다.

　　"유엔 각 조약 기구의 실행 및 논평에 근거하여 차별은 다음과 같이 정의할 수 있다. 즉 하나 이상의 보호 사유에 근거한 일체의 구별, 배제 혹은 제한으로, 그 목적 혹은 효과가 인권 및 기본적 자유의 평등한 입장에서의 승인, 향유 혹은 행사를 무효화하거나 해치는 것 또는 법이 규정하는 모든 생활 영역에 대한 평등한 참여를 방해하는 것"[5]

　　평등한 참여에 기반한 사회건설이 차별의 정의에 포함됨으로써 일종의 논리적 반전이 발생하게 된다. 기존에는 위의 인권조약의 제목에서 알 수 있듯이 인종에 의한 차별, 성별에 의한 차별 등 차별 문제의 출발점이 마치 차별을 당하는 쪽에 있는 것처럼 대응해 왔다. 후술하겠지만, 실제로 일본에서는 이러한 대응이 강하기 때문에 문제의 출발점인 차별을 말하지 않으면 차별 문제가 해결된다고 보는 이른바 '잠자는 아이를 깨우지 말자'는 논리가 여전히 뿌리 깊게 자리 잡고 있다. 그러나 차별은 차별받는 사람의 문제가 아니라 차별하는 사람의 문제이다. 차별하는 쪽의 차별 이유는 매우 자의적이며, 예를 들어 부락(部落) 차별에서 흔히 볼 수 있듯이 차별받는 쪽은 자신이 왜 차별받는지 모르는 경우도 많다. 그러나 가이드북에서 알 수 있듯이 평등한 참여에 기반한 사회건설이 차별 정의에 포함됨으로써 인종이나 여성과 같은 차별의

4　유엔 문서(앞의 각주 1 참조), p. xxi. 나아가 이 가이드북은 이러한 사회 건설이 '지속 가능한 발전', 즉 '누구도 소외되지 않는 것: 2030 어젠다'에 의해 뒷받침되고 있다는 점 또한 강조하고 있다. *ibid.*, p. 7.

5　*ibid.*, p.18.

원인보다는 오히려 사회적 배제와 같은 차별의 결과에 초점이 옮겨지게 된다. 즉 차별은 사회적 배제이며, 사회적으로 배제된 사람들이 피차별자인 것이다. 이로 인해 차별 사유가 매우 광범위하게 확대된다.

4. 차별 사유의 확대

실제로 가이드북이 제시하는 차별 사유는 다음과 같다.

"나이, 출생, 국민 · 가족 · 간병인(돌봄 제공자)으로서의 지위, 피부색, 카스트를 포함한 혈통(세계), 장애, 경제적 지위, 민족성, 젠더 표현, 젠더 정체성, 질병에 대한 유전적 또는 기타 선천적 요인, 건강 상태, 신주민족 출신, 언어, 배우자 유무, 어머니 또는 아버지라는 점, 이민자, 마이너리티, 출신 국가, 국적, 거주지, 정치적 또는 기타 의견, 임신, 재산, 인종, 난민 또는 망명자, 종교 또는 신념, 성별 및 젠더, 성적 특성, 성적 지향, 사회적 출신, 사회적 상황"[6]

나아가 향후 차별 사유가 확대될 것을 예상하여 차별사유 목록은 '기타 사유(other status)'를 포함한 '개방형(open-ended)' 리스트가 되어야 한다.[7]

5. 새로운 차별 상황의 고려

차별의 의미가 차별행위에서 사회적 배제로 옮겨가면서 새로운 차

---

6 *ibid.*, p.23.
7 *ibid.*, p.xii.

별 상황도 고려하게 된다. 가이드북은 '인식에 기반한 차별', '연관 차별', '다중 차별'을 꼽고 있다. 이는 모두 차별이 차별받는 쪽이 아니라 차별하는 쪽의 문제라는 인식이 확산되고 있음을 반영하고 있다.

먼저 '인식에 기반한 차별(discrimination based on perception)'이란 사람이 보호받아야 할 특성을 가지고 있다고 간주됨으로써 불이익을 당하는 상황이다.[8] 가이드북은 로마(Roma)인 거주지에서 일하는 비(非)로마인 여성이 로마인으로 오인되어 로마인과 같은 차별을 받는 경우를 예로 들었다.[9] '연관 차별(discrimination based on association)'은 본인이 아니더라도 보호받아야 할 특성을 가진 사람과 연관되어 불이익을 당하는 상황을 말한다.[10] 가이드북은 아들의 장애를 이유로 불이익을 받은 여성의 예를 들고 있다.[11] '다중차별(multiple discrimination)'에는 '누적차별'과 '교차차별'의 두 가지가 있다. '누적 차별(cumulative discrimination)'은 '두 가지 이상의 별개의 사유'에 근거한 차별이다.[12] '교차 차별(intersectional discrimination)'은 이와 반대로 한 가지 사유만으로는 차별에 해당하지 않고 '차별 사유들이 상호 작용하여 명확하고 구체적인 차별을 만들어내는' 상황이다. 가이드북은 한 방송사가 여성 진행자의 고용을 45세에 종료하는 정책을 채택하고 있는 상황을 예로 들었다. 같은 연령대의 남성은 이 정책의 영향을 받지 않으므로 연령 차별에 해당하지 않는다. 또한 젊은 여성도 이 정책의 영향을 받지 않으므로 여성 차별에 해당하지 않는다. 이 경우, 차별은 연령이나 성별 단독으로 발생하는 것이 아니라, 이 근거들의 상호 작용에 의해 발생한다. 이러한 경우, 문제가 되는 특성 중 하나만 가지고 있는 개인은 차별을 경험하지 않는다. 복합

---

8   *ibid.*, p.25.
9   *ibid.*, p.26.
10   *ibid.*, p.25.
11   *ibid.*, p.25.
12   *ibid.*, p.26.

적이고 교차적인 상황이 있어야만 피해가 발생한다. 가이드북은 이러한 차별 규제상의 사각지대가 초래할 위험성을 지적하고 있다.[13]

6. 새로운 차별 형태의 고려

지금까지 차별의 의미가 행위에서 사회적 배제로 옮겨가면서 차별 사유가 확대되고 새로운 차별 상황이 고려되고 있는 현상을 살펴보았다. 이러한 흐름은 당연히 새로운 차별 형태의 고려와도 연결된다. 가이드북은 기존의 직접차별뿐만 아니라 간접차별, 괴롭힘(하라스먼트), 합리적 배려의 결여, 분리, 피해자화 등의 차별 형태를 들며 총 6가지 형태를 인정하고 있다.

(1) 직접차별

기존에는 차별을 행위의 문제로 여겨졌기 때문에 재판에서는 차별 피해자가 가해자의 차별 의도를 증명해야 한다는 큰 모순이 있었다. 실제로 일부 인권조약은 권리의 평등한 향유를 해치는 '의도 또는 효과'를 가진 행위를 금지하고 있다.[14] 그러나 차별이 사회적 배제라는 사실의 문제로 인식되면서, "직접 차별은 동기나 의도를 요건으로 하지 않는다. 즉 차별하는 측이 해악이나 불이익을 초래할 의도(또는 인식조차도)를 가지고 행동할 필요는 없다. 중요한 것은 해악과 특성 사이의 인과관계이다."라고 설명한다.[15]

따라서 가이드북은 민사소송, 행정소송에서의 입증책임 전환을 권

---

13 *ibid.*, p.27.
14 *ibid.*, note 213.
15 *ibid.*, p.30.

고한다. 피차별자가 차별 사실에 대해 '일응의 입증(prima facie case)'을 하면, 그 사실이 차별이 아니라는 점을 차별 가해자로 제소된 측이 입증해야 하는 것이다.[16] 또한 이 경우 가해자 측에 차별할 목적이나 의도가 없어도 직접 차별이 성립한다. 예를 들어, 레즈비언, 게이, 양성애자, 트랜스젠더 수감자를 폭력의 위험으로부터 '보호'한다는 명목으로 장기간 독방에 가두는 관행에 대해 미주인권위원회는 "설령 그 의도가 자유를 박탈당한 LGBT 개인의 인권을 보호하기 위한 것이라 할지라도 차별이 된다"고 판시한 바 있다.[17]

이렇게 '의도 또는 효과'를 가진 행위로서의 차별에서 '의도'라는 주관적 요건이 배제되고, 객관적 요건인 '효과'로 초점이 옮겨간다. 그리고 나아가 그다음 단계인 '간접차별'이라는 차별 형태가 고려되기 시작한다.

(2) 간접차별

가이드북은 간접차별을 다음과 같이 설명하고 있다.

> "· 간접차별에는 중립적으로 보이지만 특정 특성을 공유하는 사람들에게 부당하게 악영향을 미치는 규칙의 적용이 포함된다.
> · 차별금지법은 간접차별을 금지할 필요가 있다. 간접차별은 규정, 기준 또는 관행이 하나 이상의 차별 사유와 관련된 지위나 특성을 가진 사람에게 불균형적으로 불리한 영향을 미치거나 미칠 가능성이 있는 경우에 발생한다."[18]

---

16 *ibid.*, pp.xi, xvi, xvi, xvi, 87, 94.
17 *ibid.*, pp.30-31.
18 *ibid.*, p.33.

간접차별의 예로는 신장(키)을 요건으로 하는 모집 광고가 일반적으로 남성보다 키가 작은 여성에게 불균형적으로 영향을 미치는 경우를 들 수 있다. 또한, 학교 교복 규정에서 머리와 얼굴을 가리는 것을 금지함으로써 계율을 준수하는 유대교 남학생, 계율을 준수하는 시크교 남학생, 정통파 유대교 여학생, 정통파 이슬람교 여학생, 로마인 여학생, 기타 마이너리티 여학생들을 각각 불리한 처지에 놓이게 하는 경우를 들 수 있다.[19]

(3) 차별사유에 근거한 괴롭힘

가이드북은 '차별 사유에 근거한 괴롭힘(ground-based harassment)'에 대해 다음과 같이 설명하고 있다.

> "· 차별금지법은 괴롭힘을 금지해야 한다. 차별 사유에 근거한 괴롭힘은 차별 사유와 관련하여 원치 않는 행위가 이루어지고, 그것이 개인의 존엄성을 침해하고, 위협적, 적대적, 품위를 손상시키며, 굴욕적 또는 공격적인 환경을 조성하는 목적 또는 효과를 수반하는 경우에 발생한다.
> · 괴롭힘은 의도적 또는 비의도적으로 행해질 수 있다.
> · 성희롱은 본질적으로 성적인 행위를 수반하는 별도의 피해이다. 성희롱 금지 의무는 국가의 구체적인 병행 의무를 형성한다. 차별금지법에서 성희롱 금지를 규정하는 경우, 그것은 별도로 정의되어야 하며, 차별 사유에 따른 괴롭힘 금지와 병행하여 규정되어야 한다."[20]

차별이 차별행위에서 사회적 배제로 옮겨가면서 '목적' 요건의 중요성이 낮아지고 '효과'와 '영향'에 초점이 이동하고 있음이 확인되었다.

---

19 *ibid.*, p.33.
20 *ibid.*, p.36.

이와 같은 흐름은 괴롭힘에서도 볼 수 있다. 즉 한편으로는 여전히 '목적 또는 효과'라는 단어가 남아있지만, 다른 한편으로는 '효과'보다 한 단계 더 객관적인 '환경'이 고려되고 있다. 실제로 "다른 형태의 차별과 마찬가지로, 괴롭힘을 증명하기 위해 의도나 동기는 필요하지 않다. 문제의 행위가 존엄성을 침해하고 적대적인 환경을 조성하는 효과만 있으면 충분하다."[21]고 명시되어 있다. 또한 차별의 객관적 성격을 강조하는 요소로 '개인의 존엄성 침해'를 들 수 있다. 기존에는 차별이 '취급이 같은가 다른가'라는 상대적인 문제였다면, 이 괴롭힘에서는 '개인의 존엄성 침해'라는 절대적 문제가 제기되고 있기 때문이다.

가이드북은 괴롭힘을 '차별 사유에 근거한 괴롭힘', '성희롱', '차별 사유에 근거하지 않은 괴롭힘'의 세 가지 유형으로 분류한다. 앞의 두 가지는 위의 설명에서 명확히 드러나지만, '차별 사유에 근거하지 않은 괴롭힘'에 대해서는 '학대, 괴롭힘, 원치 않는 접촉, 또는 사람을 고통스럽게 하거나 위협하는 기타 행위' 등의 예시를 들고 있다. 가이드북이 다루는 것은 '차별 사유에 근거한 괴롭힘'에 관한 것이다.

(4) 합리적 배려의 거부

합리적 배려의 거부에 대해 가이드북은 다음과 같이 설명하고 있다.

"합리적 배려의 거부는 차별의 한 형태이며, 차별금지법에 의해 금지되어야 한다. (중략) 합리적 배려란 불균등하거나 불합리한 부담을 부과하지 않는 필요하고 적절한 수정, 조정 또는 지원을 의미한다. 그 목적은 법으로 규정된 모든 생활 영역에서 인권 및 기본적 자유, 그리고 평등한 참여를 다른 사람과 동등하게 향유하거나 행사할 수 있도록 보장하는 것이다. 합

---

21 *ibid.*

리적 배려의 거부는 차별의 한 형태이다."[22]

괴롭힘의 영역에서 차별의 개념이 '환경'으로 확대되었다면, 합리적 배려에서는 차별이 모든 사람들의 사회생활에 평등하게 참여할 수 있는 인프라 구축의 문제로까지 확대된다.

"모든 개인이 평등하게 사회에 참여할 수 있도록 보장하기 위해 규칙, 관행, 의사소통 수단, 물리적 또는 기타 인프라의 수정 또는 조정이 필요할 수 있다. 이러한 조정은 '합리적 배려'라고 알려져 있다. 특정 경우, 즉 그러한 조정이 '불균형 또는 불합리한 부담'을 부과하지 않는 상황에서 합리적 배려를 제공하지 않는 것은 국제법에서 차별의 한 형태로 인식되고 있다."[23]

(5) 사회적 분리(segregation)

차별의 의미가 사회적 배제라면, 사회적 분리가 금지되어야 할 차별이 되는 것은 말할 필요도 없다. 가이드북은 사회적 분리의 금지를 다음과 같이 요구하고 있다.

"포괄적 차별금지법은 사회적 분리를 금지해야 한다. 이는 다음과 같이 정의되어야 한다. 분리가 발생하는 것은 특정한 차별 사유를 공유하는 사람들이 충분하고 자유로우며 정보에 근거한 동의 없이 격리되어 제도, 상품, 서비스, 권리 또는 물리적 환경에 대해 상이한 접근 방식이 제공되는 경우이다. 사회적 분리에 대한 동의는 있을 수 없다."[24]

---

22 *ibid.*, p.39.
23 *ibid.*
24 *ibid.*, p.42.

사회적 분리는 주로 카스트를 포함한 인종적 분리의 맥락에서 이루어졌지만, 오늘날 유엔 기관들은 인종차별 외에도 연령, 장애, 성 정체성 및 성적 표현, 성별 및 성적 지향을 이유로 한 사회적 분리에 대한 우려를 제기하고 있다.[25] 예를 들어, 장애인권리협약 제19조 (b)항은 각국은 장애인이 "지역 사회에서의 생활과 포용을 지원하고 사회로부터의 고립과 격리를 방지하기 위해 필요한" 지원 서비스에 접근할 수 있도록 보장해야 한다고 규정하고 있다.

사회적 고립은 특히 동유럽의 로마인들이 가장 큰 피해를 입고 있다. 가이드북은 로마인 아이들을 소위 '경미한 정신장애'를 가진 아이들을 위한 학교에 넣어 격리하는 국가 정책에 대한 유럽인권재판소의 판결을 소개하고 있다.[26] 또한 학교 교육에서 로마인을 완전히 배제하거나 언어 능력이 부족하다는 핑계로 로마인을 다른 반에 배치하는 등의 사례를 소개하고 있다.[27]

(6) 피해자화(victimization) 또는 보복(retaliation)

가이드북은 다음과 같이 설명하고 있다.

> "· 차별금지법은 피해자화를 금지해야 한다.
> · 피해자화가 발생하는 것은, 사람들이 차별에 관한 불만 제기나 평등 조항의 실시를 목적으로 한 소송에 관여한 결과로 불이익한 처우나 결과를 겪을 때이다."[28]

---

25 *ibid.*

26 유럽인권재판소, D. H. and others v. the Czech Republic, European Court of Human Rights, D. H. and others v. the Czech Republic, Application No. Application No. 57325/00, Judgment, 13 November 2007.

27 유엔 문서(앞의 각주 1 참조), p.46.

28 *ibid.*

여기에는 차별의 피해자가 제기한 공식 및 비공식적인 불만 제기, 법적 또는 기타 절차, 그리고 타인에 의해 개시된 소송도 포함된다. 이 가이드에서 사용되는 '피해자화(victimization)'라는 용어는 차별금지법에서 이러한 특정 형태의 위해를 의미하며, 차별에 노출된 사람의 권리를 박탈하는 것을 의미하는 이 용어의 일반적인 용법과 혼동해서는 안 된다.[29]

7. 마이너리티 개념의 변화

차별 개념이 사회화되면서 차별 사유가 증가하였다. 이론적으로는 그 증가된 차별사유에 해당하는 사람들은 모두 마이너리티라고 할 수 있다. 즉 마이너리티란 특히 여성의 예가 전형적으로 보여주듯이 더 이상 문자 그대로의 마이너리티라는 의미가 아니라 '사회적 배제 대상자'를 의미하게 되었다. 실제로 이 가이드북의 제목 자체가 『마이너리티 권리 보호: 포괄적 차별금지법 개발을 위한 실무 가이드』로, 마이너리티와 차별 피해자를 거의 동의어로 취급하고 있다. 마이너리티이기 때문에 차별받는 것이 아니라 차별받는 자가 마이너리티라는 새로운 발상이 생겨나고 있다. 그렇다면 이 가이드는 자유권 규약 제27조에서의 마이너리티 권리를 어떻게 바라보고 있을까? 이를 검토하기 전에 다시 한번 기존의 관점을 확인해보자.

본서 서두에서 살펴본 바와 같이, 유엔은 당초 차별금지와 마이너리티 권리라는 두 개념을 동화의 유무라는 대립적 개념으로 파악했다. 그러나 여기서 말하는 '동화'는 마이너리티 당사자의 '희망'이 아니라 다수자인 지배자 측의 '희망'에 지나지 않으며, 그 실태는 지배자에 대한

---

29 *ibid.*

674

'종속'에 불과했다. 실제로 본서 제2부 제1장에서 보았듯이 세계인권선언 초안 심의에서 소련 측 위원 보리소프(A. P. Borisov)가 "미국의 1500만 흑인, 500만 유대인, 500만 멕시코인, 7만 7500명의 중국인은 마이너리티가 아니냐"고 물은 데 반해, 미국 측 위원 다니엘스(J. Daniels)는 "보리소프 말하는 집단은 마이너리티를 구성하지 않는다. 왜냐하면 그들은 동화를 원하기 때문이다"라고 답변하고 있다.[30] 이는 인종적 마이너리티에 대한 논의를 포함하고 있는데, 대체 인종을 어떻게 동화시킨다는 말인가? 유엔의 인권에 대한 초기 논의는 이러한 비현실적인 신화 위에 성립된 것이다. 더욱이 미국은 선주민족의 학살 위에 성립된 국가이며, 이 논의 당시에는 '분리하되 평등하다'는 흑인 차별의 아파르트헤이트 체제에 있었다는 점을 감안하면 그 비현실성은 더욱 두드러진다.

그러나 이후 피차별 당사자가 유엔의 논의에 참여하게 되면서 인권은 '지배자권'에서 '해방인권'으로, 그 서사도 지배자의 이야기에서 피차별 당사자의 이야기로 바뀌고 있다. 가이드북은 그 제3부를 '마이너리티 권리 보호'라는 제목으로 자유권 규약 제27조에 해당하는 마이너리티에 대한 해설을 다음과 같이 구성하고 있다.

Ⅰ 마이너리티 권리와 차별금지
Ⅱ 인종차별에 노출된 집단 및 관련 위해
Ⅲ 종교적 또는 신념적 마이너리티와 차별
Ⅳ 언어, 언어적 마이너리티, 차별, 평등, 포용
Ⅴ 진정하고 효과적인 마이너리티 참여와 차별금지
Ⅵ 선주민족의 권리

---

30 유엔 문서 E/CN, 4/Sub.2/SR.15,1947, p.9.

얼핏 보면 이는 국제연맹 시절의 '내셔널 마이너리티' 와 그 변주인 '인종적, 종교적, 언어적 마이너리티'를 연상케 한다. Ⅱ, Ⅲ, Ⅳ가 각각 인종적 마이너리티, 종교적 마이너리티, 언어적 마이너리티에 해당하는 것은 말할 것도 없다. 게다가 1950년에 '인종적'이라는 문구가 '에스닉'으로 대체된 사실은 완전히 무시되고 있다.[31] 또한 Ⅴ의 '진정하고 효과적인(genuine and effective)'이라는 문구는 국제연맹 산하의 마이너리티에 관한 상설 국제사법재판소 의견에서 유래한 것이다.[32] 그러나 이러한 표면적인 공통점에도 불구하고 그 배경은 전혀 다르다. 연맹 하의 마이너리티 보호는 어디까지나 강대국 간의 권력정치를 배경으로 한 것이지만, 가이드북은 피지배자의 목소리에 더욱 가까이 다가가 그들의 사회참여를 권리로 인정하는 것이기 때문이다.

또한 국제연맹의 마이너리티 보호제도는 네이션 마이너리티, 즉 내셔널 마이너리티를 다르게 표현한 것으로서 '인종적, 종교적 또는 언어적 마이너리티'를 대상으로 했기 때문에 인종적 마이너리티, 종교적 마이너리티, 언어적 마이너리티를 엄격하게 구분하지 않았다. 그러나 가이드북은 이 목차에서 알 수 있듯이 각 마이너리티마다 고유한 문제가 있음을 인정하고 있다. 예를 들어, 언어적 마이너리티에 대해서는 수화 사용자를 언어적 마이너리티로 인정하고 있다.[33] 종교적 마이너리티의 경우, 이 목차에서 알 수 있듯이 이 범주에는 광범위한 종교적, 비종교적, 무신론적 신념이 포함된다. 또한 애니미스트, 무신론자, 불가지론자, 인본주의자, '신종교'와 같이 승인되지 않은 비(非)전통적 종교나 신념도 포함된다.[34]

---

31 본서 p. 204 참조.

32 "a genuine and effective equality"(진정하고 효과적인 평등). Permanent Court of International Justice Series A. /B. Fascicule No. 64 Minority Schools in Albania p.15.

33 유엔 문서(앞의 각주 1 참조), p.129.

그렇다고 해서 '지배 인권'에서 '해방 인권'으로의 이행이 항상 의식되고 있는 것은 아니다. 특히 '개념=설명양식=인식=사물을 보는 방식'이 존재 그 자체와 혼동되는 경향이 있기 때문에(본서 제1부 제1장 주의점1), 이미 살펴본 바와 같이 일단 '개념=설명양식=인식=사물을 보는 방식'이 생성되면, 그것이 가리키는 존재가 이야기하는 사람에 따라 크게 달라질 수 있다. 예를 들어, 1992년 마이너리티 권리 선언의 정식명칭인 '민족적 또는 인종적, 종교적 및 언어적 마이너리티에 속하는 자의 권리에 관한 선언(Declaration on the Rights of Persons Belonging to National or Ethnic, Religious and Linguistic Minority)'에서 알 수 있듯이, 이 선언은 '에스닉, 종교적 또는 언어적 마이너리티'에 속해있던 내셔널 마이너리티를 위의 세 가지 마이너리티에 추가한 것이다. 제1부 1장에서 살펴본 바와 같이 '에스닉 마이너리티', '종교적 마이너리티', '언어적 마이너리티'는 유엔의 마이너리티 보호 제도에서 '내셔널 마이너리티'라는 '개념=설명방식=인식=사물을 보는 방식'으로부터 '국가적(National)'이라는 정치적 함의를 제거하기 위해 행해진 정치적 이유의 용어 변경에 불과했다. 그러나 국제연합에서 이들 마이너리티를 네이션에 동화시키겠다는 이것도 역시 정치적 이유로 다시 '내셔널 마이너리티'라는 용어를 사용하게 되었다. 하지만 동화의 대상은 여전히 '에스닉, 종교적, 언어적 마이너리티'였기에, 결국 제2부 제1장에서 보았던 '마이너리티의 운명에 관한 결의 217C(Ⅲ)'에서 볼 수 있듯이, 결국 네 종류의 마이너리티가 공존하게 되었다.

실제로 2001년 유엔이 발표한 마이너리티 권리 선언에 대한 해설문서는 "서로 다른 네 가지 범주의 마이너리티(four different categories of minorities)가 있다"고 명시하고 있다.[35] 이 해설문서에서 내셔널 마이너

---

34 *ibid.*, p. 129.

35 유엔문서 Final text of the Commentary to the Declaration on the Rights of

리티가 다른 세 가지 마이너리티와 다른 특징으로 "네셔널 마이너리티의 범주는 자기 문화뿐만 아니라 내셔널 아이덴티티의 유지와 발전과 관련하여 더욱 강력한 권리를 가질 것"[36]이라고 명시하고 있다. 실제로이 가이드는 해설문서에 따라 다음과 같이 명시하고 있다.

> "'마이너리티'라는 용어는 내셔널 또는 에스닉, 종교적, 언어적 마이너리티에 속하는 사람의 권리에 관한 선언(Declaration on the Rights of Persons Belonging to National or Ethnic, Religious and Linguistic Minorities)에 명시된 4가지 범주의 구성원을 의미한다"고 정의하고 있다.

그러나 가이드는 위의 Ⅰ~Ⅳ에서 알 수 있듯이, 실제로는 내셔널 마이너리티를 고유한 마이너리티로 취급하지 않고 있다. 선주민족이라는 문구는 제27조 조문에 명시되어 있지 않음에도 불구하고 Ⅵ에서 다루고 있는 것을 보면, 내셔널 마이너리티가 실질적으로 고유한 마이너리티 카테고리로 취급되고 있지 않다는 것은 분명하다.

개별적인 '개념=설명양식=인식=사물을 보는 방식'의 생성에는 본서에서 밝힌 바와 같이 일단 개념이 형성되고 나면 마치 객관적으로 실재하는 존재를 지칭하는 것처럼 여겨지며, 나아가 존재 그 자체와 혼동되기도 한다(주의점1). 따라서 어찌 보면 경솔한 용어의 사용이 새로운 혼란을 야기하는 것이다. 다시 말하지만, Nation에는 국가와 국민과 민족이라는 서로 다른 의미가 혼재되어 있기 때문이다. 유엔 인권위원회(현 유엔 인권이사회)가 임명한 두두 디엔(Doudou Diène) '현대적 형태의 인종주의, 인종차별, 외국인 혐오 및 관련 불관용에 관한 특별보고관'의

Persons Belonging to National or Ethnic, Religious and Linguistic Minorities, E/CN.4/Sub.2/ AC.5/2001/2, para. 6.

36 *ibid.*

2006년 일본 관련 보고서를 살펴보자.

"일본에는 인종차별과 외국인 혐오가 확실히 존재하며, 이는 세 가지 유형의 차별받는 집단에 영향을 미치고 있다. 그 피차별 집단은 부락민, 아이누민족, 오키나와 사람들과 같은 내셔널 마이너리티, 과거 일본의 식민지였던 조선반도와 중국 출신자 및 그 후손, 그리고 다른 아시아 국가와 세계 각지에서 온 외국인·이주자이다."[37]

보고서에서는 '부락 사람들, 아이누민족, 오키나와 사람들'이 내셔널 마이너리티로 취급되는 반면, '과거 일본의 식민지였던 조선반도나 중국 출신자 및 그 후손, 그 외 아시아 국가 및 세계 각지에서 온 외국인·이민자'는 마이너리티로 취급되지 않았다.

그러나 '시민적 정치적 권리에 관한 국제규약'의 이행감독기관인 자유권 규약 위원회가 2022년 11월에 발표한 '제7차 일본 정기보고서 심사에 관한 최종견해'의 '마이너리티의 권리'라는 제목의 단락은 재일코리안을 '내셔널 또는 에스닉 마이너리티로 인식되어야 한다'고 다음과 같이 명시하고 있다.

"위원회는 식민지 시대부터 일본에 거주하고 있는 재일코리안과 그 후손이며, 내셔널 또는 에스닉 마이너리티로 인식되어야 할 사람들이 사회보장제도나 정치적 권리의 행사로부터 배제되는 차별적인 정책 운용의 보

---

37 유엔 문서 Doudou Diène, RACISM, RACIAL DISCRIMINATION, XENOPHOBIA AND ALL FORMS OF DISCRIMINATION, 현대적 형태의 인종주의, 인종차별, 외국인 혐오 및 관련 불관용에 관한 특별보고관 보고서, Addendum MISSION TO JAPAN, E/CN.4/ 2006/16/Add.2, 2006, para. 69. 일본어 번역은 반차별금지국제운동일본위원회(IMADR-JC) 번역, 히라노 유지 감수 <https://www.imadr.org/japan/jc/icerd.project/1%29%20diene. japanreport0512.pdf>(Wayback Machine 이용, 검색일: 2023.12.20.).

고에 대해 우려한다.”[38]고 밝혔다.

이처럼 재일코리안은 같은 유엔 인권기구 내에서도 한편으로는 마이너리티로 인식되지 않고, 다른 한편으로는 마이너리티로 인정받는 매우 모순된 상황에 처해 있다. 이것이 바로 내셔널이라는 어떤 때는 국가를, 때로는 국가를, 때로는 국민을, 때로는 민족을 의미하는 다의적이고 모호한 '개념=설명방식=인식=사물을 보는 방식'의 문제이다 (주의점1). 하지만 이 문제도 치유될 가능성이 있는 것은 확실하다. 왜냐하면 가이드는 “개인의 자기인식(individual self-identification)은 개인적 자결권(right of individual self-determination)의 문제”라고 선언하고, 누가 마이너리티인지 판단을 당사자에게 맡기고 있기 때문이다.[39] 실제로 위에서 살펴본 수화 사용자를 언어적 마이니리티로 인정하려는 움직임도 이러한 당사자들의 자기인식에서 비롯된 것이다.

이처럼 내셔널 마이너리티라는 문구 사용으로 인한 폐해도 있지만, 차별 금지와 마이너리티 권리는 모두 모든 사람의 사회참여를 통한 평등한 사회건설을 지향한다는 점에서 융합되는 점이 많은 것은 분명하다.

하지만 마이너리티 권리의 고유성은 여전히 존재할 것으로 보인다. 그것은 개인적 아이덴티티의 권리이다. 확실히 어떤 차별받는 당사자라도 차별에 저항하기 위한 전제로 '차별받는 자'로서의 아이덴티티가 있을 것이다. 그것을 출발점으로 하여 '차별을 용납하지 않는다'는 아이덴티티를 획득함으로써 항의의 목소리를 낼 수 있을 것이다. 그러나

---

38 유엔 문서 인권위원회, Concluding observations on the seventh periodic report of Japan, CCPR /C/JPN/CO/7, para.
39 유엔 문서(앞의 각주 1 참조) p.129.

내셔널 마이너리티를 기원으로 하고 거기서 파생된 에스닉 마이너리티, 종교적 마이너리티, 언어적 마이너리티의 경우, 그 아이덴티티는 반드시 차별을 기원으로 하는 것은 아니다. 전쟁이나 영토 변경이 없었다면 훌륭한 네이션이었을 가능성이 있기 때문이다. 사실, 내셔널 마이너리티라 할지라도 바로 옆 나라에서는 언어와 문화를 공유하는 같은 네이션(민족)이 다수인 경우도 있다. 양자의 차이를 보여주는 대표적인 예가 교육이다. 차별의 피해자인 마이너리티에게 교육의 중요성은 무엇보다도 머저리티 측의 차별과 편견을 수정하는 데 있다. 그러나 기존의 마이너리티에게 있어 교육은 차별의 유무와 상관없이 자신들의 언어, 문화, 종교와 관련된 아이덴티티의 전파 계승에 중점을 둔다. 실제로 가이드북에서는 마이너리티의 언어권에 대해 유럽안보협력기구(OSCE)의 내셔널마이너리티 고등판무관이 제시한 가이드라인을 소개하고 있다.

> "· 마이너리티에 속하는 사람들의 아이덴티티를 승인, 보호, 촉진한다.
> · 정치적 의사결정 과정을 포함한 공적 생활에 효과적으로 참여할 수 있는 기회를 마이너리티에게 부여한다.
> · 경제적 기회를 포함한 공공재에 대한 공평한 분배에 대한 접근을 마이너리티에게 제공한다.
> · 마이너리티의 언어적, 교육적 요구에 민감하게 반응해야 한다. 이는 각 개인이 자신의 아이덴티티를 발전시킬 권리와 밀접한 관련이 있다."[40]

---

40 *ibid.*, p.159.

8. 다양성과 평등 사회 건설

마지막 제6부는 '다양성과 평등의 촉진: 차별의 근본 원인을 해결할 의무'라는 제목으로 다양성과 평등 사회 건설의 중요성을 강조한다. 그 이유는 다음과 같다.

> "입법 의무는 수단의 하나이며, 국제법상 국가의 차별금지 의무는 기본적으로 결과에 관한 것이다(중략). 즉 국가는 단순히 차별을 금지하는 것뿐만 아니라 차별을 철폐할 것을 약속하고 있다. 자유권 규약 및 사회권 규약에 따라 각국은 차별 없는 권리 향유를 '확보(ensure)' 또는 '보장(guarantee)'할 것을 약속하는 한편, 인종차별철폐협약, 여성차별철폐협약, 장애인권리협약의 당사국은 차별을 '철폐(eliminate)'할 것을 약속하고 있다.
>
> 이는 결과의 의무이며, 포괄적인 행동계획을 통해서만 달성할 수 있다. 이 계획은 차별적인 법, 정책, 관행의 철폐와 차별금지법의 제정 및 이행과 더불어 차별의 근본 원인을 해결하기 위한 적극적이고 선제적인 조치를 채택하고 시행할 것을 요구한다. 다시 말해, 포괄적 차별금지법의 채택은 평등과 차별금지의 권리를 실현하기 위해 국가가 취해야 하는 보다 광범위한 행동 계획의 핵심 요소 중 하나이며, 필수적이고 의무적인 요소이다."[41]

이에 따라 가이드북은 국가의 의무를 다음과 같이 요약하고 있다.

> " · 국제법은 국가가 편견, 고정관념, 낙인에 대처하기 위한 명확한 사전 예방적 의무를 규정하고 있다. 권장되는 구체적인 조치는 다음과 같다:

---

41 *ibid.*, p.191.

- 권리 보유자(rights-holder)의 임파워먼트(권한 부여)와 참여.
- 제반 제도 내의 다양성과 평등한 대표성을 촉진하기 위한 조치.
- 편견, 고정관념, 낙인을 없애고 교육을 통해 다양성, 포용성, 평등을 촉진하기 위한 조치.
- 주류 미디어와 소셜 미디어, 그리고 광범위한 인식 개선 활동을 통해 일반 대중의 인식에 변화를 유도.
- 공무원을 포함한 개인과 모든 계층의 집단에게 평등과 차별금지에 관한 법률과 원칙, 그리고 권리 보유자의 상황과 경험에 대해 교육.

· 또한 각국이 의무를 이행하고 차별을 철폐하고 평등한 참여를 보장하겠다는 약속을 준수하기 위해서는 편견, 고정관념, 낙인과의 싸움을 넘어서는 노력을 기울여야 한다. 서로 다른 특성, 지위, 신념을 가진 개인과 집단 간의 이해를 증진하고, 보다 평등하고 다양한 경제와 사회가 모든 사람에게 어떻게 이익이 되는지 입증하기 위한 노력을 기울여야 한다.”[42]

이어지는 ‘Ⅱ 구체적 조치’에서는 다음 6가지 점에서 구체적 조치가 제기된다.

A 공적 생활 참여와 대표성

“국가는 자유권 규약 제25조에 규정된 바와 같이, 차별 없이 ‘정치에 참여하고… 투표하며 선거에 입후보하고… [그리고] ‘일반적 평등 조건 하에서 공무에 종사할 권리’를 보장할 의무가 있는 것에 그치지 않는다. 또한 차별에 노출된 집단이 정치와 정부의 공식 기관에서 동등하게 대표될 수 있도록 적극적인 조치를 취해야 할 의무와 대표적인 시민

---

42 *ibid.*, p.192.

사회단체를 지원해야 할 적극적인 의무도 있다"[43].

B 다양성과 평등 대표성

"협약 기관들은 공공 및 정치 생활에 대한 평등한 참여를 촉진할 구체적 의무를 넘어, 여러 기관에서 다양성과 평등대표성을 촉진할 국가의 의무에 점점 더 많은 주의를 기울이고 있다. 이러한 문제는 분명히 참여에 대한 직간접적인 차별적 장벽을 제거할 의무와 적극적 조치 의무와 교차하지만, 고정관념과 편견에 대항하여 사람들의 이해를 형성하는 데에도 중요한 역할을 하고 있다."[44]

C 교육

"부정적인 사회 규범을 다루고 평등을 증진하는 의무의 핵심 요소 중 하나는 교육을 통해 편견, 낙인, 고정관념에 대항하고 다양성과 평등을 증진할 의무이다. 이 의무는 대부분의 주요 국제인권조약에서 보장하고 있는 교육을 받을 권리와 교차한다"라고 기술하며 관련 국제문서를 설명한다.[45]

D 미디어와 인식개선

"사회적 요인을 해결함으로써 차별을 철폐할 국가의 의무는 공교육 제도를 넘어 미디어, 광범위한 대중교육, 인식개선 노력을 통해 사람들의 인식에 영향을 미칠 의무를 낳는다."라고 기술하며 관련 국제문서를 설명한다.[46]

---

43 *ibid.*, p.197.
44 *ibid.*, p.198.
45 *ibid.*
46 *ibid.*, p.199.

E 교육 및 인식개선

직업 전문가, 즉 판사, 변호사, 장애인과 관련된 법적 의사결정자, 서비스 제공자 및 기타 이해관계자들에게 인권 교육을 실시할 의무가 강조되고 있다. 내셔널 또는 에스닉, 종교적, 언어적 마이너리티의 권리에 관해서는 관련 인권이사회 결의를 인용하여 인권교육, 훈련, 학습, 이해당사자 간의 대화와 교류를 강조한다. 이러한 요소들은 "전체 사회 발전의 필수적인 부분"을 형성하며, 특히 마이너리티 문제에 대한 상호 이해 증진, 복수의 아이덴티티를 인정하는 다양성 운영, 포용적이고 공정하며 관용적이고 안정적인 사회와 사회 통합을 촉진하는 세 가지 과제에 대한 모범사례의 공유를 보장한다.[47]

F 실시 및 이행

국제인권문서가 차별의 근본 원인과 요인에 대처할 명확한 국가적 의무를 규정하고 있으며, 이러한 의무의 실시와 이행을 위해서는 공적 생활에 대한 대표성과 참여를 강화하기 위한 조치에서부터 고정관념에 대항하고 교육 시스템을 통한 평등 증진에 이르기까지 광범위한 의무가 포함됨을 재확인한다. 이러한 의무를 이행하기 위해 각국이 시행해야 할 정책을 설명하고 있다.[48]

9. 맺음말

가이드북은 「III 결론: 평등과 다양성의 증진」의 마지막 단락을 다음과 같이 마무리한다.

47　*ibid.*, p.200.
48　*ibid.*, pp.200-201.

"결국 국가가 평등과 무차별의 권리를 실현하는 것은, 포괄적 차별금지법을 제정하고 이러한 법률을 평등하고 다양하며 포괄적인 사회를 증진하기 위한 시스템 전체의 노력을 향한 플랫폼 또는 기반으로 사용함으로써만 가능할 것이다."[49]

즉 포괄적 차별금지법은 평등사회 건설의 목표가 아니라 출발점인 것이다.

이 가이드북을 통해 기존의 차별금지와 마이너리티 보호 사이의 단절을 극복하고, 배제되는 사람이 없는 평등사회 건설을 위한 방향성이 제시되었다. 물론 기존의 마이너리티와 이 가이드북이 밝힌 차별피해자로서의 마이너리티가 완전히 동일하지 않다는 것은 앞서 확인한 바와 같다. 그러나 그럼에도 불구하고 중요한 공통점이 있다. 그것은 인권의 실현이 기존에 생각했던 것처럼 있는 그대로의 자신을 버리고 어떤 모델에 동화됨으로써 달성되는 것이 아니라 있는 그대로의 자신을 존중하는 사회를 건설함으로써 달성된다는 것이다. 인간이 자기 존재를 긍정하기 위해 다른 인간의 존재를 부정해 온 것이 오늘날까지 인간의 역사였다. 이제야 비로소 아리스토텔레스 이래로 지배자의 이야기에 의한 '있어야 할 존재론'에서 당사자의 이야기에 의한 '있는 그대로의 존재론'으로 움직이기 시작했다. 즉 인간이 어떻게 하면 모든 있는 그대로의 인간 존재를 존중할 수 있는가에 대한 과제를 드디어 다루기 시작한 것이다. 그렇다고 해서 개념 지배에 의한 인식 지배(주의점 2)가 후퇴한 것은 결코 아니다. 현실은 그 반대이며, 개념 지배에 의한 인식 지배가 훨씬 더 진전되었기 때문에 비로소 당사자의 목소리가 조금이나마 허용되기 시작했다고 할 수 있다.[50]

---

49 *ibid.*, p.201.
50 자세한 내용은 졸고「国際社会における抽象概念の危険性—人権の普遍性、法の

그렇다면 당사자의 목소리를 확보하기 위해서는 어떻게 해야 할까? 그것은 당사자의 이야기할 수 있는 장을 제도적으로 보장해 나가는 일이다. 구체적으로는 이 가이드가 제시하는 포괄적 차별금지법의 제정, 그리고 그 이행 감독기관으로서 당사자를 위원으로 포함하는 국내 인권기구의 설치, 나아가 당사자가 국제기구에 직접 제소할 수 있는 개인 통보제도의 활용이다.[51] 대부분의 선진국은 이 세 가지 제도적 보장을 시행하고 있다.

그러나 일본은 아직 이들 중 어느 것 하나도 시행하지 않고 있다. 위의 가이드북의 결론으로 볼 때, 일본은 평등사회 건설의 출발점에도 서지 못하고 있다. 따라서 이 세 가지 제도적 보장을 실현하는 것이 일본의 시급한 과제임은 말할 필요도 없다. 그렇다면 왜 일본 정부는 이 세 가지 제도 중 어느 것 하나도 시행하지 않는 것일까? 그것은 커뮤니케이션 능력이 없기 때문이다. 제1부 제1장에서 살펴본 바와 같이, 일본에서는 멸사봉공(滅私奉公)이 중시되고, 자신을 버리고 윗사람에게 봉사하는 것이 미덕으로 여겨지고 있기 때문에, 애초에 '자신', 특히 '자신의 생각'을 갖는 것이 허용되지 않는다. 실제로 일본의 학교 교육에서는 학생이 자신의 생각을 가져서는 안 되기 때문에, 자신의 생각을 어떻게 정리하고 어떻게 남에게 전달할 것인가라는 인간으로서의 기본적인 능력은 가르치지 않는다. 예를 들어, 학교 국어시험에 '작가의 의도를 서술하라'는 문제는 많지만, '자신의 생각을 서술하라'는 문제는

支配、グローバルコンパクト、市民社会、生物多様性、文化多様性」『大阪公立大学法学雑誌』第69巻第3・4号, 2023, p.456 및 졸고「3 戦間期国際連盟における人権について」 小畑郁ほか編 『国際人権法の歴史(新国際人権法講座第1巻)』信山社, 2023, p.45 참조.

51 이하 참조. 日本弁護士連合会第62回人権擁護大会シンポジウム第2分科会実行委員会編『国際水準の人権保障システムを日本に―個人通報制度と国内人権機関の実現を目指して』明石書店, 2020. 山崎公士『国内人権機関の意義と役割―人権をまもるシステム構築に向けて』三省堂, 2012.

적다. 아니, 후자의 질문에 답하기 위한 교육 자체가 제도적으로 존재하지 않는다. 그래서 국회 심의에서도, 정치인의 기자회견에서도 모두 미리 준비된 대본을 낭독하는 것에 불과하다. 이러한 커뮤니케이션 능력의 부족은 국제사회에서 현실적으로 문제가 되고 있다.[52] 따라서 커뮤니케이션의 전제인 개인의 존엄성에서 출발하여 자기 존재에 대한 이야기를 권력자에게 맡기지 않고 스스로 이야기할 수 있게 하는 것, 타인의 이야기를 존중하고 상호 대화를 통해 커뮤니케이션을 충실하게 하는 것, 이것이 평등사회 건설을 위한 첫걸음이다.[53]

---

52 「17 なぜ、日本国憲法「公共の福祉」概念が、国連人権機関で問題とされるのか?」 졸저, 앞의 주3의 인용서『人権法・人権政策のダイナミズム』, p.227 참조. 아래 URL에서 PDF 입수 가능<https://osu.repo.nii.ac.jp/record/1866/files/001_027.pdf>(검색일: 2023.12 접속).

53 위의 주52의 인용 졸저 상게서 vii, p.19, p.298 참조. 또한 필자의 저서에서는 유엔 가이드가 말하는 '평등 사회 건설'을 '공생 사회 건설'이라 부르고 있다.

제5부

좌담회

마이너리티 권리와 일본의 과제

참석자(오십음도 순)

우에무라 히데아키 · 오카모토 마사타카 · 구보 마코토 · 박김 우기

———

자기 소개 / '마이너리티 권리'의 핵심은 무엇인가 / 무샤코지 긴히데 선생님에 대해 / '마이너리티'란 무엇인가? / '재일 특권'이란 무엇인가? / 차별은 '마이너리티의 문제'인가? / 집단으로서의 권리 / 재일코리안을 마이너리티로 인정하지 않고, 류큐민족도 선주민족으로 인정하지 않는 일본 정부 / 식민지 문제와 마이너리티 / 대화를 할 수 없는 일본 정부 / '마이너리티 권리'를 인정하지 않는 일본의 사법계 / 갈라파고스화된 일본 사법계 / 글로벌화와 마이너리티 권리 / 일본에서 특히 해결해야 할 과제 / 권리가 있음을 전제로 한 사회정책을 / 차이를 이해한 후 연합하기

자기 소개

朴金 안녕하세요. 저는 재일조선인의 인권 NGO인 '재일본 조선인 인권협회'에서 사무국 직원으로 일하고 있습니다. 재일조선인의 인권 상황과 관련하여 유엔의 각종 조약 기구에 보고서를 제출하거나 로

비 활동을 진행해 왔습니다. 오늘은 진행을 맡게 되었습니다. 잘 부탁드립니다.

우에무라 잘 부탁드립니다. 저는 현재 시민외교센터의 공동대표를 맡고 있습니다. 시민외교센터는 1982년에 창설된 이후 선주민족의 권리 회복을 위해 노력해 왔습니다. 1986년부터 당시의 1503 절차를 활용해 아이누민족 단체가 유엔 인권센터에 통보하고, 1987년부터 인권소위원회 산하에 있던 선주민 작업반(WGIP)에 대표를 보내기 시작했습니다. 이러한 활동의 결과로 1997년 3월 니부타니댐(二風谷ダム) 판결에서 아이누민족이 선주민족으로 인정받았으며, 같은 해 7월에는 차별법이었던 홋카이도 구토인 보호법(北海道旧土人保護法)이 폐지되고 아이누문화 진흥법(アイヌ文化振興法)이 제정되었습니다. 또한 류큐민족은 1996년부터 WGIP에 참가하기 시작했으며, 2015년에는 오나가 다케시(翁長雄志) 지사, 그리고 작년 2023년에는 다마키 데니(玉城デニー) 지사가 인권이사회에 참여하는 성과를 이루었습니다. 저희는 이런 활동을 계속 지원해 왔습니다.

한편, 일본 NGO들이 국제인권조약 및 유엔 인권 기구를 활용하는 활동에도 적극적으로 참여해 왔습니다. 아이누민족이 유엔 인권 기구에 참여할 수 있게 된 계기는 당시 유엔 인권센터에 근무했던 구보타 히로시(久保田洋) 선생님의 지원 덕분이었습니다. 하지만 그는 1989년 6월 나미비아에서 순직했고, 같은 해 9월 고향인 고마에(狛江)에서 치러진 장례식에서 국제인권 활동가들이 모여 그의 뜻을 이어받기 위해 일상적인 네트워크 조직 결성을 제안하였고, '국회와 NGO를 잇는 인권 네트워크(가칭, 国会とNGO をつなぐ人権ネットワーク(仮))'가 탄생하였고, 여기에는 오늘 이 자리에 계신 오카모토 선생님도 참여하셨습니다. 1990년에는 '국제 인권 네트워크', 1993년에는 '국제 인권 NGO 네트워크'로 발전했으며 조약 기구의 정기 심사, 특히 자

유권규 약위 원회의 정기 심사에서 NGO를 총괄하는 활동을 진행해 왔습니다. 이 네트워크를 기반으로 1992년에는 세계인권회의에 대응하는 '세계인권회의 NGO 연락회'가 결성되었고 외무성 인권난민과(당시)와의 정기 협의회도 운영되었습니다. 2006년 7월에 결성되어 현재도 계속되고 있는 '인종차별철폐 NGO 네트워크(ERD넷)'도 이러한 활동 성과 중 하나입니다. 오늘은 이러한 경험을 바탕으로 이야기해 보고자 합니다.

오카모토 1988년 대학생 시절, 가와사키시(川崎市)의 세큐사(青丘社, 재일대한기독교회 사쿠라모토(桜本)보육원·친교관)에서 중학생부 지도원(자원봉사)으로 활동하던 중 다카하라 다카오(高原孝生) 선생님(전 메이지가쿠인대학 국제평화연구소장)의 소개로 KAWAPIC(가와사키시 평화정보 센터)의 비상근 직원으로 일하게 되면서 우에무라 선생님과 인연을 맺게 되었습니다. 우에무라 선생님이 아이누민족·선주민족 분야에서 개척해 오신 유엔 인권 시스템을 활용한 활동이 재일코리안의 권리 보장에도 응용될 수 있지 않을까 생각하게 되었습니다. 우리 두 사람의 인연으로 1989년에는 배중도 선생님(1990~2010년, 친교관장)이 초대 소장으로 있었던 RAIK(재일한국인문제 연구소)의 비상근 직원이 되어 국내외 마이너리티 및 국제인권 분야의 조사·연구·활동을 담당하게 되었습니다. 우에무라 선생님과 함께 유엔 인권 활동 접근 방식을 다룬 책을 쓰거나 유엔 인권소위원회의 '출국·귀국의 권리 선언' 초안 작업에 참여한 것도 이 시기입니다. 대학 졸업 후에는 중국에서 1년 반 동안 소수민족 교육과 언어 정책을 연구하고 귀국 후 무샤코지 긴히데 사무국장이 이끄는 IMADR의 사무국 직원이 되어 유엔의 마이너리티 권리를 최전선에서 주도한 테오 반 보벤(Theo van Boven) 등과 협력하며 귀중한 경험을 쌓았습니다. IMADR에서 처음 맡았던 업무가 제2회 일·미마이너리티 회의였으며, 자유권 규약 위원회의 마이

너리티 권리 관련 포괄적 견해 초안 작업에 참여한 것도 이 무렵이었습니다. 이후 대학원에 진학하면서 **RAIK** 국제인권부회와 국제인권 **NGO** 네트워크 활동(1998년 자유권 규약 위원회의 일본 정부 보고서 심사에 있어 NGO간 코디네이팅 등)을 이어갔으며, 세큐사＝가나가와 민투련(神奈川民鬪連＝민족차별과 싸우는 연락협의회) 시절부터 다나카 히로시(田中宏) 선생님 지도하에 박사 논문을 썼습니다. 대학교수가 된 2000년에는 이주렌(移住連＝이주 노동자와 연대하는 전국 네트워크) 결성(1997년)을 주도한 가라바오회(カラバオの会)[1]의 와타나베 히데토시(渡辺英俊) 목사의 초대로 이주렌의 사무국 직원이 되었고, 2004년부터 10년간 사무국 부차장으로 활동했습니다. 이 시기에 인종차별철폐위원회의 일본 정부 보고서 심사(2001년)에 참여하거나, 이주자 인권에 관한 부스타만테(Jorge Bustamante) 유엔 특별보고자의 방일 공식 조사(2010년)를 주도하며 시민사회 분야 코디네이터를 맡기도 했습니다. 대학에서는 다문화 사회론, 국제정치학, 동아시아 관계사, 정치학 등을 가르치고 있습니다. 오늘은 이러한 경험을 바탕으로 말씀드리겠습니다.

구보 잘 부탁드립니다. 저는 1994년부터 몇 년간 프랑스 스트라스부르 대학교 인문학부 민족학과 강사로서, 뉴칼레도니아 선주민족인 카나크(Kanak)의 존 파사(John Passa) 강사, 마누슈(Manush, 로마)의 도미니크 슈타인베르거(Dominique Steinberger) 강사와 함께 '마이너리티 및 선주민족의 권리' 강의를 담당했습니다. 프랑스는 헌법에 의해 마이너리티의 존재가 공식적으로 부정되고 있었기 때문에 대학에서 마이너리티 권리를 가르친 것은 지금 돌이켜보면 획기적인 일이었습니다. 사실 당시 제가 재학 중이던 대학 법학부에는 '마이너리티 권리(Droit des minorités)'라는 강의는 없었는데 현재는 개설되어 있습니다.

---

1 외국인 이주 노동자나 외국 국적 주민의 인권을 지키기 위한 특정 비영리 활동 법인(NPO). ─ 역자 주

이 자리를 빌려 그러한 기회를 주신 에릭 나베(Éric Navet) 교수님, 프랑수아 트렐리(François Torrelli) 강사님, 루이 후베르티(Louis Huberty) 강사님께 다시 한번 감사의 뜻을 전하고 싶습니다. 1998년 같은 대학 법학부에서 알렉산드르 키스(Alexandre Kiss) 교수님의 지도 아래 마이너리티 권리에 관한 박사논문으로 국제공법 박사 학위를 취득했습니다. 그리고 이를 2006년에 『마이너리티의 국제법』이라는 제목으로 신잔사(信山社)에서 출판했습니다. 오카모토 선생님이 언급한 테오 반 보벤(Theo van Boven) 선생님은 해당 박사논문 심사위원 중 한 분이었습니다. 현재는 오사카산업대학 경제학부에서 국제인권과 국제관계론을 가르치며 IMADR 감사, 아시아·태평양 인권정보센터(휴라이츠 오사카) 평의원, 도요나카 국제교류협회 평의원, 시조나와테시(四條畷市) 인권 문화를 키우는 마을 만들기 심의회 위원으로 활동하고 있습니다.

'마이너리티 권리'의 핵심은 무엇인가

박김 그럼, 이 책을 출판하게 된 계기에 대해 주도적인 역할을 하신 오카모토 선생님께 부탁드리겠습니다.

오카모토 첫 번째는 '다문화 공생'에 대한 위화감입니다. 총무성이 주창하고 각 지자체에서도 자주 사용하게 된 용어지만 문자 그대로 읽어보면 '문화'가 '함께 산다'는 이상한, 영어로도 번역할 수 없는 표현이자 무엇보다도 그 시책 속에 재일코리안도 아이누민족도 포함되어 있지 않기 때문입니다. 말만 보면 비슷해 보이지만, 구미 사회에서 발전된 '다문화주의(multiculturalism)'는 마이너리티의 권리를 보장함과 더불어 머저리티의 의식 변화를 요구하는 것입니다. 이 개념은 선주민족이나 오랜 역사를 가진 마이너리티의 역사와 현황을 기반으로 하고 있습니다. 일본에서 '다문화 공생'이 구 자치성(현 총무성)이 전국 각지의 지자체에 국제교류협회 등의 설립을 독려했던 '지역에서의 국제화 추진'의 연장선상에 있는 정책이기 때문일 것입니다. 그렇다고 해서 일본 사회가 다문화주의를 제대로 대하고 있는 듯이 행동하는 것은 잘못입니다. 역사적 관점에서 민족 차별 철폐와 민족교육 보장을 통해 마이너리티 권리를 제대로 마주하지 않으면 일본적 다문화주의도 실현될 수 없다고 생각했습니다.

두 번째는 마이너리티 권리가 희석되고 있다는 우려입니다. 얼마 전 NHK 라디오를 들었더니, 이전에는 '소수민족'이라 불리던 미국의 흑인이나 라티노를 '소수파'라고 부르고 있었습니다. 국회도서관의 잡지 기사 색인에서 '마이너리티'로 검색했더니 최근에는 거의 성적 소수자와 관련된 것들뿐이었습니다. 물론 차별 반대 운동에서 '모두가 마이너리티'라는 발상은 유효합니다. 머저리티로 간주되는 일본인 중에도 여성, 장애인, 피차별 부락 출신자 등 다양한 마이너리티가 있으며, 그들이 머저리티에 동조하지 않고 마이너리티로서 함께 연대한다면 사실상 극소수의 사람들만이 지배하고 있는 사회를 바꿀 수 있습니다.

그러나 국제인권법의 근간이 되었다고도 할 수 있는 마이너리티 권리에는 무차별=non-discrimination 이상의 의미가 있습니다. 민족국가 안에서 머저리티가 아닌 민족 집단에 속한 사람들이 동화를 강요받지 않고 자신들의 문화, 언어, 종교를 유지·발전시키기 위한 국가의 조치 의무가 또 하나의 중요한 축입니다. 이는 식민지 지배나 동화 정책과 같은 역사적 잘못에 대한 보상·시정 조치로서 존재하는 것입니다. 마이너리티를 '소수파'라는 일본어로 가볍게 치환함으로써 국제인권법의 권리 주체인 마이너리티의 존재를 보이지 않게 하거나, 성적 소수자, 아이누, 재일코리안 모두를 동일한 마이너리티로 보고 단순히 차별 문제만 해결하면 된다는 풍조가 퍼지고 있는 것 같습니다. 지금이야말로 인류와 국제사회가 마이너리티 권리를 필요로 하고 이를 발전시켜 온 역사와 경위를 명확히 하고 일본의 과제를 고민할 필요가 있다고 느꼈습니다.

일본에서 최근 '재일 특권', '아이누 특권', '오키나와 특권'이라는 말이 난무하는 것도 마이너리티 권리에 대한 무지와 희석화가 관련되어 있다고 생각합니다. 이러한 '○○특권'적 담론에 맞서기 위해서는 단순히 유엔 인권 기구의 권고가 있었다는 이야기만으로는 충분하지 않으며, 왜 마이너리티 권리가 인류에 의해 만들어지고 축적되었는지, 그 역사와 맥락을 되돌아보고 현재와 연결시켜 세상에 보여주는 것이 필요하다고 생각했습니다.

무샤코지 긴히데 선생님에 대해

오카모토 사실 20년 이상 지난 2000년에 『유엔과 마이너리티 권리』를 공저로 출판하자는 기획을 구보 선생님께 제안드린 적이 있었습니다. 하지만 마침 두 사람 모두 대학교수가 되어 바빠진 시기였기 때문에 계획이 중단되고 말았습니다. 그런 가운데 이번에 이 책을 꼭 출판해야겠다고 강하게 느낀 직접적인 계기는 무샤코지 긴히데 선생님께서 2022년 5월에 별세하신 일 때문이었습니다.

박김 독자들 중에는 아마 무샤코지 선생님을 잘 모르시는 분도 계실 텐데, 어떤 분이셨는지 들려주시겠습니까?

오카모토 무샤코지 선생님은 작가 무샤코지 사네아쓰(武者小路実篤)의 조카로, 귀족 집안 출신으로서 유엔대학 부총장도 역임하신 분입니다.

그런 출신임에도 불구하고 강자나 승자의 편에 서지 않고 사회적으로 약자의 입장에 서서 연구와 활동을 펼치셨습니다. 무샤코지 선생님께 직접 처음 도움을 받은 것은 1990년이었습니다. 우에무라 선생님 등과 함께 쓴 RAIK 총서『국제인권과 재일한국·조선인』의 서문에 추천사를 써 주셨습니다. "외무

[사진 05-1] 무샤코지 긴히데
(제공: IMADR)

성이나 연구자인 친구들로부터 항의를 받을 만한 진실된 내용이 많이 담겨 있다"는 추천사가 신문에도 소개되이, 책이 순식간에 완판되었지요. 선생님은 예리한 통찰력과 유머를 겸비한 분이셨습니다. 제가 IMADR 사무국 직원으로 근무하던 1993년부터 1996년 3년 동안은 사무국장으로서 가까이에서 교류할 수 있었습니다. 일본식 조직으로 치자면 제가 무샤코지 선생님의 부하였지만 세계적으로 저명한 인사들을 대할 때에도 상하 관계를 강조하지 않고 '나의 동료(my colleague)'라고 소개하시는, 정말 신사다운 분이셨습니다. 또한 사무국 직원의 세 살 난 딸에게도 고개를 숙이며 "안녕하세요, 무샤코지입니다."라고 공손히 인사하시고, 미리암 슈라이버(Myriam Schreiber) 이사장이 입원하셨다는 소식을 듣고는 병원을 물어보며 꽃을 보내고 싶다고 하셨던 일도 기억납니다. 우에무라 선생님도 아시다시피 저는 젊은 시절부터 우에무라 선생님 등, 뒤를 좇아가며 '언젠가 이분들을 따라잡고, 넘어설 것'이라는 마음을 품었던 야심 많은 사람이었지만, 무샤코지 선생님만큼은 '이분은 도저히 넘을 수 없다'며 완전히 존경했던 거의 유일한 분이셨습니다. NGO 직원으로 활동하며

생계를 유지하는 데 얽매이기보다 대학에서 급여를 받으며 NGO 활동을 하고 싶다는 생각에 대학원에 진학하고 대학교수가 된 것도 어찌 보면 무샤코지 선생님을 따라 한 것이었습니다.

조치(上智)대에 계셨던 오가타 사다코(緒方貞子) 선생님이 유엔 난민 고등판무관에 임명되시기 전까지 무샤코지 선생님은 유엔에서 가장 유명한 일본인이셨습니다. 오가타 선생님과 함께 '인간 안보' 개념을 제창하신 분으로도 유명합니다. 2003년, 73세에 『인간 안전 보장론 서설』(국제서원)을 출판하셨을 때에는 '서설?!', '이제 본론이 시작된다는 건가?'라며 그 에너지에 놀랐습니다. 무샤코지 선생님께서 설파하신 '인간 안보'는 약자가 자기실현을 하며 살아갈 수 있는 사회가 국제 정치에서의 안전보장을 확보하는 데 중요하다는 생각입니다.

마이너리티 권리 보장에도 깊은 관심을 가지셨고 일본에서 복합차별 문제를 집중적으로 다루기 시작한 선구자 중 한 분이었다고 생각합니다. 저는 IMADR에서 퇴직한 후에도 이주렌 활동이나 무샤코지 선생님이 소장을 맡으셨던 CAPP(오사카경제법과대학 아시아태평양 연구센터)의 객원 연구원으로 활동하며 불가사의할 만큼 계속 도움을 받았는데, 『민족의 창출』에 대한 서평도 써 주셨습니다. 제가 깨닫지 못했던 책의 의의를 유엔 인종차별 특별보고관 두두 디엔(Doudou Diene)의 보고서와 관련지어 지적해 주신 것은 지금도 제 지침이 되고 있습니다.

강자 편에 설 수 있는 위치에 있었음에도 불구하고 약자를 위해 끊임없이 헌신하신 무샤코지 선생님의 부고를 접했을 때 큰 의지처를 잃은 상실감을 느낌과 동시에 그분의 삶에 다시 한번 깊은 경의를 표하며, 미약하나마 그 뜻을 이어받아 강자가 각축을 벌이는 국가 안보가 아닌 약자도 살기 쉬운 인간 안보 실현에 기여하고자 이 책의 기획을 시작했습니다. 이를 위해 암네스티 인터내셔널 일본의 자원 봉사자이자 NGO 동료인 기타이(北井) 선생님(현대 인문사)과 상담했습니다.

우에무라 지금 오카모토 선생님께서 '무샤코지 선생님은 귀족 집안 출신이면서도'라고 말씀하셨는데, 선생님은 어떤 의미에서 마이너리티에 대한 '가해'와 '피해'를 모두 자신의 어린 시절 경험으로 가지고 계셨습니다. '가해'란 선생님의 아버지가 일독방공협정(日独防共協定)을 체결했을 당시 주독대사를 역임하셨고, 이를 자신이 나치에 가담한 아버지를 둔 것과 같은 일종의 '원죄'로 느끼셨던 것입니다. '피해'란 할머니가 프랑스인이며 본인이 벨기에에서 태어난 것 때문에 일본으로 돌아왔을 때 따돌림을 당하셨던 경험입니다. 이렇게 가해와 피해를 자신의 문제로 직시하며 국제 기준으로 인권을 어떻게 바라볼지에 대해 매우 이른 시기부터 고민해 오신 분입니다.

저의 관점에서 보면 국제 인권과 국제법은 본래 유럽이 중심이 되어 그들 사회가 세계를 지배하기 위한 이론적 토대였습니다. 그런 원죄를 짊어지면서도 이를 넘어서 사회를 어떻게 변화시킬 것인가에 대해 가해도 피해도 고민하신 무샤코지 선생님께서 가장 잘 알고 계셨다고 생각합니다.

때문에 그는 서구형 인권에 대해 어떤 면에서는 비판적이었습니다. 방금 오카모토 선생님이 언급하신 '인간 안전보장'도 그러한 관점에서 나온 것입니다. 또한 아시아에서 보편적인 인권 원칙을 제시하는 데에도 관심이 높았고 부락해방운동 속에서 등장한 '인간 세상에 빛이 있으라'는 수평사 선언을 높이 평가하셨습니다. 선주민족 운동에 대한 이해도 그러한 흐름에서 비롯된 것이라 생각합니다.

구보 우에무라 선생님께서 말씀하신 무샤코지 선생님의 경력과 관련해 자서전에서 이렇게 말씀하셨습니다.

"나는 고작해야 '혼혈아 차별'을 경험했을 뿐 냉대라는 것을 진정으로 겪어본 적이 없습니다. 그래서 동지인 척해도 사실은 간첩일 뿐입니다. 한편, 아버지와의 관계로 외무성에 다양한 지인이 있지만 그 친구들과도 완전한 동료는 아니며 역시 일종의 간첩일 뿐입니다. 그런 이중 스파이의 삶을 유머로 웃어넘기며 살아가는 '하찮은 녀석'이 바로 저입니다.

반차별국제운동에 참여할 때도 저는 진정한 대변자가 될 수 없습니다. 경우에 따라서는 그것이 배신이 되어버릴 위험도 있음을 의식한 채 발언해야 합니다. 그러나 아무 말도 하지 않고 아무것도 하지 않으면 이득을 보는 것은 차별하는 쪽의 국제운동입니다. 그렇다면 저는 이중 스파이라도 좋으니 뭔가 하지 않을 수 없는 것입니다."[2]

이 대목에서, 선생님은 자신이 처한 입장에 대한 날카로운 통찰과 운동에 대한 겸손함을 겸비한 분이었음을 느꼈습니다.

저에게 가장 인상 깊었던 것은 마이너리티 연구회에서의 무샤코지 선생님이었습니다. 부락해방·인권연구소 소장이었던 도모나가 겐조(友永健三) 선생님이 주재했던 마이너리티 연구회의 총괄 역할을 무샤코지 선생님께서 맡으셨습니다. 연구자뿐만 아니라 변호사 등 실무자와 활동가를 모아 스터디 그룹을 조직하셨고 일본에서 새로운 인권 운동을 만들어가며 이를 국제 연대로 연결하려는 넓은 시야를 가지신 분이었습니다.

인간적으로도 매우 친근한 분으로 젊은이들이나 긴장한 사람들에게도 먼저 말을 걸어주며 그들이 그룹 안에서 편하게 어울릴 수 있도록 배려하셨던 분이었습니다.

2　武者小路公秀[部落解放·人権研究所編]『人の世の冷たさ、そして熱と光—行動する国際治学者の軌跡』部落解放·人権研究所, 2003, pp.180-81.

'마이너리티'란 무엇인가?

박김 감사합니다. 서두에서 다룬 이야기와 조금 겹칠 수도 있지만 이 책에서 말하는 '마이너리티'는 어떤 의미로 사용되는지 궁금합니다.

구보 최근 일본에서는 방금 오카모토 선생님이 언급하신 것처럼 '마이너리티'라는 단어가 단순히 '소수파'라는 의미로 사용되는 것이 일반적인 것 같습니다. 이 경우에는 선택 가능성을 전제로 하고 있습니다. 그리고 그 선택의 결과로 어느 순간에는 머저리티가 되기도 하고, 어느 순간에는 마이너리티가 된다는 식으로 지금 사용되고 있는 것 같습니다.

하지만 원래 마이너리티란 선주민족의 사례를 보면 가장 전형적인데, 그들은 있는 그대로 평범히 살고 싶어도 외부에서 지배자가 와서 '이게 더 옳으니 너희는 따르도록 해'라고 해서 언어와 생활방식이 전부 바뀌어 버린 존재를 의미합니다.

이러한 점에서 우리가 '마이너리티 권리'에 대해 활동할 때 첫 번째 목표는 매우 단순합니다. 그것은 '있는 그대로의 인간을 인정하라'는 것입니다. 눈앞에 있는 인간의 존재를 인정하고 그들의 가치를 제대로 존중하라는 것이 마이너리티 권리의 근본입니다. 요즘 젊은 세대들 사이에서 사용되고 있는 것은 '선택 가능성을 인정하라'는 말이지만 그것과는 전혀 다른 이야기라는 점을 분명히 해야 한다고 생각합니다.

우에무라 '마이너리티'라는 용어에서 제가 신경 쓰이는 점은 다수파의 문제를 다룰 때에도 '마이너리티성'이 언급되기 시작했다는 것입니다. 예를 들어 한 개인을 생각할 때, '당신은 학력이 높네요(=머저리티성), 하지만 아이누네요(=마이너리티성)'라고 개인을 봅니다. 이렇게 보면 모든 사람이 자신의 내면에 머저리티성과 마이너리티성을 동시에 가지고 있다는 것을 이해하게 됩니다. 이런 방식은 마이너리티 문제를 가까이 느끼게 할 수 있는 면도 분명히 있습니다.

하지만 마이너리티라는 단어는 본래 권리의 문제와 연결되어 있습니다. 여러 형태의 마이너리티성이 당연히 존재하겠지만, 집단으로서의 마이너리티 문제는 그 집단이 권리를 박탈당해 온 역사 속에서 우리가 어떻게 그것을 회복할 것인가라는 관심이 핵심입니다. 그 '마이너리티 권리'가 어떤 역사적 배경에서 전개되어 왔는지를 모르면 다양한 '마이너리티성'이란 점에서 모두가 평등해서 다행이야라고 생각할 위험이 있습니다. 그런 점들을 정리한 것이 바로 이 책입니다.

오카모토 이 책은 역사적 배경에 기반한 '국제인권법의 권리 주체로서의 마이너리티'를 대상으로 하고 있습니다. 여기서 유념해야 할 점은 마이너리티 권리에는 개인의 인권 측면과 더불어 집단 또는 공동체의 권리 측면이 있다는 점입니다.

구보 그리고 그러한 '국제인권법의 권리 주체로서의 마이너리티'는 본래부터 개념이 있었던 것이 아니라 그들이 운동을 통해 권리를 쟁취해 왔습니다. 이것이 바로 '역사적 배경'입니다.

그런데 최근 일본의 운동에서는 '유엔에서 이렇게 하니까 이렇게 해야 한다'는 식의 수동적인 태도가 보이고, 앞으로 자신들이 개념을 만들어가겠다는 힘이 보이지 않는 점이 아쉽습니다.

우에무라 방금 구보 선생님이 말씀하신 내용은 굉장히 중요한 포인트라고 생각합니다. 일본 사회는 특효약을 찾는 경향이 있습니다. 예를 들어 2·26 사건이나 전전의 우익이 천황을 모시고 개혁하려 했던 흐름도 특효약을 찾으려는 모습입니다. 사회 내에서 스스로 논쟁을 일으키고 변화를 만들어 내기보다는 엄청난 카리스마를 가진 누군가가 한마디 하면 사회가 변할 것이라는 생각입니다. 유엔도 그런 '한 마디'로 여기는 사람들이 있습니다.

하지만 유엔은 그런 존재가 아닙니다. 오늘날에 이르기까지 다양한 노력을 거듭하며, 유엔이라는 장소에서 싸워온 사람들의 성과가 '국제인권법이 보장하는 마이너리티 권리'입니다. 그러므로 유엔에서 권고가 나왔으니 잘됐다는 단순한 이야기가 아닙니다. 오히려 그 지점에 이르기까지의 노력의 문제가 중요합니다.

제가 1986년에 구보타 히로시 선생님께 처음 받은 편지가 있습니다. 거기에 "지속하세요"라고 적혀 있었습니다. 특효약같은 것으로 인권을 생각해서는 안되며 투쟁을 지속하는 것이 중요하다는 메시지였습니다.

'재일 특권'이란 무엇인가?

박김 그런 역사적 배경 위에 쟁취해 온 '마이너리티 권리'에 대해 일본에서는 '역차별', '재일 특권', '아이누 특권'과 같은 공격이 1990년대 후반부터 현재까지 역사 수정주의와 함께 심화된 상황에 대해 어떻게 생각하시나요? 이때 사용되는 '특권'이라는 용어는 '주어져서는 안 되는 권리'라거나 '아무런 노력도 하지 않았는데 주어지는 권리'라는 형태로 사용되는 것 같습니다.

우에무라 제가 보기엔 이건 단순한 이야기입니다. 사회권을 행사하는 사람들에 대해, 예를 들어 그에 대한 특별한 예산이 배정되거나 보조금이 지급되면 그 모든 것이 부당한 이익이라고 말하는 사람들이 있습니다. 예를 들어 아이누의 자녀들에게 특정 조건 하에 장학금이 지급되는 제도가 있습니다. 그들이 말하는 '일반 일본인에게는 지급되지 않으니까 그들은 특권을 가지고 있다'는 식입니다.

이는 민족 문제에만 해당하는 것이 아니라 생활 보호와 같은 다양한 사회적 지원을 받는 사람들에게도 적용됩니다. 그들에 의하면 이들 모두가 '특권자'라는 것입니다.

세상만사를 제대로 마주하지 못하고, '중층의 하위' 계층에 속하는 사람들이 자신들이 위협받고 있다는 망상에 휘둘리면서 '특권론'을 주장하고 있는 구조입니다. 사회 불안을 만들어낸 사람들에게는 이런 하향적인 망상이 환영받을 것입니다.

구보 안타깝게도 일본의 교육은 스스로 생각하고 주장하는 것을 가르치지 않습니다. 자신이 스스로 생각하고 주장해서는 안 되는 사회에서 인권을 주장하는 것 자체가 이미 '특권'이 됩니다.

그래서 예를 들어 아이누 사람들도 열심히 운동을 해서 겨우 보조금을 얻었더라도 그것이 특권이 된다고 보는 것입니다. 차별을 받는 부락도 마찬가지입니다. 해방 운동을 하여 지역 개선 운동에서 보조금이 지급되면 그것이 특권으로 간주됩니다. 그것을 특권이라고 주장하는 사람들이 왜 그런 주장을 하는지 그 이유는 간단합니다. 권리라는 것은 쟁취하는 것이라는 점을 모르기 때문입니다.

인권은 모두 운동을 통해 쟁취해 왔습니다. 그들은 그것을 모르고 단지 위에서 주는 것이라고 생각하고 있습니다. '위에서 주면 모두에게 공평하게 주어야 한다'는 사고방식입니다.

보통은 권리를 쟁취했다면 그것을 찬양해야 하는데 일본에서는 오히려 그들이 머리를 맞는 상황입니다.

오카모토 그들이 말하는 '특권'은 영어로 말하는 'special rights'와는 다릅니다, 그렇지 않습니까?

박김 특권의 본래 의미에서의 머저리티의 특권과 차별에 대해 연구하고 계신 데구치 마키코(出口真紀子) 선생님은 특권이라 할 때 그것은 영어로 'privilege'로서 '어떤 사회 집단에 속함으로써 노력 없이 얻는 우위성'이라고 정의를 소개하셨는데, '재일 특권'등의 경우에는 그것도 아니지 않습니까?

우에무라 그것은 내용상으로 매우 왜곡된 '질투(jealousy)'라고 밖에 말할 수 없겠습니다.

오카모토 그렇다면 문제의 본질은 흔히 말하는 보수와 진보의 도덕적 사고의 대립이 아니라, 부의 분배와 관련된 우파와 좌파 간의 문제가 되는 셈입니다. 즉 자신들이 충분히 부를 분배받지 못했다고 생각하는 사람들의 '질투'인 셈입니다. 그렇다면 그것을 해결하려면 인권 이론을 내세운다고 해서 효과가 없고 자신들이 부족하다고 느끼는 것을 주어야 그들이 물러날 것입니다. 하지만 현단계에서는 그들이 주장하는 '재일 특권'이나 '아이누 특권'이라는 말이 널리 퍼져 있기 때문에 마이너리티 권리를 이야기할 때 '또 특권을 말하는 거냐?'라는 반응을 피하기 위해 이를 정리하고 해결해야 합니다.

차별은 '마이너리티의 문제'인가?

구보 차별을 시정하기 위해 마이너리티가 쟁취해 온 권리를 '특권'이라고 부르는 배경에는 또 다른 측면에서 차별을 마이너리티의 문제로 간주하는 사고방식이 있다고 봅니다. 예를 들어, 재일조선인에 대한 차별은 재일조선인의 문제이고, 부락 차별은 차별당하고 있는 부락의 문제라는 식입니다. 아직도 이런 인식이 존재합니다. 가장 유명한 사례로는 '차별, 차별이라고 말하니까 차별이 사라지지 않는 것'이라는 이른바 '잠든 아이를 깨우지 말라'는 논리가 있습니다. 이 논리는 여전히 강하게 작용하고 있습니다.

그러나 국제적으로는 이미 '차별은 사회적 배제의 문제입니다. 즉 사회 내에서 배제된 사람이 존재하는 것이 차별의 문제이며, 따라서 사회적 포섭을 해나갑시다'라고 되어 있습니다. 차별은 사회적 문제인 것입니다.

우에무라 '사회적 문제'로 보지 않음으로써, 권력은 '하위의 자'들을 서로 싸우게 만들고 자신들은 편히 지냅니다. 하지만 차별은 본래 사회적 문제이기 때문에 권력 측에는 '차별을 시정하기 위한 권리는 특권이 아니다'라는 명확한 메시지를 발신할 의무가 있습니다.

그런데 예를 들어 아이누와 관련된 법률을 보면 왜 이 법률이 필요한지에 대해 한마디도 설명하지 않고 있습니다. '아이누의 현황에 따라 문화를 진흥해야 한다'는 내용은 있지만, 왜 그런 현황이 발생했는지, 그 현황에 책임이 있는 사람은 누구인지에 대해서는 법률에 한마디도 언급되어 있지 않습니다.

역사적 사실이 존재하고 이에 대한 운동이 축적되어 마이너리티의 권리가 인정받아 왔습니다. 그리고 이는 사회적 문제로 인식되기 시작했습니다. 이런 과정이 여전히 명확하게 드러나 있지 않습니다.

구보 이러한 전제가 되는 역사적 사실을 일본의 학교에서는 충분히 가르치지 않는다고 생각합니다. 젊은 사람들은 일본인이 조선에 대해 무엇을 했는지, 중국에 대해 무엇을 했는지, 아이누 사람들에게 무엇을 했는지, 오키나와·류큐 사람들에게 무엇을 했는지에 대해 정말로 모릅니다. 그리고 자신들이 평등하다고 착각하고 있습니다. 가르치지 않음으로써 분단을 효과적으로 이용할 수 있는 상황이 조성되어 있다고 봅니다.

집단으로서의 권리

구보 그리고 마이너리티 권리를 논할 때 중요한 점은 방금 오카모토 선생님도 언급한 바 있듯이 '집단으로서의 권리', 즉 공동체로서의 권리라는 측면이 있다는 점입니다.

'인권'이라는 말을 들으면 자칫 '개인의 인권'에만 초점이 맞춰지기 쉽습니다. 그러나 권리라는 것은 원래 혼자서 해결할 수 있는 것이 아닙니다. 사람들의 연대 속에서 쟁취해 온 것입니다. 가장 명확한 예로는 노동권, 노동조합을 구성할 수 있는 단결권, 단체교섭권, 그리고 파업권이 있습니다. 마이너리티에게도 개인의 권리를 보호하기 위해 집단으로서의 권리가 중요합니다.

그렇다면 반대로 개인의 권리를 오로지 강조하는 사람들은 누구일까요? 역사적으로 보면 그것은 미국을 식민지화한 사람들이었습니다. 왜냐하면 싸우는 사람들은 단결할 수밖에 없는데, 그것을 부정하기 위해 '인권은 개인의 권리'라는 논리를 사용했기 때문입니다.

재일코리안을 마이너리티로 인정하지 않고, 류큐민족도 선주민족으로 인정하지 않는 일본 정부

박김 그렇게 역사적 배경을 가지고 국제적으로 인정받게 된 마이너리티 권리지만 일본 정부는 여전히 재일코리안을 자유권 규약 제27조에 따른 마이너리티로 인정하지 않고 있습니다. 또한 류큐 사람들을 선주민족으로 인정하지 않는 상황도 지속되고 있습니다. 이는 2022년에 열린 유엔 자유권 규약 위원회의 일본 정부 보고서 심사에서도 지적되었는데 그 이유는 무엇이라고 생각하시나요?

오카모토 자유권 규약 위원회의 제1차 일본 정부 보고서 심사(1981년)에서 일본 정부 대표는 "재일코리안은 외국 국적이기 때문에 자유권 규약 제27조의 권리 대상이 아니다"라고 주장했습니다. 하지만, 그 몇 년 전 법무 관료가 쓴 논문에서는 "재일코리안이 자손 대대로 외국인으로 존재한다면 일본 내에서 소수민족이 되고 소수민족 문제가 발생할 것"이라고 말하고 있습니다. 이 모순이 보여주듯이 일본 정부는 여러 가지 이유를 대면서 마이너리티 권리를 보장해야 할 의무에서 벗어나고 싶어 하고, 현실을 외면하며 문제를 미루려는 태도가 본심이 아닐까 생각합니다. 아이누민족을 제27조의 마이너리티로 인정한 국회 답변에서도 "소수민족은 존재하지만 제27조의 권리를 부정당한 소수민족은 없다"는 식의 궁색한 변명을 끝까지 했습니다. 이는 반대로 말하면 제27조의 권리 대상으로 인정하게 되면 그에 상응하는 마이너리티 권리를 보장해야 한다는 것을 정부가 인지하고 있기 때문입니다. 마이너리티 권리에는 이러한 강력한 효력이 있는 것입니다. 정부는 본래 의사 결정권을 가지지 않은 사무국적인 존재이기 때문에 책임은 의사 결정권을 가진 일반 조직에서의 이사회에 해당하는 국회에 있습니다. 따라서 이러한 문제를 직시하고 주권자를 대신해 제대로 논의해 줄 대의원, 즉 국회의원을 선출하지 않은 유권자에게도 책임이 있습니다. 국회의원과 협력하여 마이너리티 권리와 관련된 의원 입법이나 정책 변경을 시도하면 관련 부처의 관료들로부터 "여론이 이를 요구하지 않는다"는 이유로 거절당한 일이 여러 번 있었습니다.

식민지 문제와 마이너리티

우에무라 중요한 점은 여기서 우리가 마이너리티나 선주민족으로 거론하는 사람들은 기본적으로 식민지 문제 등 역사적인 부분과 깊이 연관되어 있다는 것입니다. 그리고 과거 식민지와 관련된 관계는 지배 구조나 차별 구조와 절대로 분리해서 이야기할 수 없습니다. 이 지배 구조와 차별 구조는 시대가 변하더라도 새로운 시대에 맞는 형태로 지속되고 있습니다. 이러한 상황에서 '마이너리티 권리' 등을 인정하면 그 지배 구조가 흔들릴 수 있다는 것을 일본 정부는 알고 있다고 생각합니다.

그 때문에 일본 정부는 스스로 역사 인식을 언급하려 하지 않으며 하고 있고 그들의 반론은 수준이 낮습니다. 예를 들어 류큐인을 선주민족으로 인정하지 않는 이유를 물으면 결국 "오키나와현민은 사회 통념상 동일한 일본 국민"이라는 답변밖에 하지 않습니다. 여기서 '사회 통념상'이라는 표현은 '이 사회의 다수자의 상식에서 보자면'으로 바꿔 말할 수 있습니다. 그러나 '다수자의 상식에서 보자면'이라는 답변은 인권의 세계에서는 통용될 수 없습니다. 실제로 그러한 논리를 아무렇지 않게 국제사회에 가지고 나갈 정도로 일본 정부의 반론은 수준이 낮다는 이야기입니다.

대화를 할 수 없는 일본 정부

박김 지금 말씀하신 내용을 들으면서 조선학교에 대한 보조금 지급 문제와 일본 정부나 지방자치단체와의 교섭 과정에서 느꼈던 좌절감이 떠오릅니다. 조선학교는 2010년 이후부터 일본 정부의 '고등학교 무상화' 제도에서 제외되어 지금까지 그 상태로 있습니다. 이와 비슷하게 지방자치단체들 또한 그 이전에 지속적으로 조선학교에 지원하던 보조금을 중단했고 여전히 같은 상황입니다.

그런 상황에서 우리가 "지방자치단체가 보조금을 중단하는 것은 인종차별철폐조약 제5조 (e)(ⅴ) (교육권의 평등한 보장) 위반이며, 이에 대해 인종차별철폐위원회로부터 시정 권고가 나온 바 있습니다”라고 이야기하면, 항상 돌아오는 답변은 ‘도민의 이해를 얻지 못했다’라거나 ‘현민의 이해를 얻지 못했다’라는 말뿐입니다. 이것이 ‘사회 통념’을 이유로 한 일본 정부의 답변과 비슷하다고 느꼈습니다.

우리는 권리에 대해 이야기하고 있는데, 상대방은 시민들의 공감이나 분위기를 논하며 대응하니 대화가 전혀 이루어지지 않는다는 점이 정말 답답했습니다.

구보 박김 선생님의 설명을 들으니 결국 일본 정부나 지방자치단체가 진정성 있게 대화하려는 태도를 가지고 있는지 의문이 듭니다. 박김 선생님이 언급한 인종차별철폐위원회나 자유권 규약 위원회와 같은 인권조약기구에서 여러 차례 권고가 나왔음에도, 일본 정부나 지방자치단체는 이를 제대로 받아들이지 않고 ‘사회 통념’, ‘국민의 이해’ 등의 이유를 들어 거부하는 방식으로 일관하고 있습니다. 그들에게 마치 진지하게 이야기할 의지가 없는 것처럼 보입니다.

유엔의 권고에 대한 전술한 반응의 전제로서 일본 정부는 ‘유엔의 권고는 따를 의무가 없다’라는 취지의 각의 결정을 반복하며, 이른바 권고에 법적 구속력이 있는지 없는지에 관한 논의로 문제를 전환해 버립니다. 하지만 법적 구속력이 있는지 여부를 아무도 묻지 않았습니다. 설령 법적 구속력이 없더라도 권리 침해라는 지적에 대해 정부로서 어떻게 생각하는지 제대로 답변해야 마땅합니다. 물론 ‘그 지적은 이러한 이유로 사실과 다릅니다’라거나 ‘이러한 부분은 논리적이지 않습니다’라고 반론할 수도 있습니다. 하지만 일본 정부가 하는 대응은 그러한 반론조차 아닙니다. 저는 일본 정부의 소통 능력이 매우 걱정스럽습니다.

우에무라 정책이라는 것은 분명히 타협이 필요한 부분도 있지만 상대방에게 '이 정도라면 납득할 수 있다'라는 지점까지는 명확히 설명해야 다음으로 나아갈 수 있습니다. 이러한 직접적인 논의가 없다면 아무런 문제도 해결하지 못한 채 그저 문제를 계속 미루기만 할 뿐입니다.

박김 일본 정부와 교섭을 진행할 때 예를 들어 조선학교에서 조선어를 배울 권리와 관련하여 마이너리티 권리 선언이나 자유권 규약 제27조, 아동권리조약 등을 참조하며 교섭을 시도해도, 정부 관료들 스스로가 언어권을 비롯한 마이너리티 권리에 대해 제대로 이해하지 못하고 있어 여전히 '외국인 아이들에게도 일본어 교육을 하고 있다'라는 동문서답식 답변밖에 돌아오지 않는 경우가 많습니다. 이러한 상황에서 같은 이해를 바탕으로 대화가 이루어지지 않으니 교섭이 이루어져도 도리어 허탈감만 느껴질 때가 많습니다.

'마이너리티 권리'를 인정하지 않는 일본의 사법계

박김 일본 사법부는 마이너리티 권리에 대해 어떤 태도를 취하고 있나요?

우에무라 아이누의 성지에 댐을 건설하는 것을 금지해달라는 요청으로 시작된 홋카이도 니부타니댐 소송에서 삿포로 지방법원은 결론적으로 댐 건설 금지를 인정하지는 않았지만, 아이누의 선주민족성을 인정하고 자유권 규약 제27조에 근거한 '민족 고유의 문화를 향유할 권리'를 토대로 토지 수용이 불법이라고 판결했습니다. 이 사건은 1997년에 있었으며 일본 사법부로서는 최초로 마이너리티 권리를 인정한 판결이었습니다. 그러나 그 이후로는 비슷한 사례가 이어지지 않았습니다.

오카모토 인종차별철폐조약을 적용하여 인종차별을 입증한 판결은 몇 가지 있습니다만 마이너리티 권리에 관해서는 니부타니 댐 판결 이후로 사례가 없습니다. 제가 학습회 강사나 법원에 제출할 의견서를 작성하는 데 참여했던 '다카쓰키 마이너리티 교육권 소송(高槻マイノリティ教育権訴訟)'(2004)에서는 자유권 규약 위원회의 포괄적 견해와 유엔 마이너리티 권리 선언 및 그 해설을 활용하여 자유권 규약 제27조 위반 가능성을 제시했습니다. 그러나 법원은 그것들 모두 법적 구속력이 없다는 이유로 일축하고 제27조 위반 여부에 대한 심사 자체를 진행하지 않았습니다.

우에무라 애초에 일본의 판사들이 국제인권규범에 대해 잘 이해하지 못한다는 것이 문제입니다. 더불어, 본래 양심에 따라 그리고 헌법과 법률에 따라 판결해야 하는 존재인 판사(헌법 제76조 3항)가 그 양심을 발휘하고 있는지 의심스러운 부분이 있습니다. 여기서 말하는 '양심'이란 판사의 재량이 드러나는 부분에서 나타나는 것이라고 생각합니다. 하지만 그런 점이 잘 보이지 않습니다.

앞서 소개한 니부타니 댐 소송에서 삿포로 지방법원의 판사는 확실히 자신의 양심을 발휘하여 기존에는 일본에서 인정받지 못했던 자유권 규약 제27조에 근거한 권리를 인정했습니다. 이런 움직임이 점차 사회를 변화시키는 계기가 될 수 있다고 생각하지만 그러한 사례가 좀처럼 늘지 않고 있는 현실이 안타깝습니다.

갈라파고스화된 일본 사법계

오카모토 이 문제는 일본이 갈라파고스화되고 정체된 원인이기도 합니다만, 규칙을 글자 그대로 지키는 것에 집착하여 그 규칙이 왜 만들어졌는지, 필요한 이유는 무엇인지, 근본적인 원리는 무엇인지 깊이 고민하지 않는 경우가 많습니다. 시대나 상황의 변화에 맞추어 근본 원리에 부합하지 않게 된 규칙을 수정하거나 발전시키는 데 서툰 사람들이 많아 보입니다. 예를 들어, '다카쓰키 마이너리티 교육권 소송'에서 오사카 지방법원이나 고등법원이 자유권 규약 채택 이후 국제사회가 근본 원리에 맞춰 시대와 상황의 변화에 따라 발전시켜 온 제27조(마이너리티 권리) 해석의 축적을 무시하고, 단지 '권리를 부정당하지 않는다'는 글자 그대로를 읽어 민족 교육의 보장 등의 적극적인 조치까지 체약국에 요구하지는 않는다고, 마치 반세기 전으로 퇴보한 듯한 판결을 내린 것은 비애롭기까지 합니다. 국제인권의 흐름은 매우 역동적이며 일취월장하고 있지만 일본은 이에 뒤처져 버린 것입니다.

구보 실제로 제가 이 책 제4부 제4장에서 소개한 차별금지와 마이너리티 권리에 대한 새로운 사고 방식은 과거의 인권 침해에 대한 구제뿐만 아니라 미래에 배제 없는 사회를 건설하려는 방향성을 명확히 제시하고 있습니다. 하지만 일본에서는 이를 제도로 구체화하려는 움직임이 매우 미약합니다.

반면, 인권 이외의 분야에서는 새로운 흐름을 받아들이는 시도가 이루어지고 있습니다. 특히 경제와 기술 분야에서는 최첨단의 추구가 강조되고 있으며 군사 분야에서도 마찬가지입니다. 이는 명백한 이중잣대라고 할 수 있습니다.

글로벌화와 마이너리티 권리

박김 국제적으로는 마이너리티 권리에 대해 기존의 국제인권기준이 불충분하다는 이유로 1992년 '마이너리티 권리 선언(민족적, 종교적 및 언어적 마이너리티에 속하는 자의 권리에 관한 선언)'이 채택되었고, 그로부터 30년 이상이 지났습니다. 하지만 이 30년은 동시에 글로벌화가 진행된 세월이기도 했습니다. 이 글로벌화는 마이너리티 권리에 어떤 영향을 미쳤을까요?

구보 권리의 문제가 어느새 상품화의 문제가 되어버렸다고 생각합니다. 예를 들어 권리를 인정하지 않더라도 '보조금을 줄 테니 참아라' 같은 식으로 처리되는 상황이 되어버린 것입니다.

우에무라 1997년에 아이누문화 진흥법이 제정되어 문화 진흥을 위한 예산이 배정되기 시작했습니다. 또한 2019년의 아이누 정책 추진법은 국립 문화 체험형 시설 '우포포이'와 연동되어 있어 관리 운영비 등을 포함해 예산이 약 10배 가까이 증가했습니다. 이로 인해 혐오 발언이 급증한 것은 유감스러운 결과이지만 구보 씨의 지적처럼 아이누에게 그전까지 경험해 보지 못한 예산이 배정되었고, 우포포이가 일정한 고용 기회를 제공하면서 정부에 대한 비판적 움직임이 줄어들었다고 느낍니다. 또한 우포포이에서의 문화 활동은 어떤 의미에서는 아이누문화가 상품으로 소비되고 있는 측면도 있습니다. 그러나 이것은 권리가 아니기에 고용의 기회는 제공될지라도 그것만으로는 충분히 생계를 유지할 수 있는 수준은 아닙니다. 전체 예산 규모도 근대화 과정에서 아이누모시리(아이누민족의 전통적 영토 전체)에서 빼앗긴 자원 규모를 생각하면 그야말로 조족지혈에 불과합니다.

오카모토 이민·난민이 증가하면서 새로운 형태의 인종주의로 여겨지는 제노포비아가 세계적으로 확산된 것 같습니다. 시장경제의 글로벌화로 격차가 심화되고 집권자들이 그 불만의 화살을 마이너리티에게 돌려 희생양으로 삼는 현상이 세계 곳곳에서 일상화되고 있습니다. 재일코리안에 대한 '일본을 폄훼하는 존재'라는 주장이나 '재일 특권', '아이누 특권'같은 언급도 격차 속에서 발생한 피해자 의식이 본래 향해야 할 집권자나 '승자'가 아닌 반격할 가능성이 적은 마이너리티를 공격 대상으로 삼아 분노를 해소하려는 사람들이 늘어난 현상과 동일한 사회 구조적 폭력이라고 생각합니다.

우에무라 글로벌화의 문제와 관련해 '가치 외교(가치관 외교)'라는 개념이 있습니다. 이는 아베 신조 정권에서 자주 언급되던 인상이 있습니다만, 그의 제1차 정권이던 2006년 무렵부터 일본 정부가 이 개념을 사용하기 시작했습니다. 이는 세계를 '보편적 가치를 공유할 수 있는 세계와 그렇지 않은 세계로 나눈다'는 방식입니다. 이 보편적 가치란 무엇이냐 하면 우선 민주주의, 즉 선거와 복수 정당제입니다. 다음으로 기본적 인권, 법치주의, 그리고 시장경제입니다. 이 가치를 공유하는 사회가 연대해야 한다고 주장하기 시작했습니다. 그들의 의미에서 일본은 보편적 가치를 지킬 수 있는 '아름답고 훌륭한 나라'입니다.

하지만 실제로는 무엇을 하고 있느냐 하면, 2023년 12월에 안보 개정 관련 3개 문서를 각의 결정했는데 그 안에 '보편적 가치'가 명확히 들어가 있습니다. 무엇을 말하고 있느냐 하면 일본은 '선진 민주주의 사회'라는 것입니다. 그런 일본은 러시아, 중국, 북한과 같은 보편적 가치를 공유하지 않는 국가들에 둘러싸여 있다, 그러므로 그 훌륭한 일본을 지키기 위해 보편적 가치를 공유하는 미국, 영국, 프랑스, NATO와 함께 방위 시스템을 구축해야 한다. 따라서 대대적인 증세를 감수하더라도 군비 확장을 해야 한다는 것입니다.

기본적인 구조는, 실태는 자본주의지만 글로벌화는 이를 추상적인 미사여구로 덮어씌워 마치 당신은 훌륭한 사회의 일원이라는 환상을 만들어내며 사회적 모순을 떠넘기고 있는 것입니다.

　　그러한 환상에 빠진 사람들은 일본이 훌륭한 사회라고 생각하므로 마이너리티 권리 같은 것은 아예 생각조차 하지 않습니다. 보수파가 만든 사회는 스캔들로도 드러났지만 어떤 의미에서는 사실이 보이지 않는 종교적 사회라고 생각합니다.

일본에서 특히 해결해야 할 과제

박김 지금까지 이야기에서 애초에 마이너리티 권리가 일본에서 충분히 인정받지 못하고 있다는 것이 명백해졌습니다. 그러한 상황에서 해결해야 할 과제는 매우 많다고 생각하지만, 그중에서도 특히 중요한 과제는 어떤 것이라고 생각하십니까?

오카모토 옛 식민지 출신자와 선주민족에 대한 보상 및 회복 조치로서 민족 문화와 교육을 보장하는 것이 중요하다고 생각합니다.

구보 그러한 '과거에 대한 보상'에 더해 저는 역시 그 외의 '새로운 문제'도 중시해야 한다고 생각합니다. 역사적 경위를 통해 '마이너리티 권리'가 형성된 것이 사실이지만, 그때 국제적으로 확립된 권리를 외국에 뿌리를 둔 다양한 사람들에게도 보장해 가는 것을 생각해야 한다고 생각합니다. 예를 들면, 그들이 가진 뿌리 언어나 문화를 향유할 권리입니다. 이것을 실질적으로 창구가 되는 지방자치단체가 적극적으로 실행해야 한다고 생각합니다.

오카모토 '새로운 문제'의 중요성을 부정하는 것은 아니지만, 예를 들어 뉴커머 필리핀 아이들의 마이너리티 권리와 재일코리안이나 아이누민족의 권리는 동일하지 않습니다. 식민지 지배나 동화 정책 등으로 민족적 권리를 빼앗아 왔던 역사에 대한 보상과 회복 조치가 우선 필요하며 이를 같은 선상에서 다룰 수는 없다고 생각합니다.

우에무라 이러한 권리의 처리 방식은 평등이 아니라 공정해야 한다고 생각합니다. 모두 동일하게 대우하는 것이 아니라 각 집단의 배경이나 구조, 문화를 제대로 파악하여 각 집단이 같이 납득할 수 있는 사회를 만들어야 한다고 생각합니다.

박김 그렇군요. 동화 정책이나 식민지 지배, 전쟁으로 인한 피해에 대한 원상회복 의무로서의 보상 조치와 피해자들의 권리 보장이 매우 중요하다고 생각합니다. 또한 이를 철저히 실행하는 것이 외국에 뿌리를 둔 폭넓은 사람들에 대한 권리 보장으로도 연결되지 않을까 생각합니다.

권리가 있음을 전제로 한 사회정책을

우에무라 추상적인 표현을 사용하자면 권리가 있다는 것을 전제로 한 사회 정책이 필요합니다. 예를 들어, 언어권이라는 권리가 있다는 사실을 일본어 교사가 모릅니다. 모국어로 말할 권리가 분명히 존재하는데 '무조건 효율적으로 일본어를 가르치면 된다. 그런 다음 시험을 보면 된다'는 식으로 진행되어서는 안 된다고 생각합니다. 일본어를 더 잘 이해하도록 돕는 것이 물론 중요하지만 '일본어 학교'라는 장소를 단순히 그것만을 위한 곳으로 보지 않고 모국어를 포함해 서로 이야기할 수 있는 커뮤니티 공간으로 간주하는 것도 필요하지 않을까요? 마이너리티의 권리를 전제로 한 일본어 교육을 생각했을 때 '일본 사회 안에서 일본어를 잘 못하면 곤란하지 않겠어요?'라는 발상만으로는 충분하지 않다고 봅니다. 그런 의미에서 권리와 관련된 문제를 더 세부적으로 논의해야 한다고 생각합니다.

차이를 이해한 후 연합하기

우에무라 그리고 또 한 가지, '마이너리티 내부의 다양성'에 대한 배려도 필요하다고 생각합니다. 지금까지 마이너리티 운동에서는 아이누도 하나로 뭉쳐 단결하여 정부에 맞서자는 식의 운동 방식이 있었습니다. 하지만 새로운 시대에서는 그런 방식을 다시 생각해 볼 필요가 있다고 봅니다.

아이누 내부에도 여성, LGBTX, 장애인이 있을 뿐만 아니라, 지역적으로는 사할린 아이누, 쿠릴 아이누가 있고, 하천 계통에 따라 문화와 언어에서도 각각 차이가 있습니다. 따라서 서로의 차이의 중요성을 이해한 상태에서 연합하는 전략을 제대로 마련해야 합니다. 그렇지 않으면, '일본은 단일 민족 국가다'라고 주장하는 세력과 동일한 구조에 빠지는 결과를 초래할 수 있다고 생각합니다.

운동체 자체가 다양성을 인정하면서도 긍정적인 방식으로 연대할 수 있는 틀을 만들어야 이 시대의 인권은 진전을 이룰 수 있다고 봅니다. 공동의 활동 영역과 차이를 이해하는 영역 간의 균형을 어떻게 그려나갈 것인가가 중요하지 않을까요?

박김 저도 그렇게 생각합니다. 같은 커뮤니티의 멤버라는 이유만으로 안심하기보다는 성차별이나 장애인 차별 등 커뮤니티 내 경험의 차이에도 주목해야 깊은 연대가 가능하다고 생각합니다.

맺음말

　본서가 명확히 밝힌 것은 오늘날 우리가 인류 역사상 대전환의 시기에 살고 있다는 사실입니다. 과거에는 모든 존재가 지배자의 언어=개념과 폭력에 의해 규정되어 왔습니다. 심지어 인권 개념조차도 전 인류를 서구 모델에 동화시키기 위한 도구에 불과했습니다. 그러나 세계인권선언 제1조 '모든 인간은 태어날 때부터 자유로우며, 존엄과 권리에 있어서 평등하다'라는 선언을 계기로, 오늘날 피지배자들 중에서도 가장 억압받아 온 선주민족, 마이너리티, 피차별자들이 스스로 목소리를 내어 국제적인 규범 형성에 나서고 있습니다. 이는 '지배를 위한 인권'에서 '모든 이의 존엄을 지키기 위한 인권'으로 전환되는 과정이라 할 수 있습니다.

　그러나 이러한 인류사적 대전환에 등을 돌리고 있는 것이 일본 정부입니다. 일본 정부는 경제의 국제화에는 적극적으로 나서면서도 유엔이 권장하고 선진국에서는 당연시되고 있는 인권 3대 조치(차별금지법 제정, 국내 인권기관 설치, 인권조약 개인통보제도 수락) 중 어느 하나도 시행하지 않고 있습니다. 본래 인권은 설령 '지배를 위한 인권' 하에서조차도, '정의와 자유'를 의미하는 것이어야 함에도 불구하고 일본에서는 이를 '이기적 행동'이나 '배려'로 치환하고 있는 실정입니다.

　이러한 어려움에도 불구하고 일본에서도 인류 역사상 대전환에 참여하는 사람들이 있습니다. 본서는 이러한 구체적인 움직임을 소개하고 있습니다. 단, 지면의 한계로 다루지 못한 한 가지가 있습니다. 그것은 일본에서 인권 조약 비준이 소극적인 정부에 맞서 피차별자를 중심으로 한 시민들이 주도적으로 추진해 온 중대한 역사적 사실이라는 점입니다. 필자들인 박김, 우에무라, 오카모토, 구보는 대체로 같은 세대에 속해 있지만 이 비준 운동은 그 이전 세대에 의해 담당되었습니다. 이 반차별 시민운동으로서의 비준 운동에 대해서는 현대인문사에서 출간을 준비하고 있습니다.

그리고 지금, 새로운 세대가 이 대전환에 도전하고 있습니다. 그 구체적인 움직임 역시 본서에서 소개하고 있습니다. 이를 집필한 박김 선생에게, 새로운 세대를 향한 응원의 메시지와 경의를 담아 이 '마무리'를 부탁드리며 마치겠습니다.

(이상, 구보)

본서에서 확인했듯이 일본 정부는 역사적으로 마이너리티 권리의 보장을 의도적으로 회피해 왔으며 현재까지도 이러한 태도를 근본적으로 바꾸지 않고 있습니다. 이는 선주민족과 아시아 여러 나라의 민중들에 대한 침략, 식민지 지배, 전쟁 책임의 부정을 뒷받침하는 관계에 있으며, 이러한 정부의 역사 부정 태도에 호응하는 형태로 마이너리티 권리를 공격하는 민간 차원의 혐오 발언(헤이트 스피치) 또한 그 기세를 더하고 있는 것이 일본 사회의 현실이라 할 수 있습니다.

하지만 이 책에서 다룬 바와 같이 마이너리티 권리의 규범을 형성하고 이를 사회에서 실천해 나가는 힘은 침략, 식민지 지배, 전쟁에 의해 억압당하고 목소리를 빼앗겨 온 선주민족과 마이너리티 내부에 자리 잡고 있습니다. 이제야말로 세계 각지의 선주민족과 마이너리티가 오랜 시간에 걸쳐 획득해 온 마이너리티 권리의 국제 규범을 토대로 관민 일체가 된 마이너리티에 대한 권리 보장의 부정과 공격을 타파하고, 선주민족과 마이너리티의 역사와 인권이 존중받는 사회를 일본에서 만들어 나가야 합니다. 본서는 이를 위해 필요한 이론과 실천을 풍부하게 담아냈습니다. 머저리티는 물론이고 만연한 '특권론'으로 인해 위축당하고 있는 선주민족과 마이너리티 여러분께서도 본서를 읽고, 일상을 살아내고 사회를 변혁하기 위한 힘과 용기를 얻으시기를 진심으로 바랍니다.

본서에서 소개한 마이너리티 문제 포럼, UPR(보편적 정례 검토), 통보 등, 날로 업데이트되는 유엔 시스템의 활용은 모두 IMADR의 지원이 있었기에 가능한 일이었습니다. 이 자리를 빌려 고모리 메구미(小森惠)씨, 고마쓰 다이스케(小松泰介)씨를 비롯한 IMADR 직원 여러분들께 감사를 드립니다. 또한 선주민족과 마이너리티에 대한 차별 철폐를 위해 오랜 세월 협력하며 많은 배움과 격려를 주신 인종차별철폐NGO네트워크(ERD 네트워크)와 마이너리티 여성 포럼 여러분께도 깊은 감사를 드립니다.

본서가 계기가 되어 마이너리티 권리가 충분히 보장된 사회를 함께 실현해 나갈 동료가 더욱 늘어나기를 진심으로 바랍니다.

(이상, 박김)

최근 어려운 출판 환경 속에서도 본서 출판에 힘써 주신 나루사와 도시노부(成澤壽信) 사장님, 그리고 훌륭한 편집을 맡아 주신 기타이 다이스케(北井大輔)님께 깊은 감사의 뜻을 표합니다.

아울러 이 책 출판을 위해 오사카산업대학 학회의 학술 연구서 출판 보조금을 지원받았습니다. 관계자 여러분께 진심으로 감사드립니다.

2024년 3월 31일 박김 우기 · 구보 마코토

저 자 약 력

오카모토 마사타카(岡本雅享)

1967년 이즈모시 출생. 메이지가쿠인대학 국제학부 졸업, 요코하마시립대학대학원 국제문화연구과 석사과정, 히토쓰바시대학대학원 사회학연구과 박사과정 졸업(국제학 석사, 사회학 박사). 중앙민족대학(베이징) 유학, 샌프란시스코주립대학 객원연구원으로 중국(1990~93), 미국(2008~09) 체재. 1989년부터 재일한국인문제연구소(RAIK) 국제인권부회. IMADR(반차별국제운동)사무국원(1993~96), 이주자와 연대하는 전국네트워크(이주렌) 사무국 차장(2004~14) 등 역임. 현재, 후쿠오카현립대학 인간사회학부 교수, 메이지가쿠인대학 국제평화연구소(PRIME) 연구원. 전공은 정치사회학·민족학(Ethnic Studies). 저서에『日本の民族差別』(明石書店, 2005),『中国の少数民族教育と言語政策』(社会評論社, 2008),『民族の創出』(岩波書店, 2014) 등.

우에무라 히데아키(上村英明)

1956년 구마모토시 출생. 게이오기주쿠대학 법학부 졸업, 와세다대학 대학원 경제학연구과 석사과정 졸업(법학사, 경제학 석사). 멜버른대학교 객원연구원(2015~2017). 1982년 시민외교센터를 설립하여 대표로 활동(~2019). 현재 게이센(惠泉)여학원대학 명예교수, 시민외교센터 공동대표, 신시대 아시아 평화아카데미(NPA) 대표이사, 숲·강·바다 아이누 선주권연구 프로젝트 대표, 소셜·저스티스기금 운영위원장. 전공 분야는 국제인권법＜선주민족의 권리＞ 및 평화학. 주요 저서로는『新·先住民族の「近代史」』(法律文化社, 2015),『社会が変わるとはどういうことか？』(共著, 有信堂高文社, 2019),『考えてみよう先住民族と法』(共著, 信山社, 2022),『平和学事典』(共同執筆, 丸善出版, 2023) 등.

구보 마코토(窪誠)

1959년 도쿄 출생. 교토대학 법학부 졸업, 교토대학 대학원 법학연구과 석사과정 공법전공(국제법) 졸업(법학 석사), 같은 대학 박사과정 공법전공(국제법) 중퇴. 프랑스 스트라스부르 로베르 슈만 대학에서 법학 박사 학위 취득. 현재 오사카산업대학 경제학부 교수, IMADR(반차별 국제운동)

감사, 아시아·태평양 인권정보센터(휴라이츠 오사카) 평의원, 도요나카 국제교류협회 평의원, 시조나와테시(四条畷市) 인권문화를 키우는 마을 만들기 심의회 위원. 단독 저서로는 『マイノリティの国際法』(信山社, 2006), 『人権法·人権政策のダイナミズム』(信山社, 2023). 공저로 『人権の法構造と救済システム―人権政策論の確立に向けて』(法政大学出版局, 2023), 『国際人権法の歴史(新国際人権法講座第1巻―国際人権法学会創立30周年記念)』(信山社, 2023)

박김 우기(朴金優綺)

1984년 오카야마시 출생. 재일조선인 3세. 조선대학교 외국어학부 졸업, 같은 대학원 연구원 종합연구과 전기 과정 및 오차노미즈여자대학 대학원 인간문화창성과학연구과 젠더사회과학전공 박사 전기 과정 수료(학술 석사). 2010년부터 재일본조선인인권협회 사무국 직원 및 조선대학교 강사로 재직. 2015년부터 가수 활동도 병행. 2017년 이후 부모의 양성을 딴 성(박김)를 사용 중. 주요한 논문으로 「現代日本における『上下』からの差別と排外主義―朝鮮学校への差別, ヘイトスピーチ·ヘイトクライムと国連の是正勧告」『広島平和研究』第6号(2019), 「在日朝鮮人女性の苦悩の交差点を考える―ハラスメント被害実態調査報告」『部落解放』2021年5月号 등.

박군애(朴君愛)

1957년 오사카시 출생. 재일코리안 3세. 오사카외국어대학(현 오사카대학) 외국어학부 조선어학과 졸업. 졸업 후 'トッカビ子ども会'(오사카부 야오시) 전임 스태프로 활동하며, 국제 인권 규약과 난민조약을 기반으로 한 민족차별 철폐 운동에 참여. 현재 (일반재단법인) 아시아·태평양 인권정보센터 사무국장. 재일코리안이자 여성인 탓에 겪는 '복합차별' 문제를 해결하기 위해 '앞으로·미래를 창조하는 재일코리안 여성 네트워크(アプロ·未来を創造する在日コリアン女性ネットワーク)에서 활동 중. 저서로 『ひとり親のエンパワメントを支援する―日韓の現状と課題』(共著, 現代書館, 2023), 『第3回在日コリアン女性実態調査―「子育て」「介護」「コロナと仕事」を中心にして見えたもの』(共著, アプロ·未来を創造する在日コリアン女性ネットワーク[自費出版], 2021) 등.

옮긴이 약력

박용구 한국외국어대학교 융합일본지역학부 교수
문명재 한국외국어대학교 일본언어문화학부 명예교수
김경희 국립순천대학교 일본어일본문화학과 교수
김경옥 한국외국어대학교 일본연구소 학술연구교수
오성숙 한국외국어대학교 일본연구소 학술연구교수
이권희 단국대학교 자유교양대학 초빙교수

이 저서는 2022년 대한민국 교육부와 한국연구재단의 지원을 받아 수행된 연구임.(NRF-2022S1A5C2A02092312)

마이너리티 권리
국제 규준의 형성과 일본의 과제

초 판 인 쇄　　2026년 02월 02일
초 판 발 행　　2026년 02월 13일

저　　　자　　오카모토 마사타카 · 우에무라 히데아키 ·
　　　　　　　구도 마코토 · 박김 우기 · 박군애
옮　긴　이　　박용구 · 문명재 · 김경희 · 김경옥 · 오성숙 · 이권희
발　행　인　　윤석현
발　행　처　　제이앤씨
책 임 편 집　　최인노
등 록 번 호　　제7-220호

우 편 주 소　　서울시 도봉구 우이천로 353 성주빌딩
대 표 전 화　　02) 992 / 3253
전　　　송　　02) 991 / 1285
홈 페 이 지　　http://jncbms.co.kr
전 자 우 편　　jncbook@hanmail.net

ⓒ 박용구 외 2026 Printed in KOREA.

ISBN 979-11-5917-264-9　93300　　　　　　　정가 49,000원